A History of
Corporate Governance
around the World

Family Business Groups to Professional Managers

公司治理的历史

从家族企业集团到职业经理人

［加］兰德尔·K.莫克 主编　许俊哲 译

格致出版社  上海人民出版社

序言

必须指出的是，本书有别于大多数会议论文集，因为本书不是由某些相互独立的研究论文结集而成的。我们要求每位作者撰写关于某个国家的公司治理的历史，其历史时期必须上溯到足够解释这个国家的公司治理如何发展到现有的阶段。商业家族、政治和制度发展不可避免地相互影响。每个章节都经过反复修改，因为作者们都互相接受了彼此的观点，最终融汇在全书中。

我非常感谢各位参与撰写本书的令人尊敬的作者以及点评人——他们中间有一些是全球顶尖的金融经济学家和经济史学家——他们接受我的挑战，来探索这个少为人知但非常重要的研究前沿领域。本书正是他们数千个小时工作的物质成果。

本书的出版，得益于阿尔伯塔大学商学院及该校颇有声望的企业和家族公司研究中心的资助。本书得到了全国经济研究局在后勤和组织上的帮助，特别是 2002 年 9 月在(美国)马萨诸塞州的剑桥市召开的一次成功的筹备会议，以及 2003 年 6 月在(加拿大)阿尔伯塔省的莱克路易斯市召开的本书作者和评论者会议。还要特别感谢 Helena Fitz-Patrick 排除困难邀请了很多繁忙的作者来讨论本书最终的定稿，同时要感谢 Brett Maranjian 完美地组织了剑桥和莱克路易斯的两次会议。

本书的多篇论文于 2004 年在法国的枫丹白露召开的第二次会议上宣讲，这也得益于其他方面的资助，为此，我们要感谢经济政策研究中心、欧洲公司治理研究所和欧洲工商管理学院的资助。感谢本书的评论人及在枫丹白露会议上对本书内容作出评论的以下研究者：Gordon Redding、Silvia Giacomelli、Rosa Nelly、Travino、Javier Suárez、Christine Blondel、Yishay Yafeh、Mark Roe、Erik Berglöf、Bruce Kogut、Ronald Anderson、Enrico Perotti、Xavier Vives 和 Sabine Klein。

我们在编撰本书的过程中，得到了来自全国经济研究局的主席及 CEO Martin Feldstein、阿尔伯塔大学商学院院长 Michael Percy 及企业和家族公司研究中心主任 Lloyd Steier 宝贵的鼓励。

同样在关键时刻提供了不可或缺的帮助的，还有：欧洲公司治理研究所所长 Marco Becht、欧洲工商管理学院的高级项目经理 Christine Blondel、加州大学伯克利分校的经济学及政治科学 George C.Pardee 和 Helen N.Pardee 讲座教授 Barry Eichengreen、欧洲工商管理学院技术创新 Solvay 讲座教授及大型家族企业 Wendel 讲座教授 Ludo van der Heyden,以及哈佛大学经济学 Whipple V.N.Jones 讲座教授 Andrei Shleifer。

我还要感谢 Stephen Jarislowsky 在智识上的鼓励和经济上的资助。两位匿名的评审人也提供了极具见解且敏锐的修改意见,极大地提高了本书部分章节——尤其是那些我所参与的章节——的质量。此外,更要感谢全国经济研究局的 Helena Fitz-Patrick,他很有耐心地指导我们将文稿成功出版,也要感谢芝加哥大学的 Peter Cavagnaro,他对出版流程进行了非常专业的监督。最后,要感谢我的妻子,感谢她的耐心和给予我的帮助。

兰德尔·K.莫克

目录

导论

公司治理的全球历史

Randall K. Morck　Lloyd Steier

0.1　我们敢把公司治理委托给谁?

21 世纪初的资本主义是各种经济体制的杂交产物。在美国,资本主义就是大量独立的公司为了消费者互相竞争的体制。虽然有时候法院——这个对付垄断的守卫者——并不完美,但是垄断终究是非法的。每个公司都有一名首席执行官(CEO),他向处于被动的董事会发号施令,决定公司的政策和战略。美国大公司的真正拥有者是数百万中产阶级股东,他们每个人只拥有几百或几千股股票,分散而没有影响力。只有少数的机构投资者能够积聚大量股份(持有少数大型公司 3%—5%的股票比例),从而可以对公司的董事会施加影响。公司的首席执行官们根据自己的政治、社会和经济信念来运用或者滥用他们巨大的权力。在美国之外的许多地方,资本主义就是使少数巨富家族控制该国几乎所有的大公司甚至完全控制该国政府的一套体制。在这些国家,竞争其实是海市蜃楼,因为几乎没有公司是独立的,职业经理人被雇用来服务于寡头家族王朝以维护他们的权力,这有时候会对国家造成很大的损失。

本章的目的就是探究资本主义如何发展为资本主义,这在世界各地各不相同,即探究有些经济体如何发展到把大公司的治理交给少数富有的古老家族,而其他经济体则把公司治理委托给职业 CEO。

对"资本主义"一词的这种不同使用有助于不同的交流。美国的经济学家常常对那些似乎受到了良好教育的外国人不情愿采纳自由企业原则感到很困惑,而国外经济学家对美国经济学家的天真简单则备感诧异。事实上,如果更认真地看待对方,双方都能更好地相互理解。世界各国并不是简单地与美国相同,而是通常不同程度地比美国贫穷。不同的国家以不同的方式组织经济,而公司的治理(决定资源如何在公司间和公司内部配置)也被委托给不同的人,由不同的机构控制。

拉波塔(La Porta,1999)的一份重要研究把注意力集中在经济领域,他比较了一部分国家的大中型公司的拥有者结构。图0.1 展示了他的研究发现。墨西哥的大公司完全由一小部分极其富有的家族控制,然而,英国的公司则全部由非控制性的股东掌握。大部分阿根廷公司都由家族控制,但是大部分的美国大公司则不是这样。富有家族控制大公司的现象并非仅仅局限于穷国,也出现在像以色列、中国香港和瑞典这样富有的国家和地区。

尽管如此,克拉森、达扬科夫和朗(Claessens,Djankov and Land,2000)的研究,坤纳和里夫金(Khanna and Rivkin,2001)的研究以及其他学者的研究都表明了由家族控制的公司集团在穷国的普遍性。穷国的公司通常由政府机构和富有家族的混合体控制。图0.1 反映的多样性主要是发达经济体的特点。

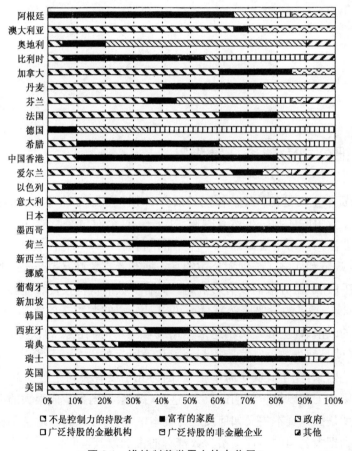

图 0.1 谁控制着世界上的大公司?

资料来源:La Porta et al.(1999) with Japanese data augmented by Morck and Nakamura(1999) to account for combined *keiretsu* stakes and German data augmented with information from Baums(1995) to account for bank proxy voting.

大部分英美大公司都是由大众拥有,而其他地方的大公司则往往由一小部分富有家族所控制。这个事实也许并不能充分解释不同的资本主义认知在不同国家的影响,因为不管由谁控制,互相竞争的独立公司总是能达到经济效率。然而,大多数国家的公司治理还有一个与英美不同的特征,即金字塔式的商业集团(简称金字塔式)。这种区别在经济上非常重要,以至于产生本质上完全不同的经济体制,当然所有这些经济体制都标榜为资本主义而存续。

所谓金字塔式,就是这样一个结构:在它的顶端是一个非常富有的家族,控制着一个上市(或者不上市)公司。而这家公司控制着其他上市公司,每个其他上市公司再控制更多的其他上市公司。像这样的结构在英美以外非常普遍。这种结构包含数百家上市的和私人的公司,从而使一个国家的大部分经济都掌控在一个家族手中。这种结构还使极少部分精英能够控制国家更多的产业部门。

Berle 和 Means(1932),Bebchuk、Kraakman 和 Triantis(2000),Morck、Stangeland 和 Yeung(2000)以及其他一些学者的研究都论证了在这种金字塔式的商业集团中会出现严重的公司治理问题。不过,本章作者对于这些问题感兴趣,只是由于它们推动了商业集团的形成或者瓦解了商业集团。我们的焦点集中于公司控制的不同区别(如图0.1所示)是如何产生的。

本章余下的结构安排如下:第 2 节解释为什么图 0.1 所示的区别很重要。事实上,这个区别是定义不同形式资本主义的最突出的特征。第 3 节简要叙述了正文各章的核心论点和发现。第 4 节则探究这些发现,从中找出与我们当前思考公司治理有联系的一些共同线索。第 4 节还会考虑这些共同线索带来的启示。第 5 节将会作一个总结。

0.2 这些区别重要吗?

资本主义之所以被称为资本主义,是因为它是一个围绕资本生产和配置而组织起来的经济体制。个人储蓄是所有资本的基础。但是,不同的国家有不同的积累和配置资本的方式,而且这种方式似乎和每个国家如何处理公司治理问题密切相关。

个人可以通过投资公司股票和公司债券来进行储蓄。那些被认为是好的公司可以通过发行证券募集到大量资金,比如谷歌在 2004 年通过公开发行新股融资 16.7 亿美元。而一家被投资者认为很差的公司就很难通过发行新股来筹得大量资金。比如,基于互联网的销售中间商德佳公司(deja.com)认识到投资者不大可能以管理层希望的价格购买其股票,遂撤回了它于 2000 年提出的股票发行计划。

如果投资者能了解他们自己正在做什么,那么资本就可以配置到那些能够有效使用资本的公司,而不会流向那些可能浪费资本的公司。英美等一些国家就实行这样的资本配置过程,这也构成了股东资本主义的基础。在这些国家,公司可以通过发行股票和债券来吸收资金,从而建造厂房、购买设备和发展技术。

对于信任公司因而购买其股票的投资者来说,他们需要得到保证,即公司是诚实而有效地运行的。这就是公司治理的关键所在。这些国家的大公司的治理都委托给了首席执行官们和职业经理人。投资者一起监督上市企业的公司治理质量,而企业的股价反映了投资者共同的看法。

这套体制也是有成本的。在经济运行中监督每个企业的公司治理质量会耗尽资源。英美资本市场和监管者试图把这种成本从投资者身上转移,通过要求公司披露详细的财务报告、内部人持股情况、管理层薪酬和其他一些利益冲突情况。其他一些规定则不允许操纵股票,禁止某些公司交易和其他内部人私自交易。股东可以起诉任何违反这些规定的公司董事会成员和管理人员。这些旨在帮助投资者的禁令既加强了监管也增加了司法失察。机构投资者随时准备把那些无能或不诚实的经理撤换掉。这些富有的机构投资者能够负担更多监督公司治理的成本,也能负担更多消除发生治理问题的成本。

这套体制并非完美无缺。如果投资者把事情搞错的话,好的经理会受到惩罚,而差的则受到了奖励。而这种情况似乎也时有发生,比如,在1999年网络公司兴起的时候,当时的投资者怀着不理智的热情去购买与网络相关的公司股票。但从长期看,通过商业周期的潮起潮落,盎格鲁—美利坚式的资本主义似乎能够带来高生活水平。

但是盎格鲁—美利坚式的股东资本主义只是例外,占据主导的是其他类型的体制。La Porta(1999)发现世界上最常见的公司治理体制是家族资本主义,在这种体制中,一个国家的大公司治理被托付给该国少数富有家族。如果投资者对大部分公司都不信任,并且倾向于把他们的储蓄交给那些享有较高声誉的个人来投资的话,那么这种体制情况就会发生。在那些为投资者提供较少法律权利的国家中,家族企业就会占据更大的股票市场份额。受人尊敬的商业家族控制着许多上市公司,这些上市公司再控制其他上市公司,这一层又一层的公司间持有关系使商业家族能够更有效地提高他们的声誉。这种金字塔式的商业集团更普遍地存在于那些投资者法律权利薄弱的国家。

然而,家族资本主义也有它的问题。许多国家的公司治理大量集中于一小部分富有家族的手中。如果控制商业集团的家族领袖或者继承人很无能,或者过分保守,或者过于维持现状,那么这种治理方式就会使大片经济受损。由于现状显然对这些家族有利,因而最终的可能结果就很令人不安。比如,他们可能游说政府维护本已薄弱的投资者权利,使新兴者无法与他们竞争公众投资者的储蓄。

投资者也可以通过另一种方式储蓄,即把钱存到银行或者其他金融机构;然后公司从银行贷款以购买厂房、设备和技术;或者有时候银行直接购买公司股票或债券来投资。这就构成了另一种积累和配置资本的方式。德日的银行在配置资本中所起的作用要远远大于英美的银行。当然,Morck 和 Nakamura(1999)以及 Fohlin(本书第4章)的研究表明,银行在这两类国家所起的作用也许都被夸大了。

在银行资本主义中,银行的过失替代了股东的勤奋。银行家监督公司治理并干预修正治理问题。如果行为不轨的经理拒绝改变他的行事方式,那么银行将收回贷款,从而使这些治理不当的公司得不到资金。只要银行家们无私且有能力,那么这套体制就能有效地配置资本。但是,如果小部分关键的银行本身治理不当,那么,后果将更糟糕,而且会对所有依靠银行融资的企业造成困难。银行资本主义给战后的德日两国以及韩国等新兴国家带来了坚实的经济增长。但是在这三个国家中，一些关键银行对那些治理不当的企业过度放贷，也会造成金融问题，这些问题将继续阻碍宏观经济的增长。

不过，投资者还有一种储蓄方式，即交税，让国家来为企业提供资本。社会主义的指导原则就是这种方式的极端化。但是从历史上来看，由国家引导的有关资本积累和配置的产业政策对自由市场国家也很重要。例如，德国、意大利、日本的法西斯政府都对他们国家的大公司实行这种国家主导的公司治理。而在加拿大、战后的日本、印度和一些欧洲大陆国家，包括一些新兴市场国家，由民主决定的产业政策起到了相当大的作用。20 世纪中期的英国政府实行过国有化产业政策，而美国政府也实行过大规模的国防和公共设施投资的产业政策。

在政府资本主义中，公共官员监督公司经理并干预纠正出现的任何治理问题。如果官僚监管者确实是无私而有能力的，那么他们就能够指导公司决策，从而促进大众福祉。但是，如果公共官员能力不够，或者不具备作出正确决策的知识，甚至为了获取个人或团体的政治支持而歪曲决策，那么由此便会产生难以对付的治理问题。政府资本主义给许多国家带来短期的高增长，但是长期来看，就会出现严重的治理问题。

最后，投资者也可以通过贮藏黄金和银币来储蓄。如果人们既不相信金融市场，又不相信富有的家族，也不相信银行家和政府官员，那么就只剩下这种储蓄选择了。Murphy（本书第 3 章）认为在法国发生的一系列金融丑闻和危机确实促使几代法国人在家里的后院埋藏硬币，以备不时之需。这种不信任严重阻碍了法国的金融发展。当企业无法获得广大公众的储蓄的时候，那么每个企业只能依靠自己的利润来获得增长。这又使更多的资本流向那些已经控制企业的人，同时也不可能在经济上有效率。而且，这让白手起家变得非常困难。

当然，没有一个国家纯粹代表着上述任何一种资本主义形式。每个资本主义的变种都是各国资本形成的一部分，这些都会在本书中提及。但是不同的变种显然有不同的相对（国家间的和时间上的）重要性，这种区别意义重大。把公司治理委托给富有家族、少数强势的银行家或官僚精英，这对某些人似乎是非常不民主的；把公司治理委托给经过民选官员挑选的公职人员，这似乎对另一些人也不民主。而把公司治理委托给有声誉的领导家族，似乎在另一些人看来是非常草率而不负责任的。此外，正如本书各章所述，非人格化的股票市场、银行、富有家族和政府官僚都是源于不同的情况，以不同的方式运行，同时也带来一系列各不相同的问题。

0.3　为什么不同的国家有不同的发展途径？

对于七国集团（由加拿大、法国、德国、意大利、日本、英国和美国组成）各成员国的公司治理的历史，本书分章作了叙述。我们也加了一章叙述荷兰的公司治理历史，因为它是最早的资本主义经济体，而且许多决定公司控制的机构都发源于荷兰。我们还加了一章有关瑞典的，因为它表现了资本主义另一种标准模式——调和了社会民主的瑞典模式。最后，我们对印度、中国也分别加了一章以作介绍，它们是世界上最大的两个发展中国家。但仅包括这些国家还不完全，因为我们省略了像澳大利亚、俄罗斯、西班牙和瑞士这样重要的国家，也没有提及大部分亚洲国家和所有的南美、非洲、中东等国家。我们希望其他研究公司财务或经济史的学生能够填补这片空白。

最初的研究表明,几乎所有国家的第一个大公司都是家族企业。而且,在工业历史比较短的国家,家族公司一般都占据了主导地位。因此,我们选择上述列举的国家进行介绍,并不是因为它们更重要,而是因为它们都有一个相对比较长的工业历史。那些工业历史只能追溯至前一代或两代人的国家,比如韩国、马来西亚和新加坡,都没有足够的时间使改变公司治理的力量发生作用。虽然这些国家从其他角度来看非常有趣,但是比起老牌工业国家,它们较少能提供有关公司控制演进的洞见。

每篇研究的作者都被邀请撰写一份有关指定给他的那个国家的公司控制演进历史的报告。重点主要在于大公司,因为几乎所有的小公司都趋向于有一个具有控制权的股东。比如在印度、意大利和美国的夫妻店的拥有者就是夫妻两人。资本主义的不同内涵也为各个国家的政治辩论增添了各不相同的趣味,这主要是由于每个国家大公司的控制者各不相同。

本节主要总结每章的核心结论。下一节则把这些结论和发现浓缩起来构成一篇有关公司治理是如何走向不同道路的综合性报告。

加拿大

在第 1 章,Morck、Percy、Tian 和 Yeung 描述了加拿大的前工业历史。首先作为一个为皮毛贸易而进行原料提炼的法国殖民地,然后又作为一个英国殖民地的定居点。他们的主题是加拿大在殖民期间建立起来的制度是如何影响随后的工业发展的。

这篇研究有两个要点:第一,加拿大直到几代人之前一直是一个相当腐败的国家。加拿大从它的法国殖民历史中继承了重商主义政策,这种政策常被官方滥用。实际上,这个国家可以说是法国重商主义之父 Colbert 的试验田。其后的英国和加拿大的精英们把这种特色保留到了加拿大的政府、经济和文化中。

第二,是加拿大公司控制的显著结构。一个世纪以前的大企业就像现在一样:由家族控制的金字塔式商业集团占据微弱的主导地位,同时还有很多独立的大众化持有的公司。然而在 50 年前,加拿大的大企业基本都是那些独立的大众化持有的公司。

在 20 世纪前半叶,加拿大的富有家族,有的在繁荣的股市中卖尽自己的股份;有的在衰退中破产;有的为了筹集收购的资金而发行股票,从而稀释了它们的股权比例;有的为了支付遗产税而变现公司。这些现象的净效果就是导致了家族控制和金字塔式的商业集团的失势。到 20 世纪中期,加拿大非常像图 0.1 中的美国。然后到了 20 世纪 60 年代末 70 年代初,金字塔式的商业集团重新崛起,直到 20 世纪末又一次占据了重要的地位。出现这种反复的原因并不清楚。作者推测,遗产税的无效和政府对经济干预的扩大也许是其缘由。遗产税的失效使大笔财富得以生存并壮大。政府干预使企业与政治的联系比过去更有价值,而金字塔式的商业集团也许比独立的、大众持有的、由职业经理管理的公司更能建立和挖掘这种关系。

Siegel 在这章中的论述介绍了一种非常有见地的划分,即把制度发展分为三个阶段。最初是普及教育,这对企业理念的产生是必须的;其次是金融制度的建立,这对实现企业理念是必须的;最后是有关继承的公共政策,这能够防止某一时期的企业家妄自尊大以及其阻碍他人创业。

中国

由 Goetzmann 和 Köll 撰写的第 2 章,检视了 19 世纪末 20 世纪初中国的公司治理情况。这一段时期很重要,因为当时正好是中国工业化的开始阶段,同时也是将一些西方机制试图移植到一个非西方经济体的时期。因此,中华人民共和国成立之前的工业发展更能为那些现代新兴经济体提供一个有趣的教训。当然,对于中国自身来说,这段时期的资本主义发展也可作为一个参考。

19 世纪晚期,中国第一代工业企业的股权虽然时有变化,但仍然是在国家控制之下。这些企业虽然由私人商家出资和运营,但是最终还是由清朝官僚掌控,就像清朝的盐业垄断一样。为了恢复中国的自尊和威望,这些企业试图使中国从外国武器制造商、船运商、制造商中摆脱出来。工业化就是手段,使中国能够结束对外国的依赖,并恢复传统的经济平衡,但不是结束经济平衡。

清朝官员已经习惯于收受贿赂并提供支持。那些有盈利的企业因此往往更多地招致官员的疏忽失察,而他们的利润也很快被耗尽。虽然官僚干预保护企业免受竞争,但是这些企业的商人投资者和经理越来越不满意这些封建官僚收取的费用和索要的贿赂。

1895 年,中国在中日战争中战败,清朝政府被迫允许外国私人企业进入条约规定的通商口岸。这些口岸受外国法律管辖,从而不再能阻止中国私人工商业的建立。新的工业商业飞速发展。

为了监管这些企业,清朝政府在 1904 年颁布了一部新的《公司法》。作为当代英国和日本公司法律的浓缩版本,新《公司法》引入了有限责任、授权股东大会、董事会、审计和年度报告。1860 年,上海就有了股票买卖,而股权参与也成为一项悠久的商业准则。因此,1904 年的法案是对已建立实践的颠覆性修改,而不仅仅是对商业公司的引进。它最主要的改进就是用有法律基础的行为准则代替了官方的庇护,以此吸引公众股东的投资。

这种做法实际上非常无效。Goetzmann 和 Köll 研究了一个当时比较大的企业——达申第一棉厂,想看看 1904 年的法律是如何改变它的治理,最终发现实际上根本没有任何效果。公司的创立者和总经理张建继续把公司和个人的资金混在一起,无视股东对他用公司资金捐助政治事业的批评。但他并没有被赶下台,因为公司章程中含有许多保护他权力的条款。缺乏标准的审计准则也使公布的财务账簿毫无用处。

潜在这场失败之下的原因并不完全清楚。也许文化上的惰性阻碍了真正的改革,而中国历史上一直有一种文化,即家族企业应该为帝国官僚对其的庇护支付报酬,这种文化深深地印在中国人的脑中。但是,那些彻底的改革者们也只是把资本市场看作资金的来源,忽视了它可以作为一种机制规范公司内部人。面对这种事实,投资者们无法影响公司治理,于是便选择抛售股票。这使中国的股票市场流动性不足,而且陷入了严重的繁荣衰退的循环。这反过来又使内部人不愿出售股票和多元化经营,也使他们无法增强由控制带来好处的价值。

在那一章的讨论中,Perkins 认为中国传统的法律制度也是一个重要的因素。中国每个省的封疆大吏,作为中央政府的代表,被授予审判和检控的双重权力。不管法律条文如何完善,这种制度都阻碍了法律的公正执行。Perkins 强调,现代新兴经济体从旧中国经济历史中应该吸取的真正教训是：一个独立可信赖的司法制度是极其关键和重要的。

法国

由 Murphy 撰写的第 3 章强调了历史的重要性。他认为，历史创伤产生了强大的余波，影响了几代人的经济，由此产生的集体心理意识也影响了接下来事件的发展进程。这一章雄辩地阐述了"路径依赖"的主题，即一个简单的历史事件可以设定经济发展的可能道路，而这条道路也许在事件发生前和其他道路一样具有可能。

设定法国未来公司治理发展道路的事件就是 1720 年密西西比公司的破产。一个苏格兰的谋杀犯，John Law(1671—1729)，把法国从路易十四的战争和宫廷奢华中拯救了出来。Law 的公司接收了法国政府的所有债务，作为回报，他得到了与路易斯安那进行贸易的垄断权。Law 的公司发行股票，并大肆吹捧其公司股票的价值，由此刺激了投资需求，从而推动了股价的上升，进一步刺激了需求。

1720 年，泡沫破裂，不仅对法兰西王国也对法国的贵族和商业精英造成了毁灭性的财政打击。合资股票公司被禁止，聪明的法国人开始远离金融市场，并且把他们的智慧留给了自己的子孙。

模仿 Law 在法国经历的英国南海公司，也在同一时期破灭，而且在英国也造成了某种相似的影响。1722 年通过的《泡沫法》禁止了在英国成立合资股票公司，除非公司有一个经议会认可的章程作保证。这就意味着，每成立一个新的合资股票公司都需要议会法案批准。伦敦股票交易所存活了下来，因为有之前的大公司(比如，东印度公司和哈蒂森港湾公司)作为它的母公司。

在法国的影响更严重，银行、借贷活动、金融创新都遭到了深刻抵制，而且退回到法国传统的金融体制，即国家作为主要的借款者，而宗教领袖则监管并掌控着借贷方式。宗教教规禁止收受利息，这意味着存款合同必须把存款和由存款滋生的收入流分开。从某种程度上说，订立合同的公证人变成了银行代理人。虽然他们通过发行年金为政府安排借债，但是 Murphy 认为，他们在私人企业融资中所起的作用主要还是仅仅为地产购买提供抵押贷款。虽然高利贷法律给予他们一些选择的余地，但是这些公证人还是无法安排一些适合的高额利息投机债务来为工业革命融资。英国公司需要议会批准才能发行股票，而法国企业更难发行股票，他们也很难通过正常途径获得借债，而且不得不接受一个没有正式银行系统的情形。

1789 年 10 月，法国革命政府废除了高利贷法，并且重新恢复了 Law 的经济体制，发行了指券(译注：法国大革命时期的一种纸币)。与之前唯一真正的区别是这些证券由没收来的教会土地作发行准备，而不是以路易斯安那的贸易垄断权作准备。John Law 是国民会议上争论的中心话题。Murphy 描述了 Abbe Maury 是如何拿着大量 Law 的银行支票并斥责道："它们是一种对大量和不切实际的资本的虚幻承诺。这些支票被存放于仓库中为子孙后代所用，我把它们找了出来。我是带着痛苦来看待这些纸制的犯罪工具的，现在他们依然沾染着我们父辈的血泪。今天，我把这些支票交给法国国民议会的代表们，作为暗礁中的灯塔，希望能够将那场大灾难的记忆永存。"

Maury 被忽略了，革命政府发行了更多的指券来支付不断上升的费用。法国很快遭到了大规模的超级通胀和金融崩溃。Kindleberger(1984:99)写道,指券使法国人在潜意识中深深刻下了对纸币和银行的多疑。

超级通胀导致了法国大众对 Law 引进的金融体系的不信任,法国人开始贮藏黄金和白银。整个 19 世纪大部分的时间里,大多数交易都是通过硬币支付的,1885 年的货币供应中,超过一半是由硬币组成的。

移动信贷(Credit Mobilier)的崛起曾使法国金融系统回光返照,它是一家由 Emile 和 Pereire 联合创办的银行。他们两人则是受到了当时的空想社会主义者 Henri 及 Simon 的鼓励,空想社会主义者认为银行就像一个灌溉系统,能够把资本从富余的地方转移到缺乏的地方。但是,受困于一系列灾难性的投资之后,移动信贷最终在 1867 年倒闭,而且使法国和欧洲许多银行体系都遭了殃。于是,聪明的法国人继续储藏黄金和银币。

巴黎交易所在 19 世纪末 20 世纪初,偶尔会有一段活跃期。但是,它的重要性一直无法与英国的伦敦股票交易所匹敌。Kindleberger(1984:113)估计"法国与英国在金融机构和金融经验上的差距大约有 100 年"。

法国企业通过本企业的留存收益来创建其他企业,以此来进行扩张。而这些企业的创始家族仍然一代一代地掌控着企业。法国民法典也有利于这个进程,它让企业的拥有者除了将企业传承给后代之外别无可能传给其他人。法国的商界巨头家族被禁止将他们的财富留给慈善基金。Landes(1949)认为法国之所以落后于英国,是由于占据优势地位的家族控制使法国大企业变得更保守且依赖于与政府的联系。

几次金融创伤为法国设定了经济发展道路,即在政府的监督指导下,由富有的家族控制公司部门。心理学家对于为什么一个相似的创伤会击碎一个人的生活而对另一些人则毫无影响还只有一个很模糊的理解。同理,经济学家也要对经济创伤如何影响机构发展有一个更深刻的理解。Murphy 撰写的一章是这条道路上的第一步。

Danel Raff 在那一章的讨论中,对 Murphy 的核心观点提出了一系列的疑问,他认为我们还需要做更多的工作。

德国

在第 4 章中,Fohlin 认为德国的全能银行对于公司治理的历史并没有通常认为的那么重要。19 世纪末,在富有的商人家族、外国投资者、小股东和私人银行的资助下,德国的工业化进程非常迅速。那些董事会中有银行家的工业企业并不比其他企业表现得好。

德国的公司治理在当代显得非常完善。1870 年的公司法确立了当前这种"双董事会"结构,以直接保护小股东和公众免受自利的内部人之害。同时,法律还要求在会计、列报、治理上进一步的统一和一致。1884 年的公司法则禁止同时在监事会和董事会占有席位,法案还规定监事会成员"有义务了解情况"。在第一次世界大战之前的 20 年,经营收入对于公司表现非常敏感,这意味着某种形式的纪律治理机制确实在起作用。在柏林股票交易所上市的公司,大多由公众股东持有,而不是由创建家族或集团股东持有。这些公司在面对糟糕表现时更能做好更换管理层的准备。

由于德国全能银行在配置证券和股票抵押贷款中的作用,他们拥有代理投票权。1884 年的公司法要求公司第一次股东大会必须有一个最低到会人数,而银行可以通过代理小股东来达到这一要求。因此,银行最终会购买那些使用贷款业务的公司股份。1897 年的公司法使交换交易变得繁杂,由此显然消减了大银行内部之间的股票交易。

在魏玛共和国时期,股权越来越分散,这使创建公司的家族和他们雇用的经理非常惧怕公司被收购。为防止这种情况发生,多重股份投票权和投票上限得到了广泛运用。多重股份投票权被授予在监事会任职的家族成员以及家族银行。投票上限规则规定了非家族股东的投票权利上限而不管他们实际上拥有的股份是多少。金字塔式的机构似乎不可能占据主导地位,也许因为有其他机制允许公司通过公共股权市场来获取资本而无需承担收购的风险。

国家社会主义政府建立了公司治理的现代基础。在领导原则下,1937 年的纳粹股东法免除了公司经理和董事长对股东的具体义务,以一个对所有股东适用的通用义务代之,特别是对第三帝国。这部法律禁止股东通过邮件投票,强令无法投票的股东把他们的股份注册于银行,由银行代理行使投票权。这使大银行获得了德国大部分公司的投票控制权,第三帝国则控制了银行。

第二次世界大战之后,银行被私有化,但是纳粹关于股东权利和银行代理投票的创新得到了保留。共同决策制给予工人在监事会中一半的席位,不过 Roe(2002)认为公司可以很轻松地让决策绕开监事会。1965 年的改革废除了领导原则,要求银行必须有代理投票的书面同意书,同时还要求银行告知股东他们是如何投票的。股东又一次变成匿名的。1998 年的改革废除了投票上限的规定,受此改革影响的公司股价大幅飙升。多重投票股份仍然是不重要的。

很明显地,金字塔式主要是第二次世界大战战后发展起来的。德国家庭的股票拥有量大幅下降,从 1950 年占所有股票的 48.6% 下跌到 1996 年的 17%。与此同时,公司间的股权联合拥有从 1950 年的 18% 上升到 1996 年的 41%。金字塔式的控制在 20 世纪末的几十年得到了比以前更广泛的应用。由于多种投票权股份被禁止,金字塔式的控制成为既要使用公众股东的资金又要保留控制的首选机制。

因此,现代德国经济主要由家族控制的金字塔式集团和名义上大众持有(实际上由顶级的几家银行通过代理控制)的公司组成。占据主导地位的几家银行共同控制了它们自己大部分的股份。银行投票控制在小公司中不是很明显,所以小公司趋向于由家族控制。最近的改革要求银行把每年按照自己股份投票的权利告知股东。对于那些决定如何在股东大会上投票的员工,则有一个"中国长城"围绕他们。

Fohlin 认为德国的公司治理结构可以这样来解释:"第一次世界大战后一系列的政治机构和运动,培育了纳粹政权,抛弃了第二帝国富有而运行良好的混合金融体制。战后的政治和法律环境,继续压制第一次世界大战前时代的自由主义传统,似乎也阻止了旧双轨制的重新崛起。"

Dyck 的讨论赞扬了 Fohlin 对德国放弃股份持有分散化的证明,但 Dyck 认为完整的解释仍然需要进一步的工作。Dyck 对那些轻视银行在德国公司治理中作用的论点嗤之以鼻,他认为,德国的经济成功表明需要进一步研究德国企业是如何避免经典的治理缺陷的。

印度

由 Khanna 和 Palepu 撰写的第 5 章突出了印度悠久的商业历史。基于种族和宗教集团的大规模商人交易网络可以追溯到几个世纪以前。而现代印度的商业集团的组成仍然与之类似。在英帝国统治时期，印度开始了工业化进程。在那个时代，这些集团拥有资本，因而可以与大英帝国的商业集团在印度的分支机构展开竞争或者合作。

塔塔(Tata)家族(祖先是印度教徒)在过去的 60 年里控制了印度最大的商业集团。大英帝国统治时期，在殖民政府的合同和关税保护下，塔塔集团走向壮大。塔塔对印度独立的态度保持中立，因而当国会党获得政权后，塔塔便失去了支持。

来自富有的马瓦利(Marwari)社区的波拉(Birla)家族，非常慷慨地资助了甘地和国会党。Khanna 和 Palepu 引用国会党积极分子和诗人 Naidu 的趣话："为了让甘地能在贫困中生存，波拉家族花了所有的钱而且不求分文回报。"波拉家族在独立后的时期惊人地扩张，到 1969 年，波拉成为印度第二大商业集团。

因此，印度最大的两个商业集团的早期历史与 Ghemawat 和 Khanna(1998)以及 Khanna (2000)的研究一致：两家集团非常善于与政客打交道，通过政治联系获得地位，从而获得了先天的经济优势。Khanna 和 Palepu 的研究结果表明：集团公司一般都比独立公司更大、历史更悠久，这一发现与两家集团的情况是一致的。

Khanna 和 Palepu 的核心论点是，小一点的印度商业集团的排名起伏很大，伴随着集团的兴起壮大或者衰落消亡。独立时期的营业额毫无疑问地反映了英国商业集团印度分支机构的撤离，比如，Martin Burn，Andrew Yule 和 Inchcape。但是，实际上，波动在独立后是有所增加的，这清楚地表明商业集团并不能确立其拥有者的经济地位。这种波动表明了独立后的印度是一个比通常认为的更具有企业性的经济体。

因此，作为有组织形态的商业集团能够持续发展，而单个的商业集团，特别是小集团则不是这样。在 20 世纪 60 年代，尼赫鲁总理领导印度走上了一条不寻常的社会主义道路，制定了大量的规定，后来被称为主权执照。尼赫鲁最初的动机似乎是希望能抑制印度大企业的权力，因为之前一系列官方报告表明，有书面证据证实大企业家族对经济施加了非常可观的影响力，而且利用财政和政府的支持谋取增长机会。尼赫鲁的女儿——印地拉·甘地对私人公司追求增长机会、获取财政支持、与外国伙伴合作施加了更多的国家控制，甚至强令许多跨国公司离开印度。这个政策在经济上是灾难性的。1980 年中期，印度开始了一段缓慢的放松管制的时期。20 世纪 90 年代的一场金融危机推动了更激进的自由化进程。

在所有这些时期中的小企业的营业额也许表明了一个更具有企业性的经济，即具有创新能力的新企业崛起而老企业则消亡。Khanna 和 Palepu 认为商业集团仍然保有对单个公司的优势，因为他们可以更好地跨越机制鸿沟，比如，机制不完善的资本、劳动力和产品市场。当然，这些好处都主要被非常大的商业集团得到。只包含一小部分企业的小型商业集团无法回避市场，也无法躲避大型集团，因为大型集团拥有大量的资本、劳动力和各种各样的产品，可以在内部配置。

然而大型集团也付出了巨额资源，例如，在新德里建立代表处，雇用大批了解各种官僚制度繁文缛节的专家。主权执照显然是用来约束大企业集团的,但它的实际效果也许正好相反。只有最大的集团才能够负担那些用来引导官僚专家走出政治迷宫的巨额固定成本。

在甘地执政时期,波拉集团被控操纵执照体制。受到这种未曾预料到的指控后,波拉转而寻求海外扩张。但由于当时印度实行严格的外汇管制,波拉肯定需要官方的默许。一群有盈利的海外分支机构给集团带来了大量的现金流,新德里的仆从们却够不到这些现金流。一旦主权执照被废止,波拉集团就能够在印度境内迅速扩张。对此,有一种解读认为波拉集团的规模和重要性反映了他们在处理执照限制问题时的创业化倾向,而不是简单的政治寻租。

在主权执照体系下,塔塔集团感觉受到歧视,也许确实是这样。尽管如此,塔塔仍然生存了下来,并发展壮大,而且变得越来越企业化,具有创新能力,以此弥补了它相对缺乏的政治影响力。塔塔集团仍然在经济上占据主导地位,证明了政治联系并非是印度企业获得成功的唯一因素。

最后,第 5 章认为大型家族集团更可能发展壮大,是因为他们可以跨过市场缺陷和薄弱经济机制的空白。但除此之外,第 5 章也认为:塔塔集团能够生存并繁荣,是因为有真正的企业精神。作者强调了塔塔在印度软件业发展中的作用。这项产业的繁荣被认为是由于较少地依赖印度糟糕的国内机构和市场,因此在这个产业里,大集团的优势就很少。也许是塔塔提供了创业活动和繁荣,而这正是像印度这类新兴经济体所缺乏的。

Mody 在这一章中的讨论以对韩国和中国台湾的比较开始,韩国的发展依靠家族控制的大企业集团,中国台湾的发展则主要依靠小企业。他指出,两个经济体都发展迅猛。但是他暗示韩国的商业集团最终会有问题,因为他们使外部人的创业变得困难。Mody 描述了孟买计划,在这个计划中,印度最有权势的商业家族的领导者要求政府支持工业化,包括在资本生产中扮演直接角色。这预示着独立后印度的计划体制——被认为是典型的从苏联或者所谓的费边社会主义者引入的社会主义结果。他认为,正好在独立前提出的这个计划,表明这个计划的支持者(包括塔塔和波拉家族)确实积极地寻求与国会党政府的合作。

意大利

由 Aganin 和 Volpin 撰写的第 6 章表明家族控制的商业集团相较 20 世纪前后期而言,在中期更有权势,而股票市场则是在前后期比中期更重要。

法律和政治显然具有某种解释力。在 20 世纪初期,意大利政府很少有兴趣去直接干预经济活动。然而,1931 年,意大利最主要的 3 家投资银行都倒闭了,而法西斯政府则接管了他们持有的工业股份,而且在法律上规定把投资业务从商业银行分离了出来。这些股份都被转移到了意大利重建机构(IRI),这是一个巨型的、由国家控制的金字塔式商业集团。第二次世界大战后,意大利政府仍然在经济中扮演着直接的角色,支持财务困难的企业,运用它掌握的公司治理权力来指导经济增长,特别是在资本密集部门。战后政府在 1952 年成立了 ENI 以控制化学、石油和采矿企业。1962 年成立了 EFIM 以控制电子和其他企业。1972 年成立的 GEPI 则干预南部意大利的经济。每个商业集团都控制了大量的上市公司,由一个政府任命的 CEO 领导。

因此,Aganin 和 Volpin 认为,由于战后意大利的政府官员倾向于通过产业政策而不是金融系统来配置资本,因而他们觉得不需要特别保护投资者。投资者也倾向于购买政府债券而不是股票,此外,意大利的股市在 20 世纪中期一直持续低迷。新的进入者发现公开发行股票非常昂贵,然而政府官员通过廉价的资本帮助建立大型商业集团。新的公开交易的家族集团很少出现,而且总是伴随着强大的政治支持。大多数意大利公司都是非上市公司,且由创建家族在有盈利的市场上运营。

这就是一种政府和家族资本主义。上市公司大多被组织成金字塔式的商业集团,由政府或者古老家族控制。因此,意大利大型上市公司的治理要么被委托给由政府任命的官僚,要么就是交给富有的古老家族一代传一代。

意大利的产业政策就是把资本补贴导向各种商业集团,因而到了 20 世纪 90 年代,公共债务和税收达到了一个难以持续的水平。一场大范围的私有化和改进对公众股东权益的法律保护,使股票市场重新焕发了活力。之前未上市的公司开始倾向于公开上市,而股票市场也逐步壮大。越来越意识到公司治理必需性的投资者们,继续要求产权的保护。

日本

日本的公司治理历史比其他主要国家都更复杂、更斑驳。接下来由 Morck 和 Nakamura 撰写的第 7 章,更多地以一种历史叙述的形式来展现。

在 1868 年之前,日本是一个非常保守和封闭的国家。商业家族在世袭体制中处于最底层,处于僧侣、武士、农民、手工匠之下。这种道德的颠倒导致了商业发展的停滞,这并不令人吃惊。但是,为了能统治一个人口众多且密度大的国家,日本封建幕府首领不得不给予一些显赫的商人家族(比如,三井家族、住友家族)越来越大的影响力。

作为美国早期单边主义的一个例子,佩里将军炮击东京,最终使日本同意向美国开放市场。而一群激进武士以恢复当时为傀儡的明治天皇的实际权力作为借口,夺取了政权。明治革命的领导者打算击败外国人,从而恢复日本的锁国封闭政策。但他们很快意识到,要想击败外国人,就意味着要向他们学习。于是,明治政府的领导者把日本最好的学生送到世界各地的大学去学习有关外国技术、商业和政府的知识,然后回来报告。结果便是在文化、经济、政治上对日本进行改造,这是一个改革者把他们认为的当时世界上实践中最好的法律、经济和社会制度东拼西凑起来的一场革新。政府建立了国有企业,把所有西方产业的方法带到日本,在这个过程中也背上了巨大的债务。为了摆脱这种情况,明治政府实行了大规模的私有化。大多数企业都被卖给了三井、住友家族和其他一些由家族控制的商业集团(比如,三菱家族)。这些集团被称为财阀,就像世界其他国家一样,他们就是一种由上市公司组成的金字塔式的商业集团。随后,其他集团,比如,尼桑在其巅峰时期作为一个大众持有的金字塔式商业集团,在 20 世纪投入了日本经济的发展浪潮中。由此,日本开始了国有和家族混合体的资本主义工业化进程。股东们热切地购买股票,特别是购买这些大商业集团附属分支的股票。

19 世纪 20 年代到 30 年代初是一个萧条时期,展现了不同的金字塔式结构的弱点和优势。像三井、住友、三菱等集团,由于在巅峰时期发展了自己拥有的银行,因而生存了下来。而像铃木集团,虽然控制银行但并不拥有银行,因而破产了。似乎是铃木集团的结构使家族把资金从银行转移到了那些财务命运会影响家族财富的企业中去了,这就使这类处在衰退期中的集团在财务上无法持续。持续的经济停滞侵蚀了人们对家族资本主义的赞赏。经济改革者们责怪那些富有家族把股东的权利置于公共利益之前，专注于短期利润和股利而不考虑长期投资。

在 19 世纪 30 年代，日本军方通过战略性地暗杀政府官员然后以军部将官取而代之，慢慢地积累起了权力。虽然日本军政府是一个法西斯政府，但是它的经济政策却借用了苏联的实践经验。政府免除了公司董事会对于股东（家族和公司股票东）的责任和支付有限股利的义务。军方代表在主要董事会中都有一席之地，监督着中央直接指令性生产配额的执行。价格和工资也是由中央计划者制定的。虽然法律上的股东权利从未正式宣告失效，但是 1945 年美军占领后接管的日本经济与19 世纪 90 年代初东欧后社会主义时期的经济并没有很大区别。

美军占领当局由麦克阿瑟将军领导，他听从新政者罗斯福的领导。正如 Becht 和 De Long 撰写的那一章所论，罗斯福政府成功地迫使美国的财阀解散，这些金字塔式结构的财阀在被解散之前由大家族控制并主导着美国经济。新政者在日本也如法炮制。家族和公司股权被充公或者卖给公众。这些家族以债券形式收到了正常的补偿，而股权出售的收益则由政府得到。到了 1952 年，日本的大企业几乎都是独立或者公众持有的，就像现在的英国和美国一样。公司突袭者开始出现，对于他们认为治理得不好的公司，发起了两波敌意收购的浪潮。在今天的美国和英国，敌意收购只占兼并活动的一小部分，但是它们影响着大公司且吸引着公众的关注。正如 Morck、Shleifer 和 Vishny（1988）强调的，敌意收购的威胁可能比偶然事件对促进公司治理更重要。

但是收购并没有带来突袭者预期的公司治理的改进。掌管日本大企业的职业经理人并没有受到规则、法律和习俗的制约而去保护公众股东的财产权利。最初，比较受欢迎的敌意收购防守策略是"绿邮件"（股票市场用语，为了促使股票升值或者迫使有意收购某公司股票以抢夺经营权利的人付出更大代价，而预行购入该公司一大批股票的行为），目标公司的经理用股东的钱支付给突袭者以求得他们的退让。这种支付对于突袭者来说，可能更反映了目标公司薄弱的公司治理情况。

最终，一个更有效的防御收购的策略出现了——经连。在美国，目标公司有时候为了阻止突袭者，会把大量股票卖给一个友好股东，称之为"白衣护卫"；或者也可以邀请另一个与公司管理层友好的敌意收购者，称之为"白衣骑士"。经连防御是前述策略的变体，它涉及由一些友好的管理层运营的公司集团，管理层之间互相持有对方小部分的股票。虽然每个公司只持有其他公司微不足道的股份，但是每个公司的这些股份加起来就可以达到共同控制。因此，每个在经连集团中的公司都由本集团中其他公司共同控制。经连集团出现过两次高潮，第一次在19 世纪 50 年代，然后是 19 世纪 60 年代。盎格鲁—美利坚式的资本主义在日本的实验是短命的，而经连体制则保留到了今天。

虽然财阀和经连的主要功能都是锁定公司控制权，但是两者可能也是对各种机制缺陷的合理反应。由于成功的财阀和经连中热情的政治寻租者，所以大公司集团比独立公司更有可能对政府施加影响。在某些财阀和许多经连中，寻租可能妨碍了金融发展，由此引发的大量的资本不当配置造成了长期的经济问题，导致了 19 世纪 90 年代日本经济的低迷。

Sheldon Garon 的讨论认为要更多地关注谁作出了移植西方机制的决策。他同时也指出,尽管中小企业很重要,但是本章几乎很少提及他们。对于文中的观点,即德川幕府时期的日本开始孤立于世界之外以及战时日本经济类似于苏联中央计划经济,Sheldon Garon 表示了异议。他指出,最近的思考强调了德川幕府时的日本通过长崎这一地方与外国人保持着联系,此外,战时日本模仿的是国家社会主义的中央计划经济,具体细节在 Fohlin 撰写的一章中有描述。我们承认这一点,但是仍然对于国家社会主义者、法西斯、苏联社会主义者的中央计划的相似程度印象深刻。这一点分别由 Silverman(1998)、Guerin(1945)和 Hosking(1985)在他们的著述中有描述。

荷兰

荷兰拥有世界上最悠久的股票市场,他的企业家们发明了股份合资公司。因此,由 De Jong 和 Röell 撰写的讨论荷兰的公司治理历史的第 8 章就特别有启示意义。1602 年,世界上最早的大众化持有的股份合资有限责任公司——荷兰东印度公司成立了。紧接着在 1622 年,就出现了世界上第一次大公司治理纷争。当时,经理们以自己出资购买股份参与这个有限期的合作企业。在 20 年内,他们可以获得清偿性股利支付。这些经理决定把"如此具有诱惑力"的公司继续无限期经营下去。投资者们非常愤怒,但是荷兰政府把东印度公司视为对抗西班牙的武器,因而支持管理层。公司的股利流非常多,以至于任何想退出的投资者都可以把股份转卖给其他投资者。这也许比清偿性股利更好,因为卖出者无需等到公司固定寿命的终止。尽管如此,吵闹着的股东仍然抱怨公司披露不够充分。股利支付仍然继续且被保留在公司文档记录中。荷兰股票市场仍然保持了长达一个世纪的欧洲金融中心地位。

此外,发生在法国的一系列金融危机的溢出效应(Murphy 在第 3 章中论述)破坏了荷兰投资者对金融市场的信心,这种影响在 18 世纪显露得比较缓慢,到了法国占领时期(1795—1813)就变得明显起来。1804 年,法国推行他们的国内法典。这部法典被广泛认为要比当地的法律体制简单得多。它抛弃了长达两个世纪积累起来的荷兰法智慧,把法国投资者对金融市场的厌恶感强加给荷兰。这部法国法典和法国政府遗留下来的 4 倍于国民收入的公共债务,以及由比利时独立带来的持续的工业混乱,三者共同造成了 19 世纪初期的缓慢增长。

19 世纪后半期工业发展的资金主要来源于家族企业的留存收益,这是他们在 19 世纪前半叶缓慢积累起来的。富有家族买入新公司的商业票据,然后长期持有这些投资。上市的国内公司股票在 19 世纪末也起了作用,但是,不断发生的令人震惊的内部人侵蚀上市公司的事件影响了公共投资者的兴趣。许多荷兰小投资者的家庭因为法国革命时期的官方破产而损失惨重,显然他们更喜欢储藏硬币。虽然荷兰市场在整个 19 世纪非常有活力,但是最活跃的都是外国政府债券和美国铁路及工业股票。

在 20 世纪,公司脱离家族控制而走向职业管理的趋势变得明显起来。公共股权发行和银行长期贷款在 1895—1920 年的工业化浪潮中发挥了重要作用,也促使了股票市场的复苏。与德国不同,在公司治理和产业公司融资中,荷兰一直把银行家的作用局限于次要地位。20 世纪90 年代,工人在公司治理中越来越有发言权,但他们(对公司的影响)仍然无法与德国的工人相比。

虽然公众股权对荷兰公司的参与越来越多,但是,De Jong 和 Röell 总结认为真正的决策权力仍然保留在贪恋权位的公司高级管理者手中,而且他们还受到反收购防御策略的保护。这些防御策略与盎格鲁—美利坚的不同。旨在模仿德国式共同决策的改革使公司建立了监事会,但是并没有让股东在选择监事会成员的过程中起到作用。这些贪恋权位的监事会割断了管理层责任与股东的联系。另一种壕沟机制就是优先股票(priority shares),公司治理的关键决策都被给予这些股份的持有者,例如,董事会成员的任命。另一种寡头机制把一些诸如有关股利支付的关键决策权给予管理层以外的公司部门。投票上限,限制投票股份和超级投票股份也被广泛使用。第二次世界大战结束后到 20 世纪 70 年代,另一种流行的壕沟机制——优先股(preference shares)出现了,它以非常优惠的价格出售给律师等高级人员,而且优先股往往拥有监督投票权。还有一种机制则把所有的股份放在一个收入信托机构,而让公众投资者购买信托机构的单位。最后,互相勾结的管理者司空见惯,显然这使荷兰的公司部门弥漫着一种排他的氛围。

De Jong 和 Röell 发现这些机制与衰落的股东价值有关。许多壕沟机制与欧盟的指令相冲突,他们还暗示一些其他壕沟机制,如金字塔式集团,也将会在荷兰变得更为流行。

Högfeldt 的讨论比较了荷兰和瑞典,强调了与瑞典相比,荷兰的银行的作用非常微小,强调了许多荷兰上市公司的收购防御策略以及荷兰官员对这种防御策略的默许。

瑞典

瑞典人对他们独特的高度平等化的社会民主模式感到非常自豪。然而,由 Peter Högfeldt 撰写的第 9 章表明了瑞典人也同样信任他们国家那些富有的家族,这些家族集中了公司治理的权力。Högfeldt 认为这种集中是因为长久以来社会民主的政治影响,而不是反对社会民主。因为有着惊人的利益共性,社会民主党变成了家族资本主义实际上的担保人。社会民主党的政治家们希望有一个由瑞典人控制的稳定的大型公司部门,因为瑞典人被认为比国外拥有者更容易受到政治压力的影响,因而更有可能最终接受社会民主制度。瑞典的富有家族,通过行使小部分的超级投票股份来共同控制他们规模巨大的金字塔式商业集团,因此希望保持这种现状。为了获得那些能够保持他们公司治理权力的政策,接受社会民主制度对他们来说显然是一个合理的代价。

Högfeldt 还认为,在金字塔式结构中,控制与所有权的进一步分离使外部融资相对于留存收益融资更昂贵。如此便能鼓励企业进行扩张,而不鼓励新企业上市。他称其为融资的政治排序理论。对此,社会民主党人对那些为了扩张而用留存收益来进行融资的企业提供税收补贴,而对公众股东的投资回报课以重税。

这些固化了的互相支持的政治和公司精英们使瑞典享受了坚实的经济增长,直到 20 世纪 70 年代,瑞典经济在应对外部环境冲击时表现得出乎意料的僵硬。那些用来稳定最大公司、阻止新兴公司崛起而挑战他们的机制已经无法适应一个飞快转换比较优势的全球经济。社会民主党能够对收入进行再分配,却无法对产权和财富进行必要的再分配。

在 Högfeldt 看来,上述原因导致由老迈虚弱的公司主导的瑞典经济越来越脆弱,这些公司仍然由 50 多年前接受社会民主制度试验的相同家族把持。

Röell 的讨论强调了瑞典和荷兰的区别——都是北欧小国、实行社会民主制度。她认为投票上限和其他由拿破仑民法典残留下的遗迹保护了荷兰的公司内部人,而双重投票权和金字塔式集团保护了瑞典的公司内部人。两种保护都是成本巨大的,而总结这些成本便是一个重要的研究课题。

英国

由 Franks、Mayer 和 Rossi 撰写的有关英国的第 10 章比较了 1900 年成立的核心公司和 1960 年成立的核心公司。作者发现两类公司的股权都是以相似的速率越来越分散化。据此,他们认为,在现代英国,那股使创立家族撤回他们公司治理权的力量在一个世纪以前也起着作用。

他们认为英国的股东权利直到 20 世纪后半期以前,一直是极其微弱的。因而他们反驳了 La Porta 等(1999)的观点,即英国对股东权利的法律保护促使了股权的分散化。如果是这样的话,他们认为,那么在 20 世纪初期公司股权应该是高度集中的,然而事实并非如此。

在对英国公司治理历史做了一个概要性的描述总结后,他们进一步认为,在 20 世纪中期,金字塔式结构取得了重要地位。他们暗示,于 1948 年开始实行的改进后的公司披露制度,使敌意收购对突袭者来说风险变小了,而金字塔式结构也发展成为一种反抗敌意收购的防御策略。然而,他们认为机构投资者看到这种结构存在严重的治理问题,因而游说政府废除这种结构。英国的机构投资者成功地施压伦敦股票交易所,使后者实行了一条新的收购规则:任何收购上市公司 30% 或以上的要约必须是一个 100% 的要约。Franks 等人提出,这项规定使金字塔式商业集团很难再作为一种收购防御策略。来自机构投资者持续的压力最终使英国抛弃了这些结构。

Franks 等人认为集中化的公司控制和金字塔式商业集团在其他地方比在英国对公司内部人更有价值。这是因为,这些所有者结构能够允许公司内部人从控制中截取私人利益。然而,他们提出,英国的公司内部人过去以及现在都是被更高的道德标准所约束,从而能够避免那种私人利益的攫取。有鉴于此,英国的公司内部人更能够被说服去卖掉他们的控制权,从而摈弃金字塔式的控制。因此,当前这种分散式的公司拥有权在 20 世纪初流行起来并持续到现在。

Eichengtreen 的探讨提出了进一步的问题。大萧条在许多国家的公司治理的演化中处于一个关键的结点,然而对此很少有讨论。为什么英国的银行家们没有他们德国、瑞典同僚的那种公司治理的权力,却感到很满足呢? 他注意到 Sylla 和 Smith(1995)强调了 1890 年的董事责任法,该法案规定公司的董事要对在邀请购买者购买公司股份过程中的声明书负责。此外,还有 1900 年的公司法加强了强制性公司信息披露的原则。这些都解释了为什么英国的金融市场在世纪之交时发展得如此迅速。他认为,在 20 世纪早期,英国的股东权利也许比 Franks 所承认的还要强。

美国

Becht 和 DeLong 写的关于美国的第 11 章,探究了美国是怎样走向如图 0.1 所示的那种非典型的分散式公司所有权的。其他国家的大企业通常组织成为大企业集团,由那些富有的古老家族或者强大的金融中介所控制。大部分美国大公司都是由职业人士管理,这些公司也没有上市的附属公司或者母公司。

这些区别正是 20 世纪的发展，Moody（1904）描述了一个更为正常的美国。强大的银行和财阀家族控制着大部分公司行业，掌握着这些公司的控制权，监控、选择和更替公司经理以及设定公司的发展方向。

但是，到 20 世纪 30 年代，所有这些都改变了。从第一次世界大战爆发到第二次世界大战结束前，发生了大规模的股份民主化持有。而这种分散的好处取决于股票市场的深度。1917—1918 年间的战争债券发行运动，针对股权所有的广受欢迎的杂志以及对华尔街名流的媒体报道，使广大美国中产阶级的财富流向了股市，从而使因分散化作出的牺牲比其他地方更具有吸引力。

快速发展的进步运动谴责经济权力的集中，也谴责像摩根大通和洛克菲勒这样的垄断寡头，以及其他大量金字塔式的商业集团，他们"使利益冲突成为一种生活常态"。进步政治家公开抨击这些产业中的"强盗寡头们"。

为了获得多元化的好处以及减轻进步媒体的指责，许多富有的家族把他们的大部分公司股份卖给了股票市场。当然，大部分家族一开始通过投票委托、常任董事会保留对企业的控制。

但是进步政治家们仍然不罢休，他们向反垄断机构施压使其服务。1911 年，他们成功地分解了标准石油托拉斯——一个由洛克菲勒家族控制的石油和工业组成的巨型集团。紧接着的几十年中，出现了自主地、大众持有的、由职业经理人管理的各种企业。Becht 和 DeLong 跟踪了新泽西标准石油一例的详细过程。

美国对大萧条的反应就是攫取了当时家族资本主义所剩下的东西。两个大型的金字塔——Insull 和 Sweringen 商业集团在 1929 年崩溃了。这些轰动一时的崩溃案例显然是公众在认为大萧条和这些高度集中的公司控制有关系，从而证明了进步改革的正确性。1933 年的 Glass-Steagell 法案把商业银行从投资银行分离出来。1935 年的公共事业公司法案禁止家族控制公共事业公司。一系列涉及银行、保险、共同基金和养老基金的监管改革使这些组织不再受到累积起来的公司治理的影响。

美国法院也积极介入，希望保持股权结构的分散。例如，1957 年，最高法院判令杜邦家族卖出他们在通用汽车的股份，以阻止杜邦获得"在通用汽车产品销售中针对其竞争对手的非法优势"。

当时，Becht 和 DeLong 研究了 1937 年美国前 200 家上市公司的股权持有结构。其中有 24 家是金字塔式的附属公司，只有 34 家没有控制性的股东。他们还探究了最后的一段历史，发现当这些家族卖掉了他们的股份后，企业都变成了公众持有的公司。有些买卖具有市场时效性，比如，在市场泡沫期以高于基本价值卖掉。大部分买卖则可能是家族企业享受到了在股市中多元化的好处。这些家族通常通过董事会席位而非通过控股股份保持他们的影响力。

在进步时代的压力下，他们通常转向了哲学，使他们和他们的后代远离治理问题。因此，现代美国人把洛克菲勒、卡耐基等大亨的名字与艺术、大学和博物馆等联系了起来，而不是建造这些场馆背后所耗资的巨额财富。

积极的法官和进步政治家,在财富的支持下,有效地把美国大企业的治理转到了职业经理人。1934 年的《证券交易法》规定了董事会监控管理层。虽然 20 世纪 80 年代的敌意收购使这些安排出现了问题,但是机构投资者扫清了障碍,这种情形使大多数的美国公司能够保持独立、专业地经营。

Richard Sylla 的讨论可与 Becht 的论点相对比,他认为到 19 世纪,美国公司已经有"一股一票"的投票权利了,使大股东有更多的发言权。Dunlay 认为,在欧洲,股东的投票权更为"民主",从而限制了大股东的权力,就像早期美国的情形。Sylla 注意到 Alex Hamilton 认为这种针对大股东投票的限制是必须的,以阻止小部分人控制公司。Hamilton 担忧分层式的大股东欺压小股东,而不是担忧职业经理欺压小股东,这让我们印象深刻。

0.4 共同点是什么?

每个章节都强调了金融历史的内生复杂性。然而,许多国家仍展现出了一些共同特点。本节追踪了最显而易见的特点,同时把这些共同点和当前为什么在不同国家有不同治理结构的思索联系起来。

历史的意外事件

在每个章节最清楚的教训就是"事情就是那样发生了",从而限制了下一步该发生什么。公司治理的历史,就像其他历史进程一样,是路径依赖。

如果法国没有反复遭受金融危机,那么这个国家的股东权利可能集中得更早。Murphy 认为联合持股公司和其他大型公司的形成在 1840 年的时候实质上已经停顿了,此后仅恢复了一小段时间。其他欧洲历史学者也有相似的观点——Frentrop 写道:"经历了 1720 年的事情后,法国公众逐步对任何和金融市场有关的产物形成了厌恶感。"他继续说道,"相似的意见在荷兰也有。"Frentrop 认为拿破仑法典通过法国军队传播到欧洲大陆各地,法典带着那种厌恶感,并且相较于荷兰之前的法律系统,拿破仑法典对荷兰的大企业的益处很少。也许历史的意外事件解释了 La Porta(1999)的发现,那些以拿破仑法典为基础的国家金融系统的发展都受到了阻碍。

然而,其他经历过金融危机的国家的反应却是截然不同的。英国南海公司的泡沫伴随着密西西比公司的泡沫。这些泡沫的结果,以及泡沫法案的出台限制了股票市场的代际继承。有些好的公司,比如,英国东印度公司以及哈德森港湾公司在金融危机中生存了下来,并且很快发展成为复杂的买办银行。心理学家感到很困惑,为什么有些投资者很难从之前的创伤中恢复,而有些人则能够很快恢复过来。经济学者也很少能理解经济危机是如何影响机制发展的。

建立于 19 世纪 70 年代的中国股票市场,也体现了全世界其他股票市场共有的操纵股价、内幕交易等特点。中国股票市场崩溃于 1883 年,在 1922 年又一次崩溃。也许这些不幸事件使中国偏离了一条本该走上的自由市场道路。中国的资本主义从未恢复过,中国公司的股份流动性很差。在 1949 年之后,衰落的资本主义在中国走下了舞台。

在 1933 年,魏玛共和国的一个专家委员会聚集在一起,完成了他们的决议,那就是把商业银行从投资银行分离出去。如果这种分离得到支持,德国银行将放弃大部分他们对非金融机构的公司治理的影响力,德国的资本主义的发展将与之前截然不同。然后,委员会支持维护现状,可能主要是因为委员会主席 Schacht 惧怕像 Feder 这样的人出现并粗暴地改革体制。Feder 是纳粹党的创建者之一,希特勒的银行顾问,他以 1919 年《打破利益枷锁的宣言》而出名,他拥护对所有银行实行国有化,废除利息制。

如果中国、德国、日本和意大利避免了 1920—1930 年的经济危机,如果法西斯主义和社会主义没有那么吸引人,也许这些国家会发展出符合他们自己文化的资本主义。如果在 20 世纪中叶社会主义不是那么流行的话,荷兰、瑞典、印度也许就走上了美国那样的公司治理道路。如果 Colbert 是英国人的话,英语世界将会经历更多的经济危机,或者说,如果法西斯主义和社会主义有更多的以英语为母语的拥护者的话,英美两国会不会被由大家族控制的企业占据呢?

不过,如果得出结论——所有事情都是意外事件。这似乎又太简单了。然后,这个结论满足的是那种纯粹的单个国家的历史学家。在各种事件中,经济历史是有关机制、规则的历史。幸运的是,许多应该影响公司治理的问题都得到了强调。更幸运的是,本书的各章节为弥补这种缺陷提供了丰富的细节。如果我们能够得出结论,某个理论是正确的,因而舍弃其他理论,那就太棒了。可是经济学很少如此简单。那些为了解释在公司治理方面存在历史的、跨国家的不同的重要理论都能够找到论据,当然,有些理论还需要修正。

理念

战争、动乱和许多其他灾难同时影响着许多国家,但是在不同的国家却触发了不同的反应,这些反应是根据当时某些意识形态的受欢迎程度而作出的。在英国和美国各自的内战后,私人产权很少合并。也许更为典型的是,法国在经历了 18 世纪 20 年代的经济和政治动乱后,传统的天主教文化复活并限制了商业发展。在 18 世纪末,越来越多的动乱使人们对所有和金融有关的事物产生了疑虑,此后战争把法国革命传递到荷兰和其他地方。本书的好几个章节都认为当经济处于转型的关键时期时,意识形态不管好坏,都是十分重要的。

一个关键的时间点就是 20 世纪 30 年代的大萧条。当时不同国家建立了不同的公司治理道路直到现在。对于 1920—1930 年发生在许多国家的金融危机,各国的意识形态反应各不相同,这深深地影响了后来公司治理的发展进程。

在 20 世纪 30 年代,美国深受进步思想的影响。当大萧条破坏了人们对美国机制的信念的时候,罗斯福新政重新调整了美国机制以适应意识形态。尽可能广泛地分散股权是其中关键的一步。从此,美国政府通过禁止大型金字塔式集团控制公共事业公司、对公司间股利征税以及加强公众股东对他们投资的产权等一系列措施,开始打碎这个国家大型的金字塔式公司集团。这个无畏的意识形态与机遇相结合的行动创造了美国独一无二的、自主的、公众广泛持有股份的大公司。

在瑞典,同样的大萧条却有着完全不同的结果。在瑞典,等待着激发的意识形态是社会民主主义。当瑞典选民对他们传统的机制失去信心的时候,社会民主党人取得了权力,然后激进地通过两种方式集中经济权力。首先,国家在瑞典经济中占据了主导力量。第二,大规模的公司破产使得由 Wallenberg 这样的大家族控制的大银行能够保持对大多数瑞典公司的控制权。这些银行重新组织这些公司成为金字塔式的商业集团,这种结构在当前的瑞典也是如此。Högfeldt 认为,社会民主党人和其他权贵家族发展出了一种富有象征意义的关系,这些富有家族支持社会民主党人,而社会民主党人则制定政策支持这些大家族并且遏制新兴的企业。

混合着社会主义和国家主义的意识形态在德国、日本、意大利兴起。最终,激进的国家主义者在这三个国家都取得了胜利,但他们并没有施行许多社会主义政策。在20世纪二三十年代,主要的德国银行为了稳定他们的股价,累积了大量他们自己的股份。国家社会主义党人没收了这些股份,实质上是将这些银行国有化,并通过代理投票权施加党的控制。多种投票权变得无效,除了那些家族控制的公司。此外,投票上限并没有用到银行中。通过这种方式,Reich 国有化了大部分德国经济,却在形式上保留了私人股权的存在。意大利的法西斯政府通过获取破产银行的股份来国有化银行。意大利战后政府保留了许多墨索里尼时期的经济体制,包括大量金字塔式公司,这些公司都是国有控股的。日本军政府也与此相似,在董事会中安插军方代表,以保证大型公司为国家运营而不是为利润运营。

在加拿大,社会主义者和进步人士鼓吹与1930年改革相反的观点,让老派政党保留权力,保留了战前的那种金字塔式集团。在随后的几十年间,加拿大大型企业的公司治理只是稍有改变而已。英国、法国和荷兰似乎也是保留了大萧条前的那种公司治理体制。

另一个例子与印度和其他后殖民时代的经济体有关。Das(2002)和其他人认为伦敦政治经济学院的那些智力精英们反向影响了印度的经济政策,包括公司治理。在其他第三世界国家也有相似的影响。

家族

本书的一个目的就是提供一个全世界各国公司治理的情况。以历史顺序和地理方面叙述的这个项目使我们能够观察,同时提出为什么不同国家的企业组织机制如此不同的问题。重要的是,本书提到了在资本主义经济中对家族企业的忽视。家族资本主义对一个国家的富有和贫困都有影响。

本书的一大主题就是在大多数发达国家中大型家族商业集团的重要性。La Porta 等(1999)和 Burkart 等(2003)得出结论,全世界大多数大型企业都是"由他们的建立者或者是建立者的家族和继承人所控制"的。此外,没有一种统一的从家族资本主义转向经理人资本主义的自然转型道路。Franks 等人撰写的章节描述了在英国的转型,De Jong 的第8章描述了在荷兰的转型。Becht 和 DeLong 在第11章描述了美国从家族资本主义专项经理人资本主义以及美国独特的渐进主义思潮。在第4章,Fohlin 表明:虽然德国因为纳粹党的银行法发展出了经理人资本主义,但是大家族仍然保持着很大的影响力。日本的管理主义是战后从美国强迫移植过来的。在加拿大,管理资本主义在20世纪初取代了家族集团,然后家族集团重新兴起。在其他国家,家族商业集团很少受到过挑战,除了那些国有企业。职业经理人由大家族集团雇用,很少起到作用。

本书的研究提供了很多证据表明家族控制有好有坏。大家族们如何经营企业,如何影响经济,似乎是由环境决定的。Burkart 等人(2003)强调了对公众股东的法律保护,认为家族继承人可以放弃控制,将管理权交给高素质的经理人以此来分散他们的财富,不过,只有他们当觉得能够信任公司管理时才会这样做。并且他们还得出了"所有权和管理权的分离是公司治理的进步。缺乏这种分离以及大家族控制盛行,是金融不发达的表现。"的结论。

但是 La Porta 等(1997a,1998)表明许多发达国家很少提供给公众股东权利。如果家族控制能够更有利,那么以上情况就很可能发生。例如,比起非亲属之间的关系,家族之间亲密的纽带更能带来合作。把不同企业的控制权委托给具有血缘关系的亲属更有利于知识、职位和惯例在公司间和代际间传承。换句话说,大家族商业集团代表一种能够在经济竞争选择中生存下来的有效机制。Khanna 和 Palepu(第 5 章)强调这种自然的合作行为就像一个把家族成员联系在一起的纽带,也带来了来之不易的良好声誉。

不过,他们也展示了印度家族企业的兴衰历程,其他章节也研究了其他地方相似的变化。Schumpeter(1951)对欧洲家族企业做了一次类似的观察。Schumpeter 强调创业能力并非是家族企业财富的基石,而是带有个人特征。这就意味着"完全对权势家族的取代,而不是仅仅在家族间地位的转换"。由此,家族的进入和退出受到个人影响,阶级留存下来,而家族则远去了。他总结道:"阶级的存在是由于阶级特征的稳定和缓慢变化引起的一种幻象。"

根本上讲,Schumpeter(1912)关于创造性破坏的想法是资本主义的主要原则。但是,革新和创业能力也是需要培养的。寡头家族精英们可以用大量的财富和人脉维护他们的权力和控制,但是却以经济发展为代价。Haber(1999)等人把这类精英称之为寡头组织。它们区别于企业组织,但两者都受过良好教育。本书的研究提供了大量有关企业组织、寡头精英的例证。

商业集团

相对于独立自主的企业,要对商业集团的经济活动有一个概念化的定义,不是一件容易的事,英美两国的企业研究虽然很活跃,但是两国极少有商业集团。商业集团从字面上讲就是联合,但是联合比起其他重要问题,还是几十年之后的事情。然而,日本的商业集团(在 Morck 和中村撰写的第 7 章中展示)与其他国家的集团有着截然不同的历史。最重要的是,日本大型企业财团都是由管理层而不是由富有家族控制的。

Axelrod 和 Hamilton(1981)认为人类天生就倾向于通过血缘关系结构来组织活动。尽管不存在生物上的联系,但是这种组织倾向持续很长,而且扩展到经济活动中。家族血缘团体可能是最古老、最广泛的团体行为。Khanna 和 Palepu(2000)从经济学的角度把家族集团定义为"一种机制,这种机制通过鼓励在集团企业间的信息交流,使集团内部的信息交流成本降低,从而减少长久纷争的可能性,同时提供一个低成本的争端解决机制"。

从理论上讲,如果贸易能够扩展到血缘关系之外,并且在互不知名的人之间进行贸易,经济福利能够大幅提高。那些通过公众募集资金的公司能够以更低的成本迅速发展,比那些通过家族财富发展的企业更快。家族控制的金字塔式集团在很多地方兴起,它们大量地通过公众股权融资,但却仍然保持着关键决策的控制。

日本的财团、德国的银行集团以及公众持有的公司、国有公司并不适应上述结构,他们是例外,却很重要。在每个例子中,他们也是通过公众股权融资,但却由公司内部人——经理人、官员、银行家而非富有的家族控制。集中控制似乎是所有国家企业集团的主旨。

为什么这些集中控制能够发展起来并流行呢? 为什么它们总是由一小群家族控制呢? 对此我们只能推测。

亚里士多德在他的《道德论》中写道:"人们为了某种利益而聚到一起。"社会学家一致承认"组织内的交流和参与能够对个人和社团产生正面的影响"(Portes,1998)。Granovetter 认为美国式的自主企业没有在战后的日本盛行,是因为:"计划者过于低估了日本集团内的企业之间的社会关系网,其产生了企业组织上的认同感和习惯合作的模式,因此即便没有家族拥有者的指令企业仍然能够持续。"不过,集团的身份认同和合作并不需要公司间的相互持股。以这种观点来看,日本集团的兴起是建立在高级公司管理没落的基础上的。

Khanna 和 Palepu(1997)注意到"在大多数新兴国家中占据主导地位的还是分散化的商业集团"。他们提醒经济规划者和行政人员,不要盲目模仿西方的自主式工业企业。他们认为如果"一个国家的产品、资本和劳动力市场,以及管制机构和执行合同的机制"得不到信任,那么商业集团就会代替它们。拥有许多企业的家族成员之间的信任代替了对商业合同、金融市场或者劳动力市场的信任。

信任

带有血缘关系的合作行为也许可以从基因上计划好,这使家族的个人具有高度信任的行为。但是,由其构成的广泛工作交际网对一个大型组织的有效治理体制显得更重要。Mayer 等(1995)把信任定义为:"一方自愿依赖另一方的行动,这是基于对另一方行为的预期,预期另一方会有良好的行动,因而不需要去监督。"Arrow(1974)对此优势作出了如下解释:"信任是社会体制的润滑剂,它非常有效,可以节省人们许多成本。"信任可以降低交易成本,促成有效的合作和控制。Macaulay(1963)举了一个有力的例证说明,商业交易的治理比正式协议和合同更重要。他认为正式的法律合同只是覆盖了商业行为的一小部分。商业人士更喜欢依靠一种诸如"君子协定"之类的机制。

Fukuyama(1995)认为一个高度的社会信任可以改善所有社会机构的表现。缺乏信任使合作与控制问题重重。在某些情形下,比如,把西方资本主义移植到发展中国家中,在这些国家中非血缘关系的信任很少,在这种情况下,信任与这个国家并不匹配,人们利用外在的预期得到好处。这是 Goetzmann 和 Köll 撰写的第 2 章的主题,在这一章中,他们指出建立在信任基础上的西方资本主义在革命前的中国失败了,正是由于旧中国的那种官僚体系。

信任很容易被破坏,尽管要在一个社会机构中建立信任非常困难。Putnam(1993)描述了意大利北部是如何花费了几个世纪才建立起重要的经济信任网络。Morck 等人撰写的有关加拿大的那一章,描述了加拿大是如何从一个只依靠家族信任作为商业融资手段的缺乏信任的社会发展出来的。Murphy 有关法国的那章描述了信任是如何被破坏的。

某些组织安排可以在某种程度上替代那些信任度低的外部家族,甚至可以增加组织中的信任,即使增加得很缓慢。Khanna 和 Palepu 关于印度的章节描述了少数民族在印度早期商业历史上的重要性。这些团体相对较小的规模,使得重要决策者之间建立了某种信任关系和达成了一定的规模效益。在印度和其他国家,小的精英团体发展出了建立在信任基础上的巨额交易。

这种商业集团的观点在本书许多关于商业历史的章节中都有强调。日本家族最早的起源就是为了应对低信任的问题。比如,三菱家族扩展到商品贸易,因为他们的丝绸业务依赖于货物交易。随后他们进入银行业使日本超越了货物贸易而进入一个真正的金融体制。

这也有助于解释商业集团的结构。Dyer 和 Singh(1998)提出了针对战略和经济的关系研究法。Landes(1998)和 Portes(1998)认为经济成功依赖于有效关系网。Burt(1992)由此认为"有关参与者社会网的东西以及参与者的合同在社会结构的位置提供了竞争优势"。这种观点认为,商业集团应该围绕着那些信任起重要作用的交易。有效的关系网包含足够的成员达成这些任务,但不会太多。

Burt(1992a)为社会关系网建立了模型,这些社会关系网就是资源集合的联结。资源的可获得性比资源的数量更重要。一个大的网络,只有当它能够联系到足够的资源集合时才会更有效。一个有效的社会关系网包含结构漏洞,即扩展的成本大于好处(Burt,1992a)。联系网络中的漏洞有时候能够带来好处。商业集团要成长,就要有相关的资源集合,但要避免太多的集合。因此,早期的加拿大集团以木材业务起家,逐步扩展到造船、远洋运输和保险。

在许多国家,商业和政府之间的关系对商业集团来说也是非常重要的。实际上,在Högfeld 有关瑞典的章节中,他认为社会主义政客把家族控制的商业集团视为私人经济的有效连接。通过帮助家族控制许多企业,这些政客只需在桌上与小部分人谈判,就可以影响大部分大型企业。他还补充道:这种情况可能阻碍了瑞典机制的发展。这种次优选择在其他章节也有体现。

Frank 等(第 10 章)认为:在 20 世纪早期,惧怕名誉受损使英国公司的治理行为变得可靠。但是,本书的其他部分却表明,法律或者管制措施作为对不可接受的截取行为的报复似乎是必须的,有助于提高大范围的信任,虽然何种措施在何种国家显得有效还是无法确定。尤其是在美国,Becht 和 DeLong(第 11 章)看到了对经济权力集中的广泛不安,这种不安也许可能比增税、证券法带来的市场低效更重要,并最终使大型商业集团瓦解了。Sylla 和 Smith(1995)认为法律在英国起了非常大的作用。

法律

在一个基础论文中,La Porta 等(1997a)认为股票市场的发展与对股东的法律保护呈正相关。Shleifer 和 Wolfenzon(2002)用一个模型把这个论点正式化,在这个模型中,如果作为投资者的股东权利能够得到法律保护,控股股东会卖出他们的股份以分散投资。否则,他们仍然会保留他们所管理公司中没有分散的股份,而且消费从公众股东那里得到的私人好处。La Porta 等(1997a)通过聚焦于美国股东的六个特殊保护权利和计算其中有多少权利在其他国家也得到了保护,以此来衡量股东权利。他们发现,在 20 世纪 90 年代,那些有着较强股东权利保护的国家通常都有大型的股票市场和更为分散的股权持有结构,这些国家趋向于实行来自英国共同法系的法制系统。实行共同法系的国家和地区主要有澳大利亚、加拿大、中国香港、爱尔兰、新西兰、新加坡、英国和美国。它们通常比其他国家有被更为广泛的大众持有的公司。

La Porta 等(1997a，1999)总结道,分散股权和股东资本主义要求有坚实的对股东财产权利和他们投资的法律保护系统。

本书有几个章节有所不同。Murphy 在第 3 章评论道:"在一个后安然、世通的时代,法国的记者和金融人士也许会对共同法与强有力的公司控制相联系的启示哭笑不得。"Fohlin 在她的章节中表示,"对国内法能够与市场运行一致的观点表示质疑",因为德国股票市场在不同的时点衰落和兴起,但是它的法制系统却很少改变。她也没有发现股东保护的变动与所有权分散之间有任何暂时的联系。Franks、Mayer 和 Rossi 认为直到 1948 年英国的股东并未享有 La Porta 等(1997a)所说的那些股东权利,而且在 20 世纪的最后 30 多年间也只保留了当前的保护水准。然而,他们发现新成立的英国公司的股权分散得很快,就像 20 世纪初及其后的几十年那样。加拿大的股东直到 1960 年代才拥有这些股东权利,但是 Morck 等发现:20 世纪中期,加拿大的公司股权很快地分散化,在前所未有的法律保护下,金字塔式家族控制结构在 20 世纪末又回来了。Rajan 和 Ziugales(2003)注意到,法国、德国、意大利、日本、荷兰和瑞典在它们的历史上都拥有经济上非常重要的股票市场,尤其是在 20 世纪初。Becht 和 DeLong 在第 11 章中认为,美国的股东仍然对各种内幕交易很敏感,虽然他们有着名义上的法律保护。Aganin 和 Volpin(第 6 章)认为意大利的股东权利很薄弱,因为意大利的法律系统效率很低。

对 La Porta 等人的观点通常有三种批评。首先,改善股东权利的时间与在几个国家中股权分散的时间不匹配。第二,大型股票市场与股东权利的相关只在 20 世纪后期高度明确。第三,La Porta 等人的股东权利指数对股东的法律保护来说,不是一个完整的代表。股东权利的保护导致股票市场发展和股权分散的论点很难得到发现。然而,一个国家的法律体制或其他因素与这些高度相关,使它成为某种资本主义的形式,这是 La Porta 等人的基本论点,这个论点很难被挑战。实际上,本书的部分章节对此提供了较好的支持。

Murphy(第 3 章)并不认为法国的法律制度不重要,而是由于经常的金融危机,使法国公众对股票市场变得疑虑。然而,对于每次危机的反应,法国政客并不是去加强投资者的权利。对于密西西比公司的泡沫破裂的反应,他们是再次确认对利息的禁止而不是关闭金融系统。法国革命政府和后来的政府都没有加强投资者权利。同样,荷兰、意大利、日本和瑞典的政府对待 20 世纪 20—30 年代的金融危机的反应,是通过用各种政府控制的机制和资本配置代替他们的股票市场。与此相反,在英国、美国和加拿大也经历了金融危机的恐慌,但是最终却催发了其对股东权利的加强保护。显然,在某种程度上,他们的法律制度改变了一些。为什么在共同法国家,金融危机能够催生更完全的信息披露、更好的监管和更强的投资者权利,而那些有国内民法传统的国家却很少产生与股票市场的联系?

Aganin 和 Volpin(第 6 章)关注在意大利发生了什么。在 1907 年股票市场崩溃后,菲亚特的股东控告阿哥内里家族违规会计以及股价操纵。阿哥内里家族澄清了所有的错误行为,但是投资者对股票市场的态度出现深深的动摇,意大利也继续了一段危机历史直到 1914 年。Aganin 和 Volpin 认为"有一种普遍的市场看法,就是全能银行和公司内部人(比如,阿哥内里家族)利用 20 世纪早期的投资热情不断地操纵股票"。

Morck 和 Nakamura(第 7 章)描述了 20 世纪 40 年代末,美国占领军是如何重新设计日本主要公司的股权结构,使他们成为广泛持有的公司的。然后,由于害怕敌意收购,日本经理人在公司间大量互相持股,防止突袭者收购,形成了当前的财阀集团。最近美国和其他国家的研究著作认为,对收购设置障碍并不符合股东的最佳利益。然而,日本的经理人仍然照做不误,因为日本股东没有法律权利去反对。

对本书中某些发现的一种解释就是民法国家和共同法国家都建立了大型的股票市场,但是长期来看,共同法国家更能使市场存续下去。也许有时候,民法国家的新一代会摈弃老一代的建议而加大对股票的投资。但一旦他们的权利保障得不好,投资就会崩溃,下一代就会再一次远离市场,直到集体的记忆又一次消退,新一代又出生了。

但是,是共同法体制的哪些东西使大型股票市场能够存续且使股权分散化成为可能呢?如果 La Porta 等人只是在共同法国家和地区的最近的革新,那为什么这些国家的投资者更能接收股票呢? 一种可能就是共同法区别于民法的显著特征。

在 17 世纪早期的一种区别,当时法国已经被宗教战争(1562—1598)洗劫,英国则被其内战(1625—1649)劫掠。Richelieu 通过集中权贵们的权力重新联合法国。数年的腥风血雨,法国民众已经接受了这种手段,并把它当作救赎。18 世纪末的法国大革命使公众不信任司法裁量权,从而可能是法国人,特别是拿破仑,接受了法律和法官对公司治理的严格控制。由此,拿破仑用新的拿破仑法典取代了革命前的法典。他的军队把这个法典扩展到了全欧洲。与此同时,英国则独立发展出了区别于皇家法院的另一种司法独立系统——共同法体系法院。这反映了议会和国王的权力斗争的广泛性,最后导致了克伦威尔共和国的形成。议会赢得了英国内战和法庭上的斗争。英国的法庭由此独立于行政权,而仅仅服从于议会。

这是英法两国司法结构的很大不同。简单来说,法国的法院是执行国王的意志,而英国的法院则是保护英国人免受国王的摧残。之后,政府取代了国王,但是这种区别仍然存在。共同法体制保护弱者免受强者欺凌;民法体制执行国家的政令。这种区别使共同法的法院能够保护公众股东的权利,即使缺乏直接的形式条文。

第二个主要区别就是民法体系为法官如何判案提供了详细的指示,其试图预判到所有可能的案例,然后为每个案例作出指示。法官为每个案件寻找法律原文。Merryman(1966)描述了由此导致的教条主义的盛行以及司法审判读起来“更像法律条文的摘抄,而非对案件的司法推理”。在共同法下,法官根据通常的原则和之前的判例以及司法条文作出判决。这种相对独立于政治干涉的司法判决体现在所有共同法法院中。裁定不像是法律条文的琐碎体现,更像是一个理性人的逻辑推理观点。公司内部人对公众股东权利进行隐蔽的侵害,就算这种侵害没有在法律条文上有所指出,但是,这些公司内部人不可能保证那些通过司法判例和法律原则审判的法庭不会给他们定罪。这种不确定性在共同法国家可能对公众投资者提供了更好的保护起到了很大的作用。

第三个区别是司法裁决的质量。共同法和民法都可以有很高的质量,但是也会有薄弱点。民法体制有三个倾向性需要特别关注,尤其是在公司内部人侵害贫穷的大众股东的那些案件中。首先,因为民法法官是隶属于政府的官员,法庭可能会受到政治压力而变形。其次,因为判决是根据复杂的条文而非宽泛原则来决定的,所以一个糟糕的民法体制可能更支持那些善于利用法律条文的当事人。第三,因为前例不具有参考性,民法法官可能对他们的判决如何影响人们未来的行为无动于衷,因为法官认为好的官员应该顺从政客们。

这些区别都可能被夸大。美国已经在系统地编制合同法,把法律同证券交易法和其他法律联系起来。这些法典和民法典一样详细。与此同时,Enriques(2002)记录了民法典如何包含了"通常条款",去指导法官如何把某些标准运用于每一个案件,有时候,民法法官甚至对标准进行创新或引申。虽然这些条款理论上允许民法法官给那些故意钻法律条文空子的人定罪,但法官们很少运用这些条款,也许是他们受惯了教条主义的熏陶。最后,在大多数共同法国家,由政府行政机构任命高级法院的法官,某些人认为法院也会因此受到限制,甚至在关于民法国家实际保护股东权利的程度上法学家中也有不同意见。比如,Ramseyer(1999)认为日本法给予公众股东相当大的法律权利。由此,许多法律学者认为民法和共同法的区别主要是由于历史原因。

尽管如此,这三个区别可能还有其他解释。许多共同法和民法国家拥有大型股票市场,在历史上各个时期,都会有大量小投资者把他们的积蓄投入到股票市场。所有这些国家都经历过金融危机和恐慌,但这些危机似乎对民法国家的股东文化比对共同法国家破坏得更厉害。

虽然有时候会有长期的滞后,但是在共同法国家,金融危机往往导致对股东更好的法律保护。Coffee(2001)认为共同法为自我约束创造了更好的环境。此外,从1844年的有关证券交易的法律建立以来,一系列英国法院的裁决,一直扩大着投资者的法律保护。实际上,提出1844年证券法案的委员会一直对过去的金融危机和股市泡沫有所反映:"秘密的泡沫公司导致大生的不健康,不健康通过劣质的管理"。一开始,没有什么可以做的,对另一些人来说,最好的办法是"公开化"。与此对比,民法国家对这些危机的典型反应是通过银行或者政府投资的项目去规避股票市场。因此,Aganin 和 Volpin 在第6章中写道"在意大利,政府对大萧条的反应是把它自己作为对股票市场的代替。战后政府也没有改善资本市场法规的强烈需求。"大多数欧洲大陆国家和日本都采取了类似的政策。这反映了两种体制的第一种内在区别:共同法的国家和法院保护弱者免受强者欺凌;民法国家和法院则通过其他方式寻求有效的资本配置去执行公共政策目标。由于以上原因,民法国家的法院很难恢复资本市场的信念。

Franks、Mayer 和 Rossi(第10章)写道:英国有比其他国家更高的道德要求。这也许反映了第二个共同法与民法体制之间的区别。前例和通行原则可以给那些钻法律条文空子的人定罪。Becht 和 DeLong(第11章)把美国人的股权分散归因于共同法对股东权利的保护。也许在共同法国家,虽然缺乏名义上的权利,但是小投资者的股东权利仍然可能得到某种程度上的保护,这就使这些国家的股票市场能够存续下去。Sylla 和 Smith(1995)认为英国在19世纪末的法律改革也使这些得到存续。

Enriques(2002)研究了意大利在20世纪80—90年代有关公司的司法判决,发现判决有一种偏袒公司内部人的倾向,却没有证据证明法官考虑过他们的判决对公司和经理的动机和行为的影响。Againin 和 Volpin(第6章)提到这些发现,也提到了 La Porta 等(1998)有关意大利的法律保护执行很薄弱的证据,强调一个低质量的公司治理体制与其说反映了股东权利的缺失,不如说反映了薄弱的司法体制。但是,共同法和民法之间的第三个内在区别指向了在某些法律领域里司法功能的缺失,这对股权分散的公司治理有着决定性作用。

总的来说,本书的研究不是为了强调法律体制方面的不同。实际上,De Jong 和 Röell(第8章)写了仅有的有关法律系统随意改变的讨论,他描述了拿破仑强加给荷兰的民法典无助于荷兰金融市场的发展。Frentrop(2003)对此有过许多细致的表述。De Jong 和 Röell 阐明了股东名义权利的重要性以及研究法律体制间区别的迫切需要。有效的股东权利保护不仅仅是名义条文的罗列。La Porta(2004)等强调了更多的法律基本体制的区别,涉及司法独立、信息披露和证券法。

源头

最近许多著作都指出现代国家的机制区别来源于(或者说部分来源于)它们在工业化之前的经济体区别。从某种程度上说,这些论点由计量经济所激发。一个真实的外生变量就是去解决许多计量经济方面的问题,比如不匹配经验经济,在哪里能找到一个比过去更好的呢?但是,在这些技术的激励下,还有一个基本的信念,就是过去几个世纪的事件和情况限制了今天的决策者和机构建立者们。

还有一种极端的论点,就是经济发展是由地理位置决定的。对经济学家来说,这是一个令人不太舒服的论点,因为这个论点忽略了贸易的作用。然而,Diamond(1997)精确地说明了这一点。其他人,比如,Weber(1904)以及 Stulz 和 Williamson(2003),认为深入人心的文化传统同样决定了经济的繁荣程度。Weber 强调了围绕着欧洲新教革命的独特发展,认为这些为欧洲建立自由市场和飞速的经济增长作了准备。确实,现代欧洲最早的两个霸权国家,英国和荷兰,都是新教国家,德国的许多公国也是新教国家。宗教战争把欧洲当时的知识分子和资本驱赶到了比较宽容的英国和荷兰,荷兰的商人们发明了联合股份制公司。英国内战使英国法庭免予皇室的监察,当然这也有宗教性的一面,没有彻底完成商业改革。但是德国的工业发展在新教革命后很长时间才发生,而且在 20 世纪以天主教为信仰欧洲也不算发展得很快。Högfeldt 有关瑞典的章节描述了在一个现代社会民主体制下寡头机构的现状。其他新教国家,比如,波罗的海国家,直到最近才开始跟上世界现代化的步伐。

另外一个对经济研究比较有益的研究方式是 Haber(1999)的论点,他认为不同的国家有不同的机制——习俗、文化、传统以及法律体系——这些机制决定了人们如何行动,因此也决定了哪种公共和私人的投资是可行的。好的机制能够保护私有产权,鼓励诚实缴税,执行合同协议以及其他形式的合作。在一个好的机制环境下,大规模的公共和私人投资能够受到保护而免于偷窃、欺骗和违约。这些机制各具特色,从而构成了现在发达经济体的特征。特别的,好的公司治理机制能够推动大范围的合作,同时使股权分散持有。

但是缺乏好的机制可能导致不同的安排。政府和投资者不能依赖一揽子安排来保护产权,那么他们就必须通过和他人合作来达到目的。为了保护他们的财产权利,有权势的个人和家族在他们的国家中控制着警察。或者这些控制着国家的人们挪用经济财富去投资使他们受益的产业,并且通过警察保护他们的投资。有各种方法可以使投资者免受输给窃贼、欺骗者和流氓的危险。然而,毫不惊讶地说,那些寡头们看不出有什么理由去保护他人的产权。这就导致了寡头机制——即把大部分经济活动的治理交给富有的寡头们,这些寡头通过政府保护他们的利益。而大多数公众既没有产权保护也没有享受到公共产品。Haber(1999)认为拉丁美洲是这种经济组织形式的典型。

一旦寡头机制成形，那么寡头们自然倾向于维持现状，同时通过国家防止机制被改变。Olison(1963)等人都展现了一种机制，通过这个机制寡头制度得以发生并且导致了之后的经济宿命。一旦一个国家产生寡头机制，要结束就不是那么容易了。

根据 Acemonglu、Johnson 和 Robinson(2002b)所著，非西方的发达经济体都有一个发展非常好的本土机制，这个机制能够为当地精英获取自然资源。欧洲殖民统治者和后殖民时代的独立运动领导者保留了这些寡头机制，妨碍了经济发展。结果，最发达的非西方社会，比如，亚洲、伊斯兰世界、墨西哥和秘鲁，在融合现代西方机制上问题重重。

以上内容在 Goetzmann 和 Köll 有关中国的章节得到展现，在这一章里，作者描述了传统中国的帝国官僚是如何损害那些初衷设计良好并且仔细撰写的法律条文的，这些条文都是希望能够于 19 世纪末在中国建立良好的公司治理体制。与此对比，日本，一个更年轻的国家，当时它的本土机构得不到尊重，因而能够更快更成功地移植西方的公司管理体制。

有关印度的章节不完全能够对应 Acemoglu、Johnson 和 Robinson(2002a)的论点。Khanna 和 Palepu 指出印度古代殖民前的商业传统，印度被那些少数民族带入了现代世界。作者记录了印度占主导地位的商业家族与英国殖民者和国会党团的紧密联系。这种情形与 Haber(1999)描述的有关拉丁美洲寡头机制的情形有些相似。然而，Khanna 和 Palepu 继续描述了塔塔家族在印度独立后如何失去它的大部分影响力，尤其是印度实行的尼赫鲁式的社会主义。这个家族对此的反应是一个创业战略，其建立了足够的资本和商誉，以资助印度大部分软件产业的发展。

Acemoglu、Johnson 和 Robinson(2001)认为欧洲几个世纪前的定居结构决定了现代经济机制和公司控制的结构。他们认为在欧洲定居者能够生存的地方，就会创造出一种能够促进经济发展的机制，但是在定居者不能生存的地方，就会创造出一种尽可能快速地获取珍贵资源的机制。那些寡头机制一旦建立，就被固定了，并使之后的那些国家陷入了几个世纪的贫穷以及被殖民者和当地精英剥削的处境。

有关加拿大、印度和美国(这都是殖民地国家)的章节都讲到了这个论点。这些章节记录了早期的机制发展，这些机制的发展和宗主国的发展并没有什么大的区别。Morck 等(第 1 章)提出了一个论点，那就是加拿大在殖民前的长久历史，给了殖民者一些机制回应，从而能够使一小部分精英获取资源。显然，殖民和传统的机制确实流传着，但也限制了之后的机制发展。

演化

但是这种观点也会受到压力。欧洲国家也有他们的殖民源头。法国曾经是罗马帝国的殖民地，法国的民法典实质上是查士丁尼罗马帝国法典的修改版。罗马帝国采用的是希腊理念，而希腊人则采用了埃及人的理念。现代欧洲的政府、文化和法律等各种机制都有着古典历史的回音，当然他们也在不断演化。

机制的变化可以解释现代机构。Olson(1982)认为重要的机制变化需要重要的扰乱，比如,战争、灾难,这些会削弱精英对国家的控制。本书的几个章节对此都有描述,并且也讲述了有关公司治理的历史。Frentrop(2003)认为荷兰人首先建立了股份制公司,1602 年成立的荷兰东印度公司就是在对抗欧洲其他霸权国家的过程中获得动力。这个公司开创了在股票交易所上市融资的先例。这就使公司摆脱了对皇室的财政依赖,因此,这个公司是按经济逻辑而不是法庭判决来决定经营战略的。它的商业成功是用小小的荷兰挑战当时的西班牙帝国,建立了"新世界"金矿。葡萄牙人则获得了环非洲的商业垄断权。17 世纪,光荣革命使英国成功地引进了荷兰体制。在 19 世纪,法国、德国、意大利和瑞典(甚至荷兰)都向英国的体制看齐,而它们自己的体制则堕落了。在 20 世纪,德国、苏联、日本和美国都在不同时期引进英国的体制,但是却导致了不同的结果。

本书的一些章表明机制的变革似乎需要一场针对现存机制的危机。日本幕府家族在对抗美国入侵时丢尽脸面,被迫开放日本与美国进行贸易。这场失败让明治领导层发动了一场政变,从而使日本社会的方方面面都有了大规模的变化。美国革命和 1930 年加拿大的自由党叛乱都改变了当时的机制。但是,法国革命引起的金融混乱帮助当时的机制延缓了法国的金融发展。好的机制当然不能保证一定有好的结果。

对最近公司治理发展最重要的事件莫过于大萧条,大萧条实际上几乎在本书的每一章节都有出现。在美国,危机催生了进步的政治力量,这些力量最终打破了美国的金字塔式集团。但是在加拿大,大萧条导致其重新回归旧式的商人主义传统,加拿大政府奋力与通缩对抗。在瑞典,大萧条使许多公司破产。沃伦伯格家族银行通过为企业偿还债务掌握了对企业的控制权。在德国、意大利、日本,大萧条导致了极端主义的政治发展,使公司治理服从于意识形态的指挥。

移植

本书所回顾的历史中,也包含了几个例子,在这几个例子中,某个国家有意采用其他国家的机制。总结这些例子只能是推测性的。尽管如此,还是能够发现一些模式。

西方国家之间的移植比起那些西方与非西方国家之间的移植更健康。这也许是因为对于引进国家来说,没有一个机制是完全国外的。因此,拿破仑法典可以成功移植到欧洲大陆的其他国家,包括荷兰。大多数欧洲国家都实行罗马民法。瑞典首先运用苏格兰的机制和德国银行的机制,但是,瑞典人已经对每个机制非常熟悉了。加拿大从美国引进了大量的证券法律,但是许多加拿大人在美国做生意时,已经对美国的证券法有所了解。

非西方国家的移植似乎不是非常多。有关中国的章节描述了一个被拒绝的移植。在清朝晚期,帝国的官僚无法理解独立公司的概念,也不理解西方的公司法律。官僚传统的庇护和忠诚观念已经渗透到腐败中去了,这使苏联体制取代了中国的资本主义。有关印度的章节描述了印度独立后对苏联的移植是如何侵蚀原来英国的机制的,虽然这种移植并不彻底。有关日本的章节描述了这个国家移植其他国家的一系列机制。

以上观察都在 Berkowitz(2003)等人撰写的抑制效应中有很好的体现,作者认为法律进化是逐渐进行而不会间断的,尤其是这个国家自己发展出来的法律系统,有时候会被激进事件打破。Pistor 认为移植来的法律体制如果能够适应所在国家,那么很有可能成功。Goetzmann

和 Köll(第 2 章)认为中国自己土生土长的机制损害了可能的移植。这就提出了一种可能,即本土成长的机制可能阻碍移植,使其丧失功能。

大量外部股东

公司治理是经济权力分配的一个重要决定因素,因此也是政治意识形态改革中的关键一环。

举个例子,法国革命可能为欧洲的公司治理加入了一个重要的意识形态因素。Dunlavy(2004)认为 19 世纪早期的公司股东会议比现在的更为民主。当时许多公司的章程规定了一个股东一票,而不是一个股份一票。其他的公司改革投票制度,使大股东每个股份的投票权缩小或者规定他们的投票上限。一个股东一票的制度也许反映了当时统治商业和城市公司的共同法律。然而,这种投票制度在其他资本主义国家并不常见。比如,1670 年哈德森港湾公司的章程就规定了一股一票而不是一个股东一票。Dunlavy 的报告认为这种财阀投票制度迅速统治了当时的美国股东会议,但是在欧洲大陆则盛行更为民主的股东会议。

也许法国大革命中的激进民主观念促使了一个股东一票的公司治理制度的流行。当然,Frentrop(2003)认为由法国大革命带来的平等观念构成了股东会议,赋予股东平等权利,使股东大会成为公司最有权力的实体。这是不言自明的,因此 1807 年的拿破仑法典并没有特别指明这一点。董事只是股东会的代理人罢了。

另一种解释由 De Jong 和 Röell(第 8 章)提出,荷兰公司的内部人限制了外部大股东的投票权。当然,两个解释可能都是真的。公司内部人可能周期性地利用大众意识去限制他们的控制权力。或者他们可能故意制造舆论让他们自己把持经济权力。

Rajan 和 Zingales(2003)推进了之前的论点,解释了为什么在 20 世纪许多国家的金融系统萎缩了。他们表示许多国家在世纪之初拥有大型的、发达的金融系统。作者提出:在世纪之初,第一代创业者募集资金以支持工业化,这些人的后代仍然游说政府去阻碍金融系统的发展,以防止竞争者通过金融系统募集资金。一种达到此目的方式就是支持高收入税和低财产税。另一种方式也许是限制外部大股东的投票权。

Shleifer 和 Vishny(1986,1997)认为:外部大股东为了使收购成为可信威胁,使美国的公司经理努力工作,对小投资者来说就提高了股价。削弱了的外部大股东就巩固现有的内部人,通过阻止收购和使股票变得对小投资者不具有吸引力,从而消除潜在的资本进入者。

然而,外部大股东可能出于他们自己的利益,而无法和小股东的利益协调一致。公司年金可能被公司管理层破坏。公共部门的基金可能屈从于政治压力。尽管如此,Franks、Mayer和 Rossi(第 10 章)认为,机构投资者在英国仍然是一个好的治理力量。也许他们应该也在其他地方扮演重要作用。

Becht、Bolton 和 Röell(2002)强调发现在择机管理和保护小股东权利之间的平衡。如果机制过度倾向于保护小投资者,就会让现在的公司内部人为所欲为,因为小股东缺乏资源去挑战他们。如果把过多的权力留给大股东,那就会使股东权利被侵占。

金融发展

在对德国全能银行的研究中,Kleeberg(1987)评论"对年轻的迫切需要资金的德国工业家来说,最好的意见就是娶一个富有的妻子……”。因此,非常复杂的家族结构和大量的家族之间的通婚非常普遍。

Schumpeter(1912)较少关注创业者的能力,他把重点放在有利的通婚上。他认为金融市场和机构的社会目的就是把资金放到那些有着清晰经济计划的人手上,没有金融发展的支撑,技术推动的增长将变得十分困难。与此一致,King 和 Levine(1993)表明:有着更好发展的股票市场和银行体制的国家能够持续地配置资本,以支持有远见的创业家,因此国家发展得更快。本书的研究非常支持这个观点。

有活力的股票市场有利于新公司的发展,使公司治理能够托付给新的创业家。没有活力的股票市场缺乏上述能力。Morch 等(第 1 章)表明,加拿大股票市场的昌盛与那个阶段繁荣的创业活动很有关系。Aganin 和 Volpin(第 6 章)强调了一个世纪前意大利股票市场对第一代创业者融资的重要性。Högfeldt(第 9 章)认为瑞典的社会主义政府削弱了其金融系统,阻碍了公司精英的发展,最终导致了经济增长的停滞。Rajan 和 Zingales(2003)认为过去的创业者常常会去游说削弱金融系统,以阻碍竞争者的出现。虽然本书没有一个研究能够指出这种游说,但这个观点仍然可能得到赞同。用马克·吐温的话来说就是:“这个世纪的激进者也许就是下个世纪的保守者。”

Shleifer 和 Wolfenzon(2002)认为活跃的股票市场通过让富有的后代出售股权,影响着公司治理,这在几个章节中得到印证。Becht 和 DeLong(第 11 章)描述了美国股票市场是如何发展,并扩展去支持第一条铁路建设的融资以及其他公司的融资的。这使得信托投资者能够在并购浪潮中购买这些建立者或者他们后代的股份。其他美国家族并没有卖掉全部股份,通过小部分股份和董事会席位,他们仍然对公司保持着微弱的控制力。Morck 等(第 1 章)描述了加拿大类似的例子。Aganin 和 Volpin(第 6 章)描述了 20 世纪初米兰证券交易所的繁荣,它帮助大量创业者募集资本,通过在股票交易所卖掉股份来融资。他们注意到,到 1907 年为止,有 72%的意大利有限公司的股权在交易所中交易。

美国股票市场的非理性繁荣也许帮助了公司股权的分散化。Becht 和 DeLong(第 11 章)认为美国股票市场给创立者和他的后代一个机会卖出他们的股份,从而得到超过股票本身的财富。“理疗师、教师、牙医和牧师”组成了对“受骗者”的“快乐的猎场”,在那里,人们被游说去通过阴险的手段购买“高度投机和无价值的股票”。在其他国家,股票市场的繁荣也扮演了相似的角色。Morch 等(第 1 章)描述了 20 世纪 20 年代末期加拿大家族卖出他们的股份加入到过热的股市中去以及大众持有公司重要性地位的必然上升。

在财产权利不能保证的地方,信任就需要一个溢价。Becht 和 DeLong(第 11 章)认为在 20 世纪初,美国股东“实际上没有名义上的法律权利,所以美国人支持公司由那些有着良好声誉和成就的人来控制,比如,通过监管服务来收费的 J.P.Morgan 和他的搭档”。在这种情况下,股票市场扩展了名望家族的治理。Pagano 等(1998)的报告说,从 1983—1989 年,在米兰股票交易所上市的公司增加超过 50%,但是这些公司中的大部分都已经是上市公司的附属公司,这些已经上市的公司利用股票市场的繁荣来将附属公司上市。Khanna 和 Palepu(第 5 章)指出在印度也有相似的情况。作者认为名望家族通过帮助创业者来支持他们。

如果股票市场被病态信任的话,银行可以通过管道支持创业者并监督公司治理。然而,这似乎只是在一小部分国家如此。有关英国、加拿大、荷兰的章节反映了商业银行是如何走进工业化进程的。这使银行积极地为贸易提供资金,但没有为工业设备和厂房融资。1933 年的限制分支银行的法案使美国商业银行在大公司融资中扮演着微弱的作用。与此对比,德国、日本和后来的瑞典银行积极地为工业发展融资。

Aoki(1988)、Kaplan(1994)和其他人认为银行家可能成为聪明的公司内部人的监控者,因此他们是良好公司治理的可靠保证。然而,Mock 和 Nakamura(1999)认为银行家的目标是参与治理监管,是为了保证借款者能够偿付他们的债务。这就可能诱使过渡的风险规避,和对有形资产而非以知识为基础的资产抵押的过度投资。银行和其他金融企业在公司监管中也会有偏好,因为他们把企业当作客户。De Jong 和 Röell(第 8 章)阐述了这一点,他们引用了一个保险公司代表的话:"如果之前你投票反对管理层的提议,现在又为他们提供一个新合同,你会处于一个很尴尬的境地。"

Fohlin(第 4 章)认为德国银行对公司治理起的作用往往被夸大了。Kleeberg(1987)指出"19 世纪晚期,德国工业化的飞速推进可能主要是依靠于古老家族的财富而不是银行贷款"。虽然银行融资很重要,但是他怀疑这个措施的经济效果,指出"一个不幸的结果就是最成功的企业的掌舵手往往不是拥有某个行业的特殊天赋,而是善于和银行打交道"。

最后,本书想表明金融发展不是别人给予的,而是依据政治和历史发展起来的。中国首先尝试发展一个现代金融系统是一个很严肃的起始,对于其旧官僚来说,更是如此。Murphy(第 3 章)认为法国的金融危机使他们的人民惧怕资本市场,从而导致高度集中的公司治理体制。第 10 章和第 11 章展示了英国和美国的政客们是如何应对金融系统投资者的要求的。

政治

本书的研究对于公司致力的有关直接政治因素的探讨并不多。不过,本书的研究证明在建立和存续法律规章制度中政府的重要性。

从历史的角度来说,本书的第 4、6、7 章的作者认为,把公司治理交给国家促进了 1930—1940 年轴心国的政治权力。虽然保留了私有股权的形式,但是实际上的董事会控制则是交给了政党和军方代表。从理论上讲,Boycko、Shleifer 和 Vishny(1996)认为国家控制会导致充分就业。Krueger(1990)认为政治庇护使国有企业的治理效率很低。与此一致,Dewenter 和 Malatesta(2001)发现国有企业有更高的破产可能性。

国家在公司治理中的一个作用还未得到学者重视,那就是金字塔式集团的顶端往往是国有企业。第 6 章作者认为由国家控制的金字塔式集团是浪费资源,这也是意大利 1990 年代经济危机的重要起因。第 1 章提到了在加拿大一家国有公司治理中的一桩丑闻。后续研究需要阐明这些结构的政治目的,以便更好地理解公司治理和经济影响。

很多人对直接的政治干涉公司治理报有怀疑态度,他们强调国家的权力扭曲了公司治理。Rajan Zingales(2003)认为股票市场要么被政府培养起来,要么被政府损害,主要取决于利益集团的权利平衡。第 5 章的作者描述了伦敦政治经济学院对于治理精英的迷恋。商业集团要么操纵它,要么试图发明它。第 6 章作者也强调了在意大利的公司治理也有类似的情况。

　　Ghemawat 和 Khanna(1998)认为商业家族控制商业集团以此获取个人利益,然后通过故意的低效率生产来保持这种地位,同时加强对政府政策和行动的影响力。Pagano 和 Volpin(2001)以及 Biais 和 Perotti(2003)认为经济中的政府干预与经济发展是负相关的,因为政府是作为金融市场的替代。Högfeldt(第 9 章)提出瑞典也有相似的历史,社会民主党人让金融系统成为一个可有可无的摆设。Aganin 和 Volpin(第 6 章)强调意大利股票市场在 20 世纪中期作用微小,指出"1950—1980 年,大约 15％—20％的上市公司由政府控制。两者的相关程度大约是－0.7"。

巩固

　　最后,本书的所有研究都指出了人性的共同点。精英都是自私的,他们互相合作以巩固自己的利益,即便这种巩固意味着巨大的代价,他们也不会放过任何一个致富的机会。Becht 和 DeLong(第 11 章)解释了美国控股股东和职业管理人是如何控制董事会的提名过程,以为自己谋利的。Morck 和 Nakamura(第 7 章)描述了日本财阀的建立者是如何将这些金字塔式结构看作锁定控制的工具的,以及战后财阀集团是如何应对威胁公司内部人地位的敌意收购的。De Jong 和 Röell(第 11 章)认为荷兰公司的内部人发展出了一套寡头机制,以限制公司股东解雇他们。第 10 章的作者描述了英国的公司内部人为何没有成功地发展出金字塔式集团结构来巩固他们的现状。Fohlin(第 4 章)描述了德国银行是如何通过投票巩固领导者地位,以保护他们对公司的控制权的。第 6 章的作者描述了意大利的商业精英家族是如何巩固他们的地位的。第 2、3、5、9 章描述了官僚们是如何通过破坏财富以巩固他们自己的权力的。在瑞典的例子中,Högfeldt 认为富有的家族最终会与官员合作,互相巩固地位。Mody 在对印度的讨论中认为,在印度也有相似的利益结合。Morck 等(第 1 章)猜测在加拿大也许也有相似的事情发生。

　　巩固某人自己地位的倾向与最近对有关人性的研究是相一致的。由 Kahneman 和 Tversky(1979)提出的前景理论,认为个人看待上行和下行风险是不对称的。经验和实证研究表明,典型的人类活动能够支持前景理论。

　　前景理论使人们反向失去。就是说,人们宁愿避免 100 元的损失而不是为了追求 100 元的财富。在这种观点下,广泛的巩固似乎是不可避免的。因为,巩固是牺牲获得潜在收益的机会以求最小化损失。家族企业的领导要么支持改革要么反对改革,在有效资本市场就是如此。这些转变可以让家族领导充分扩展他们的家族企业势力并且增长财富,但是他们的竞争者也可能崛起并侵蚀他们的财富。根据前景理论,诸如此类的风险最后总会被拒绝,即使他们有巨大的潜在收益。与此对照,少部分机构的转变会鼓励富有家族为巩固他们的地位投资,以及反对机制改革,这种改革可能会损害他们的利益和财富。如果政治权力掌握在当前富人的手中,现状就会被锁定。

　　但是普通民众可能会对机制改革有偏见。Murphy(第 3 章)表明众多改革法国金融系统的努力是如何导致重复的灾难的。如果大多数人认为机制改变很大可能使情况变得更糟,那么大众就会更支持维持现状。

　　人性的另一个本质,由 Milgaran(1963,1983)通过实证证明,就是倾向于服从法律权威。这种行为似乎能够稳定家族资本主义。在许多国家都是如此,特别是家族企业控制商业集团的国家,这些国家存在政府干预。

第三,经济要求某种程度的机制稳定。Commons(1924)认为如果机制不稳定的话,那么商业计划是不可能的。比起没有确定、有利的法律的情况,如果有确定但是并非有利的法律的话,商业发展会变得更简单。Owen 和 Braeutigam(1978)认为人们持有不完全的合同,使他们有权力去继续当前的机制,所以会反对改变。

所有这些可能可以解释本书研究中所表明的单边机制改革。那些锁定现状的机制改革看上去比较容易。那些能够带来真正变革的机制改革很少。中国一开始尝试向西方法律机制学习的努力失败了,因为它威胁到了古老官僚体系的权力。改革要么被忽视,要么被修正,以便保护官僚利益,所以改革无法为中国带来自由企业制度。美国试图对战后日本移植美国式大众持有公司的企图也失败了,因为职业经理人认为他们的利益受到了损害。这些经理人重新组成公司集团以维护现状。印度、瑞典和 1960 年后的加拿大的情况都与此类似。

真正的改革似乎只在 20 世纪 30 年代的美国成功过。也许因为人们觉得经历过大萧条的灾难后没有什么可以失去的了。小损失和大收益之间的权衡可能使人们下赌注支持机制改革。在美国,他们赢了。相同的赌注在德国、意大利和日本的结果则不那么令人愉快。

以上带给我们一些启示。第一,真正的机制改革是很困难的,但并非不可能。在危机中要克服大众的保守情绪是容易的,因为人们感到他们没什么可以再失去的了。第二,国家之间不能简单模仿,所以每个国家的机制都各不相同,因此也不会马上消失。第三,机制改革即便得到大力推行,比如在中国,也会因为大众的保守情绪而失败。那些不平等、低效率甚至腐败的机制在历史上反而显得稳定。

0.5　总结

历史,就像诗歌,不会重复本身,而是有着各个段落。历史事件给予了每个国家不同段落的起始点,但总有共同点。

金融危机侵蚀了法国人对金融证券的信心,使法国走上了与英国不同的公司治理的道路;而英国虽有相似的灾难,但却能够克服困难,并把它遗忘。为什么创伤能够使某些国家和人民沉寂,而使另一些国家和人民继续前行,人们不得而知。但是,历史不仅仅是一系列偶然的创伤。

历史与理念有关。对于机构改革,每个国家都有一种保守的倾向。不过,当面临危机的时候,这种倾向就会弱化,变革就变得可能。不管哪种理念都有可能变成现实。因此,美国进步运动、德国国家社会主义、意大利法西斯、日本军国主义和瑞典社会民主主义都在 20 世纪二三十年代成为现实。

历史与家族也有关系。在整个世界上,大型商业往往首先是家族企业。因为有血缘关系的人比没有血缘关系的人更能信任。在一个国家经济发展早期,信任关系很重要,因为这个时候法律和规章制度都不可靠,无法保证信赖行为。不过,这些也只是猜测。在小部分发达国家,家族仍然在公司治理中保持着影响力。也许这反映了对变革的保守倾向,或者是许多发达国家仍然没有培养信任的机制。或者也许有其他解释，就像天赋继承，我们对此并不全然清楚。

每个国家的各个商业集团都有许多独立的上市公司，这些商业集团对这些国家来说都很重要，包括美国等发达国家也是如此。这些集团几乎都拥有金字塔式结构，某个家族或者家族伙伴位于金字塔尖。在某种程度上讲，这些结构在经济发展早期阶段被设计成金字塔式结构，这些解释仍然适用于现代新兴经济体。不过，加拿大、日本和大部分西方国家的家族控制商业集团很难契合这套理论。那些国家有着高收入，可以较容易地处理好他们自己的问题。看上去在富有国家，金字塔式的上市公司能够留存下来，是因为他们能够锁定家族的公司治理权力。这些权力可以带来无形的好处。

富有家族为了锁定他们的公司治理权，可能会阻止市场和机制的兴起，从而大大损害他们的国家。或者，他们可能建议一种公司治理体制，然后让机构和市场围绕着他们转。或者，像立宪君主那样，他们可能通过提供优秀治理的保证来服务于股东，从而形成高度的信任。每个可能性在不同时代和不同国家都有所实现。

法律也非常关键，虽然我们还不是很清楚如何起作用。当前共同法和民法国家的区别不是一直以来的区别。本书推进了我们对不同的资本主义维度的理解。采用历史方法可以提供一个有用的见解，即不同的经济机制和机制配置是如何产生的。它也产生了有关资本主义和经济变革的观察。

法律体制并不是唯一区别西方殖民国家和其他国家的特点。也许内生机制的残留对移植来的西方体制有一种天生的反应，或者对机制的激进改革引发了问题，对法律体系起源起着作用的公司治理可能反映了其他的历史前提。

每个国家的机制都伴随着时间在发展，公司控制权也在变化着。到底是哪个导致哪个并不是很清楚。现在在许多国家被认为可以高度信赖的机制也许在几代人之前是腐败的。一般而言，随着时间的推移，大众对腐败的容忍会越来越小，除了英国。

有些国家的改革者试图通过移植另一个国家的机制来加快发展，但是结果迥异。虽然西方体制非常快地进入了日本，但是并没有失败。日本是一个非常繁荣的经济体，很少有国家如此放弃统治，如此厌恶丑闻。西方机制被导入革命前的中国，却很快失败了。而导入印度之后则经历了漫长的时间才有点起色。

从世界范围来看，外部大股东，比如，养老基金，变得越来越重要，而且可能在其他地方对公司治理施加影响。然而，却很难发现在英国和美国公司治理的影响是如何成功的。奇迹时有发生。

金融发展似乎与公司治理紧密相连，越职业化的经理层，就会有越发达的金融市场和越分散的股东，以及越少的家族控制。不过，这些相关性只是粗略的，在许多国家的历史中都可以找到反例。例如，在意大利，家族集团起起伏伏，但是，意大利的金融发展也是起起伏伏。不过，家族集团在加拿大的重要地位也是起起伏伏，而金融发展则持续上升。

也许可以用政治解释这些，因为大家族集团可能比独立企业更善于与政府打交道。或者政客认为打个电话给几个人就可以保持对整个行业的控制是挺不错的。

也许因为商业精英和政治精英有所重叠。那些从属于公司治理的机制很难改变，除了在某些时间为了适应更难以改变的现状。根据调查,所有国家的一个共同主题就是巩固——公司内部人不断修改规则以减少外部人进入的机会。这个现象非常普遍,因此,我们提出:这也是人性的一种表现。

本书最根本的一个底线是:历史是错位的享受。在本书研究中展现的机制变革和糟糕的实验,往往使那些涉及者灾难深重。这也许解释了每个国家机制变革的契机。当然,它也警告发展中国家:不要对公司治理的机制改革抱有过分的乐观。但是,历史仍然有成功的改革,日本对西方机制的大规模移植不能被称为失败。历史不必是权威的奴仆。

参考文献

Acemoglu, Daron, Simon Johnson, and James A. Robinson. 2001. The colonial origins of comparative development: An empirical investigation. *American Economic Review* 91(5):1369—1422.

——. 2002a. Reversal of fortune: Geography and institutions in the making of the modern world income distribution. *Quarterly Journal of Economics* 117(4):1231.

——.2002b. The rise of Europe: Atlantic trade, institutional change, and economic growth. MIT, Department of Economics. Working Paper.

Acemoglu, Daron, and James A. Robinson. 2000. Political losers as a barrier to economic development. *American Economic Review* 90(2):126—30.

Aoki, Masahiko. 1988. *Information, incentives, and bargaining in the Japanese economy*. New York: Cambridge University Press.

Arrow, Kenneth. 1974. *The limits of organization*. New York: Norton.

Axelrod, Robert, and William Hamilton. 1981. The evolution of cooperation in biological systems. *Science* 211 (27):1390—96.

Bae, Kee-Hong, Jun-Koo Kang, and Jin-Mo Kim. 2002. Tunneling or value added? Evidence from mergers by Korean business groups. *Journal of Finance* 57(6):2695—2741.

Barca, Fabrizio, and Marco Becht, eds. 2001. *The control of corporate Europe*. European Corporate Governance Network. Oxford, UK: Oxford University Press.

Baums, Theodor. 1995. Universal banks and investment companies in Germany. New York University Salomon Centre Conference on Universal Banking. Working paper.

Bebchuk, Lucien, Reinier Kraakman, and George Triantis. 2000. Stock pyramids, cross ownership and dual class equity: The mechanisms and agency costs of separating control from cash flow rights. In *Concentrated corporate ownership*, ed. Randall Morck, 295—315. Chicago: University of Chicago Press.

Becht, Marco, Patrick Bolton, and Ailsa Röell. 2002. Corporate governance and control. In *Handbook of economics and finance*, ed. George Constantinides, Milton Harris and René Stulz. Amsterdam: North Holland.

Berkowitz, Daniel, and Karen Clay. 2004. American civil law origins: Implications for state constitutions. *American law and economic review symposium on comparative law*, forthcoming.

Berkowitz, Daniel, Katharina Pistor, and Jean-Francois Richard. 2003. Economic development, legality, and the transplant effect. *European Economic Review* 47(1):165—95.

Berle, Adolf, and Gardiner Means. 1932. *The modern corporation and private property*. New York: Macmillan.

Bertrand, Marianne, Paras Mehta, and Sendhil Mullainathan. 2002. Ferreting out tunneling: An application to Indian business groups. *Quarterly Journal of Economics* 117(1):121—48.

Biais, Bruno, and Enrico Perotti. 2003. Entrepreneurs and new ideas. CEPR Discussion Paper no. 3864. London: Center for Economic Policy Research.

Boycko, Maxim, Andrei Shleifer, and Robert Vishny. 1996. A theory of privatization. *Economic Journal* 106(435):309—19.

Bradach, Jeffrey, and Robert Eccles. 1989. Price, authority, and trust: From ideal types to plural forms. *Annual Review of Sociology* 15:97—118.

Burkart, Mike, Fausto Panunzi, and Andrei Shleifer. 2003. Family firms. *Journal of Finance* 58(5): 2167—2201.

Burt, Ron S. 1992a. The social structure of competition. In *Networks and organizations: Structure, form and action*, ed. N. Nohria and R. G. Eccles, 57—91. Boston: Harvard Business School Press.

Burt, Ron S. 1992b. *Structural holes*. Cambridge, MA: Harvard University Press.

Burt, Ron S. 1997. The contingent value of social capital. *Administrative Science Quarterly* 42:339—65.

Cheffins, Brian. 2001. Does law matter? The separation of ownership and control in the United Kingdom. *Journal of Legal Studies* 30:459—84.

Claessens, Stjin, Simeon Djankov, Joseph Fan, and Larry Lang. 2002. Disentangling the incentive and entrenchment effects of large shareholdings. *Journal of Finance* 57(6):2741—72.

Coase, Ronald. 1937. The nature of the firm. *Economica* 4:386—405.

Coffee, John. 2001. The rise of dispersed ownership: The roles of law and state in the separation of ownership and control. *Yale Law Journal* 111(1):1—82.

Coleman, James S. 1988. Social capital in the creation of human capital. *American Journal of Sociology* 94: S95—S120.

Commons, John R. 1924. Legal foundations of capitalism. Madison, WI: University of Wisconsin Press.

Daniels, Ron, Randall Morck, and David Stangeland. 1995. High gear: A case study of the Hees-Edper corporate group. In *Corporate decision making in Canada*, ed. R. Daniels and R. Morck, 223—41. Calgary: Industry Canada and the University of Calgary Press.

Das, Gurcharan. 2002. *India unbound*. Garden City, NY: Anchor.

David, Paul A. 1985. Clio and the economics of QWERTY. *American Economic Review* 75:332—37.

Day, Richard H. 1987. The general theory of disequilibrium and economic evolution. In *Economic evolution and structural adjustment*, ed. D. Batten, J. Casti, and B. Johansson, 46—63. Berlin: Springer-Verlag.

Dewenter, Kathryn, and Paul Malatesta. 2001. State-owned and privately owned firms: An empirical analysis of profitability. *American Economic Review* 91(1):320—35.

Dewing, Arthur. 1919. *The financial policy of corporations*. New York: Ronald Press.

Diamond, Jared. 1997. *Guns, germs, and steel: The fates of human societies*. New York: Norton.

Dunlavy, Colleen. 2004. *The plutocratic turn in 19th-century shareholder voting rights: Why the U.S. but not Britain, France, or Germany?* Harvard University Press, forthcoming.

Dyer, Jeffrey H., and Harbir Singh. 1998. The relational view: Cooperative strategy and sources of interorganizational competitive advantage. *Academy of Management Review* 23:660—79.

Enriques, Luca. 2002. Do corporate law judges matter? Some evidence from Milan. *European Business Organization Law Review* 3:765—821.

Faccio, Mara. 2003. Politically connected firms: Can they squeeze the state? Vanderbilt University, Owen Graduate School of Management. Working Paper.

Faccio, Mara, and Larry H. P. Lang. 2003. The separation of ownership and control: An analysis of ultimate ownership in Western European countries. *Journal of Financial Economics* 65(3):365—95.

Faccio, Mara, Larry H. P. Lang, and Leslie Young. 2001. Dividends and expropriation. *American Economic Review* 91(1):54—78.

Frentrop, Paul. 2003. *A history of corporate governance 1602—2002*. Trans. Ted Alkins. Amsterdam: De minor.

Fukuyama, Francis. 1995. *Trust, the social virtues and the creation of prosperity*. New York: Free Press.

Ghemawat, Pankaj, and Tarun Khanna. 1998. The nature of diversified business groups: A research design and two case studies. *Journal of Industrial Economics* 46(1):35—62.

Glaeser, Edward, and Andrei Shleifer. 2002. Legal origins. *Quarterly Journal of Economics* 117(4): 1193—1250.

Granovetter, Mark. In press. Business groups and social organization. In *Handbook of economic sociology*, 2nd ed., ed. N. Smelser and R. Swedberg. Princeton, NJ: Princeton University Press.

Guerin, Daniel. 1945. *Fascism and big business*. New York: Pathfinder.

Haber, Stephen. 1999. *Industry and underdevelopment: The industrialization of Mexico, 1890—1940*. Stanford, CA: Stanford University Press.

Hayek, Friedrich. 1960. *The constitution of liberty*. Chicago: University of Chicago Press.

Heiner, Ronald A. 1983. The origin of predictable behavior. *American Economic Review* 83:560—95.

———. 1986. Imperfect decisions and the law: On the evolution of legal precedent and rules. *Journal of Legal Studies* 15:227—61.

———. 1988. Imperfect decisions and organizations: Toward a theory of internal structure. *Journal of Economic Behavior and Organization* 9:25—44.

Hoshi, Takeo, Anil Kashyap, and David Scharfstein. 1991. Corporate structure, liquidity, and investment: Evidence from Japanese industrial groups. *Quarterly Journal of Economics* 106:33—60.

Hosking, Geoffrey. 1985. *The first Socialist society: A history of the Soviet Union from within*. 2nd ed. Cambridge, MA: Harvard University Press.

Kahneman, Daniel, and Amos Tversky. 1979. Prospect theory: An analysis of decision under risk. *Econometrica* 47:263—91.

Kaplan, Steven. 1994. Top executive rewards and firm performance: A comparison of Japan and the U.S. *Journal of Political Economy* 102:510—46.

Khanna, Tarun. 2000. Business groups and social welfare in emerging markets: Existing evidence and unanswered questions. *European Economic Review* 44:248—61.

Khanna, Tarun, and Krishna Palepu. 1997. Why focused strategies may be wrong for emerging markets. *Harvard Business Review* 75(4):41—51.

———. 2000. The future of business groups in emerging markets: Long-run evidence from Chile. *Academy of*

Management Journal 43(3):268—85.

Khanna, Tarun, and Jan Rivkin. 2001. Estimating the performance effects of business groups in emerging markets. *Strategic Management Journal* 22(1):45—74.

Kindleberger, Charles. 1978. *Manias, panics and crashes*. London: Macmillan.

———. 1984. *A financial history of Western Europe*. London: Allen & Unwin.

King, Robert G., and Ross Levine. 1993. Finance and growth: Schumpeter might be right. *Quarterly Journal of Economics* 108(3):717—37.

Kleeberg, John. 1987. The Disconto-Gesellschaft and German industrialization: A critical examination of the career of a German universal bank, 1851—1914. PhD diss., University of Oxford.

Krueger, Anne. 1990. Government failures in development. *Journal of Economic Perspectives* 4(3):9—23.

Kuran, Timur. 1988. The tenacious past: Theories of personal and collective conservatism. *Journal of Economic Behavior and Organization* 10(2):143—72.

Lamoreaux, Naomi, and Jean-Laurent Rosenthal. 2004. Corporate governance and the plight of minority shareholders in the United States before the Great Depression. NBER Working Paper no. 10900. Cambridge, MA: National Bureau of Economic Research.

La Porta, Rafael, Florencio López-de-Silanes, Cristian Pop-Eleches, and Andrei Shleifer. 2004. Judicial check and balances. *Journal of Political Economy* 112(2):445—70.

La Porta, Rafael, Florencio López-de-Silanes, and Andrei Shleifer. 2003. What works in securities laws? Tuck School of Business Working Paper no.03-22. Dartmouth University.

———. 2005. What works in securities law. *Journal of Finance*, forthcoming.

La Porta, Rafael, Florencio López-de-Silanes, Andrei Shleifer, and Robert Vishny. 1997a. Legal determinants of external finance. *Journal of Finance* 52(3):1131—50.

———. 1997b. Trust in large organizations. *American Economic Review* 87(2):333—39.

———. 1998. Law and finance. *Journal of Political Economy* 106(6):1113—57.

———. 1999. Corporate ownership around the world. *Journal of Finance* 54(2):471—520.

Landes, David S. 1949. French entrepreneurship and industrial growtn in the nineteenth century. *Journal of Economic History* 9:45—61.

———. 1998. *The wealth and poverty of nations: Why some are so rich and some so poor*. New York: W. W. Norton.

Macaulay, Stewart. 1963. Non-contractual relations in business: A preliminary study. *American Sociological Review* 28:55—67.

Mahoney, Paul. 2001. The common law and economic growth: Hayek might be right. *Journal of Legal Studies* 30:503—26.

Markesinis, Basil. 2000. Our debt to Europe: Past, present and future. In *The Clifford Chance millennium lectures: The coming together of the common law and civil law*, ed. Basil Markesinis, 11—42. London: Hart.

Mayer, Roger C., James H. Davis, and F. David Schoorman. 1995. An integrative model of organizational trust. *Academy of Management Review* 20:709—34.

Merryman, John. 1966. The Italian style III: Interpretation. *Stanford Law Review* 18:583—611.

Milgram, Stanley. 1963. Behavioral study of obedience. *Journal of Abnormal and Social Psychology* 67:371—78.

——. 1983. *Obedience to authority: An experimental view*. New York: Harper-Collins.

Mokyr, Joel. 2000. The industrial revolution and the Netherlands: Why did it not happen? *De Economist* 148(4):503—20.

Moody, John. 1904. *The truth about the trusts*. New York: Moody's.

Morck, Randall. 2004a. Behavioral finance in corporate governance: Independent directors and non-executive chairs. NBER Working Paper no. 10644. Cambridge, MA: National Bureau of Economic Research.

——. 2004b. How to eliminate pyramidal business groups: The double taxation of inter-corporate dividends and other incisive uses of tax policy. NBER Working Paper no. 10944. Cambridge, MA: National Bureau of Economic Research.

Morck, Randall, and Masao Nakamura. 1999. Banks and corporate control in Japan. *Journal of Finance* 54(1):319—40.

Morck, Randall, Masao Nakamura, and Anil Shivdasani. 2000. Banks, ownership, structure, and firm value in Japan. *Journal of Business* 73:539—69.

Morck, Randall, Andrei Shleifer, and Robert Vishny. 1988. Management ownership and market valuation: An empirical analysis. *Journal of Financial Economics* 20(Jan/Mar):293—315.

Morck, Randall, David A. Stangeland, and Bernard Yeung. 2000. Inherited wealth, corporate control, and economic growth: The Canadian disease. In *Concentrated corporate ownership*, ed. Randall Morck, 319—69. Chicago: University of Chicago Press.

Morck, Randall, Daniel Wolfenzon, and Bernard Yeung. 2004. Corporate governance, economic entrenchment and growth. NBER Working Paper no. 10692. Cambridge, MA: National Bureau of Economic Research.

Nakatani, Iwao. 1984. The economic role of financial corporate grouping. In *The economic analysis of the Japanese firm*, ed. Masahiko Aoki, 227—64. Amsterdam: North Holland.

Olson, Mancur, Jr. 1963. Rapid growth as a destabilizing force, *Journal of Economic History* 23(4):529—52.

——. 1982. *The rise and decline of nations*. New Haven, CT: Yale University Press.

Owen, Bruce M., and Ronald Braeutigam. 1978. *The regulation game*. Cambridge, MA: Ballinger.

Pagano, Marco, Fabio Panetta, and Luigi Zingales. 1998. Why do companies go public? An empirical analysis. *Journal of Finance* 53:27—64.

Pagano, Marco, and Paolo Volpin. 2001. The political economy of finance. *Oxford Review of Economic Policy* 17(4):502—19.

Pistor, Katharina, Yoram Keinan, Jan Kleinhelsterkamp, and Mark West. 1999. The evolution of corporate law. *University of Pennsylvania Journal of International Economic Law* 22:791—871.

——. 2003. Evolution of corporate law and the transplant effect: Lessons from six countries. *World Bank Research Observer* 18(1):89—112.

Portes, Alejandro. 1998. Social capital: Its origins and applications in modern sociology. *Annual Review of Sociology* 24:1—24.

Posner, Richard. 1996. *Law and legal theory in England and America*. Oxford: Clarendon Press.

Powell, Walter W. 1990. Neither market nor hierarchy: Network forms of organization. In *Research in organizational behavior*, ed. B. M. Staw and L. L. Cummings, 295—396. Greenwich, CT: JAI.

Putnam, Robert. 1993. *Making democracy work*. Princeton, NJ: Princeton University Press.

Rajan, Raghuram, and Luigi Zingales. 2003. The great reversals: The politics of financial development in the twentieth century. *Journal of Financial Economics* 69(1):5—50.

Ramseyer, J. Mark, and Minoru Nakazato. 1999. *Japanese law: An economic approach*. Chicago: University of Chicago Press.

Roe, Mark J. 1996. Chaos and evolution in law and economics. *Harvard Law Review* 109(3):641—69.

——. 2002. *Political determinants of corporate governance: Political context, corporate impact* Oxford, UK: Oxford University Press.

Sahlman, William A. 1990. The structure and governance of venture-capital organizations. *Journal of Financial Economics* 27:473—521.

Schumpeter, Joseph A. 1912. *Theorie der Wirtschaftlichen Entwichlung*. Leipzig: Dunker und Humbolt. Translated by R. Opie in 1934 as *The theory of economic development: An inquiry into profits, capital, credit, interest, and the business cycle*. Cambridge, MA: Harvard University Press.

——. 1951. *Imperialism and social classes*. Greenwich, UK: Meridian Books.

Shleifer, Andrei. 2000. *Inefficient markets: An introduction to behavioral finance*. Clarendon Lectures in Economics. Oxford, UK: Oxford University Press.

Shleifer, Andrei, and Robert Vishny. 1986. Large shareholders and corporate control. *Journal of Political Economy* 95:461—88.

——. 1997. A survey of corporate governance. *Journal of Finance* 52(2):737—84.

Shleifer, Andrei, and Daniel Wolfenzon. 2002. Investor protection and equity markets. *Journal of Financial Economics* 66(1):3—27.

Silverman, Dan. 1998. *Hitler's economy: Nazi work creation programs 1933—1936*. Cambridge, MA: Harvard University Press.

Steier, Lloyd. 1998. Confounding market and hierarchy in venture capital governance: The Canadian immigrant investor program. *Journal of Management Studies* 35(4):511—35.

Stinchcombe, Arthur L. 1965. Social structure and organizations. In *Handbook of organizations*, ed. J.G. March, 142—93. Chicago: Rand-McNally.

Stulz, René, and Rohan Williamson. 2003. Culture, openness, and finance. *Journal of Financial Economics* 70(3):313—49.

Sylla, Richard, and George David Smith. 1995. Information and capital market regulation in Anglo-American finance. In *Anglo-American financial systems*, ed. Michael Bordo and Richard Sylla, 179—208. New York: Irwin.

Thurow, Lester C. 1989. An establishment or an oligarchy? *National Tax Journal* 42(4):405—11.

Watson, Alan. 1981. *The making of the civil law*. Cambridge, MA: Harvard University Press.

——. 1981. *General economic nistory*. New Brunswick, NJ: Transaction Books.

Weiss, Gunther. 2000. The enchantment of codification in the common-law world. *Yale Journal of International Law* 25:435.

Williamson, Oliver. 1975. *Markets and hierarchies: Analysis and antitrust implications*. New York: Free Press.

——. 1985. *The economic institutions of capitalism*. New Yotk: Free Press.

大众持有公司的兴衰
——加拿大公司所有权的历史

Randall E. Morck   Michael Percy   Gloria Y. Tian   Bernard Yeung[*]

1.1 导言

在 20 世纪之初,由富有家族或者个人控制的商业集团占据了加拿大大型公司的主导地位,就像现在的欧洲大陆国家。在几十年中,大型股票市场、对遗产收入的高额征税、坚实的机制环境和资本账户的开放,这些都伴随着大众持有公司一起发展。在 20 世纪中叶,加拿大的主要大型公司都是自由的大众持有公司,就像现在英国和美国的大型公司。随后,在 20 世纪最后 30 年中,一系列的机制改革发生了。这些改革包括以银行为基础的金融系统,对大型地产减税以及寻租能力的提高和对国外投资的限制。这些伴随着自由大众持有公司重要性的减弱和金字塔式集团的崛起和盛行。

在 20 世纪最后 10 年中,银行兴起且重要性加强,而股票市场的重要性却相对下降,个中

---

　* Randall E. Morck 是阿尔波特大学商学院金融学教授,也是国家经济研究局的研究学者。本文是他在哈佛大学作访问学者时候的文章的一部分。Michael Percy 是阿尔波特大学商学院的系主任。Gloria Y. Tian 是阿尔波特大学金融学博士候选人。Bernard Yeung 是纽约大学斯特恩商学院的经济学教授。

　我们非常感谢来自国家经济研究局有关公司股权结构的讨论会议的评论。我们也感谢来自加拿大中央银行、纽约大学、女王大学、明尼苏达大学、多伦多大学的学术会参与者。同时,我们也非常感谢 John Baldwin、Steven Globerman、Enrio Perotti、Andrei Shleifer 等人的建议。最后,我们还非常感谢来自阿尔波特大学商学院的资金支持。

原因不得而知。资本利得税的征收和高通胀也许是其中一个因素,但是通胀缓解后,股票市场仍然没有恢复和以前一样的重要性。

资本利得税的出现伴随着继承税的终结。1972 年后,继承收入成为免税收入。资本利得税理论上只是在死亡时征收。但是资本利得的实现可能会通过家族信托延后几代人。几个大型家族企业集团变成了独立的大众持有公司以支付继承税,所以,继承税在大众持有公司的兴起中至少起着一部分作用。

20 世纪最后 30 年见证了更深刻的公共财政的转变。公司税兴起而且变得越来越复杂,同时还有各种补贴和惩罚。直接管理各种补贴的机构也呈扩散趋势,并通过地区和工业发展基金管理。在对加拿大公共财政作了一个整体研究后,Savoie(1990)总结认为:"尤其自 1960 年早期开始……至少在这个国家的某些领域,几乎对每个类型的商业活动都有各种补贴。"作者继续引用《加拿大商业》的说法:"有些公司很乐意雇用咨询顾问,这些人的作用只是为了探听政客和政策制定者的口风罢了。"

公司集团是对薄弱的机制环境的对应措施。这个论点的一种版本就是由 Khanna 和 Palepu(2000a,b,2001)提出的,公司集团是那些产品、劳动力和资本市场不发达的国家的次优选择。另一种版本则是 Morck 和 Yeung(2004)提出的,认为家族控制的企业集团拥有更强的政治寻租技能。政治寻租,公司对政治的投资,这些都是大部分国家的共同点而且通常也是合法的。家族集团最重要的优势有以下几点:集团比独立企业行动起来更方便,因为一个集团可以对某个政客施加影响,而其中私有企业则可以享受这种影响的回报。家族企业有很长的时间线,他们可以更好地对政治投资以获得补贴。与此对比,那些大众持有公司每过几年就要变更 CEO,因此要求更快的回报。这样,在 20 世纪最后 10 年间,政治影响力对金融成功的作用越来越重要,家族控制的企业集团不断侵蚀独立的大众持有企业。

最后,干预主义的兴起也需要对外商投资的限制。国家主义的政客们为了保护加拿大公司控制权,也许会鼓励家族企业成为"白衣骑士"。在某些行业,特别是能源和文化产业,政策是非常明目张胆的,锁定未来的补贴和税收优惠。而在其他行业,回报也许更为间接。

这个政治影响力的重要性的加强,以及围绕它的各种声音,在加拿大经济历史中时有回音。Jean-Baptiste Colbert——法国重商主义之父,他占据加拿大后,把这块殖民地当作商业主义的试验场。作为殖民地的加拿大,以拥有政府补贴的铁铺、造船厂、运河、伐木场为特点。一般来说,这些都由殖民地的政治精英(和 Colbert)所有,并得到法国政府的补贴。后来的英国征服者也很欣赏这套体制给当地殖民精英带来的好处,从而将其保留了下来。英国北美殖民地经常间接或直接地补贴各种运河、铁路项目,因而经常使自己破产。独立后加拿大的公司投资延续了这种模式,几乎一直到 20 世纪。在 19 世纪与 20 世纪之交,自由党总理 Laurier 大规模地反腐败。这个国家开始了前所未有的发展。在第二次世界大战后,Howe——一个非常有权势的内阁总理,使公务员职业化。他实际上垄断了保留补贴和税收优惠的好处。在 20 世纪 60 年代,股东权利正式形成,加拿大的商人历史消失了。以资产来衡量的话,加拿大 80% 的公司都是大众持有的独立公司。

在 20 世纪 60 年代末,有两个因素改变了以上情况。

第一个因素是魁北克的独立运动，它重新点燃了加拿大的语言冲突，并且导致了加拿大的国家认同危机。分离主义政客寻求建立一个独立的魁北克。为了对抗他们，加拿大联邦政府的政治家用爱国主义培养加拿大人的国家认同感。这导致了对外国资本对加拿大企业的控制，从而使加拿大家族企业作为"白衣骑士"去保卫大众持有公司免遭国外并购。

第二个因素是政治上对政府干预主义的重新信赖。之前的每一种政治哲学思想——拒绝美国革命，19 世纪的自由主义，进步运动和社会主义——都能进入加拿大。20 世纪 70 年代的凯恩斯主义和社会民主主义尤其如此。加拿大的重商主义转变了改进社会的理想主义计划而寻求更现实的政治寻租。在这种环境下，家族控制的企业有优势。

这样，我们的发现支持 Burkart、Panunzi 和 Shleifer（2002）以及 La Porta、López-de-Silanes 和 Shleifer（1999）的论点，他们把大众化持有的股权结构与坚实的机制联系起来。我们也支持 Acemoglu（2000）等人的论点，他强调殖民地机制在决定现代机制中的重要性。我们的发现还支持 Morck 和 Yeung（2004）的论点：家族控制的企业集团在薄弱的机制环境下更有优势，因为他们有更好的寻租技能。

本章其余部分内容如下：1.2 节描述股权数据，1.3 节论述加拿大的殖民机制，1.4 节论述20 世纪初的机制和大型公司的股权结构，1.5 节论述大型公司股权结构的发展并提出解释，1.6 节是结论。

1.2 数据描述

为了探究公司股权的发展，我们需要对工业化前夕的初始环境有一个描绘。连续的定量数据在 20 世纪之前很难获得；然而，对商业股权的定性描述是可能的。这种描述在评估加拿大殖民遗产对工业化时期机制的影响力的时候是非常有用的，对解读后来可以获得的定量数据方面也有帮助。

这些定性描述总结了几个商业历史学家著作的一部分。Bliss（1986）对加拿大商业历史作了一个完整回顾，这部历史充满着对这个国家的商业精英的同情，特别强调了他们的创业精神和敢于冒险的品质。Francis（1986）描述了商业集团在20 世纪 80 年代早期的重要性不断加强，同时也为最大的 30 个商业集团提供了历史信息。Hedley（1894）为加拿大商业领导者作了个人传记描绘。遗憾的是，许多著作水平不高，难以激发我们的兴趣。Myers（1914）有点像探听丑闻的记者，关注商业经营的寻租、政治腐败等问题。Naylor（1975）对商业精英持批评态度，经常表现出左翼观点。Baskerville 和 Taylor（1994）提供了非常有用的加拿大商业历史。Tulchinsky（1977）为蒙特利尔殖民地的商业历史提供了一些信息。Parkman（1867）的著作包含了许多关于加拿大殖民地经济的信息。所有这些都为股权和控制的问题提供了有用的信息。

许多定性描述依赖于他们的资料来源，尤其是 Bliss 和 Naylor 广泛的历史回顾和一些基本的事实信息。为了避免重复引用，我们只对特别的地方进行引用。然而，作者之间的互相引用很多，某种程度的借鉴也是得到认可的。

某些关于工业化之前和工业化早期的数据能够帮助我们解读公司控制的转变。我们可以获得港湾公司从 1670 年以来的股利信息，反映了皮革贸易的健康和殖民地的繁荣。1870 年至今的人均 GDP 的增长数据都可以从加拿大统计局获得。

1885 年以来有关并购活动的年数据也可以成为一系列连锁的来源。Marchildon (1990) 提供了 1885—1915 年的数据。Maule(1966) 报告了 1900—1963 年的数据。皇家公司集中委员会提供了 1976—1986 年的数据。《加拿大的并购》一书提供了 1985—2000 年的数据。

公司财务数据始于 1902 年。由于无法获得对国家完整历史的统一数据，我们只能结合各时段数据，尽可能地做出一个精确的报告。后来年份的数据可能会更好一些。1965—1998 年，我们选取了《金融邮报》上资产排名最靠前的 100 家公司。对于更早年份的《金融邮报》排名，我们无法获得。所以我们根据年报数据自己作了排名，这些年报来自《加拿大每日金融评论》(1902—1964) 以及《金融邮报·公司证券》(1950—1960)。我们没有考虑金融企业，因为它们并没有包括在《金融邮报》前 100 名中，而且银行的股权结构是由联邦法律决定的。国有企业和跨国公司构成了 20 世纪的公司部门。因此，我们考虑另外的通常的股权结构——包括或者不包括国有企业和跨国公司。

第二个问题就是《金融邮报》在 1901—1965 年间是根据资产来排名的，而在之后则是根据营业收入来排名的。这也许是因为早期许多公司只有合并资产比较容易获得。后来，当两个排名都能获得的时候，使用营业收入或者资产来排名得到的是相似的结果。因此，这个缺点不影响我们得出结论。

我们早期的股权结构数据有几个来源。加拿大年度金融评论和金融邮报公司证券会罗列控股股东的身份，虽然没有他们的具体股份比例。然而，我们也发现了一些例子，在这些例子中，各个来源的有关公司股权的数据互相矛盾，尤其是 Taylor 和 Baskerville(1994)、Bliss(1986)、Myers(1914) 和 Naylor(1975)。在这些案例中，我们假设受益股权在当时并不清楚，由于持股公司的结构不太清楚。我们依靠商业历史学家来分类。运用这些描述性来源有内在的缺点，那就是我无法精确地定义什么是"控制"和公司集团的"成员"。如果有一个商业历史学家说一个公司由家族控制或者属于一个集团，那么往往就被默认为如此了。

从 1965 年开始，证券法要求公司更详细地披露。加拿大的统计部门在公司间股权词典 (ICO) 对此有过总结，这也是我们这些年的主要数据来源。《金融邮报》也提供了自 1970 年以来加拿大顶尖企业的最大股东的名字和股份比例。如果被直接和间接的合计持有 10% 以上股份或者符合 ICO 定义，那么我们就把该公司视作被"控制"。ICO 把控制定义为虽没有 10% 的股份但能够通过董事选举规则控制董事会。

通过所有这些数据，我们把每个企业进行如下归类：独立的大众持有公司，独立的家族控制的企业，家族控制的金字塔集团，大众持有公司控制的金字塔式集团中的公司，政府或者政府部门控制的公司，国外股东控股的公司，还有那些我们无法归类的公司。

1.3 殖民起源

许多有关经济和机制发展的著作强调早期殖民机制对经济和金融发展的重要性。这些文字强调了路径依赖，就是说一个经济体以前的发展决定了它现在可能的发展。最近的研究强调了几种路径依赖。

Sokoloff 和 Engerman(2000)认为有种植业的经济体，比如，加勒比岛国和拉丁美洲，都是从一小部分指挥征服当地人或者奴隶的精英分子开始的。这些精英没有动力去建立一套机制，比如土地改革、教育制度、银行体系或者股票市场，这些机制能够培养出小企业和中产阶级。与此对比，定居在美国都是小农，他们要求建立这套机制。

Acemoglu 等(2001)用定居者的死亡率来解释这些地区的区别。作者认为这些小农之所以定居在美国，是因为那个地方的气候能够让他们生存。与此对比，定居在加勒比和拉丁美洲的欧洲人死得很多。结果，殖民权力使欧洲定居者减少了，但却建立了一套剥削自然资源的机制——采矿业和种植业。这些机制一旦建立，便能够长久存在，因为它们的拥有者有足够的财富去控制政治体制。Acemoglu 等(2002)提出一个略微有些不同的观点——欧洲人在那些当地原来文明已经比较发达的地方保留了殖民前的机制，比如，在拉丁美洲和亚洲。

Easterly 和 Levine(1997)指出殖民时代的边界很少根据语言或者民族来划分。他们用现在非洲的数据表明民族划分延缓了发展。他们发现那些根据民族分类的国家有着更多的腐败，也许是因为关于政府资金使用的种族斗争在政府中互相倾轧。这些国家对公共基础设施投资得也很少，也许是因为一个集团不喜欢另一个集团提出的资金项目。

Glaeser 和 Shleifer(2002)和 La Porta 等(1998，2000)认为一个国家的早期历史事件使英国(而不是法国)发展出了能够限制精英的法律，因此能够制衡官员的腐败，防止公司内部人偷盗外部人的财富。按照这种观点，大多数通过殖民或者移植继承英国法的国家(比如，美国)，都发展出了分散化的公司股权，而大多数继承法国法律的国家(比如，拉丁美洲国家)则发展出了集中制的股权。总的来说，他们认为英国的共同法更利于金融发展。King 和 Levine(1993)证明了经济发展和金融发展之间具有清楚的联系。因此，一个能够限制内部人权力的体制能够促进金融发展。

最后，Weber(1958)和其他学者认为最初的宗教、文化和社会因素指导着经济发展。加拿大又一次无法印证这里的论点。魁北克仍然保留了天主教信仰，盎格鲁—加拿大则保留了新教。两教现在都变得世俗化。这个论点的另一个版本就是 La Porta 等(1997b)提出的，即在一个人们能够和陌生人合作的社会，往往更能够建立和存续大型的公共和私人部门机制，这些机制是经济长期发展所需要的。

这些作者都认为现代机制，包括公司股权制度，反映了过去的历史因素。尽管有许多文化和历史的相似性，加拿大的殖民起源和欧洲在北美的其他殖民地仍然很不相同。这些区别与上述路径依赖有关，因此探究这些是一个很好的起点。

1.3.1　古代统治

法国统治下的加拿大最初只是一个被剥削资源的殖民地,而不是一个定居的殖民地。曾有一个短暂的时期,定居成为最主要的任务,这时的加拿大是一个神权统治下的社会,让人想起现代的伊朗。当定居和发展被推动的时候,加拿大就成为法国重商主义之父 Colbert 的试验场,用来测试他的发展理念。法国时代的加拿大的理念和价值观念仍然在现代公司法规中有所体现。

加拿大作为资源殖民地的历史始于 1534 年,当时 Cartier 在地图上根据河谷划了一块地方,并且声称加拿大为法国领土。Roberval 在 1541 年发现了魁北克,但是经过一个冬季之后又放弃了它。虽然法国在加拿大并没有永久性的殖民地,不过在大西洋两岸港口的商人们,比如 La Rochelle,仍然会定期与加拿大进行皮草贸易。从 1562 年到 1598 年,血腥的宗教战争破坏了法国。

南特敕令结束了内战,赋予新教徒完整的权利,但是法国仍然处于分裂中。为了重新团结法国,这个国家被严密集权于一个绝对的君主之下,这个君主通过各种转世传说保留到现在。亨利四世在 1600 年给予一群商人垄断权,在 1604 年给 De Monts 10 年的垄断权。De Monts 在 1605 年派 Samuel 发现了新斯科舍并在 1608 年重新建立魁北克。De Monts 继续他的垄断权。

所有这些垄断权都是不是强制的,直到 La Rochelle 在 1629 年败给皇家军队。由于竞争被破坏,国王的首席顾问 Richelieu,给予一个叫 Associes 的公司永久皮草贸易垄断权,同时限制其他跨大西洋的贸易垄断权。作为回报,后者同意每年向殖民地移民 300 人。

此后加拿大作为法国的一个省,有一个总督政府以及一个由总督和高级官员组成的咨询会。这个委员会拥有对加拿大的立法权,并且服从封建法律。定居者被固定在土地上,不能随意结婚,并且没有财产权。

1642 年 Richelieu 死去之后,公司瓦解了。一些独立商人获取了与加拿大的皮草贸易权,变得非常富有。同年,蒙特利尔发现一个城镇可以作为传教的基地。蒙特利尔的神职人员把他们自己置于国内法之上。这就使神职人员取得了管理当地委员会的权利。

这一直持续到 1661 年,Colbert 成为财政大臣。Colbert 把加拿大作为测试其理论的试验地。在 1663 年,他正式解散了 Associes 公司,用一个新的委员会取代了当地议会。Colbert 在 1665 年任命 Talon 为加拿大的总督,命令他使加拿大的经济多元化。Talon 往往也是公司股东,因此他补贴造砖业、制鞋业、啤酒酿造业,同时限制进口,并控制工资。这些都是由 Colbert 的部门来补贴。不过最终这些措施不是很有用。

Colbert 的重商主义试验使当地的一部分创业者富了起来。Aubert Chesnaye,一个加拿大商人的代表,可能是其中最重要的一位。他是一个进口商、批发商、出口商和高利贷者。他为贷款担保,也为加拿大第一次证券交易作担保。在金融危机造成的一系列债务危机之后,Chesnaye 于 1670 年去世时依旧负债累累。

Colbert 死于 1683 年,此后法国把注意力集中到路易斯伯格的新殖民地,它比魁北克更为富庶。但是,Colbert 的重商主义视野仍然继续。Hocquart 总督使用政府基金补贴产业,但是很快便失败了。Hocquart 把殖民地的缓慢发展归咎于商人们缺乏投资资本。

英国和法国为了控制加拿大而不断角力,并发生了奥地利分裂战争(1740—1748)和七年战争(1755—1763)。路易斯伯格最终在 1758 年被分给英国,而魁北克在 1759 年被分给法国。根据 1763 年的巴黎协议,加拿大全境都被分给英国。由于在加拿大的失败,最后一任总督和在加拿大的法国其他官员都因腐败被追责。

1.3.2 英国统治下的北美

1610 年亨利·哈德森宣称围绕哈德森港湾的土地是英国的领土,但是这块土地直到 1670 年才得到开发,当时,查理二世给予他的外甥 Rupert 王子皮草贸易垄断权,把这块地方称为鲁波特兰。Rupert 组织了英格兰与哈德森港湾贸易公司(简称"哈德森港湾公司"),这是一家联合股权公司。贸易据点、船只以及皮草贸易的风险都已经超出了富有的个人家族财富。因此,哈德森港湾公司,就像英国东印度公司和荷兰东印度公司那样,成为首批联合股份制公司。图 1.1 展现了哈德森港湾公司每年的股利,这可以作为衡量皮草贸易繁荣程度的参照物,也是衡量加拿大经济的参照物。从 1670 年到奥地利分裂战争,英国在加拿大的利益主要来自这些分散的贸易据点,其余的就很少了。

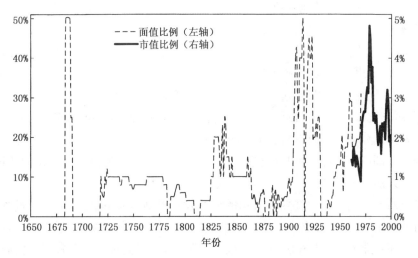

图 1.1 哈德森港湾公司每年股利(1670—2000)

注:股利在 1970 年以前一直用面值比例来表示,1961 年到 2000 年则是用市值比例表示。
资料来源:Newman (1998) 和《金融时报》有关哈德森港湾公司的历史报告。

七年战争之后,一个极度腐朽的英国殖民当局控制了加拿大。为了回应这种权力滥用,1774 年,伦敦当局暂停了共同法在加拿大的适用,恢复了法国在财产法体制方面的民法典,并把适用范围扩展到所有的北美英国殖民地。这似乎是因为民法能够更好地遏制当地经营者对土地的掠夺。然而,法国的封建土地法和民法其实已经深深扎根于北美的英国殖民地。

因为税收反抗以及对土地的限制,精英们都负债于英国商人。这些都激发了 1776 年 13 块殖民地对英国的叛乱。这个冲突实质上是一次国内战争,而且至少有 1/3 的殖民地人民仍然忠于英国皇室。法国的干涉使得分离主义者成功,革命政府取得了统治 13 块殖民地的权力,革命法庭没收了失败方的土地并驱逐了他们,很多人向北方逃难。在几年中,加拿大就由一个法国式的国家转变为一个半法国半英国式的国家。

忠于皇室的人在加拿大定居了下来,但是不喜欢法国民法典。在 1791 年,他们的游说团体成功地将加拿大分割为"上加拿大"(渥太华)和"下加拿大"(魁北克)。1793 年,首席大法官 Osgood 恢复在上加拿大实行共同法。到 1794 年 Osgood 受到官员的压力,任命 Milnes 爵士为总督。

Chateau Clique 在下加拿大的影响力被缩小了。1779 年,英国人和一些皇室商人在蒙特利尔建立了西北公司,与哈德森港湾公司展开皮草贸易竞争,与后者的贸易垄断权作斗争。西北公司的最初创建者包括 McTavish、Todd、McGill 等人。由此带来的财富使这些人随后在银行、造船业和铁路业上声名显赫。

由于哈德森港湾公司有自己的军事力量,因此西北公司也需要一支。他们对市场份额的争夺其实就是军队之间的争夺。结果如图 1.1 显示,哈德森港湾公司的股利在不断减少。

在这段时期,英属北美最具有创业精神的地区是大航海时代的殖民地——新斯科舍和新布伦斯威克。肯纳德的一个木匠在 1783 年来到了哈里法克斯,并迅速建立起商店、磨房、伐木场、造船厂和会计公司以及其他行业。虽然有来自其他人的强有力竞争,但许多行业都发展迅速。肯纳德繁荣起来,特别是取得了在英国和北美之间的通邮垄断权之后。

1812 年,拿破仑战争蔓延到加拿大,一支美国军队烧毁了在多伦多的国会大厦,破坏了农场和村庄。图 1.1 表明皮草贸易遭到破坏导致哈德森港湾公司股利的消失。法国和他们的美国盟友被击败了,定居者得以继续流入加拿大。虽然在 1811 年,一个新的殖民地在马尼托巴建立起来,但是它比较遥远,而且港湾公司不愿意让定居者拥有正式的财产权利。港湾公司视当地的农民为捣乱分子。因此,移民仍然居住在加拿大。

在加拿大南部,经济发展得更为迅速,在那里 Chateau Clique 执行比较松的政策。蒙特利尔相对更靠近大西洋和煤炭业殖民地,因此成为加拿大的经济中心。1821 年,港湾公司在蒙特利尔合并了西北公司。公司在西北公司的那些股东得到了大量财富,可以去投资其他产业。

蒙特利尔在 1770 年末建立了一个公司的分支以资助贸易,因此成为加拿大第一家银行。拿破仑战争破坏了业务,不过,一旦战争结束,蒙特利尔银行就建立了起来,并且创建了加拿大的货币。竞争对手迅速在加拿大南部建立了银行,但是蒙特利尔银行仍然占据主导地位。新斯科舍银行在 1832 年成立,并成为加拿大第一个有限责任股份公司。

一个年轻的英国人,John Molson 在 1785 年到达蒙特利尔,把他所继承的遗产投资到珠宝业。这个公司一直保持盈利,从而使他能够在 1809 年投资第一艘蒸汽轮船。虽然,Molson 想游说获得制造蒸汽轮船的垄断权,但是他失败了,而且竞争越来越激烈。来自珠宝业的盈利使他低估了竞争,最终损失惨重。

航运的主要竞争者是亚伦航运公司,由亚伦和他父亲的公司的一个合伙人等一起经营。在家族资金的支持下,亚伦在 1852 年建立了蒙特利尔海洋轮船公司,通过为克里米亚战争运送军队而获取了大量财富。Bliss(1986)说道,"亚伦的船以惊人的速度沉没或瓦解",但是,他拥有娴熟的政治手腕,从而获得政府的慷慨资助。到 19 世纪 60 年代,亚伦航运公司的安全纪录被不断改善，家族也通过运送移民到北美而变得更为富有。根据 Myers(1914) 的研究，亚伦是 14 个公司的总裁，6 个公司的副总裁，公司涉及的行业有电报、航海、铁矿、烟草、棉花、铁路、纸业、造车和煤炭等等。他的蒙特利尔仓库公司还从事土地投机。

1838 年，Joseph Howe，一个新斯科舍殖民地头目，游说皇家邮政改为用蒸汽轮船运输邮件。Samuel Cunard 赢得了合同，不过显然这其中他在英格兰的朋友发挥了重要作用，其中包括 Norton 女士和其他政府人士。有家族企业控制的上加拿大银行对殖民地有着垄断权。1825 年，John Galt，一个小说家，组织成立了加拿大公司，卖土地给移民，而当时这类公司很少见。有些人在银行的资助下变得非常富有。

在 19 世纪早期，上加拿大最大的企业是运河企业。政府修建了 Rideau 运河。汉密尔顿组织修建了 Wellland 运河。上加拿大政府在为公司提供慷慨的补贴和贷款后，最终在 1841 年买断了部分破产企业。新闻界人士批评这些项目使那些家族获得了大量财富，而政府的公共财政在很长时间内都没有恢复。

1832 年，铁路股票在蒙特利尔一家咖啡馆交易，这家咖啡馆最终成为蒙特利尔股票交易所。劳伦斯铁路就是在 1834 年建造的，由蒙特利尔银行资助。这家银行还资助了其他铁路的建造。

但是在上下加拿大的精英当中都出现了对政府收受贿赂和滥用权力的抱怨。由于所要求的政治权利和经济机会被拒绝，那些新移民组织了反对运动，并最终演变为改革党。1835—1837 年的总督以名为"秩序和纪律"的政策镇压了这场运动。在 1837 年爆发了公开的叛乱，Papineau 宣布在下加拿大成立共和国；Mackenzie 在上加拿大也举行了类似的行动。叛乱者要求结束封建制，取消贸易壁垒，进行土地改革，从而获得大众的支持。虽然军队恢复了秩序，但是上加拿大瓦解了。伦敦重新派了一个新总督，Duham，他在 1839 年的报告中强烈谴责殖民地经营的腐败行为，并建议以民主原则成立一个负责任的政府。

1846 年结束的帝国体制使加拿大商人开始面对自由贸易，经济开始崩溃，1849 年，当时的总督报告说："大多数加拿大人的财产和资本在过去 3 年减少了 50%。"3/4 的商人破产了。

1849 年，为了回应 Duham 的报告，伦敦把上下加拿大合并起来，组成了一个联合的加拿大省，加拿大拥有了一个对民选议会负责的总理。1844 年，亚历山大建立了一家棉花厂，这是加拿大第一家工业联合股权公司。殖民地政治稳定下来后，出现了越来越多的投资机会。新政府最重要的政策是 1849 年专利法，使加拿大禁止针对美国技术的专利，从而使加拿大的创业者可以掌握技术。

殖民地的领导由于能力所限，无法对这些企业进行补贴。Hincks，一个创业家和议员，提出了一项新的市政法案来解决这个问题。一个更全面的解决方法出现在 1849 年，当时加拿大开始担保铁路债务，不过只有某些董事会政客能够保证有效管理的时候，政府才会担保。1849 年短暂的经济危机之后，铁路股票繁荣起来，铁路建设也开始大规模地兴起。虽然铁路建设需要诚实经营，但是，腐败还是非常盛行。西部铁路公司的总裁 MacNab 爵士也是议会铁路和电信委员的成员。由总理 Hincks 亲自主持的最大的铁路项目在上加拿大建造出来。一个由 Hincks 雇用游说议员的说客写道："我不认为加拿大人比土耳其人好到哪里去了，因为合同、工地、免费车票甚至资金都存在问题。"

由 Barings 组织的调查揭露了大量的欺诈和欺骗,并且,Barings 阻止了更多的加拿大公司到伦敦上市,从而获得了对债务贷款的否决权。这只不过是测试了殖民地政治精英们的制衡罢了。铁路补贴成为政府的优先事务。根据 Naylor(1975)的研究,在加拿大的铁路建设和融资"即便用今天的标准来看,也是惊人的"。实际上,每个重要的政客现在都把铁路行业作为副业,这使政客们发达起来。几任总理以及他们的内阁成员都和铁路行业有着千丝万缕的关系。1858 年,当时的财政大臣 Galt 把加拿大的国家债务融资提供给铁路行业,并通过提高关税来获得资金补贴铁路。到 1860 年,加拿大已经建设了大量的铁路,但是由于经营不善,让政府几近破产。

现在,只有航海时代的殖民地新斯科舍和新布伦斯威克承诺进行财政救援。当美国废除了在 1866 年签订的条约时,Galt 稍稍降低了对制造业产品征收的关税,为与加拿大的联合作准备。1867 年,英国投资者在伦敦阻止了新斯科舍和布伦斯威克的融资请求,迫使他们联合起来。由此导致的联合结果就是加拿大自治领地,一个在英帝国内自主的政治实体。加拿大的独立通常认为是在 1867 年,虽然责任内阁制在这之前就已经建立,而且在很长时间之内加拿大仍然保留在英帝国内。由于加拿大国会在 1867 年继承了大部分英国议会的权力,因此,这个时期可能比其他时间更适合作为加拿大独立的日期。

虽然第三世界国家有着严重的腐败,但是经济实现了现代化。亚历山大·格尔特(Alexander Galt)在 1831 年成立了英美土地公司,购买加拿大南部的封建地产,向英国的定居者兜售小型房产。这样,土地改革通过私人部门进行。多伦多股票交易所成立于 1854 年,最初主要是商品交易,后来开始交易铁路股票和其他一些公司的股票。虽然自由贸易一开始具有副作用,但是,最终还是让加拿大受益。1854 年,加拿大与美国达成的自由贸易协议进一步刺激了经济。

1.3.3 工业化前夕的加拿大

以上所有这些有关殖民地的源头决定了后继机制和经济发展的理论都需要进行比较。

加拿大虽然最终是一个定居者的殖民地,但之前只是一个资源殖民地。19 世纪中叶的核心产业是皮草贸易,当地人在一个固定的地点卖皮草给欧洲人。港湾公司反对殖民化,惧怕当地的农民断绝与印度人的贸易关系。法国统治下的加拿大的农业采用的是法国大革命前的那种模式。早期的英国精英通过垄断土地模仿法国模式。总的来说,加拿大早期的历史集合了 Sokoloff 和 Engerman(2000)对加勒比和拉丁美洲殖民经济的描述。

加拿大的气候虽然恶劣,但是对于欧洲人并非致命。法国人最终也将重点放在定居上。这又伴随着重商主义政府的干预以及法国殖民地当局的腐败。他们的后来者英国人保留了大部分的机制遗产,甚至保皇党也蜂拥至殖民地。这样,一个外在的政治事件,13 块殖民地的分离,不可避免地使加拿大成为一个定居殖民地,大量的农民定居在这里,他们要求获得殖民地当局的法律保护。一个欧洲人能够生存的环境并非一定能够加速定居。然而,一旦大型的英国定居点建立后,对英国机制的压力开始显现,这与对他们的理论解读相似:机制发展由定居者的倾向决定。

Easterly 和 Levine(1997)发现种族多样性会延缓发展。长期以来法英在加拿大的竞争可能延缓了加拿大总体的增长。然而,少数民族比较多的下加拿大比完全忠于皇室的上加拿大更具有活力。语言之外的其他因素也起着作用。

La Porta 等(1997a, 1998, 2000), LaPorta、López-de-Silanes 和 Shleifer(1999)证明:在对来源于英国共同法系的法律系统的使用与更成熟的金融和制度发展之间有着较为明显的相关性。经济发展的早期还显现不出英国法律对法国法律的优越性,两者都会有腐败。虽然加拿大在与商业相关的方面运用共同法,但是法国的民法仍然在魁北克保留着。蒙特利尔仍然是国家的经济中心。La Porta 等认为官员腐败和内部人的权力滥用,往往在英国法律体系内受到更多的限制。加拿大有一种传统,就是对与政治联系比较深的行业进行补贴,也许现在看来这就是一种腐败。这或许就是法国给加拿大留下的遗产。

当然,持续了半个世纪的英国人大规模定居和英国制度的建立,使加拿大成功地从一个由封建人口组成的国家,转变为一个由农场、城市、运河和铁路组成的国家。土地发展规划把旧的封建领地开放给定居者。虽然有浪费和盗窃行为,而且深深地腐蚀了政治经济,但是仍然推动了经济发展。这些观察提出了有关腐败的疑问。加拿大殖民发展历史抛出了一个论点,即坚实的机制是经济发展的结果而不是起因,这个论点至少值得我们深思。

1.4 工业化

19 世纪最后十年和 20 世纪最初十年是加拿大经济的高速增长时期。理解公司股权和控制以及其他机制在这段期间是如何发展的具有特别的意义。

高速增长期间与 Laurier 爵士担任总理时期相一致。自由党人在 1896 年掌权,度过了一个经济高速发展的时期,在 1911 年的选举中下台。Laurier 也是第一个来自魁北克的总理,他宣称要使"加拿大在整个 20 世纪保持繁荣"。这在当时看来并不荒唐,因为加拿大的人口和工业生产以前所未有的速度发展着。当时比较流行的就是预测什么时候加拿大的人口会超过美国。有远见的政治家很严肃地看待帝国主义,预见到加拿大可能会承担英国在全世界的沉重负担。这并非不合理,因为 Laurier 是一个彻底的帝国主义分子。

哈德森港湾公司在这一时期获得的丰厚股利以及图 1.2 及图 1.3 所示的更直接的增长测量方式,都与国家的繁荣相关。经济发展伴随着移民潮。在 Laurier 时期,加拿大的人口增长了 44%。加拿大西部人口的增长与加拿大太平洋铁路的开通大为相关。所有经济部门的发展都很迅速,同时这种发展也为基础设施的投资和数以百万计的消费者的涌入铺好了道路。这种情况非常类似于 Murphy 和 Vishny(1989)所称的"大推进"——由大量独立部门的迅猛扩大带来的快速发展,因此对中间产品和终端产品的需求与供给同时增长。

铁路以及围绕铁路周围定居者的农场创造了一个经济压力较小的区域。每种新的商业都有需求,以便支持铁路和定居者,所有其他新的商业也为他们服务。

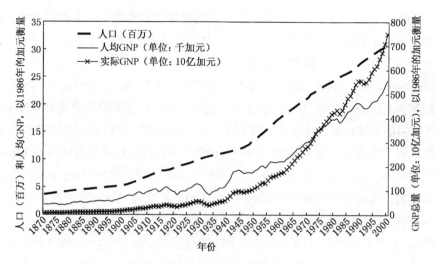

图 1.2　1870—2000 年总的经济增长

注：人口和人均国民产值（以 1986 年的加元衡量）都是用左轴表示。GNP 总量则是右轴表示。
资料来源：1926 年前的数据来源于 Urquhart（1993）。其后数据来自加拿大统计局：加拿大历史统计。

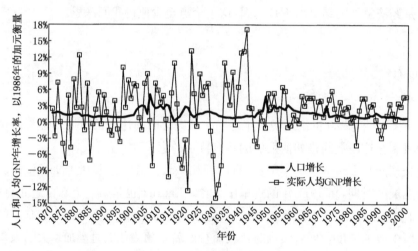

图 1.3　1870—2000 年经济增长

注：人口和人均国民产值（以 1986 年的加元衡量）年度增长率都是用左轴表示。
资料来源：1926 年前的数据来源于 Urquhart（1993）。其后数据来自加拿大统计局：加拿大历史统计。

1.4.1　大推进

虽然实际的大推进发生在 Laurier 当总理的时候,但是,几十年前的 MacDonald 总理已经为其铺平了道路。他通过那些未揭露的政治事件来达此目的。成功地完成此项任务对移民有很大帮助,这些移民对各种商品的需求很大,这也为大推进提供了推动力。

在 1867 年,加拿大最重要的企业仍然是港湾公司,它拥有鲁伯斯兰——上加拿大大半地区。首要的因素就是在 1820—1860 年,Simpson 大肆掠夺这块土地。尽管如此,港湾公司的董事仍然发现皮毛贸易以及公司股利的下降。通过两次并购,港湾公司把业务扩展到了伐木、渔业和煤炭开采,甚至还拥有了一块殖民地。但是所有的尝试还是失败了,鼓励继续减少。最终,一个新的管理团队认为退出皮草贸易和把土地卖掉最符合股东的利益。1868 年,下一任经理把鲁伯斯兰卖给了加拿大,包括一块殖民地。垄断资源公司的利益最大化决策,把加拿大从一个资源供给殖民地转变为一个定居殖民地。

这场大推进并没有使腐败减少。财产权利实际上变得更为不稳定,跨大陆的铁路建设充满了权钱交易。港湾公司从来没有正式授予定居者土地。诗人和哲学家 Riel 宣布成立马尼托巴共和国,脱离加拿大而独立。这场叛乱在 1870 年失败,Riel 总统逃亡。马尼托巴重新成为加拿大的一个省。产权得到了正式承认,定居者蜂拥而入。但是,MacDonald 认为加拿大需要一个跨大陆的铁路去执行对广大土地的主权权利。在 1871 年,他说服英国太平洋的殖民地加入加拿大,作为英属哥伦比亚的一个省。

为了保持对铁路建设队伍的供给,现存的工业生产飞速发展。土地价格飞涨,新的煤炭和资源储藏地被发现和开采。定居者进一步涌入西部地区。1884 年,Riel 重新宣布萨斯凯彻温为共和国。MacDonald 总理派军队镇压了这场叛乱。Riel 被绞死,没有其他省份再敢宣布独立。

19 世纪 90 年代铁路带了大量的财富,使很多人变得富有。现在则到了大推进的时代。大量的资本存量已经做好准备。所有这些都发生在一个有着官方和私人腐败的经济体,同时还包括高额关税和充满丑闻的金融系统中。

1.4.2 腐败和大推进

官方的腐败阻碍了经济发展——Mauro(1995)认为腐败提高了对政治联系而不是对普通商业项目的回报,比如,生产设备、研发等。这就把有天赋的人才从工程师、投资者、创业者的职业转向了政客、官僚的职业。

用现代的标准来看,开始工业化进程时的加拿大是一个非常腐败的国家。然而,政客们期望以及被期望从政府那里获得财富。现在看来,腐败行为在当时看来不仅合法而且还是可预测的。

1875 年的规定要求保险公司只能够投资国内公司,这迫使外国保险业者退出市场,而使新加拿大的保险业者得到大发展。当时的财政部长 Francis Hicks 爵士经营着联邦保险公司。总理 Mackenzie 在 1878 年下台后经营着北美人身保险公司。而在任的 MacDonald 总理则作为制造业保险公司的主席。太阳保险公司本来一直由 Matthew Gault 把持直到 MacDonald 占据了他的位置。港湾公司的高官,Donald Smith 运用他国会议员的身份来促进他在 Manitoba 的蒸汽船和铁路投资。

这样,国会议员和省府官员竞相赋予对方权力,从而经营各种企业,比如,煤炭公司、土地公司、伐木公司(Mayers,1914)。市政官员同样因此致富。然而,也有几个因素可能缓解了腐败对经济的副作用,从而使 Laurier 总理的大推进能够成功。

第一,有些腐败有正面作用。虽然,MacDonald 通过腐败的选举赢得权力,但是它推动了跨大陆的铁路建设。第二,随着时间的推移,这种腐败越来越不受大众欢迎。正是因为腐败才会激起分裂运动,因此,虽然这些叛乱全部被扑灭,但是,后来的政客不能保持更多的诚信。最终,加拿大经历了 20 多年的史无前例的诚实政府,因此腐败的回报率变得极低。最后,在加拿大创业的回报在大推进时期变得非常高。即使存在某种程度的腐败,创业仍然具有相当大的吸引力。

与直觉相反,某种产权的缺失反而鼓励了创业。在 1872 年之前,不遵守外国专利法是合法的。这就使加拿大的创业者可以自由地使用最新的外国技术。在加拿大贸易伙伴的建议下,MacDonald 在 1872 年修改了专利法,规定遵守美国专利法,如果专利持有人在加拿大有生产线的话。这就是鼓励了外国人对加拿大的投资。总的来说,这些政策鼓励了高科技产业。

许多技术非常适应加拿大。乡间被设计用来进行水力发电。一个很重要的项目就是来自拉丁美洲的投资,利用尼亚加拉瀑布的水流发电来供应多伦多。

1.4.3　金融和增长

King 和 Levine(1993)证明一个国家金融系统的发展与其经济增长有着明显的相关性。MacDonald 时代的加拿大金融系统由股票市场和银行组成,这些银行只对具有真实基础的贸易进行贷款。Naylor(1975)认为这种坚持大大减缓了为资本贷款的增长速度。然而,在 Laurier 统治末期,金融机构对各种企业都发放贷款,股票市场也掀起了两轮 IPO 的高潮。

到 19 世纪的时候,新企业的成立仍然主要通过家族财富、政府补贴现存公司的留存收益来进行融资。腐败和创业都创造了大量的家族财富。最大的包括航海时代的王朝,蒙特利尔皮草贸易者的后代以及一小部分保皇分子。

Laurier 也已开始批评 MacDonald 的补贴回避了补贴工业,直到他的最后任期。但是,省级和市级政府却没有这种内疚。一条通向北方的铁路得到政府大量的补贴,因此获取了高额的回报,在铁路周围也发现了许多矿藏,这些都被用来证明补贴的正当性。超过 500 家新的采矿公司在多伦多股票交易所上市。

19 世纪 90 年代早期,当金矿在英属哥伦比亚被发现的时候,这些采矿企业获得了更多的财富。大量的带有欺骗性的 IPO 公司在多伦多上市,欺骗了来自加拿大和世界其他地方的投资者。又有两个交易所在多伦多成立,以便处理这些上市高潮。虽然有大量的欺诈存在,加拿大却有了一个能够吸引全世界资本的股票市场。

加拿大的证券市场和金融系统已经发展到一个时点,在这个时点上,通过并购和债务融资来获得增长成为可能。因此,Gergorge Cox 和他的合伙人前总理 Bowell 通过并购创建了国家投资公司。事实上,在 19 世纪 90 年代早期,加拿大掀起了第一波并购高潮。图 1.4 揭示了加拿大并购活动的踊跃程度。

实际上,所有的新公司都有控股股东,因此,一场收购或者兼并通常要求从私有家族企业或者从上市公司的控股股东那里购买股份。当然,许多并购活动也涉及直接买断小规模的家族企业,然后把它们吸收进去成为一个成长性国家公司。

那些受人尊敬的家族企业似乎正在减少。虽然 Cox 的儿子能力不强,但是 Cox 还是能够继续他的商业王朝。1905 年,Gundy 和 Wood 从 Cox 证券公司退出,创立了 Wood Gundy 公司并迅速占领证券市场。银行、保险公司、信托公司和那些新的证券公司鼓励加拿大人把储蓄通过债权、优先股、普通股转移到产业公司中去。

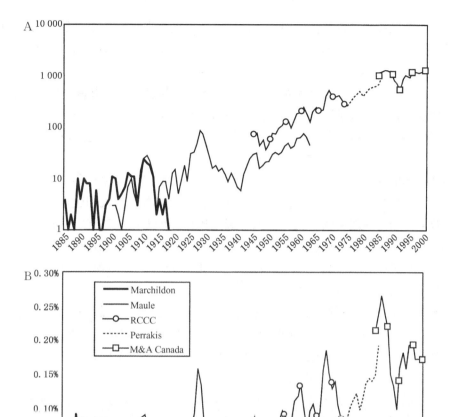

图 1.4　每百万加元中并购的数量:A.交易的原始数量;
B.每百万实际 GNP 中并购交易的数量(基于 1986 年)

注:因为各种来源的千差万别,我们把重复的时间段进行线形转换以产生一个单一的时间序列。

资料来源:1885 到 1918 年的数据来自 Marchildon(1990),1900—1963 年的数据来自 Maule(1966),1970—1986 年的数据来自 Globerman(1977),1986—2000 年的数据来自加拿大并购目录。

这些发展掀起了在一战前的第二波并购高潮。通过债券发行来融资,有些公司就可以支持公司收购。通过换股,它们也可以收购公司。图 1.4 表明了并购活动在 20 世纪早期的又一次活跃。

1.4.4　开放

比如,Bhagwatti(1998)认为贸易开放刺激了发展。金融开放的作用则更具有争议性。Bhagwatti 警告说金融开放会导致金融动荡。而全球化的拥护者认为金融开放应该和贸易开放相配合。然而,Henry(2000)认为当今新兴国家通过开放它们的金融市场获得了投资热潮。

为了补贴 CPR(加拿大太平洋铁路),MacDonald 需要大量政府收入。那个时候公共资金的主要来源就是关税。因此当时的平均关税高达 35%,这样限制进口也是为了促进工业化。

这种政策是一个经典的进口替代的例子。直到第二次世界大战后放松管制之前，这项政策仍然是有效的。加拿大在这个体制下的成功也许是后来拥护进口替代的学者（比如，Prebisch）最重要的论点。

然而，在高速增长时期，加拿大对资本的流入和流出却没有大的限制。虽然加拿大经历了高速的金融发展，但是，大推进仍然非常依靠外国资本。从绝对数额上来看，在 Laurier 时代，比起美国，每年有更多的国外资本流入加拿大。这些资本主要来自英国，有一小部分来自美国。这些资本掀起了一波创业、扩张和公司收购的高潮。

对国外资本的补贴也起了作用。加拿大的每个城市都渴望吸引高科技企业来投资，为此他们提供了各种优惠措施。虽然他们成功地促进了国外资本的流入和建立分支生产线，但是这些产业政策作为发展战略的有效性仍然存疑。比如，Naylor(1975)认为这些政策的副作用就是 19 世纪 90 年代到 20 世纪初加拿大在科技创新上被边缘化。Bliss(1986)认为这些政策创造了一个"扭曲的制造业增长，由此带来了严重的害处"，而且作者还描述了产能过剩的情况。另一种扭曲就是走私。

这些国家政策还造成了高成本低效率的生产。很少有加拿大企业能够出口。一个例外就是农业设备公司 Hart Massey 和 Alanson Harris，这两个公司都有加拿大和美国的专利基础。两者都受益于加拿大的农业现代化。到 1891 年，当这两个家族企业合并的时候，两者都已经在阿根廷、澳大利亚和英国占据了大量的出口份额。

但是重复的关税壁垒阻碍了企业创新。因此，J. L. Kraft 把他的奶酪产业从多伦多转移到了芝加哥。在很长时间内，加拿大的关税总是贴着爱国主义的标签，同时加拿大人也受到当时总理和宣传的影响，在情感上也要求对贸易收税。

当大推进结束的时候，加拿大变成了一个资本和技术出口国。由于建造了世界闻名的加拿大太平铁路，加拿大还在巴西、古巴、墨西哥、西班牙和印度承揽铁路建设。一旦在这些国家站稳脚跟，加拿大便进一步发展其他行业，比如，电力、照明等。加拿大银行也相继进入这些新的市场。Cox 集团迅速将业务扩展到拉丁美洲、西班牙和加勒比地区。

1.4.5　最初的公司股权结构

随着股票市场的不断深化，大众化持有的产业公司不断涌现。哈德森港湾公司没有一个单一大股东，虽然他的总裁似乎可以管理公司并且他的股份在交易所交易。不过，现在加拿大有着大量的小型大众化持有公司以及两个巨型的大众化持有公司。加拿大太平洋公司从一开始就是大众化持有的，到 1900 年，加拿大贝尔公司也成为大众化持有公司。

然而，现在许多大型加拿大企业属于金字塔式企业集团——在这个结构中，一个家族企业往往处于金字塔顶端，并且控制着其他上市公司，这些上市公司再控制更多的上市公司。第一个这样的集团就是 1899 年成立的 Cox 家族企业集团。不过，加拿大金字塔集团通常并不复杂，至少相对于他们现在的继承者来说。大多数集团只拥有一小部分公司，其建立者的经济动机也非常直接。

在大推进之前，老式的家族企业和铁路大亨通过投资不同的产业来分散他们的财富。伴随着股票市场的发展，公众股东越来越成为资本的来源，把少数股东权益卖给小投资者成为主流。

大型公司集团往往是并购高潮的结果。从 1909—1912 年,当时经济发展停滞的时候,275 家加拿大公司合并成为 58 家,交易金额达到 5 亿美元。这个期间最活跃的并购当属 Max Aitken,他组建了加拿大最大的公司集团。大型公司集团同样来自财务危机。当时的政策造就了大量的产能过剩,许多生产线由没有能力的管理者经营。许多这类公司都是上市公司,但是持续的产能过剩使其股价下跌,从而吸引了收购者。由此,A.F.Gault 把这个国家的大半个棉花制造厂都并入了 Dominion 棉花制造厂。David Morrice 把其余的棉花厂合并进了加拿大彩色棉花公司。经过许多年后,这两家公司在 1905 年最终合并成为一家公司。

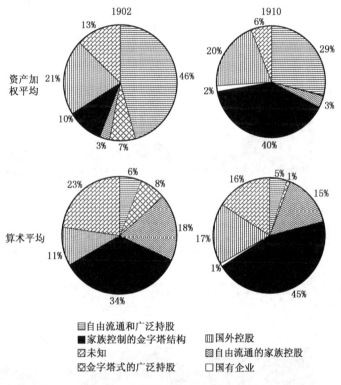

图 1.5　20 世纪早期大公司的控制

注:这张图反映了 1910 年最大的 100 家公司和 1902 年最大的 60 家公司股权结构的不同种类的比例,分别按照资产加权平均和算数平均计算所得。不包括金融行业的公司。数据来自公司的年报。

这个时代的并购者通常直接买断目标公司的控股股东的股份。持有目标公司股份的内部人通常会卖掉他们的股份,以此来分散投资。在这个阶段,我们可以构建一个广泛但只是粗略的股权结构的代表。图 1.5 以股权结构对 1902 年的 66 个公司进行了分类,当时是大推进的中期,1910 年的时候有 100 家公司,这也是大推进的巅峰时期。

它表明,在 1902 年,4 家大众化持有公司占据了 46％的公司部门资产,1910 年这个比例下降到 29％。在这两个年份中,这些资产大部分属于两个大众化持有公司:加拿大贝尔公司和加拿大太平洋铁路公司。到 1910 年,公司部门最大的一部分,40％的资产和 45％的公司都是由个人家族控制的金字塔式集团。还有大量小的公司,虽然独立,但也是由家族或者某个个人控制。大约 1/5 的公司由外国人控制,主要是英国人。我们无法确定早期那些公司的所有权结构。我们怀疑大部分的公司还是由富有家族间接控制的。

1.5　公司所有权的发展

我们复制了图 1.5 后面的时期,以 10 年为一个单位,直到 1960 年,此后每 5 年为一个单位。有些缺少数据的年份我们用其他年份代替。主要的问题是我们没有加拿大统计局有关公司所有权的年度统计数据。图 1.6 描绘了这些数据。

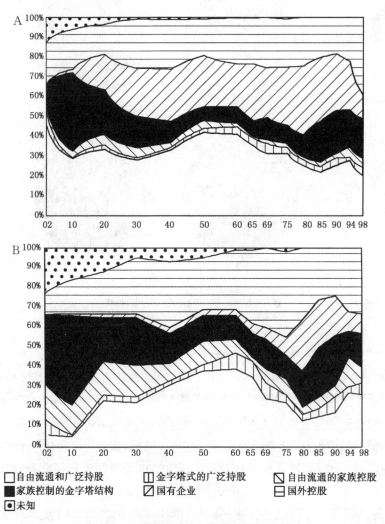

□ 自由流通和广泛持股　　　Ⅲ 金字塔式的广泛持股　　　◩ 自由流通的家族控股
■ 家族控制的金字塔结构　　　◪ 国有企业　　　目 国外控股
⊙ 未知

图 1.6　20 世纪大型公司股权结构的变化:
A 资产加权平均; B 算术平均

注:这张图表反映了 1902 年到 1998 年最大的 100 家公司的股权结构种类的比例变化。
资料来源:加拿大公司互相持股的统计年鉴,《金融时报》,加拿大年度金融回顾。

首先,我们无法跟踪的公司的影响力一般很快就衰落了。从 1920 年开始,属于这些公司的资产几乎可以忽略不计,从 1930 年开始,这些公司本身就可以忽略不计了。

对公司资产的政府控制始于一战,并且一直稳步发展,直到 1990 年代,那时候国有化进程突然被打断。主要事件比如加拿大航空公司、加拿大国家铁路公司、加拿大大石油公司以及许多其他国有化公司的私有化。我们注意到,20 世纪 70 年代,国有化公司的数量急剧上升,表明了自由党政府的社会主义政策倾向,他们执行了许多国有化政策,后来在 20 世纪 90 年代开始了私有化。

跨国公司在加拿大一直是非常重要的。1902 年,外国人控制着 10% 的加拿大的大型公司,大约占据着 20% 的公司资产。到 1930 年,这两个数字都上升到了 30%,并在 20 世纪余下的时间,一直在 30% 左右徘徊。就外国控制公司的数量来说,20 世纪 70 年代达到了最高峰。这就为自由党的国有化政策提供了借口,因为国有化能够使公司免受外国人控制。而在 1998 年,外国控制一下子又增加了起来,这主要归因于几桩大型的并购交易。外国控制的国籍也变化了。在 20 世纪初,主要的外国所有者来自英国。而在 20 世纪末,来自美国的外国控制者占据了多数。

独立的大众持有公司变得越来越普遍,直到 20 世纪 60 年代中期。此后,大众持有公司变得越来越少,只占公司资产的小部分比例。如果我们把那些控股股东不知名的公司,以及国有的、外资控股的公司去掉的话,这个结构将变得明显。

家族控制的金字塔式集团的重要性的变化和以上结构正好相反:它在世纪之初占据主导地位,在世纪中叶急剧下降,然后又在世纪末重新得势。

这个结构需要解释。我们首先为家族企业和独立的大众持有企业的兴衰提供一些细节。然后,我们思考各种理由,为什么所有权结构会有这种改变。因为机构变革和商业条件通常都与政治事件相关,我们罗列了加拿大总理的名单。表 1.1 罗列了 20 世纪加拿大总理的任期情况。

表 1.1 20 世纪加拿大政府和总理更选

总 理	党 派	当选日	辞职日
马丁	自由党	2003-12-12	
克里斯蒂安	自由党	1993-11-4	2003-12-11
坎贝尔	保守渐进党	1993-6-25	1993-11-3
穆尔尼	保守渐进党	1984-9-17	1993-6-24
特纳	自由党	1984-6-30	1984-9-16
特里尔	自由党	1980-3-3	1984-6-29
克拉克	保守渐进党	1979-6-4	1980-3-2
特里尔	自由党	1968-4-20	1979-6-3
皮尔森	自由党	1963-4-22	1968-4-19
蒂芬贝克	保守渐进党	1957-6-21	1963-4-21
劳伦特	自由党	1948-11-15	1957-6-20

续表

总　理	党　派	当选日	辞职日
威廉·金	自由党	1935-10-23	1948-11-14
贝纳特	保守党	1930-8-7	1935-10-22
威廉·金	自由党	1926-9-25	1930-8-6
阿瑟·梅根	保守党	1926-6-29	1926-9-24
威廉·金	自由党	1921-12-29	1926-6-28
阿瑟梅根	国家自由党	1920-7-10	1921-12-28
伯登	工会主义党	1917-10-12	1920-7-9
伯登	保守党	1911-10-12	1917-10-11
劳里尔	自由党	1896-11-7	1911-10-6

1.5.1　所有权结构在整个世纪的商业周期中变化

在图 1.4 展现的并购浪潮都带来了所有权结构的变化。这些浪潮主要集中在 20 世纪之初、20 年代末期、60 年代早期和晚期、80 年代晚期和 90 年代晚期。图 1.3 所示的每个都是一次商业周期。在思考为什么所有权会变化的理论之前，我们为这些年代的背景提供一些详细的信息。

第一次并购浪潮实际上是一个比较长的期间，与 Laurier 黄金时期相一致——1890—1911 年。在 Laurier 自由党执政时期，新技术和由英国资本资助的并购集中在钢铁、水泥等产业。图 1.5 表明了这些交易显著地增强了金字塔式集团的重要性，比如 Cox 集团。

接下来的 1913 年到 20 世纪 20 年代是一个缓慢发展时期，家族金字塔式集团的重要性下降。如图 1.6 所示，这些变化与国有化兴起有关。到 20 世纪 20 年代中期，环境慢慢地发生了变化，新的商机出现了。最具影响的事件就是美国的禁酒法令，这项法令禁止生产、销售和运输酒精，但允许酒精的消费。Sam Bronfman 建立了一个酿酒公司以满足饥渴的美国人。Bronfman 运用他的财富建立了一个金字塔式集团，并且迅速成为加拿大的商业大亨。

在 20 世纪 20 年代末期的并购浪潮就像 Laurier 当政时期一样，又建立了不少新的金字塔式集团，但是整体上看，20 世纪 20 年代的金字塔式集团变少了。1920 年的繁荣时期，创了新的高科技公司——汽车、航空、影视和造纸。不过，大多数都是靠发行股票来融资，并且是大众化持有的公司。

一场全球繁荣也支撑了加拿大，对纸和矿藏的需求极大。越来越多的采矿公司建立了起来。这样，许多新的大众化持有公司迈入了顶级公司行列。

20 世纪 30 年代的大萧条严重地冲击了加拿大。1929—1933 年间，通缩减少了 20% 的生活成本，但是工资下降得更多。这使许多行业受损——汽车、基本金属、原油、铁路、造纸、钢铁等行业几乎都崩溃了。许多古老家族在 20 世纪 30 年代都破产了，他们的财产被其他有钱人买走。

但是采矿业却繁荣起来，因为投资者把黄金和白银看作安全资产。通过提炼这些金属，大众化持有公司 Noranda 和 Cominco 成长了起来，从而增加了大众化持有公司的重要性。新的家族财富在 1930 年代多了起来，许多人建立了新的家族企业。

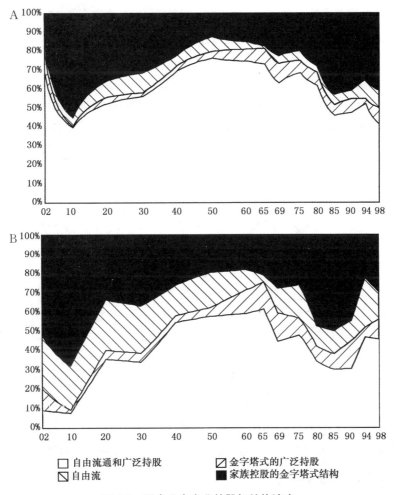

自由流通和广泛持股　　　金字塔式的广泛持股
自由流　　　　　　　　　家族控股的金字塔结构

图 1.7　国内私人企业的股权结构演变

注:这张图反映了 1902 年到 1998 年最大的 100 家公司的股权结构种类的比例变化。国有企业和跨国公司的附属企业的股权结构不是很清晰,因此不含在统计内。

资料来源:Past issues of Statistics Canada's Directory of Inter-Corporate Ownership, the *Financial Post*, Canadian Annual Financial Review,and *Financial Post* Corporate Securities,supplemented by Taylor and Baskerville(1994),Bliss(1986),Francis(1988),Myers(1914),Naylor(1975),and individual corporate histories.

Clarence Decateur Howe,一个麻省理工学院毕业的研究生,同时在达特茅斯大学担任教授,他建立了一个谷物起重机的帝国,但最终失败了。Howe 很不遭人喜欢——CPR 的主席曾经评论他:"非常不善于与普通人打交道。"在二战期间,Howe 作为军火物资供应部长,掌管战时的计划经济。到 1945 年,由于欧洲和亚洲的工厂陷于困境,用某些衡量标准来看,加拿大已经成为世界第三大经济体。由于与苏联的战争联盟和对大萧条的痛苦回忆,选票流向了共同合作联盟(CCF),即后来的新民主党(NDP),新民主党在 1944 年获取了政权。

在战后,虽然遭到 CCF 的反对,Howe 仍然实行了经济自由化。对战时成立的公司的私有化却创造了更多的大众化持有公司。1950 年到 1960 年的加拿大继续处于繁荣时期。欧洲和日本的战后重建加大了对金属和木材的需求。这个时候几个新的采矿公司成立了。许多古老家族企业在战后也变成了大众化持有公司。

1.5.2 金融发展

Rajan 和 Zingales(2003)描述了一场"大逆转"，许多国家的金融系统在 20 世纪前半叶萎缩，而到了后 30 年重新发展起来。他们报告在加拿大也有这样的事件，通过银行体系和股票市场的市值大小来衡量金融发展的程度。图 1.8 是一张衡量加拿大和美国整个世纪的发展的图表。

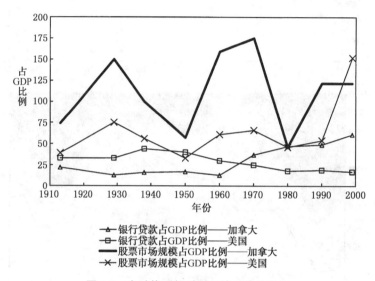

图 1.8　金融体系相对于经济总量的比例

注：这张图描述了商业存款和股票市场市值占 GDP 比重的演变。1938 年的数据由于资料缺失而使用了估算数据。

资料来源：Rajan 和 Zingales(2003)。

加拿大的银行系统在 20 世纪 20 年代经历了一次深刻的危机，在 30 年代又经历了一次。一战时期的通胀导致了后来几年的通缩，银行破产。许多在 20 年代中期的并购活动都带有政府导演的色彩，让健康的银行并购陷入困境的银行。到 1928 年，加拿大只有 10 家银行，而在 1910 年有 30 家。最后一家家族控制的银行，Molson 银行被蒙特利尔银行收购。这个转折使好几个职业经理离职，从而降低了家族集团的重要地位。

在 20 世纪 20 年代后期，股票市场非常活跃而且估值偏高。例如，投资者投资一家陷入困境的广播公司：加拿大马克尼公司，该公司只有 500 万美元的资产，在 1928 年的市值达 1.3 亿美元。家族企业的后代通过公共股份保持他们的股票，这再次扩展了自由的大众化持有的公司。

股票市场在 1929 年崩盘，失业率上升。新任总理 Bennett 以放弃金本位制来应对危机。加拿大本币由此骤然贬值，外国借款者纷纷要求还款。主要的几家大公司都破产了。为了避免一场金融崩溃，Bennett 授权这些已经岌岌可危的银行和保险公司使用"特别股指方法"去向公众证明他们财务的稳健。通过国家贷款，加拿大幸运地逃脱了国家破产的厄运，最前面的 50 大股票从 1929 年的高点到 1932 年的低点，平均下跌了 85％。

后来的半个世纪,银行体系非常稳定。1967 年修改的银行法案,增加了对所有章程银行 10％的投票上限,从而使任何单一股东要想控制银行都成为非法的行为。围绕这个的政治考虑主要是当时公众担心外国人会控制加拿大的银行。银行体系仍然是高度受规制的,直到 Tories 在 1980 年代中期上台。他慢慢地解除了长期以来其他金融机构对银行体系的束缚。接下来的 10 年中,加拿大最大的 5 家银行收购了加拿大全国所有大型的证券经纪商、承销商和信托公司。

以上都反映在图 1.8 中,该图表明了自 Laurier 繁荣时代之后,银行贷款在 GDP 中所占比例不断下降,在 1970 年以前都未超过 1913 年的比例水平。以此对比,美国银行体系占 GDP 的比例实际在扩大,直到1938 年,此后逐渐降低,而股票市场变得越来越重要。加美两国股票市场的重要性都在 1929 年达到顶峰,此后再次在 20 世纪 70 年达到顶峰。加拿大股票对该国经济的重要性比美国股市更大,特别是在 20 世纪 20 年代和 20 世纪 50—60 年代的繁荣时期。

因此,当股票市场很大,而银行体系较小的时候,大型的加拿大公司稳定地增长,并成为大众化持有公司。越来越集中持有的转变在股票市场变得不重要而银行系统变得更重要的时候出现了。

Beck 和 Levine(2002)论证了以银行为基础和以股市为基础的金融系统都能够推动经济增长。然而,目前还不清楚由这两种体系引申的财富分配机制和公司控制机制是否不同。银行被认为在进行金融决策时更依赖各种关系,而股票市场则并不很具有人格性。如果银行更为重要的话,那么很有可能家族集团会更有优势,因为一个单一的关系可以覆盖很多公司。Daniel、Morck 和 Stangeland(1995)表明了 Edper Bronfman 集团公司比起其他类似的自由公司更具有影响力,这也许符合以上的假说。

然而,金融体系的大小并非天生注定,它依赖于其他经济体制。把所有权结构和金融体系结构联系起来只会提出进一步的问题:是什么决定了这些? 有没有其他因素可能在起作用?

1.5.3　税收

一个世纪以来,税收转变了很多。一个可能影响股票的相对有吸引力的主要变化就是自由党在 1972 年引入的资本利得税。这导致了其后股票市场相对于经济比重的下降。由于这个时期也是一个高通胀时期的开始阶段,因此,因为通胀税和资本利得税的双重作用,股票可能变得尤其不吸引人。然而,当通胀消退的时候,股票市场在 20 世纪 80 年代并没有恢复到之前的重要地位。此外,其他几个事件也在这个时候发生,所以难以估计损失。

事件之一,同时也涉及税收体制的,就是对于所有权的分散。在 20 世纪中叶,加拿大有着非常高的累进税率,但实际上并没有累计税,至少对大型物业来说没有。这些可能会影响大型公司集团在不同时期的可靠性吗?

在第一次世界大战之前,加拿大的主要税收来源是关税,它的主要公共开支则是工业补贴。然而,连绵不断的补贴,加上战争借款,迫使政府寻求新的收入来源。在 1916 年,国会通过对超额利润征税以支持战争。当这个法案到期后,国会又通过了一个永久的制造业销售税,税率为 6％。公司收入税和个人收入税则在 1917 年开始立法征收,并且快速增长,这源于高额的高端边际税率。为了避免双重征税,股利和资本利得免税。在 1926 年,股利变成了个人应税所得,但是公司间的股利仍然免税,从而使金字塔式集团得以继续发展。

从宪法上讲,减少失业率是每个省自己的事务,每个省都需要税收收入。安大略省在 1892 年引入了继承税。到 1894 年,所有其他省份都引入了这种税。虽然英格兰在 18 世纪引入了死亡税,但是许多美国的州从 1820 年才开始征收。因此,继承税被称为加拿大的美国式税收,虽然最初的税率是 5%—10% 之间。到 20 世纪 30 年代,最高的边际税率已经达到了30%。Simth(1993)发现:在 20 世纪 30 年代,继承税在省的收入中占有重要比重。

在 1941 年,联邦政府确立了联邦继承税以获得支持战争的收入,不过它被视为一个永久性的税种。税率上升很快,到 1947 年扩展到了省府。当年,联邦政府将税率翻番,达到了54%,把一半的税收收入返还给那些不征收继承税的省府。7 个省府这么做了。安大略和魁北克自行征收继承税,不过可以在联邦税中抵扣。

这些税收使公司集团精英去世后的财富被咬掉一大口。比如,Killam 和 Dunn 家族在 20世纪 50 年代都支付了巨额的继承税。政府用 1 亿美元的税收来资助大学的扩张。为了支付这些继承税,家族后代卖掉股票,因此,新的大众化持有公司建立了。随着政府的扩张,联邦政府在许多省的收入税迅速上升,已经达到北欧国家的水平。然而,Alberta 开始为吸引家族企业投资而竞争,许诺减少他们的继承税份额。这些税收竞争使整个继承税体制陷入紊乱,Trudeau 总理在 1972 年决定完全废除继承税。现在继承收入是免税的。为了取代过去的财产税,自由党人对资本利得征税。然而,有一个巨大的漏洞可以使家族财产转移到信托基金,从而延缓资本利得税的征收。Bronfman 的后代通过把他们的财富转移出加拿大,从而完全逃避了资本利得税的征收。

因此,继承税似乎在几个大型金字塔式集团的分解中起着重要的作用,同时也创造了许多大众化持有公司。然而,这很难是一个完整的解释。Killam 和 Dunn 的后代把他们的股票卖给其他控股股东而不是卖给公众。在 20 世纪 50 年代,公众股东往往必须提供一个更好的价格才能获得股份。也许继承税是一个比较合理的解释,不过仅仅是一部分的解释。也许是因为 1972 年之前缺乏资本利得税,所以小投资者们可以很慷慨,不过这还不是很清楚。

1.5.4 竞争政策

Demsetz 和 Lehn(1985)认为铲平和要素市场的竞争压力使企业只能选择次优的所有权结构。例如,如果大众化持有公司有更多的代理人问题的话,那么他们可能在产品和要素竞争压力小的时候,同质化程度高。这就暗示我们必须检验不同时期的竞争强度。

整个世纪以来,加拿大并没有真正的反垄断立法。特别的,对银行竞争的限制是令人接受的。加拿大银行业协会在 1891 年成立,目的在于固定利率和其他银行费用。这是加拿大最重要的产业协会,国会也赋予其权力以阻止新的银行进入者。反联合法直到 1989 年才废除,当时的政府建立了新法案。因此,加拿大直到 1989 年才有真正的反垄断法案。因此,竞争政策在所有权结构变化中并不重要。

然而,政府在其他方面影响着竞争。在 20 世纪 30 年代,加拿大遭受了大萧条的重创,面临着一场持久的通缩危机,零售商人协会把这归罪于大企业的价格政策。托利党总理 Bennett在 1934 年通过了国家产品营销法案,这部法案通过市场委员会强制企业卡特尔化。Bennett

不是一个社会主义者,相反他是一个帝国主义者。他追求保护大企业免受不稳定的影响。

经济进一步恶化,Bennett 输掉了 1935 年的大选,自由党人 King 上台执政。King 废除了某些强制卡特尔化的立法,但是以相似的省法取代了这些法案。联邦卡特尔法直到 20 世纪 90 年代才废除,不过仍然在某些农业部门中保留。

在第二次世界大战中,King 内阁中的"全懂部长"C.D. Howe 为了赢得战争重新组织经济。为了管理私人经济部门,他把某些关键工业家和家族企业的代表吸收进政府,每年仅支付他们一元薪水,并且给他们一定的生产目标。战时措施法和战时价格贸易法把工资和物价压得很低,从而使生产复苏。如果某个承包商的利润很高,那么 Howe 就会重新谈判合同,以求压低价格或者对这些企业多余的利润征税。如果没有私人企业能够满足 Howe 的要求,那么他就会建立一个国有化企业。当时,新进企业和破产企业都很少。

在 20 世纪 70—80 年代,自由党人采取了大量的重塑经济结构以限制外国控制和执行各种产业政策的国有化政策,这可能收紧了竞争。各种政策中最具有进攻性和经济破坏性的就是所谓的"国家经济政策"。这个政策制定了所有能源的价格。这个计划破坏了现存的石油和天然气工业。然而,普通的竞争规则在这个计划阶段停止了。

最终,作为对经济学家消费者团体的抗议的回应,Mulroney 在 1989 年宣布了一个新的反联合法案。与当时的美国法律相比,这部法律较少关注集中程度,更多地关注进入壁垒。Mulroney 还终止了大萧条时期的卡特尔化。加拿大的企业因此可能比任何时候遭受更多的竞争压力。

这样,在 20 世纪 30 年代到第二次世界大战期间,强制的卡特尔化和战时经济计划可能严重限制了竞争。竞争力量在战后可能重新复苏,在 70 年代到 80 年代又减弱,此后再次好转。大萧条和战争时期——竞争衰退的时候,大众化所有权结构扩张了。

1.5.5 劳工权利

Roe(2003)认为在那些给予工人较好法律保护的国家,公司往往需要更强大的股东来制衡。他表示发达国家对雇员的法律保护更多,因此有更集中的公司所有权结构,包括金字塔式集团。这个理论如何适用于加拿大的数据呢?

Laurier 时代的亿万富翁很少关心他们的雇员和公众福利。虽然加拿大的富翁建造了各种苏格兰式城堡和宫殿,但是,加拿大最主要的慈善基金会是福特和卡耐基基金会。虽然偶尔的大罢工会影响 19 世纪的加拿大,但总体来说,劳工还是接受现状的。

但是一战的通胀和战后的衰退,以及美国工人联合会在加拿大的扩展,掀起了社会对财富集中的厌恶。战时通胀使 1920 年的生活成本翻番,1919 年工会的成员增加了 50%,罢工使加拿大的主要城市瘫痪。

20 世纪 20 年代的劳工关系恶化了,当时 Roy Wolvin 和其他人通过兼并创建了英帝国钢铁公司(BESCO)。但是他们时运不济,因为钢价崩溃,最终 BESCO 慢慢陷入危机。Wolvin 大幅削减工人工资,从而引起工人阶级暴动。到了 1922 年,加拿大军队开始保护 BESCO 的生产线。有一个指挥官甚至要求进行空军打击。自由党人总理 King 不理会各省要求就失业补贴进行的对话,从而在 1930 年大选中失利。新的托利党总理 Bennett 曾是一个公司的律师,他还是一个百万富翁。

C.D.Howe 不像其他同盟国的部长,他并没有邀请工人代表参与战时经济计划。当战争造成的创伤持续的时候,罢工变得更为频繁,公众舆论也转向了工会。社会主义政党 CCF 鼓吹社会保障和劳工权利,差点赢得 1943 年安大略和英属哥伦比亚的大选。

King 从他过去的错误中吸取教训,在 1944 年的一次行政会议中签署命令,给予贸易联合会权利去组织集体讨价还价。这是一个巨大的改变——从实际上没有任何权利到突然拥有巨大的联会权利。罢工的浪潮吞没了这个国家,每个工人都在行使他们的新权利。

在 1945 年,法庭发现所有的雇员包括非员工都需要向工会支付会员费。这就使工会能够聘请律师、游说者和公共关系专家。在 1961 年,有组织的工人获得了 CCF 政党的权力,并把它改名为新民主党(NDP)。劳工阶层现在在国会有了一个明确发出他们声音的机会,很快他们就通过支持一个自由党少数政府来发挥其影响力。1965 年,一场公务员薪资谈判引起了非法的邮政罢工。这也极大地扩展了工会在金融上的影响力,公务员加入工会使它的纲领更为激进。

魁北克工人联合会成为这场运动最重要的参与者,它的领导人深受法国政治思维的影响。1966 年,新一轮的罢工席卷公共和私人部门。特别是在魁北克,罢工演化为暴力,领导者常常无视法律。

到 20 世纪 70 年代后期,大部分公众失去了对工会的同情,在私人部门,参加工会的人也在减少。建立工会的企业和产业陷入困境或者破产,而新的企业和产业则极力避免建立工会。然而,总的工会参与率仍然保持较高水平,其财务情况远远强于美国的工会。

总而言之,1945 年以前,加拿大的工会力量仍然比较薄弱。它们在 1965 年变得强大起来。从 20 世纪 80 年代开始,私人企业的工会开始减少,不过劳工权利并没有减少,甚至在某些省份还变得更多。如果强大的劳工权利使控股股东成为必需,那么我们在 1945 年前看到的是为数众多的大众化持有公司,然后所有权结构应该有一个稳步集中的态势,特别是在 1965 年之后。但是我们并未观察到这些情况。Roe(2003)的理论因此能够勉强解释 1960 年代大众化持有公司的衰落,但无法解释大众化持有公司在 20 世纪下半叶的兴起。

1.5.6 股东权利

La Porta 和 Shleifer(1999)认为当前在英美两国广泛持有化公司占据大公司的主要排名榜,这是因为这些国家为投资者提供了更好的法律保护,从而使其免受公司内部人的小偷小摸行为,以及腐败官员的侵蚀。对于监控和纠正公司治理小的投资者只拥有很少的资源。结果,小的投资者只有拥有能够对付这些问题所必需数量的普通股份时,才会感到安全。同时,公司内部人可以得到更高的价格。薄弱的法律保护使投资者对拥有股份的兴趣减少,而公司内部人对出售股份的兴趣随之降低。

这个推理的线索,在 Burkart 和 Shleifer(2002)那里正式形成,他们认为广泛持有化公司应该在那些股东权利变得更强的地方成为共同点。股东权利是否在前半世纪变得更强而随后反而消退?

Armstrong(1986,1997)跟踪了股东权利的历史发展。加拿大在世纪之初的公司治理法律是非常薄弱的。公司治理实际上只是公司的私人声誉问题,只是勉强受到各省名义上法律条文的束缚。直到 1910 年加拿大才颁布联邦公司法律,而且那部法律并没有要求举行年度大会。直到 1917 年之前,他们也仅仅需要每两年举行一次公司股东大会,而且只是选举董事会。只有安大略省要求他们每年举行一次公司股东大会。在共同法下,董事和公司高管"有对公司的责任",超过股东对公司的职责。对于法庭来说,他们并不担心利益冲突。在共同法下,股东没有权利查看账簿,除非他们说服法官给他们这项法律权利,并且证明某个账簿记录有问题。审计员也没有责任告知股东潜在或实际发生的欺诈,他们的责任仅仅是计算。还有人警告审计员"如果对公司治理发表意见,会冒着被影响独立客观的风险"。

美国在 20 世纪 30 年代极大地扩展了股东权利,到 1929 年年底,通过建立证券和交易委员会和其他管制规则来清除股票市场的滥用。那个时候,加拿大是由 King 的自由党人执政,Howe 部长觉得这种规制不应该在资本主义国家出现。此外,股票市场的规制是各省辖权,但是地方政府谴责建立证券监管机构,认为这是去美国化。虽然在 20 世纪 30 年代加拿大建立了省级证券监管机构,但信息披露仍然非常稀少,而通过内幕信息交易仍然是合法的。因此,20 世纪 50 年代的加拿大股票市场仍然模仿纽约证交所 20 世纪 20 年代的模式。信息披露很少,内幕交易很常见。

华盛顿的参议员和众议员不断要求加拿大做点事情。加拿大的回应就是不把监管股票市场当成联邦政府的事务。在一系列诈骗案件之后,美国威胁要对加拿大的投资设限,除非多伦多的股票市场能够管理好。在联邦政府的重重压力之下,20 世纪 60 年代中期,安大略省政府建立了安大略证券委员会,要求标准化的信息披露,打击内幕交易。

加拿大商业公司法案通过后,股东权利进一步加强,小股东可以起诉大股东。压制补偿法迅速成为小投资者对付公司内部人的有力武器。20 世纪 90 年代,各种证券和交易委员会的改革继续扩大了股东的法律权利。虽然按照国际标准来看,加拿大的证券法很牢固,但是和美国的证券法比起来,还是非常薄弱的。例如,高官薪酬、研究开发和其他几个重要项目都不需要像美国那样进行披露。

当然,法律和法规并不一定就能够带来或削弱股东的法律权利。纵观整个世纪,内部人的行为标准起起落落,一开始有利于分散所有权,后来又不利于分散所有权。所以,目前也没有一个明确的结构。另一个可能性就是司法低效和官员腐败,这些都可能是法律条文变成一纸空文。

1.5.7 再次审视殖民地源头

20 世纪的加拿大不能算一个很腐败的地方。向官员行贿并非日常生活的一部分。但是,加拿大浓重的殖民地商业主义的残迹使腐败的情况多了起来。这些情况就是所谓的政治寻租,即商业企业对政府进行投资以求获得巨额补贴、垄断权或支持性的立法。政治寻租通常不算非法,但是它让政客们感到羞愧。其实这在发展中国家和发达国家都是一个很正常的活动。但是有理由认为在加拿大,政治寻租比起在其他国家扮演着更为重要的角色。

如上所述,许多作者认为一个国家很久以前的环境往往会决定现在的制度形成,从而束缚现代化进程。过去加拿大殖民的最主要特点就是重商主义。加拿大作为 Colbert 的私人领地,比其他地方更受到法国重商主义的影响。后来控制加拿大的英国保留了法国的殖民地机构,给予当地精英和他们自己许多好处。来自美国的忠于皇室者、美国自由革命的受害者来到加拿大,他们把商业和政府结合在一起。

政客与商界的紧密联系仍然是加拿大经济发展的一部分。这些紧密联系并不意味着腐败。总理 Chrétien 的女儿嫁给了 Desmarais,他的电力公司是加拿大最大的金字塔式集团之一,这个联姻并没有被认为是不合适的。而他的继任者,Martin 总理,经营着加拿大蒸汽管道公司,以前也是一个电力公司。不过,加拿大的商业和政治的关系往往带有私人关系。这就往往使那些与政界联系紧密的商业公司绑架了为公众谋福利的产业政策。

如果某些政客失去了与某些商业企业达成交易的机会,他们很容易找到更好的合作伙伴。Landes(1949)认为家族企业就是那些更自愿的合作伙伴。他把法国 19 世纪薄弱的经济归咎于商业家族企业,这些把国家"当作可以随时寻得庇护的父亲"。Morck 和 Yeung(2004)认为家族控制的金字塔集团比起独立的大众化持有公司,对政客来说是更可靠的合作伙伴。他们列举了一系列的理由,为什么古老的、有权势的家族更能进行合作。金字塔式集团可以通过现金来报答支持,而有权势的家族更能惩罚那些无法合作的政客。这样,由古老家族控制的金字塔式集团在政治寻租中就占有优势。

加拿大普遍的公司补贴往往引起争议,政客们也借此腐败。重商主义在一系列战争中不断改变着它的纲领。二战前的自由党部长 Howe 独揽经济大权。他的第一个项目就是建立国有航空公司。1935 年,Howe 成为运输部长,他立即把私人航空公司挤了出去,使它们成为国有航空的子公司。他监督兴建了跨加拿大的高速公路。一系列国家资助的大规模"战略产业"工程开展起来,比如,喷气战斗机的建造。例如,在 20 世纪 50 年代,Howe 对航空器制造商 Roe 进行补贴,还对贫困地区进行补贴,以刺激其经济。

但是,Howe 同时也通过他的办公室来寻求控制所有商界和政界的关系。在管理战时计划经济之后,Howe 轮着做了好几个部的部长。他根据具体情况同意或者拒绝进口申请,支持某些公司。税收变得非常高并且机制化,Howe 迅速认识到税收体系是他现在控制经济最主要的工具。

随着 Howe 的离去,国家兴建的势头看上去也几乎消失殆尽。然而,加拿大重商主义的传统很难被压制。其最大的一次爆发是在魁北克。魁北克对新的钢铁产业进行补贴,支持铝矿企业。为了压制魁北克的分离主义倾向,自由党人鼓吹国家主义。Trudeau 不喜欢搞经济,他就让他的同事 Lalonde——一个国家主义者——来搞经济。Lalonde 希望取代美国对经济的统治。爱国主义、意识形态和历史交织在一起,伴随着国家主义思潮。加拿大的高管也惧怕美国人的收购给他们造成事业上的灾难,老式家族也惧怕竞争。在这种情况下,Trudeau 政府开始所谓的补贴"加拿大"公司的运动,特别是在一些战略性产业,比如,文化和能源中。

1971 年,自由党人设立了加拿大发展公司(CDC),作为一个"白衣骑士"来阻止外国人对加拿大公司的收购。1973 年,他们成立了外国投资审查局(FIRA)来审查国外收购。FIRA 很认真地工作着,阻止国外企业对加拿大能源领域的收购。1970 年代早期,跨国公司将它们的分支机构都卖给了加拿大政府或者加拿大的私人企业。

Trudeau 时代重商主义的定点就是国家能源政策,于 1981 年制定。所有当前和未来的能源价格都由立法固定,极大地削减了当时石油公司的利润。超过 80% 以上的钻探成本可以由政府来负担,但是只有加拿大政府控制 75% 以上股份的公司才能享受这个政策。不到一半的加拿大公司有这个资格。这些条款设计的初衷就是为了歧视国外控制的公司。国家能源政策(NEP)最具争议性的地方,是没收在加拿大的由外国控制的公司 25% 的财产。这些财产被重新分配给加拿大石油公司、新成立的国有石油公司或者被分配给其他政府部门。加拿大石油公司也通过来自加拿大所有权账户(COA)的资金来购买外国控制的石油公司,这个账户是由税收资助的。

政府开始国有化工业公司,包括 Havilland 航空器材公司,西岸能源公司和其他一些公司。加拿大航空收购了一些私人航空公司,其他一些国有公司也在扩张。国有产权几乎像战争时期一样控制着这片土地。

虽然几乎所有 Trudeau 时代并购的公司之前都是由国外控制的公司,但是省政府——尤其是魁北克对此并非不高兴。分裂分子管理着魁北克,从法国那里带来经济意识形态,指挥着这些省有金字塔式集团。

1984 年,Mulroney 击败自由党人上台执政。他转变了 Trudeau 时代的许多产业政策和所有权限制。Mulroney 还对 Howe 的加拿大航空公司、Borden 的加拿大国家铁路公司、Trudeau 的加拿大石油公司和其他国有公司都进行了私有化。1989 年,由于美国达成了自由贸易协定,极大地削减了政治寻租的回报。但是,对那些政治上比较得势的产业(比如,汽车、航空航天)的补贴仍然继续。

1993 年,Chretien 带领自由党人重新夺回政权。他比起 Mulroney 托利党人更倾向于干预主义,为了保护"文化产业",他重新制定规则。现在,自有人分成两派:一派来自 Trudeau 时代,一派则视过去的 Laurier 为精神领袖,不过补贴、管制和产业政策继续大行其道。Mulroney 和 Chretien 政府都为人诟病。然而公正地说,这两个政府比以前更透明,媒体也更激进,公众也不像过去那么好说话。

1.5.8 民族区分

Easterly 和 Levine(1997)表示:在当今非洲,更多的民族区分只会减缓经济增长。这会带来更低的公共支出,比如学校教育支出,以及带来政治不稳定、更大的财政赤字、更薄弱的金融系统、更扭曲的外汇制度和更弱的基础设施投资。他们认为所有这些问题反映了不同的民族团体会为了使公共向有利于自己的方向分配而互相斗争。

在发达国家,并没有证据表明民族之间的紧张关系会带来像非洲那样的管理问题。然而,加拿大的法语和英语的区分一直是经济和政治危机的根源。魁北克在 20 世纪 60 年代的革命运动最终导致了魁北克分裂主义。从那以后,加拿大政治一直致力于解决加拿大的语言隔阂。加拿大最大的一次金融危机是在 1976 年发生的,分离主义者 Quebecois 获得权力。加拿大元之前一直对美元保持优势,此那以后一路下跌,再也没有恢复。魁北克政府的动机就是建立他们自己的金字塔式集团,把法国式的控制加入公司治理中。Trudeau 自由党人在 20 世纪 70 年代到 80 年代建立大规模的补贴、税收和管制的动机则是国家主义——希望加拿大形成国家认同感，超越英语和法语的区别。不过社会主义思潮可能再一次在其中扮演更重要的作用。

这种推理是我们论述到现在最具有推测成分的，所以我们对此很谨慎。加拿大人普遍受过良好教育，看上去少数民族忠诚并不会破坏这个国家的平衡，影响国家的制度和对大公司的控制。最有可能的是时间上的巧合，或者说是重商主义消退的边际效应。

1.5.9 开放

进入 20 世纪之时，加拿大还受到高额关税的保护，这个关税由总理 MacDonald 在 1879 年开始执行。Laurier 的自由党人则废弃了高额关税，鼓励自由贸易，但是他们还是大声重复表示支持以前的政策，以此取悦商业界，换取他们对大选的支持。他们最终让原则战胜了谨慎，于是在 1911 年的大选中失败了。

尽管在整个 20 世纪 20 年代，加拿大始终保留着高额关税，但是在某些领域，加拿大出口商已经渗透到美国市场。Abe 和 Bronfman 在加拿大西部经营酒店，他们发现通过邮寄烈酒可以赚到很多钱。他们发现了这个商机，到 1927 年，Bronfman 家族已经成为加拿大最富有的家族之一。到 20 年代中期，在啤酒出口商之间的竞争变得非常激烈，利润急速下降，加拿大出口商开始组织起来固定价格。

所有这些公司都欠了 Molson 家族巨额的债务，这个家族一直致力于保持和加拿大政界的良好关系。但是加拿大其他产业在 1920 年后变得很糟糕。全世界范围内的过剩产能，比如，矿藏、造纸、小麦和制造品的过剩产能压低了价格。1930 年，美国通过了 Hawley 法案，对加拿大的出口商征收高额关税。一个又一个产业开始衰败，裁员潮涌起。Bennett 总理的对策就是提高关税以保护本国的产业，使本国的价格保持高位。

在 20 世纪 40 年代后期，Howe 认为应该废除以前的政策，于是总理 King 和美国开始就自由贸易条约进行谈判。但是，由于受到 Laurier 在 1911 年大选失败的影响，King 悄悄地放弃了这个计划。

关税壁垒的降低最终只是在关贸总协定（GATT）内形成。然而，从务实角度来看，多边谈判没有地区贸易谈判重要，特别是在美加两国之间。最终在 1965 年，Pearson 总理与美国谈判达成了汽车协定，此协定允许两国在汽车和汽车零部件领域进行自由贸易。这个协定还对加拿大的制造商提供了一些有用条款。汽车协定使这个奄奄一息的产业在安大略成为经济的引擎。这项协定也为最终达成其他产业的自由贸易协定奠定了基础。

到了 20 世纪 80 年代，进一步的多边和产业安排继续降低了美加两国之间的关税。托利党人最终与美国达成了一揽子自由贸易协定（FTA），这个协定废除了剩下的所有贸易壁垒。托利党人在赢得大选后，于 1989 年通过了这项协定。这项协定在十年里为每一个产业去除了剩余的所有贸易壁垒。第一年里，自行车和计算机首先免除关税壁垒，只有国防工业、文化产业和农业纺织业除外。

这样，在 20 世纪上半叶，贸易壁垒非常高，从而使独立的大中华公司得到广泛发展，随后半个世纪，家族集团重新崛起、获得优势。虽然时间并不是完全符合，但是图 1.6 和图 1.7 可能表明了独立广泛持有的公司也许在贸易壁垒下表现得更好。然而，其他证据似乎表明这个情况并不可能发生。Morck、Stangeland 和 Yeung（2000）发现当支持自由贸易的托利党人赢得大选的时候，由老式家族控制的企业的股价相对于其他公司的股价跌得更多。Rajan 和 Zingales(2003)认为许多国家在一个世纪以前拥有比现在更好的金融体制，但是这并没有限制精英在随后的时间破坏这套体系以防止新兴资本的崛起。这些情况往往发生在对全球经济开放较少的国家里——由此暗示开放避免了由单个精英对公司的集中控制。他们强调了在商品和资本市场的开放。

1.6　结论

最近的著作和研究都强调了法律体系起源的重要性以及殖民环境对现代机制发展的束缚。我们为这些状况如何发生提供了具体的例子。加拿大的政府和商业机制有着很深的重商主义根源。这些根源养育了现代的发展和意识形态，把它们转变为直接的制度发展。

Khanna 和 Palepu(1997，2000b，2001)认为在印度和其他发展中国家，家族控制的商业集团相对于独立广泛持有的公司拥有更多的生存优势，因为集团公司之间更容易打交道，避免了腐败交易和错误地开放市场。刚开始工业化的加拿大只有比较薄弱的制度支持着市场，大多数大型公司都属于商业集团。加拿大早期的工业化发展也为许多经济增长理论提供了论证适用性的例子。

20 世纪的中前期是经济自由主义的上升期，以发展完备的股票市场、坚实的股东权利、不断增加的竞争和政府作用的减少为特征。这些都有利于大型的独立广泛持有公司的发展。

发生于 20 世纪后半叶的事件则给了政府干预经济主义的借口。然而，加拿大重商主义的根基从未彻底消失，并且一直在精英阶层保持着。很快，机制发展变成了复杂的补贴、税收优惠和管制的结合体，这进一步刺激了公司对政治影响力的投资。Morck 和 Yeung(2004)认为家族控制的企业集团比独立大众化持有公司更善于进行有效的政治寻租。与此一致，20 世纪最后十年见证了公司集团的重新回潮。劳工权利也得到大幅加强。所以 Roe(2003)的理论，即集中的所有权结构是为了对付强大的工会组织，在解释 20 世纪 60 年代广泛持有化公司的衰落时显得力不从心，在解释它们的兴起时倒是有不小的作用。

我们的发现与之前这个领域的研究还是一致的，包括 Rajan 和 Zingales(2003)都认为许多国家中那些已获得地位的精英有意阻止金融系统的发展；Olson(1963，1982)描述了这些精英的行为；其他学者，例如 Baumol(1990)和 Krueger(1974)，则进一步推进了现在的研究。

参考文献

Acemoglu, Daron, Simon Johnson, and James A. Robinson. 2001. The colonial origins of comparative development: An empirical investigation. *American Economics Review* 91(5):1369—1401.

——. 2002. Reversal of fortune: Geography and institutions in the making of the modern world income distribution. *Quarterly Journal of Economics* 117(4):1231—1294.

——. 2003. Understanding prosperity and poverty: Geography, institutions and the reversal of fortune. Massachusetts Institute of Technology, Department of Economics. Mimeograph, February.

Acemoglu, Daron, and James A. Robinson. 2000. Economic backwardness in historical perspective. NBER Working Paper no. 8831. Cambridge, MA: National Bureau of Economic Research.

Acheson, Keith, and Christopher Maule. 1999. *Much ado about culture: North American trade disputes*. Ann Arbor: University of Michigan Press.

Almeida, Heitor, and Daniel Wolfenzon. 2003. A theory of pyramidal ownership and family business groups. New York University, Leonard N. Stern School of Business. Working Paper.

Arbour, Pierre. 1993. *Québec Inc. and the temptation of state capitalism: Québec's caisse de dépôt et placement du Québec and state-owned corporations; What legacy for a new generation?* Montreal: Robert Davies.

Armstrong, Christopher. 1986. *Moose pastures and mergers: The Ontario Securities Commission and the regulation of share markets in Canada, 1940—1980*. Toronto: University of Toronto Press.

——. 1997. *Blue skies and boiler rooms: Buying and selling securities in Canada, 1870—1940*. University of Toronto Press.

Armstrong, Christopher, and H. V. Nelles. 1986. *Monopoly's moment: The organization and regulation of Canadian utilities, 1830—1930*. Philadelphia: Temple University Press.

Baskerville, Peter. 1987. *The bank of upper Canada*. Ottawa: Carleton University Press.

Baumol, William J. 1990. Entrepreneurship: Productive, unproductive, and destructive. *Journal of Political Economy* 98:893—921.

Beck, Thorsten, and Ross Levine. 2002. Industry growth and capital allocation: Does having a market- or bank-based system matter? *Journal of Financial Economics* 64(2):147—180.

Bliss, Michael. 1986. *Northern enterprise: Five centuries of Canadian business*. Toronto: McClelland and Stewart.

Boothman, Barry. 2000. High finance/low strategy: Corporate collapse in the Canadian pulp and paper industry, 1919—1932. *Business History Review* 74(Winter):611—656.

Bris, Arturo. 2003. Do insider trading laws work? Yale University School of Management. Working Paper.

Browde, Anatole. 2002. Settling the Canadian colonies: A comparison of two nineteenth-century land companies. *Business History Review* 76(Summer):299—335.

Burkart, Mike, Fausto Panunzi, and Andrei Shleifer. 2002. Family firms. NBER Working Paper no. 8776. Cambridge, MA: National Bureau of Economic Research.

Cameron, Steve. 1994. *On the take: Crime, corruption, and greed in the Mulroney years*. Toronto: Macfarlane, Walter, and Ross.

Daniels, Ron, Randall Morck, and David Stangeland. 1995. High gear: A case study of the Hees-Edper corporate group. In *Corporate decision making in Canada*, ed. R. Daniels and R. Morck, 223—241. Calgary: Industry Canada and the University of Calgary Press.

Demsetz, Harold, and Keneth Lehn. 1985. The structure of corporate ownership: Causes and consequences. *Journal of Political Economy* 93:1155—1177.

Easterly, William, and Ross Levine. 1997. Africa's growth tragedy: Policies and ethnic divisions. *Quarterly Journal of Economics* 112(4):1203—1251.

Engerman, Stanley, and Kenneth Sokoloff. 1997. Factor endowments, institutions, and differential paths of growth among New World economies: A view from economic historians of the United States. In *How Latin America Fell Behind*, ed. Stephen Haber, 260—306. Stanford, CA: Stanford University Press.

Fauteux, Joseph-Noel. 1927. Essai sur l'industrie au Canada sous le régime françsais. Quebec: LS-A Proulx.

Francis, Dianne. 1986. *Controlling interests: Who owns Canada?* Toronto: Macmillan Canada.

———. 1988. *Contrepreneurs*. Toronto: Macmillan Canada.

Garvey, Gerald, and Ron Giammarino. 1998. Ownership restrictions and the value of Canadian bank stocks. University of British Columbia research paper prepared for the Task Force on the Future of the Canadian Financial Services Sector.

Glaeser, Edward L., and Andrei Shleifer. 2002. Legal origins. *Quarterly Journal of Economics* 117(4): 1193—1229.

Globerman, Steven. 1977. *Mergers and acquisitions in Canada: A background report for the Royal Commission on Corporate Concentration*. Ottawa: Government of Canada.

———. 1984. Canada's foreign investment review agency and the direct investment process in Canada. *Canadian Public Administration* 27(3):313—328.

Haber, Stephen. 2002. *Crony capitalism and economic growth in Latin America: Theory and evidence*. Stanford, CA: Hoover Press.

Hedley, James, ed. 1894. *Canada and her commerce: A souvenir of the Dominion Commercial Traveller's Association*. Montreal: Sabiston.

Henry, Peter Blair. 2000a. Do stock market liberalizations cause investment booms? *Journal of Financial Economics* 58(1—2):301—334.

———. 2000b. Stock market liberalization, economic reform, and emerging market equity prices. *Journal of Finance* 55(2):529—565.

Irwin, Douglas. 2002. Interpreting the tariff-growth correlation of the late 19th century. *American Economic Review* 92(2):165—169.

Jensen, Michael, and William Meckling. 1976. The theory of the firm: Managerial behavior, agency costs and ownership structure. *Journal of Financial Economics* 3:305—360.

Khanna, Tarun, and Krishna Palepu. 1997. Why focused strategies may be wrong for emerging markets. *Harvard Business Review* 75(4):41—51.

———. 2000a. The future of business groups in emerging markets: Long-run evidence from Chile. *Academy of Management Journal* 43(3):268—285.

———. 2000b. Is group affliation profitable in emerging markets? An analysis of diversified Indian business groups. *Journal of Finance* 55(2):867—893.

———. 2001. Emerging market business groups, foreign investors, and corporate governance. In *Concentrated corporate ownership*, ed. Randall Morck, 265—292. Chicago: University of Chicago Press.

Khemani, R. S., D. M. Shapiro, and W. T. Stanbury. 1988. *Mergers, corporate concentration and power in Canada*. Halifax: Institute for Research and Public Policy.

King, Robert, and Ross Levine. 1993. Finance and growth: Schumpeter might be right. *Quarterly Journal of Economics* 108(3):717—737.

Krueger, Anne. 1974. The political economy of the rent-seeking society. *American Economic Review* 64 (June):291—303.

Kryzanowski, Lawrence, and Gordon Roberts. 1993. Canadian banking solvency, 1922—1940. *Journal of Money, Credit, and Banking* 25(1):361—377.

La Porta, Rafael, Florencio López-de-Silanes, and Andrei Shleifer. 1999. Corporate ownership around the world. *Journal of Finance* 54(2):471—517.

——. 2000. Investor protection and corporate governance. *Journal of Financial Economics* 59(1—2):3—27.

La Porta, Rafael, Florencio López-de-Silanes, Andrei Shleifer, and Robert Vishny. 1997a. Legal determinants of external finance. *Journal of Finance* 52(3):1131—1150.

——. 1997b. Trust in large organizations. *American Economic Review* 87(2):333—339.

——. 1998. Law and finance. *Journal of Political Economy* 106(6):1113—1157.

——. 2000. Agency problems and dividend policies around the world. *Journal of Finance* 55:1—33.

Lambton, John George, Earl of Durham. 1838. *Imperial blue books on affairs relating to Canada*. Repr. as Craig, Gerald M. 1963. *Lord Durham's report*. Ottawa: Carleton University Press.

Landes, David. 1949. French entrepreneurship and industrial growth in the nineteenth century. *Journal of Economic History* 9:45—61.

Lunn, Jean. 1942. Economic development in New France. PhD diss., McGill University.

Marchildon, Gregory. 1990. Promotion, finance, and mergers in Canadian manufacturing industry. PhD diss., London School of Economics.

Maule, Christopher J. 1966. Mergers in Canadian industry, 1900 to 1963. PhD diss., University of London.

Mauro, Paulo. 1995. Corruption and growth. *Quarterly Journal of Economics* 110(3):681—712.

McKay, Paul. 1983. *Electric empire: The inside story of Ontario Hydro*. Toronto: Between the Lines.

Mills, David M. P. 1872. Railway reform: The Canadian Pacific Railway. *Canadian Monthly and National Review*, November: 438—439.

Morck, Randall, David A. Stangeland, and Bernard Yeung. 2000. Inherited wealth, corporate control, and economic growth: The Canadian disease. In *Concentrated corporate ownership*, ed. Randall Morck, 319—369. Chicago: University of Chicago Press.

Morck, Randall, and Bernard Yeung. 2004. Family firms and the rent-seeking society. *Entrepreneurship: Theory and practice* 28(4):391—409.

Murphy, Kevin M., Andrei Shleifer, and Robert Vishny. 1989. Industrialization and the big push. *Journal of Political Economy* 97:1003—1026.

——. 1991. The allocation of talent: Implications for growth. *Quarterly Journal of Economics* 2 (May): 503—530.

——. 1993. Why is rent-seeking costly to growth? *American Economic Review* 82(2):409—414.

Myers, Gustavus. 1914. *A history of Canadian wealth*. Chicago.

Naylor, R. Thomas. 1975. *History of Canadian business 1867—1914*. Toronto: James Lorimer.

Newman, Peter. 1975. *The Canadian establishment*. Toronto: McClelland and Stewart.

——. 1981. The *Canadian establishment: The acquisitors*. Toronto: McClell and and Stewart.

——. 1991. *Merchant princes*. Toronto: Penguin Viking.

——. 1998. *Titans*: *How the new Canadian establishment seized power*. Toronto: Viking.

Olson, Mancur, Jr. 1963. Rapid growth as a destabilizing force. *Journal of Economic History* 23(4): 529—552.

——. 1982. *The rise and decline of nations*. New Haven, CT: Yale University Press.

Parkman, Francis. 1867. *Parkman's works*. Repr., Boston: Little Brown and Co., 1910.

Porter, John. 1965. *The vertical mosaic*. Toronto: University of Toronto Press.

Prebisch, Raoul. 1971. *Change and development*: *Latin America's great task*. Washington, DC: Praeger and the Inter-American Development Bank.

Rajan, Raghuram, and Luigi Zingales. 2003. The great reversals: The politics of financial development in the twentieth century. *Journal of Financial Economics* 69(1):5—50.

Reynolds, Lloyd. 1940. *The control of competition in Canada*. *Cambridge*, MA: Harvard University Press.

Roe, Mark. 2003. *Political determinants of corporate governance*. Oxford: Oxford University Press.

Safarian, A. E. 1969. *The performance of foreign-owned firms in Canada*. The Hague: Kluwer Nijhoff.

Savoie, Donald. 1990. *The politics of public spending in Canada*. Toronto: University of Toronto Press.

Shleifer, Andrei, and Robert Vishny. 1993. Corruption. *Quarterly Journal of Economics* 108(3):599—617.

Smith, Rogers. 1993. *Personal wealth taxation*: *Canadian tax policy in a historical and international setting*. Toronto: Canadian Tax Foundation.

Sokoloff, Kenneth L., and Stanley L. Engerman. 2000. Institutions, factor endowments and paths of development in the New World. *Journal of Economic Perspectives* 14(3):217—322.

Swatsky, John. 1987. *The insiders*: *Government*, *business*, *and the lobbyists*. Toronto: McClelland and Stewart.

Taylor, Graham, and Peter Baskerville. 1994. *A concise history of Canadian business*. Oxford, UK: Oxford University Press.

Timothy, Hamilton. 1977. *The Galts*: *A Canadian odyssey*. Toronto: McClelland and Stuart.

Tulchinsky, Gerald. 1977. *The river barons*: *Montreal businessmen and the growth of industry and transportation 1837—1853*. Toronto: University of Toronto Press.

Urquhart, M. C. 1993. *Gross national product*, *Canada 1870—1926*: *The derivation of the estimates*. Montreal: McGill-Queen's University Press.

Weber, Max. 1958. *The Protestant ethic and the spirit of capitalism*. New York: Scribner's.

评论

Jordan Siegel

本章是 Morck、Percy、Tian 和 Yeung 共同努力的杰作,他们运用法律和金融理论最新的发展来进行单一国家的案例研究。作者仔细考察了 500 多年来的公司治理情况,分析了期间大量的机制变革,特别是过去两个世纪以来的变革。作者努力的果实就是这些能够引人深思的理论。这个案例研究为一个完整的公司制理论的形成作了准备,这个理论并不是为了去寻找一个达到更好公司治理的"魔法球",而是为了追寻一些机制之间的互相影响。

Morck 检验的那套理论包括以下一些被认可的相关法律和金融的推论。首先,英国共同法系一般与较好的腐败控制和内部人欺诈联系在一起。第二,由富有家族或者个人控制的大型金字塔式集团往往存在治理问题。这些治理问题导致对有价值的项目投资不足,因此大型金字塔式公司集团有负面效果,特别是从长期的经济增长来看。集中控制的金字塔公司集团的负面效应往往被建立在非英国共同法基础上的其他法律体系所恶化。

商业集团所有者行为的动机以及他们在市场能力和政治寻租效应上的投资是如何影响经济发展和增长的,这仍然是一个问题,而且往往是讨论的中心议题。这些互相竞争的理论没有经过直接的检验。有关加拿大的案例研究表明这方面的研究需要进一步加强。本章提供了充足的证据表明这个事实:没有机制的低效率,金字塔式公司集团的大型投资不太可能实现。同时,本章还表明了金字塔式公司集团也有腐败和利益输送的烦恼。

在过去的十年中,法律和金融领域的研究者已经对理论发展作了很多贡献,但是当前的理论显然无法解释加拿大案例的丰富内涵。经验结果可能需要考虑某些被忽略的变量。即便在当前的加拿大案例中,有人会问商业集团是否能够被分为两类,一类拥有较强的政治寻租能力,另一类则拥有更强的技术、运营和营销能力。此外,那些获得大量补贴的公司,是如何使用这些补贴的呢? Amsden(1989,2001)认为政府有倾向性的对待可能对经济增长有一定的正面作用,只要公司把它们从政治上得来的好处全部用到技术、运营和营销上去。

我在此提出,公司治理机制的生命周期应该需要进一步的检验(见图 1C.1)。第一组机制可以认为是那些需要激发创业精神和能力的机制。这些包括教育机制,以便在艺术人文科学上能够培养年轻的创业者。第二组机制可以认为是能够鼓励和保护联合投资的机制。没有保护,外部者就不大愿意花费技术、精力和财力去创业。没有这些外部投资,大多数创业企业都无法达到足够的规模。保护可能来自正式的法律机制,在这个机制下,外部人可以求助法庭来保护他们的投资免受其他人的剥夺。保护也可能来自社会关系网,在这个关系网下,信息共享和集团内部的执行力能够排斥那些欺骗外部人的行为。最后,即使有联合投资,仍然有一种危险,那就是当政者现在获取的权力大到使后来人无法挑战他。第三类机制就是促进精英循环的机制。这个机制可以使公司精英不至于僵化。这些机制包括针对遗产和公司继承的公共政策和反垄断政策。没有某些设计来帮助外部人挑战当权者的机制,那么公司治理就可能走向低效和僵化。

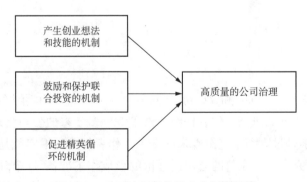

图 1C.1　公司治理结构的生命周期模型

通过聚焦于治理机制之间的互动作用,我们应该可以解释更多有关公司治理的历史事件。我们可能会发现:有着更强机制的地方往往可以对薄弱机制起到制衡作用。我们可能还会发现某些机制比如法律规则,只有与执行结构结合起来才能运转良好。

加拿大的案例研究本身表明其他机制也能够弥补薄弱的公司治理。这可能来源于外国竞争、私有化、遗产税和反垄断法律。在外国竞争的例子中,作者描述了加拿大在 1989 年之前是如何有一个受保护的市场,后来保守党(托利党)总理与美国签署了自由贸易协定(FTA),又在 1993 年通过了北美自由贸易协定(NAFTA)。作者对同一时期私有化的重要性也非常看重,认为私有化导致了大量独立广泛持有公司的建立。在遗产税的案例中,似乎看上去在税率改变和家族控制企业的兴起之间存在清晰的关联。到 1947 年,对不动产遗产的税率翻了一番,达到了 54%,因此大量的商业集团解散了。与此相反,1972 年直接遗产税的终结直接导致家族控制的企业集团重新兴起。如果政府使家族企业能够没有成本地把财产和公司所有权传给后代,那么就可以理解这些家族企业会努力把他们自己的企业集团做大做强。这实际上就是作者在遗产税政策改变之后想要说明的。根据作者的看法,用资本利得税代替遗产税,对公司治理没有促进作用,可能是因为对通胀性利得的高额资本利得税导致了许多小投资者回避权益投资。我们无法衡量反垄断法,因为作者描述的加拿大从来就没有一个强有力的反垄断法律。

总的来说,当一个人回顾加拿大 1800—2000 年间机制变革的时候,似乎那些薄弱的法律机制被投资政策、遗产税和私有化成功地抵消了。建立在英国共同法基础上的法律体系,并没有对官员腐败和内部欺诈起到良好的作用。即便 20 世纪 60 年代股东权利变化也没有一个确定的效果。作者相信,某些反压制法律起到了帮助作用,但是没有直接证据能够证明其直接的有效性。就自由贸易而言,我们还不清楚自由贸易对改善政府的作用。与腐败相联系的产业政策倒是刺激了 10—20 年之内的经济增长。Krugman(1994)描述了亚洲国家高密度的投资政策是如何导致好几年的经济高速增长,虽然这种增长不可能长期存在。在这个加拿大的例子中,较高投资密度的时期往往是繁荣时期,但是紧接着便是衰退时期,其中也有外部因素,比如石油危机。

除了投资密度之外,本案例研究的最有趣的教训是来自有关遗产税的故事。加拿大中等规模的企业往往是根据遗产税来决定而不是根据市场动机决定的,我们有理由质疑在薄弱的法律体系下,家族控制的企业集团是否在经济上是最优或次优的选择。仍然有许多研究可以做。

本案例另一个总结性的教训来自知识产权的过度保护,这会导致一个竞争能力很弱的产业结构。政策制定者希望人们有动力对知识产权进行投资,但是有时候还是需要新的进入者去挑战那些既得者,以促进科技进步。来自加拿大案例的最后一个教训就是:我们需要仔细考虑知识产权保护,特别是当产权保护对公司创造和经济增长有负面效果的时候。

参考文献

Gilson, R.J. 1999. The legal infrastructure of high technology industrial districts: Silicon Valley, Route 128, and covenants not to compete. *New York University Law Review* 74:575—629.

Greif, Avner. 1993. Contract enforceability and economic institutions in early trade: The Maghribi Traders' Coalition. *American Economic Review* 83:525—548.

Khanna, Tarun, and Krishna Palepu. 2000. Is group aff liation profitable in emerging markets? An analysis of diversified Indian business groups. *Journal of Finance* 55(2):867—893.

——. 2001. Emerging market business groups, foreign investors, and corporate governance. In *Concentrated corporate ownership*, ed. Randall Morck, 265—294. Chicago: University of Chicago Press.

Krugman, Paul. 1994. The myth of Asia's miracle. *Foreign Affairs* 73(6):62—78.

La Porta, Rafael, Florencio López-de-Silanes, Andrei Shleifer, and Robert Vishny. 1997. Legal determinants of external finance. *Journal of Finance* 52(3):1131—1150.

——. 1998. Law and finance. *Journal of Political Economy* 106(6):1113—1157.

——. 2000. Agency problems and dividend policies around the world. *Journal of Finance* 55:1—33.

Licht, Amir N., and Jordan I. Siegel. 2004. Social dimensions of entrepreneurship. Harvard Business School. Working Paper.

Morck, Randall, and Bernard Yeung. 2003. Agency problems in large family business groups. *Entrepreneurship Theory & Practice* 27(4):367—382.

——. 2004. Family control and the rent-seeking society. *Entrepreneurship Theory & Practice* 28(4):391—409.

Mosca, Gaetano. 1939. *Elimenti di scienza politica* [The ruling class]. Ed. Arthur Livingston. New York: McGraw-Hill.

Pareto, Vilfredo. 1966. *Sociological writings*. Ed. Derek Mirfin. New York: Praeger.

Saxenian, A. 1996. *Regional advantage: Culture and competition in Silicon Valley and Route 128*. Cambridge, MA: Harvard University Press.

Siegel, Jordan I. 2004. Is political connectedness a paramount investment after liberalization? Harvard Business School. Working Paper.

中国公司治理的历史
——国家资助、公司法律和控制问题

William Goetzmann Elisabeth Köll[*]

2.1 导言

在过去的 15 年中,中国的市场化和企业改革激发了惊人的经济增长和中国社会各领域的改革动力。在经历了几十年通过国有公司控制经济的社会主义经济政策之后,中国开始了公司企业的试验——首先通过在国有企业中引入少数股东,然后建立股票市场,最近则开始建立法律框架以保护股东权利和加强管理层的责任心。一个现代中国公司的显著特征就是其继续坚持公私合营的所有权结构,事实上,某些大规模的国内公司就是这种结构。随着中国企业逐步走向更复杂的改革,它们开始运用外国模型来解释其目的,以及谈论所说的渐进主义道路,不过,很少有同期的模型可供研究。苏联休克疗法的经验需要谨慎运用。

可以用在"中国特色资本主义"上的一个模型是在一个世纪以前中国自己创造的公司治理的法规。那个时候,就像今天一样,中国大多数重要的企业都是公私联合的结构——部分靠权益资本融资,但实质上还是由官员监管。中国采用了西方式的公司法规,但是效果有限。对中

———————————————

　* William Goetzmann 是耶鲁大学金融管理学教授,耶鲁大学管理学院国际金融中心主任,也是国家经济研究局的学者。Elisabeth Köll 是华盛顿天主教大学现代中国史的助理教授。

　我们感谢国家经济研究局和本书的编辑,Randall Morck。我们都非常受益于 2002 年在剑桥大学、2003 年在加拿大举办的工作会和学术研讨会。同时,我们也感谢在北京大学中国经济研究中心的一些学术研讨会。

国公司所有权历史中这段突出的历史的分析可以帮助现在的政策制定者们和市场分析人士，理解第一代中国企业形成的经济和政治环境，也可以帮他们理解公司治理和市场是如何对法规革新作出反应的。这也能够帮助我们理解中国的公司部门是否能够趋同于西方模式，当前的公私合资模式是否能够一直占据主导地位。

几乎在一个世纪以前的1904年，中国政府制定了一系列的法律，为现代西方模式的有限责任公司在中国的建立创造了一个框架。直到19世纪末，作为家族经营的私有企业仍然占据商业机制的主导地位，在一些盐业生产、丝绸织造的领域，还是国有垄断企业占据主流。许多家族商业机制在经济和规模上都可以算是成功的，他们通常在当地和附近地区之间经营。为了保持国家的农业基础以及对商业产品生产流通的控制，政府不允许私有商业企业进行大规模经营。这种态度在世纪之交开始转变，1904年制定了公司法，这可以解读为政府对由不断涌入中国的外国企业所加剧的竞争的反应。

不用质疑，西方国家的公司结构的发展是缓慢、不完整、困难的。然而，我们在本章的论点是：20世纪早期的中国公司发展历史为以后中国公司经济的发展确立了先例。1904年有关中国公司所有权和控制的特征对于理解2004年的公司非常有帮助。

本章的结构如下：第一部分我们讨论中国商业机制转折时期的历史以及19世纪政府在公司中作用的转变。这为我们讨论1904年的公司发展提供了分析框架。在第二部分，我们探究公司法对公司结构的影响，我们以1895年建立的大生纺织厂为例，在法律、管理和金融层面研究公司发展的过程。虽然我们对所有权结构的分析受制于极其有限的会计资料，但是在第三部分，我们还是会聚焦于所有权和控制权方面的问题，探究股东的作用和他们的权利以及资本市场的发展。我们的主要发现之一就是中国的公司控制，即使对创建者而言，他们也不是通过多数控股来实现控制的。最后的结论是现在中国改革者从过去的历史中汲取的教训。考虑到现在中国政府"自上而下"的方法以及其他国家希望建立有效的资本市场的愿望，本章对21世纪公司资本主义结构和私有化挑战提供一些启示。

2.2　19世纪中国的商业机制：通过资助和担保的国家治理

在1904年第一部公司法颁行和1911年中华民国成立之前，私有家庭商业（其中很多规模很大）构成了明帝国和清帝国时期私有经济活动的中心。家庭经济在中国有着悠久的传统，而且在商品生产和分配上（特别是长距离地方之间的贸易）非常成功。这些企业中最大最重要的那些同时也非常依赖于某种形式的政府担保。例如，在17世纪和18世纪晚期，天津的贩盐商人受益于清政府的政策，盐价的波动可以反映在盐与铜钱之间的比价波动上。然而，由于这些盐商非常依赖政府资助，所以他们被迫为政府军饷买单，还要为公共支出项目捐钱。

为盐业生产服务的那些私人经济，如来自四川省的那些盐井和气田，在19世纪的中国仍然算是一个特例。然而，有限责任法律和破产法律的缺失对于商业企业的扩展有非常大的负面作用。这样，只有在商业法律上作出改变，才能对那些私有经济的机制起到引导作用，这种改变率先在开放口岸的条约中出现。

与此相对比,19 世纪末,外国企业在中国的通商口岸飞速发展。19 世纪 60 年代,在华注册的外国公司的股票开始在上海进行交易,而上海股票交易所作为国内外对中国投资的渠道,存在了 70 多年。虽然中国国内公司并没有在殖民地股票交易所交易,但是中国的公司法律和国内资本市场的发展仍然值得研究。

有关中国模仿西方模式的时间的问题在此期间一直被研究,大量的学者把国内法律先驱指向各种大规模的商业企业。毫无疑问,在受到西方影响之前,中国就已经有了地区之间银行体系的萌芽,中国有计划和执行大规模基础设施改建的能力,也拥有大量的制造业先驱,他们的企业雇用了大量的工人,其业务扩展到许多地方。由于在西方企业出现之前,中国已经存在大规模的国内企业,因此我们认为西方模式公司法规的运用,只是把国际财务和管理技术运用于中国企业。"技术"这个词在这里显得很合适,因为早期在中国的西方模式财务经营被视为改进中国社会、军事和经济福利的一种工具,而不是"西化"或接受国外影响。

在 1904 年正式的公司法律引入之前,引进西方"技术"的过程一直很顺利。这些过程主要是出于与西方竞争的动机,而不是仅仅模仿它。在经历了 1864 年的太平军暴乱之后,忧虑的政府官员开始尝试用西方模式建立大规模的工业企业。经历了在南方长达 14 年的内战之后,清政府的中央权威和财政能力遭到了极大的削弱,政治权力从行政官员转向地区总督,这些总督以地方武装为依靠,他们是打败太平军的主要军队。

接下来的十年则是围绕着薄弱的国家经济和面对国外列强入侵的主权而展开的政治辩论,最终导致了一个温和的但不是随意尝试的改革。清朝同治时期(1862 1874 年),在所谓的"自强"运动口号下,一个有着改革雄心的政府(大多数是有权势的地方首脑)尝试复兴国家的经济和军事实力。因为自强运动是为政府的军事目的服务,所以,投资主要集中于重工业。

当李鸿章被任命为直隶总督以及北洋大臣时,他成为自强运动最积极的支持者。他计划中最有影响力的一部分就是向西方学习技术知识——包括西方工业和金融实践方面的指示。他从帝国政府那里得到保障,在 19 世纪 70 年代派遣中国学生到法国学习。

李鸿章与其他提倡温和改革的政府官员比如曾国藩、左宗棠一起,要求政府努力改善军事装备和技术,这样才能与西方列强抗衡。然而,政府里的很多官员并不是工业革命和现代经济的支持者,他们并没有打算为了发展国家实力而破坏中国的传统。

因此,最初工业企业的建立只是为了加强军事实力和国家尊严,并不想打破当时的政府和社会现状,也不是为了发展经济。为了保持这个政策的控制,在 1895 年之前建立的任何工业企业都必须获得批准,甚至还需要被政府的代理人或者官员监督。比较典型的例子是在 19 世纪六七十年代,在政府的资助和担保下,在上海成立了江南造船局和轮船招商局,在天津附近成立了开平煤矿公司。

令人奇怪的是,轮船招商局的建立来自一个商业提议,这个提议是由中国去耶鲁大学交流学习的毕业生提出的,他根据自己的经验提出应该学习西方的公司经验建立中国自己的公司。实际上,这 3 家公司明显反映了自强运动的初衷:江南机器制造局是通过建造现代武器,改善中国的军事实力;轮船招商公司为了方便中国的谷物运输,从而使中国减少对西方运输公司的依赖；而煤矿公司是为了为全国的运输提供能源以及限制私人消费。这个战略显然不是非常具有雄心壮志的。为了强调这些公司与政府的深厚关系，这些公司都在他们名字里有个"局"（政府机构的意思），而不是在名字中写"厂""公司"等字。虽然这些公司都由中国商人的股份，但是他们并不能在公开的资本市场上流通，更不是通过首次公开发行股票来获得资本。

然而，虽然有这些问题，不过在这些公司建立后十年，他们的股份可以公开交易了。事实上，虽然中国商人在19世纪70年代对西方企业投资了很多，但是作为投机商人，他们也对这些国内最早上市交易的公司股票很感兴趣。公司股价也每天出现在国内报纸上。图2.1展示了到1882年为止，这些股价一直溢价20％，直到1880年代中期才折价一半。公司股东和管理层进行投机和操纵股价，危机也在继续。

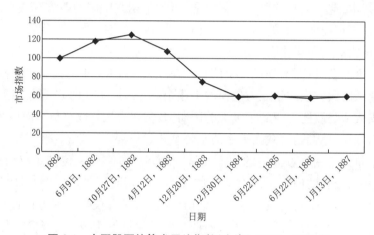

图 2.1　中国股票的算术平均指数（上海），1882—1987 年

注：以上数字表示的是当时上海出版的《申报》所列的35家上市公司的算术平均资本升值指数。
资料来源：Goetzmann, Ukhov and Zhu, 2001。

必须着重指出的是：中国在19世纪七八十年代面临的金融问题并不是独一无二的。当时全世界都处于一个转型时期，大规模交通运输建设融资在每个国家都涉及某种程度的主权争议。许多像铁路、气田和电路基础设计的建设，都需要金融技术的大飞跃。这些项目的本质就是它们的收益只有等到大规模的成本支出发生后才会得到。大部分国家，包括中国，以同意建立国外铁路公司作为交换，换取伦敦、巴黎和布鲁塞尔这样的国际资本的资助。19和20世纪之交的中国，拥有巨大的经济潜力，但是由于缺乏有效的资本市场，它无法把这些资源转向基建。

为了解决国内资本市场的无效，19世纪七八十年代中国以政府担保和资助的形式建立了新的工业企业。但这些企业的利润还是比较有限。比如，中国轮船招商局在1872—1884年的时候试图通过联合股权公司的形式合并其他公私合作企业，但是在其后的年月里仍然是政府力量占据主导地位。在1895年公司私有化之后，盛宣怀被任命为董事长，这其实只不过是一个头衔的变化罢了。

在最初国家指导的工业建设时期,作为政府官员的李鸿章,成为"官督商办"企业的最有权势的人。为了吸引那些对政府担保企业越来越不感兴趣的私有商人的投资,政府开始妥协,并且提升了合作形式——官商合办。根据这项新的安排,商人可以更多地控制管理和资本投资的配置。然而,政府的走向更具弹性,更多地使私人和管理层介入的措施从来没有真正实施过。实际上,在 1890 年初期,商人的不满情绪已经在增长了。

当然,政府在官商合办企业中的影响虽然受到更多限制,但是仍然为私有投资者提供了一些官方保护。尽管如此,在工业部门中的私有活动创造一个积极的投资环境还是首先需要抛弃以往的限制私人企业的保护主义。名义上,政府的政策是不允许中国国民在中国境内独立地开办企业。转折点出现在 1895 年,中国的产业创业迈入了一个新阶段。实际上,新增产业活动的动机和一直在变化的所有权结构并非来自政府改革,而是来自与外国政策事件的联系。

1894—1895 年,中日甲午战争中国战败,根据《马关条约》,中国要向日本支付大量的战争赔款,而且第一次允许外国人参与在中国的通商口岸经营制造业。由于外国人已经被允许在中国建造工厂,因此中国政府已经不可能再阻止本国国民从事产业活动。然后,1895 年,李鸿章引退是一个关键因素。李鸿章对底下的中国轮船招商局、江南机器制造局等公司的支持是这些公司获得成功的关键理由。李鸿章不但在北京拥有巨大权势,在上海也很有权势。他在上海官员的任命上发挥影响力,同时和其他省份的官僚、总督密切合作。通过这些正式和非正式的关系,李鸿章得到上海和江苏官员的大力支持。只要李鸿章在位,公司的经营就能得到他的庇护。简而言之,李鸿章的下台使产业领域向私人开放了。

2.3 法律的权力? 1904 年中国公司立法

晚清时期的改革只是政府为了满足大众对改革和现代化的要求,在法律、机构和教育方面改革的温和尝试,政府仍然保持了一个保守的帝国政治现状。中国第一部公司法律《公司律》是由 1904 年 1 月 21 日成立的农工商部颁布的,这部法律以英国和日本的公司法为蓝本。文件试图定义中国的公司企业,同时为私人投资创造一个更好的法律环境,最终建设一个繁荣富强的国家。

有关中国商业机构和经济增长的辩论中,商业立法较晚出现,这个现象往往被误读。研究法律和经济问题的中国历史学者记录了在中国广泛存在商业文化中的合同,这些合同也被用来证明财产权利。同时,也要认识到中国在 19 世纪晚期并没有非常滞后于西方的公司法改革。例如,英国在 1862 年修改了公司法中有关有限责任的规定,从 19 世纪 60 年代中期到 80 年代,在中国的英国企业都能使这部法律适用于海外经营。大多数在上海的英国公司直到 80 年代才变为有限责任公司;在 1907 年前,大多数以上海作为本部的英国公司都在香港注册。

在 19 世纪七八十年代,西方公司的模式自身也在发展着,以解决各种国际投资和商业问题。英国公司的股份早在 1866 年就在上海进行交易,这个事实表明中国非常早就接触到了英国式公司资本主义的金融发展技术。1872 年,在英国公司法颁布后的十年,中国成立了轮船招商局,表明即使在那个时代,在不断发展的资本主义结构的全球背景下,中国仍选择走自己的金融道路。因此,1904年的法规不应该被视为中国公司资本主义的开端,只不过是一个自上而下的对中国大公司的修正。

当然,新的法律框架并非不可避免。这部法律采用了和以前政府不同的路径。法律主要让政府减少对企业的直接参与,通过一系列的外部法律规则来保持公司对股东负责。政府也在探寻建立中国的公司模式,以便与西方的外国公司进行竞争。

这里有一些当时的中国商业如何应对新公司法的例子。南洋兄弟烟草公司在1905年成立于香港,然后1918年在中国的法律框架下,与北京政府进行联合股权投资。公司的管理,尤其是债务和信贷安排,问题往往很大。许多公司不愿意注册,因为怕失去对公司管理和权益的控制。甚至那些已经向中国政府注册的企业也不一定会放弃家族式的商业结构。永安公司在上海以其百货店闻名,它是由郭氏家族于1907年在香港建立的,虽然它在英国法律下建立,但是却有一个联合股权有限责任结构。然后,家族仍然对股东有着强大的财务控制。虽然公司上市交易,但是郭氏兄弟还是能够把所有权集中起来,通过手中的股份等控制公司。

在注册过程中,清政府的作用非常有限。根据1904年公司法,商人要想注册成立公司,必须通过当地的商会而不是通常认为的当地政府。然后将注册申请提交到北京的中央政府。在民国政府于1911年夺取政权后,这个实践步骤在1914年修改公司法的时候被废除。

虽然要求公司进行注册,但是很难给出一个中国企业作为法律上私有实体的确切时间。在搜寻了各种文件后,可以说没有文件能够明确作为政府商人联合经营企业的开始发展年代。

在财务透明和控制方面,1904年的公司立法是否改变了中国的企业控制仍然存在疑问。1904年《公司律》的初衷,是要求企业每年都要有一份详细的报告。年报必须包括损益表、对公司商业环境的书面报告、确切的盈利或亏损的数字以及股利支付的数额,还有公司资产负债表。大多数公司都在它们的年报中披露了这些表。

事实上,通过公开和非公开的公司记录,像达生这样的公司早在1904年《公司律》之前就有这些披露要求了,但是此后几十年中,这并没有成为一个有效的会计实践趋势。有些人会期望在报告方式上有所变革或者至少变得更详细,然而,对于1904年《公司律》的研究表明:对公司会计方式并没有一个特别的必须遵从的规定方式,而有关年报的规定只是在法律中有两行字罢了。即便是在1914年修改公司法时,在公司会计条款下,也没有进一步的针对会计标准的表述。

简言之,法律要求公司必须有年报,但是却没有规定统一的公司会计体系。现代西方式的记账方法直到20世纪30年代才开始进入中国。而从官方文件来看,大部分公司正式运用这个统一标准的现代会计体系要到40年代才开始。尽管如此,这并不是说传统的记账形式不好;即使在大型企业,这些传统记账形式也能很好地服务于公司。

所有这些观察证实了Kirby(1995)对1904年公司法的分析,那就是这部法律对中国企业和现代工业发展的作用很有限。只有一小部分公司注册成立,而在这些公司中只有一小部分成了较大规模的企业。Kirby还提到:在帝国法庭体系中,商业纠纷处理的不确定性,这个因素可能对投资者产生消极影响,不利于公司的创立和发展。在这里我们要记住当前的环境,现在的外国公司在中国可以购买股份,但是由于不同的法律体系和框架,有关中外两国间的纠纷,比如知识产权纷争,变得非常复杂。

2.4　中国 20 世纪早期的公司所有权和控制

为什么人们还需要花时间去注册呢? 张謇在 1905 年的时候就在农工商部注册了他在崇明的第二牛奶厂,表明他对他的公司在政府那里注册非常有兴趣。显然与政府的合作能够使他的公司对个人投资者更有吸引力,这种预期在他的决策过程中起了重要作用。

公司所有权的问题在本书其他章节都有提到,在本章中,到目前为止,我们主要讨论了 20 世纪初中国公司的发展结果和控制机制。要想确定投资者投资的具体数额是很困难的,因为中国的会计制度还不完善,这样对公司的控制就无法通过多数股份的持有来判明。为了辨清这个关键点,让我们进一步调查达生股份的情况以及他们在 1907 年的投资。

1904 年的公司法对任何注册的公司要求,必须提供有多少人提供资本,这些人的名字和地址,投入资本的总数和股份数等信息。这些规章都是有关公司的初始建立和公司股份扩张的变化。在商业账户下持有资本通常是晚清的商业惯例。事实上,用一个商业名字(比如“号”),或者用其他分支的名字也是常见的。

中国公司合并的另一个方面就是公司法是否导致股东权利的加强和个人对公司影响的减弱。开股东人会的时间表明达生股东只是模糊地熟悉新公司法和有限责任带给企业的启示。尽管如此,这些股东当中仍然有一个总的共识:他们会在 1907 年第一次股东会上发出声音。法律也支持他们的诉求,为他们控制公司提供了工具——至少他们是这么认为的。

在这种精神下,股东用他们新赢得的影响力对公司向张謇的福利事业进行捐赠导致利润的减少表达公开抗议。显然股东把法律解读为保护股东利益的工具,使股东免受管理层武断的利润分配。然而,由于张謇是公司的创立者以及达生公司的总经理,而且他从来没有寻求董事会对他的任命。公司从官商合办改制过来之后,张謇自动成为实际管理者。因此,股东的抗议并没有影响张謇的地位。

如果存在某种机制的制约,创立者或者董事长对公司、股东的控制,以及资金在公司和私人账户之间的流向是很难辨别清楚的。达生在上海的账房相当于公司的一个清算所,这个账户直接归张謇而不是公司股东所有。这种账房在传统的中国商业中时有出现,现在在大型公司中也得到了运用。它能够非常容易地把管理和财务大权集中起来,置于公司创立者的控制之下,而避开正式的公司外部结构。

2.5　结论:中国过去和现在的公司所有权特色

除了探究清朝时期中国公司的发展历程,我们也试图关注中国公司所有权和控制之间的关系。历史学家已经表示在强大家族影响下的中国企业,权益的控制很少离开过管理层的控制,继承纷争往往对公司的存续期起到关键作用。我们认为,同样的特点在公司企业中也是如此表现:虽然达生第一棉花厂早在1907年就运用有限责任的法律形式创建公司,但是它的经营方式并不是那种股东能够影响决策的方式。很有名的中国火柴公司,一家大型的联合股权有限责任公司,都是由刘红生家族控制,但是它的家族并没拥有多数股份,新的公司把传统的经营方式与现代的公司结构结合起来。

尽管如此,新的法规带给中国公司结构的显然不仅仅是全球的公司实践——从有限责任的建立到试图加强会计透明以保护股东权利。在许多方式上,它与现在新兴国家正在运用的公司治理的立法相似。当时就像现在一样,各国都希望建立一个资本市场以支持国内商业的发展。为什么1904年《公司律》的效果很有限呢?

一种解释是文化上的原因。直到最近,中国的商业历史学家试图通过关注个人关系,特别是家族企业,来寻找中国企业的实质。一个企业经常或多或少地被理解为一个关系网络。学者们认为"中国的血缘关系和同僚关系的作用就像西方的法律和个人主义的作用"。中国的经济增长可以用不断增长的经济机会和关系网络的扩展来解释。考虑到20世纪初出现了中国的公司所有权,真正的问题在于公司创立者和股东之间的利益冲突,公司不同级别地位的人对公司的忠诚度也是各不相同的,而这些地位往往是由创建者的权威和拥有的股份来决定的。

另一个解释则是机制和某种程度上的历史原因。中国运用自上而下的方法去建立一个富有活力的公司部门,忽略了资本市场其实是因为公司管理人自发和有机制动机才形成的。如果不考虑中国资本市场的兴衰周期,那么无法解释中国早期的公司发展。这是一个硬币的两面:一方面,要在权益投资建立信任很难;另一方面,没有一个资本市场的存在,经理人就没有意愿去套现从而放弃部分控制。没有一个提供新资本的股票市场,就没有动力让企业家去分享股东权利。

历史之所以在分析市场的时候很重要,是因为历史包含了许多可能导致今天的市场走向另外一条道路的途径。具体的历史环境和人物可能比经济理论更能解释为什么有些市场能够成功,有些则最终失败。这就是为什么中国在一个世纪以前走入资本主义和当今全球资本市场发展是非常有关的。当前,全球政府都渴望实行新的公司治理法规。俄罗斯和中国都在努力推动更多的公司透明度和股东权利。这种自上而下的方法还是值得称赞的,因为这是在当时的条件下,为创造一个良好的资本市场所能够提供的必需环境。然而,早期中国公司治理的历史表明,这些还远远不够。中国国内股票市场的发展经历了一系列的磨难。

最后,我们的历史研究对于当前中国股东权利体系背景下的产权转变具有重要启示。这个过程对于中国农村具有特别重大的影响,在那里,政府允许集体和私有企业转变为股份制公司的同时,保留他们在公司中的产权。然而,对于西方观察者来说,这带有所有权保护色彩的过程其实是所谓的"产权颠覆"。

对于今天的中国,在经济发展的道路上,股东权利的保护是当务之急。薄弱的披露和法规已经成为当前中国建设资本市场和公司治理的主要顽疾。新的有关公司治理的立法仍在进行中。股东大会上经常有少数股东抗议,这并非罕见。问题是政府那个有形的手是否能够成功地建立资本主义所有权结构。

参考文献

Bailey, Paul. 1998. *Strengthen the country and enrich the people: The reform writings of Ma Jianzhong* (*1845—1900*). Surrey, UK: Curzon.

Boorman, Howard L. 1967—1971. *Biographical dictionary of republican China.* 4 vols. New York: Columbia University Press.

Carlson, Ellsworth C. 1971. *The Kaiping mines* (*1877—1912*). Cambridge, MA: Harvard University East Asian Research Center.

Chan, Wellington K. K. 1977. *Merchants, mandarins and modern enterprise in late Ch'ing China.* Cambridge, MA: Harvard University Press.

——. 1980. Government, merchants and industry to 1911. In *The Cambridge history of China*, vol. 11, part 2, ed. Denis Twitchett and John K.Fairbank, 416—462. Cambridge: Cambridge University Press.

——. 1995. The origins and early years of the Wing On Company Group in Australia, Fiji, Hong Kong and Shanghai: Organisation and strategy of a new enterprise. In *Chinese business enterprise in Asia*, ed. Rajeswary A.Brown, 80—95. London and New York: Routledge.

Cheng, Linsun. 2003. *Banking in modern China: Entrepreneurs, professional managers, and the development of Chinese banks, 1807—1937.* Cambridge: Cambridge University Press.

Choi, Chi-cheung. 1995. Competition among brothers: The Kin Tye Lung Company and its associate companies. In *Chinese business enterprise in Asia*, ed. Rajeswary A.Brown, 98—114. London and New York: Routledge.

Chung, Stephanie Po-yin. 1999. Faren' gainian de yizhi: Xifang shangfa zai Zhongguo (The idea of 'legal person': The transplantation of Western company law to modern China). *The Hong Kong Baptist University Journal of Historical Studies* 1:49—69.

Coble, Parks. 2003. *Chinese capitalists in Japan's new order: The occupied Lower Yangzi, 1937—1945.* Berkeley: University of California Press.

Cochran, Sherman. 1980. *Big business in China: Sino-foreign rivalry in the cigarette industry, 1890—1930.* Cambridge, MA: Harvard University Press.

——. 2000. *Encountering Chinese networks: Western, Japanese, and Chinese corporations in China, 1880—1937.* Berkeley: University of California Press, 2000.

Dagongbao (L'Impartial). Tianjin, 1905.

Du, Xuncheng. 1992. *Minzu zibenzhuyi yu jiu Zhongguo zhengfu* (Native capitalism and the government of old China). Shanghai: Shanghai shehui kexueyuan chubanshe.

Eastman, Lloyd E.1989. *Family, fields and ancestors: Constancy and change in China's social and economic history, 1550—1949.* Oxford: Oxford University Press.

Faure, David. 1994. *China and capitalism: Business enterprise in modern China.* Hong Kong: Hong Kong University of Science and Technology, Division of Humanities.

——. 1995. The control of equity in Chinese firms within the modern sector from the late Qing to the early Republic. In *Chinese business enterprise in Asia*, ed. Rajeswary A.Brown, 60—79. London and New York:

Routledge.

Feuerwerker, Albert. 1958. *China's early industrialization: Sheng Hsuan-Huai (1844—1916) and mandarin enterprise*. Cambridge, MA: Harvard University Press.

——. 1980. Economic trends in the late Ch'ing Empire. In *The Cambridge history of China*, Vol.11, part 2, ed. Denis Twitchett and John K. Fairbank, 1—69. Cambridge: Cambridge University Press.

——. 1995. Industrial enterprise in twentieth-century China: The Chee Hsin Cement Co. In *Studies in the economic history of late imperial China: Handicraft, modern industry, and the state*, ed. Albert Feuerwerker, 273—308. Ann Arbor: University of Michigan Center for Chinese Studies.

Gao, Zhiyu. 1985. *Zhongguo kuaiji fazhan jianshi* (A brief history of the development of Chinese accounting). (Henan): Renmin chubanshe.

Goetzmann, William N., Audrey Ukhov, and Ning Zhu. 2001. China and the world financial markets 1870—1930: Modern lessons from historical globalization. Yale School of Management International Center for Finance. Working Paper.

Hamilton, Gary G.1996. The organizational foundations of Western and Chinese commerce: A historical and comparative analysis. In *Asian business networks*, ed. Gary G. Hamilton, 43—57. Berlin and New York: Walter de Gruyter.

Hamilton, Gary G., and Cheng-shu Kao. 1996. The institutional foundations of Chinese business. In *Chinese business enterprise*, 4 vols., ed. Rajeswary A.Brown, Vol.1, 188—204. London: Routledge.

Hertz, Ellen. 1998. *The trading crowd: An ethnography of the Shanghai stock market*. Cambridge: Cambridge University Press.

Hirschmeier, Johannes. 1964. *The origins of entrepreneurship in Meiji Japan*. Cambridge, MA: Harvard University Press.

Jensen, Michael. 1986. Agency costs of free cash flow, corporate finance, and takeovers. *American Economic Review* 76(2):323—329.

Kirby, William C. 1995. China unincorporated: Company law and business enterprise in twentieth-century China. *Journal of Asian Studies* 54(1): 43—63.

Köll, Elisabeth. 1998. Controlling modern business in China: The Da Sheng enterprise, 1895—1926. *Journal of Asian Business* 14(1): 41—56.

——. 2003. *From cotton mill to business empire: The emergence of regional enter-prises in modern China*. Cambridge, MA: Harvard University Asia Center, Harvard University Press.

Kwan, Man Bun. 2001. *The salt merchants of Tianjin: State making and civil society in late imperial China*. Honolulu: University of Hawai'i Press.

Lai, Chi-kong. 1992. The Qing state and merchant enterprise: The China Merchants' Company, 1872—1902. In *To achieve security and wealth: The Qing imperial state and the economy, 1644—1911*, ed. Jane Kate Leonard and John R. Watt, 139—155. Ithaca, NY: Cornell University Press.

——. 1994. Li Hung-Chang and modern enterprise: The China Merchants' Company, 1872—1885. In *Li Hung-chang and China's early modernization*, ed. Samuel C. Chu and Kwang Ching-Liu, 216—247. Armonk: M.E.Sharpe.

Lee, En-han. 1977. *China's quest for railway autonomy: 1904—1911*. Singapore: Singapore University

Press.

Leung, Yuen-sang. 1994. The Shanghai-Tientsin connection: Li Hung-Chang's political control over Shanghai. In *Li Hung-chang and China's early modernization*, ed. Samuel C. Chu and Kwang Ching-Liu, 108—118. Armonk, NY: M.E.Sharpe.

Lin, Nan, and Chih-Jou Jay Chen. 1999. Local elites as officials and owners: Shareholding and property rights in Daquizhuang. In *Property rights and economic reform in China*, ed. Jean C.Oi and Andrew G.Walder, 145—170. Stanford, CA: Stanford University Press.

McElderry, Andrea. 2001. Shanghai securities exchanges: Past and present. Occasional Paper Series of the Asian Business History Centre no. 4. University of Queensland, History Department.

Metzger, Thomas A. 1972. The organizational capabilities of the Ch'ing state in the field of commerce: The Liang Huai salt monopoly, 1740—1840. In *Economic organization in Chinese society*, ed. W.E. Willmott, 9—45. Stanford, CA: Stanford University Press.

Nantong Shi Dang'an guan. 1987. *Dasheng qiye xitong dang'an xuanbian* (Selection of archival material of the Dasheng business complex). Nanjing: Nanjing daxue chubanshe.

Nantong Municipal Archives (Nantong shi dang'anguan, NSD). B 402-111-1: Dasheng diyi fangzhi gongsi laogu, guben dipu (copy of inventory of old shares, Dasheng No. 1 Textile Company), 1898—1903.

——. B 402-111-2: guben cunkuan (share capital), 1907.

——. B 402-111-445: tongzhou Dasheng shachang diyici gudong huiyi shilu (record of the first shareholder meeting of the Dasheng Cotton Mill), 1907.

Nantong Museum (Nantong bowuyuan, NBY). 1946. E 123/1334, Dasheng fangzhi gongsi kuaiji zhidu (Accounting system of the Dasheng Textile Company).

Nantong Textile Museum (Nantong fangzhi bowuguan, NFB). Doc. 182: share certificate from 1903.

——. Doc. 193: share certificate from 1915.

——. Doc. 198: share certificate from 1919.

——. Doc. 247: share certificate from 1897.

Oi, Jean C., and Andrew G. Walder, eds. 1999. *Property rights and economic reform in China*. Stanford, CA: Stanford University Press.

Quan, Hansheng. 1991. *Zhongguo jingjishi yanjiu* (Research in Chinese economic history). 2 Vols. Taipei: Xinya yanjiusuo.

Rawski, Thomas G. 1989. *Economic growth in pre-war China*. Berkeley: University of California Press.

Shanghai Shehui Kexueyuan Jingji Yanjiusuo. 1981. *Shanghai Yong'an gongsi de chansheng, fazhan he gaizao* (The establishment, development, and transformation of the Shanghai Yong'an Company). Shanghai: Renmin chubanshe.

Shangwu, Yinshuguan Bianyisuo. 1909. *Da Qing Guangxu xin faling* (New legal regulations of the Guangxu period in the Qing dynasty). Vol. 20. Shanghai: Shangwu yinshuguan.

Shao, Xunzheng. 1985. Guanyu Yangwupai minyong qiye de xingzhi he daolu—lun guanliao shangban (The characteristics and ways of civil enterprises of the Yangwupai—discussion on officialdom and merchant management). In *Shao Xunzheng lishi lunwenji* (Collection of Shao Xunzheng's historical essays), ed. Li Kezhen, 349—371. Beijing: Beijing daxue chubanshe.

Sheehan, Brett. 2003. *Trust in troubled times: Money, banks, and state-society relations in republican Tianjin*. Cambridge, MA: Harvard University Press.

Smith, Thomas C. 1968. *Political change and industrial development in Japan: Government enterprises, 1868—1880*. Stanford, CA: Stanford University Press. Orig. pub. 1955.

Thomas, W. A. 2001. *Western capitalism in China: A history of the Shanghai Stock Exchange*. Ashgate.

Williams, E. T., trans. 1904. *Recent Chinese legislation relating to commercial, railway, and mining enterprises, with regulations for registration of trade marks, and for the registration of companies*. Shanghai.

Wright, Mary Clabaugh. 1957. *The last stand of Chinese conservatism: The T'ungchih restoration, 1862—1874*. Stanford, CA: Stanford University Press.

Zelin, Madeleine. 2005. *The merchants of Zigong: Early modern industrial enterprise in China*. New York: Columbia University Press, forthcoming.

Zelin, Madeleine, Jonathan K. Ocko, and Robert Gardella, eds. 2004. *Contract and property in early modern China*. Stanford, CA: Stanford University Press.

Zhang, Guohui. 1997. The emergence and development of China's modern capitalist enterprises. In *China's quest for modernization: A historical perspective*, ed. Frederic Wakeman, Jr. and Wang Xi, 234—249. Berkeley: University of California, Institute of East Asian Studies.

Zhongguo, Di'er Lishi Dang'anguan (ed.). 1987. *Zhang Jian nongshang zongzhang renqi jingji ziliao xuanbian* (Selection of economic material from Zhang Jian's tenure as minister of agriculture and commerce). Nanjing: Nanjing daxue chubanshe.

Zhu, Ying. 1993. Lun Qing mo de jingji fagui (Economic legal regulations at the end of the Qing dynasty). *Lishi Yanjiu* (Historical Research) 5:92—109.

Zhu, Yingui. 1998. Three market crashes and the Shanghai securities market in the late 1880s and early 1900s. *China Economy History Research* 3:58—70.

评论

Dwight H. Perkins

本章的作者们展现了中国早期通过 1904 年《公司律》引入有限责任公司形式的尝试。他们关心的中心问题是：当时的公司法包含了现代公司治理的许多要素，但是为什么这部公司法律没有对公司管理层的行为起到很大的影响作用？他们的结论是：自上而下的立法改革没有起到更好的作用，因为为法律提供相关支持的机制还不够强大到能够克服扎根于中国商业管理历史的家族式痕迹。他们特别关注了中国薄弱的股票市场，薄弱的股票市场不能够为股东控制管理层提供良好的机制。他们用达生棉花厂的案例证明了这一点。

对少数股东权益的保护是公司财务的一个中心概念，这也是一个好的公司治理的关键部分。虽然有 1904 年《公司律》的存在，但是在中国却很少有对少数股东权利的保护，在其他很多亚洲国家也是如此。在 21 世纪初，中国有 2 家大型的股票交易所，有上千家以有限责任股份制为形式的上市公司，其控股地位还是归属于政府。政府而非股东对管理层的任命拥有决定权。

　　问题不是法律本身的质量有问题。中国 1904 年的法律是以日本和英国的公司法为基础制定的。差不多一个世纪后，来自哈佛国际发展学院的学者们，为俄罗斯和印度尼西亚重新修改了金融法律。这些新的法律由来自各国的法律精英编写，比起美国或欧盟的法律，这些新法律应该比它们更现代，更能保护股东利益。然而，到 1997 年危机爆发时，印度尼西亚的法律很少为少数股东提供保护。问题的实质是什么？是不是主要因为薄弱的股票市场呢？

　　一个薄弱的股票市场毫无疑问是问题的一部分，但是中国股票市场薄弱是因为基础薄弱。要有两种主要的方式来执行公司治理法律。一种方式是由一个强大而独立的法规实体来监管，比如由美国的证券交易委员会监管相关的公共会计报告等事务。另一种监管机制则是拥有一个强大独立的法律体系。有了这个法律体系，少数股东能够寻求法庭的帮助，来施行他们的权利。这两种方式于 1904 年的中国没有一个存在。

　　中国确实有一个法律体系，但是这个法律体系是建立在已经运行了几个世纪的政治体制上，在这个政治体制中，地方的行政总管既是政府的代表，又是解决当地纷争的法官。商业界通过自己的发展形成了一套解决纠纷的机制。这个机制在 1904 年之前的清朝运行着，随着清帝国的崩溃和其他军政府的上台，中国进入了军阀时期，这套机制就不存在了。

　　Goetzmann 和 Köll 对中国 19 世纪晚期和 20 世纪初期的公司治理的研究，不仅仅是对历史的研究。这是中国尝试创建现代化公司治理体系的开端，这种努力一直持续到现在，许多在 1904 年存在的问题，直到现在仍然存在，需要处理。

3

法国公司所有权
——历史的重要性

Antoin E. Murphy[*]

法国的公司所有权模式与盎格鲁—美利坚模式截然不同。它被描述为一个内部人模式，因为它包含一个高度集中的所有权结构，而英美两国分散化的所有权结构被视为是一种外部人结构。为什么有非常大的区别的两种模式会存在于欧洲大陆国家和英美国家呢？ La Porta,等(1998)提出了看法，他们认为在法律体系缺乏对投资者强有力保护的地方，往往就会使资本市场所有权集中起来。La Porta 和合著者强调当时机制的作用，但是除了法律发展之外，较少强调历史因素的作用。最近 La Porta 等(2000)宣称："共同法国家对外部投资者的保护最有力，而法国民法对此保护则最薄弱。"他们的解释显然是认为法律体系和监管控制决定了公司所有权结构。民法体系被认为意味着薄弱的控制和法律保护。很自然能够发现，像在法国这样投资者对未受到很好保护的投资环境心生恐惧的国家中，所有权往往高度集中。

本章强调了历史因素在公司所有结构形成过程中的重要性。本章的主题就是历史因素可以产生非常深远的影响，由此带来的后果可能会影响几代人，对人的集体心理意识也会产生影响，比如抵触创新和变革。公司融资主要依靠三种方式：银行借款、资本市场融资和使用留存收益自筹资金。从银行借款或者靠资本市场融资会稀释公司所有权。另一方面，自筹资金可以加强所有权集中度。在法国过去的 300 年间，历史因素导致了一个薄弱的银行和资本市场结构。因为有这些不足，公司往往就会依靠自筹资金。这反过来会加强所有权结构在个人和家族手里的集中程度。

---

[*] Antoin E. Murphy 是都柏林三一学院的经济学教授。

图 3.1 概括了影响法国公司所有权结构的几个最重要的历史因素,还结合了一部分有关国家的内容。自从 Collart(1619—1683)时代以来,国家一直在法国经济中扮演重要角色。本章首先对有关当前法国公司所有权情况作一个回顾。然后回到过去,说明 1720 年的银行体系以及股票市场是如何失败的,这些事件又是如何影响后来法国银行体系和资本市场的发展的。法国的养老金制度也会被探讨,来解释相对于英国、美国,法国机构投资的不足。

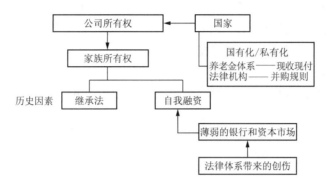

图 3.1 影响法国公司所有权结构的因素

本章最后举了两个有关家族控制公司的增长的例子。汽车制造商标致和轮胎制造商米其林。这些公司都被认为"具有高度集中的所有权结构,但效率却不高"。

3.1 当前法国公司所有权结构

法国的公司所有问题经常是政治热点问题。在 20 世纪 30 年代,总理 Daladier 激烈地抨击 200 多个大家族以及股票交易所和媒体,这些家族控制着法国商业生活的各个方面。Daladier 所说的 200 个大家族一直是个谜。尽管如此,确实有很多家族控制了法国公司所有权的大部分。

当前法国公司所有权结构的三个主要特点是所有权集中、家族所有权以及控股公司的存在。Block 和 Kremp(2001)在他们最近的研究中表示:"法国的直接所有权和投票量的集中非常高。"他们发现:"大约有 40%左右未上市的公司的第一大股东是个人直接拥有 50%以上公司资本的。"

美国有很多跨国企业,但是法国与此不同,法国有很多控股公司,这些公司控制了法国很多大型产业集团。Lévy-Leboyer(1980)解释了这些控股公司的发展,认为他们首先是因为银行贷款和资本市场的不完善而自发形成的。

3.2 历史和公司所有权:回顾

历史因素对法国公司所有权的形成很重要。分析这些历史发展是一个非常复杂的任务。

那些想寻找某些与新机制呈线性关系的人可能会很失望,因为前 300 年的历史中出现过许多不同的趋向。从这一层上讲,法国公司发展的历史与英国截然不同。在英国,政治革命到 17世纪末就结束了。此后,金融系统开始有了长足发展,一直到 18 世纪末期。对于英国,可以观察到一个机制与另一个机制之间的"线性"关系。股票交易所能够有效募集资本,为贸易公司提供资本,这些贸易公司也帮助英帝国扩展了版图、殖民地和权力。

法国有一段更为动荡的 300 年的历史。各种战争、王朝更迭时有发生。因为法国经常处于外部或内部的战争中,所以国家的不稳定就会导致金融体系的不稳定。战争和革命需要融资。这种融资反过来又产生了许多国家借款和债务。特别是银行体系和资本市场要为这些战争融资。作为这些事件的自然结果,就是由于国家借款的挤占,银行和资本市场对私人的融资就少了。下面几个部分就会探讨银行体系的发展和在长期战争的背景下,资本市场的发展。

3.3　法国银行体系的发展

这一节强调了法国银行体系早期发展的三个要素:约翰·劳(John Law)的密西西比体系,银行体系代理人,法国革命时期的纸币。本节会讲述这三个因素在 19 世纪和 20 世纪对法国银行体系发展的影响。

文艺复兴时期的意大利,17 世纪的荷兰和瑞典,其后的英格兰,都是随着银行体系的建立逐步发展起来的。当英国的银行体系已经可以为英国与路易十四的战争提供融资的时候,法国的银行体系还非常欠缺相应的能力。路易十四的死使法国破产,为劳创造新的金融体系提供了有利环境,他的主要目的是减轻法国金融体系的财力紧缺,同时减少国家为建立贸易公司而承担的巨额债务,其中的一个目标即将政府证券转换为公司股份。这些发展对法国的资本市场和银行都产生了深远的影响。在短期内,劳的法律使法国成为在金融和银行方面欧洲最具创新性的国家。长期而言,这会使法国人对银行和金融创新产生敌意和不信任。

通用银行是劳在 1716 年 5 月建立的。它是根据英格兰银行的模式建立的。它通过承担部分国家债务换取国家的某些特权。通用银行早期的成功主要靠劳的宏观经济政策,即对国家债务的有序管理。为了达到这个目的,他需要建立一个贸易公司,就像英国的东印度公司和南海公司。1717 年 8 月,他建立了西部公司,这家公司被授予法国路易斯安那殖民地的垄断贸易权。作为回报,公司购买了部分低息的国家发行在外的债务。公司通过掠夺农业和矿藏资源获取了大量好处。国家也通过债务的流通获得了好处,而且这些债务都是低息的。公司的股东可以把购买的债务换作公司的股份,这样就有可能获得潜在的巨额资本利得。最初,对公司感兴趣的人很少,劳为了卖股份很困难。公司建立后一年,劳开始通过西部公司进行兼并收购。

1718 年 8 月,西部公司收购了烟草农场,12 月收购了斯加格尔公司。当月,通用银行进行了运营重组,更名为皇家银行。1719 年 5 月,劳合并了西部公司和东印度中国公司,成立了新的印度公司。进一步的收购还发生在非洲公司。到 1719 年 7 月末,劳的公司已经发行了 30

万股份,相当于 1.5 亿里弗尔。公司的股价也从 1717 年的 150 里弗尔上升到了 1719 年的 1 000 里弗尔,这个阶段正好是欧洲第一次股票市场繁荣。这次繁荣也让劳产生了把国家债务换成股份的想法。但是,劳的计划最终失败了,并且使法国的金融和银行体系濒于崩溃。

劳体系的失败使法国人对银行、信贷、金融创新产生了强烈的抵制心态。这也预示着法国金融体系又回到了过去的模式。

3.4 作为银行家的公证人

18 世纪法国的信贷市场并不能被视为一个根据利率水平而决定资金自由流动均衡点的市场。

劳的皇家银行的破产以及高利贷法律,创造了一个标准的银行体系发展的环境。从 1720 年到法国大革命期间,银行家们把票据储备折现——这是历史学家经常忽略的一个情况。虽然日内瓦的那些新教主义银行家成为政府和大公司主要的借贷者,但是,在那个世纪中,缺乏集中的银行的法国银行业务是如何展开的呢?这是一个问题。

最近,Hoffman 等(2001)发表了关于法国保证制度的论文。他们认为保证人制度为那个时代的银行发展提供了良好的制度保证。保证人可以有效地作为存款者和借贷者之间的中介人。他们可以搜集和分享信息,这些信息使他们能够为存款者提供高质量的借贷者信息。信息的使用为借贷者提供了一个稳定的环境,在这个环境中,违约的可能性就降低了。这种稳定反过来又会提高对制度的信心,从而增加那些高质量的借贷者。

另一种解读则认为这种替代的银行体系成本过高,且效率低下,因为高利贷法律阻碍了利率调节资金在存款者和借贷者之间的配置。保证人制度像一个垄断体系。在 1659 年,巴黎有 113 个保证人。虽然巴黎不断发展,但是保证人的数量直到 1859 年才变为 122 人。这个体系成本很高,是因为交易者都要交保证费,并且如果他们没有合适的资产作抵押,那么他们会被排除在市场之外。高利贷法律为利率制定了 5% 的上限,实际上保证人能够面对超额的信贷需求,这些信贷需求的资产抵押比那些意图投资项目的价值更大。这个体系非常保守,是因为保证人通常只向政府和地产部门借款。那些工业企业实际上几乎不可能通过保证人获得借款。必须指出的是:保证人体系毕竟不是一个创造信贷扩张的银行体系。保证人所做的只是增加货币的流通速度。然而这些保证人不是金融交易的主要人。

3.5 纸币试验

大革命者很快就承认了过去的金融体系。1789 年 10 月,他们废除了因在合同上操纵利率而定罪的法律。1796 年 7 月,他们废除了利率上限。在这两个期间,他们还建立了一个纸币体系。革命者根据之前劳的许多关于建立土地银行的理论构想,建立了一个纸币体系,这种纸币最初是用被没收的教会财产作抵押。在 1789 年 12 月 19 日第一次颁布,纸币上有 5% 的利息。不过,利息的支付很快就停止了,在 1790 年,纸币转变成法币。纸币的创造在法国国会引发了激烈的争论。劳体系的支持者认为这种纸币不会引起通货膨胀,因为他们有被没收的教会资产的完全支持。虽然劳体系的建立到大革命共经历了 70 年,劳对金融体系的改进仍然在国会中的许多人心中留有深刻印象。事实上,约翰·劳是法国国会辩论中被引用最多的经济学家。

Maury 富有戏剧性的评论并不为人接受。纸币非常需要被用来支撑大革命的早期阶段。他们首先于 1790 年 4 月 1 日发行纸币,总共发行了 4 亿。到 1792 年 9 月,已经达到 27 亿,紧接着一年后,超过了 50 亿。到 1795 年 3 月,总量达到 80 亿,同年底达到 200 亿。在纸币于 1796 年最终退出流通之前,总共发行了 456 亿,其中 328 亿仍然在流通。纸币的过量发行导致了恶性通货膨胀。以 1791 年作为物价指数的 100,White(1989)表明:到 1796 年,物价指数达到了 30 411! Kindleberger(1984)总结道:"纸币使法国人在潜意识中对纸质币种和银行怀有深深的近乎偏执的恐惧,并最终帮助拿破仑夺取了政权,建立了帝国。"

直到 1800 年,法国才建立了一个准中央银行——法兰西银行。即便如此,这个中央银行的首要任务也是为拿破仑政府融资。一开始的 50 年里,法兰西银行一直致力于阻止其他银行的建立。英国和法国银行体系发展历程的差异巨大,不同之处可以在 Henry Thornton 的《英国纸币信贷的效果和本质的探寻》一书中找到(1982)。Thornton 是一个职业银行家,他抨击亚当·斯密,认为其缺乏对银行信贷在英国经济融资重要性的理解。他展示了不同层次的信贷在英国经济发展中的作用以及英格兰银行作为信贷核心的作用。伦敦的银行主要依赖于英格兰银行,而乡村银行则依赖于伦敦的银行。此外,Thornton 还展示了英格兰银行改善其作为银行体系最后借款人作用的几种方式。Thornton 的论点表明了英国比法国拥有一个更复杂的银行体系,其中英格兰银行作为准中央银行。

纸币导致恶性通货膨胀的经历,加速了劳体系的崩溃,并且加深了法国人反对银行及金融体系改革的观念。

3.6 资本市场的发展

所有的迹象都表明,路易十四的过度借款,最终导致法国实际上的破产,从而为约翰·劳最富有宏观和公司理财意义上的金融改革创造了环境。他在密西西比体系试验的成功表明一个经济可以在非金属货币体系下运行良好,并且能重组国家债务。由 1720 年皇家银行的倒闭所引起的公众强烈的反银行情绪,伴随着官方对联合股份公司的反应。具有讽刺意味的是,为了挤占市场上的可贷资金,英国的南海公司还着力推动了英国政府 1720 年泡沫法案的建立。不过,这部法案却使南海公司引火烧身,导致其股价暴跌。但是,泡沫法案更为积极的是它避免了更多英国公司的破产。这种情况直到 1825 年泡沫法案的废除才有改变。随后 1862 年公司法,又称有限债务法诞生。

在法国也有相似的故事,但时间并不长。1721 年开始,由于劳的密西西比公司的破产,公司很难获得完全的有限债务地位。投资者如果想建立联合股份公司,那就必须获得政府的批准,并且必须经过复杂的法律程序建立他们的公司章程。整个 18 世纪和 19 世纪早期,法国的司法部门仅仅界定了很有限的几家公司,主要是在保险和交运行业,分别实行两种法律结构:简单合伙制和有限合伙制。

在简单合伙制中,所有的合伙人都均等地承担企业的债务。而在有限合伙制中,有限合伙人只以在企业认缴的资本为限承担责任。例如,爱尔兰出生的经济学家 Richard Cantillon 通过密西西比体系取得了大量财物,为了保证 1718—1720 年间他在自己银行的有限合伙人地位,他承担的债务只是以他投入的资本为限(Murphy,1986)。

简单和有限合伙制对大企业的公司结构来说并不好。许多所有权人和经理不愿意承担无限责任带来的问题。此外,如果合伙人要抽回资金也面临着很高的交易成本。Say 和 Chailley 总结了这个体制的问题。

这是一个很不幸的体制,因为在这个体制下成立的公司发展缓慢,同时这个体制也很武断,因为面对破产的时候,股东会归咎于政府,并且认为他们自己应该获得损失的补偿。

Lévy-Leboyer(1964)注意到批准公司上市的国会并不是帮助新公司发行股份,而是不断地寻找各种扩张其权利的途径而不管公司的资质如何或者经济发展是否受到阻碍。

Cameron 等人认为 1857 年的萧条反映了对于大企业的组织结构控制力的过度迷信。国民议会开始对公司结构进行自由化。1862 年英国法律的变化以及对新造铁路的融资支持,进一步增加了法国要求变革的压力,这场变革始于 1863 年并且通过 1867 年 6 月 24 日颁布的有限责任法案得到继续。这部法案保证了公司可以在有限责任的结构下自由建立,但是这些公司要想进入资本市场的通道受到了限制。除了铁路公司,法国国内企业最初很难吸引到法国投资者。Lévy-Leboyer(1980)把焦点集中在了 19 世纪晚期 20 世纪初期,法国资本市场的相比英国和美国而言,还不成熟,这阻碍了并购者在工业发展中的不断壮大。他观察道:

在 1913 年之前和第一次世界大战期间,证券发行的数量和并购的数量是非常低的,也许是因为一种针对工业股份的广泛偏见以及银行和证券公司缺乏营销股份的经验,因为这些银行和券商之前一直在承销铁路债券、公共事业证券和国外证券。

在一战前的法国,法国民众仍然有一种喜欢投资政府债券或外国债券而不是股票的倾向。一个德国人曾对此评论道:如果他们不能够改变富有人口的那些看法,那么法国将不可避免成为一个"年金"国家。法国银行的组织体系就是被设计造成这种结果的(Greslin,1992:72)。Pollard(1985)表示在 1870 年,法国人 1/3 的储蓄投资在国外,到了 1910 年,这个数字攀升到了 50%。法国口口相传的故事提供了许多某个上辈人因为投资铁路股票,或者贷款给俄国或其他东欧国家而倾家荡产的案例。记载这些故事的材料充斥在家族记录和各种垃圾店中。

Bonin(1988)写到 1895—1914 年的美好时代,大部分公司对于外部资本、银行借款都保持着敌视态度。因为有盈利,所以自我内部融资成为主流(1913 年 2/3 的公司采用此种做法),资本支出的快速摊销和财务储备以及银行存款所反映的充足资金都是自我融资的原因。根据 Lévy-Leboyer 的估计,Gueslin(1992)总结道"即使有些例外,大部分在一战前夕的投资却是来自未分配的利润"。所以自我融资是法国企业的标准做法。尽管有 Gueslin 的结论,但 Rajan

和 Zingalese(2001)展示了最近的统计结果,表明在一战前,法国有着较高的 GDP 证券化率,证券市值大约相当于 78% 的 GDP,是美国的 2 倍(39%),距离英国也不远(109%)。然而,这个统计显然是个特例,这从 Rajan 和 Zingalese 对其余年份证券化率的统计可以看出。

所以,尽管法国在 20 世纪初与资本市场有着千丝万缕的联系,但是这种"暧昧"与美国、英国的不同,并没有持续于整个 20 世纪。1999 年的统计可能反映了法国主要公司在 20 世纪 80 年代私有化的结果,它们在 20 世纪 90 年代市值的上升反映了利息的上升。

3.7 影响公司所有权结构的历史因素的总结

到 3.7 节,本章想论述的主题开始显现。自从劳的密西西比体系起起落落以来的 300 多年历史中,法国人的资本市场很薄弱。不像英国,在南海公司危机中,英格兰银行并没有倒闭。而法国 1720 年的股灾彻底摧毁了皇家银行和公众对银行体系的信心。法币体系的崩溃造成了公众对银行、信贷和金融革新的敌意。这种反银行的情绪在法国作家雨果的大量著作中均有体现。

雨果那种强烈的反银行体系情绪来源他青年时期在旧体系下的影响。而雨果是法国在 18 世纪对待货币、银行、信贷和金融革新态度的典型代表。他也经历过由纸币造成的恶性通货膨胀。法国公众也更喜欢使用硬币而不是由银行发行的纸币。对硬币的强烈依赖,使银行难以大规模出现。反过来也导致信贷的扩张受到限制,从而很难创造存款。

此外,股票市场除了支持政府融资之外,很难发行股票,因为法律限制有限责任公司的建立直到 1867 年。即便在那年之后,公司也很少运用资本市场。19 世纪后期,法国政府对股票市场的投资主要集中在铁路股票和外商投资。

第二个影响法国的历史因素是法国的继承法。拿破仑建立了他的民法典。把法国的继承制度从长子继承制转变为均等继承制,家庭中所有的孩子都可以均等地继承财产。不过,这种改变与英美两国还有一些不同,在英美,人们可以把遗产捐献给一个基金会,而在法国是不可能这样的。子女是家庭的"股东",因此,根据遗产法的定义,家庭成为法国公司所有权的主要参与者。要想使家庭独立于公司之外的唯一办法,就是在死前把公司卖了,并且把这些所得全部花光。由于法国在 140 年间,经历了 3 次德国的入侵,因此,很少有人会花光所有积蓄。此外,为了避免政府过多介入遗产分配,很多父母亲经常把财产通过信托方式从年长者转移给年轻者。这种信托方式给予父母亲收益权,而给予子女名义上的所有权和赠与权。因此,在父母亲死亡的时候,只有很小部分财产会被征收遗产税。另外,在 1905 年,遗产法作了一些改变,财产税的税基由总财产改为净财产。这就为那些富有的家庭表明了一个信号,即从股权借款改为债务借款。因为后者可以抵扣总资产。

因为既有家族拥有的公司也有家族控制的公司,因此,很难去了解这些公司作决定的过程。家族通常很不情愿去公开他们的文件。Loubet(1999)编辑了一个广泛的文件摘要,这些摘要主要是有关法国汽车工业与银行的联系。

3.8 米其林

米其林是欧洲最大的轮胎制造商。它总共有 12.8 万名员工,在 2002 年,总收入达到 157 亿欧元。米其林的历史可以追溯到 1829 年,当时一个年轻的苏格兰女子 Elizabeth Pugh Barker,她是科学家苏格兰科学家 Charles Macintosh 的侄女,嫁给了 Edouard Daubrée。然后,Daubrée 夫人就用她叔叔的硫化橡胶为她的孩子们制作玩具球。这种橡胶的使用方式引起了她丈夫的两个堂兄弟 Aristide Barbier 和 Nicolas Edouard Daubrée 的关注。在 1832 年,这两人成立了一家工厂,专门用硫化橡胶制造印章、皮带、气门和农业生产管道。1889 年,André 和 Edouard Michelin(米其林)接管了他们祖父(Aristide Barbier)的生意,使他们的生意进一步多元化,扩展到了轮胎制造,并且在此后 50 年间一直管理着公司。米其林兄弟中的 André 是一个营销天才,他通过赞助汽车比赛来扩大公司的影响,这些比赛要求参与者只能使用米其林的轮胎。到 1940 年 Edouard 去世的时候,他已经把公司塑造成为一个雇用 2.5 万名员工的大公司。如今,米其林家族掌握了米其林公司 25％的股份,2002 年,他们家族的财富估计在 11 亿欧元左右。

米其林家族如何保持这么多的公司所有权呢?第一点需要指出的是,米其林公司有一个不寻常的公司状态,那就是它仍然是一家合伙制企业,但是拥有发行股份的权利。因为合伙制的关系,所有米其林家族成员对十企业的各项债务都负有责任,因此另一方面,合伙制也就给予了家族对公司的控制权。家族通过自有融资保持了对公司的控制。当 Edouard 在 1886 年取得了对公司的控制之后,他就寻求家族而不是银行来为他的资本支出融资。

米其林的业务核心转变到了汽车轮胎的制造。汽车市场的巨大增长,意味着米其林公司要扩大融资需求。米其林家族通过保留公司盈余来支持融资。当这些盈利不够满足资本支出要求的时候,他们转而寻求长期债券融资。这反过来又为银行制造了麻烦,因为银行对于公司财务状况的信息获得很有限。1930 年,当时米其林寻求里昂信贷银行 2 亿法郎的贷款。里昂的信贷员试图挖掘公司的财务状况,以便决定银行是否提供这笔贷款。显然要通过阅读 1930 年 5 月信贷员所写的报告来了解公司的盈利情况是很困难的。因为米其林公司是一个合伙制形式,没有义务公开自己的账户。不过,信贷员也提供了 1925—1928 年的一些财务数据,如表 3.1 所示。

表 3.1　米其林的盈利分配和留存利润,1925—1928 年

年度	盈利分配	留存(百万法郎)
1925	29	29
1926	31	126
1927	58	58
1928	60	60

表中数字表明,米其林公司有非常高的盈余留存率。在 1925、1927 两年中,公司的留存率高达 50% 以上。在 1926 年,公司留存的利润竟然是分配利润的 4 倍!信贷员总结道:"公司的发展显然是通过留存利润来支撑的,并且在管理上比较谨慎"。

到这个阶段,米其林已经成为法国最具有统治地位的轮胎制造商,每年生产四五百万只轮胎,并出口到美国。

米其林家族能够维持对公司控制的第二个因素就是两级股份制。通过合伙制股份的行使,公司的控制权保留在家族手里,但是谁能拥有这些股份,却有严格的规则。

公司章程对于普通股份的权利有过规定,那就是在欧盟地区居住超过 4 年的股东才拥有双重投票权。

3.9　标致

标致是法国主要的汽车制造商。它是欧洲第二大汽车制造企业。2002 年,它的员工超过 19 万名,营业收入达到 544 亿欧元。作为一个家族控制的企业,标致有着非常悠久的历史,其最初可以追溯到 18 世纪 Jean Pequignot Peugeot(标致)创办的水磨坊建造企业。这个家族最大的特点就是能够顺应时势和科技潮流。1815 年,标致家族中的两个兄弟 Jean-Pierre 和 Jeau Frédéric 创办了一个钢铁生产线和一个刀具生产工厂。刀具厂是在瑞士银行的贷款帮助下建立的。工厂主要生产铁制品,比如电锯、刀具、钟表、耕种机器。它生产铁制品的经验使公司开始生产自行车车轮的气门芯,这反过来又使它成为法国最大的自行车生产商。而自行车生产最终走向汽车的生产。

1896 年,Armand Peugeot 建立了标致汽车生产公司,但是在其后的 14 年中,他的家族成员并不允许他使用"立狮"的家族图案。公司名义资本是 80 万法郎,分成 800 股,每股 1 000 法郎。Armand Peugeot 被授予 350 股份,作为对他建立公司所作贡献的回报。1898 年,名义资本增加到 240 万法郎,增加了 1 600 股,每股 1 000 法郎。

资本的增加是为了在里尔建造新的工厂。到 1900 年,标致公司生产的标致 28 型汽车,时速达到 35 公里/小时。在最初的 10 年中,公司一直亏损,因为当时汽车工业的科技发展日新月异,需要大量的资本投入。

1900 年到 1902 年的大规模亏损,是由过时型号的资本支出和为这些型号生产零部件的折旧所导致的。在 1896—1907 年的 12 年中,标致公司总共盈利 354.7 万法郎,其中 210.4 万法郎(59%)已经分配掉,另外的 144.3 万法郎(41%)则作为留存收益。从这可以看出,标致公司一开始就有高比例的再投资盈利政策。因此,标致公司被银行视为一个不错的借贷对象。里昂信贷的分析员认为标致公司的经营和财务状况是"良好稳健"的。但是,分析员也在附注中指出:"由于来自法国和国际竞争对手的激烈竞争,汽车产业由此导致的内在风险使公司无法在未来获得稳定的盈利。"这个评价是正确的,因为在当时,汽车产业经常出现科技飞跃,例如,引擎的改进、新车型的引入、装配线的改进等,因此要想在这个产业生存下来是非常困难的。

在 20 世纪 20 年代末,标致家族差点因为财务困难能失去对标致公司的控制。里昂信贷将此归咎于 1923—1929 年间 3 个新来到公司的员工,即 Lucien Rosengart(1923—1928),Ricardo Gualino 和 Albert Oustric(1928—1930)。Rosengart 是第一个被标致家族雇用来协助公司融资业务的员工。他的融资方式就是新设一个公司,然后通过这个新公司来贷款,而贷款抵押物则是标致公司的存货。他通过存货的抵押获取票据,然后向法兰西银行申请贴现。他甚至在 Robert Peugeot 生病期间,暂时接管了公司的管理事务。里昂信贷批评 Rosengart 改变了公司的政策,减少了折旧准备金。里昂信贷的分析员认为汽车工业的发展需要不断扩大生产线,因此每年的折旧应该是 2 000 万法郎,而不是 1925—1926 年和 1928—1929 年间实际上的 1 200 万法郎。当时公司每年的股利分配从 1 000 万提高到 2 100 万。Rosengart 被迫在 1929 年 1 月辞职。标致家族重新接管了标致公司的控制权,5 个董事会成员有 3 个来自标致家族。

3.10　结论

本章主要试图表明历史因素对于法国公司所有权的决定起着重要的作用。公司财务来源通常有三个方向——银行、资本市场和自有资金。如果把它们看作公司投资的三个渠道,那么历史证明,其中两个渠道,即银行和资本市场,面临着很大的起伏,因此从法国的长期历史来看,这两者不能作为公司有效的资金来源。主要的金融危机来自约翰·劳的密西西比金融体系的起起伏伏以及由纸币带来的恶性通货膨胀。这些事件给法国几代人带来了痛苦,并导致法国人对金融革新的反感。

对于这种反应的结果就是保证人制度,保证人扮演者准银行的角色。另外一个结果则是法国人喜欢保留硬币的心理。这就使银行很难进行大规模的扩张。面对这种情况,公司一般都倾向于用自有资金进行投资,扩大企业。而法国的银行由此也更喜欢到法国之外去投资。这种反银行的情绪在 Louis Renault(雷诺的创始人)身上集中体现,他说过:"银行家们不是哲学家,他们只是货币商人,因此,一个人应该尽可能地避免和这些人做生意。"通过自有资金筹资,这些创始人和他们的家族能够保留大量的股份,从而能够维持对企业的控制。因此,从历史角度来看,法国家族能够控制这么多的公司并不奇怪。类似的例子有米其林、标致等家族。

本章主要强调了法国公司所有权发展中历史因素的重要性。当然,肯定还有其他因素加强了法国公司的家族制倾向。由于缺乏养老基金,导致法国资本市场中很少有养老基金和保险公司。1997 年,养老金和保险公司构成了英国家庭 49% 的家庭储蓄,美国家庭的 30%,而法国只有 18%。最近在法国的产业动荡显然与此有关,贸易联合会认为提供现收现付制的养老金应该是政府的责任。如果这样的话,那么到 2040 年,养老金支出占 GDP 的比例将由12% 提高到 16%。长期来看,由此导致的税收结果是不可持续的。如果这样,在资本市场将会有更多养老基金和保险公司的投资进入。

从 1945—1982 年,政府的更迭使法国掀起了好几轮国有化浪潮。最近,这种潮流开始退去。20 世纪 80 年代,希拉克政府的私有化政策使法国的股东从之前 1982 年的 170 万增加到 1987 年的 620 万。

法国,包括欧洲大陆其他国家的公司所有权结构与盎格鲁—美利坚的截然不同,由此人们经常会问:为什么后者没有出现一个普遍的共同治理模式呢?是不是民法和共同法国家的区别导致这种情况呢?(La Porta et al.,1998,2000)本文试图表明强烈的历史因素导致了法国当前的所有权结构。其中一个就是历史上几次金融崩溃的经历,比如,密西西比体系、纸币体系的崩溃。纸币体系的崩溃导致了对信贷、银行和金融革新的抵制,而这些都是公司资金来源的重要部分。结果就是金融革新非常缓慢,从 1720 年到 1930 年,银行部门只能在以硬币为基础的货币体系中发展。法国的历史经历产生了对外部资金来源的反感,反过来导致对内部资金的依赖,从而加强了所有权的集中。另外一个因素就是对继承法的不同解读。在法国,即便某人不想给"白痴的后代"留有遗产,他也做不到这一点。一个人所能做的只是去教育他的子女。米其林公司和标致公司展现了法国家族企业的特点。

家族控制的企业并不一定像英美等评论家所认为的那么不好。家族所有制也许阻碍了新鲜血液进入公司,不过,有时候老血液可能更能用一个长远的眼光看待公司的发展,从而能够集中资源,投资于研发。对于这种观点的支持,最近可以在 Sraer 和 Thesmar(2004)的论文中找到。此外,对于美国,Anderson 和 Reeb(2003)研究表明,在标普 500 中家族拥有的企业相对于股票市场,能够多出 6.5% 的回报,它们的资产可以有 10% 的溢价。让公司在家族控制下,也许不仅仅对内部人是有利的,对外部人也许也是有利的。

参考文献

Allouche, José, and Bruno Amann. 1995. Le retour triomphal du capitalisme familial. In *De Jacques Coeur à Renault：Gestionnaires et organisation*. Toulouse：Presses de l'Université des Sciences Sociales de Toulouse.

Anderson, Malcolm. 1965. The myth of the two hundred families. *Political Studies* 13 (June).

Anderson, Ronald, and David Reeb. 2003. Founding-family ownership and firm performance：Evidence from the S&P 500. *Journal of Finance* 58(3).

Beck, Thorsten, Ross Levine, and Norman Loayza. 2000. Finance and the sources of growth. *Journal of Financial Economics* 58.

Berle, Adolf, and Gardiner Means. 1932. *The modern corporation and private property*. New York：Macmillan.

Bloch, Laurence, and Elizabeth Kremp. 2001. Ownership and voting power in France. In *The control of corporate Europe*, ed. Fabrizio Barca and Marco Becht. Oxford：Oxford University Press.

Blondel, Christine, and Ludo Van der Heyden. 1999. The Wendel family："Affectio societatis"；The story of a French industrial dynasty (1704—1976). INSEAD Working paper. Fontainebleau：INSEAD.

Blondel, Christine, N. Rowell, and Ludo Van der Heyden. 2002. Prevalence of patrimonial firms on Paris stock exchange：Analysis of the top 250 companies in 1993 and 1998. INSEAD Working paper.

Bonin, Hubert. 1988. *Histoire économique de la France depuis 1880*. Paris：Masson. Cassis, Youssef. 1992. *Finance and financiers in European history 1880—1960*. Cambridge：Cambridge University Press.

Cameron, Rondo, Olga Crisp, Hugh T. Patrick, and Richard Tilly. 1967. *Banking in the early stages of industrialization*. Oxford: Oxford University Press.

Cameron, Rondo, and Charles E. Freedeman. 1983. French economic growth: A radical revision. *Social Science History* 7 (1).

Chadeau, Emmanuel. 1993. The large family firm in twentieth-century France. *Business History* 35 (4).

Du Tot, [Nicolas]. 1935. *Réflexions politiques sur les finances et le commerce*. Ed. Paul Harsin. Paris: Droz. (Orig. pub. 1738.)

Flandreau, Marc. 2004. *The glitter of gold: France, bimetallism, and the emergence of the international gold standard, 1848—1873*. Oxford: Oxford University Press.

Goldstein, Andrea. 1996. Privatizations and corporate governance in France. *Banca Nazionale del Lavoro Quarterly Review*, no. 196.

Gueslin, André. 1992. Banks and state in France from the 1880s to the 1930s: The impossible advance of the banks. In *Finance and financiers in European history* 1880—1960, ed. Youssef Cassis. Cambridge: Cambridge University Press.

Harris, S. E. 1930. *The assignats*. Cambridge, MA: Harvard University Press.

Healy, Paul M., and G. Krishna Palepu. 2003. The fall of Enron. *Journal of Economic Perspectives* 17 (2).

Hoffman, Philip T., Gilles Postel-Vinay, and Jean-Laurent Rosenthal. 2001. *Des Marchés sans prix*. Paris: Editions de l'Ecole des Hautes Etudes en Sciences Sociales.

Jammes, André. 1998. *Les Didot: Trois siècles de typographie et de bibliophilie 1698—1998*. Paris: Jammes.

Kindleberger, Charles. 1989. *Manias, panics and crashes*. London: Macmillan. (Orig. pub. 1978.)

Kindleberger, Charles. 1984. *A financial history of Western Europe*. London: Allen & Unwin.

Lafaurie, Jean. 1981. *Les Assignats et les papiers-monnaies émis par l'état au XVIIIe siècle*. Paris: Le Léopard d'Or.

Landes, David S. 1949. French entrepreneurship and industrial growth in the nineteenth century. *Journal of Economic History* 9.

———. 1969. *The unbound Prometheus*. Cambridge: Cambridge University Press.

La Porta, Rafael, Florencio López-de-Silanes, and Andrei Shleifer. 1998. Corporate ownership around the world. *Journal of Finance* 54 (2).

La Porta, Rafael, Florencio López-de-Silanes, Andrei Shleifer, and Robert Vishny. 2000. Investor protection and corporate governance. *Journal of Financial Economics* 58.

Law, John. 1934. *Oeuvres complètes*. Ed. Paul Harsin. Paris: Librairie du Recueil Sirey.

Levine, Ross. 1997. Financial development and economic growth: Views and agenda. *Journal of Economic Literature* 35.

Lévy-Leboyer, Maurice. 1964. *Les Banques européennes et l'industrialisation internationale dans la première moitié du XIXe siècle*. Paris: Presses Universitaires de France.

———. 1980. The large corporation in modern France. In *Managerial hierarchies: Comparative perspectives on the rise of the modern industrial enterprise*, ed. A. Chandler and H. Daems. Cambridge, MA: Harvard University Press.

Lottman, Herbert. 1998. *Michelin: 100 ans d'aventures*. Paris: Flammarion.

Loubet, Jean-Louis, ed. [1995?] *Citroen, Peugeot, Renault: Histoire de stratégies d'enterprises*. N. p.: ETAI.

———. 1999. *L'Industrie automobile 1905—1971*. Geneva: Droz.

Murphy, Antoin E. 1986. *Richard Cantillon: Entrepreneur and economist*. Oxford: Oxford University Press.

———. 1997. *John Law: Economic theorist and policy-maker*. Oxford: Oxford University Press.

Pollard, Sidney. 1985. Capital exports, 1870—1914. *Economic History Review* 38 (4).

Rajan, Raghuram G., and Luigi Zingales. 2001. The great reversals: The politics of financial development in the 20th century. NBER Working Paper no. 8178. Cambridge, MA: National Bureau of Economic Research.

Say, Léon, and Joseph Chailley. 1891. *Nouveau dictionnaire d'économie politique*. Paris.

Sraer, David, and David Thesmar. 2004. Performance and behavior of family firms: Evidence from the French stock market. Malakoff, France: Centre de Recherche en Économie et Statistique-Institut National de la Statistique et des Études Économiques (CREST-INSEE). Unpublished manuscript.

Turgot, Anne Robert Jacques. [1749] 1913. *Oeuvres de Turgot*. Ed. Gustav Schelle. Paris: Alcan.

———. 1769—1770. Réflexions sur la formation et la distribution de la richesse. In *Éphémérides du citoyen*, vols.11—12 (1769) and Vol.1 (1770).

White, Eugene. 1989. Was there a solution to the Ancien Régime's financial dilemma? *Journal of Economic History* 49.

评论

Daniel Raff

  法国是典型的民法国家,也是施行拿破仑法典的最典型例子。大量的文章认为相对于共同法国家,民法国家对投资者的保护更弱,这一特点导致了更为集中的所有权结构。这就是机制的特点,不管这种机制是否与历史因素相关。Antoin Murphy 认为上述论点只抓住了法国经济的表象,但这是错误的。

  本章首先用数量证据来证明法国的所有权结构其实是非常集中的。但是,本章其他部分则是为了说明不同的情况。Murphy 相信:对于理解法国历史来说,路径依赖是非常重要的。他认为,特别是文化影响的结果和一系列令人震惊的事件使法国的私人部门走向所有权集中化的道路。这些事件包括密西西比公司的破产,约翰·劳的皇家银行的崩溃,纸币祸乱引起的恶性通胀,以及接连不断的战争(法国从 1870—1940 年被德国入侵了 3 次)。文化上的影响就是长期的反高利贷法律和对家族遗产的担忧。本章的论点就是这些共同影响银行和资本市场正常发展的过程,因而使公司更倾向于保留盈余用于投资。

  后面还举了一些公司的具体例子来描述法国公司行为的基本特征。在本章最后,还有一个关于养老基金和保险公司的简短讨论,这些都是法国的另一种补偿力量。

  来自某个单一国家的历史不大可能决定上述论点,读者也没有可能接触那么多的样本并进行假设检验。对我来说,这个论点的首要启发,就是提供了一个新的视点,这个视点有一些支持的论据,在思维上有所启发。不过,这些论据基本上与我有限的接触相符合。Murphy 先生的历史考察确实不错。

本章的论点充满思维上的启发,因为他为经济学家提供了一个有关历史的思考方式。如果历史因素起了作用,那么它在哪些方面影响了公司的经营和市场呢?人们又如何知道这个有关历史的论点一定是真实的呢?我的评价主要集中在本章对于我思考的启发性上。

这些都是根据需求缺口来讨论的。第一个想法有关为什么创始人和控股家族会把股份卖给外部人。这些是不是仅仅与高级管理层的长期信任问题有关?是不是与 20 世纪晚期的那些并购一样呢?一个人很自然地想知道如此规模的交易是如何组织并且实行的?哪些种类的信息能够获得?又是在怎样的背景下推进的?这些不仅仅是有关法国公司的问题,也是有关整个法国经济的问题。

第二个想法是其他公司对钱的需求。日常经营需要融资。英国银行体系早期都是一些提供贸易贷款的机构。不过,本章有关法国的相似情况没有介绍。法国企业的决策者有没有考虑上述英国做法的可能性呢?Murphy 有关保证人和里昂信贷的评论认为,问题应该聚焦于早期或者最近的时期。

有些想法是有关供给方面的问题。在本章集中讨论的那个时期中,那些机构的资本来源是哪里呢?是哪些东西控制了这些机构的成长呢?如果能够知道控制这些来源的投资结构,那会非常有趣。有些公司的文件包含了公司一些关键决策的背景。但是有些会议纪要并没有包含除出席情况、会议目的和最终投票结果之外的其他信息。如果里昂信贷的纪录是比较集中的,我们可能会了解到更多有关为什么要求公司改变它们行为的压力其实并不大的信息。

本章主要论点的上下文中,公司的发展历程在经济学家心中有个疑问,那就是如何判断本章作者总结的那些有关公司的特征在那个特定时期内是否真实呢?是否有可能探究具体工资的情况从而获得大样本的结论呢?一种方法就是进行跨国家跨公司范围的比较研究。这可以研究各种公司面对投资机会的不同反应。如果在国家层面上有区别,那么本章就很有意义了。

这种方法引起了进一步的问题。是不是需要关注一些实际情况的变化?为了保持中性,只有在里昂信贷报告中提到的那些公司才有可能避免样本选择偏见。但是,可能银行的记录以及记录之下的监管和规划,是更大规模的。也许,银行的记录本身可以给予我们某些视角。我发现本章很有意义和启发性,不过仍有许多东西有待发现。

德国公司所有权和治理权的历史

Caroline Fohlin*

4.1 引言

　　第二次世界大战之后,逐渐出现了一种关于德国公司治理的普遍看法。这一一致的观点,很大程度上是建立在数量很少且并不具有代表性的证据之上的,其中很多关于德国企业所有权和治理权的主张都过于夸张。对于其在企业间关系以及与此相似的企业与全能商业银行间关系的德国体制中所扮演的角色,有大量学术文献都曾从历史学和理论发展的角度进行了探讨,无论是具有积极还是消极的作用,都不否认其具有重大意义。①人们普遍认为,当今的金融领域,同过去一样,由规模大且实力雄厚的商业银行所主导。早些时候,经济学历史学家曾将商业银行设想为德国工业化的核心力量,他们认为,从 19 世纪中期到第一次世界大战开始之前,这类金融机构调动和有效利用了庞大的金融资本。在传统观念中,德国全能银行体系的关键是银行直接拥有非金融企业的所有权并参与其治理。在金融学相关文献中,这种拥有企业

　　* Caroline Fohlin 是约翰斯·霍普金斯大学的经济学教授,应用经济与商业企业研究机构的研究人员。

　　我要感谢 Thies Clausen, Julia Förster, Annette Lohmann, Steffen Reinhold, Julia Schneider 以及 Björn Sonnenberg 在研究方面,以及 Mary Davies 在专业编辑方面给予的帮助;也非常感谢 Akexabder Dyck、Sabine Klein、Randall Morck 以及在国家经济研究局(2002 年 10 月)、INSEAD(2004 年)、加利福尼亚大学伯克利分校、斯坦福大学和哥伦比亚大学召开的学术会议中不计其数的评论家们。这一研究以及本章所基于的过去的研究,都得到了美国国家科学基金的慷慨资助,对此我深表感谢。最后,我也要特别感谢 John Latting。

股权并参与企业治理的银行业务被称为关系型银行业务。

尽管社会大众和学术界都对德国的金融模式,尤其是关系型银行业务表示出了普遍的热情,也有一小部分金融方面的文献已经承认在这个体系中存在着固有的潜在障碍。甚至是在工业化这一问题上,批评家们也在抱怨大银行的权力过度以及国家过分重视重工业。近期,尤其是自后统一时期经济下滑以来的关于德国公司财务方面的文献,已经开始探讨德国金融体系的问题:普通商业银行的失败和债券市场的不发达。在过去几十年的"法律与金融"文献中,这些问题已经发展为更加广泛的治理问题:所有权和治理权的集中,在建立"公司王朝"或者"公司金字塔"过程中家族所扮演的角色,公司之间所有权错综复杂的关系,以及广泛欠缺有效分配治理权所需要的市场机制。20 世纪 90 年代,很多批评家都认为这种组织结构造成了德国经济的不景气,而不是将这种关系主导型的体系视为一种优势。

本章将这些历史和当代的问题联系在一起,并在这个框架下探讨所有权结构的演进和关系型银行业务在实践中的发展情况。本章也会试图通过对经济、政治、法律以及社会因素的研究来解释其发展模式。本章尽力在关于德国公司治理的两种极端观点间寻求一个平衡,并且得出德国企业经济发展良好的结论。可以肯定的是,德国的公司组织同其他国家的公司在诸多重要方面有显著的差异,而这些差异对特定领域的公司或者产业产生了一定的影响。但是在长期中,德国体系的这种特点并没有对其企业经济有非常显著的促进或者阻碍作用。

4.2 公司所有权和治理权的长期模式

4.2.1 所有权的一般模式:家族式、集团式和金字塔式

一个完整的分析应该包括自工业化早期起德国公司所有权模式的具体数据,但是却并没有第二次世界大战期间公司层面所有权的数据。由于德国的股份公司主要发行无记名股票,并认为股东身份是非公开信息,因此无法判断公司的所有权结构,也就更加无法根据所有权类型或者所有权分散程度来对公司进行分类。[②] 确实,与 Krupp 这样由著名家族主导的公司不同,要就每种公司股权结构的类型给出具体的例子是非常困难的。

已有资料表明:在公司所有权和治理权的发展历程中,有两种主要类型:第一,股份公司(Aktiengesellschaft 或者 AG),以及与之相适应的管理控制权的出现和发展(见图 4.1 和表 4.1)。第二,越来越多的公司进行合并以实现跨股权、合并利益的公司集团,最终发展为金字塔式的结构(一种能允许一家公司能对远远多于其自身直接拥有股权进行控制的所有权结构)。而第一种模式促进了第二种模式的发展。

法人公司和有限债权公司(GmbH)的出现,蕴含了公司所有权与治理权相分离的基本含义。大公司比一般公司更快地采用 AG 组织形式也不足为奇。19 世纪末以前,私人的且无法人地位的公司远没有大型公司重要。直到 1887 年,4/5 的大型公司采用了 AG 的组织形式。[③]根据 Pross(1965:75),债权人与资本管理人之间的权力斗争很早就出现了。公司管理的安排

配置全部掌握在大多数股东、股东的代表人以及高层经理人的手中。数据表明,在19世纪,一小部分的公司由经理人控制。因此,大部分股东和他们的代表人都保持了对公司的基本控制权,而经理人则在领导员工方面拥有重要且有限的权力。在德国公司发展历史的早期,成立、扩张以及在重工业时期使得公司更具竞争力的一代股权所有者仍然占据绝对的统治地位。这一时期的工业巨头——像 Krupp、Thyssen、Stinnes、Wolff、Stumm、Klöckner、Siemens和 Bosch——都拥有必要的股权和个人权力来维持坚固的所有权。而在主要股东之外,专业经理人开始出现,而他们中的少数还是经济学精英。这些经理人,像 AEG 的 Emil Rathenau,Siemens 的 Georg,Gelsenkirchen 的 Emil Kirdorf 以及一些其他经理人,产生了巨大的影响力,即使他们拥有的股权非常有限。

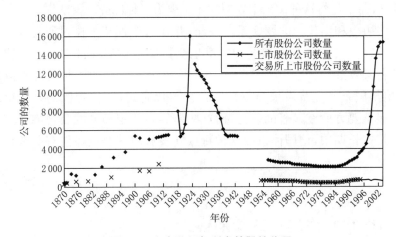

图 4.1 上市公司与所有的股份公司

资料来源:Deutsche Bundesbank(1976 年以及各年度);Deutsche Börse(1992);Statistisches Bundesamt (1989—1995);DAI Factbook(各种发行物)。最早几年的数据来自不同的渠道,在文中有所介绍。

表 4.1 股份公司(AG)和在柏林上市的公司的数量和股权资本

年　份	AG 数量	股权资本 (百万马克)	在柏林上市的 公司数量
1800[a]	4	387 000Taler	
1830/1835[b]	25		21
1850			63
1870[c]	200		325
1873/1875	1 040		554
1880			612
1886/1887[d]	2 143	4 876	
1890/1891[e]	3 124	5 771	1 005
1896[f]	3 712	6 846	
1900[g]	5 400		
1902[h]	5 186	11 968	
1906[i]	5 060	13 848	1 113

续表

年　份	AG 数量	股权资本 （百万马克）	在柏林上市的 公司数量
1907[j]	5 157		
1908	5 194		
1909[k]	5 222	14 723	
1910[l]	5 295		2 400
1911	5 340		
1912	5 421		
1913[m]	5 486	17 357	
1914	5 505		

a. 只包括普鲁士的数据。Hans-UlrichWehler(1987:103)；

b. 1835:Manfred Pohl(1982:171)；柏林上市公司,1830 年和 1850 年:Brockhage(1910:170)；

c. AG 数量:1870 年数据是 1870 年前普鲁士所有 AG 公司数量的估计值,1873 年数据是 1870 年前不包括非普鲁士公司的估计值。数据都来自 Horn(1979:136)。柏林上市公司:1870 年、1875 年、1880 年和 1889 年数据来自 Ernst Loeb(1896:246—247,他估计 1871 年上市公司为 395 家)。Loeb 的数据曾被 Richard Tilly(1995)引用；

d. 数量和股权资本数据来自 Rainer Gömmel(1992:152)；

e. 1891 年的数量和股权资本数据来自 Deutsche Bundesbank(1976:294)；

f. Beckerath(1956,vol.1:153)；

g. Gebhard(1928:103)。Leob(1902:2)估计同年的 AG 数量为 5 500；

h. Deutsche Bundesbank(1976:294)；

i. 数量和股权资本数据是根据 *Statistisches Jahrbuch fuer das Deutsche Reich*，29(1908:328)估计的。*Handbuch der Deutschen Aktiengesellschaften*(1907)的计算得出的 AG 数量为 5 352。柏林上市公司的数量是根据 *Handbuch der deutschen Aktiengesellschaften*(1905—1906)估计的；

j. 1907 年到 1914 年 AG 的数量是根据 Statistisches Jahrbuch(1908—1915)计算的；

k. 股权资本数据来自 Beckerath(1956，vol.1:153)。Deutsche Bundesbank(1976:294)估计的总股本为 14 737 马克；

l. 柏林上市公司数量来自 Stillich(1909),被 Tilly(1995)引用；

m. 总股本数据来自 Deutsche Bundesbank(1976:294)。

　　随着公司形式和经理人参与公司运营的日益普遍,德国开始出现公司治理历史上的第二种主要现象:公司间合作与集中。企业间合作的第一次萌芽是随着贸易与卡特尔生产的形成和公司出现而产生的(Pohl and Treue, 1978:7)。公司的创立开始于 19 世纪晚期:1887 年,在最大型的 100 家工业企业中,不足 20 家采用了公司这一形式(Siegrist, 1980:86)。大部分卡特尔出现在 1888 年到 1891 年的经济繁荣时期,而在 1895 年与 1900 年之间这一机制在经济上的重要性达到巅峰。在 1865 年之前,只有 4 个卡特尔,而年后这一数字也只达到 8 个。然而,到 1885 年,已经有 90 个卡特尔,1890 年这一数字增加到 1885 年的两倍以上,即 210 个卡特尔。到 1905 年,德国已经成立了 366 个工业卡特尔(Sombart, 1954:316)。

　　20 世纪早期

　　进入 20 世纪之后,所有权的分散和企业间的合作两大趋势有了新的发展。在第一次世界大战之前,股份公司(AG)的数量有所增加,而股份有限公司在德国大型企业中的比重也保持稳定。1902 年,股份公司(AG)的数量刚好过了 5 000 家,名义资本总额达到 120 亿马克。这一数字在战前时期继续增加(见图 4.2)。在 1907 年,与 1887 年一样,80％的大型公司采用了股份公司(AG)的组织形式(Henning,1992:210)。1907 年,由于小部分所有者(通常为家族)拥有大部分的股权并且掌握了战略决策权,大部分企业仍旧维持了企业制的形式。Ziegler(2000)认为:即使经理人已经开始接管更多的公司日常业务工作,经济精英的"朝代特征"仍然非常显著。几乎所有的大型企业结合体——公司监管委员会颁布了至少 14 个相关指令——仍然是企业家所有而不聘请经理人,同时也是某种实业王朝的典型代表。

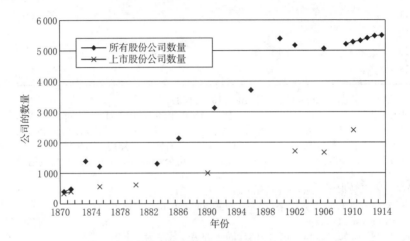

图 4.2 上市公司与所有股份公司,1870—1914 年

资料来源:德意志银行(1976 年以及各年度);Deutsche Börse Annual Report(1992);德国统计年鉴(1989—1995);DAI Factbook,2003 年 5 月。最早几年的数据来自不同渠道,在文中有所介绍。

所有权大范围分散和聘用受薪经理的经理型企业,在战前时期,其重要性明显,并且持续提高(Siegrist,1980:88)。企业的集中、公司间合作与公司规模扩大的趋势继续维持,大型股份公司(AG)日益占据主导地位。1904 年,不足 1％的股份公司(AG)拥有近 1/4 的公司股权资本。不足 10％的公司(4 740 家中的 400 家)拥有近 2/3 的资本(Pross,1965)。

第一次世界大战成为这些发展趋势新的推动力,正如 20 世纪初期积极发展的公司集中化进程。政府的刺激和干预促进了卡特尔的成立和进一步发展,而且尤其注重供应商与生产商之间结成纵向联合体(Pohl and Treue,1978:20)。同时,越来越多的小公司也加入了法人公司这一日益高涨的潮流中。到 1919 年,仅仅 6％的德国股份公司(AG)(5 710 家中的 326 家)就拥有了超过 500 万马克的股份资本。

魏玛共和国

第一次世界大战之后,中央集中管理的公司日益重要,并且通过公司间达成协议来增强彼此之间的联系。公司集中与寡头垄断的趋势增强。在 1919 年至 1923 年的通货膨胀时期,股份公司(AG)以极快的速度增加,到 1923 年,有超过 16 000 家股份公司(AG)出现,而到 1919 年这一数字增加到 3 倍以上。1925 年,超过 13 000 家股份公司(AG)的名义注册资本高达191 亿马克。不过,市场中仍旧有很多小型家族企业。1925 年,小型的且无法人地位的公司仍旧占据了所有企业的 90％(Gömmel,1992:35)。有些经理型资本家也是在这一时期开始接管一些大型企业的日常管理工作,这些由多个公司组成的大型企业有合理的领导组织结构、相互协调的管理队伍与积极的销售战略,在市场和卡特尔中都占据了主导地位(James,1986:166)。当经理人已经明显地以一支主要力量出现时,其所隐含的所有权结构仍旧显得扑朔迷离。尽管并没有数据的证明,有推测认为在总体上,大型企业的控制权正愈发集中在由主要股东和经理人组成的小型寡头统治集团手中(Pross,1965:166)。在当时主要的大型企业中,这两种主要的控制权类型并存,即主要股东掌握控制权或移交给经理人控制。尽管由经理人控制的企业似乎在大型企业中只占少数,但却是在数量上日益增加并且在重要性上日益提高(Ziegler,2000:42)。尽管的确很少有数据可以证实,但Ziegler假定,在20世纪20年代初期,家族企业在德国经济精英中的占比明显下降,而其地位则由来自资产阶级的"新"家族所取代。

公司结构和治理模式也因工业部门和企业规模的不同而不同。在金融领域,股份公司(AG)明显占据主导地位,93家银行和保险公司各自拥有至少1 000万马克的名义资本。在采矿和钢铁业,则拥有72家相同规模的股份公司(AG),而在电子和机械行业,则一共有55家。其余70家大规模的股份公司(AG)则分散在其他工业部门。在一些工业部门,很多小公司通过合并以形成中等规模的公司。在所有股份公司(AG)中,食品和奢侈品业的公司占了很大的比例(到1919年有905家),但在当时其中只有7家拥有超过1 000万马克的股权资本。

在化工业和重工业,第一次世界大战之后横向合并的趋势日益加快。例如,Thyssen、Rheinische Stahlwerke、GHH、Krupp和Hoesch,就是这一趋势的先锋者。1925年,IG Farbenindustrie股份公司合并了主要的化工企业,形成了德国拥有最大股权资本的公司。在1926年拥有高达204亿马克总名义资本的12 392家有限责任股份公司中,有近2 000家公司(1967家股份公司总共拥有133亿马克的名义资本)是关联公司。换句话说,相互牵连的股权资本构成了当时总资本的65%。这一数字在第二年上升到69%,在1930年达到75%(Laux,1998:129)。总的来说,相互集中到一起的公司拥有了所有德国股份公司(AG)总名义资本的85%。据称,1927年,几乎所有的100家最大的工业企业都是相互关联,其中大部分是以持有公司的形式(Siegrist,1980:86)。完全独立的与其他企业毫无关系的股份公司(AG)成为了例外(Pross,1965:50),而关联公司则变得日益普遍起来。

作为工业组织中这些变化的自然副产品,经理型公司在采矿、铁制品、金属和化工业中变得普遍起来。无论在什么部门,在最大型的工业企业中,经理人都取得了主导地位。在10家最大的名义资本总额超过1亿马克的工业企业中——Deutsche Erdöl、Harpener、Vereinigte Stahlwerke、Mannesmann、Krupp、Siemens、AEG、I. G. Farben、Burbach以及Wintershall——只有Krupp和Siemens仍旧保持企业型公司的治理模式。其余的都采用了经理型公司的模式。

在20世纪30年代,经理型资本主义继续得以实行。越来越多的情况是,企业的领导人是没有任何背景的经理人,而公司的创建人或者具有控制权的股东则退居监管委员会,扮演监督管理的角色(Ziegler,2000:46)。同时,资本加速集中,纯粹的股份公司(AG)数量继续下降。1930年,10 970家股份公司拥有总共242亿马克的名义资本,而1932年则只有9 634家股份公司,名义资本总额为223亿马克。这些公司中不足2%的公司拥有了超过一半的资本总额。

纳粹政权

纳粹政权增强了其在关联公司中的权力关系。纳粹政权鼓励和协助创立公司的家族保持他们对公司的控制权(Joly,1998:111)。1932 年,在纳粹的权力增大之前,股份公司的数量稳定在 9 634 个(见表 4.1),由于新政权下的政府采取了各种激励措施,很多股份公司(AG)都改为私营企业,使得股份公司(AG)的数量下降到第一次世界大战之前的水平(1938 年大约有 5 500 家),并在那之后有小幅的缩小。到 1943 年,德国还有 5 359 家股份公司。对于这一时期,公司所有权和治理权方面的数据依旧极其缺乏,在这方面也没有什么非常准确的说法。④一件非常清楚的事情是:纳粹政权在很大程度上打乱了德国公司的全景,并且给公司所有权和治理权的模式带来了持久的改变。当纳粹分子大力推行私有制的同时,他们同时也在重点工业领域推进治理权的集中化。纳粹时期对于德国经济、政治和法律的传统体制来说都是一个例外时期,并且会给之后的几十年带来持续的影响。

战后时期(1945—2004 年)

第二次世界大战之后,股份公司(AG)的形式又重新受到大公司的青睐。1957 年,在营业额方面最大的 100 家公司中,有 87 家采取了股份公司(AG)的模式。另外 9 家采取了 GmbH 形式,而剩下的 4 家公司则是其他形式(Pross,1965:52)。然而,更广泛的是战争对于公司的影响仍然在持续。1943 年仍然有 5 000 多家股份公司,到 1960 年只有 2 627 家,下降了近一半,几乎是 19 世纪 80 年代后期的水平。⑤另外,尽管德国经济快速增长,股份公司的数量仍然持续下降,直到 1983 年。这一公司形式重要性的下降在同一时期股票市场上市公司的数量下降中可见一斑(见图 4.3)。

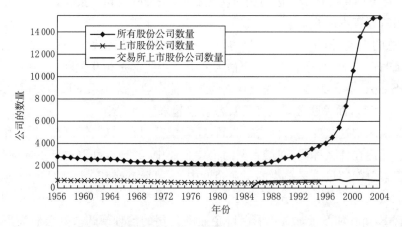

图 4.3　上市公司与所有股份公司,1956—2004 年

资料来源:德意志银行(1976 年以及各年度);Deutsche Börse Annual Report(1992);德国统计年鉴(1989—1995);DAI Factbook,2003 年 5 月和 2004 年 6 月。

第二次世界大战之后公司股份所有制方面的数据中缺少民主德国的统计数据,而 Deutsches Aktieninstitut 的公开数据也只是追溯到了 1960 年。但从这些数据中,依旧可以发现一些新出现的所有制模式。私人家庭逐渐从股票市场上退出:股票市场上家庭所有的投资所占的比率逐渐降低。1950 年,46％的家庭都持有股票,但这一数字直到近年来一直在持续降低。到 2000 年,德国总人口中只有 8％的人持有股票。随着 2001 年经济有所好转,这一数字有所上升,有 15％的德国家庭持有股票,但是与美国人口中超过 1/4 都持有股票相比,仍旧处于较低的水平。而私人家庭所持有的股份比率同样大幅度下降:1950 年,私人家庭持有近一半(48.6％)的股份,但到 1996 年,这一数字下降到只有 17％。同样的,公司股份中国家持有的股份比率也从 1960 年的 12％降到 1992 年的 3.9％。

随着这一时期家庭和政府都减少了其所持有的股份,非金融公司成为德国股票市场中的主要股东。由非金融公司持有的股份比率从 1950 年的 18％上升到了 1996 年的超过 41％。同时,1960 年共持有 17％股份的金融公司和国外投资者在 1992 年持股比率达到了37.1％(见表 4.2)。

表 4.2 德国的股份所有权,1960—1998 年(％)

年份	联邦德国,1960—1992 年					
	银行	保险公司	非金融公司	私人家庭	政府	外国人
1960	8.0	3.4	40.7	30.3	12.0	5.6
1965	7.5	3.7	39.3	30.6	10.0	8.9
1970	9.1	4.2	37.4	31.3	9.5	8.5
1975	9.7	4.2	42.1	25.1	8.9	9.9
1980	11.7	4.8	42.8	21.2	8.5	11.1
1985	11.0	5.8	38.8	22.5	7.5	14.4
1990	14.1	7.8	39.0	19.9	4.4	14.8
1992	14.9	9.0	41.4	17.6	3.9	13.2

年份	统一德国,1990—1998 年						
	银行	投资基金	保险公司	非金融公司	私人(包括组织)	政府	外国人
1990	10.29	4.33	9.81	41.68	17.23	3.71	12.95
1991	10.27	4.84	10.32	41.36	16.65	3.67	12.89
1992	10.23	5.42	10.41	42.90	15.99	3.66	11.40
1993	9.78	7.27	12.22	38.72	16.66	3.17	12.18
1994	9.40	7.57	11.82	40.87	15.76	3.53	11.04
1995	10.12	7.45	10.93	41.46	15.35	4.39	10.30
1996	11.05	8.96	10.79	37.54	16.00	3.75	11.91
1997	10.93	11.28	14.50	30.46	16.61	2.86	13.35
1998	10.32	12.94	13.74	30.50	14.96	1.91	15.64

资料来源:此表根据 Ernst(2001:18,table 2)和 Ernst(2001:19,table 3)进行了调整,引用了 *Deutsches Aktieninstitut*(1996:S.FB_08.1-2f), *Deutsche Bundesbank*(1976);1990 年到 1998 年(统一的德国)的数据来自 *Deutsche Bundesbank*(1999:S.105)。

这一趋势同样出现在 20 世纪 90 年代统一后的德国。然而,值得注意的是,到 1998 年,非金融公司持有的股份比率降低到了 30％。同时,随着一批新的机构即投资基金的出现,金融公司和国外投资者的持股比率有所提高。显然,相对于其他各类股份持有者而言,金融服务公司的重要性已经提高。1990 年,银行、保险公司和投资基金共持有德国所有公开上市股票24.43％的股份,到 1998 年,它们持有的股份比率达到了 37％,增长比率超过了 50％。然而,更为深入的调查表明:从对大型企业的直接影响来看,金融服务公司并没有起到主要作用。

20 世纪 90 年代,德国 100 家大型企业的股份所有权已经非常稳定和集中。在这 100 家有最高附加值的公司中,差不多一半的公司都由同一个大股东所有。抽样中的另外 16％—21％的公司也有比较集中的所有制,也就是说,没有一个主要的所有者,但是只有不到一半的股份处于分散状态。只有不到 1/3 公司的股份所有权广泛分散(见表 4.3)。⑥ 在所有 54 家有集中股份所有权的公司中,有 4 家公司的主要股东都是国外投资者、公共机构或个人、家族或是捐赠基金。

表 4.3 德国最大的 100 家公司的所有权结构,1988—1998 年

主要所有人	1988	1990	1992	1994	1996	1998
其他 100 强公司	1	2	0	0	1	0
国外投资者	16	17	16	18	14	17
政府	13	8	11	13	13	13
独立投资者、家庭、捐赠	21	23	19	17	19	18
其他	3	4	5	5	5	9
有主要所有人的公司合计	54	54	51	53	52	57
分散所有权超过 50％	28	30	29	29	27	22
没有主要所有人	18	16	20	18	21	21
没有主要所有人的公司合计	46	46	49	47	48	43

资料来源:根据 Brickwell(2001:52,table 3.8)进行了调整。

这一情况在某种程度上依赖于受调查公司的数量,但所有权的高度集中却扩展到很大范围的公司中。在 1993 年与 1997 年之间,大型制造型企业最大的股东所持有的股份比率平均值达到 81％。甚至在上市的有限债务股份公司(AG)中,最大的股东也持有平均 53％的股份(Köke,2001:284—285)。与 100 家最大的公司完全相反的是,60％制造型企业最大的股东都是非金融公司(Köke,2001:285)。然而,Köke 仍然坚持认为跨行业所有制在德国的制造型企业中并不常见,而且在德国也并不重要。

股份公司(AG)数量的持续减少是与经济中的一种基本趋势一致的:工业力量的持续集中。家族逐渐退出资本市场而公司投资逐渐增加,两者同时发生,意味着公司开始利用股票市场积累其在其他公司的股份,从而建立起公司间的资本联系。⑦ 由于公司想要持有一定规模的股权,以建立公司间的长期关系,这一趋势也带来了一些公司的退市和非流动资本市场的出现。使德国股票市场重新恢复活力的尝试在 20 世纪 80 年代逐渐兴起,并在 90 年代取得了一定的成功。但这 10 年当中新经济泡沫的突然出现使得这一积极趋势明显逆转,而未来的发展趋势也非常不确定。

很明显,在第二次世界大战结束之初的很长一段时间,同盟国在股份所有权和工业组织方面逐渐分散化的努力基本上是以失败告终的。股份公司(AG)的股权集中度比第二次世界大战之前更高,尽管其他组织形式,尤其是私人公司,保持了它们在战后经济中的重要性和地位。1950年,普通的股份公司(AG)在规模上(1925年的平均名义资本为150万马克,1957年达到1030万马克)比之前任何时期都大,也雇用了更多的员工(1925年:307人,1950年:790人),而在德国所有公司中,股份公司(AG)的比例仍旧和之前差不多。1950年,在每1000家公司中,只有1家公司采取了有限债务股份公司(AG)的形式。同年,超过90%的公司——包括无法人地位的公司——由一个或只有几个所有者所有(Pross, 1965:53)。[8]

在第二次世界大战之后的德国,一直持续发展的集中化在大型的上市股份公司(AG)中进行得最为广泛和突出。在这些公司中,20世纪60年代到80年代,集中化不断增强,与此同时,家族的主导作用在降低(Iber, 1985)。尽管如此,家族和个人投资者仍旧是重要的股东。在1963年到1983年之间,公司主要股东及其拥有的名义资本的增长速度分别达到50%和75%。这一集中化的进程在这一时期末期有所减缓,并且在20世纪末开始朝着相反的方向发展。

德国公司的所有权仍然相对比较集中,而家族仍然扮演着重要的角色,尤其是在非金融公司、未上市公司和较小的公司中。[9]非金融公司也扮演着主要股东的角色,而从20世纪六七十年代开始,家族作为主要股东的重要性逐渐为企业和银行所替代(见图4.4)。同时也有大量证据显示具有控制权的股权所有者开始倾向于独立掌权。[10]

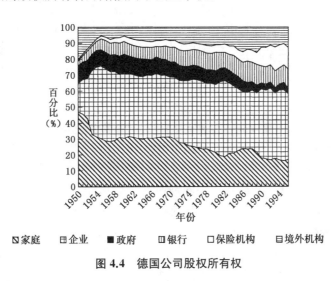

图 4.4 德国公司股权所有权

德国如今的公司仍然留存着家族所有制,并且也可以从中看出家族所有制对于财富积累的影响。德国21位大富豪(20世纪90年代拥有超过30亿马克的资产)中的17位都是从家族企业白手起家的(Joly, 1998:29)。[11]在1995年拥有超过200万马克经营额的274 139家企业中,3.1%的企业成立于1870年之前,12%的企业成立于1871年到1913年之间。[12]在那些成立于1870年之前的企业中,有74.5%的企业如今仍然是家族式企业,而在成立于1871—1913年的企业中,72.1%的企业仍然是家族式企业。所以,在第一次世界大战之前成立的企业中,家族所有制非常重要。在第二次世界大战之后,在公司所有权方面,家族的重要性的确有所减弱,但它们仍旧是非常值得注意的势力。尽管从总体来看,在所有权方面家族的力量有所削弱,家庭和个人投资者仍然是占据主导力量的股东。也就是说,对于很多公司来说,家庭投资者非常重要,但从总人口来看,拥有股权却并不常见。

大量德国公司,其至在证券交易所上市的公司,都平均至少有50%的股份被集中持有。在小公司和未上市公司中,大宗集中持有的比率也在提高。而大量持股也是大型上市公司的一个共同特征(见图4.5)。[13]这些股份是以如25%、50%和75%这样重要的控制权门槛比率集中在一起,因而持有这些股份通常是出于获得控持权的目的(Becht and Boehmer,2003)。因为对于投票权来说,25%(股份集中持有的最低限度)与75%的持股比例非常重要。在统计样本的超过80%的公司中,至少有一位股东在被统计期间持有了25%的股份。在这一期间,股权集中也在加强——这一点在统计样本的大型上市公司中更为显著(Iber,1985)。

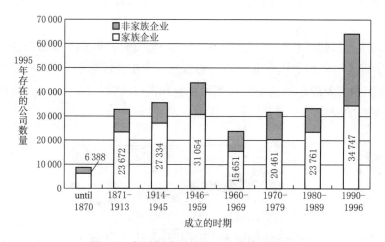

图4.5 各时期成立的家族和非家族企业

资料来源:Klein(2000)。

对金字塔式结构普遍程度的估计在不同的研究中有所差异:Köke(2002)发现:在他的统计样本中,有大约一半的公司采用金字塔式控制结构,而Gorton和Schmid(2000)则发现很少数量的公司采用这种模式。Faccio和Lang(2002)的研究结果是:金融公司比私人或者家族式企业更多地运用金字塔式结构实施控制。这些研究涉及不同的时期和不同的样本公司,使得想要得出一个关于金字塔式结构在德国公司治理中的运用趋势的结论非常困难。然而,事实上看起来金字塔式结构的运用在20世纪最后几十年更加普遍和广泛。

总的来说,在公司所有权模式方面,所有权逐渐分散化直到纳粹时期,而从那之后有向着相反方向发展的趋势,直到20世纪80年代。但仍旧有最新数据显示:其有可能回到逐渐分散化的所有权模式。因而,将来的经济学家可能将20世纪中期看作是偏离正常轨道的异常现象,而不是与以前情况不同的长期发展趋势。

4.2.2 在公司所有权中银行的作用

如果不顾及控制权问题,就很难讨论德国公司所有权的问题。由于代理投票以及拥有所有权的股东可将其控制权转让给其他人,股份的所有权通常与直接控制权相分离;同样的,很多对非金融公司实施控制权的机构组织对于其最终收入都没有所有权。德国公司的所有者通常通过代理投票权的形式将控制权转移给金融机构。这种代理投票权使得银行可以直接参与公司监管委员会成员的挑选,从而对公司高级管理人员的选择实行间接控制。银行通过与公司经理人和监管委员会成员的直接联系来积极保持与其客户公司紧密且长期的关系。其通过取得公司监管委员会的代表资格(Aufsichtsräte)以及越来越多地通过连锁董事会来建立与非金融公司的正式关系。

历史上对于银行角色的争论

Jeidels(1905)认为:"大银行是通过监管委员会这一合法机构来实施其权力的,而不是直接施加金融方面的直接影响。"[14] Gerschenkron(1962)同意 Jeidels 的观点,认为:"随着监管委员会逐渐发展成为公司中最有权力的机构,银行取得了相对工业企业而言巨大的优势,不仅能施加金融方面的控制,而且能将其影响范围扩展到企业治理和管理方面的决策。"[15]

银行在监管委员会中的位置,不仅允许它们能够进行监督,而且允许它们能够对公司的战略决策进行直接控制。这样的参与或多或少地减少了借款者的不确定性,削弱道德风险或者简单的判断错误带来的风险,并且可以通过滚动式活期账户信贷来促使长期借款关系的形成。[16] 从这个角度,正式的关系也使得银行家更愿意帮助公司解决问题并走出衰退。Feldenkirchen(1991:127)举了 Hoerder Bergwerks-und Hüttenverein 的例子,其与 Schaaffhausen'schen Bankverein(以及私人银行家 Deichmann & Co.)有着独一无二的关系,并且接受了该银行的重组计划从而走出破产危机。但依然存在一些对于银行控制权的消极说法,认为综合银行是为了其自身的好处而利用控制权来操纵工业企业的。[17] 与此同时,研究人员也发现了战前公司层面的确切证据来反对"银行权力说"。[18]

第一次世界大战前的银行所有制情况

尽管对于第一次世界大战之前的所有制结构没有确切而全面的证据,但仍然可以发现很多非金融公司是由综合银行所有的。关于德国公司财务文献的一种普遍看法是,综合银行持有大量公司股份并利用这些股份来对公司决策施加影响。这一观点大概从 19 世纪后半期开始,一直持续了至少一个世纪。股份的长期持有——事实上,只要在财年年终时持有股份——会在资产负债表中反映出来。从资产负债表中反映出来的持有股份的多少和种类,提供了一种分析持有这些股份对于银行其他活动乃至整个经济的重要性的方法。

尽管在第一次世界大战之前会计报告制度并不明确,也缺乏权威性,但若的确持有有价证券的话,银行一定会对其证券持有状况进行记录。而在会计报告中存在披露的问题也很自然,如银行家 Jacob Riesser 及与其同时期的银行家所说的,银行通常会在其财务报告中低估其所持有的有价证券。通常价值被严重少报的是工业企业的证券,因为银行担心投资者会将其持有大量非金融股份看作是银行业务开展得不好的表现。Riesser(1991:402—403)是这样解释的:

"过多地持有有价证券,可能表明这一时期并不利于银行发行货币,或者银行进行过多的投机活动,或者银行在其自身账户上进行过多的投机性交易……或者,银行很难为其吸收的存款找到足够的营利性较好的用途。正是出于这些原因,很多银行都存在低估和少报其有价证券账户的现象。"

因此,由银行持有的股份与其他金融资产相比,很可能在资产负债表中被低估,而这种误报的程度却不得而知。银行试图少报其持有的股份的事实,以及 Riesser 关于投资者不满银行过多地持有股份的观点,表明银行并没有将持有足够的股份看作是对非金融企业施加直接控制的积极政策之一。至少从 19 世纪 80 年代到第一次世界大战的很长一段时间内,银行都在尽可能避免持有大量非政府证券。

公司证券只是综合银行资产中的很小一部分。对于大银行来说,公司债券只占其全部资产的 7%—8%,但从这一时期的末期开始,这一比例有上升的趋势。[19] 从 19 世纪 80 年代到第一次世界大战之前的整个时期,大银行持有的非政府证券的比例不超过 11%(见图 4.6)。通常公布的都是证券的账面价值,而这些数据的分母是以实际价值来计算的。贷款和现金资金周转频率很高,因而其名义价值会随总体物价水平而上下波动。因此,随着其他资产的价格膨胀(紧缩),有价证券在所有资产中的占比将会降低(提高)。考虑到证券行业对于综合银行总收入的贡献水平时,银行持有证券的水平就显得更低了。

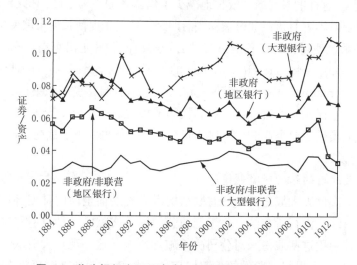

图 4.6　作为银行实际总资产一部分的证券(1884—1913)

资料来源:Fohlin(2006)。

因为这些数据包括所有的非政府证券,因而在其中也有一些证券是银行不会将其作为投资目标来考虑的。事实上,综合银行投资中的很大一部分都来自它们同意加入的国际财团(或者辛迪加)。因此,一些股份仍然出现在银行的账簿中,只是由于银行没有把这些股份纳入其中或者是协议的签署将会在下一个年度完成(见图 4.7 和图 4.8)。由于综合银行越来越多地朝着专业商业银行的方向发展,可以用辛迪加并未持有的那一小部分非政府证券来估计综合银行可能会将其作为非政府证券持有的资产比例的近似值。[20]

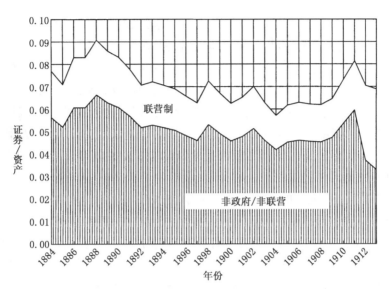

图 4.7 证券是银行总资产的一部分,地方性银行,1884—1913 年

资料来源:Fohlin(2006)。

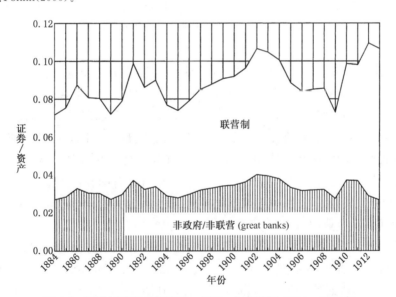

图 4.8 证券是银行总资产的一部分,大型银行,1884—1913 年

资料来源:Fohlin(2006)。

随着 19 世纪 90 年代后期合资企业的设立达到高潮,大型银行的联合持股也逐渐增加,并于 1900—1901 年的股票市场危机之后的几年内达到了战前时期的高峰。[21]随着市场的发展,这种联合持有有所下降,但在 1907 年股市危机之后逐步增长。1909 年,由辛迪加债券持有的股份达到了有可观测数据的 25 年中的最低点。[22]在这一时期,小型银行和地方性银行与它们的总部设在柏林的同行相比,股票持有量显得更少,而从 19 世纪 90 年代早期到 1905 年前后,地方性银行的股票持有量相比其他资产而言也在逐渐减少。相对其他资产而言,地方性银行比大型银行持有更少的辛迪加债券。只有在第一次世界大战之前的短短数年中,小型银行显著增加了它们辛迪加债券的持有量,尽管从总体数据上很难判断这种增长是因为它们更多地参与了证券包销还是它们在证券销售中鲜有成功。而这些小型银行与大型银行之间的差异很有可能是由于地理位置的差异,大型综合性的银行毗邻主要的证券市场(尤其是柏林),于是其更广泛地参与到证券交易当中。辛迪加债券在持有量上排挤其他证券的事实表明大型银行之间相互持有股份并非是排他的。事实上,联合持有代表着更多的银行参与其中,因此,当大型银行通过辛迪加的方式长期投资于那些它们协助其股票发行的公司时,它们之间形成了一种多边关系。

由于加总的数据无法提供关于公司身份、股份价值或者它们包含在银行投资组合中时间长度的任何线索,迄今为止的数据都无法揭示关系银行业务的重要性或者持续的时间长度。为了能够得出这方面的结论,我们需要考察各个银行的资产组合,而这方面的数据不仅稀少而且不完整。我们把柏林两大银行现有的数据整合到一起,会发现一些有趣的现象。在1852年到1900年之间,Discontogesellschaft(DG)对外公布了其所持有的所有股份,占资产总额的0—35%之间。19世纪的下半个世纪,银行持有的股份出现大幅波动,到19世纪末证券所占的比例也出现了整体下滑的趋势。自1852年成立到1855年,DG在其所有的资产中没有持有任何证券。在那之后,DG表现出了对证券的强烈兴趣,但1856—1865年证券的严重下跌使得DG所持有的工业企业股份的大部分都集中在两家采矿企业——Heinrichshüte和Bleialf,占整个期间中DG持有股份的11%。

Däbritz给出了该银行持有这些公司股份的账户信息,并且指出这种直接参与起因于银行计划将这些公司转变为股份公司。举个例子,DG银行于1857年购买了一家炼铁公司,并且投入大量资本以扩大其生产能力,但该公司立即面临铁价和利润严重下跌的困境。持续几年的低利润使得银行股东一直都在批评该银行管理层的失策(Däbritz,1931:105)。另外两家公司也使DG面临相同的问题,银行不得不一直持有这些股份直到19世纪60年代后期直到19世纪70年代初期才从中退出。除了这三家公司,银行持有的其他工业企业股份占1852—1865年总资产的0—3%。因此,也很难就此得出结论,认为大银行通过早期的投资活动广泛、直接地参与到了工业企业中。

尽管很难得到在德国第二轮工业化达到顶峰之前DG在投资方面的分解数据,我们仍然可以利用其他银行19世纪80年代的数据来获取这方面的信息。Darmstäder Bank(BHI)通常会公开出版其持有证券的详细账户信息,Saling's也会公布其持有的在柏林证券市场上市的公司股票的情况。[23]这些数据表明,在19世纪80年代和90年代的绝大部分年份,在BHI的资产中其所持有的工业企业股份占比不到1%,即使在持有股份的顶峰时期,这一比例在1882年也只达到1.3%。包括铁路和房地产在内的非银行股份在总资产中所占比例也只有4%。如果将银行股份计入其中,这一比例可达到6.5%。应该强调的是,早期的数据是在有公开资料的1896—1897年工业企业股份在持有的证券总额中比例的基础上估计的。这些年间资产中持有的工业、铁路或者银行股份比例的最高值为3.7%。因此,只有BHI相比19世纪八九十年代持有的证券中有更大量的银行股份(在19世纪90年代银行集中化加速的条件下可能性很小),6.5%的比例才会被低估。而这些数据为大银行在工业企业的股份中投入很少的观点提供了支持。

战后时期银行的股份持有情况

对于德国银行的权力和影响力一直都讨论激烈,现有的关于银行股票持有状况的证据是令人惊讶的:和国家一样,金融公司持有最少的生产企业的股份。[24]Franks 和 Mayer(2001)以 1990年 171 家大型工业企业为样本进行了调研并发表了类似的报告——在 171 家工业企业中,没有一家企业由银行或保险公司持有超过 50％的股份。另外,样本中只有 5.8％的企业由一家银行持有超过 25％的股份,同时,这也是在各个公司中的最高比例。对于保险公司,这一比例降到1.8％,相比之下,家族企业持有 20.5％的股份,德国的本国企业持有 27.5％的股份。[25]

根据 Brickwell(2001)的研究,在 19 世纪 80 年代和 90 年代,银行和保险公司只持有 100强企业 5％的股份,这些企业没有一个主要的大股东。到 1998 年,有 43 家公司都属于此类(见表 4.3),银行和保险公司持有其中 28 家公司的股份(占 65％)。1980 年,银行和保险公司持有 100 家主要公司中 23 家的股份。1996 年,这一数字上升到 35 家,而 2000 年又下降到了25 家。持有的股份中近 90％都是长期投资,有近 1/3 的持有期间超过了 20 年。最后,在 100强企业中有近 85％的投资都是 5％—25％的比例,持有比例超过 25％的投资自 19 世纪 90 年代中期开始逐渐缩减(见表 4.4)。1990 年,30 家主要的金融机构——10 家最大的私人银行、10 家公共银行和 10 家信用合作社——在所有资本企业(股份公司和有限责任公司形式,Haas,1994:32—33)中,共持有在 172 家公司的 202 股直接投资和在 236 家公司的 276 股间接投资。从这 30 家金融机构的平均值来看,每家银行持有不到 14 家公司的 16 股股份。另外,当时共有 2 682 家股份公司和 433 731 家有限责任公司,这些被投资的公司只是代表了所有公司中的很小一部分(Haas,1994:38)。[26]根据这个研究,也可以看出,银行持有一定量的股份,但只是集中在小型公司:这 30 家金融机构持有的股份中有 21.1％占被投资企业股份总额的 50％以上,近 13％占被投资企业股份总额的 75％以上,但是这些被投资企业都不是大型上市股份公司(Haas,1994:32—33)。

表 4.4　各类型和法律形式的企业的股东结构:最大份额股权

	有限责任公司	非上市股份公司	上市股份公司	加权平均[a]
分散股份(％)	14.75	19.21	37.70	20.65
个人(％)	2.83	11.78	10.60	6.39
非金融公司(％)	67.92	58.81	41.18	60.25
政府(％)	2.80	1.59	0.83	2.13
金融企业(％)	0.18	0.42	3.81	0.98
外国人(％)	11.53	8.19	5.88	9.61
合计(％)	100.00	100.00	100.00	100.00
样本数量[b]	3 357	1 197	1 207	5 788

注:大股东类型采用 Cubbin 与 Leech 指数,按照投票能力进行分类。所有没有大股东的公司(只有分散股份)或者没有采用 Cubbin 与 Leech 指数评估投票权的大股东的公司,被列为股权分散的公司。

a. 包括 KGaA。

b. 这里并没有把 KGaA 列为一个单独的类别,因为样本中 KGaA 的数量只有 27。

资料来源:Köke(2001:276, table)。

目前在非金融公司中银行持有的股份水平依旧较低。2002 年,德国政府取消了资本利得税,采取了更为广泛的措施,以鼓励银行撤出其股份投资。由于缺乏主要的股东,银行并没有出售很大数量的股份。更为广泛的是,这种清理密集的商业网络趋势在德国税收政策变动实施之前就已经出现了。例如,Wòjcik 发现在 1997 年到 2001 年间公司的所有制已经更加分散了。同时,各公司开始逐渐消除交叉持股,金融机构也减少了它们持有的大量股份。与银行参与度的降低相伴随的便是个人和家族企业以及非金融公司的持股增加(Wòjcik, 2001:15)。㉗

我们考察一下德国主要银行近期的年报,能确认一个普遍观点:即使所有的银行都拥有一定量的其他公司的股份,一般是非关联公司,但这些股份并不重要,通常只占到不足各个银行总资产的 5%。1998 年,Dresdner 银行所持有的股份(市场价值)占其总资产的 4.2%,Deutsche 银行的这一比例为 3.92%,Hypo-Vereinsbank 为 2.65%,Commerzbank 为 0.49%(Brickwell, 2001:table 3.9)。㉘最后几十年股份持有状况的数据可以显示一个世纪以前最大的银行的股份持有状况。同时,经验证据也严重动摇了目前的大型金融机构通过其所持有的股份来运作德国经济的观点。相对于现在的普遍看法以及除去银行在少数公司持有大量股份的个例,银行趋向于不再持有大量股份,不再具有主导权。因此,公司所有权中由银行占据主导地位,对于如今的德国而言是如此神秘,就像在工业化时期一样。㉙

4.2.3　公司治理的模式

现有的关于公司所有权的证据显示,银行拥有的德国公司的股份通常很少,只有在"非常时期"才会比较显著。目前仅有的一些证据表明,在第一次世界大战之前,公司通常不会持有其他公司的股份,但这种相互持有股份的情况在最近的时期非常常见。无论拥有或者不拥有股份,银行和企业都能通过表决权或者在监事会占有一席之地,而对其他公司施加控制。

连锁董事

1. 第一次世界大战之前的连锁董事

按照银行持有股份的观点,连锁董事——担任多个董事会的董事——在德国工业化的历史中发挥了重要作用。这一形式在 19 世纪的最后 25 年得到了显著的发展。在中世纪之前,股份公司很少,极少的公司设有正式的董事会,也不可能出现连锁董事。然而,继 1870 年德国放松了设立股份公司的限制以及 1884 年颁布了相关规定要求股份公司设立监事会之后,在公司间以及银行与公司之间正式出现了连锁董事。

通过在柏林股票交易市场上市的股份公司的数据,Fohlin(1999b)指出,德国公司的治理形式在德国工业化期间——尤其是 19 世纪的最后 20 年发生了巨大的变化。这些数据显示,1882 年和 1898 年之间,银行与工业企业之间的相互参与明显增加,也意味着在工业化的最后阶段,连锁董事不仅出现在工业企业之中,还在柏林的上市企业中普遍发展。这种相互参与涉及很多三方关系,在这种三方关系中,同一个人同时担任一家银行和一个公司的监事会成员。而一名银行董事参与到工业企业的监事会则并不常见,也不可能在今后大量出现。

历史证据显示,银行与公司间的一些表面关系可能仅仅是巧合,由此可见非金融公司之间连锁董事的重要性。事实上,在 1904 年的所有股份公司中,有过半的公司至少有一名成员(监事或者管理人员)同时是另一家在柏林股票交易市场上市的非金融公司的成员。㉚这些公司

22％的关联企业没有直接的或者间接的银行连锁董事,1/3 的关联企业的监事会中没有一名银行家。在那些监事会有银行家的企业中,近一半的只有一名私人银行家——而不是来自股份制的全能银行。换句话说,连锁董事不仅仅包括银行股东参与公司监事会,也在非金融公司间得到了良好的发展。很多公司互相出现在对方的治理结构之中,使得全能银行的参与仅仅是股份公司整个治理系统中的一部分。

表 4.5 给出了 1895 年至 1912 年间一组非金融股份公司监事会成员关系的分类,这一时期是整个工业化时期中正式银行关系最为普遍的阶段。甚至在这之后,2/3 的样本公司属于附属公司,包括所有的银行关系类型。[31] 近一半的公司在其监事会中拥有一名银行董事,其中40％(整个样本的 19％)是私有银行的银行家。近似数量的公司在其监事会中拥有地方银行的董事,同时没有其他的银行家。只有 12％的股份公司在其监事会中有大银行——前九大银行——的董事,而四大银行的这一比例就更低,四大银行就是所谓的 D 银行,即 Deutsche,Dresdner,Darmstädter 与 Disconto。Jacob Riesser 在他 1911 年出版的关于德国全能银行的专著中,给出了在监事会中拥有大银行董事的所有股份公司的名单。该名单包括 171 家工业企业(不包括铁路和商业),这些企业占相关行业所有股份公司的 5％不到。

表 4.5　各类型连锁股东*,1895—1912 年

变　量	定　义	数　量	平均值(%)
ATT	任何类型的附属公司	3 347	67.07
V2AR	银行董事参与公司监事会	2 684	52.56
GBV2AR	大型银行董事参与公司监事会	612	11.98
ARAR	银行和公司监事会的共同成员	2 268	44.41
ARARonly	共同的监事会成员,不包括 V2AR	584	11.50
AR2V	公司董事参与银行监事会	265	5.19
V2V	公司董事也是银行董事	107	2.10

* 共有 5 107 个观察对象。
资料来源:Fohlin(2005)。

表 4.6　银行董事担任监事会主席或副主席的公司

	主　席		副主席		主席或副主席		银行主席或副主席 (有 V2AR 的公司百分比)
	次数	百分比	次数	百分比	次数	百分比	
国有银行	5 050	86.31	5 258	89.86	4 582	78.31	
私人银行	253	4.32	178	3.04	410	7.01	36.5
省级银行	414	7.08	264	4.51	603	10.31	48.3
大型银行	48	0.82	54	0.92	100	1.71	25.9
省级银行和 大型银行	86	1.47	97	1.66	156	2.67	49.6
合计	5 851	100	5 851	100	5 851	100	

资料来源:Fohlin(2005)。

如果考虑到银行对于非金融公司监事会中主导地位的控制权，这些数字会进一步下降。监事会的主席（Vorsitzender）和副主席（stellvertretender Vorsitzender）通常拥有公司政策议程的最大决定权。因此，担任主席或者副主席职位的银行家能比担任监事会普通成员的银行家实施更大的权力。表4.6列示了样本股份公司中这类职位出现的频率，同时可以看出，不足22％的公司在其监事会中由一名银行董事担任主席或者副主席。如果只考虑主席职位的话，这一数字将降到14％。换句话说，在银行家担任公司监事的例子中，不足一半的情况是该银行家担任公司监事会的主席或者副主席。地方银行的银行家自然占据了最多的主席或副主席职位（占样本量的10％），而私有银行的银行家则紧随其后（占样本量的7％）。相对而言，大银行就甚少有银行家担任主席或副主席，只占整个样本的不足5％，如果只考虑主席职位的话则不足2.5％。与小型银行相比，大银行也很少在其参与监事会的公司中担任领导职位：有26％的参与公司监事会的大银行家担任主席或副主席，而地方银行和私有银行的这一比例分别为48％和37％。在地方性大银行的董事中，这一比例则更接近地方银行的比例（该类银行有50％的监事会成员担任主席或副主席）。由这些数字推断：在所有的德国工业企业中，在第一次世界大战前的最后20年间，九大银行的董事在不到100家德国非金融公司的监事会中担任主席。

尽管历史学家和当代学者都在强调连锁董事所引起的银行—公司关系的不断渗透，但以前的文献资料并未清楚地揭示这种关系是如何形成的以及为什么会形成。仍旧有很多假设可以和曾经用来解释正式银行关系的形成和发展以及这些相互联系对于处在工业化最后时期的德国经济有怎样的积极作用。大多数假设都强调：银行在向公司提供融资之前对公司进行审查（前期监督）、对公司的运作及其结果保持关注（期中和期后监督）或者加盖印章以示值得投资，来改善信息不对称问题。在公司监事会中占有一席之位，使得银行可以了解并且对公司的战略计划和投资决策施加影响，从而便于将银行的管理理念传递到公司。因此，从理论上来看，银行家的介入有利于公司和外部投资者作出更好的决策，减少对信贷配给的运用，以及为新证券尤其是股票发行创造出更大的潜在市场。[32]

银行在监事会中成员数的相关证据显示，由于银行种类的不同，其投资公司的特征也有显著不同。[33]这一发现本身表明对于之前提出的假设缺乏一般性的原则。银行规模和地理位置的不同，决定了银行与工业企业之间的关系。研究的结果很难对传统的假设条件提供支持，甚至是对于特殊类别的银行也是如此：投资、利润和收入增长应该有助于预测银行在监事会中的成员人数且两者呈正相关关系，但事实并非如此。在上市公司中，经过红利调整的股份收益在统计数据上也表现得并不显著[34]。投资和收入增长与监事会成员组成的关系不显著，使得对三大假设都产生了怀疑，而对于盈利性的研究结果则尤其破坏了"咨询服务"的假设。至少可以很有把握地得出这样一个结论：如果全能银行提供咨询服务，那么它们在人们认为最重要的领域（比如，说盈利）的影响力很小。当然，也有一些其他变量在一些情形下是显著的。例如，通过金融资产的水平（一般用占总资产的比例表示）来预测银行在监事会中的参与程度，且两者呈负相关，但只适用于私有银行和地方银行，在大银行或联合银行的分支机构中就并无用处。存在期长度通常也被认为与银行的参与程度呈负相关，但只是在地方银行中呈现显著的负相关性。

　　由于与假设的含义相矛盾，债务权益比率的预测就更为困难。奇怪的是，大量的金融负债表明地方银行或者大银行在监事会中成员数量较多，但对于私有银行并不适用。对于联合银行的附属机构，债务权益比率的相关系数为正，只是显著水平稍有下降，不足10％。由于对于联合银行的附属机构，该变量并不具有很强的预测性，金融负债显然至少是一个较弱的影响因子。规模，作为一个控制变量，对于所有银行而不仅仅是地方银行在监事会中的成员数量有很强的预测性。甚至对于地方银行的附属机构，规模的相关系数也为正——但在统计上显著性很弱。最大的银行能够吸引到最大的客户，因此，在这些附属于银行的公司中，最大的公司会附属于大银行，而小公司则附属于地方银行。然而，规模与是否会特别附属于私有银行（通常会比其股份制的同行要小得多）之间的紧密关系并不明显。

　　这一发现指出了在公司监事会中的私有银行的银行家与大银行之间的联系。作为全能银行的先驱者，通常也是设立者，私有银行中很重要的一部分都与各类股份制的全能银行有很紧密的关系。一些私有银行的银行家依旧维持着这种联系，很多年来一直担任股份有限制银行的监事会成员。私有银行中最具权力的就是那些与大银行有密切关系的银行家，尤其是以柏林为中心的大银行。这一对于规模和私有银行监事会成员之间关系的解释，暗示着在决定监事会成员的因素中，除了银行规模外，地理位置与声誉也具有重要作用。例如，尽管私有银行自身由于规模过小而并不完全具备包销大公司证券的能力，但它们可以与其他银行组成包销辛迪加，从而以这种方式进入公司的监事会。因此，关于"规模"的这些发现很自然地提出了股票市场上市以及证券市场中全能银行的角色的问题。

　　在股票市场上市是在预测所有银行附属公司的监事会成员时唯一能产生持续和显著影响的变量，尽管其作用的大小要视银行的类型而定。不同种类的银行在监事会中成员状况的显著不同主要取决于该公司是否在股票市场上市，甚至在与银行关系有关的其他因素控制不变的情况下也是如此。例如，与银行不具有附属关系的公司构成了样本公司的近一半（48％），但在非上市公司中这一比例达到了61％。然而如果控制其他相关因素保持不变，在该公司是非上市公司的条件下，经过调整该公司保持独立的比率是53％。相反，经调整之后，上市公司中有30％的公司与银行不存在关联关系，相比之下，调整之前的这一比例为26％。这些数据意味着，如果使公司其他特征保持不变，与银行不存在关联关系的可能性，在假设该公司在股票市场上市时的前提下比不上市时要低23％（保持独立的可能性与原比例相比会下降75％）。同时，如果假设公司从非上市公司转为上市公司，则其附属于银行的可能性会上升3％—9％，上升程度取决于银行的类型。如果给定一家大银行在非上市公司监事会中占有一席之地的相对较低的可能性（约为9％，保持其他因素不变以及包括联合银行的附属机构在内），则公司上市会使该比例翻一番。相比之下，如果公司上市，经过调整的私有银行或者地方银行成为监事会一员的可能性上升程度相对较小，但仍旧会提高1/3（私人银行为17％—25％，地方银行为20％—27％）。

　　公司上市的重要性说明银行参与监事会至少在一定程度上与证券的发行与交易有关。很多证据都可以证明这一解释似乎很有道理。到19世纪末，想要在德国股票市场上市的公司需要满足一些基本要求，其中包括必须全额缴付公司股本的契约规定。[35]银行应当购买公司发行股份的一部分,有时候购买份额大于作为投资者应当购买的部分,满足这一规定使得全能银行有可能参与到公司治理当中并且包销公司发行的新证券。银行通常会同其他银行一起包销数额巨大的股份或者证券发行,规模较大的公司当然也会要求由大量的银行进行包销,从而使得各银行持有的股份较为稳定。在这种情况下,股本最多的公司最有可能在其监事会中出现多家银行的代表。

除了进行包销和参与监事会之外,全能银行还积极开展经纪业务。在银行系统中进行证券的广泛交易,为银行持有公司股份提供了更多的机会。另外,由于全能银行具有非常广泛的商业客户网络,对于公司而言,保留与银行的关系能使其从这样的外在客户网络中获得好处。银行家们不仅为他们自己创造出一个上市股票的二级交易市场,而且他们也完全成为股票交易市场中的管理者。因此,作为德国资本市场的看门人,全能银行能轻而易举地获取大量证券——尤其是当这些证券上市交易的时候。

最后,一些公司也有可能因为已经上市或者将要上市而主动与银行建立起关系。由于德意志银行只接受在德国证券交易所上市交易的证券作为抵押担保品,全能银行也越来越多地接受这些新发行的股份或者证券作为抵押担保品。㊱如果银行拥有某公司的股份作为抵押担保品,尤其是当该公司有大量规模外部小股东时,银行就可能对公司监事会成员的选择产生影响。

2. 连锁董事的当代模式

在过去几十年,对于在非金融公司的监事会中安置银行员工的争论仍然在继续。一些人认为银行员工本来就能够对公司运作进行监控,指派他们进入监事会不过是巧合罢了;另一些人指出银行派其员工进入监事会,是为了更好对贷款的使用情况进行监控,使银行能顺带提供其他的金融服务,也可能由于其他银行持有股份的公司的利益而影响公司决策。㊲与活动家理论相违背的是,Hopt(1996a)认为银行通过参与公司运作以及与公司的信用关系所产生的信息披露要求,已经能够获取客户的财务信息。一种与此相似的观点是,这种个人关系是建立公司间合作从而最小化风险和不确定性的途径(Schreyögg and Papenheim-Tockhorn, 1995:205)。㊳

20 年前,主导观点是银行积极加入公司监事会是为了对它们感兴趣的公司施加控制。一项覆盖了 20 世纪 60 年代和 70 年代的研究发现,银行在所有工业领域都拥有职权,并且到 1978 年时已经将它们的重心转移到了大公司(Albach and Kless, 1982: 977)。这种转变多少证明了"质量胜过数量"的新战略:在最重要的公司拥有权力,而不是在大量小规模的工业企业占据领导地位(Albach and Kless, 1982:977)。

更普遍的是,监事会的成员一般在同一时间只有一个职位,至少在德国相对较大的公司是这样的。在对 1989 年 492 家公司的研究中,在共计 7 778 位成员(2 061 位管理者以及 5 717 位监事会成员)中,大部分(86%)银行代表都只占据一个职位。㊴仍有大量的银行代表同时占据多个职位,从而出现了连锁董事。事实上,在该样本中,14%的银行代表占据了这些公司的管理者及监事会成员职位的 1/3,而小部分人中每人拥有 10—12 个职位(Pfannschmidt, 1995)。

同时,银行关系得以持续,至少在 20 世纪 70 年代和 80 年代的确如此。当时,银行与公司维持了有目的而且稳定的关系。例如,在 1987 年最大的 500 家股份公司中 56 家公司的研究样本中,在 1969—1987 年之间大多数超越企业家个人关系的由银行占据的监事会成员职位都由一位银行职员担任,同时也表现出想要建立长期持续的关系(Schreyögg and Papenheim-Tockhorn,1995:223)。⁴⁰ 而三大银行是这种合作关系最主要的参与者,在最大的 15 家银行所建立的 66 个稳定关系中,三大银行拥有其中的 49 个(Schreyögg and Papenheim-Tockhorn,1995:223)。

在最大的 100 家公司中,由银行家占据管理者或监事会职位的比例从 70 年代末期开始逐渐下降——从 1978 年的 8.6% 下降到 1996 年的 6.4%(Bokelmann,2000)。即使在这些大公司当中,银行占据的监事会职位仍然是相对较少的——在任何监事会中都不会超过 15%(Böhm,1992:194—195)。⁴¹ 而大多数银行并没有积极参与到这种关系中。银行占据的职位中一半都是属于两家银行的——德意志银行和德累斯顿银行,而德意志银行拥有的职位数是后者的 2 倍。

银行也在减少它们拥有监事会职位的公司数量。1986 年,100 强公司中 2/3 的公司以及 50 强公司中的 43 家公司,在其监事会中拥有银行家担任职位。只德意志银行一家银行就在 100 强公司中的 40 家派有代表(1980 年)。到 1990 年,这一数字下降到 35,而在 1998 年,已经下降到 100 强公司中的 17 家。德意志银行与安联集团,作为最初派代表进驻公司监事会的两大参与者,已经出台了明确的计划,解决它们之前与公司建立起的密切关系,尤其是德意志银行。德意志银行于 2001 年 3 月宣布,其成员不再担任公司的监事会主席职位(Aufsichtsrats-vorsitze;Beyer,2002)。

如果我们将第一次世界大战之前的研究样本限制在最大的公司,比如说,选取那些占到总资产 10% 的公司,其结果与对 20 世纪 90 年代的研究结果非常相似:在这些最大的并且大多数已经上市的公司中,有三分之一至二分之一公司的监事会中至少有一名银行代表,具体比例在不同年代有所差异。因此,很明显的是,银行,尤其是知名的大银行,对公司的控制权尤其是对大公司的控制权一直都抱有强烈的兴趣。20 世纪最后时期,银行逐渐从监事会中撤出,事实上也并不与这一长期观点相违背,这可以视作历史中的一个最低点。

代理投票权

直接拥有股份只是全能银行与工业企业之间关系的一部分。正如本章第一部分讲到的那样,全能银行只是在少数公司中拥有大量股份——与它们占据监事会职位的公司数量相比,只是很小一部分。银行家必须通过其他方式进入公司的监事会,其中一个重要的渠道就是代理投票权——股份的实际持有者委托银行实行投票权。

1. 第一次世界大战之前的代理投票权

全能银行参与公司的新股发行,为公司提供安全存款服务,以及以股份或者债券担保的借款,因而,全能银行理应获得投资者的代理投票权。事实上,很多投资者将银行的代理投票权视为一种很有价值的服务。一旦获得了在会议中的投票权,银行就可以直接对监事会成员的选举施加影响,并且间接影响公司的管理和战略。

遗憾的是,要对这一假设真实与否进行测试非常困难。虽然有股份直接所有权的相关数据,但是却很难找到德国 1913 年之前代理投票权的相关数据,尽管有很多值得信赖的证据和描述性资料显示代理投票权在当时是非常普遍的[42]。利用目前的一些数据可能有助于提供关于这个问题的其他观点,但是需要作出部分假设。例如,如果小股东没有大股东那么强烈的愿望去实施投票权,那么小股东就很有可能会将他们持有的股份寄存在银行,将他们的投票权委托给全能银行。根据这一推论,在股份密集持有的公司(即那些有少量大股东的公司),代理投票权没有在股份分散持有的公司那么常见。其结果是,资本所有权的分散化会增加全能银行占据监事会职位的可能性[43]。因此,推动公司证券发行的客户通常也是全能银行代理投票权的主要提供者。

在这一推论的基础上,同时考虑到数据的可获取性,发行股份的数量可以用来代替所有权的分散程度。尽管它并不是一个对所有权分散程度的很完美的衡量方式,但股份发行量的确能够提供很有价值的信息。对于一个特定的股票而言,随着股份数量的减少,相对于资本总额的每股价值会增加。如果股份是不可分的,那么发行的股份数量则代表了公司股东的最大数量。[44]显然,股份数额多的公司也有可能属于股份密集持有的公司,但那些股份发行量较少的公司更可能是被密集持有的。在 Fohlin(2006)的研究样本中,无论该公司是否与银行存在附属关系,其股价都在较小范围内有下滑,因而股份发行量与总资产、股本以及净资产(96%—98%)密切相关。固定资产的存量与股份发行量之间的相关性相对弱一些(90%),而固定资产存量则是一个反映公司规模的最佳指标。

股份发行量是能反映广义上各种类型银行附属关系的唯一变量[45],一些其他变量(规模,是否在股票交易市场上市,债务权益比率,成立时间长短,金融资产)也能在一定程度上解释这一问题。然而,除了在工业企业之外,只有股份数量能解释与单一种类的银行(地方银行或者大银行)的关联关系。可供交易的股份数量与广义上的银行附属关系之间呈明显的正相关,表明所有权的分散化与股份制银行的参与程度有密切的正相关关系。由于数据的限制,这是能够获得的最有说服力的证据,表明代理投票权是银行通过连锁股东参与公司治理的一个重要因素。

相反地,股份发行量很难起到预测狭义的银行附属关系的作用。[46]由于股份发行量对于资本所有权分散程度的代表性有所不同,广义附属关系模型的相关系数会有所变化,其变化表明代理投票权对于直接参与公司监事会的银行董事来说并不那么重要。下面这个假设可以解释为什么公司的股份发行量与广义附属关系呈明显的正相关,而对狭义附属关系则不存在明显的预测价值。银行家想要通过一种最为直接密切的方式来对其直接投资的公司进行监控。银行董事在公司监事会中的职位通常来源于银行持有的公司证券或者债务。暂不考虑银行董事督导公司的能力,那些银行拥有代理投票权但是持有的证券或债务很少的公司并不会得到银行最多的关注。因此,银行使用代理投票权时很可能投给那些与银行关系友好的监事会成员,尤其是那些已经是银行自身监事会成员的人,或者是与银行存在商务关系的人。很明显,这些关于代理投票权与所有权结构的争论在很大程度上是假设性的。能从这些分析中得出的结论就是:通过目前可以获取的数据很难否认代理投票权的重要性。而我们也很难彻底解决关于代理投票权历史重要性的不确定性问题。[47]

2. 代理投票权的当代模式

银行在监事会中的代表权与银行持有的公司股份所代表的投票权密切相关。根据出席股东年度大会的投票者的相关数据,股东并没有都按照他们所持有的股份进行投票。小股东很少出席股东大会,而出席率也在不断降低,至少从 20 世纪 70 年代中期到 90 年代早期的德国大公司是这样的。[48] 即使是在第一次世界大战之前,这些小股东也会通过委托机构(多数情况是银行)行使代理投票权来参与股东会议。关于银行行使代理投票权的数据仍然使研究人员陷入困境,因为根本没有提供年度股东大会相关数据的数据库。只有当公司在其所在城市进行工商登记时,才会要求提供股东(Teilnehmerverzeichnisse)的名单。另外,银行通常会对其是否有行使代理投票权保持沉默。这些数据上的限制阻碍了对代理投票权的研究,而过去的研究由于只限于那些所有权分散从而银行行使代理投票权就显得尤为重要的公司,使得要阐明这一问题更为困难。

在对 1986 年的金融机构,特别是三大全能银行的研究中,代理投票权在所有出席年度股东大会的股东代表的股份总额中扮演了重要角色。在所有权分散的 43 家大型企业中,所有出席年度股东大会的股东所持有的股份额平均占到了该公司股份总额的 64.5%。[49] 仅仅一家银行当然很难在年度股东大会中占据主导地位,但三大银行加总起来通常就持有了大部分的股份(平均 45%),除了在大众的年度股东大会之外,银行作为一个集团都占据了出席大会的股份总额中的绝大部分(平均为 83%,Gottschalk,1988)。[50] 三大银行通常持有了三分之一至二分之一它们所出席的股东大会的股份(Deutsche 银行:47.17%,Dresdner 银行:47.08%,Commerzbank:34.58%)。尽管想要推论任何历史趋势并不明智,但 1990 年的数据显示在100 强公司中银行持有的有代理投票权的股份比例有所降低(降到了 72%)(Baums and Fraune,1995)。[51] 三大银行继续在它们各自参与的股东大会中拥有大量投票权。

一种更好的分类方法显示,这些公司中只有 10 家公司的股份所有权是真正为分散持有的(为整体持有的股份不超过 25%),而有 17 家公司有股份是由银行持有的,13 家公司存在明显的(非银行)大股东(Böhm,1992)。[52] 银行具有的代理投票权在上述第一组公司中最为明显,三大银行持有出席年度股东大会的投票权股份中的 44%(占所有可投票权股份的 25%)。有趣的是,如果银行本身已经持有某公司的股份,它们仍旧会持有代理投票权,但是持有的总投票权的平均份额(仅仅看三大银行的话,持有的有投票权的股份总额为 25% 或者占到出席会议股份总额的 33%)会低于那些股份被广泛持有的公司。并不出乎意料的是,银行在那些占主导地位大股东的公司里所持有的代理投票权最少:三大银行仅持有 6% 的投票权(占出席会议的 7%),而所有的银行总共持有 13%(占出席会议的 15%)。

如果将样本范围扩大,将小规模的公司、股份所有权更为集中的公司、非上市公司等纳入其中,研究结果显示银行控制会更为少见,如果将指令式代理投票权排除在外的话,就更为如此。[53] 在 Edwards 和 Nibler(2000)对 1992 年的研究样本中,在银行持有的所有投票权中,代理投票权比银行本身持有股份所占的比例更大,而这一数据比其他研究中使用的更为有限的样本数据要低得多:银行作为一个群体,平均持有 8.5% 的公司的代理投票权,而它们直接持有的公司股份的比例为 6.7%。[54] 银行很少持有非上市公司的代理投票权,但却在大多数的上市公司中都持有代理投票权。同以前的研究结果一样,三大银行在代理投票权方面扮演了最为主要的角色。[55]

由于缺乏 20 世纪 80 年代之前代理投票权的相关数据,很难就代理投票权近期的与之前时期的模式进行比较。然而,能肯定的是,由银行(尤其是大银行)持有的代理投票权是德国自工业化时期开始联系银行与公司所有权的一个重要环节。另外,对于那些所有权分散的大型上市公司而言,这种联系方式是最为紧密的。

4.3 潜在的政治与法律因素

4.3.1 工业化时期的根源(1870—1913)

股份公司与股份发行

大多数的德国公司都是 Aktiengesellschaften(AG),即"股份公司"。[56] 股份公司必须召开股东大会(Generalversammlung)并且必须设有股东参与的监事会(Aufsichtsrat)。[57] 股份公司(AG)的监事会选派执行委员会,即公司的高层管理人员。

尽管在工业化之前就已经出现了股份公司(AG)这一形式,但在 1870 年前后,公司法自由化之后,这一形式才得到深入发展。这些法律上的变化同时也伴随着大规模工业的迅猛发展。一些行业的发展的确有助于股份公司这一形式的推广,尤其是 19 世纪 30 年代后期到 40 年代的铁路运输业以及 40 年代后期到 50 年代的银行业。但直到 1870 年,1861 年颁布的公司法规(Handelsgestzbuch)进行了修正从而取消了按照既定标准进行的政府特许方式,股份公司的数量仍然较少。

在发展初期,与私人企业相比,股份公司(AG)的发展非常缓慢。1850 年之前的股份公司(AG)非常非常少:估计 1800 年到 1825 年间只有 16 家股份公司,而 1825 年到 1850 年间这一数字增加到 112。在巴伐利亚时期,1834 年到 1848 年间只出现了 6 家股份公司,而在后来的几十年中新增了 44 家。1850 年后,股份公司(AG)的数量和重要性都得到了快速地扩张和提升,直到 1870 年,在普鲁士建立了 336 家股份公司(AG),在萨克森建立了 57 家(1850 年时只有 10 家)股份公司(AG)。[58] 1870 年到 1873 年间,由于公司法的自由化以及德意志帝国的建立,新设的股份公司(AG)数量大幅增加:成立了 928 家新的股份公司(AG),名义资本总额达到 28.1 亿马克(Henning,1992:210)。但是,直到 1882 年,私人企业仍旧占据了德国公司总数的近 95%(见表 4.1,Gommel,1992:35)。到 1890 年这一数字超过了 3 000,从 19 世纪 80 年代后期到第一次世界大战其数量都基本稳定在 5 000 家左右。

19 世纪 70 年代早期的迅速发展由于 1873 年到 1879 年之间的漫长危机而终止,这一危机使得重组经济以及明确股东相关法律的政治压力增大。紧接而至的市场以及经济中的波动起伏,导致了对法律的周期性的修改,大多数的这些修改对于处于全盛时期以及政治思想开明的时代是影响甚少的。[59]

这些措施的第一个产物是 1884 年的《公司法》——是对 1870 年颁布的《德国股份公司联合规章》的修订。在新的法律中增加了两条重要条款:第一,要求新设立的股份公司拟定一份说明书,指明认缴资金的实缴期限;第二,规定了公开进行的股东大会的最低出勤率。[60] 在认缴方式下,可能存在实缴资金拖延的问题,并且导致新发行的股份不符合规章和期限的规定。因此,为了确保股份的成功发行,公司通常会求助于中间机构,即全能银行,全能银行将全额购买新发行的股份,随后再将这些股份出售给公众。

19 世纪 90 年代的金融危机之后,开始了关于政治和法律的第二轮讨论(Wiener,1905;Buss,1913;Schulz,1994)。之后 1896 年颁布的股票交易法包括了大量关于证券发行和上市的规定,1897 年修订《公司法》时也增加了新的规定。[61] 新的规定使得证券的发行与上市更为困难,使得公司更难以吸引外界投资者,从而使得对银行信贷的需求增加,将证券交易从交易市场上转移到银行。新的法律规定建立且巩固了全能银行在股票发行中的中心地位。事实上,Robert Liefmann(1921:476)将德国全能银行的成立与发展,一部分归功于颁布的《公司法》等相关规定(Whale,1930:40)。

监事会与公司治理

在 19 世纪的前 50 年,尽管政府仍然对公司实施非常严格的控制,但关于公司治理的规章制度却很少。股东的投票权以及参与监事会的权利随时间逐渐发展。在 19 世纪四五十年代,学者们根据股份所有权的分配来研究投票权的分配。[62] 很多人都担心小股东会没有话语权,而大股东则会过分行使他们拥有的权利。随着对公司的各项规定逐渐放开,以及大量公司开始运用有限债务,对为公司治理提供法律指导的需求愈加明显。最让人担忧的就是最小的股东,他们总是被剥夺了投票权,也无法获取他们所投资的公司信息。因此,在颁布 1870 年《公司法》的时候,政府要求公司的会计、报告以及治理都更加一致和统一,而实际上是需要更加自由的公司(Hopt,1998)。尤其是,该法律鼓励使用双重监事会结构,由于监事会与公司管理层独立,从而能作为保护股东和公众利益的一种手段。

1884 年的《公司法》增加了公司治理的规定;在其他规定中,禁止在任何一家公司存在同时担任监事和执行人员的情况。以前的公司董事只要已经从执行委员会正式卸任,就可以担任监事会成员,事实上,他们也通常会这样做(Handelsgesetzbuch art.,225a)。1884 年的《公司法》也规定了监事会的责任。尽管 1870 年的《公司法》已经规定了监事会成员有权获取与公司有关的信息,但 1884 年该法律将其规定为监事会的一项义务。同时,1870 年的法律规定监事会成员必须拥有其担任监事的公司的股份,1884 年的法律将这一项规定为可选的而不是必需的。

到 19 世纪,股东出席股东大会变得更为民主。小股东(或者也有大股东)将他们持有的股份委托给银行,通过使用委托投票权,能在一定程度上减弱投票权被剥夺的情况。他们发现,这不仅可以使他们的投票权在股东大会中得到行使,而且也是保护他们所持有股份的一种方法。银行家可以通过同时持有多个不同小股东的股份,而在股东大会中比单个小股东有更大的话语权和投票权。只要银行家能够得到小股东的信任,会在股东大会中考虑小股东的利益进行投票,他们就能从这种制度中获益。这就很自然地导致了公司治理的问题:谁真正控制了或者正在控制着德国公司——是所有者还是代理投票权的持有者?

4.3.2 后工业化时期的发展

第一次世界大战之后,出现了新设公司的热潮,而 20 世纪 20 年代的极度通货膨胀更使得公司数量激增。1931 年的金融危机以及之后的经济萧条又逆转了这一发展趋势。20 世纪 30 年代的大萧条时期使德国公司遭受重创,而且很多公司由于无力偿付债务而破产。大量公司的失败,又促进了对改革公司法律(Handelsgesetzbuch 或者 HGB)的新需求,以及制定新规定(Aktiengesetz)的要求,特别是在股份持有、参与权、限制等方面。最终,出现了关于股份公司的"紧急秩序"(Notverordnung 或者 NotVO)。这一法案是由纳粹政权实施的,并未经过国会同意,其中包括税收信贷政策、对银行更强的监管措施、更严格的信息披露政策以及其他规定。这些法律上的变动及其背后的政治意图,在 20 世纪剩余时期德国公司治理的发展模式中发挥了重要作用。[63]

股份所有权与投票权之间的关系

民主、自由以及当今以市场为导向的趋势,都意味着一股股份就代表一票投票权。战争年代遗留下来的最重要的制度就是对一股一票体系的偏离,对以后德国公司所有权与治理权的发展模式产生了重要影响。由于所有权与治理权之间并无联系,就使得那些公司的设立者们能在更长时间里对公司实施控制,而上述法律上的变化则改变了家庭和他们家族企业的命运。

重复投票股票

重复投票股票(Mehrstimmrechtsaktien)是指那些可进行重复投票的股份。这意味着很少的股份以及很少的资本投资却能带来很大的投票权。在战争年代,这种工具被广泛运用,而且通常被认为是削弱家族控制权的手段。这种重复投票权利由于允许建立公司的家族保持他们对于公司的控制权,从而有利于解决第一次世界大战之后对资本的需求(Pross, 1965:84)。在国家统计局对大量股份公司的研究中,在 1925 年的 1 592 家股份公司中的 842 家,以及 1934 年 913 家中 40% 的公司,都存在具有重复投票权的股份。每股股份具有的投票权是正常情况下的 20—250 倍。这些股份通常只代表总资本中的很小一部分,却占据了在股东大会中能起到主导作用的所必要的投票权。通常持有这种具有特权的股票的都是监视会(Aufsichtsrat)的成员或者那些具有代理投票权的银行。其他的股东以及未来的潜在股东事实上失去了所有的权利。根据统计局的研究,在 1925 年的 388 家公司中,持有 10% 的股份就足以控制超过 40% 的投票权。由于股东大会中股东的出勤率并不高,40% 的投票权通常意味着与会投票权中的绝大部分(Pross, 1965:86)。

重复投票股票在 1937 年的改革中被禁止;然后,纳粹党为了庇护家族企业而采取了例外措施——我们将在下一部分中再度就此问题进行讨论。1965 年的新股份公司(AktG)又再度允许使用重复投票权,但是需要通过一位联邦政府部长的特别许可(AktG para., 12)。[64]现在,这种股票已经不再重要,事实上,在商业领域的关于公司控制与透明度的新法律(KonTraG, 1998)已经明确禁止发行重复投票权股份。

仓库股票与优先股

仓库股票(Vorratsaktien)是魏玛共和国时期广泛使用的另一种股份工具。根据 Menke (1988)的研究,公司发行仓库股票,但股东并没有权利购买这些股份。理论上,这些股票是用来帮助公司在需要合并或者兼并时作出快速反应的,在它们被使用之前,不得用于交易。但发行仓库股票的实际目的却不尽相同:Menke 认为这些股份附有重复投票权,从而能够使公司的控制集团或者那些与其相关但并未投入大量资本的股东始终持有控制权。⑥这种误用导致了 1937 年法律上的变动,从而使其在那之后就此消失了。

　　优先股(Vorzugsaktien)是为了给处于困境中的公司融资而产生。这些股票赋予其持有者优先分配股利的权利。这种权利成为投资者购买业绩欠佳公司的股票的一个动力。由于这种股份并不附有投票权,因此能引入大量资本的同时却不削弱对公司的控制。1937 年对新股份公司(AktG)相关法律的改革强化了优先股股东的权利:以优先股发行的股份不能超资本总额的 50%,优先股股东具有除投票权之外一切与股份有关的权利,而且如果该公司推迟一年才支付优先股股利,优先股股东则能取得投票权。

　　最大投票权以及其他限制

　　最大投票权(Höchststimmrechte)是对一位股东可能持有的投票权最大数量的限制。这种限制可以通过两种方法实现,一是直接限制一位重要股东只能持有少于股份数量的投票权,二是间接禁止购买超过一定数量的股份。⑥投票权限制的规定在德国历史悠久,因而 19 世纪早期很多公司都有这一规定,但事实证明这一规定通常都是没有效果的,因为投资者可以通过让其他人持有股份来控制这些投票权。最大投票权的限制可以用于限制主要股东的权利,同时也是面对敌意收购的一种有效手段。对于这一限制的强烈批评导致了法律上的变动,在 1998 年的改革中,最大投票权的规定被淘汰。显然,资本市场也对这一变化作出了反应:当宣布这一法律变动时,那些有最大投票权限制条文的公司股票大幅下跌。1965 年的股份公司依旧保留这一规定,甚至直到现在,那些股票并未在市场交易的公司也不会受到"禁止最大投票权"的限制。其理由是为了保护公司设立者的控制权,他们依旧出现在小型的股份公司中,尽管所有权已经被削弱。当然,也有对投票权股份的其他限制,比如最少股份的要求以及股东参与股东大会的要求等。⑥

　　共同决策制

　　在共同决策的法律中,可以看到这样一种观点,即股份公司的管理层不仅要对公司股东负责,也要对公司的其他利益相关者负责。在股份公司中,雇员也会选派代表进入监事会。给予没有实际所有权的雇员以话语权,这些规定造成了对一股一票制度的严重偏离。当然,共同决策制的引入是为了在监事会中代表雇员的利益,而并不考虑是否对股东的权利造成影响。共同决策制的存在通常与有限的所有权分散程度相联系,因为股东会试图平衡雇员的权利,以防止管理层与雇员勾结时可能对其利益造成的损害。⑥Roe 指出,由于共同决策制的存在,管理人员与大股东在会议室外就已经作出决定,从而成功绕过了监事会——这很大程度上使监事会失去治理公司的作用。另外,他也指出共同决策制与股份的集中持有是互补的。通常,如果所有权过于分散,则共同决策制很难适用,因为共同决策制可有效防止大股东将其股份出售给公众,并且也排挤了潜在的小投资者。共同决策制经历了战后政策调整的两段时期,即 1951—1952 年以及 1972—1976 年。尽管理论上很具吸引力,一些研究调查了雇员参与监事会对股东的影响程度,结果表明共同决策制的作用甚微,甚至没有任何作用。⑥

　　集中持有以及其他监督方式

　　在上述的情况下,股东只有一种可能能够有效控制公司管理层的监督手段:选择集中持有股份。所有权的分散导致了一些管理者代理问题,比如,投资者与管理者之间的利益冲突。[70]有很多机制可以减轻这些损失。Roe(1999)认为存在四种监督机制:市场竞争、收购、良好的董事会以及集中持有。根据他的观点,德国很少发生收购,市场竞争很弱,也没有强大的董事会。因此,他认为集中持有是监督管理层的唯一控制手段。一旦所有权变得分散,就不会存在任何内部或者外部的有效手段能对管理层施加控制。如果考虑到在公司治理中的代理成本,则各种监督机制都可能是有效的。集中持有固然有效,但在德国它并不一定是对公司管理层进行监督的唯一方法。例如,根据Köke(2002:128)的经验研究,债务人可以运用融资压力对管理层的决策施加影响,从而有效地促进生产的增长。

法律对银行控制的影响

1937年的《股东法》明确规定了以整体利益(Fühnrerprinzip)为目标的原则,削弱了股东的地位,尤其是股东大会的作用,而管理委员会(Vorstand)的地位得到提高。管理层不再只是对股东利益负责,而是对公司的所有利益相关者负责——包括德意志帝国(AkgG para.,70I:37)。[71]新法律简化了由股份公司转为合伙企业(Umwandlungsgesetz)的程序,同时将建立新股份公司所要求的最低资本金额提高到50万马克。尽管该法律的确限制了股份公司这一公司形式的发展,但它同时也要求股份公司向公众披露更多的信息。[72]

尽管相关法规和股份公司都规定发行的股份应进行登记注册(Namensaktien),但事实上由于允许股东保持匿名,市场中大部分都为不记名证券。[73]按照1937年《股东法》的规定,不能通过邮件进行投票,从而使得股东,尤其是小股东,可以直接行使他们的所有权。为了解决这一问题,该法律为股东提供了两种方法来通过代理行使投票权。第一种方法是股东将其投票权交给银行,允许银行以股东的名义进行投票,但这种情况下须对外公布股东身份。第二种方法是股东将其投票权直接转让给银行。[74]投票权转让必须通过书面形式进行,有效期限不得超过15个月,且可在任何时候进行撤销。由于代理投票者多为银行,这一代理投票权的形式后来被称为银行表决或银行投票(Bankenstimmrecht或者Depotstimmrecht)。[75]有趣的是,这一新的规定实际上削弱了银行的地位,因为一些银行要求客户在开立证券账户时就自动将投票权转让给银行。同时,在新规定下,银行依然多多少少能够通过这些将来会转让给它们的投票权,按照自己的意愿行事。[76]

1965年的改革

第二次世界大战之后,那些来自美国的监督人想要让股东制度变得更民主,同时对权力的过分集中进行限制,于是开始对德国公司进行改革。[77]这些改革主要是针对采矿业,包括:股权登记制度,限制银行持有代理投票权以及投票权转让,禁止匿名投票等。1960年为大众汽车的私有化而特别颁布的法律(Gesetz zur Privatisierung des Volkswagenwerkes vom 22.7.,1960)也有类似的规定。Schuman计划也对包括采矿业在内的企业由银行持有代理投票权进行了限制。同时,一些被称作"kleine Aktienrechtsreform"的小改革也收紧了会计标准和设立储备的规定。

第二次世界大战之后,德国的政治家们并未把1937年的新法规看作是什么大问题,甚至有现代学者认为对改革的争论源自改善小股东利益以及一个促进建立在民主和资本主义基础上的社会发展的愿望,而不是纳粹统治下某种错误的权势。⑦在重建时期出现的这种改革氛围,使得当时一大批想要改变现状的人们从中获益。尤其值得注意的是,1965 年的改革废除了整体利益(Führerprinzip),同时仍旧保留了管理委员会的重要权力,并开始实施"多数规则"。该新法律中的其他内容还有:废除了允许公司隐藏其真实收入的"沉默储备"制度,强化股东针对管理委员会(尤其是经理)所设置的股东大会的作用。这一法律也要求监事会对管理层进行更严格的监管和控制,要求股份所有权更分散,强化了小股东获取公司信息的权力以及一些工业集团(Konzern)的管理。⑦

1965 年的法律(AktG 65)的主要变化之一涉及银行持有代理投票权的程序。按照新法律的规定,银行只有在获得书面授权(schriftliche Vollmacht)的条件下才能作为代理人行使投票权(AktG 65 第 135 Ⅰ条)。书面授权的最长期限不得超过 15 个月,针对客户所持有的所有或部分股份,客户也可以随时撤销授权(AktG 65 第 135 Ⅱ条)。而股东可以保持匿名,提供代理投票服务的银行应该给予机会让客户提供如何行使投票权的具体指示(AktG 65 第 128 Ⅱ条)。同样的,银行也应当告知客户其打算如何投票。如果客户没有就如何投票给出任何指示,银行可以根据自己的计划进行投票(AktG 65 第 128 Ⅱ条)。

近期改革

与 1965 年的改革同样重要,这一轮的改革让银行能够在更广泛的范围内、以更简单的方法获取公司控制权。随着德国战后的经济奇迹逐渐衰退,要求改革的压力再度出现。到 20 世纪 90 年代,与东部重新统一后不久,德国陷入了经济衰退,政治争论再度集中到了银行在德国公司所具有的权力问题上。最终,政府出台了三项法规来修订当时的《股东法》(AktG),具体是:1998 年关于公司控制与透明度的法律(KonTraG 98),关于记名股份与简化投票权的法律(NaStraG 01),以及关于透明度与信息公开的法律(TransPubG 02)。对于这些领域的法律变动,政治和公共政策方面的争论仍旧在继续。

新的法律就公司所有权及控制权进行了一些重要的修订,尤其是在使用记名股份以及行使代理投票权方面。目前的法律允许银行在无限期内持有代理投票权,但是要求代理者每年都要向股东征求是否撤回授权以及是否需要更换代理者的意见。为了避免利益上的冲突,银行也必须成立一个由经理组成的组织机构负责投票计划,并且与银行的其他决策相独立,尤其是贷款方面的决策。为了进一步防止出现利益冲突,银行业必须将其自身职员存在的关联关系告知客户,比如银行职员担任公司监事会监事,或者持有相关公司的大量股份。另外,如果相关公司是正在准备上市或正准备发行股份的国际性协议的成员,也必须告知股东。值得注意的是,银行并没有义务提供这些服务,但如果银行想要行使投票权,就必须对所有客户提供这些服务。最后这条规定是为了防止银行偏好不受限制的投票权,而不接受需要受指示的投票权。

最近制定的相关规定(TransPubG 02)要求公司就其是否遵循"公司治理规范"作出申明。通过向监事会提供更多的信息来增强监事会的作用;赋予股东大会进行利润分配的权力,从而强化了股东大会的作用;同时也特别明确了公司与股东以及市场进行交流的方式,比如,通过电视或者网络转播公司的主要会议等。这一法律的根本目的在于使德国的公司体系能与国际标准接轨,从而增加德国企业在世界市场中的吸引力。由于成立公司治理委员会的建议仍在进一步的讨论当中,德国公司的治理仍旧需要继续的监督与指导。[80]德国是否会保持以关系为导向的公司所有权与治理权体系,仍旧有待事实证明。而这个体系是否有利,或者是否已经在德国广泛存在,则是另一个问题。

4.4　公司所有权及控制权的德国模式的后果

很多人认为对小股东薄弱的法律保护导致了德国公司中所有权过分集中的状况。这种所有权的集中会通过各种方式对公司产生影响,尽管在理论上并没有得到清晰的论述。所有权集中的一个可能的好处就是能更好地监控公司管理以及改善公司的运作。但所有权集中也可能使得大股东以小股东的利益为代价来谋取私人利益。根据 Leuz、Nanda 和 Wyoscki(2003)的描述,控制的私人利益,包括获得额外收入、将公司资产转移到其拥有所有权的其他公司或者自己的家庭等。大股东试图保护他们自己的私人利益,而这种利益只能为内部人员享有。

一些经验研究对这种观点提出了质疑。Dyck 和 Zingales(2002)在德国公司中发现了与其他国家相比相对较小的一种私人利益。尽管从第二次世界大战结束到 20 世纪 90 年代,的确存在所有权集中的趋势,但是从共同决策法来说,对于小股东的法律保护事实上并不薄弱。因此,用对股东保护的变化来解释德国公司的所有权模式并不十分恰当。德国的法律传统在根本上就是民法,但民法也无法提供一个很好的解释框架。历史上发生的一系列政治运动可能有助于进一步解释这种德国模式。

尽管德国这种所有权集中化的模式非常明显,但很难根据这种所有制结构对公司业绩的影响得出结论。Köbe(2002)发现,在激烈的市场竞争中产生的公司合并,其导致的所有权集中化有利于提高生产力。包括 Cable(1985)在内的其他学者,发现所有权集中化与公司业绩之间存在明显的相关性。Lehmann 和 Weigand(2000)认为这种相关性取决于所有者的类型。Gorton 和 Schmid(2000)也发现了一种显著的关系。Edwards 和 Nibler(2000)认为小股东能从所有权集中化中受益,然而,这并不适用于非银行企业和公共部门。他们也发现公司存在第二和第三大股东通常来说是有好处的,这一规律同样不适用于非银行企业。这与 Iber(1985)曾提到的利益冲突也是相符的。

另一个问题则更具有动态性:Audrestsch 和 Elston(1997)提出这样一个问题,即德国的经济金融体系是否还能为新的创新型公司融资。这一问题一直存在——尽管从第二次世界大战期间兴起的德国股票市场明显失去了大量的资本基础,但是否的确对其企业或者整个经济层面产生了不利的影响? Franks 和 Mayer 认为虽然在所有制模式上,德国公司与英国和美国公司显著不同,但在公司治理方面却是相似的。他们也发现在业绩不好的公司中,所有权集中程度与管理约束机制之间、集中化所有者的类型与董事会更替之间并不存在什么关联性。

近期的这些研究发现与过去对德国的研究结果不谋而合:第一次世界大战之前的二十几年中,德国出现大量大规模的综合银行,以及发展迅速的市场经济,管理层的更替对于公司的业绩变化高度敏感。[31]另外,在柏林股票交易市场上市的公司——也就是那些持有者最有可能是外部股东而不是成立公司的家族或者其他大股东的公司——也会因为不尽如人意的公司业绩而更换其管理层。总的来说,上市公司的业绩更好,有更高的资产收益率,并能支付更高的股利。

4.5 结语

本章的内容汇集了自由公司制(19 世纪 70 年代)以来德国在企业所有权及治理权结构方面各时期的情况,描述了由于各种政治、法律、经济事件和危机带来的几轮盛衰。前面的讨论提出了几个尤其重要的观点,在此对其进行总结。

4.5.1 历史模式

德国的公司治理机构——执行和监视委员会——在 19 世纪的最后 25 年之前都发展得非常落后。这些委员会规模都很小,而且在第一次世界大战之前也基本上没有太大发展。

在工业化发展迅猛和经济扩张时期(大概是 1895—1912 年),综合性银行在德国公司的治理中占据了重要但并非主导性的地位。同样的,工业企业在非银行企业的所有权和治理权中影响较小。值得注意的是,金融企业,尤其是大型银行,的确拥有其他银行及其分支机构的股份,并的确在那些银行的监事会中占有一席之地。

随着证券的发行,尤其是上市公司证券的发行,银行越来越多地参与到公司所有权中。但银行持有大量股票的情况很少见,由于无法在短期内全部售出,早期的综合性银行(例如,19世纪 50 年代的 Discontogesellschaft)的确不愿意持有大量股份。

银行通过连锁董事参与公司治理,与公司规模、行业、证券发行以及上市情况紧密相关。银行获得的治理权大多是将不记名股票存在该银行的客户赋予的代理投票权。

私人银行机构能同时提供商业、投资以及经纪业务,便于银行与企业监事会之间的联系。

关于德国银行与公司之间关系的传统观点大多专注于银行对公司投资决策的干预以及对债务合同的直接管理,但很难在目前的实证分析中找到支持的证据。

4.5.2 与当代德国的比较

德国公司的所有权仍然非常集中,但在非金融企业的所有权中,非金融企业的参与程度明显比第一次世界大战之前有所提高。

银行参与公司所有权和治理权的当代模式与后工业化时期的模式极其相似。战争时期,大概是 1915—1945 年,几乎是对长期模式的一种偏离。与我们看到的普遍情况相反的是,银行没有——也从未——控制实体经济中的大部分企业。但它们的确积极参与到——正如它们一向所做的那样——少数企业的所有权和治理权中。银行的参与程度仍旧与公司所有权的分散程度、公司规模、证券发行以及上市情况等密切相关,也都是来自将股份存在银行的客户的代理投票权。

考虑到这些,我认为政治、社会和经济因素是促成这些变化的主要原因。另外,考虑到近期公司治理方面的文献提供的资料以及我自己对德国企业自第一次世界大战之前时期开始进行的广泛研究,我认为德国的所有制结构在稳定时期并没有如很多"法律与金融"文献中所认为的那样造成什么负面影响。[82]的确,从一个长远的角度来看待德国——尤其是公司及产业集中化这方面,再加上第一次世界大战之前以及第二次世界大战之后德国企业良好业绩的数据——就会对民法本身有损于市场运作这一观点产生怀疑。在德国,损失惨重的政治机构和第一次世界大战之后的政治运动在纳粹时期达到顶峰,严重打击了富裕阶层,高度运作并与第二帝国时期的金融体系相混合。战后的政治和法律氛围仍然压抑着第一次世界大战之前的自由主义传统,却似乎也起到了抑制旧的双重体制再度出现的作用。

参考文献

Adams, Michael. 1994. Die Usurpation von Aktionärsbefugnissen mittels Ringverflechtung in der "Deutschland AG." *Die Aktiengesellschaft* 39(4):148—158.

——. 1999. Cross holdings in Germany. *Journal of Institutional and Theoretical Economics* 155:80—109.

Albach, Horst, and Heinz-Peter Kless. 1982. Personelle Verflechtungen bei deutschen Industrieaktiengesellschaften. *Zeitschrift für Betriebswirtschaft* 52(10):959—977.

Aoki, Masahiko. 1988. *Information, incentives, and bargaining in the Japanese economy*. New York: Cambridge University Press.

Audretsch, David, and Julie Ann Elston. 1997. Financing the German Mittelstand. *Small Business Economics* 9:97—110.

Baums, Theodor. 1996. Vollmachtstimmrecht der Banken Ja oder Nein? *Die Aktiengesellschaft* 41(1):11—26.

Baums, Theodor, and Christian Fraune. 1995. Institutionelle Anleger und Publikumsgesellschaft: Eine empirische Untersuchung. *Die Aktiengesellschaft* 40(3):97—112.

Baums, Theodor, and B.Frick. 1999. The market value of the codetermined firm. In *Employees and corporate governance*, ed. M.M.Balir and M.J.Roe, 206—235. Washington, DC: Brookings Institution Press.

Becht, Marco, and Ekkehard Boehmer. 2003. Voting control in German corporations. *International Review of Law and Economics* 23:1—29.

Becht, Marco, Patrick Bolton, and Ailsa Röell. 2002. Corporate governance and control. In *Handbook of the economics of finance*, Volume 1A, *Corporate finance*, ed.G.M.Constantinides, M.Harris, and R.M.Stulz, 1—109. Amsterdam: North-Holland.

Beckerath, Erwin von, ed. 1956. *Handwörterbuch der Sozialwissenschaften*. Stuttgart: Gustav Fisher Verlag.

Benelli, Guiseppe, Claudio Loderer, and Thomas Lys. 1987. Labor participation in corporate policy making decisions: West Germany's experience with codetermination. *Journal of Business* 60:553—575.

Beyer, Jürgen. 2002. Deutschland AG a.D.: Deutsche Bank, Allianz und das Verflechtungszentrum großer deutscher Unternehmen. MPIfG Working Paper no.02/4. Cologne, Germany: Max Planck Institute für Gesellschaftsforschung, March.

Boehmer, Ekkehart. 2000. Business groups, bank control, and large shareholders: An analysis of German takeovers. *Journal of Financial Intermediation* 9:117—148.

Böhm, Jürgen. 1992. *Der Einfluß der Banken auf Großunternehmen*. Hamburg: Steuern und Wirtschaftsverlag.

Bokelmann, Bettina. 2000. *Personelle Verflechtungen über Aufsichtsräte: Aufsichtsratsmitglieder mit haupt-beruflicher Vorstandsfunktion*. Frankfurt: Lang.

Brickwell, Daniel M. 2001. Zu den Einflusspotenzialen der Großbanken. PhD diss., Freie Universität Berlin.

Brockhage, B. 1910. Zur Entwicklung des Preuss-Deutschen Kapitalexports. *Schmollers Jahrbuch*, Heft 148.

Bundesregierung. 2001. Kurzfassung des Berichts der Regierungskommission "Corporate governance." http://www.bundesregierung.de.

Buss, Georg. 1913. *Die Berliner Börse von 1685—1913*. Berlin: Gedenktage der ersten Versammlung im neuen Hause.

Cable, John. 1985. Capital market information and industrial performance: The role of West German banks. *Economic Journal* 95:118—132.

Calomiris, Charles. 1995. The costs of rejecting universal banking: American finance in the German mirror, 1870—1914. In *Coordination and information*, ed. N.Lamoreaux and D.Raff, 257—315. Chicago: University of Chicago Press.

Cameron, Rondo E. 1961. *France and the economic development of Europe*. Princeton: Princeton University Press.

Chandler, Alfred D. 1990. *Scale and scope: The dynamics of industrial capitalism*. Cambridge, MA: The Belknap Press of Harvard University Press.

Chirinko, Robert, and Julie Ann Elston. 1998. Finance, control, and profitability: An evaluation of German bank influence. Economics working paper no.28. Washington, DC: American Institute for Contemporary German Studies.

Däbritz, Walther. 1931. *Gründung und Anfänge der Disconto-Gesellschaft Berlin*. Leipzig: Duncker und Humblot.

Deutsche Börse. 1992. Annual report. Deutsche Börse AG.

Deutsche Bundesbank. Various years. Capital market statistics (statistical supplement to monthly report 2). Frankfurt: Knapp.

Deutsche Bundesbank. 1976. *Deutsches Geld-und Bankwesen in Zahlen, 1876—1975*. Frankfurt: Knapp.

Deutsches Aktien-Institut(DAI). Various years. *Factbook*. Frankfort on the Main: DAI.

Diamond, Douglas. 1984. Financial intermediation and delegated monitoring. *Review of Economic Studies* 51: 393—414.

Dunlavy, Colleen. 1998. Corporate governance in late 19th-century Europe and the U.S.: The case of shareholder voting rights. In *Comparative corporate governance: The state of the art and emerging research*, ed. Klaus J.Hopt, Hideki Kanda, Mark J.Roe, Eddy Wymeersch, and Stefan Prigge. Oxford: Clarendon Press.

Dyck, Alexander, and Luigi Zingales. 2002. Private benefits of control: An international comparison. Center for Economic Policy Research Discussion Paper no. 3177, Center for Research in Securities Prices Working Paper no.535, and Harvard Program on Negotiation Working Paper.

Edwards, Jeremy, and Nibler, Marcus. 2000. Corporate governance in Germany: The role of banks and own-ership concentration. *Economic Policy* 32:239—268.

Emmerich, Markus. 2000. *Die historische Entwicklung von Beschlussverfahren und Beschlusskontrolle im Gesell-*

schaftsrecht der Neuzeit unter besonderer Berücksich-tigung des Aktienrechts. Berlin: Duncker and Humblot.

Engberg, Holger L. 1981. *Mixed banking and economic growth in Germany, 1850—1931*. New York: Arno Press.

Ernst, Christian. 2001. *Die Aktionärsstruktur deutscher und amerikanischer Unternehmen. Ein internationaler Vergleich*. Ulm: Verlag Ulmer Manuskripte.

Faccio, Mara, and Larry H.P.Lang. 2002. The ultimate ownership of Western European corporations. *Journal of Financial Economics* 65:365—395.

Falkenhausen, Bernhard Freiherr von. 1966. Das Bankenstimmrecht im neuen Aktienrecht. *Die Aktiengesellschaft* 11(3):69—79.

——. 1967. *Verfassungsrechtliche Grenzen der Mehrheitsherrschaft nach dem Recht der Kapitalgesellshaften (AG und GmbH)*. Karlsruhe, Germany: C.F.Müller.

Feldenkirchen, Wilfred. 1979. Banken und stahlindusrie im Ruhrgebiet: Zur Entwicklun ihrer Beziehungen 1873—1914. In *Bankhistoriches Archiv* 2:27—52.

——. 1991. Banking and economic growth: Banks and industry in the nineteenth century and their changing relationship during industrialization. In *German industry and German industrialisation*, ed. W.R.Lee, 116—147. London: Routledge.

Fey, Gerrit. 2000. *Unternehmenskontrolle und Kapitalmarkt: Die Aktienrechtsreformen von 1965 und 1998 im Vergleich*. Stuttgart: Lucius and Lucius.

Fohlin, Caroline. 1997. Universal banking networks in pre-war Germany: New evidence from company financial data. *Research in Economics* 51:201—225.

——. 1998. Relationship banking, liquidity, and investment in the German industrialization. *Journal of Finance* 53:1737—1758.

——. 1999a. Capital mobilization and utilisation in latecomer economies: Germany and Italy compared. *European Review of Economic History* 2:139—174.

——. 1999b. The rise of interlocking directorates in imperial Germany. *Economic History Review* 52(2): 307—333.

——. 1999c. Universal banking in pre—World War I Germany: Model or myth? *Explorations in Economic History* 36:305—343.

——. 2002a. Corporate capital structure and the influence of universal banks in pre—World War I Germany. *Jahrbuch für Wirtschaftsgeschichte* 2:113—134.

——. 2002b. Regulation, taxation, and the development of the German universal banking system. *European Review of Economic History* 6:221—254.

——. 2006. *Financial empire: New perspectives on finance, governance, and performance in the German industrialization*. New York: Cambridge University Press, forthcoming.

Franks, Julian, and Colin Mayer. 2001. Ownership and control of German corporations. *Review of Financial Studies* 14(4): 943—977.

Gebhard, H. 1928. Die Berliner Börse von den Anfängen bis zum Jahre 1896. PhD diss., University of Erlangen.

Gerschenkron, Alexander. 1962. *Economic backwardness in historical perspective*. Cambridge, MA: Harvard

University Press. Quoted in Fohlin 2005.

——. 1968. *Continuity in history and other essays*. Cambridge: Belknap Press of Harvard University Press.

Gessler, Ernst. 1965. *Aktiengesetz: Kommentar*. Munich: F.Vahlen.

Gömmel, Rainer. 1992. Entstehung und Entwicklung der Effektenbörse im 19. Jahrhundert bis 1914. In ed. H.Pohl, *Deutsche Börsengeschichte*, 133—207. Frankfurt: Knapp.

Gorton, Gary, and Frank A. Schmid. 2000. Universal banking and the performance of German firms. *Journal of Financial Economics* 58:29—80.

Gottschalk, Arno. 1988. Der Stimmrechtseinfluß der Banken in den Aktionärsver-sammlungen von Großunternehmen. *WSI-Mitteilungen* 5:294—304.

Haas, Wolfgang. 1994. *Die Auswirkungen des Betriebsübergangs insbesondere bei der Fusion von Kapitalge-sellschaften auf Betriebsvereinbarungen*. Mainz: Dissertations Druck.

Handbuch der deutschen Aktiengesellschaften. Various years. Berlin: Verlag für Börsen-und Finanzliteratur.

Henning, Friedrich-Wilhelm. 1992. Börsenkrisen und Börsengesetzgebung von 1914 bis 1945 in Deutschland. In *Deutsche Börsengeschichte*, ed.H.Pohl, 211—290. Frankfurt: Knapp.

Hilferding, Rudolph. 1910. *Das Finanzkapital*. Vienna: Wiener Volksbuchhandlung. Translated by T. Bottomore in 1981 as *Finance capital*. Boston: Routledge and Kegan Paul.

Hopt, Klaus J. 1996a. Corporate governance und deutsche Universalbanken. In *Corporate governance: Optimierung der Unternehmensführung und der Unternehmenskontrolle im deutschen und amerikanischen Aktienrecht*, ed.D.Feddersen. Cologne: Otto Schmidt.

——. 1996b. *Gesellschaftsrecht*. 4th ed. Munich: C.H.Beck.

——. 1998. The German two-tier board: Experience, theories, reforms. In *Comparative corporate governance: The state of the art and emerging research*, ed.K.J.Hopt, H.Kanda, M.J.Roe, E.Wymeersch, and S. Prigge, 227—258. Oxford: Clarendon Press.

Horn, N. 1979. Aktienrechtliche Unternehmensorganisation in der Hochindustrialisierung (1860—1920): Deutschland, England, Frankreich und die USA im Vergleich. In *Recht und Entwicking der Großunternehmen im 19. und frühen 20. Jahrhunder*, ed.N.Horn and J.Kocka. Göttingen: Vandenhoeck und Ruprecht.

Hüffer, Wilhelm. 2002. *Theodizee der Freiheit: Hegels Philosophie des Geschichtlichen Denkens*. Hamburg: Felix Meiner.

Iber, Bernhard. 1985. Zur Entwicklung der Aktionärsstruktur in der Bundesrepublik Deutschland (1963—1983). *Zeitschrift fuer Betriebswirtschaft* 55(11):1101—1119.

James, Harold. 1986. *The German slump: Politics and economics, 1924—1936*. Oxford: Oxford University Press.

Jeidels, Otto. 1905. Das Verhältnis der Deutschen Großbanken zur Industrie. Leipzig: Duncker und Humblot.

Jenkinson, Tim, and Alexander Ljungqvist. 2001. The role of hostile stakes in German corporate governance. *Journal of Corporate Finance* 7:397—446.

Joly, Hervé. 1998. *Großunternehmer in Deutschland: Soziologie einer industriellen Elite 1933—1989*. Leipzig: Leipziger Universitätsverlag.

Kaserer, Christoph, and Ekkehard Wenger. 1997. *The German system of corporate governance: A model which should not be imitated*. Washington, DC: American Institute for Contemporary German Studies.

Kennedy, William P. 1987. *Industrial structure, capital markets and the origins of British economic decline*. London: Cambridge University Press.

Klein, Sabine. 2000. *Familienunternehmen: Theoretische und empirische Grundlagen*. Wiesbaden: Gabler.

Klein, Sabine, and Christine Blondel. 2002. Ownership structure of the 250 largest listed companies in Germany. Working Paper. Paris: INSEAD.

Kocka, Jürgen. 1978. Entrepreneurs and managers in German industrialisation. In *The Cambridge economic history of Europe, the industrial economies: Capital labor and enterprise. Part one: Britain, France, Germany, and Scandinavia*, ed. P. Mathias and M. M. Postan, 492—589. Cambridge, MA: Cambridge University Press.

Köke, Jens. 2001. New evidence on ownership structures in Germany. *Kredit und Kapital* 2:257—292.

———. 2002. Determinants of acquisition and failure: Evidence from corporate Germany. *Structural Change and Economic Dynamics* 13:457—484.

———. 2003. The market for corporate control in bank-based economy: A governance device. *Journal of Corporate Finance* 10(1): 53—80.

Kübler, Friedrich. 1994. *Gesellschaftsrecht*. 4th ed. Heidelberg: C. F. Müller Juristischer Verlag.

Kunze, W. 1926. *Der Aufbau des Phoenix-Konzerns*. Frankfurt.

Laux, Frank. 1998. *Die Lehre vom Unternehmen an sich: Walther Rathenau und die aktienrechtliche Diskussion in der Weimarer Republik*. Berlin: Duncker und Humblot.

Lavington, F. E. 1921. *The English capital market*. London: Methuen.

Lehmann, Erik, and Jürgen Weigand. 2000. Does the governed corporation perform better? Governance structures and corporate performance in Germany. *European Finance Review* 4:157—195.

Leuz, Christian, Dhananjay Nanda, and Peter D. Wyoscki. 2003. Earnings management and investor protection: An international comparison. *Journal of Financial Economics* 69:505—527.

Levy-Leboyer, M. 1964. *Les banques europeennes et l'industrialisation internationale dans la premiere moitié du XIX siecle*. Paris: Presses Universitaires de France.

Liefmann, Robert. 1921. *Beteiligungs und Finanzierungsgesellschaften*. Jena: Gustav Fisher Verlag.

Loeb, Ernst. 1896. Kursfeststellung und Maklerwesen an der Berliner Effektenbörse. In *Jahrbücher für Nationalökonomie und Statistik*, Vol. 11.

———. 1902. Das Institut des Aufsichtsrat. *Jahrbuch für National-Ökonomie* 2(23).

März, E. 1968. *Österreichische Industrie und bankpolitik in der Zeit Franz Josephs I*. Frankfurt: Europa Verlag.

Mayer, Colin. 1988. New issues in corporate finance. *European Economic Review* 32:1167—1188.

Meier, Johann Christian. 1993. *Die Entstehung des Börsengesetzes vom. 22, Juni 1896*. Studien zur Wirtschafts und Sozialgeschichte, Vol. 9. St. Katharinen, Germany: Scripta Mereaturae Verlag.

Menke, Joachim. 1988. Die Kapitalbasis deutscher Aktiengesellschaften vom Beginn der Reformdiskussion im Jahre 1924 bis zum Erlass des Aktiengesetzes von 1937. PhD diss., University of Kiel, Germany.

Nussbaum, Arthur. 1910. *Kommentar zum Boersengesetz fuer das Deutsche Reich*. Munich.

Perlitz, Manfred, and Frank Seger. 1994. The role of universal banks in German corporate governance. *Busi-*

ness and the Contemporary World 6(4): 49—67.

Pfannschmidt, Arno. 1995. Mehrfachmandate in deutschen Unternehmen. *Zeitschrift für Betriebswirtschaft* 65(2): 177—203.

Pohl, Manfred. 1982. *Konzentration in deutschen bankwesen, 1848—1980*. Frankfurt: Knapp.

Pohl, Hans, and Wilhelm Treue, eds. 1978. Die Konzentration in der deutschen Wirtschaft seit dem 19. Jahrhundert. Zeitschrift für Unternehmensgeschichte. Suppl. no.11.

Pollard, Sidney, and Dieter Ziegler. 1992. Banking and industrialization: Rondo Cameron twenty years on. In *Finance and financiers in European history, 1880—1960*, ed. Y.Cassis, 17—38. New York: Cambridge University Press.

Pross, Helge. 1965. *Manager und Aktionäre in Deutschland: Untersuchungen zum Verhältnis von Eigentum und Verfügungsmacht*. Frankfurter Beiträge zur Soziologie 15. Frankfurt: Europäische Verlagsanstait.

Riesser, Jakob. 1911. *Die deutschen Großbanken und ihre Konzentration* [*The German great banks and their concentration*]. Washington, DC: National Monetary Commission.(Orig. pub. 1910)

Roe, Mark J. 1999. German codetermination and German securities markets. *Columbia Journal of European Law* 5:199—211.

——. 2003. German codetermination and German securities markets. Harvard Law School. Working paper.

Santucci, Tanja. 2002. Extending fair disclosure to foreign issuers: Corporate governance and finance implications for German companies. *Columbia Business Law Review* 2002:499—539.

Schreyögg, Georg, and Papenheim-Tockhorn, Heike. 1995. Dient der Aufsichtsrat dem Aufbau zwischenbetrieblicher Kooperationsbeziehungen? *Zeitschrift für Betriebswirtschaft* 65(2): 205—230.

Schulz, W. 1994. *Das deutsche Börsengesetz: Die Entstehungsgeschichte und wirtschaftlichen Auswirkungen des Börsengesetzes von 1896*. Frankfurt: Peter Lang.

Schumpeter, Joseph. 1930. *Theory of economic development*. Cambridge: Harvard University Press.

Siegrist, Hans. 1980. Deutsche Großunternehmen vom späten 19: Jahrhundert bis zur Weimarer Republik. *Geschichte und Gesellschaft* 6:60—102.

Sombart, Werner. 1954. *Die deutsche Volkswirtschaft im neunzehnten Jahrhundert*. Berlin: Georg Bondi.

Statistisches Jahrbuch für das deutsche Reich. 1908—1915. Berlin: Statistisches Bundesamt.

Stiglitz, Joseph E., and A.Weiss. 1981. Credit rationing in markets with imperfect information. American Economic Review 71:393—410.

Stillich, O. 1909. *Die Börse und ihre Geschäfte*. Berlin.

——. 1924. *Die Banken, ihre Arten und ihre Beziehung zur Gesellschaft*. Berlin.

Svejnar, Jan. 1981. Relative wage effects of unions, dictatorship and codetermination: Econometric evidence from Germany. *Review of Economics and Statistics* 63:188—197.

Svejnar, Jan. 1982. Codetermination and productivity: Evidence from the federal republic of Germany. In *Participatory and self-managed firms*, ed.D.Jones, and Jan Svejnar. Lexington, MA: Heath.

Tilly, Richard. 1966. *Financial institutions and industrialization in the Rhineland, 1815—1870*. Madison: University of Wisconsin Press.

——. 1994. Banks and industry: Lessons from history. University of Münster, Germany. Working Paper.

Wallich, Paul. 1905. *Die Konzentration im deutschen Bankwesen*. Stuttgart: Union deutsche Verlagsgesellschaft.

Wehler，Hans Ulrich. 1987. *Deutsche Gesellschaftsgeschichte*. Munich：C.H.Beck.

Wellhöner，Volker. 1989. *Großbanken und Großindustrie im Kaiserreich*.Göttingen：Vandenhoek-Ruprecht.

Wengenroth，Ulrich. 1992. Iron and steel. In *International banking*，*1870—1914*，ed.V.I.Bovykin and R.Cameron. New York：Oxford University Press.

Wessel，Horst A. 1990. Finanzierungsprobleme in der Gründungs und Ausbauphase der Deutsch-Österreichischen Mannesmannröhrenwerke A.G. 1890—1907. In *Zur Geschichte der Unternehmensfinanzierung*，ed. D. Petzina，119—171. Berlin：Schriften des Vereins für Sozialpolitik，Vol.196.

Whale，P. Barrett. 1930. *Joint-stock banking in Germany*. London：MacMillan.

Wiener，Fritz A. 1905. *Die Börse*. Berlin：Puttkammer und Mühlbrecht.

Wilhelmini，Hans. 1965. Das neue Aktiengesetz. *Die Aktiengesellschaft* 10(6)：153—155.

Wójcik，Dariusz. 2001. Change in the German model of corporate governance：Evidence from block-holdings，1997—2001. University of Oxford，School of Geography and the Environment. Working paper.

Ziegler，Dieter. 2000. Die wirtschaftsbürgerliche Elite im 20. Jahrhundert：Eine Bilanz. In *Großbürger und Unternehmer：Die deutsche Wirtschaftselite im 20. Jahrhundert*，ed. D. Ziegler，7—29. Göttingen：Vandenhoeck und Ruprecht.

评论

Alexander Dyck

　　德国的经济体系自工业化以来都运行得相当良好。企业和企业家们都从对金融市场的深度参与中获益。Rajan 和 Zingales(1998)将德国公司从银行的贷款和其通过资本市场获得的融资进行了加总,预计德国为企业提供外部融资市场的深入程度在 41 个国家中位居第二。显然,这些金融资源得到了有效利用。Wurgler(2000)认为德国具有最高的投资效率(通过产业投资对附加值的敏感度来衡量)。这种高效体现在自 19 世纪 70 年代以来人均 GDP 的高增长率以及人均收入的持续高水平(如 Maddison,1991)。

　　重复这些数字是很有必要的,因为如果只是谈及德国企业的特点,我们根本无法得出上述结论。如果要谈及传统特征,德国以极其集中的所有权结构为主,对投资者的保护较弱[根据 LaPorta et al.(1998)只有 1/6 的投资者能得到保护],在极其有限的资本市场中,几乎不存在企业收购,在上市公司和非上市公司中银行部门都具有极大的影响力。这些传统特征都是准确的吗? 如果准确,那随着时间推移像美国或者英国那样发生变化吗? 而这些企业结构为什么没有导致明显的低效,却反而出现了前面提及的正指标?

　　Caroline Fohlin 在这一章,即德国公司所有权及治理权的历史中,为我们提供了关于这些问题的新线索与新观点。Fohlin 回避了经济效益的问题,而是将所有权与效益联系在一起,重点考察公司所有权的演变过程以及关联银行所扮演的角色。她尤其着重加深我们对第一次世界大战之前德国公司部门增长的理解。同时,她充分运用了大量数据,并且着力通过数据得出结论。

这部分内容的第一大贡献在于提供了很多关于德国集中化所有权结构的起源与演变的新信息。Fohlin提到，那些在19世纪后50年成立的德国企业的企业家们为他们自己以及家庭保留了大量公司股份。有趣的是，随之出现了所有权的逐渐分散化以及管理的专业化。但是这种分散化在战争期间所有权集中程度仍然较高的时候戛然而止。也许更令人惊讶的是，在战后包括联邦德国时期，集中化的所有权结构一直得以持续并保持稳定，直到最近几年。

Fohlin也提到了这些变化背后的推动力，例如，纳粹时期的政治变动，同时，出现了拥有多投票权的股份并且其能通过背书进行批发转让——1925年50%以及1934年40%的股份公司都有这种投票权——也是集中化控制的成因之一。然而，不幸的是，研究者并没有考虑其他因素：建立公司的家族为什么不出售股份？那些只持有极少数股份的小股东（比如银行）为什么不出售股份？是担心出售股份会被征税，还是出于其他什么原因？这些问题仍然有待解决。

这部分内容真正的核心并不在于集中化所有权，而是银行。随着Fohlin一步步地深入分析，让读者不断重估这一观点，即德国银行通过它们直接持有的股份、在监事会中的一席之地或者是由于拥有小股东的代理投票权而获得的额外投票权，控制着德国企业。这一部分讨论的主题显然也是一些文献所持有的观点，即大银行在公司决策中拥有主导权力。

Fohlin让我们把注意力集中在银行的投票权上，这一点很正确，也很重要，因为无论是指派管理委员会和监事会成员，还是需要作出某项重要决策，都需要召开股东代表会议进行投票。通过收集第一次世界大战之前的各种数据，她得出的结论是大银行所持有的公司股份占到其总资产的7%—11%，地方性银行的这一比例相对较低。同时，她还对个别银行进行了详尽的研究，发现这些公司的股份大多集中在少数几个公司。Fohlin顺便介绍了在19世纪后50年中，银行是如何通过它们的投资银行业务和贷款业务来获得这些股份的。股票包销使得公司不断积累股份，而在危机时期这些股份就会大量积累到银行手中，因为公司不得不用其持有的股份去置换银行的债权。

对于那些对银行权力问题并不存在争议的读者来说，Fohlin的分析很难说服他们去改变之前银行在公司决策过程中扮演了重要角色的观点。强调股份就很可能严重低估了投票权。这其中一个重要原因就是小股东所面临的"搭便车"问题。他们由于持有的股份较少而无法获得足够的收益来激励他们获取相关信息并为公司决策进行投票，而持有较多股份的股东（比如银行）获取信息的成本较低，就更有可能进行投票，从而使其具备了比本身所持有股份带来的更有效的投票权。另外，在德国的一个重要事实是股东持有的是无记名股份，银行则通过提供股份持有服务，来获取这些股份带来的代理投票权。这使得银行的投票权明显增强，无论是在这些银行本身就持有股份的公司，还是在银行本来并不持有股份的公司，都是如此。

Fohlin紧接着分析的是监事委员会的组成情况，这是考察银行权力的一个很好的选择，因为以监事会成员的身份衡量的其组成情况，是一个需要投票的重要决策，也是一个可以体现银行是否得到了它们想要的权力的决策。接着，Fohlin进行了一项非常重要的工作，即把第一次世界大战之前监事会成员身份的数据进行了汇总和整理，但她认为这些数据揭示了银行的弱点，这与我从这些数据中得出的结论并不相符。

Fohlin认为这些表现了银行的弱点："样本公司中只有2/3成为附属公司"，即有2/3公司的监事会中有成员是银行代表,"有一半公司的监事会中有银行董事",以及"近22%公司的主席或是副主席由银行董事担任"。我想我的观点与 Fohlin 有所不同,因为银行与 2/3 公司存在关联关系,银行董事在一半公司中担任监事会成员,在 1/5 公司中担任领导职位,表明银行能够利用其投票权来保护其利益。由此可见,银行在公司中的参与度很高,而且如果将公司按照经济重要性进行排序之后(比如前 100 强公司),这些比例会进一步提高,而当 Fohlin 对更大规模的公司进行研究时,她所使用的第一次世界大战之后的数据也的确如此。

多少有些令人惊讶的是,既然是关于银行权力的讨论,她却并没有关注银行作为公司外部资金提供者的身份,及其对于中小企业的重要性。当然,银行可以通过提供运营资本和长期贷款对公司施加影响。而这种影响通常只能通过稳定的银行关联关系得到强化,公司通常与特定的银行建立排他性的关系。银行这种因为提供外部融资而对公司施加的影响,显然在中小企业中更为明显,因为中小企业缺乏通过发行股票融资的能力,而任何形式的债权融资也显得风险过大。

因此,总的来看,Fohlin 成功地驳斥了德国企业由大银行占据主导地位的极端观点,但是基于其现有的资料,仔细的读者很难对他们之前的看法有所改变,即德国银行在公司发展历程中发挥着重要作用。银行虽然并没有绝对地控制公司发展,但的确担任了重要角色。

最后,再次回到经济效益问题是很有意义的。这部分内容使我们有了更广泛深入的理解,同时也更加确定了传统观点,即集中化所有权与银行在德国公司中发挥了重要作用。Fohlin 的结论是"在稳定时期,德国的所有权结构并没有产生一些'法律和金融'文献所预计的负面作用"。但我们并不知道为什么这种结构与更糟糕的经济效益没有关系。是否是因为这种所有权结构减弱了最容易导致公司弊端的金字塔式结构?是否是因为公司避免了不具竞争力的下一代所带来的"愚蠢的继承人"问题,如果是这样的话,那又是如何做到的呢?银行为什么不利用它们在监事会中的主导地位来维护其作为债权人的利益,或者利用其地位掠夺公司财产呢?产品市场的广泛竞争(与出口导向)在限制私人公司利益和减少公司机构成本方面又发挥了怎样的作用?银行间竞争在避免公司的不良激励机制进一步恶化方面又扮演了何种角色?

这里依然存在进一步研究的空间,从而能够进一步丰富我们的认识,同时提醒我们注意模型和思考中的漏洞。而像这样杰出的历史研究将会成为当今大部分研究所注重的跨行业研究的重要补充。

参考文献

La Porta Rafael Florencio Lopez-de-Silanes: Andrei Shleifer & Robert Vishny. 1998. Law and Finance. *Journal of Political Economy* 106(6):1113—1155.

Maddison Angus. 1991. *Dynamic forces in capitalist development*. New York: Oxford University press.

Rajan Raghuram G. and Luigi Zingales. 1998. Financial Dependence and Growth. *American Economic Review* 88(3):559—586.

Wurlger Jeffrey. 2000. Financial Markets and the Allocation of Capital. *Journal of Financial Economics* 58 (1—2):187—214.

注释

① 可参见 Calomiris(1995)与 Fohlin(1999c)。Wellhöner(1989)对一些大型公司进行的详细研究为反对第一次世界大战前银行占据主导地位的观点提供了大量证据。

② 对于特定的公司,其有可能通过股东会议的会议记录来衡量其投票权的分散程度、代理投票的程度及其发展趋势。然而,投票权与所有权之间的关系也是高度可变的。

③ 参见 Siegrist(1980:88)和 Wehler(1987:627)。

④ 目前正根据新的档案资料进行研究,并且研究前景良好。

⑤ 参见 Deutsches Aktien-Institut(DAI) Factbook。

⑥ 参见 Brickwell(2001:52, table 3.8)。

⑦ 参见 Iber(1985)和 Bundesbank 在这一时期的月度报告。

⑧ 遗憾的是,Pross 并没有给出精确的数据。

⑨ 跨国比较参见 Faccio 和 Lang(2002),德国的深入研究数据(与同一时期的法国进行比较的研究)参见 Klein 和 Blondel(2002)。

⑩ 参见 Faccion 和 Lang(2002)或 Becht 和 Boehmer(2003)。

⑪ 遗憾的是,Joly 并没有指出这些富豪是发家于二战前还是二战后的家族企业。

⑫ 假定在这一时期,除了合办企业外,几乎所有企业都是家族式企业。可参见 Klein(2003:33)引用的大量私人公司数据。

⑬ 相关依据参见 Becht 和 Boehmer(2003),Faccio 和 Lang(2002),Iber(1985),Klein 和 Blondel(2002),Köke(2001,2003),以及 Lehmann 和 Weigand(2000)。

⑭ 大银行是指九大综合银行:Bank für Handel und Indusrie, Berliner Handelsgesellschaft, Commerz- und Disconto-bank, Dresdner Bank, Discontogesellschaft, Dresdner Bank, Mitteldeutsche Creditbank, Nationalbank für Deutschland, A.Schaaffhausen' scheur Bankverein。

⑮ 参见 Wallich(1905),Riesser(1910),Schumpeter(1930),Whale(1930),Chandler(1990),Tilly(1994),Calomiris(1995),以及其他就这个问题发表研究成果的学者。

⑯ 参见 Lavington(1921),Schumpeter(1930),Gerschenkron(1962, 1968),Kennedy(1987),以及 Mayer(1988)。关于活期账户信贷,参见 Pollard 与 Ziegler 的讨论(Pollard and Ziegler, 1992:21)。

⑰ 著名评论家 Hilferding(1910)非常推崇这一观点。也可参见 Tilly(1994:4),Cameron(1961),Levy-Leboyer(1964),März(1968),Kocka(1978),Pohl(1982),以及 Feldenkirchen(1979)和 Kunze(1926)。

⑱ 参见 Wellhöner(1989:83—87),指出 Phoenix 的监管委员会面对来自钢铁工程委员会的压力时,其委员会中的银行代表起到了杠杆作用,对在实力强大的工业家 Thyssen 领导下的 Phoenix 的竞争者施加了巨大压力。

⑲ 银行通常持有大量的政府证券作为储备。因为这些证券与公司金融无关,对政府发行的各种证券的比较就非常重要。对政府证券和非政府证券的统计数据是从 1912 年开始的,因而在那之前的数据都是估计的。详细内容和其他研究成果可参考 Fohlin(2006)。

⑳ 可用类似于估计非政府证券的方法来对非辛迪加证券进行估计。进一步的细节可参见 Fohlin(2005)。

㉑ 1901 年后合资企业的迅速增加来自公司名义资本平均水平的提高,而 19 世纪 90 年代的增长趋势则与公司数量的增加有关。

㉒ 在第一次世界大战前期,综合性银行显著增加了辛迪加债券的持有量。世界大战开始之后,各大银行资产中辛迪加债券的份额急剧下降——从 1914 年的 8% 下降到了 1919 年的 3%。也许,与机构相比,这一持有量的减少并不主要是由政府债券引起的。政府债券的持有量在世界大战的早期的确有所增加,但世界大战之后所有债券的持有量都在下滑。

㉓ 可惜的是,Saling's 从 1876 年才开始公布,而 1882 年之前的数据很难获取。非常不幸的是,Saling's 从 1899 年开始停止公布持有证券的详细信息。

㉔ 数据来自 Köke(2001)。参见 Adams(1994，1999)，Baums 和 Fraune(1995)，Kaserer 和 Wenger(1998)中关于银行权力的论述。

㉕ Santucci(2002：513)认为："总的来说，银行和金融机构作为股东，实际上在很大程度上控制了德国公司。"

㉖ 前述被投资公司占所有 AG 和 KGaA 公司的 3.62%，以及占所有 GmbH 公司的 0.06%。

㉗ 也可参见 Beyer(2002)，其也得出了相似的结论。

㉘ 这四家银行为德国的四大主要银行。

㉙ 然后，也有一些证据显示，银行大多通过交叉持股来进行自我控制，继而进行有效的管理，从而能使自身不受外界的影响。参见 Brickwell(2001：60—65)与 Adams(1994：151)。也可参见 Boehmer(2000：117)关于公司兼并中银行角色的重要观点；Jenkinson 和 Ljungqvist(2001：430—431)关于银行协助非金融公司的观点；以及 Köbe(2002)关于德国股份交易的论点和更广泛的讨论。

㉚ 参见 Fohlin(1997)。这些被研究公司是从 1904 年所有股份公司中随机抽取的，然后将这些公司的监事会成员与所有柏林股票交易市场的上市公司的成员进行对比(Adressbuch der Direktoren und Aufsichtsratmitglieder)。

㉛ 三种主要类型是：银行董事参与公司监事会、公司董事参与银行监事会以及一个人同时担任一家银行和一个公司的监事会成员。我们偶尔也会发现第四种类型，即一个人同时担任一家银行和一个公司的董事。

㉜ 参见 Aoki(1988)对监督的不同方式的论述以及 Diamond(1984)对受托监督的理论模型的论述。关于信贷配给，参见 Stiglitz and Weiss(1981)。在信息不对称的理论框架中，所有的银行关系在实质上都是相同的；并没有小型的地方性全能银行比柏林的大银行更好或者更差的解决信息问题的前提假设。但既然数据显示不同类型的银行在公司监事会中有所差异，Fohlin(2006)运用了一个范畴变量来研究私人银行、地方银行、大型银行以及地方大型银行附属之间可能存在的系统性差异。

㉝ Fohlin(2006)公布了对多项因素相关系数的估计，其中，解释变量是 V2AR——用于表示公司对银行的从属和依赖程度。

㉞ 股份收益的含义使得该研究样本只限于上市公司，因此使得观察的样本量减少了三分之二至四分之三。

㉟ 参见 Fohlin(2006)的第 8 章：股票市场及其在德国公司融资体系中的地位。

㊱ 参见 Engberg(1981)。

㊲ 参见 Böhm(1992：186)。

㊳ 传统也可能解释指派已经撤离的银行再度进入监事会的原因。

㊴ Pfannschmidt(1995)，其研究样本包括截止到 1989 年 12 月 31 日的 492 家德国公司(包括 FAZ 名录中的上百家公司以及未包括在 Bonner Stichprobe 数据库中的公司)。

㊵ 这种意愿体现在：如果某银行之前派的代表离开了公司的监事会，该银行会立即指派一名新的雇员进入公司监事会。

㊶ 公司规模用 1986 年的收入来衡量。监事会成员中的半数由公司员工选举产生，这自然使得银行家最多只能获得一半的职位。同时，这种权力分享的机制会减弱银行通过监事会对公司施加的影响。

㊷ 目前正在尝试一些新的努力，也能逐渐阐明一部分问题。

㊸ 参见 Chirinko 和 Elston(1998)，其中阐述了受银行影响的公司比独立的公司有更加分散的所有权结构。

㊹ 确实有可能几个人共同拥有一股股份，但我没有任何证据来支持或者反对这一事实。

㊺ 该模型重述了狭义附属关系的多项式模型(Fohlin，2005)。私有银行的银行家被认为是不存在附属关系的，因为私有银行通常不会出现其自身监事会成员同时进入公司监事会的情况。

㊻ 在狭义附属关系模型中，股份发行量只有在这种情况下是显著的：不对公司所属部门进行控制，没有假设存在群集，并且存在正常标准错误。在面板概率模型中将所有附属公司与独立公司进行比较时，股份发行量也是正向相关且显著的，但该估值技术似乎并不稳定。特别的是，对该模型的不同假设会产生明显不同的结果。因此，该模型的各个相关系数需要慎重使用。

㊼ 尽管已经获取了一些关于代理投票权的新数据，但对于能够找到足够的数据从统计上，以任何直接或者结论性的

方式证明第一次世界大战之前代理投票权的假说，我仍旧持悲观态度。

㊽ Adams(1994：156)公布了1975年到1992年之间5家最大的德国公司的数据，Brickwell(2001：62)提供了1998年和1999年4家金融服务企业股东会议的出勤情况。

㊾ 参见Gottschalk(1988)。他首先选出了100家最大的公司(以1984年的价值增殖来衡量)，然后从中挑选半数以上股份由分散的股东或者银行持有的公司。其计算是以这些公司1986年(部分公司为1987年)年度股东大会的出席指数(Teilnehmerverzeichnisse)为基础的。

㊿ 三大银行是Deutsche、Dresdner和Commerzbank；Gottschalk的研究也包括了Bayrische Vereinsbank，Bayrische Hypo，州级银行(Landesbanken)和储蓄银行(Sparkassen)，信用合作社(Genossenschafsbanken)以及其他金融机构。

(51) 他们的研究样本只包括了24家公司，因此有可能是所有权分散的公司数量有所减少，但样本量的减少也与是否能获取相关数据有关。

(52) 只能获取到40份年度大会(Hauptversammlungspräsenzlisten)出席名单中的32份。

(53) 如果那些打算移交投票权的客户有机会通过给银行下指令来行使他们的投票权，他们中只有2%—3%会采取这种方式(Baums，1996)。

(54) 他们的研究样本是以1992年销售额衡量的200家最大的非金融公司中的156家。

(55) 参见Perlitz与Seger(1994)，他们研究样本包括了110家(大型上市)工业企业，只能得到其中57家公司的1990年代理投票权的数据。他们发现在超过1/3的公司中，银行持有的代理投票权的总份额不超过10%，但是30%公司(17/57)的出席股东大会的投票权中至少大部分为银行持有的代理投票权。同时，在110家公司中，有83%公司的监事会中都至少有一名银行家。Böhm(1992)也有相似的研究结果。也可参考Cable(1985)更早期的关于20世纪70年代银行通过代理投票权参与公司治理的研究。

(56) 参见Whale(1930:331—333)，其中有对于到那时候为止的德国公司形式(直到现在也没有实质上的改变)的讨论。但股份公司的规章制度以及股东的权利与其他类型的公司非常相似，如Kommanditgesellschaften(auf Aktien)。

(57) 其他类型的公司，尤其是小公司，不需要设有监事会。

(58) Laux(1998)提到1870年在普鲁士有454家股份公司。参见Pross(1965)。

(59) 参见Fohlin(2002b，2006)，其中对第一次世界大战之前的股票交易和公司的法律和规章制度，以及自1882年开始实施的对股票上市和股份交易进行征税的规定进行了回顾。

(60) 1884年股份公司法的(Gesetz，betreffend die Kommanditgesellschaft auf Aktien und die Aktiengesellschaften)第209条和第210条。1870年的公司规章已经明确规定必须全额支付认缴额，且实缴资金达到25%以上时，才能成立股份公司；对于溢价发行的股份，必须支付50%。

(61) 参见Nussbaum(1910)。

(62) 参见Dunlavy(1998)。

(63) 这里的讨论始终坚持将注意力放在政治与法律因素对公司治理的影响上。这种研究方法并不是想要将纳粹统治所造成的人性悲剧最小化。

(64) 研究战后重复投票股票(Mehrstimmrechtsaktien)的使用情况也非常有趣：随着20世纪70年代从近东国家流入"石油美元"，这种股份被用作防止控制权由近东国家落入政府投资者之手。

(65) 参见Menke(1988:98)。

(66) 这一部分内容以Emmerich(2000)和Fey(2000)为基础。

(67) 参见Emmerich(2000)与Pross(1965)。

(68) 参见Roe(2003)。

(69) 参见Becht、Bolton和Röell(2003)对这一问题的回顾，其中包括Svejnar(1981，1982)，Benelli、Loderer和Lys(1987)以及Baums和Frick(1999)。

(70) 同样参见Becht、Bolton和Röell(2003)对一问题的详细回顾。

⑦ 从其颁布的时间来看,1937 年的《股东法》很容易被看作是纳粹方式的典型代表。但 1965 年新法规筹备委员会的主席 Wilhelmini(1965:153)认为 1937 年的《股东法》并不是纳粹统治的产物。该法律的主体部分很明显是根据之前的统治者,即魏玛共和国的模式建立和组织的。

⑫ 参见 Kübler(1994:12)。

⑬ 参见 von Falkenhausen(1967:69)。

⑭ 参见 Hüffer(2002:694)。尽管两种方法有相似之处,但第二种投票权转让赋予了银行更多的权力。也可参见 von Falkenhausen(1967:69)。

⑮ Hopt(1996a)认为 Depotstimmrecht 这一名称使用有误。正确的应该是 Vollmachtsstimmrecht,但现在这些词都在使用。

⑯ 参见 von Falkenhausen(1966:71)。

⑰ 参见 von Falkenhausen(1966:70)。

⑱ 参见 Kübler(1994:13),以及 Gessler(1965:344)。

⑲ 参见 Hopt(1996b:210)。

⑳ 该提案包括增强监事会与管理委员会责任、增加对股东进行规则和信息披露等方面的措施。其他可能进行的调整还包括:限制监事会成员最多只能在 5 家公司的监事会中担任职位,并在所有公司都建立一个信息库等。(参见 Bundesregierung,2001)

㉑ 参见 Fohlin(2006)。这些结论来自管理层的更替频率对公司业绩[资产收益率(ROA)、股利、经股利调整的股票收益]以及一系列亚群控制变量与指标变量(上市或者未上市的公司,在董事会中有或者没有银行董事的公司)的回归分析。

㉒ 由于缺乏 1918 年到 1970 年的资料,仍然需要进一步的研究来弥补这一主要缺陷。

印度所有权集中化的演变：
普遍模式及印度软件行业的发展历程

Tarun Khanna　　Krishna G.Palepu[*]

5.1　概述

在过去 70 年,所有权集中化是印度私人企业的一个重要特征。从这个角度看,印度和其他国家,如加拿大、法国、德国、日本、意大利和瑞典等,并无不同。然而,和这些国家不同的是,持有所有权集中化的家族的身份会随着时间发生变化。事实上,这种变化程度在某些衡量标准之下比美国可比性数据的变化更明显。

由于存在制度性漏洞以及在资本市场中缺乏专业的中介机构,所有权集中化在任何时期都可能出现(Khanna and Palepu, 1997, 2000c)。然而,如果寻租行为和进入阻挡行为的参与者并不仅仅或者并不主要是这些集中化的所有者,那么就不存在使得所有权集中化危害竞争的内在原因。我们的确发现一些印度家族——也就是集中化的所有者们——为了应对竞争,一直以来都在运用其企业集团结构进行新的创业投资。在这个过程中,他们曾经失败过——营业额恶化,或者对企业本身进行了重新改造。

---

　* Tarun Khanna 是哈佛商学院的 Jorge Paulo Lemann 教授。Krishna G.Palepu 是哈佛商学院的 Ross Graham Walker 教授、高级副教务长、研究主管。我们非常感激国家经济研究局的 Randall Morch 对"集中化所有权的历史"项目提供的协调和指导,以及在剑桥和枫丹白露的研讨会中对本文草稿部分提出意见的学者。

另外,通常具有多元化产业的家族企业能与专注于某个产业的专业公司并存。我们通过对印度全球竞争性软件产业的考察来证明这一点。考察这一环境中所有权集中化的地位非常耐人寻味,因为这一产业环境是最难让公司有所获益的。我们认为在外部市场无法发挥作用的时候,企业通过内部市场获取资本和人才的便利通常都不构成优势,如果能构成优势的话,就是在软件业的环境中了。这一行业是少有的未受印度臭名昭著的"监管瘫气"——许可证统治——影响的产业,因此,其中的企业很难对制度产生影响。事实证明,所有权集中化打着企业集团的幌子,甚至在这样一个对企业并不那么有利的产业中也发挥了重要作用,同时,对于想进入这个行业白手起家的企业家来说,并无不利之处。我们将这些软件行业中个体运作成功又对社会有益的企业集团的存在解释为经济中所有权集中化持续存在的底线。

本章后面部分的主要内容如下:第 2 节简单介绍了在过去一个世纪中在印度占据主要地位的集团企业。我们要说明的是,在过去 70 年中一些特定的家族成为集中化所有者,但在一段时间内这些家族的身份发生了明显的变化。接着我们从两个方面来解释所有权集中化的持续存在。第 3 节是主导家族与政治权力之间的政治关系。第 4 节是主导家族的创业过程。我们因此得出结论:单纯从停滞和寻租来解释所有权集中化是很困难的。第 5 节介绍了印度在过去 10 年中朝着减少监管和政府干预以及市场自由化方向发展的主要变化。即使在这种情况下,我们仍然指出家族企业更具竞争优势。最后,在第 6 节,我们研究了软件行业。

5.2 印度公司所有权发展史的简单介绍

尽管几百年前印度就已经出现了有组织的经济活动,直到莫卧尔王朝的英国统治时期,大概是公元 1100—1650 年,其经济才开始出现相对分化,只是存在一个"全国性市场"的假象。莫卧尔王朝的统治者们对税收收入和收到的贡品很满意,从而并不依赖商业阶级。伴随着莫卧尔王朝的分化和消亡,印度出现了大量较小的公国,都依赖当地的商人和金融家来维持各自的统治区域。从而出现了几个突出家族企业的雏形。

英国政权逐渐填补了莫卧尔王朝留下的空白。同时,自东印度公司失去其同印度贸易中的垄断地位后,英国商人开始在印度开展贸易业务,从而出现了几家大型的贸易公司。

表 5.1 概括了过去一个世纪促进家族企业出现的不同因素。我们列举了在四个不同时期出现(尽管 Tata 和 Birla 集团成立于 1900 年之前)的具有代表性的企业集团,以及促进那个时期这一类型企业发展的主要因素。

表 5.1　不同时期所有权集中化的起源

	20 世纪初	20 世纪 50 年代	20 世纪 60 年代	20 世纪 90 年代
时　　期	独立前时期	独立后时期	许可证统治时期	自由化时期
代表性企业	Tata, Birla	Goenka, Khaitan	Ambani	Wipro/Infosys Ranbaxy/DRL
增长因素	种族团体	资产转移	授权博弈	市场的出现

到 20 世纪初期，除英国贸易公司外，大量本土企业的地位日益显著。后面争论的重点是这些发生在一个怎样的环境中，是对本土企业的发展不利（Swamy，1979）、无关（Das，2000：chap.5）还是有利（Ferguson，2002）的环境。

接着，自印度 1947 年实现独立以来，印度经济经历了几个主要的结构性变化时期。在第一个时期——20 世纪 50 年代，由英国贸易公司控制的资产被交还给了印度所有者。在第二个时期——从 50 年代晚期到 70 年代，印度政府通过各种措施对经济进行干预，也就是所谓的"许可证统治"。最后是一个经济改革时期，20 世纪 80 年代首先出现了一些政策的小幅度放宽，1991 年出现了严重的经济危机之后，政策宽松化的速度加快。

接下来的两部分内容阐述了几十年来所有权集中化在印度一直存在，但集中化所有者的身份随着时间发生了显著的变化。

5.2.1　所有权集中化的持续

显然，尽管经济经历了几个完全不同的统治时期，家族企业一直都在印度企业中占据主导地位。表 5.2 展示了 1993 年印度国有企业（SOE，或者公共事业部门）、在交易所上市的私人企业以及在印度运营的跨国企业（MNC）的对比数据。[①] 上市的私人企业数量与国有企业数量之比大约为 17 比 1。因此，上市私人企业远远多于公共事业部门。然而，公共事业部门通常比上市私人企业的规模大得多。所有上市私人企业的销售收入只是国有企业的 1.5 倍；同样，上市私人企业的资产只是公共事业部门的 1.2 倍。更明显的是，上市私人企业的权益资本总量只占公共事业部门权益的 51％。因此，与公共事业部门相比，私人企业尽管数量众多，但更为分散，对权益投资的依赖相对较小。

表 5.2　印度公共事业部门、私人企业和外国公司的对比（1993 年）

对比比率	私人企业与公共事业部门[a]	印度私人企业与外国公司[b]
公司数量	16.92	17.18
销售	1.53	4.32
利润	2.22	3.87
资产	1.21	9.07
权益	0.51	6.71

a. 私人企业包括印度集团附属公司（IG）和印度非集团附属公司（IN）。公共事业部门包括中央政府和地方政府所有的公司（P）。本列每项数据的比率为（IG＋IN）/P（例如，私人企业的数量是公共事业部门的 16.92 倍，但部门总销售收入只是公共事业部门的 1.53 倍）。

b. 本列描述印度私人企业与外国公司（F）的对比比率，例如，（IG＋IN）/F。

资料来源：作者的计算是基于印度经济指导中心（CMIE）的数据库进行的。数据来自 Tarun Khanna，"Modern India"，HBS Case No.979—108（Boston：Harrard Bussiness School，1997：7）。

表 5.2 也比较了 1993 年印度上市私人企业与在印度运营的跨国公司。在印度每有一家跨国公司（MNC），就有大概 17 家上市私人企业。本土私人企业的销售收入大概是跨国公司的 4.3 倍，资产是后者的 9 倍，权益是后者的 6.7 倍。因此，在 1993 年的印度公司部门中，跨国公司的地位相对较低。

在本土私人企业中，应该区分集团附属公司与非集团附属公司。我们需要讨论一下"集团"这个词的定义。Hazari 在对印度企业集团的一个经典研究中，将"集团"定义为"决策者施加控制的区域"(Hazari，1966：7)。这里的"决策者"通常是一个家庭，当然也有可能是一个关系紧密的种族团体。有效控制的区域通常是一定数量的各不相同的企业。Hazari 在其文章一开头就提到"本文是基于这样一种观点，即决策以及经济权力的单位是企业集团，而不是私人股份公司"(可参见其序言)。更早些时候的文章也同意这个观点。例如，另一个很具影响力的研究指出对于经济权力集中化的研究"要是脱离了对团体的研究是不现实的"(Gadgil，1951:29)。② Hazari 的研究对企业集团垄断程度进行了有效的评估(他的结论是企业集团的确占据垄断地位)。之后的监管者和政策制定者(例如，Dutt Report，1969)正是基于他的研究，证明了作为定义集团的重要特征，"控制"通常通过非股权渠道得以实施——例如，通过家族关系或者董事会的操作。

1993 年，总共有 1 113 家集团企业在印度的某一家股票交易所公开上市。印度独立后，出现了大批新企业，后来都在交易所公开上市。1993 年，公开上市的非集团企业有 1 539 家。这些企业成长壮大的部分原因是政府限制现有企业扩大生产力。这些企业发起人的自由资本较少，幸亏可通过从国有金融机构和公开资本市场获取资金来运作企业。

表 5.3 对 1993 年在孟买股票交易所(BSE)上市的集团企业与非集团企业进行了比较。③

表 5.3　1993 年在孟买股票交易市场上市的集团企业与非集团企业的比较

变　量	集团企业		非集团企业	
	平均值	中间值	平均值	中间值
销售额(百万卢比)	1 411	666	366	217
寿命(年)	28.3	22	19.8	14
托宾 q 值	1.39	1.14	1.37	1.06
国外机构投资者所有权(%)	10.1	2.3	7.4	0.9
印度机构投资者所有权(%)	15.6	13.3	11.3	6.5
内部所有者所有权(%)	31.9	31.3	20.8	17.1
董事所有权(%)	5.7	1.1	14.2	10.7
除以上投资者的 50 大所有者所有权(%)	4.9	3.2	7.6	5
公司数量	567	567	437	437

注：本表中的数据是基于 1993 年的值进行计算的。托宾 q 值定义为：(普通股市场价值＋优先股账面价值＋负债账面价值)/(资产账面价值)。销售额的单位为百万印度卢比，当时的汇率大致为 U.S. ＄1.00＝Rs30.00。公司寿命自公司成立之日起计算。国外机构投资者的所有权加总了国外公司和国外金融中介机构持有的股权。本土机构投资者所有权包括所有国有金融中介持有的股份。内部所有者所有权包括集团的家族成员和集团其他附属公司持有的股权，对于非集团企业则衡量了内部所有者持有的股份。董事所有权指的是非家族成员董事的所有权。50 大所有者是指除前述几类所有者之外的最大股东。集团成员的定义以 CMIE 对"集团"的定义为准(可参考后附的评论文章)。除托宾 q 值以外的其他变量的平均值和中间值，在集团企业与非集团企业之间都有超过 5% 的显著差异。
资料来源：Khanna 和 Palepu，2000a：276。数据来源为印度经济指导中心(CMIE)，样本为 252 家集团的 567 家附属公司与 437 家非集团企业。

数据样本包括可以获取必要数据的 567 家集团企业与 437 家非集团企业。这些集团附属公司隶属于 252 个集团。其中 95％ 的集团拥有 5 个或者少于 5 个附属公司在孟买股票交易所（BSE）进行交易，而最大的集团（Tata 集团）拥有 21 个上市附属公司。集团企业的平均销售额（中间值）为 14.11 亿（6.66 亿）印度卢比。这显然高于非集团企业的销售额，其平均值（中间值）为 3.66 亿（2.17 亿）印度卢比。集团企业的平均寿命（中间值）为 28.3 年（22 年），也明显长于非集团企业。集团企业的托宾 q 值的平均值（中间值）为 1.39（1.14），而非集团企业的该值为 1.37（1.06），两者并无明显的差异。

在所有权结构方面，总样本的平均值（中间值）如下：外国机构，8.9％（1.6％）；本土机构，13.9％（10.2％）；内部所有者，27.1％（26.5％）；董事，9.4％（3.4％）；不包括前述各类所有者在内的 50 大所有者，6.21％（4.0％）。剩余部分由分散的股东持有。与非集团企业相比，从平均值来看，集团企业的外国机构和本土机构的持股比例明显较高，同时内部所有者的比例也较高。

总的来看，印度 20 世纪 90 年代早期的公司有如下特点：有 100 多家相对大规模的国有企业，以及 2 500 多家较小的上市私人企业，而其中集团企业与非集团企业的数量基本一致。在私人企业中，拥有集中化家族所有权的集团企业在总资产中占有较大比例。

5.2.2 集中化所有者身份的变化

尽管集中化的家族所有权现象在 20 世纪的大部分时期持续，但最大的集团企业所有者的组成却并不是一成不变的。在整整 60 年的时间里，Tata 集团都是印度最大的企业集团，我们后面会列举具体数据。但从独立前以来的其他主要集团（如 Martin Burn，Andrew Yule，Inchcape 等英国集团）的企业形式都没有得到维系。在这期间，很多新企业日益壮大，包括 20 世纪五六十年代的 Thapar 集团，七八十年代的 Ambani 集团，八九十年代的 Wipro 与 Munjal 集团。因此，印度当代企业的历史有两大特点，一方面是总体层面上持续存在的所有权集中化，另一方面是个体公司层面上主导所有者的变动。

为了更正规地阐述这一观点，我们对过去 60 年印度主导企业集团的持续情况进行了分析。这一分析是基于由印度孟买的 Gita Piramal 博士编译的 1939 年、1969 年、1999 年印度 50 大企业集团（资产）排名（见表 5.4）进行的。她的排名是根据大量历史资料（包括但不限于不同时期印度政府发布的各种政府报告）进行编译的。需要注意的是该排名是对企业集团而非公司的排名。也就是说，有一个独立实体（通常为一个家族）控制的所有公司被看作是一个独立经济体。为了便于分析印度企业集团的持续情况，我们将对应同一时期基于市场价值的美国 50 大公司排名作为参考，该排名（见表 5.5）根据 Compustat 数据库进行编制。

表 5.4　印度 50 大企业集团

排名	1939 年		1969 年		1997 年	
	集　　团	资　产	集　　团	资　产	集　　团	资　产
1	Tata	62.42	Tata	505.36	Tata	37 510.80
2	Martin Burn	18.02	Birla	456.40	B.K-K.M.Birla	19 497.94
3	Bird	12.40	Martin Burn	153.06	Reliance	19 345.59
4	Andrew Yule	12.38	Bangur	104.31	RPG	9 664.12

续表

排名	1939 年		1969 年		1997 年	
	集 团	资 产	集 团	资 产	集 团	资 产
5	Inchcape	10.70	Thapar	98.80	Essar	9 593.78
6	E.D.Sassoon	9.56	S.Nagarmull	95.61	O.P.Jindal	5 456.10
7	ACC	8.68	Mafatlal	92.70	MAC	4 782.10
8	Begg	5.75	ACC	89.80	L.M.Thapar	4 434.09
9	Oriental Tel. & Elec.	5.60	Walchand	81.11	Ispat	4 425.35
10	Dalmia	5.51	Shriram	74.13	Group USHA	4 210.87
11	Jardine	5.33	Bird Heilgers	68.62	Lalbhai	4 112.44
12	Wallace Bros.	5.33	J.K.Singhania	66.84	Videocon	3 737.87
13	Birla	4.85	Goenka	65.34	Lloyd Steel	3 705.27
14	Wadia	4.70	Sahu Jain	58.75	Bajaj Group	3 415.87
15	Duncan	4.54	Macneil & Barry	57.28	Williamson Magor	3 351.62
16	Finlay	3.84	Sarabhai	56.72	Hari S.Singhania	3 275.80
17	Scindia	3.66	Scindia	55.99	K.K.Birla	3 094.90
18	Killick	3.51	Lalbhai	51.20	Torrent	3 077.23
19	Kilburn	3.23	Killick	51.08	Hinduja	2 967.20
20	Sarabhai	3.00	ICI	50.06	Arvind Mafatlal	2 862.94
21	Brady	2.82	Andrew Yule	46.75	Murugappa Chettiar	2 840.62
22	Rajputana Textiles	2.80	TVS	43.83	Escorts	2 642.22
23	Steel Bros.	2.77	Kirloskar	43.02	Mahindra	2 633.70
24	MacLeod	2.67	Parry	41.93	G.P.Goenka	2 630.43
25	Walchand	2.61	Jardine Hend.	40.19	C.K.Birla	2 530.32
26	Lawrie	2.55	Mahindra	38.58	Kirloskar	2 622.61
27	Thackersey	2.56	Bajaj	35.28	Nagarjuna	2 511.54
28	Mafatlal	2.45	Simpson	32.92	Jaiprakash Group	2 442.48
29	BIC	2.38	Seshasayee	32.72	Indo Rama	2 440.88
30	Lalbhai	2.33	Gill Arbuthnot	29.02	U.B.Group	2 414.65
31	Kettlewell	2.23	Kilachand	27.22	Kalyani	2 395.29
32	Gillanders	2.16	Dalmia J.	26.72	G.E.Shipping	2 357.59
33	Shri Ram	2.16	Naidu G.V.	26.41	Oswal Agro	2 342.36
34	Swedish Match	2.05	Shapoor Pallonji	26.36	Wadia	2 334.97
35	Octavious Steel	2.00	Turner Morrison	23.15	Manu Chhabria	2 286.02
36	Shaw	1.95	Ruia[a]	22.40	T.S.Santhanam	2 214.06
37	C.V. Mehta	1.90	Naidu V.R.	21.55	S.K.Birla	2 080.11
38	Mangaldas	1.80	A&F Harvey	21.33	Vijaypat Singhania	1 979.88
39	Daga	1.67	Wadia	20.56	Modern	1 967.85
40	Forbes	1.59	Shaw Wallace	20.14	M.M. Thapar	1 963.47
41	Harvey	1.50	Murugappa	20.07	Ranbaxy	1 875.71
42	Dunlop	1.42	Modi	19.38	SRF/A. Bharat Ram	1 863.26
43	Spencer	1.38	RamaKrishna	18.79	Finolex	1 712.73

续表

排名	1939 年 集　团	资　产	1969 年 集　团	资　产	1997 年 集　团	资　产
44	Williamson	1.23	Chinai	18.36	Godrej	1 695.97
45	Harrisons	0.89	Jaipuria	18.24	BPL	1 691.57
46	Henderson	0.63	Kamani	18.05	Vinod Doshi	1 519.89
47	C.Jehangir	0.42	Rallis	17.94	Usha Martin	1 514.06
48	Turner	0.39	Thackersey	17.19	OWM	1 412.76
49	Provident	0.34	Thiagaraja	16.55	Amalgamation	1 353.47
50	J.Warren	0.22	Swedish Match	15.70	Vardhman	1 282.40

注：该排名以资产为标准。国际上衡量企业效益通常以销售或者市场份额为标准。这里出于统一的考虑，采用资产作为衡量标准，因为无法获得 1984 年之前有关印度企业的较为完整可靠的数据。

a. 1969 年排名中的 Ruia 应与 1997 年排名中的 Essar Ruia 区分开来。

资料来源：1939 年数据取自 Markovits(1985:192—193)。显而易见的是，(由于种种原因)在这份排名中并没有 BAT、Thomas Duff、J.Taylor、Assam、Burmaih Oil、E.Peek 和 Hukumchand 等公司。由于我们只是考虑印度的企业集团，而且排名并不是专为本研究而设置的，因此我们能够合理假设在独立前印度的重要企业都已经包括在这份排名中了。1969 年数据取自工业许可证政策调查委员会报告(1969 年)，1997 年数据取自《今日商业》。

表 5.5　美国 50 大公司

排名	1939 年	1969 年	1999 年
1	AT & T	International Business Machs	Microsoft
2	General Motors	AT & T	General Electric
3	DuPont	General Motors	Cisco Systems
4	Standard Oil (New Jersey)	Eastman Kodak	Wal Mart Stores
5	General Electric	Standard Oil (New Jersey)	Exxon Mobil
6	Union Carbide	Sears Roebuck	Intel
7	U.S. Steel	Texaco	Lucent Technologies
8	International Nickel (Canada)	Xerox	International Business Machs
9	Texas Co.	General Electric	Citigroup
10	Sears Roebuck	Gulf Oil	America Online
11	Coca Cola	Minnesota Mining & Mfg	American International Group
12	SH Kress & Co.	DuPont	SBC Communications
13	Allied Chemical & Dye	Avon Products	AT & T
14	Procter & Gamble	Coca Cola	Oracle
15	Eastman Kodak	Mobil Oil	Home Depot
16	Kennecott Copper	Procter & Gamble	Merck
17	Standard Oil (Indiana)	Standard Oil (California)	MCI WorldCom
18	Chrysler	Polaroid	Procter & Gamble
19	Socony-Vacuum Oil	Merck	Coca Cola
20	FW Woolworth Co.	Atlantic Richfield	Nortel Networks
21	RJ Reynolds	American Home Products	Dell Computer

续表

排名	1939 年	1969 年	1999 年
22	Consolidated Edison (New York)	International Telephone & Telegraph	Johnson & Johnson
23	Commonwealth Edison	Standard Oil (Indiana)	Bristol Myers Squibb
24	United Gas Improvement	Johnson & Johnson	Pfizer
25	Standard Oil (California)	International Nickel (Canada)	Sum Microsystems
26	Chesapeake & Ohio Railway	GTE	QualComm
27	Pennsylvania Railroad	Shell Oil	Hewlett Packard
28	Norfolk & Western Railway	Ford Motor	Yahoo
29	Westinghouse Electric & Mfg	Burroughs Corp.	EMC
30	Montgomery Ward	JC Penney	Bell Atlantic
31	American Can	Pacific Telephone & Telegraph	Motorola
32	International Harvester	Caterpillar Tractor	BellSouth
33	Bethlehem Steel	Weyerhaeuser	Bank of America
34	Anaconda Copper Mng	Westinghouse Electric	Time Warner
35	American Tobacco	Georgia Pacific	Morgan Stanley Dean Witter
36	General Foods	Union Carbide	Daimler Chrysler AG Stuttgart
37	Roan Antelope Copper Mines	Goodyear	Texas Instruments
38	United Fruit	Chas. Pfizer & Co.	Berkshire Hathaway
39	JC Penny	Bristol Myers	American Express
40	Pacific Telephone & Teleg	Honeywell	BP Amoco PLC
41	Liggett & Myers Tobacco	RCA	Eli Lilly
42	Parke-Davis	Warner-Lambert Pharmaceutical	Warner-Lambert
43	Pacific Gas & Electric	Dow Chemical	DuPont
44	Union Pacific Railroad	General Foods	GTE
45	Phelps Dodge	Imperial Oil	Wells Fargo
46	North American	Creole Petroleum	Tyco International
47	Phillips Petroleum	Pacific Gas & Electric	AT & T
48	Commercial Investment Trust	SS Kresge	Chase Manhattan
49	Public Svc	RJ Reynolds	Federal National Mortgage
50	William Wrigley Jr.	U.S. Steel	Schering Plough

资料来源:Compustat 数据库(以市场价值为标准)。

表 5.6 提供了一些汇总数据。我们的第一个发现是,印度公司的排名出现了很大的变动性。1969 年的 50 大集团中的 32 家并没有出现在 1939 年的 50 大排名中。而 1999 年排名中的 43 家集团都没有出现在 1969 年的排名中。这种波动性远大于美国同比时期的数据,美国 1939 年和 1969 年排名中分别有 28 家和 37 家企业出现在了 1969 年和 1999 年的 50 大排名中。由于印度的数据是针对企业集团(即公司的集合)而美国数据是针对公司的,因此这种对比会更加明显。(换句话说,印度企业集团中的个体公司的变动远大于数据所体现出的集团的变动。)

表 5.6　60 年来印度企业集团与美国公司的主导地位持续情况

	印度企业集团		美国公司	
	1939—1969	1969—1999	1939—1969	1969—1999
成立	32	43	28	37
排名上升	6	3	7	5
排名下降	10	3	15	6
排名上升 10 位	5	2	1	2
排名下降 10 位	5	1	4	3
排名不变	2	1	0	2

注:"成立"是指在考察的 30 年期间内成立的企业集团或公司数量,也就是,在那一时期进入该国 50 大排名的公司,并且它们并不在上一个 30 年的排名名单之列(在两个国家都没有集团或企业在退出 50 大排名之后重新进入该排名)。"排名上升"是指在以资产规模为基准的排名中名次上升的企业集团或公司数量。较小的排名表示集团或公司的规模较大,即排名第 1 和排名第 50 的分别是该国该时期 50 大排名中最大和最小的公司。"排名上升 10 位"计算了排名上升超过 10 位的企业集团或公司数量。"排名下降"与"排名下降 10 位"的定义与此相似。"排名不变"则表示在该 30 年期间内排名保持不变的企业集团或公司数量。

在 1939—1969 年间,18 家集团(50 减 32)仍旧处于 50 大集团之列,其中 16 家的排名发生了变动,只有 2 家企业集团的排名保持不变。另外,18 家集团中有 10 家的排名发生了剧烈变化(即变动程度超过了 10 个名次)。相反,在美国 1939—1969 年的排名中,只有很少的公司排名发生了如此大的变动(22 家企业中只有 5 家)。在 1969—1999 年间,名次发生剧烈变动的公司比例,印度(3/7)也高于美国(5/13)。

同时也注意到,在后一个 30 年中印度企业集团的排名变动比前一个 30 年要大。这一点很重要,因为 1939—1969 年这一时期的变动主要来自资产转移,英国在印度的殖民统治结束时将资产所有权归还给了印度所有者。1969—1999 年期间的变动更能反映一般情况。

最后,对不同时期成立的集团或者公司的研究表明,这些新成立的集团或公司通常不会一跃成为排名中的领头羊,而名列前茅的集团或公司也不会在排名上突然一落千丈。将排名、公司成立时期和衡量集团或公司在下一个时期即将退出 50 大排名的指标进行回归分析,结果显示排名对这两个指标的回归系数都是正向而且显著的。也就是说,在特定时期成立的公司有较高的排名,在下一时期即将退出 50 大排名的公司也有较高的排名。我们对印度 50 大集团和美国 50 大公司都进行了回归分析,结果显示两者的点估计值非常相近,暗示在排名变动的背后存在一些相似之处。

印度公司所有权的模式并不符合典型的公司所有权理论。在接下来的两节内容中,我们将从两个角度来解释在一个像印度这样的新兴经济体国家中的所有权集中化问题(Ghemawat and Khanna, 1998;Khanna, 2000)。第一种假设与具有强大的政治关系和显赫地位的企业家族的寻租行为有关。在这种假设下,企业家族通过对企业集团的控制来榨取个人利益,并且通过非生产性的经济活动和对政府政策和行为的影响来维持他们的地位。第二种假设是家族企业集团的崛起是创业活动的结果,这在印度这样市场失灵和体制漏洞严重的新型经济体国家是比较罕见的(Khanna and Palepu，1997，1999，2000b，2000c)。

5.3 政治关系与寻租行为

在这一节中，我们首先描述了在这部分内容所涉及的时期内企业与政府的关系，然后我们考虑了一些特定的企业集团与政府的关系，从而证明是否存在支持解释所有权集中化持续性的"政治关系说"的证据。

5.3.1 企业与政府关系的变化

企业与政府之间的紧密联系很早之前就在印度出现了。在英国殖民统治时期，英国公司的利益自然在印度企业的利益之上(Piramal，1998：162，230)。随着20世纪二三十年代为从英国统治之下争取独立的政治运动势头高涨，印度企业与独立运动政治领袖之间的紧密关系得以发展。1927年，Mohandas Gandhi 在推动印度的独立运动期间，曾经在一封写给印度著名商人 G.D.Birla 的信里提到"我非常渴望金钱"，以表达与商人之间的共生关系(转引自 Piramal，1991)。

在印度独立之后(1947—1960年)，为了建立现代印度，印度新政府与商业团体之间继续着它们的务实合作。例如，Hindalco 与 Telco 同印度政府合作，建立起 Hindustan Aeronautics 有限公司，来发展印度的航空产业。然而，到20世纪60年代，在总理 Jawarharlal Nehru 的领导下，这种关系推动着印度经济政策朝着社会主义方向发展。这一时期的特征是许可证统治，当时印度政府想要对大型商业企业施加控制，并且通过公共事业部门来直接干预经济活动。

印度几个主要的政府委员会都是在这一时期建立的，包括1964年成立的马氏委员会、1965年成立的垄断调查委员会、1966年成立的 R.K.Hazari 委员会以及1969年成立的工业许可证政策委员会。这些委员会的文件记录表明，大型商业企业对印度经济具有重大影响，而且由于它们更容易获得融资和政府许可因此拥有更多的发展机会。这些委员会成立之后，颁布了垄断与限制性贸易实施条例(MRTP)和外汇管理条例(FERA)，并将最大型的私人银行进行了国有化。这些政策性变化都是由 Indira Gandhi 总理当政的政府发起的，对私人企业获得发展机会、国内融资或者与外国技术或其他企业进行合作等都施加了严格的政府控制。FERA 也对在印度的跨国公司的所有权进行了限制，因此其大部分所有权都由印度股东持有。

在20世纪80年代中期，总理 Rajiv Gandhi 当政时期，开始逐渐放松管制。这些改革放宽了 MRTP 的一些规定以及进口限制，也将一些经济部门从许可证规定中释放出来。除此之外，在这期间印度经济保持了较为适中的增长率，并在20世纪90年代初期的外汇支付危机时达到顶峰。这一危机引起了大规模的管制放松以及印度经济的自由化。在总理 Narasimha Rao 当政的国大党政府时期，以及之后总理 Atal Behari Vajpayee 当政的人民党政府时期，MRTP 和 FERA 条例被撤销，包括电信、航空、银行等之前归为公共事业的产业都对私人部门开放，同时也大幅度降低了进口关税。

5.3.2　企业集团与政府

在过去半个世纪中,由于印度企业与政府的关系不断发生变化,个体企业集团与当权政府间的关系也经历了复杂的转变。在不同时期,不同的企业集团受到政府不同的偏爱。有证据显示:在不同企业集团的兴衰过程中,这种政治关系发挥了重要作用。但有趣的是,企业集团一直都占据主导地位,无论它们与政府的关系如何。显然,与政府的密切关系并不是它们成功的唯一原因。

在独立前,J.R.D.Tata 也主要依赖政府合同。在第一次世界大战之前,如果没有英国政府对印度铁路的担保,Tata 钢铁不可能成立,如果没有这些政府合同,Tata 钢铁也不可能发展成英联邦最大的钢铁企业。同时,Tata 钢铁还受到针对德国和日本的关税保护(Hazari,1986),在独立运动中保持中立。

但到了 1960 年,尽管该集团已经不再受政府青睐,同时也反对 Nehru 总理的社会主义理念,Tata 依然是印度最大的企业集团。几个政府委员会都认为大型企业操纵和滥用了许可证制度,有报道称 J.R.D.Tata 对此说法进行回应时,曾讽刺地说道:"昨天在议会他们把我称作是'拥有极大集权'的垄断者。我每天早上醒来的时候都对自己说,'我集权力于一身。今天我要去征服谁呢? 是一个竞争者还是我工厂的工人或者是消费者呢?'……不是的,其实我什么权力都没有……我无法决定要贷多少款,要发行什么股票,发行价格是多少,要付多少工资或者奖金,要怎么支付股利。甚至,我支付给一个高级行政人员的工资,都需要经过政府的批准。"(Das,2000:168—169)的确如此,在 1960—1989 年之间 Tata 集团曾上报过 119 项企业扩张计划,却全部被否决,远谈不上它能通过操作许可证制度来满足其利益(Das,2000:93)。另外,Tata 集团的一些资产已经被国有化,最有名的就是 Tata 航空公司。J.R.D.Tata 还协助 Swatantara 政党为 Nehru 的国大党提出了一些意见,因为前者主张减少当时国大党已经实行的管制。

让我们再来看一下 Birla 集团。在 G.D.Birla 的领导下,该集团为印度的独立运动提供了资金上的帮助和支持。Sarajini Naidu 是印度当时的著名人物,她曾说:"用 Birla 集团的所有资金去帮助贫穷的甘地继续生活,而他给了我们自由。"(Piramal,1998)该集团在独立后发展壮大并在 1969 年成为印度第二大企业集团。然而,在甘地总理的政府时期,Birla 集团因为其对许可证制度的操纵而成为批判的对象,Hazari 报告指出并批判了 Birla 集团抢占许可证的行为——先申请了许可证但之后并不使用。G.D.Birla 的继任者 Aditya Birla 认为政府的不公平控诉让其备受侮辱,他对此感到非常失望,从而将他的集团扩张计划转移到了海外。以至于在 1970 年到 1995 年之间,Birla 集团在埃及、印度尼西亚、马来西亚、菲律宾以及泰国都建立了工厂,整个集团所有商业活动的 1/3 都在海外,并成为世界上黏胶短纤维、棕榈油、绝缘体领域的领导企业,以及世界上第六大炭黑生产商(Das,2000:176)。这意味着,集团的规模和地位来自 Birla 集团在突破许可证限制方面的努力,而不是接受管制和单纯地进行寻租活动。

所有这些并不是否认寻租行为的存在。很明显,对制度的滥用是存在的,并且很多指标都与此相关。例如,参考最近的研究文献(Bertrand,Mehta and Mullainathan,2002)以及我们自己的早期文献(Khanna,2000;Khanna and Palepu,2000a)都解释了企业集团的阴暗面。[4]但是,用同一种方法去对待整个企业部门是不正确的。一些实例表明,一些集团尽管长期以来并不受政府青睐,却依旧保持了主导地位。其他一些集团选择直接进行海外扩张而不是操纵许可证体制。

另外,请注意下面几个可能出现不恰当关注点和错误的推论。我们并不认为许可证统治对经济发展不利。如 Hazari(1986:xxiv)所述:"如意大利人所言,滥用和失灵不再只是漏洞,而是敞开的大门。"但所有权集中化是否就是这种不利影响的源头则并不清晰。"控制的卡夫卡之谜"(Bhagwati,1993)与伦敦经济学院和剑桥(Hazari,1986)的令人振奋的研究成果以及之后的苏维埃计划模式,比与印度占主导地位的家族企业有更密切的关系。企业集团要么如一些集团那样操纵这些制度,要么就像另外一些集团那样避开这些制度。

5.4　制度漏洞背景下的创业

在一个新兴经济体中,产品市场、劳动力市场和金融市场运作所必需的很多制度可能并不存在或者并不完善。殖民统治下的印度也是如此。事实上,在印度独立的最初几十年中,严重的政府干预被后继政府看作是处理市场失灵的一种方法。

如 Khanna 与 Palepu(1997,1999,2000b,2000c)和其他学者(Leff,1976,1978;Strachan,1976)认为,企业集团可以看作是私人机构,会对经济中的制度性漏洞作出反应。企业集团履行了一些在更成熟的市场中通常由市场机制履行的职责。其中,很重要的一个职责就是提供风险资本,包括识别经济中有发展机会的新机遇,并且利用内部风险资本和管理才能开发机遇,这些通常是经济中所缺乏的。反过来,就导了人们看到的在新兴经济体中企业集团成为占据主导地位的组织形式。

需要注意的是,这种假设只是意味着在像印度这样的经济体中企业集团式的组织会占据优势地位,这一点很重要。但并不能说明在较长时间里同样的企业集团仍然能保持其主导地位。在这种解释之下,一个企业集团的持续成功依赖于其在长时间内维持其创业性质的能力。一些集团能够做到,一些则不能。这样看来,在长时间内,在一个新兴经济体中企业集团的兴衰类似于发达经济体中企业的兴衰。

Tata 集团的历史为我们提供了在长时间内一些印度企业集团成功追求新商机的经典案例。图 5.1 展示了 1870 年到 2001 年 Tata 集团进入不同的新产业的时间表:1874 年纺织业,1902 年酒店业,1907 年钢铁业,1910 年电力行业,1912 年水泥业,1917 年肥皂和盥洗用品业,1931 年印刷出版业,1932 年航空产业,1939 年化工业,1940 年消费电子品业,1945 年商用车辆和机车业,1952 年化妆品业,1954 年空调行业,1958 年制药业,1962 年茶和咖啡行业,1968 年信息技术产业(参见第 5.6 节),1984 年手表和金融服务业,1993 年汽车零部件业,1994 年电信服务业,1998 年乘用车行业,1999 年零售业以及 2001 年保险业。尽管这些行业极具多样性,但该集团,即便不是绝大部分,也仍然能够在很多产业中保持领先。在其历史上,只是从极其少数的产业退出过——1953 年航空业(由于政府的国有化),1970 年机车业,1993 年肥皂和盥洗用品业,1998 年化妆品和制药产业,2000 年水泥行业,以及 2003 年印刷出版业。⑤

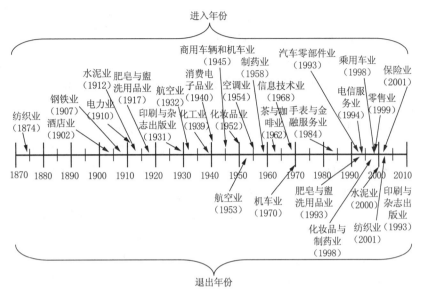

图 5.1　Tata 集团的发展（1900—2003）

资料来源：Tata Sons 私人有限公司，印度孟买。

　　Tata 集团所扮演的角色恰好弥补了当时风险资本的漏洞，同时也在缺乏运作良好的公共市场的情况下提供了一种激发创业的机制。例如，Tata 化学非常支持其工程师进行创新。有时候这些工程师离开公司自己创业，而之后，众所周知的是 Tata 集团对这些企业进行了收购（参见 Piramal，1998 中的例子：473）。

　　有趣的是，这种创业活动经常因为没有坚持其核心竞争力而遭到媒体的批评。这反映出人们在对何谓"核心竞争力"的认识上的错误。它至少应该包括规避制度漏洞的能力，这也是一些特定行业的规律。正如 N.A.Soonawala（Tata 集团的主要控股公司 Tata Sons 的董事会成员之一）在回应当时主要跨国咨询公司对其的批评时所言，"如果不让任何人进入一个不相关的产业，那么像航空、石油和电信产业要如何发展呢？政府表态说他们不能这样做。因此，产业多样化是对社会发展有益的"（Khanna，Palepu and Wu，1998）。

　　在印度，创业的一个重要特征是依赖少数民族家族的关系网络（Lamb，1976）。Marwaris、Gujerati 和 Parsi 团体是印度近几十年以来的主要商业团体，甚至时至今日也是如此。比如，这些团体在 1989 年共同控制了印度最大的 100 家公司中的 62 家（Piramal，1989）。其他比较活跃的团体包括 Punjabis、Chettiars 和 Maharashtrians。

　　这些商业团体各有特点。例如，Gujeratis 有与中东和东非国家进行贸易的传统。从印度少数民族拜火教发展起来的 Parsis 的业务范围是"最西化"的，其也一直都是印度与欧洲之间的桥梁。Marwaris 是起源于印度西部 Rajasthan 州的一个人口较少的团体，成为印度地理分布最为广泛并且在全国范围内开展业务的商业团体。到 2000 年，Das（2000：174）曾引用过一个预测，即 Marwaris 控制了印度工业领域总资产的一半。

　　Timberg（1978）描述了 Marwaris 的商业运作手法。Marwaris 公司拥有遍及亚洲、深入中国的关系网络。他们在获取信息和执行合同方面都很依赖他们的亲属。在术语中,我们用"体制漏洞"来替代这种"种族关系",并且其也具有与 Greif(1994)和 Rothschilds 研究过的 Genoese 和 Maghribi 贸易商所用关系网相同的特征。Marwaris 的简单、严格的,可能是手写的成本会计体制提供了一种融资的成本效益分析方法,从而使他们能在资本缺乏的时代对风险进行评估。

在英国统治前和英国统治时期,印度主要企业集团发展的特点是各民族团体中获得成功的成员都很想给新成员提供帮助,有时候甚至与当时已有的企业进行竞争。例如,现在 Marwaris 团体中的几个主要集团都是从 Birla 集团中分离出来的。Birla 曾以积极鼓励有才干的雇员开创自己的事业甚至给予资金支持而著名。几个从 Birla 集团分离出来的集团(例如,Khaitan 与 Kejriwal)现在都在逐渐退出市场(Piramal,1998:142—143)。杰出的纺织业商人 Kasturbhai Laibhai 曾帮助他的种族群体成员建立纺织厂。Walchand Hirachand Doshi 曾为了对抗英国的统治,积极推动航运企业的发展,包括他自己的竞争对手(Piramal:162,230)。如 Lamb(1976)所言,英国统治时期的创业行为是英雄主义的,如果从企业家政治利益的角度考虑就更是如此。

创业一直持续到近代时期,并且从产品线的扩张发展到了制度性的创新。Ambanis 就是一个很好的例子。最近刚成为印度主要企业集团的旗舰公司 Reliance 是印度唯一进入全球 500 强的企业。很多人认为该公司最初取得成功的一个重要原因就是与甘地当政的政府保持了密切关系——公司建立者 Dhirubhai Ambani 说他会为了推销他的想法向任何人"致敬"⑥——事实是该集团已经在管理大规模资本密集型项目方面具有世界一流的能力,并且成为富有创造性的金融投资者。它对印度制度创新方面的最大贡献也许就是创造了一种股份崇拜文化。如 Das(2000:Chapter 13)所述,1977 年 Dhirubhai Ambani 在全国范围内发动小投资者进行投资,当公共金融机构不给他贷款时,其就在孟买和艾哈迈达巴德的股票市场上市。在 1980 年到 1985 年间,印度股东的数量从 100 万增加到了 400 万,而且中 25% 的股东都拥有 Ambani 旗下公司 Reliance 的股份。

综上所述,我们从两个方面——寻租行为和创业活动——来解释所有权集中化的持续与集中化所有者身份的变动同时存在的双重现象。也存在相关证据来分别支持两种解释方法。如果只是在表面上将数据归于任一种解释都是不可取的。尤其是很难用"寻租行为"对这个问题进行充分的解释,特别是解释集中化所有者身份的变动。

5.5 近代时期集团与市场的发展状况

资料显示,印度历史上具有家族和社团关系的企业集团的发展,在一定程度上,是由于缺乏一个成熟的金融市场。在过去 30 年,印度金融市场的迅速发展,一方面是由于社会主义时期出于其他目的而采取的政策的效果,另一方面是由于近期改革中政府为了推动市场发展而直接采取的措施。

根据 20 世纪六七十年代的社会主义时期通过的外汇管理条例(FERA)的规定,在印度经营的跨国公司必须将它们的所有权减少到40％以下，并将其与所有权分配给印度投资者。为了满足这个要求，很多跨国公司都通过在孟买股票交易所（BSE）上市而将它们的股份出售给公众投资者。股票发行价格由政府机构资本发行控制机构来制定，账面价格通常都远远低于股份的经济价值。因此，个人投资者就能够以极具吸引力的价格购买到很好的公司股票。这种公开上市发挥了很大的溢出效应。首先，它们在印度创造出了大规模的股权所有制氛围，因为很多散户投资者都被这种肯定能够获取高额收益的机会所吸引。第二，这些公司在孟买股票交易所（BSE）的上市过程促进了中介机构和市场基础设施的诞生——会计师、审计师、金融分析师、投资银行家以及股票经纪人。

20世纪90年代，印度经济开始自由化，政府政策的一个主要目标就是吸引外国机构投资者。为了达到这个目标，印度政府效仿美国证券交易委员会，建立了印度证券与交易管理局（SEBI）。SEBI成立后，一系列资本市场改革付诸实施：加强公司信息披露和治理标准的新规定，保证证券交易市场中有序、公平的交易新规定和实施机制，将资本市场向国际金融中介开放。允许企业的股票价格根据市场价格进行浮动，而不是盯住资本发行控制机构制定的低价。后来，也允许印度企业在国际股票交易市场中进行首次公开发行。这些改革措施显著改善了印度的金融市场，也提高了创业者和企业获得国内、国际资本的能力。

这些改革，以及产品市场管制的明显放松，都给企业集团带来了新的机遇和挑战。很多第一代的创业者们都通过资本市场开发了新的商业机遇。他们中的佼佼者是Reliance集团，它在孟买股票交易所（BSE）募集了大量资金，将其石化企业发展成了印度最大的企业之一。之后，Reliance抓住了电力和电信行业管制放松的新机遇，发展成了多样化的企业集团。这一时期也促进了大量的软件和制药行业企业的发展——软件业的Infosys、Wipro和Satyam电脑服务公司以及制药业的Ranbaxy和Dr.Reddy's。这些公司中的一些是家族企业，但进行的是专业化管理（Wipro、Satyam、Ranbaxy和Dr. Reddy's）；一些产业非常多样化（Wipro涉猎了消费品行业和信息技术产业）；另一些则专注于某一个行业（Infosys、Satyam、Ranbaxy和Dr.Reddy's）。

资本市场的发展、管制放松以及印度经济的全球化都促进了这些新企业的诞生，与此同时，一些老的家族企业也适应了这些变化并得到发展。其中最著名的就是Tata集团，它依旧是印度最大的企业集团。Tata集团在软件和电信产业开拓了很多新的商业机会。如今，Tata集团公司之一的Tata咨询服务公司是印度最大的信息产业服务企业，Tata电信则是印度最大的电信企业之一。

5.6 印度的软件业

5.6.1 为什么要研究软件业？

与独立的企业家相比，家族企业通常在利用机遇方面具有相对优势，但在软件服务行业，由于种种原因，这种差距是最小的。首先，这是一个非常适合白手起家的行业，因为其资本要求较低，基本没有进入市场方面的政府规定，取得盈利所需的经济规模也较小。另外，印度政府投入了大量资金发展精英技术机构,如印度技术学院、印度管理学院以及其他工科院校。这些机构培养了大量精英人才,这种人才注入对软件服务行业非常重要。这些院校的毕业生们,因为有着出众的教育背景,更愿意在新成立的企业,而不是已经发展成熟的企业集团工作。最后,限制IBM等跨国企业经营的政府政策也为本土企业家们创造了大量机会。在这种情况下,软件服务成为一个个体企业家能与企业集团相抗衡的行业。因此,软件业的发展史,以及企业集团在其中所扮演的角色,能进一步解释为什么企业集团在印度具有如此重要的地位,甚至直至今日都是如此。

5.6.2 印度软件业的起源

直到 20 世纪 60 年代中期,印度的软件业基本没有任何发展。出售的任何软件都是与IBM等跨国公司出售的电脑捆绑销售的。软件方面的早期发展主要着重于生产内部应用程序从而更有效地使用电脑。政府通过开征高硬件进口关税来鼓励发展本土的硬件业。印度电子有限公司等国有硬件企业试图生产供本土(学术和商业)使用的电脑,希望在运行系统、编译程序、应用软件包等方面都有所发展。然而这些努力大多没有取得成功。

当然,后来很多观察家们总结的很多如今印度软件业成功的原因——如低成本的人才,英语语言,创业传统等——在 20 世纪 60 年代之前就已经出现了。而事实上,当时的印度软件业并没有取得成功,同时,这一产业也并没有在其他有低成本人才和英语语言的国家取得成功,说明这些并不是印度软件业成功的全部条件。

1968 年,具有多样化产业和所有权集中化典型代表的 Tata 集团的控股公司 Tata Sons 成立了全资子公司 Tata 咨询服务公司(TCS),软件业就此走上发展之路。根据 Heeks 的研究(1996),Tata 集团是第一个订阅印度政府允许硬件进口的出口承诺相关条款的商业组织。表面上看,Tata 的目的是使其各行业的公司都能在日常运作中使用电脑。为此,TCS 与 Burroughs 公司结成企业联盟,Burroughs 将帮助 TCS 巩固其在美国的客户,而 TCS 则作为 Burroughs 在印度的硬件独家代理商。在这个联盟的基础上,TCS 在美国的第一个客户是底特律警察署。如今,TCS 是印度最大的软件服务商,雇用了 19 000 多位软件工程师。该公司是由 Tata Sons 有限公司全资所有的私人企业,也是 Tata 集团公司中的一员。

但触发 TCS 崛起的是一个偶然事件,与 1978 年 IBM 撤出印度市场有关。IBM 之所以采取这一措施,是因为 FERA 要求跨国企业在印度分公司的所有权限制在 40% 以下,以及印度出台了关于获得进口所需外需和使用出口所得外汇的特殊政策。跨国企业不得不在出售股份给印度公众从而降低持股比例与离开印度市场之间做出选择。好几家跨国企业都选择了在孟买股票交易市场(BSE)公开上市,然后稀释其股权,但 IBM 和可口可乐是两个例外。IBM 离开印度的决定意味着该公司的 1 200 名员工不得不寻找其他选择来发挥他们的才干。他们中的很多人成立了小的软件咨询公司,继续为 IBM 以前的客户提供软件开发和维护服务,从而导致印度软件业的诞生。IBM 的离开也使得很多小硬件公司得以进入印度市场,让印度的程序设计员们有了更大的发展平台。

印度政府采取的政策所产生的其他意料之外的后果也在塑造这一新产业方面起了作用。例如,对于进口硬件的严格限制——政府许可证要求、高关税以及外汇管制——刺激了这个产业的发展,程序员被送到客户所在地,在客户的电脑上工作。这也使得一些公司与它们的客户建立了良好的关系,之后在规范这一行业方面发挥了重大作用。

从一开始这一产业就具有外向型特征,也是由于受到了不具吸引力的国内市场的影响。这也有好几方面的原因:首先,因为担心自动化导致的失业,政府并不鼓励在政府部门和国有企业使用电脑。第二,为了发展本土硬件产业,政府征收了非常高的关税(在 20 世纪 70 年代的大部分时间和 80 年代早期都高达 350%)。第三,由于经济的保护主义特征,印度私人企业对于采取信息技术来改善其经营和生产力并不感兴趣。因此,印度软件公司发现要在本土市场激发较大的软件服务需求是非常困难的。这种外向型特征与印度的私人企业形成了鲜明对比,相对出口市场,私人企业更看重印度的本土市场。

比这些偶然事件的影响更为广泛的是,软件业有幸逃脱了挑剔的官僚无所不在的监控。印度的"社会主义"政策和对企业差劲的微观管理起源于牛津和剑桥的费边社会主义,该理论认为应该试图控制经济的"制高点"。但这要求控制住实物资产。由于软件是无形资产,很难被包括在这些规定的范围之内。

除了软件业具有无形资产特征外,它能避免印度"社会主义"负面影响的另一个原因是它的非资本密集性。该国对金融部门的束缚就不那么重要了。最后 10 年的一些变革有利于已经出现的产业的进一步发展。例如,1990 年汇率危机之后采取的大范围管制放松改善了企业的发展前景。取消了硬件进口的许可证制度,以及国际市场上硬件价格的明显下降,都大幅度减少了印度本土软件业的进入壁垒。软件企业可以建立私人电信网络,从而能提供远程软件服务(通常是给西部客户)。直到 2004 年年初,重商主义的执政党印度人民党(BJP)首次在竞选宣言中明确表示支持软件业的发展。

但我们通常认为这些近期的变革对于这个产业的起源作用不大。一个低成本而人才密集的环境如何在世界知识密集型产业中立足,这个问题是很有趣的。这显然是一个偶然事件,而不是精心策划的结果。更有趣的是,我们的研究对象,TCS 的所有权集中化是最有利于抓住那些偶然事件带来的商业机遇的。事实上,Tata 公司之间的所有权联系也是将它们联系到一起的桥梁之一(除此之外还有连锁董事、非正式共享 Tata 品牌、共享高级人才),并且使得 TCS 可以利用 Tata 集团的声誉。如果一个企业不附属于一个已经具备声誉的私人企业,能否发展并且利用软件业的各种机会,是很令人怀疑的。在接下来的一节中,我们将介绍 TCS 的策略与印度其他公司有何不同,而且 TCS 不但没有阻止新生企业的进入,反而为这些企业进入市场提供便利。

5.6.3　印度软件业中的现代企业组织

表 5.7 给出了软件业企业按照营业收入的分布情况。表 5.8 是收入排行前 20 的企业以及它们的营业收入。该行业中的前五大企业的销售收入超过了 100 亿印度卢比,占整个产业销售总额的 32%。这个五大企业是 TCS、Infosys 技术公司、Wipro 技术公司、Satyam 电脑服务公司和 HCL 技术公司。Wipro、TCS 和 Satyam 是家族企业集团的附属公司,它们进入软件业是其母集团产业多样化策略的一部分。在这三家公司中,TCS 是私人所有的;Wipro 是上市公司,但其 84% 的股份都由公司建立人持有;Satyam 也是上市公司,但建立该企业的家族只持有 11% 的股权。Infosys 与 HCL 是计算机专家建立的,也是上市公司。印度也有几家大

型软件企业是跨国公司的附属公司,包括像 IBM 全球服务公司这样的海外软件服务企业在印度的分支机构。也有将印度作为其软件开发基地的跨国运营公司的分支机构,如西门子信息系统有限公司和摩托罗拉。跨国公司的附属公司占该行业销售总额的 22%。有 24 家大型软件公司在印度股票交易市场上市。[⑦] 这些公司中有三家——Infosys、Satyam 和 Wipro——也在美国的股票交易市场上市交易。

表 5.7　印度软件出口业结构

年 营 业 额	公　司　数　量	
	2000—2001 年	2001—2002 年
超过 1 000 亿卢比	5	5
300 亿—1 000 亿卢比	7	5
250 亿—500 亿卢比	14	15
100 亿—250 亿卢比	28	27
50 亿—100 亿卢比	25	55
10 亿—50 亿卢比	193	220
低于 10 亿卢比	544	2 483

注:2001—2002 年,营业额低于 10 亿卢比的公司数量包括非 NASSCOM 成员的公司。
资料来源:NASSCOM(2003)。

表 5.8　印度最大的 20 家 IT 软件和服务出口企业

排名	公　司　名　称	销售额(亿卢比)	美元(百万)
1	Tata 咨询服务公司	3 882	813
2	Infosys 技术有限公司	2 553	535
3	Wipro 技术公司	2 256	481
4	Satyam 电脑服务有限公司	1 703	357
5	HCL 技术有限公司	1 319	277
6	IBM 全球服务(印度)有限公司	764	160
7	Patni 电脑服务公司	732	153
8	Silverline 技术公司	603	126
9	Mahindra-British 电信有限公司	541	113
10	Pentasoft 技术有限公司	459	96
11	HCL 佩罗特系统有限公司	449	94
12	Pentamedia Graphics 有限公司	431	90
13	NIIT 有限公司	400	84
14	Mascot 系统有限公司	399	84
15	i-Flex 咨询有限公司	392	82
16	Digital Globalsoft 有限公司	331	69
17	Mphasis BFL 集团	313	66
18	Mascon 全球有限公司	307	64
19	Orbitech 公司	264	55
20	Mastek 有限公司	259	54

资料来源:NASSCOM(2003)。

将软件业的企业组织与表 5.2 和表 5.3 中印度整体经济中的企业组织情况进行对比。在整个经济中,私人企业在软件业中要比在公共部门(不存在)要重要得多。一些大型且占据主导地位的软件企业已经出现了,而且这是正常的全球竞争的结果。软件业中五家最成功的企业中的三家——TCS、Wipro 和 Satyam——都是由企业集团成立的,而且一直是集团的附属公司。[8]虽然这一行业不存在资本方面的进入壁垒,但这些已经取得成功的企业集团的声誉也造成了进入这个行业的巨大障碍。另外,由于跨国企业很难取代本土的集团公司,我们能够推测前者的声誉至少部分地来源于,在印度运营一个软件公司的一些难以复制的能力。

5.6.4 印度软件业的成功

过去的研究通常都着重分析所有权集中化的弊病,印度软件业的案例则提供了一个完全相反的例子。[9]我们认为尽管所有权集中化无处不在,软件业却是一个成功的案例,我们在这儿提供了一些更为广泛的数据来支持这种观点。为什么我们认为这是成功的呢?与印度整体经济的平淡表现相比,其软件业的表现是令人印象深刻的。[10]这一行业 2002 年的销售总额为102 亿美元,并且在 20 世纪 90 年代期间增长幅度超过了 40%。2002 年这一行业的出口总额为 77 亿,占到了印度当年所有产品和服务出口总额(733 亿美元)的相当一部分。在技术实力方面,世界上九个软件开发中心中的五个在能力成熟度模型(CMM)中都享有五级评级,是印度卡耐基—梅隆大学为软件业开发的主要质量规模评级中的最高级。像通用电气、花旗、IBM这样的公司只在印度运营通过 CMM 认证的业务,这与在美国的状况不同。[11]根据国际咨询公司麦肯锡为行业贸易协会——全国软件与服务业协会(NASSCOM)准备的报告,到 2008 年软件业增长到 770 亿美元,占到印度国内生产总值(GDP)的 7%,其外汇收入的 33%以及提供400 多万个工作岗位。综上,软件业可谓是独立后时期印度经济中的璀璨明珠。

尽管与印度本土经济相比,软件业的确表现优异,但另外两个衡量标准也值得考虑。首先,与美国软件企业进行比较,然后,纵向与不同时间段的印度软件产业比较。

表 5.9 将 2002 年印度最大的软件公司与一些美国最大的软件公司的营业收入、员工数量、盈利能力以及市值进行了比较。显然,印度公司在营业收入和人力资源方面都没有美国CSC、Accenture 和 EDS 等软件公司规模大。然而,在盈利能力方面,印度公司明显好于其美国同行。尽管印度企业的规模较小,但它们的股票市值要比美国公司的市值高。[12]

表 5.9　美国大型软件公司与印度大型软件公司的比较

	营业收入 (2002 年 6 月, 百万美元)	营业利润 (2002 年 6 月, %)	员工数量 (2002 年 6 月)	市值 (2002 年 10 月, 百万美元)
美国公司				
Accenture	11 600	3.9	75 000	12 400
CSC	11 500	4.7	67 000	4 800
EDS	22 300	10.3	143 000	6 370
KPMG 咨询	2 368	5.6	9 300	1 240
Sapient	217	n.a.*	2 427	123

续表

	营业收入 （2002 年 6 月， 百万美元）	营业利润 （2002 年 6 月， %）	员工数量 （2002 年 6 月）	市值 （2002 年 10 月， 百万美元）
印度公司				
HCL 技术	340	28.1	5 587	1 209
Infosys	571	31.1	10 470	7 140
Satyam	421	26.7	9 532	1 370
TCS	810	25	19 000	8 100
Wipro	734	24.5	13 800	6 340

* :n.a.即为没有相关数据。
资料来源：NASSCOM Newsline，2002 年 11 月。

现在，我们来考察这一行业随时间的演变过程。表 5.10 给出了 1988 年到 2002 年印度软件业整体状况的时间序列数据。1988 年整个行业的总销售额为 7 亿印度卢比，其中出口额占 41%。到 2002 年，总销售额增长到 3 650 亿印度卢比，出口所占比例达到 76%。这种增长来源于离岸服务重要性的提升（占出口额的比例从 1991 年的 5% 增加到 2002 年的 51%）。这也说明了服务的稳定性和高质量正逐渐得到肯定和认可（Banerjee and Duflo，2000）。到 2000 年，整个行业的出口总额中，美国占 66%，英国占 14%，是第二大进口国。在美国财富 500 强公司中，有 185 家都是印度软件服务行业的客户。

表 5.10 印度软件业出口额、本土销售额与进口额(10 亿印度卢比/百万美元) *

时 期	出 口 额		本土销售额	出口额/ 销售总额(%)
	印度卢比	美元		
1987—1988	0.70	52	1.00	41
1990—1991	2.50	128	2.25	52
1991—1992	4.30	164	3.20	57
1992—1993	6.70	225	4.90	57
1993—1994	10.20	330	6.95	59
1994—1995	15.30	485	10.70	59
1995—1996	25.20	735	16.70	60
1996—1997	39.00	1 110	25.00	61
1997—1998	65.30	1 790	35.80	64
1998—1999	109.00	2 650	49.50	68
1999—2000	171.50	4 000	94.10	70
2000—2001	283.50	6 230	98.90	74
2001—2002	365.00	7 680	115.00	76

* 本土软件行业的数据不包括最终用户所进行的软件开发，其可能也具有一定规模。
资料来源：Ghemawat(1999:20)。数据来自：Heeks(1996)和 NASSCOM。

大量数据让我们相对肯定的是,尽管所有权集中化无处不在,但很难举出某个产业因此而充斥寻租行为并垂死挣扎的例子。与此相反并值得注意的是,我们后面将探讨的公司治理的直接衡量标准,也并不能说明所有权集中化产生了之前所预计的负面效应。

相比印度其他产业,其软件业平均来看在公司治理方面做得更好,这与全球化给公司带来压力从而改善公司治理以达到国际标准的假设是吻合的。里昂证券分析(CLSA,2001)的一些数据也支持对印度公司治理现状的这种评价。数据来自与 2001 年 24 个新兴市场的 482 家公司的公司治理有关的一连串问题。这些公司通常是国外投资者最感兴趣的,一般来说具有以下典型特征:规模大、股权浮动大并在国外上市。我们采用 CLSA 的公司治理评估分数对各个国家和地区进行排名,发现印度居于中游位置。由于数据中国家和地区的公司治理水平普遍较低(也有一些如中国香港、新加坡这样的例外),并且选中的公司通常都是治理得较好的,这也进一步确定了我们上面提出的那些特点。

同样的,CLSA 数据也指出印度软件业的公司治理排名好于印度其他产业。软件企业(CLSA 数据中有 8 家)分数的平均值和非软件企业(CLSA 数据中有 72 家)分数的平均值分别为 64.3 和 43.7(最小值为 0,最大值为 100),统计指标 P 值为 0.02。软件企业和非软件企业分数的中间值分别为 62.9 和 53.8,统计指标 P 值为 0.2。

数据也说明了印度的软件业比其他产业更多地参与全球竞争。为了确认这一观点,我们在 CLSA 数据中补充了一个变量,即全球竞争指标。软件公司在美国股票交易市场(P 值 0.02)和伦敦股票交易市场(P 值 0.08)中交易的可能性更大,在纽约股票交易市场上市(P 值 0.01)的可能性更大,同时,雇用外国人才担任高级管理职位(P 值 0.01)的可能性更大,聘请五大会计师事务所(P 值 0.12)的可能性也更大。[13]

已经明确的是,印度软件业(盈利能力,市值和公司治理方面)的表现好于印度本土企业的平均水平,也好于美国企业的平均水平,并且在不断提高和改善,最后,还应该考虑到的是我们也很难得到一些即使是最不准确的证据。很难评估印度软件业的崛起所带来的社会转型。最引人注目的是,无论是在白手起家的公司,还是在企业集团的分公司中,都有极具创业精神的榜样在激励印度的人才不断前进(Khanna and Ralepu,2004)。无论是乡村还是城市的人们,都很容易获取他们承担责任所需要的信息(Das,2000)。事实上,印度乡村正经历路边电脑带来的变革(与过去路边电话亭在全国范围内广泛使用给电信服务带来的变革极其相似)。我们很难不得出这样的结论,即印度软件业所带来的正溢出效应已经超过,甚至大大超过了这个行业内部股份持有人的直接收益。

5.6.5 两个软件公司的故事

在这个部分,我们将对两家非常成功的印度软件企业进行详细介绍:一家是 Tata 集团的附属公司 TCS,另一家是在新经济环境中崛起的新兴创业公司 Infosys。之前我们已经提到有两种实质上不同的"方法"来解决不利于新兴市场创业的制度漏洞。第一是现有的企业集团可以有效利用其内部的资本和人才来创建新的企业——TCS 就是这样做的;第二是有野心的创业家们利用国外的资源——这是 Infosys 的做法(Khanna and Palepu,2004)。

这两家公司的故事展示了在这个行业中集团附属公司是如何与独立的创业企业成功共处

的。这也体现了集团附属公司的成功并不是源于它们与政府保持良好关系的能力，而是源于它们发掘经济中创业机遇的能力。最后，体现所有权集中化的集团不仅没有阻碍非附属公司进入市场，反而为后来者进入市场奠定了良好的基础。

1968 年 TCS 的成立标志着 IBM 在印度时期首家印度本土软件公司的诞生。[14] TCS 服务公司是由印度历史最悠久的企业集团 Tata 集团成立的，其将现有集团企业中的管理人才集聚到一起从而建立一个新的实体，作为 Tata 集团各成员公司的信息技术管理局。在两个层面上这都是填补制度漏洞的典型例子(Khanna and Palepu，1997，1999，2000b，2000c)，产业多样化的企业集团通过建立内部机构来弥补外部专业中介机构的缺失(制度漏洞)。这里的"漏洞"是指缺乏聚集人才成立一个这样的公司的中介机构，同时也缺乏一个满足当时公司需求为其提供信息技术服务的实体机构。

由于具有 Tata 集团的良好声誉和过去在印度的良好表现，TCS 将业务拓展到国外，成功地与美国的 Burroughs 公司建立起联盟关系，Burroughs 签订编程合约，由 TCS 来执行。在新任命的首席执行官(CEO)F.C.Kohli 的管理下，1969 年到 1973 年之间，TCS 在印度有了一批值得信赖的主要客户。[15]

印度扭曲的外汇管理条例在促进 CTS 开拓海外业务方面发挥了关键作用，认识到这一点很重要。TCS 是在硬件的基础上提供软件编程服务的，而进口硬件需要支付外汇。同时值得注意的是这种跨境安排在 Tata 集团的历史中很常见。例如，20 世纪 90 年代晚期 Tata 集团企业中包括与 AT&T、NTT、Honeywell、Jardine Matheon、(之后的)Daimler Benz 以及其他很多公司成立的合资企业。我们曾指出，这种合资企业的合约网络代表着对合资企业伙伴作出的不参与短期机会主义行为的可信承诺，而这种网络本身也是源于 Tata 集团的多样化产业(Khanna and Palepu，1997)。

当 1977 年印度另一扭曲性规定——要求跨国企业将一定比例股权分给当地合伙人——致使 IBM(以及其他一些跨国企业)不得不离开印度市场时，TCS 已经从本土经营和与 Burroughs 的合作中获得了丰富的经验，从而有了良好的定位。TCS 决定将其海外业务的重点放在 IBM 提供的不断发展壮大的平台上，成立了一个独立企业 Tata Burroughs(后期的 Tata 信息技术公司)，着重开展基于 Burroughs 的业务。1979 年其在美国成立了分公司以便于开展业务，随着成功地为各家银行、American Express、IBM 以及其他公司提供服务，20 世纪80 年代中期，TCS 已经在这个产业中建立了稳固的地位。

与 TCS 相反，印度另一家成功的软件公司 Infosys 技术公司是利用外部(即非印度)资源弥补内部(即印度)制度漏洞的典型案例。Narayan Murthy，如今与 Infosys 关系最密切的人，曾说 Infosys 面对的最大的挑战是"在第三世界国家运营一个第一世界的公司"(De Long and Nanda，2002:9)。Infosys 于 1981 年由 7 位创业家创立，他们都是 Patni 电脑系统公司(在IBM 退出后进入印度市场的公司之一)以前的员工。其大约 1 000 美元的初始资本全是个人储蓄，同时也没有像 Tata 这样的声誉可利用。然而，至少其创立者之一——Murthy 由于有在印度之外(巴黎)的工作经历，从而极具远见卓识，他认为个人激励非常重要。

1989 年 Infosys 在破产的悬崖边缘垂死挣扎，直至外汇危机迫使印度"开放"。Infosys 早期经营困难的原因可以合理地归为1991年之前印度产品市场(无法获得高质量硬件)、资本市场(新公司能获得的融资非常有限)和劳动力市场(签证限制妨碍人才的跨境流动)的制度漏洞。随着人口和资本流动以及创意交流方面的障碍逐渐移除,这些限制逐渐放宽,Infosys的软件工程师们得以较方便地驻扎到其客户的地点,新德里的Infosys管理层不再需要花多余的时间来规避相关规定,可以获取与软件业有关的国外知识,也可以通过在当地上市进行股权融资(1993年Infosys正是这样做的)。

尽管1991年后的自由化消除了一些制度漏洞,但更多基本的制度漏洞仍然存在。福布斯的一篇评论文章曾提到,"一个智慧、诚实、著名的公司绝对不可能在一个公牛依旧满大街跑的国家出现"(Pfeiffer,1999,引用自De Long和Nanda,2002:13)。1999年该公司在纳斯达克上市,改善了不利于Infosys在全球市场成为蓝筹公司的信息问题。例如,Infosys的几任行政官和他们的竞争者,以及SEBI(印度的SEC)的管理人员,都向我们提到,最初打算在纳斯达克上市的目的是想要在客户中树立起可信度,并且能够发行美元标价的股票期权,从而能在全球市场中竞争人才。[16]对于当时的公司来说,并不存在流动性方面的限制,如我们在其他文献(Khanna and Palepu,2004)中阐述的,在海外上市并不是为了融资。在谈到在这之后出现的一连串软件公司在海外上市的现象时,印度证券交易委员会的成员Jayanth Verma认为"最不需要资本的行业却是进入国际资本市场最积极的……事实上,这些公司很多都不知道应该如何处理它们筹得的资本……对于一个不需要筹资的公司来说,资本市场根本施加不了什么压力"。

最后要提到几点:首先,TCS的发展大致奠定了印度软件业发展的基础。印度第二大软件公司、NYSE上市公司Wipro的成立者Azim Premji认为"这个行业的先锋——Tata咨询服务公司的贡献在于让越来越多的外国公司对印度公司在软件业的作为留下了良好的印象"(Ramamurti,2001)。因此,Tata集团成立的TCS公司不仅没有阻碍其他公司进入市场,反而为此作出了贡献。

5.7 讨论:(对社会有利的)所有权集中化的持续存在

在这一部分,我们认为所有权集中化的存在实际上是很多(如果不是大部分的话)新兴市场的显著特征。印度软件业的例子以及具有所有权集中化的企业集团在其中发挥的(社会)作用,并不是偶然结果造成的假象,而是具有推广意义的。相反,现在的研究将注意力集中在所有权集中化的负面影响上,完全忽略了其正面作用,有可能低估了这种所有权,尤其是在新兴市场中的积极效益。

我们可以考虑一下与所有权集中化对社会的长期效益有关的其他例子。在早期对企业集团可持续性的研究中,我们将注意力集中在智利,因为智利是在当代经济发展史中从1973年Salvador Allende(被右翼势力Augusto Pinochet推翻之后)留下的社会主义社会向市场经济转变速度最快的国家。特别是1990年以来,智利市场被普遍认为是拉美国家中最好的。因此，如果想要研究外部市场的发展是如何致使企业集团萎缩的，那么在智利市场中这种效果应该是最明显的。我们的研究证实了企业集团的价值在1987—1997年的十年间有所下降。但是即使在20世纪90年代后期相对发达的市场中，企业集团仍旧是有价值的。我们的解释是：在1973年以来尤其是1990年之后的冲击之下，企业集团的能力在缓慢下降。

我们对同一时期智利9个最大的企业集团进行了详细研究（Khanna and Palepu，1999），以对此进行补充。需要注意的是这并不是市场表现最好的10家企业集团。我们发现这几家集团是与趋势相悖的，也就是说，这几家企业不仅在这一时期改善了市场表现，而且其所有权集中化程度加强，家族控制加强，产业多样化程度也得到加强，这些都与所谓的所有权集中化的不利影响有关。在对1990—1997年间印度的研究中，也获得了相似的证据。

历史上与企业集团同时存在的组织形式仍然保持着神秘性（Jones and Khanna，2003）。这里我们大段引用了Geoffrey对1800年代和1900年代跨国贸易公司的研究。在1800年代中期，尤其是英国贸易公司（以及起源于欧洲其他地方的贸易公司）的跨境组织结构模式与智利、印度和其他一些国家的现代企业集团的组织结构很相似（Khanna，2000）。在这些被Jones描述为企业集团的贸易公司中，贸易商是"核心"，并且通过各种正式或非正式的合同与世界上各行各业的一系列单独上市的（贸易）子公司保持关系。

这样的英国贸易公司的例子包括Inchcape/Mackinnon集团，该航运企业业务遍及亚洲和澳洲，在海湾、印度和非洲均开展了贸易业务，并在印度拥有一个种植园。另一个例子是Jardine Matheson，其刚开始是中国和印度之间的鸦片贸易商，广泛利用其苏格兰遗产吸引人才，发展成为一个涉猎多个服务行业和制造业的跨国企业集团。其在中国运营业务，并在日本、美国、南非和秘鲁设有分支机构，同时也是世界采矿业中活跃的风险资本企业。

一些资金来自在殖民地的英国人（和其他人）的外籍储蓄和伦敦资本市场，但大部分资金还是在当地筹得的。我们已经讨论过的控制与少数股东的结构性问题也存在，这也是当代企业集团的标志。Jones曾经指出，尽管确实存在剥削少数股东的可能性，但这种情况很少发生。因为声誉很重要，这些企业集团试图建立信任，例如，在不景气时期放弃委员会（给予集团核心企业，作为获得的管理服务的补偿）等。这些企业集团对其附属公司负有"道义责任"。因此，我们有例子证明所有权集中化似乎施行了自我限制，甚至在企业控制薄弱的环境中也是如此，这可能也是与其寿命有关的一个因素。

我们认为企业集团的适应能力也是所有权集中化能够持续存在的另一个原因。继续上面的例子，20世纪六七十年代，由于印度越来越不具吸引力，Inchcape集团逐渐剥离该国，也从中东和非洲市场退出，最终投资在东南亚、中国香港和澳大利亚重新建立起企业集团。在当代企业集团中也存在这种重构。例如，Tata集团是在1800年代从钢铁和航空业起家的，其几个主要产业（包括航空和保险）被国有化和征用之后，其进入又最终退出了消费品行业，最近又成功进入了汽车行业和软件业。因此，前面讨论过的TCS是Tata集团最近一次产业多样化的结果。与之相似的，菲律宾群岛的市值近40亿美元的Ayala集团是从酿酒业起家的，到20世纪90年代发展成了一个房地产和金融服务行业的企业集团，最近成为移动电话行业中一个非常成功的主要竞争者（Khanna，Palepu and Vargas，2004）。

　　企业集团以及它们所代表的所有权集中化，无论是在过去还是当代的新兴市场中，都是企业组织的重要形式。它们可能会持续几个世纪，伴随着功能形式的改变，并且经历严重的冲击。研究报告中常提到企业集团的严重违规行为和裙带资本主义行为（例如，2001 年Fisman 对苏哈托统治下印度尼西亚企业集团的研究），即使鲜有提到它们进行了剥削。

　　最后，由于我们认为企业集团是对社会具有积极作用的组织形式，有必要提到支持这种观点所隐含着的反事实。有人会问，如果没有企业集团，会怎么样呢？如果完全没有便于买卖双方进行交易的专业中介组织，在新兴市场中，有组织的商业还会以如今这种方式发生吗？我们认为不会。这样的世界可能是最接近完美的，但也是完全不现实的。那么，反对企业集团的人会说，在某个时点上，企业集团对于专业中介组织的缺失作出了敏感的反应，但它们的存在妨碍了中介组织的出现。因此，企业集团是自我延续性的。可能事实上确实如此（Khanna，2000），但是这种特征在韩国或者南非这样极端集中化的企业集团中，比在"中等"新兴市场中，更为明显。

参考文献

Banerjee, Abhijit V., and Esther Duflo. 2000. Reputation effects and the limits of contracting: A study of the Indian software industry. *Quarterly Journal of Economics* 115(August):989—1017.

Bertrand, Marianne, Paras Mehta, and Sendhil Mullainathan. 2002. Ferreting out tunneling: An application to Indian business groups. *Quarterly Journal of Economics* 117(1):121—148.

Bhagwati, Jagdish. 1993. *India in transition: Freeing the economy.* Oxford, UK: Clarendon Press.

Credit Lyonnais Securities Analysis(CLSA). 2001. Saints and sinners: Who's got religion? Credit Lyonnais Securities Asia, Research Report. Hong Kong: CLSA.

Das, Gurcharan. 2000. *India unbound: From independence to the global information age.* New Delhi, India: Penguin Books.

De Long, J. Bradford. 2001. India since independence: An analytic growth narrative. University of California, Berkeley, Department of Economics. Working paper, July.

De Long, Thomas, and Ashish Nanda. 2002. *Infosys technologies.* HBS Case no.801-445. Boston: Harvard Business School Publishing.

Dutt Report. 1969. Report of the industrial licensing policy enquiry committee: Main Report. New Delhi: Government of India.

Ferguson, Niall. 2002. *Empire: The Rise and Demise of the British World Order and the Lessons for Global Power.* London: Penguin Books.

Fisman, Raymond. 2001. Estimating the value of political connections. *American Economic Review* 91(4): 1095—1102.

Gadgil, D. R., with staff of Gokhale Institute of Politics and Economics, Poona, India. 1951. Notes on the rise of the business communities in India. New York: International Secretariat, Institute of Pacific Relations. Mimeograph, April.

Ghemawat, Pankaj. 1999. *The Indian software industry in 2002.* HBS Case no. 700-036. Boston: Harvard Business School Publishing.

Ghemawat, Pankaj, and Tarun Khanna. 1998. The nature of diversified business groups: A research design and two case studies. *Journal of Industrial Economics* 46(1):35—62.

Greif, A. 1994. Cultural beliefs and the organization of society: A historical and theoretical reflection on collectivist and individualist societies. *Journal of Political Economy* 102(5):912—950.

Hazari, R. K. 1966. *The Structure of the Corporate Private Sector: A Study of Concentration*, Ownership and Control. Bombay: Asia Publishing House.

——. 1986. Industrial policy in perspective. In *Essays on industrial policy*. New Delhi: Naurang Rai Concept Publishing.

Heeks, Richard. 1996. *India's Software Industry: State policy, liberalisation and industrial development*. New Delhi: Sage.

Jones, G. 2000. *Merchants to multinationals*. Oxford: Oxford University Press.

Jones, G., and Tarun Khanna. 2003. Bringing history into international business. Harvard Business School. Mimeograph.

Kennedy, Robert E. 2001. Tata consultancy services: High technology in a lowincome country. HBS Case no. 9-700-092. Boston: Harvard Business School Publishing.

Khanna, Tarun. 1997. *Modern India*. HBS Case no.797-108. Boston: Harvard Business School Publishing.

——. 2000. Business groups and social welfare in emerging markets: Existing evidence and unanswered questions. *European Economic Review* 44(4—6):748.

Khanna, Tarun, and Krishna Palepu. 1997. Why focused strategies may be wrong for emerging markets. *Harvard Business Review* 75(4):41—49.

——. 1999. Policy shocks, market intermediaries, and corporate strategy: Evidence from Chile and India. *Journal of Economics and Management Strategy* 8(2):271—310.

——. 2000a. Emerging market business groups, foreign intermediaries, and corporate governance. In *Concentrated corporate ownership*, ed. Randall Morck, 265—294. Chicago: University of Chicago Press.

——. 2000b. The future of business groups in emerging markets: Long-run evidence from Chile. *Academy of Management Journal* 43(3):268—285.

——. 2000c. Is group affiliation profitable in emerging markets? An analysis of diversified Indian business groups. *Journal of Finance* 55(2):867—891.

——. 2004. Globalization and convergence in corporate governance: Evidence from Infosys and the Indian software industry. *Journal of International Business Studies*, forthcoming.

Khanna, Tarun, Krishna Palepu, and Danielle Melito Wu. 1998. *House of Tata 1995: The next generation (A)*. HBS Case no.798-037. Boston: Harvard Business School Publishing.

Khanna, Tarun, Krishna Palepu, and Ingrid Vargas. 2004. *Globe Telecom*. HBS Case no. 704-505. Boston: Harvard Business School Publishing.

Khanna, Tarun, and Jan Rivkin. 2002. Ties that bind business groups: Evidence from an emerging economy. HBS Working Paper no.00-068. Boston: Harvard Business School Publishing.

Kuemmerle, Walter. 2003. *Infosys: Financing an Indian software start-up*. HBS Case no.800-103. Boston: Harvard Business School Publishing.

Lamb, Helen B. 1976. *Studies on India and Vietnam*. New York: Monthly Review Press.

La Porta，Rafael，Florencio López-de-Silanes，Andrei Shleifer，and Robert Vishny. 2000. Investor protection and corporate governance. *Journal of Financial Economics* 58(1—2)：3—27.

Leff，N. 1976. Capital markets in the less developed countries：The group principal. In *Money and finance in economic growth and development*，ed. R. McKinnon. New York：Marcel Dekker.

———. 1978. Industrial organization and entrepreneurship in the developing countries：The economic groups. *Economic Development and Cultural Change* 26：661—675.

Markovits，Claude. 1985. Indian business and nationalist politics 1931—1939. Cambridge：Cambridge University Press.

Morck，Randall，Andrei Shleifer，and Robert W. Vishny. 1988. Management ownership and market valuation：An empirical analysis. *Journal of Financial Economics* 20(1—2)：293—315.

National Association of Software and Service Companies(NASSCOM). 2002. *NASSCOM McKinsey report 2002：Strategies to achieve Indian IT industry's aspiration*. New Delhi，India：NASSCOM，June.

———. 2003. *Strategic review：The IT industry in India*. New Delhi，India：NASSCOM，February.

Pfeiffer，Eric. 1999. From India to America. *Forbes*.August 23，19—24.

Piramal，Gita. 1989. Long shadows of the past. Corporate dossier，*The Economic Times*(India). August 18.

———. 1991. The politics of business. *Perspectives：The Independent Journal of Politics and Business* (India). March 28.

———. 1998. *Business legends*.New Delhi，India：Viking Penguin India.

Ramamurti，Ravi. 2001. Wipro's CEO Azim Premji on building a world-class Indian company. *Academy of Management Executive* 15(2)：13—19.

Shleifer，Andrei，and Daniel Wolfenzon. 2002. Investor protection and equity markets. *Journal of Financial Economics* 66(1)：3—27.

Strachan，H. 1976. *Family and other business groups in economic development：The case of Nicaragua*. New York：Praeger.

Swamy，Subramanian. 1979. The response to economic challenge：A comparative economic history of China and India：1870—1952. *Quarterly Journal of Economics* 93(1)：25—46.

Timberg，Tom. 1978. *The Marwaris*. New Delhi，India：Vikas.

评论

Ashoka Mody[17]

　　在本章中，作者对过去一个世纪的印度商业作了全面的描述。他们得出了三个结论。首先，在任何时候，都有少数家族企业集团在印度（非农业）私人部门中占据了主导地位，而这些家族企业涉猎了大量产业。第二，并不是特定的企业集团占据主导地位，这些主要集团的身份发生了明显的变化。第三，最近，实行专业管理的专业企业与家族企业形成了对社会有益的良好的竞争关系。

　　在这些重要现象的背后，主要的分析主题是新兴市场中家族企业集团的价值。之前的研究趋势是着重考察经济资源和权力集中化的负面影响,作者则对此持保留态度。他们反而认为新兴市场中的制度漏洞为企业集团的家族所有权提供了促进增长所必需资源的重要机制。

在这部分评论中,我主要要重讨论两个方面的内容。第一,由于在新兴市场中家族企业集团无处不在,研究者们必须考察在不同国家的不同时期这些企业集团之间的差异,才能有更深入的理解。企业集团的特点和所在国家的国情决定了家族企业在促进经济增长和经济转型中的作用和价值。第二,运用这种区分开不同企业集团和不同国家的分析方法,我重新分析了企业集团在印度所扮演的角色,对它们在过去一个世纪经济转型中的作用持更为悲观的态度。

首先,我们应该考虑到企业集团与一个国家或地区的发展状况之间的相互作用。将韩国与中国台湾进行对比,我认为韩国有意促进企业集团的形成和发展,从而能有效改变其"要素"禀赋,以过渡到一个更高的增长阶段(Mody,1990)。企业集团是一种新的(主要是第二次世界大战之后)现象,同时也有效地打破了低增长的发展轨迹。甚至在 20 世纪 90 年代晚期,最初进行此项研究时,一些韩国的企业集团已经跻身全球最大的企业之列(位于财富杂志全球 50 强企业名单中)。自那以后,它们进一步发展为世界有价值的知名品牌,并且在几个重要的产业中占据主导地位。

因此,在韩国,大型企业集团发挥了弥补资本和信息市场缺失的功能,Oliver Williamson 在他的很多文章中都强调了这种观点,而这种内部的资源分配机制激发了可能不会发生的经济增长。此前在主要发展指标方面韩国都落后于中国台湾,结果,韩国得到了迅速的发展,后来居上,甚至在某些领域赶超了中国台湾。

将韩国与中国台湾进行对比很有趣,因为在同一时期,中国台湾本身的经济就非常活跃。中国台湾并不是没有大型企业集团,但在 20 世纪七八十年代其主要依赖的是相对较小的公司的创业活动。这些小公司利用经济中的优良人力资本和基础设施,带来了显著增长。随着时间的推移,一些中国台湾的公司自身发展成了大型的企业集团,拥有它们自己的国际知名品牌。

韩国与中国台湾的比较提供了很多启示,同时也受到了警戒。企业结构与总增长存在着显著的关系——微观结构会产生宏观影响。但并不存在一个简单的公式去阐述企业组织对宏观经济表现的影响。因此,如 Khanna 与 Palepu 认为,所有权集中化可能对社会是有益的,而这种集中化的持续存在可能是有价值的,但理论与实践都显示在企业和宏观经济的表现中,存在着国家和时间变量的因素。甚至在韩国,1997 年和 1998 年的经济危机也揭示了在财阀集团的运营中存在着低效问题,迫使其管理和对其的监管作出改变。[18]

因此,在企业集团会对国家的经济发展状况作出反应的前提下,可以从更广泛的角度考察三个不同时期印度企业的表现。第一个时期是 19 世纪末期到 1947 年印度独立。Parsi 企业是印度纺织业的先锋。印度的第一个棉纺织工厂孟买纺织公司由 Cowasji Nanabhoy Daver 于 1851 年建立(Gadgil,1944)。Desai(1968)提到,Cowasji Nanabhoy Daver 是棉出口市场中的活跃分子,并且其在 1845—1861 年间建立了3家银行。因此,具有内部资本市场的企业集团的概念——以及实践——已经具有很长的历史。

接着一个有趣的问题是,这些早期的企业集团表现如何,以及它们给印度工业将来的发展留下了什么？Desai(1968：314)在描述 Parsi 公司的贡献时提到，Parsi 企业设立在苏拉特和孟买，他认为"无论哪里的先锋者们，都来自或者与孟买小范围内的航运家、造船家、商人和金融家有关；苏拉特的地主和制造业者不在他们之列"。Desai 将孟买 Parsi 公司的成功归于"他们与英国之间的紧密关系"(Desai，1968：315)，这使得他们能够参与英国控制的外贸活动并且与在印度的英国棉纺织企业建立联系。因此，印度早期在创业阶段的工厂式企业，是在英国创业家们提供的环境中发展起来的。

Gadgil(1944：198)认为，在 1914 年第一次世界大战开始之前，印度的工业发展规模都"非常小"，尤其是考虑到传统行业的衰落的话。总结 20 世纪 20 年代早期的发展时，Gadgil 再一次提到"发展情况的主要特点并没有发生显著的变化。有组织的工业在整个国家经济中仍然只占据很小的部分，甚至工业人口中的很大一部分都在进行简单的季节性工作、杂活或者修理工作"(Gadgil，1944：294)。他继续说道："印度舆论总是叫嚣着给予工业积极的支持，而最终政府于 1916 年成立了工业委员会，并对工业发展方向给予鼓励。"(Gadgil，1944：323)

一篇关于独立前时期工业发展史的文章提到了一些重要成就，包括 1907 年成立的 Tata 钢铁公司以及其 1913 年首次钢铁产出，但整个工业的发展具有种种限制，因为本土企业集团非常依赖于它们与英国企业之间的关系，并且越来越多地要求政府给予积极支持。因此，在 1944 年和 1945 年印度独立之前，一群印度工业家撰写了有名的"孟买计划"，这也不足为奇了。在这些工业家中，J.R.D.Tata 和 G.D.Birla 在 1947 年印度独立之后的几年中，继续领导着印度两个最大的企业集团(Thakurdas et al.，1944)。孟买计划号召政府支持工业化，包括政府在资本产品的产生中需要担当的角色，这也预示着印度独立后的发展计划。孟买计划通常被认为是从苏联和所谓费边社会主义中得来的社会主义思想的产物。

Khanna 和 Palepu 继续描述了第二个重要时期中印度工业的发展情况，即从 1947 年到 20 世纪 90 年代早期。尽管学者们对这一时期的结束时间点一直存在争论，但这一时期的重要特征是商业企业与政府在维持一个逐渐衰落的环境中的通力合作。政府选择了采用繁重费力的方式来控制工业增长，而大型企业则通过它们对稀少的营运许可证的控制来赚钱，并日渐繁荣壮大。这也正是 Khanna 和 Palepu 记录的情况，在这一时期出现了新的企业，但它们的诞生是否是一种创业成功，这值得探讨。

一直延续至今的经济自由化的最后一个时期是最有意思的。如 Khanna 与 Palepu 所强调的，这一时期出现了新一代的创业家。他们与传统的企业集团没有关系，也不是来自造船家、贸易商和金融家，他们通常是公共官员的后代，毕业于接受高补贴的工科院校，并且准备开拓出一个新的缺乏政府管制的"软件"行业。Tata 集团也发现了早期软件业中的机遇，并且建立起一个成功的企业，但来自中产阶级家庭、有着工薪阶层父母的创业家们的诞生是印度创业精神的一个重要发展。在制药行业也已经出现了与此相似的现象。

现在是对印度抱有高度期待的时刻，这也给商科学生提出了很多问题。一些成功的企业会发展成像韩国那样的大型企业集团并且利用内部资本市场来加快增长步伐吗？或者，由于印度企业能够进入世界资本市场，因此有几家企业有能力在国际股票交易市场中上市，这是否意味着一种陈旧的发展模式？当然，增长的挑战可能来自内部基础设施、人力资本和管制瓶颈,这些可能意味着创新型企业会失去独立性,也可能在过去导致阻碍印度企业发展的自然减员。或者印度在英文知识方面的优势以及技术熟练的工程师会受到中国的挑战。这又是另一项研究、另一篇文章了!

参考文献

Desai, A. 1968. The origins of Parsi enterprise, *Indian Economics and Social History Review* 5:307—317.

Gadgil, D.R.1944. *The industrial evolution of India*. London: Oxford University Press. (Orig.pub.1924)

Mody, A. 1990. Institutions and dynamic comparative advantage: The electronics industry in South Korea and Taiwan, *Cambridge Journal of Economics* 14: 291—314.

Thakurdas, P., J.R.D.Tata, G.Birla, A.Dalal, S.Ram, K.Lalbhai, A.Shroff, and J.Mattha. 1944. *A plan of economic development for India*. London: Penguin Books.

注释

① 年份由 Khanna(1997)标注。

② Khanna 与 Rivkin(2002)在他们最近的研究成果中通过计量方法证明,最多只能在一定程度上通过股权连锁关系来对智利的企业集团进行鉴别。在研究金融市场的监管者与参与者谁才是企业集团的重要部分时,董事关系与普通所有者关系在其中起着重要作用。因此,事实上,智利企业集团控制的实施方式与印度非常相似。

③ 数据来源:Khanna 与 Palepu(2000)。

④ De Long(2001)认为,在分析各国经济增长率的基础上,许可证统治的影响可能会被高估(或者负面影响至少能被正面影响抵消)。

⑤ Tata 集团曾经在 19 世纪 90 年代短暂进入过航运业,但最终失败。这次尝试以及大量其他印度企业的尝试,直到 Walhand Hirachand 建立 Scindia 航运公司,都由于英国对印度航运业的控制而宣告失败。

⑥ 引用自《今日印度》,1985 年 6 月 30 日(转引自 Piramal, 1991)。

⑦ 也有其他的软件企业是上市公司,但它们的销售额都很小。

⑧ 排名第 4 的 Infosys 尽管不是企业集团的附属公司,但也有很高的内部持股水平。

⑨ Morck、Shleifer 和 Vishny(1998)利用美国的相关数据证明一旦所有权集中化比例超过一定水平,其带来的管理指导方面的优势就开始下降。近期一个关于全球公司治理的研究指出,通过控制集中化所有者剥削小股东,已经成为一个主要问题(La Porta et al., 2000; Shleifer and Wolfenzon, 2002)。Morck、Shleifer 与 Vishny 认为所有权集中化导致了"加拿大疾病"的出现,即低增长、少创新以及其他形式的非竞争弊病。

⑩ 这段历史的资料来源:De Long 和 Nanda(2002), Heeks(1996),Ghemawat(1999),NASSCOM(2002, 2003),Kennedy(2001)以及 Kuemmerle(2003)。

一些关于全国经济总体表现的数据有助于我们解读软件业的经济数据。在宏观层面,独立后时期印度整体经济的表现只能用"相对较差"来形容。例如,2002 年的联合国人类发展报告中,印度位列 173 个国家中的第 124 位。根据印度政府计划委员会发布的数据,1951 年到 1990 年之间,印度全国国民生产总值(GNP)的平均年增长率接近 4%。这一比率在 1990 年到 2002 年的改革后时期上升到了 6% 左右。印度人口大幅度增加,到 2002 年达到了 10.5 亿。政府将 GNP 的 3% 投入到公共教育,其中不成比例的一部分用于支持高等教育的发展。根据印度政府 2001 年的印度人口普查,2001 年的成年人文盲率为 34.6%。对于总人口中很大一部分人来说,农业仍然是主要的收入来源,失业和不充分就业问题显著。2001 年的人均 GNP 大约为 450 美元。需要引起注意的是,在 2000 年之前的 20 年,印度的累积平均增长率仅次于中国。我们认为这虽然是很好的表现,但不足以缓和印度经济的混乱状况。De Long(2001)在最近的分析中指出,在他进行较长时间的分析研究的国家中,印度处于中等水平。

⑪ 可能公司处在一个监管不力和产品质量较差的环境中,质量就显得更为重要了。也许美国公司认为这种认证是

没有必要的。

⑫ 印度股票交易市场上,软件业市值从1999年1月的40亿美元上升到900亿美元的最高值,但由于纳斯达克崩溃给印度带来的负面影响,到2000年中期这一值稳定在550亿美元。

⑬ 然而,在机构持有者所占股权比例方面,软件企业与非软件企业之间并没有明显的统计学上的差异。

⑭ TCS成立的相关数据来自Kennedy(2001)。

⑮ Kohli自己在美国的人脉关系,作为IEEE协会的一部分,在获得合约方面肯定也发挥了有利作用。但当然,首先是Tata集团有这样的声誉能吸引到Kohli这样地位的人物。

⑯ 然而要注意的是,在Infosys经营成绩稳定之前,其不可能在国际市场中上市。如其竞争对手Wipro的首席执行官(CEO)Azim Premji所言,"印度公司首先具备了足够的专业技能为本土客户提供服务,才能向海外扩张,记住这一点很重要"(Ramamurti, 2001)。甚至TCS也是在本土的市场表现非常突出之后才进入海外市场的。

⑰ Ashoka Mody是国际货币基金(IMF)欧洲署的助理署长。这里所阐述的观点仅代表作者本人,并不代表IMF。

⑱ 同时,韩国经济的持续增长也依赖于高质量和高文化素养的工业劳动力以及国际尖端的基础设施。

意大利公司所有权的历史

Alexander Aganin Paolo Volpin[*]

6.1 概述

近期的研究显示,意大利的公司治理制度存在以下特点:对投资者的法律保护很少,法律执行度低(La Porta et al.,1998),股票市场发展不成熟(La Porta et al.,1997),金字塔式的企业集团,以及高度的所有权集中化。由于这些制度性特点,控制的个人利益很高(Zingales,1994),少数股东的利益则被剥削(Bragantini,1996)。那么这种公司治理体系是如何形成的呢?

在本章中,我们运用了一个独特的数据体系,包含了 20 世纪在米兰股票交易市场(MSE)上市交易的公司治理方面的信息,来研究股票市场的演变,上市公司所有权结构的动态变化,金字塔式的企业集团的诞生,以及家族所有权的发展与衰落。

我们发现,我们使用的所有指标(股票市场发展、所有权集中度、所有权与治理权的分离度、家族权力)都是非单调性的。米兰股票交易市场(MSE)在 20 世纪初期和末期比中期发展得更好。金字塔式的企业集团被广泛持有,在 1947 年和 2000 年比 1987 年时更为常见。金字塔式的企业集团以及所有权与治理权相分离,在 20 世纪 80 年代比 40 年代或者 2000 年更为

  * Alexander Aganin 是 Cornerstone Research 的经理。Paolo Volpin 是伦敦商学院金融学副教授。

我们非常感谢 Daniel Wolfenzon(参与讨论者),Marco Becht, Luca Enriques, Andrea Goldstein, Ross Levine, Randall Morck 以及参与公司所有权的历史讨论会的学者们,该会议由在 Lake Louise(加拿大)和 INSEAD 的国家经济研究局和欧洲公司治理研究所组织。在本章中阐述的观点并不代表 Cornerstone Research 的观点。

普遍。家族控制的企业集团在 20 世纪中期比初期或者末期时更有势力。

我们分析的结论可以解释为意大利金融市场中法律和政治共同作用的结果。在 20 世纪初期,意大利资本主义的特点是经济和股票市场中政府有限且间接的干预。大萧条迫使政府进行大范围的干预,因为危机导致意大利三大主要投资银行倒闭。自那以后,政府一直扮演着直接参与经济的角色,帮助企业走出困境,以及对企业(尤其是资本密集的企业)施加控制。

政府以一个创业者的身份直接干预经济,在一定程度上代替了(也排挤了)资本积累中私人部门应该扮演的角色。由于政府在很大范围内直接参与资本积累,因此,意大利的立法者们并不重视意大利投资者保护方面的改进。这并不符合美国等国家的经历,在这些国家,政府也面对和意大利同样的问题,却选择了作为资本市场的规范者而非替代者来进行干预。在这样一个没有进行监管改革却又存在政府频繁干预的环境中,意大利的资本市场活动在 20 世纪五六十年代下滑到了 20 世纪初的低水平上。

由于缺乏对投资者的保护,以及资本市场非常不成熟,对新的创业者们来说,公司进行公开交易的成本很高。与此相对的,已经发展成熟的企业集团则通过与政治家们结盟而在市场中胜出。在法西斯统治时期,独裁者保护这些企业集团免受国外进口产品的冲击。到战后时期,家族资本主义牢牢地控制住了意大利经济。重要家族同时握有经济和政治大权,这种权力代代相传。很少有新的上市家族企业集团出现。即使有,也是由于他们强大的政治权力。

在这种环境中,意大利的大部分企业都与股票市场相隔甚远,创立这些企业的家族紧紧掌握着控制权,通常只是在细分市场上小规模经营。家族控制的金字塔式企业集团与国家控制的大型企业集团在股票市场上占据了主导地位。由于对投资者的保护不力,导致意大利的股票市场对投资者而言并不具有吸引力,投资者们更愿意投资政府债券而不是股票。

政府增加了税收和公共债务来维持其积极的经济活动所需要的成本。最终,公共债务的增长完全失控,到 20 世纪 90 年代,政府进行了大规模的私有化来减少债务。政府在出售资产的同时,还在对少数股东的法律保护方面进行了大量改进。这些变化使得公司公开上市更具吸引力,从而使股票市场从中受益。更成熟的股票市场增加了投资者们对公司治理的要求,也对家族企业集团施加了更加严格的限制。

目前,意大利的资本主义正处于一个非常困难的转变时期。由于家族企业一开始并未作好准备来面对对良好公司治理的需求增长,它们适应国际资本市场的规则就非常缓慢。

本章的内容结构如下:第 2 节对意大利的制度框架进行了一个简要的介绍,着重介绍其法律环境和政治环境;第 3 节着重阐述股票市场的演进;第 4 节研究了上市公司所有权结构的动态变化;第 5 节讨论家族资本主义以及家族所有权的兴衰;第 6 节给出结论。

相关文献

文献中比较公司治理的范式是法律和金融角度的观点,是由 La Porta 等(1998)提出的。这种方法认为法律对少数股东的保护是一个国家公司治理体制的关键。因为除非投资者有信心从其投资成本中获得恰当的收益,否则其不会进行股权投资。如果对股东的保护不力,少数股东就会对其投资有一个更高的回报率要求,以弥补他们被管理层或者控制股东"没收"投资带来的风险。因为外部融资的成本更高,所以所有权就会越来越集中化,上市公司也会越来越少。

一些跨国研究的结果显示,对少数股东良好的法律保护与成熟的资本市场(La Porta et al.,1997)、高估值(La Porta et al.,2002)、高股利支付(La Porta et al.,2000)、所有权与控制权的低集中度(La Porta,López-de-Silanes and Shleifer,1999)、低私人利益(Dyck and Zingales,2004;Nenova,2003)、低收益管理(Leuz,Nanda and Wysocki,2003)、低现金余额(Dittmar,Mahrt-Smith and Servaes,2003)、投资机会与实际投资之间的高关联度(Wurgler,2000)以及积极的兼并与收购市场(Rossi and Volpin,2004)有关。

本章的研究建立在这些文献的基础上,但却是从对一个国家(意大利)100多年历史的时间序列的角度来进行观察和研究的。

6.2 制度框架

在一个多世纪的时间里,有好几次对股票市场和监管环境产生影响的重要政治决策。在这一节内容中,我们将把经济政策和立法区分开来,对经济中主要的政治干预进行简要回顾。①

6.2.1 经济政策

直到19世纪末期,意大利在工业化进程中仍旧较为落后。由于缺乏自发的工业化,导致了替代因子的产生(Gerschenkron,1962),特别是促进了全能银行的发展。意大利商业银行和意大利信贷都是1894年在德国资本和管理方式的支持下成立的。

1896—1914年是意大利工业化进程的第一个时期。这两家银行为包括Breda(火车引擎制造商)、菲亚特(汽车制造商)和Montecatini(采矿业企业)在内的意大利最重要的创业企业提供了金融资源和管理技能的支持,并且促成了重要的电力和钢铁企业的诞生。

然而,全能银行无法承担起整个工业化进程的重担。到1887年,大型钢铁企业Terni及其贷款人濒临破产,政府不得不采取干预措施来对其进行援救。1911年,政府和大型银行拯救了整个钢铁行业。1923年,意大利银行将当时最大的企业Ansaldo和它的两个主要借款人意大利Sconto银行和罗马银行从危机中拯救出来。

这些事件说明意大利的资本主义需要政府从一开始就参与其中,并给予持续不断的帮助。大萧条使得政府进一步扩大了干预范围。金融危机导致意大利三大主要投资银行破产:意大利商业银行、意大利信贷和罗马银行。结果,1933年,政府成立了一个新的代理机构,工业重建研究所(IRI),来管理之前由三大投行控制的大量公司的资产组合。

从那以后,意大利政府一直作为盈利导向型企业的控股股东直接参与经济运行。共和国成立后,政府在经济中的作用日益增大。政府开始收购好的公司并且在各经济领域中进行直接投资,而不是将其干预措施限制于拯救陷入困境的公司。由于在经济中的参与度不断提高,意大利政府在1952年又创建了另一家代理机构——Ente Nazionale Idrocarburi(ENI)。ENI对化工、石油和采矿业的国有企业进行了协调管理。政府在1962年和1972年又成立了其他机构来对意大利南部进行直接经济干预。所有这些机构都是相互独立的。原则上,它们都是作为盈利型企业来进行管理,尽管如果它们陷入赤字,可以获得政府的金融支持。它们的主席具有很强的人格魅力,也有大量机会来利用其职权。② 在其存在的 1933 年到 2000 年(IRI 于 2000 年 6 月进行破产清算),IRI 收购了 42 家贸易公司,进行了 26 家子公司的上市分拆,使得 40 家公司退市,并且出售了 28 家公司。ENI 收购了 8 家公司,进行了 6 家子公司的上市分拆,使得 5 家公司退市,并出售了 6 家公司。

20 世纪 60 年代早期,意大利政府决定国有化电力行业,这对于意大利股票市场来说是一次重大事件。政治目的决定了这一决策。自战争结束一直掌权的基督教民主党发现他们在选举中的份额,从 1949 年的 49% 下降到了 1958 年的 38%。试图增选失败后,为了维持其权力,基督教民主党采取了吸引社会主义政党的策略,社会主义政党占据了国会中 8% 的席位。作为支持民主的条件,社会主义政党要求进行电力行业的国有化。③

电力行业的命运是 20 世纪 50 年代末期被决定的。政治讨论主要集中在是只收购电力公司的资产还是收购公司本身。1962 年 6 月 17 日,政府决定收购其资产,并于 1962 年 12 月 12 日正式颁布相关法律。政府将与公司未来有关的其他决定留给了公司股东。④

1962 年的国有化对于股票市场以及整个经济都产生了重要影响。电力集团在股票市场中扮演了重要角色:它们不仅占到了整个股票市场价值的近 1/3,在一定程度上,也是不受政府控制的经济和政治权力的核心。国有化的第一个效应是在这些集团内部进行了一系列合并,随后是这些集团之间的合并。这些集团将从国有化中得到的收益用于再投资,而没有将这些收益分配给股东。不称职或者不诚实的经理们⑤ 将大部分资源投入化工业,促进了 Montedison 的成立,之后也迅速为政府所控制。然而,事实证明,在一个自然资源有限的国家投资于化工业是无利可图的。结果,政府对被迫国有化进行补偿而提供的金融资源,最后几乎被全部浪费了。

国有企业为意大利 20 世纪五六十年代的经济增长作出了显著贡献(Barca and Trento,1997)。然而,随着时间的推移,由于薄弱的管理激励制度、软预算约束、低效的生产技术以及资源的分配不当,它们成为经济增长的负担。政府采用公共债务弥补这些亏损。20 世纪 90 年代初,公共债务的增长完全失控。由于受到欧盟的压力,意大利的高债务水平迫使政府进行了大规模的私有化计划(参见 Goldstein,2003)。

意大利产品市场的竞争程度在这个世纪也发生了很大的改变。在 1991 年之前都没有反垄断立法,让大公司在那之前能享有无限的市场力量。大部分上市公司的家族都用从核心行业领域的垄断租金中获取的大量收益来进行其扩张活动(Agnellis、Pesentis 与 Pirellis 的例子将在第 5 节中讨论)。

由于政府的直接干预,国际竞争的程度遵循一种非单调的模式。20 世纪初期,欧洲经济中市场一体化的趋势日渐加强。到 20 世纪 30 年代,欧洲各国经济相互依存。大萧条之后,随着民族主义的孤立主义的重新出现,外汇控制的实施,以及外部兑换的废除,这种趋势有所减弱。

意大利经济一直采用自给自足制,直到 1958 年加入欧洲经济共同体(EEC)。从那以后,产品市场和资本市场开始缓慢地自由化,开始出现国际竞争。根据欧共体(EEC)的指示,意大利首先进行了产品市场的自由化,随后也进行了资本市场的自由化(参见 Battilossi,2000)。直到 1990 年,跨境交易的所有限制都被有效地解除了。

6.2.2 法律与监管环境

在本文分析的时间段内,意大利的法律环境以及法律对投资者的保护程度也发生了巨大的变化。表 6.1 按照时间顺序列出了对上市公司以及金融市场产生影响的主要监管活动。表里列出的所有事件都发生在第二次世界大战之前或者 1974 年之后。这也建议我们将这个世纪分成三个阶段：1900—1941 年，1942—1973 年，1974—2000 年，每个阶段对意大利投资者的保护程度都在增加。

表 6.1　意大利投资者保护的演变

股 票 交 易

1913 年 8 月 4 日	股票经纪人条例：银行不能参与股票市场的交易
1974 年 4 月 8 日	建立 CONSOB，对股票市场进行监管的机构
1975 年 3 月 31 日	对 CONSOB 的权力进行定义
1991 年 5 月 17 日	内部交易法律
1991 年 11 月 14 日	向公众销售债券的公司的信息披露规范
1992 年 2 月 12 日	收购法：强制性投标规则
1998 年 2 月 24 日	被动规则：没有股东的同意，经理人不能反对一项收购计划（德拉吉法）

破 产 程 序

1942 年 3 月 16 日	破产法。非国有公司破产的主要程序是：清算（fallimento）或者重组（amministra-zione controllata 或 concordato preventivo）。国有公司则遵循被称作"行政清理结束"的第三程序
1979 年 1 月 30 日	大公司适用的特殊程序（amministrazione straordinaria）（普罗迪法）
1986 年 6 月 5 日	国有公司破产程序的简化

银 行 业

1936 年 3 月 12 日	意大利银行受托对银行业进行监管。将银行分为商业银行与投资银行：只有第二类银行可以进行长期放贷并且能够持有非金融公司的股份
1993 年 9 月 1 日	关于银行业与贷款业务的新法律。允许成立全能银行

上市公司的信息披露

1942 年 3 月 16 日	新商业条例：禁止多投票权股份，并且限制交叉持股
1974 年 6 月 7 日	新信息披露要求。对交叉持股的新限制。上市公司可以发行非投票权股份（储蓄股）
1975 年 3 月 31 日	年报需经外部审计
1985 年 6 月 4 日	取消对股票交易能力的一项限制（审批条款）
1991 年 4 月 9 日	企业集团需编制合并资产负债表
1998 年 2 月 24 日	加强小股东的权利（德拉吉法）

机 构 投 资 者

1983 年 3 月 23 日	允许运营开放式共同基金，并且受 CONSOB 的监管
1991 年 1 月 2 日	机构投资者条例
1992 年 1 月 27 日	共同基金信息披露的定义以及会计要求
1993 年 8 月 14 日	成立封闭式经济的授权
1996 年 7 月 23 日	共同基金与金融中介条例
1998 年 2 月 24 日	金融中介的新法律

注：本表列出的是在意大利对投资者保护影响最大的监管行为。按照这些事件与股票交易、破产程序、银行业、上市公司的信息披露或者机构投资者是否最相关分为五类。对各监管行为的主要特征进行了简要描述。

在第一个时期,股票市场实际上是自我规范的。公司可以发行多投票权股份,并且无限制地交叉持股。在 1936 年颁布银行法之前,银行在持有工业企业股份、发放短期和长期贷款、承销债券以及持有存款方面不受任何限制。银行扮演了如今风险资本家、投资银行和商业银行的角色。只有一种破产程序,包括直接清算。尽管自 1865 年就允许成立联合股份公司,但只有很少数的大型公司利用了有限债务的优势。1882 年的商业条例要求股东对年报进行批准,但不包括信息披露的程度。

在整个第二时期(1942—1973 年)中,在该时期初期法西斯统治下所颁布的法律规范着上市公司和金融市场。这些法律包括银行法(1936 年)、民事和商法典(1942 年)以及破产法(1942 年)。这些法律改善了有限债务公司对股东的保护程度。要求公司在年报中提供一定的关于公司业绩的信息。为了限制交叉持股,被控制的公司不再能就被持有的股份实施投票权。破产法允许债权人选择重组的形式,作为直接清算之外的另一种选择。银行法禁止全能银行业务,并且禁止银行持有非金融公司的股份。商业银行主要提供短期贷款。

这种法律体系是为资本市场扮演边缘角色的小规模经济(如 20 世纪 30 年代它们在意大利所起的作用一样)设计的,其逐渐变得过时,无法满足一个在国际市场中竞争的发达国家的需求。例如,公司法并没有对上市公司和非上市公司进行区分,而对这两类公司实施同样体系的条例。没有有关上市公司信息披露的特定条例,也没有负责股票市场监管的特定机构。结果,在 20 世纪 60 年代,像 Edison、Pirelli 以及 Snia Viscosa 这样的大公司并没有将销售等基本信息披露在资产负债表中(Amatori and Brioschi,1997)。在理论上,股票市场能自由设定其规则,但没有强制实施的权力,实际上,股票市场不受任何监管和规范。

1974 年,立法机关成立了股票市场监管机关 CONSOB,并起草了一系列上市公司信息披露要求,终于打破了其 30 年来对股票市场的忽视。意大利政府是以美国的股票交易委员会为模版来成立 CONSOB 的。政府花了一年的时间来定义 CONSOB 的权力,又花了一年的时间来使 CONSOB 正式进入运营,花了更多的时间使 CONSOB 正式实施其权力。

同时,立法者起草了对上市公司的特殊要求,以促进公众对股票市场的投资。最终,在 1974 年对信息披露的要求被引入,并且上市公司被允许发行无投票权股份(储蓄股份)。尽管这些股份没有投票权,但其持有者可以获得比普通股更高的股利。正如其名字所显示的,储蓄股份对于普通投资者而言更为合适。1975 年,政府要求上市公司的资产负债表须进行外部审计,并且对金融公司、银行以及保险公司的报表设定了新的会计规则。自 1974 年起,涉及上市公司 2% 以上投票权的收购活动必须在 48 小时内向 CONSOB 报告(自 1992 年起,这一信息必须向社会公众披露)。

20 世纪 90 年代,意大利进行了大量立法活动,主要是由于欧共体要求的将股票市场监管与欧洲相协调的压力。1991 年其要求企业集团编制合并资产负债表,1992 年收购法颁布。同时,CONSOB 于 1991 年和 1992 年颁布了共同基金信息披露的相关规定。[6] 这些要求增加了上市公司所有权结构的透明度。1991 年,意大利政府颁布了首部反垄断法。

即便有了这些重要发展,1994 年,在工业化国家中,意大利对投资者的法律保护程度仍然是最低的(La Porta et al.,1998)。意大利的股东保护指数为 1/6。[7] 即使所有这些保护措施付诸实施,法律也无法为少数股东提供足够的保护,使其免受控股股东的压制。事实上,企业集团规范以及收购法都存在法律漏洞,例如对非投票权股份持有者的保护有限。另外,少数股东所享有的权利无法保护他们自己。例如,要求召开股东大会,需要持有 20% 的股份,这是一个很高的门槛。在投票前股份必须被存在银行,并且也不能通过邮件进行投票。这些以及其他规定都使得小股东投票的成本很高。

1998 年,随着德拉吉法(由其主要起草人的名字命名)的颁布,意大利朝着对投资者更好地进行法律保护的方向迈出了重要一步。该法律禁止管理层在未得到股东许可的情况下反对收购计划。如果用 La Porta 等(1998)的股东保护指数来衡量,该法律改善了对股东的保护程度,将该指数从 1 提高到 5。特别是,该法律将召开股东大会所需持有的最低股票份额降低到10%,也弥补了收购法中的漏洞,同时赋予少数股东更多的权力去发表他们的看法。⑧

6.3 股票市场

1808 年,拿破仑政府成立米兰股票交易市场,作为证券和商品交易的市场。正如 Baia Curioni(1995)与 De Luca(2002)所说,米兰股票交易市场,不像伦敦和阿姆斯特丹的股票市场那样是由当时的金融经纪人自发建立的,而是由政府成立的。可能正是因为这个原因,在 19 世纪50 年代之前,米兰股票交易市场并未成为米兰主要的金融中心。1859 年,第一批股份(铁路公司 Societa' delle Strade Ferrate Lombardo Veneto)上市交易。第一家公司上市交易之后,很多银行和一些工业公司随之上市。1873 年,有 25 家公司的股票在米兰股票交易市场上交易。

当时,米兰股票交易市场是一个当地的股票市场。在意大利其他城市也成立了几个相似规模的股票市场。1873 年,米兰股票交易市场在交易量方面排名第二,位列热那亚之后,都灵市、佛罗伦萨、罗马和那不勒斯之前。

由于缺乏制度和监管,投机者有很多机会获取利润,并将不知情的投资者(和流动资金)隔离在外。随着 1895 年与 1907 年之间工业化浪潮的推进,米兰股票交易市场出现了转折点。在这 12 年间,上市公司的数量从 27 家增加到 171 家。全能银行——意大利商业银行和意大利信贷促进了股票市场的发展。这两家银行帮助很多创业家们融得项目所需的资本,成立起有限债务公司,并在股票市场上发行股份。根据 Bonelli(1971)的研究,1907 年 72% 有限债务公司的股份在股票市场上交易。

股票市场的繁荣只持续了短短几年的时间。根据 Siciliano(2001)的研究,意大利商业银行、意大利信贷和其他银行可能在借款时通过购买上市公司股票来抬高股价。1907 年短期利率的提高增加了银行维持股价的成本。由此导致的流动性危机迫使银行不得不停止购买股份,并出售它们持有的上市公司股份。反过来,这些股份的出售又引起了股价下跌的压力,进一步加剧了危机。这场金融危机一直持续到 1914 年。

1907 年的危机促使政府进行了一次政策干预。经过多年的争论之后,1913 年政府颁布了一部新法,禁止银行买卖在股票市场上市的公司股份。Baia Curioni(1995)认为,政策干预被证明是意大利股票市场落后的主要原因。然而，Siciliano（2001）并不同意，因为法国、美国以及美国都引进了类似的法律，而并没有对股票市场造成损害。

毫无疑问，1907年的危机对小投资者造成了深远的影响。一个很好的例子是Agnelli帝国时期的汽车制造商FIAT，之后在杜林市股票交易市场上交易。该公司所处的行业是当时极具吸引力的一个行业，有大量投资机会，让参与投资的公众非常兴奋。1906年，FIAT的股票每股交易价格为2000（市盈率为28）。股票市场的崩溃致使其股价在短短几个月内跌到17。贷款者不得不介入，将公司从濒临清算的边缘拯救出来。以意大利商业银行为首的一大批银行，取消了现有的股份，批准新的股票发行，并且将公司的控制权交给危机发生前的首席执行官Giovanni Agnelli。

1 000多位小股东发现他们持有的股票变得一文不值，就起诉FIAT的经理人存在会计违规和价格操纵行为。这场诉讼案引起了很多人的关注，因为Giovanni Agnelli与首相Giovanni Giolitti关系紧密。该案持续了5年，并最后宣判Agnelli无罪。

到1918年，米兰股票交易市场成为意大利主要的股票市场，尽管到那时，发展最迅速的时期已经结束了。图6.1列出了20世纪在米兰股票交易市场上市交易的公司数量，有原始数据，也有公司数量与人口（百万）的比例。La Porta等（1997）认为后者是衡量股票市场发展程度的良好指标。这些数据显示股票市场的发展程度呈非单调型。其从20世纪初期就进入了迅速增长的阶段，一直持续到1914年，紧接着进入有限增长时期，一直到1930年。

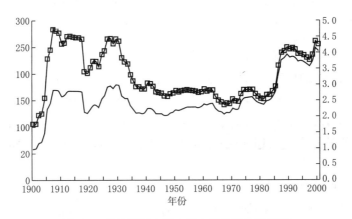

图6.1 米兰股票交易市场上市公司数量变化

注：延续曲线代表了原始数据并且由左边的纵轴衡量。点状线则代表了公司数量与人口（百万）的比例，由右边的纵轴衡量。人口的时间序列数据来自Rey（1991）与Datastream。

图6.1显示大萧条导致米兰股票交易市场上市公司的数量大幅减少。随着全能银行的国有化以及IRI的成立，股票市场成为投资资本分配过程中的第二环节。

股票市场增长时期结束的一个重要原因是缺乏对少数股东的保护。市场上的一种普遍观点是，全能银行以及像Agnelli这样的经理人利用20世纪初期的投资浪潮买卖他们的股票。另外，对于公司所获红利征税以及法西斯政府引起的个人利益介入的大幅上升，使得在股票市场投资的吸引力降低（Aleotti，1990）。

第二次世界大战之后,情况改善了很多。在这一时期,意大利出现了 10 个股票市场。如图 6.2 所示,1962 年电力行业的国有化导致股票市场总市值大幅度减少,图 6.2 是米兰股票交易市场总市值占国内生产总值的比例随时间的变化图。有趣的是,国有化本身与市值的减少并无关系。相反,当政治家们试图颁布新法律时,总市值会有显著的提高。投资于会引起市场下行的净现值为负的项目,会导致资源浪费。

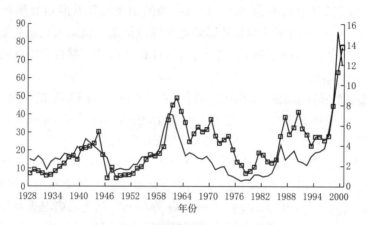

图 6.2 米兰股票交易市场市值变化

注:延续曲线代表总市值占国民生产总值(GNP)的比例,并由左边的纵轴衡量。GNP 的时间序列数据来自 Rey(1991)和 Datastream。点状曲线代表米兰股票交易市场的股价指数,由右边的纵轴衡量。股价指数数据来自 Dimson、Marsh 和 Staunton(2001);其衡量了股价的真实变化趋势,并将 1900 年的数值标准化为 1。

股票市场投资的缓慢下降一直持续到 70 年代中期,政府成立了 CONSOB(1974 年)。随着 1983 年共同基金的出现,股票市场迅速发展。在 1983—1986 年的 3 年间,共同基金筹集了并在股票市场投资了 60 亿美元(De Luca,2002)。这些新的资源吸引了很多公司公开上市。在 1983—1989 年间,股票市场上市交易的公司数量增加了 50%。然而大部分新上市公司都是之前上市公司的子公司,它们上市是为了从股票市场的繁荣中获益(Pagano,Panetta and Zingales,1998)。

近期的私有化项目有力地推动了股票市场的发展。1995 年,股票市场市值只有国民生产总值(GNP)的 20%。到 2000 年,股票市场市值增长到 70%。市值的增加是由于像 ENI(化工企业)、INA(保险公司)、IMI(银行)、ENEL(能源企业)等政府控制的大型公司的公开上市,以及政府出售其持有的 Comit、Credit 和 BNL 等已上市公司的股份。这些私有化与政策改革相继进行,例如 1991 年颁布了关于内部交易的法律,1992 年颁布了收购法以及 1998 年颁布了德拉吉法。

2000 年米兰股票交易市场的总市值占 GNP 的 70%,与其他发达国家的股票市场相类似。然而,意大利的股票市场并不能反映意大利的经济状况。大型公司与金融机构在股票市场中起着主导作用,而绝大部分公司都是远离股票市场的。

6.3.1 投资者保护与股票市场发展

La Porta 等(1998)认为,股票市场的发展程度应该与投资者受保护的程度正向相关。除非有信心从他们的投资中获得公平的收益,否则投资者不会为公司提供股权融资。如果股东保护程度较低,少数股东会要求从他们的投资中获取更高的收益,以弥补他们被管理层或控股股东征用股份而面对的高风险。较高的收益率要求使外部融资的成本提高,公开上市的公司减少。与这种推测一致的是,La Porta 等(1997)发现,20 世纪 90 年代,对股东保护程度较高的国家的股票市场规模较大。[9] 这一结论来自对一定数量国家的研究,但它也应该包括一个国家的时间序列数据。

为了验证这一推论,我们在第 6.2.2 节对三个时期的股票市场发展程度进行了比较,在这三个时期意大利对投资者的保护程度也有很明显的差异。正如之前所讨论的,1900—1941 年这一时期对投资者保护水平最低;1974—2000 年对投资者保护水平最高;1942—1973 年期间对投资者的保护程度处于中等水平。我们运用了上市公司数量与人口(百万)的比率以及市值占 GNP 的百分比,来衡量股票市场的发展程度。

在表 6.2 中,第(1)列数据显示对投资者保护程度最低和最高的两个阶段,指标均为正,并且在解释该世纪上市公司数量占人口比率的变动性的回归中,统计上是显著的。这表明,与 1900—1941 年这一时期相比,1942—1973 年这一时期有更高的投资者保护程度,但股票市场的发展程度更低。对第二时期(1942—1973 年)与第三时期(1974—2000 年)的比较则与理论非常相符:较高的投资者保护程度伴随着较高的金融发展程度。从第二栏的数据中也能得到同样的结论,在第(2)列中我们加入了股票市场指数作为公司决定公开上市的一个变量。[10]

表 6.2 投资者保护程度与股票市场发展程度

因 变 量	上市公司数量与人口的比率			市值占 GNP 的百分比		
	(1)	(2)	(3)	(4)	(5)	(6)
常数	2.68***	2.34***	4.80***	17.15***	−0.47	26.06***
	(0.11)	(0.17)	(0.34)	(1.67)	(3.42)	(3.20)
虚拟变量 1900—1941 年=较低的投资者保护程度	0.98***	1.18***		−0.49	7.83***	
	(0.15)	(0.17)		(1.99)	(2.19)	
虚拟变量 1974—2000 年=较高的投资者保护程度	0.75***	0.69***		0.96	−2.57	
	(0.17)	(0.16)		(4.12)	(2.31)	
股票市场指数		0.08***	0.03		4.44***	2.54***
		(0.03)	(0.03)		(0.80)	(0.49)
反董事权利指数			−1.50***			−19.61***
			(0.26)			(3.20)
(反董事权利指数)			0.27***			4.44***
			(0.04)			(0.83)
R^2	0.31	0.36	0.23	0.01	0.61	0.76
观察对象的数量	101	101	101	69	69	69

注:股票市场发展程度(因变量)由上市公司数量占人口(百万)的比率[第(1)列与第(2)列]或者市值占 GNP 的百分比[第(3)列与第(4)列]来衡量。自变量有:一个代表投资者保护程度较低时期的虚拟变量在 1900 年到 1941 年之间等于 1,在其他年份等于 0;一个代表投资者保护程度较高时期的虚拟变量在 1974 年到 2000 年之间等于 1,在其他年份等于 0;以及股票市场指数。后者的数据来自 Dimson、Marsh 和 Staunton (2001),由真实价值衡量,并且将 1900 年的指数标准化为 1。反董事权利指数衡量股东保护的程度。该指数由 La Porta 等(1998)提出,并且由 Enriques(2003)将其扩展。OLS 回归:标准差标在括号里。
*** 表示在 1% 水平下显著。

在第(3)列中,我们使用了 La Porta 等(1998)提出的反董事权利指数。遵循 Enriques (2003)的理论并且计算了从 1900—2000 年之间这一指数的变动情况。该指数在 1942 年之前为 1,在 1942—1993 年之间为 2,1994 年增加到 3,并且从 1998 年开始提高到 5。第(3)列中的结果显示:股票市场发展程度与投资者保护程度之间存在明显的非线性关系。从较低的投资者保护程度(低于 2)开始,投资者保护程度的提高会降低股票市场的发展程度。如果从一个较高的投资者保护程度(高于 3)开始,就会得出相反的结论。

在第(4)列到第(6)列,我们用市值占 GNP 的百分比来衡量股票市场的发展程度。第(4)列的结果表明三个时期股票市场的发展程度没有明显的差异。在第(5)列中,我们加入了股票市场指数,发现 1900—1941 年(投资者保护程度最低的时期)的股票市场发展程度比后面一个时期更高。第(6)列的数据显示股票市场发展程度与投资者保护程度之间呈 U 形关系。总的来看,表 6.2 表明在投资者保护程度与股票市场发展程度之间并不存在单调关系,这一点很难与法律和金融观点相协调。

6.3.2 讨论

在表 6.2 的回归分析中缺少的一个重要变量是"执法"。La Porta 等(1998)以及 Bhatta-charya 和 Daouk(2002)认为:"执法"在跨国研究中是一个很重要的解释变量。为了评估"执法"的作用,Enriques(2003)分析了 1986—2000 年之间 123 个例子中意大利公司作出决策的质量。他发现决策者试图偏袒公司内部人员的利益,而他们提出的观点通常都很形式主义。另外,他没有找到任何证据证明决策者考虑过他们的决策对公司及经理人激励和行为的影响。这些发现验证了 La Porta 等的观点,如果以法治和司法效率衡量,意大利的执法度很低。不幸的是,我们没有可以在研究中使用的关于执法度的时间序列数据。

表 6.2 的回归分析中缺少的另一个变量是"政治"。越来越多的研究认为一个国家金融市场的发展程度是投票者和利益集团的意识形态和经济利益的结果。Rajan 和 Zingales(2003)认为政府行为可能会促进或者伤害股票市场的发展,这依赖于利益集团之间权力的平衡。Pagano 和 Volpin(2001)以及 Biais 和 Perotti(2002)认为:政府对经济的干预应该与金融市场发展程度呈负相关,因为政府行为应该与金融市场互补。能够代表经济中政府干预程度的一个指标是股票市场中政府控制的公司数量占上市公司总数的百分比。

图 6.3 列示了股票市场发展程度与政府控制的上市公司数量随时间的变动情况。最初的

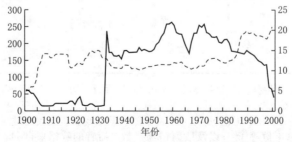

图 6.3 政府在股票市场中的表现

注:变量"政府控制的上市公司"是政府控制的上市公司的比率。该值由延续曲线代表,并由右边的纵轴衡量。虚线(由左边纵轴衡量)代表的是在米兰股票交易市场上市的公司的数量。

增长因大萧条而结束,紧接着便进入了长时期的停滞,一直持续到 20 世纪 80 年代。只有 1985 年的上市公司数量超过了 1930 年的水平。如果加上 1950—1980 年真实国内生产总值提高 200％期间的观察结果,这些数据表明大萧条之后意大利股票市场与其经济之间并无明显联系。1950—1980 年,意大利上市公司中的 15％—20％都由政府控制。这两个序列时间的相关性为－70％。

根据 Rajan 和 Zingales(2003)的研究,解释股票市场发展程度的另一个重要变量是"开放度",即进出口总量占 GNP 的百分比。他们认为一个国家通过对外开放进行国际贸易,从而促进经济增长。为了为投资机会融资,需要筹集资本,从而需要金融市场的进一步发展。如 6.2.2 节中所讨论的那样,在 20 世纪初期,意大利相对较为开放并开展国际贸易,到 20 世纪 30 年代其成为独裁国家,到 50 年代末期再度对外开放。

在表 6.3 中,我们在法律变量的基础上加入了政府干预程度和开放度两个变量。在第(1)列,我们使用上市公司数量占人口(百万)的比率作为因变量。我们发现只有政治变量是显著的,并且与其呈负相关。使用不同的衡量指标,也会得到同样的结果。在第(2)列中,如果用市值占 GNP 的百分比来衡量金融市场的发展程度,我们得到了相同的结论。在这一指标下,反董事权利指数也在统计上是显著的,并且具有正相关性。这一结果表明,如果政府干预程度不变,投资者保护程度与股票市场发展程度具有正相关性。[⑪]与 Rajan 和 Zingales(2003)的观点相反的是,开放度与金融市场发展程度呈负相关。一个可能的原因是开放度与 GNP 呈正相关,而 GNP 是金融市场发展程度衡量指标的分母。

表 6.3　投资者保护度、开放度与政治

因　变　量	上市公司数量占人口(百万)的比率(1)	市值占 GNP 的百分比(2)	IPO 的公司数量(3)
常量	3.78 ***	17.41 ***	2.62
	(0.17)	(2.65)	(2.19)
反董事权利指标	－0.04	8.50 ***	2.46 ***
	(0.07)	(2.07)	(1.10)
政府控制的上市公司(％)	－0.08 ***	－0.70 ***	－0.46 ***
	(0.01)	(0.17)	(0.12)
开放度	0.54	－60.23 ***	11.87 *
	(0.35)	(8.71)	(6.21)
股票市场指数	0.09 ***	3.41 ***	0.49
	(0.02)	(0.42)	(0.36)
R²	0.49	0.78	0.24
观察对象的数量	97	69	97

注:因变量是上市公司数量占人口(百万)的比率[第(1)列],股票市场市值占 GNP 的百分比[第(2)列]以及首次公开发行(IPO)的公司数量[第(3)列]。自变量包括反董事权利指数,该数值由 LLSV(1998)提出并由 Enriques(2003)扩展;政府控制的公司数量占上市公司总数的百分比;开放度,是进出口商品总量占 GNP 的百分比;以及股票市场指数。股票市场指数的数据来自 Dimson、Marsh 和 Staunton(2001),是真实价值,并将 1900 年的值标准化为 1。OLS 回归;标准差标注在括号里。

*** 表示在 1％水平下显著;** 表示在 5％水平下显著;* 表示在 10％水平下显著。

在第(3)列中,我们采用首次公开上市(IPO)的公司数量来衡量金融市场的发展程度。政府控制的上市公司数量与 IPO 的数量呈负相关。与第(2)列中一样的是,投资者保护程度的提高会带来 IPO 数量的增加。同 Rajan 和 Zingales(2003)的观点一致,开放度与 IPO 的数量呈正相关。第(3)列中的数据与之前关于三个变量的讨论完全相符。如果保持其他变量不变,股票市场发展程度随着投资者保护度、开程度的提高而提高,随政府干预程度的提高而降低。

对于政治变量的结果,可能存在的一个问题是对其的解释。我们认为经济中政府的干预程度应该与金融市场发展程度呈负相关,因为政府行为应该是金融市场的补充。然而,政府干预对上市公司数量的负面影响可能更为直接。如果政府将一个上市公司完全国有化,上市公司的数量就会减少一个单位。如果是这样的话,我们应该在政府控制的公司数量增加之后发现退市的现象。但我们并没有在数据中发现这种关系。

这一部分最后留下了一个问题没有得到回答:如果 20 世纪五六十年代股票市场停滞的话,意大利公司是如何为其经济增长融资的呢?图 6.4 表明其答案应该是银行业的增长。人均 GNP 增长的同时银行业也经历了相似的扩张。存款银行资产同 GNP 的比率与人均 GNP 之间的相关性为 91%。人均 GNP 增长与股票市场发展程度之间的相关性较低:如果股票市场发展程度用上市公司数量与人口比率衡量的话,为 3%;如果以股票市场市值占 GNP 百分比衡量的话,为 22%。

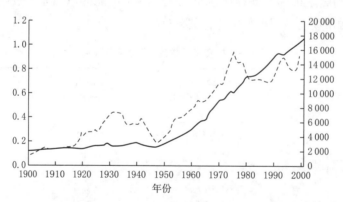

图 6.4　存款银行资产占 GNP 的比率以及人均 GNP 的变化

资料来源:Ciocca 和 Biscaini Cotula(1982),Rey(1991)以及国际金融数据。

6.4　公司的所有权结构

Barca(1994)与 La Porta 等(2000)认为,意大利的公司治理的特点是较高的所有权集中度和金字塔式结构。Shlerfer 与 Wolfenzon(2002)认为,较高的所有权集中度在投资者保护程度低的国家更为常见,因为当法律未对投资者提供足够保护时,公司无法将其股份出售给小股东。Bebchuk(1999)指出,在投资者保护程度低的国家,控制权是很重要的,因此要保证公司的控制权没有争议。[12] Wolfenzon(1998)认为,金字塔式企业集团的出现是为了压制股东,而这种情况更可能出现在投资者保护程度较低的国家。Bebchuk、Kraakman 与 Triantis(1999)认为这意味着金字塔式企业集团可以在不放弃控制权的条件下将所有权与控制权分离,在很注重控制权的国家,这是非常重要的特征。

6.4.1 投资者保护程度与所有权集中度

我们只能找到 1987 年以后所有权结构方面的具体数据。1987 年之前,只能找到控制权方面的信息。[13]唯一的例外是 1948 年共产党工会(CGIL)制作的一本小册子,其中记录了第二次世界大战末期所有意大利公司的所有权结构。

由于这些数据上的限制,在这部分中,我们只比较了 1947 年、1987 年和 2000 年在米兰股票交易市场上市交易的所有公司的所有权结构。这三个年度具有不同的投资者保护程度。根据我们之前划分的三个不同时期,1947 年的投资者保护程度最低,1987 年中等,2000 年最高。如果采用反董事权利指数来衡量,则该指数在 1947 年和 1987 年等于 2,在 2000 年等于 5。表 6.4 比较了在这三年中用六种不同指标衡量的所有权结构情况。

表 6.4　所有权结构的变化:汇总数据

	1947 年	1987 年	2000 年	检验(显著程度百分比)		
				1947 年 vs. 1987 年	1947 年 vs. 2000 年	1987 年 vs. 2000 年
观察对象数量	120	207	231			
最大股东持有的投票权(%)[538 个观察对象]						
平均值	44.58	55.46	48.00	1	0	1
中间值	48.65	54.14	52.11	1	5	1
没有控股股东的公司占比(%)[558 个观察对象]						
所有公司	10.00	4.35	12.99	5	0	1
不包括银行和保险公司	7.76	3.53	5.62	0	0	0
最终所有者控制的投票权(%)[494 个观察对象]						
平均值	48.98	59.87	57.73	1	1	0
中间值	50.10	58.69	55.23	1	1	1
最终所有者持有的现金流权利(%)[494 个观察对象]						
平均值	40.38	42.11	51.31	0	1	1
中间值	44.10	47.00	52.92	0	1	1
所有权与控制权的分离度(投票权/现金流权利)[494 个观察对象]						
平均值	1.90	3.16	1.41	5	5	1
金字塔式水平[494 个观察对象]						
平均值	1.43	1.86	1.31	1	0	1

注:该表比较了 1947 年、1987 年和 2000 年三个年份子样本的上市公司所有权结构的平均值和中间值。我们使用六个指标来衡量一个公司的所有权结构:最大股东持有的投票权的百分比,没有控股股东的公司的百分比(没有股东持有超过 20%的投票权),由最终所有者(直接或间接)持有的投票权的比率,由最终所有者持有的现金流权利的百分比,由最终所有者所有的投票权与现金流权利的比率,金字塔式水平,即控制链条上的公司数量,包括公司本身。最后四个变量只计算了拥有控股股东的公司。对于每个衡量指标,各子样本的平均值(中间值)的比较采用的是成对测试。0 表示没有显著差异。1 表示在 1%的水平上显著。5 表示在 5%的水平上显著。

第一种衡量指标是最大股东持有的投票权的百分比。平均来看,最大股东直接持有的投票权的百分比在 1947 年为 45%,1987 年为 55%,2000 年为 48%。根据这一衡量标准,所有权集中度在 1987 年比 1947 年和 2000 年更高,而 1947 年和 2000 年时并没有明显的区别。这一结果表明所有权集中度的变化是非单调的,首先提高,然后降低。

第二种衡量指标是一个指标变量,如果公司没有控股股东(即没有股东持有超过 20% 的投票权),则该变量等于 1,否则等于 0。除银行和保险公司之外,在不同年份,以该指标衡量的所有权集中度没有差异。只有 3.5%—7.8% 的公司没有控股股东。这一结果显示:在这三个年份,控制权都非常重要。

在有控股股东的公司,可以对控制链进行重组,并找出最终所有人的身份。表 6.4 中剩下的四个指标揭示了拥有控股股东(即有股东持有至少 20% 的投票权)的公司在所有权集中度方面的特点。

由最终所有者控制的投票权数量包括在给定公司最终所有者直接或间接控制的所有投票权。该指标在 1987 年和 2000 年的值显著高于 1947 年。平均来看,在 1987 年和 2000 年最终所有者拥有大约 60% 的投票权,而在 1947 年大约为 50%。

由最终所有者持有的现金流权利总和是控制链上部分现金流权利的产物:它代表最终所有者能获得的公司产生的现金流总和。能获得的现金流的平均值逐渐增加:1947 年最终所有者拥有大概 40% 的现金流权利,1987 年为 42%,2000 年为 51%。

所有权与控制权的分离度是最终所有者控制的投票权与其现金流权利的比率。该变量的变化也是非单调性的。首先,从 1947 年到 1987 年该值有所增加,从 1987 年到 2000 年该值逐渐减少。

金字塔式水平是控制链条上上市公司的数量,包括该公司本身。这个变量也遵循非单调的模式。1987 年金字塔式结构的程度比 1947 年明显提高,由于当时是股票市场的繁荣期,很多上市公司的子公司都公开上市了。2000 年,随着很多子公司被私有化,金字塔式结构的程度有所降低。

6.4.2 讨论

总的来看,从表 6.4 可以得出三个主要结论:(a)1947 年到 1987 年间,所有权变得更为集中,金字塔式结构的水平也有所提高;(b)1987 年到 2000 年间,所有权集中化和金字塔式结构的程度都降低了;(c)在所有样本中,已经所剩不多的所有权分散的公司所占的百分比没有明显变化。

结论(a)看起来与法律和金融领域的观点相违背。事实上,股东保护程度的改善应该会降低所有权集中度(Shleifer and Wolfenzon,2002)和金字塔式结构的程度(Wolfenzon,1998)。一个明显的异议是 1947 年到 1987 年间,投资者保护程度没有什么真正的改变。尽管 20 世纪 70 年代进行了好几项改革,反董事权利指数并没有发生变化,因此,执法度可能也没有什么变化。这种观点没有解释为什么 1947 年没有金字塔式结构。

结论(b)符合法律和金融领域的观点。在 1987 年到 2000 年之间,投资者保护程度显然有所改善。20 世纪 90 年代政府对上市公司和股票市场进行了严格的监管。反董事权利指数从

2 增加到 5。同 Shleifer 和 Wolfenzon(2002)以及 Wolfenzon(1998)观点一致的是,1987 年到 2000 年间,所有权集中度和金字塔式结构的程度都有所降低。

结论(c)很难与法律和金融观点达成一致。事实上,投资者保护程度的改善与所有权分散的米兰股票交易市场上市公司数量的变化并无关系。一种解释是:执法度一直都处于较低的水平,并且长时间内没有什么变化。如果是这样的话,在不同时期控制权同样重要,因为投资者保护程度的改善并未影响控制权的价值。但如果在这三年内,有效的投资者保护程度并没有显著的差异,那我们该如何解释结论(b)呢?

对于表 6.4 中采用的方法可能存在的一个问题是,这些结论是由组成效应所引起的。例如,由于不同行业的最优所有权集中度会有所不同,我们在数据中观察到的变化可能只是因为不同时期产业组成的变化。在表 6.5 中,我们在控制了产业效应的情况下,对法律指标的影响进行了评估。从而确认了前面得出的三个主要结论。同时,我们也使企业集团的百分比固定不变,因为企业集团可能会出于一些特殊原因而选择某种所有权结构。例如,在大型集团中,金字塔式结构可能更常见。在表 6.5 中,我们发现控制企业集团的百分比固定不变,则消除了金字塔式结构在程度上的差异。

表 6.5 所有权结构的变化:回归分析

	常量	虚拟变量 1947 年	虚拟变量 1987 年	固定影响	调整的 R^2	观察对象的数量
		因变量:最大股东持有的投票权(%)				
(1)	48.25 *** (1.37)	−5.74 "" (2.63)	8.00 *** (2.00)	产业	0.06	538
(2)	48.50 *** (2.06)	−2.84 (5.03)	5.82 * (3.10)	集团	0.12	538
		因变量:没有控股股东的公司占比(%)				
(3)	0.11 *** (0.02)	0.05 (0.03)	−0.08 *** (0.03)	产业	0.12	558
(4)	0.09 *** (0.03)	−0.00 (0.06)	0.01 (0.04)	集团	0.29	558
		因变量:最终所有者控制的投票权(%)				
(5)	57.74 *** (1.12)	−9.25 *** (2.16)	2.33 (1.59)	产业	0.08	494
(6)	56.53 *** (1.80)	−6.12 *** (4.63)	3.85 (2.62)	集团	0.06	494
		因变量:最终所有者持有的现金流权利(%)				
(7)	51.26 *** (1.51)	−11.40 *** (2.91)	−8.68 *** (2.51)	产业	0.07	494
(8)	43.49 *** (2.00)	−0.83 (4.90)	5.45 *** (2.89)	集团	0.36	494
		因变量:所有权与控制权分离度(投票权/现金流权利)				
(9)	1.41 *** (0.23)	0.55 (0.44)	1.67 *** (0.32)	产业	0.09	494
(10)	2.05 *** (0.39)	0.02 (0.96)	0.37 (0.56)	集团	−0.05	494

续表

	常量	虚拟变量 1947年	虚拟变量 1987年	固定影响	调整的 R^2	观察对象 的数量
			因变量:金字塔式水平			
(11)	1.29 ***	0.02	0.55 ***	产业	0.12	558
	(0.06)	(0.11)	(0.08)			
(12)	1.53 ***	−0.22	0.04	集团	0.26	558
	(0.08)	(0.20)	(0.12)			

注:该表比较了控制产业和企业集团的影响固定不变时,三个子样本(1947年、1987年和2000年)中上市公司所有权结构的情况。所有权结构由表6.4中的六种指标来进行衡量,回归标准差标注在括号中。
*** 表示1%水平下显著;** 表示5%水平下显著;* 表示10%水平下显著。

图6.5描述了不同时期上市公司控制权的变化。按照控制权的不同类型,我们将公司分为六类:首先,要区分该公司是一家独立公司还是附属于一个金字塔式结构的企业集团。其次,区分该公司是家族企业、所有权分散的公司还是由政府控制的企业。图6.5显示,独立公司占所有上市公司总市值的比例不会超过30%。很有趣的是,从大萧条时期开始,被广泛持有的金字塔式企业集团的重要性逐渐降低。直到最近,由于政府的私有化计划,这一趋势才被逆转。国家控制以及家族控制的金字塔式企业集团是最近股份增长最快的企业集团。家族控制的金字塔式企业集团1950年时占有米兰股票交易市场总市值的30%,到20世纪80年代逐渐增加到40%。到20世纪90年代,该比例下降到20%。在20世纪30年代,政府控制的金字塔式企业集团占米兰股票交易市场总市值的比例从0%增加到20%,到20世纪70年代,该占比逐渐提高到40%。到2000年,在大规模的私有化计划之后,它们已经基本消失了。

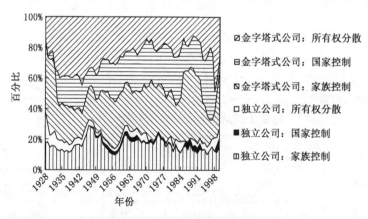

图6.5 不同时期各种控制权的分布

注:各类公司的规模由其相对市值决定。首先,我们将公司分为独立公司和金字塔式企业集团的成员公司。然后,在每一类公司中,我们根据其最终所有者是政府、家族或者分散的股东,将其继续划分为国家控制、家族控制以及所有权分散的公司。

金字塔式结构的普遍程度受到公司内部红利的税收待遇的影响(Morck,2003)。但意大利的数据不支持这一解释。1955年之前,在意大利,不对红利收入征税(只有法西斯统治时期的几年对红利收入征税)。因此,并未出现对公司内部的红利收入双重征税的现象。1955年,意大利对公司利润征收新税种,包括附加费在内的平均税率为 18%。这种附加税收对于收到红利的公司是不可税前扣除的,因此对垂直结构的企业集团不利。[14] 1974 年进行普通所得税改革后,垂直结构企业集团的税收负担进一步增加,对于收到红利的公司而言,税率达到 25%。然而,纯粹控股公司可以按照 7.5% 的税率就红利所得缴税。[15] 这种税收体制在 1977 年发生了改变,当时法律引入了"税收抵免",消除了双重征税。

由于在三年中(1947 年、1987 年和 2000 年)对公司内部红利的税收待遇相同,税收无法解释表 6.4 中金字塔式结构普遍程度的差异。更普遍地看,证据是很弱的。图 6.6 显示了 1955 年双重征税的出现并未导致金字塔式结构普遍程度的显著改变。[16] 因为股东保护或者制度环境中的其他方面都没有发生什么变化,金字塔式结构普遍程度出现任何变动的主要原因应该是税收的影响,但事实证明其作用很小。同时,1977 年双重征税的消除也并没有引起意大利股票市场上市公司中子公司数量的增加。金字塔式结构企业集团数量的显著增加是在 10 年后才出现的,很难将其归因于税收体制的变化。

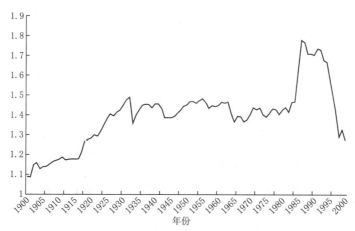

图 6.6　金字塔式结构的平均水平的变化

注:所有政府控制的公司都不包括在内。金字塔式结构的水平是指控制链上上市公司的数量,包括该公司本身。

那么是什么引起了 20 世纪 80 年代金字塔式结构企业集团的增加呢? 在后来的研究中被仔细提及的一种可能解释是,20 世纪 70 年代后半段以及 80 年代初期进行的金融改革,给股票市场注入了新的流动资金。由于这些改革,投资者对股票投资产生了新的信心(例如,通过新成立的共同基金进行投资)。公司利用这些流动性,通过 IPO 和分拆上市公司来筹集资金并实现增长。但股票市场的繁荣很快结束了,留下的便是几家金字塔式结构的企业集团。

6.5　家族资本主义

1928 年意大利三个主要的家族企业是由 Pesentis 家族所有的水泥生产商 Italcementi,由 Pirelli 家族所有的电缆和轮胎橡胶生产商 Pirelli,以及 Agnelli 家族所有的汽车厂商菲亚特。

它们的增长主要因为它们在行业中具有市场力量以及免受国外竞争。它们在其核心部门与国外竞争相隔离,这种情况一直持续到战后。因此,这三大主要的家族企业将部分资源投资于核心部门之外,收购电子企业、房地产公司、银行以及保险公司。

这三个家族企业集团的历史具有显著的相似性。Italcementi 由 Carlo Pesenti Ⅰ 于 1865 年成立,Pirelli 由 Giambattista Pirelli 于 1874 年成立,菲亚特由 Giovanni Agnelli Ⅰ 于 1899 年成立。它们分别于 1874 年、1922 年和 1924 年在米兰股票交易市场公开上市。它们迅速占有了其产品国内市场中 60%—80% 的市场份额,并向产业外扩张。Pesenti 家族投资于银行和保险公司;Pirelli 家族向电子行业和国外市场扩张;Agnelli 家族则大部分投资于机械和电子部件行业,以及房地产业。

接下来我们将详细介绍 Pesentis 集团的发展,并在更广泛的程度上讨论其他家族的命运。

6.5.1 Pesentis 集团的发展

1865 年,Carlo Pesenti Ⅰ 成立了 Pesentis 集团的第一家公司 Italcementi,该公司于 1874 年在米兰股票市场公开上市。1945 年,该集团已成为具有高盈利和市场力量的水泥集团,Pesentis 集团成立者的孙子 Carlo Ⅱ 接手该集团,开始向水泥业之外的其他行业扩张。根据 Confederazione Italiana del Lavoro(CGIL, 1948),当时意大利 60% 的水泥都是由 Italcementi 生产的。在接下来的 10 年里,Italcementi 通过其非上市子公司 Italmobiliare 进行了几项不同的收购活动。Turani(1980)与 Galli(1984)认为,该集团在水泥行业中享有的垄断利润,以及通过与执政的基督教民主党和梵蒂冈之间强有力的政治关系而获得的无限制信用贷款,为收购活动提供了部分资金。到 1953 年,Italmobiliare 已经在一家机械生产上市公司 Franco Tosi 中持有重要控制权,收购了一家上市的保险公司 RAS 38% 的控制权,并且直接控制其上市子公司 I'Assicuratrice Italiana。在这一时期,该集团也拥有几家非上市银行,包括 Banca Provinciale Lombarda 与 Credito Comerciale(于 1967 年收购第三大银行 Ibi)。

1967 年,在其扩张的顶峰时期,Pesentis 集团的活动遍及水泥业、建筑与房地产业、机械与汽车业、银行业以及保险业。当时,Pesentis 集团在财富方面位列全国第二,仅次于菲亚特集团的所有者 Agnellis 家族。向各个产业的扩张活动依靠高杠杆融资,这是一项风险很高的战略。1968 年,该集团第一次陷入困境,Carlo Ⅱ 不得不将陷入困境的 Lancia 出售给 Agnelli 家族,遭受了严重的损失,Lancia 是 Pesentis 集团于 1960 年收购的一家汽车公司。1972 年再度出现问题,当时,Sicilian 银行家 Michele Sindona 收购了 Italcementi 36% 的控制权。这次收购威胁到了 Pesentis 家族的控制权,Carlo Ⅱ 不得不收购了 Sindona。由于该项收购的资金来自 Italcementi 通过非上市子公司 Italmobiliare 控制的 Banca Provincially Lombarda,集团的杠杆比率进一步增加。1979 年,Carlo Ⅱ 不得不拦下了再次被收购的企图,这一次是 Agnelli 集团试图收购,该集团取得了对 Italcementi 10% 的控制权,并且通过扩张其水泥公司 Unicem,对 Pesentis 集团在水泥行业的市场力量产生了威胁。为了加强对集团的控制,Pesentis 集团决定改变其组织结构。1979 年,Italcementi 以股东持有的每两股 Italcementi 股份换一股 Italmobiliare 股份的方式,将其在 Italmobiliare 的股份分配给了股东。这促使 Italmobiliare 1980 年在米兰股票交易市场上市。同年,Italmobiliare 从 Pesentis 购买了 Italcementi 50.22%

的资本,成为新成立的集团的控股公司。

在过去 30 年中,集团扩张所带来的巨额债务致使意大利的家族集团在 20 世纪 80 年代早期发生内爆。1981 年,l'Assicuratrice Italiana 在 1980 年被 RAS 收购后退出了米兰股票交易市场;1984 年,德国集团 Allianz 购买了 RAS 的控股股份。1982 年 Credito Commerciale 被出售给 Monte dei Paschi di Siena,1983 年 Ibi 被出售给了 CARIPLO,1984 年该集团的最后一家银行 Banca Provinciale Lombarda 被出售给 San Paolo 集团。除了面临财务问题,Italmobiliare 也严重陷入了众人皆知的 Banco Ambrosiano 破产事件中,在 1982 年其倒闭时 Italmobiliare 是其最大的小股东。1984 年,Carlo Pesentis Ⅱ 在法院对他和 Italmobiliare 高管涉嫌与 Banco Ambrosiano 有关的诈骗诉讼期间去世。

Carlo Pesentis Ⅱ 去世后,他的儿子 Giampiero 接管了家族事业,成为 Pesentis 集团的主席。在 Giampiero 的领导下,集团回到了它的老本行,再次着重发展水泥产业。1987 年,伴随着投资者的乐观情绪,Italcementi 开始公开交易两个子公司 Cementerie Siciliane 和 Cementerie di Sardegna。到了 1995 年,投资者情绪悲观的一年,水泥公司和制造企业 Franco Tosi 开始亏本。在 1996 年和 1997 年分别和其各自的控股公司合并后,这两家公司都从米兰股票交易市场退市了。资本的增加以及之后的控股公司和子公司的股份交换为它们的三次回购项目提供了资金。1997 年,Italcementi 购买了曾经是已经破产的 Ferruzzi 集团成员企业的水泥公司 Calcemento 的控股股份,从而更多地参与水泥行业。这一子公司两年后与 Italcementi 合并。同年 Franco Tosi 通过与其母公司 Italmobiliare 的股份交换进行了私有化。表 6.6 和图 6.7 总结了该集团的发展史。

表 6.6　Pesentis 集团的发展

事　件	公　司	年份
IPO	Italcementi	1874
	Italmobiliare	1979
	Cementerie Siciliane	1986
	Cementerie di Sardegna	1986
收购	RAS	1952
	Franco Tosi	1953
	Calcecemento	1997
出售	RAS	1985
私有化(退市)	L'Assicuratrice Italiana	1980
	Cementerie Siciliane	1996
	Cementerie di Sardegna	1996
	Franco Tosi	1997
	Calcecemento	1999

注:该表总结了对集团结构产生影响的公司事件,并分类为 IPO、收购、出售和退市。

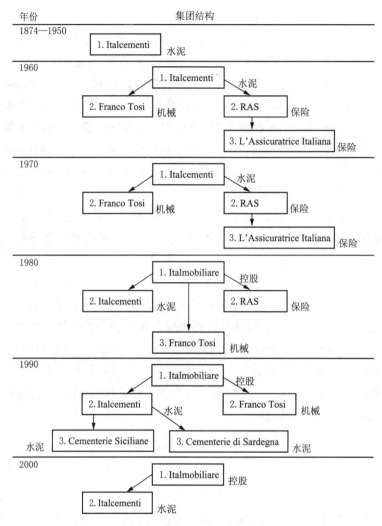

图 6.7　Pesentis 集团的发展

注:该表列示了每十年 Pesentis 集团的上市成员以及集团结构。每个方格代表一家上市公司。箭头表示控制链条。方格中的数字代表其在金字塔结构中所处的水平。

6.5.2　主要发现

在表 6.7 中,我们列出了从 1930 年末到 2000 年末每十年按照市场价值衡量的十大集团。家族企业集团的名称用上标 b 标注。政府控制的集团的名称用上标 a 标注。正如我们看到的,1930 年,在十大集团中只有一家家族企业集团:Agnelli 集团。所有权分散的大型投资银行 Banca Commerciale 是股票市场中最大型的企业集团。几家管理层控制的公共集团企业也位列前茅。在这些集团中,Edison 是电力行业最大型的控股公司,Montecatini 控制着采掘业和钢铁业。1940 年,在 Banca Commerciale 倒闭后,1933 年成立的政府控制的机构 IRI 成为市值最大的企业集团,因为其收购了之前由 Banca Commerciale 控制的所有公司。一个新的家族 Pirellis 也出现在了十大集团中。

表 6.7 集团的发展

集团名称	公司数量	MV(%)	集团名称	公司数量	MV(%)
1930 年			1960 年		
Banca Commerciale	21	30.68	IRI[a]	25	22.07
Edison	16	13.82	Edison	12	14.28
Montecatini	5	4.46	Montecatini	2	7.83
SADE	6	4.34	Agnelli[b]	3	7.33
Banca Italia[a]	2	4.19	La Centrale	6	5.25
La Centrale	3	3.96	Pirelli[b]	3	3.97
Snia Viscosa	8	3.75	SADE	7	3.53
Ligure Lombarda	4	3.34	Pesenti[b]	3	3.42
Sme	1	3.13	Bastogi	4	3.42
Agnelli[b]	3	2.10	Olivetti[b]	1	3.29
C4(%)	27.12	53.29	C4(%)	29.58	51.51
C10(%)	38.98	73.77	C10(%)	46.48	74.39
1940 年			1970 年		
IRI[a]	19	23.26	IRI[a]	18	29.30
Edison	17	16.45	Agnelli[b]	8	16.33
Montecatini	5	9.09	Montedison[a]	3	8.57
La Centrale	4	7.26	Generali	1	5.92
SADE	5	5.65	Pesentis[b]	4	4.60
Bastogi	6	4.46	Bastogi	7	3.19
Agnelli[b]	2	3.46	Pirelli[b]	2	2.61
Snia Viscosa	1	3.44	ENI[a]	4	2.03
Pirelli[b]	3	2.96	Sindona[b]	5	1.96
Ligure Lombarda	5	2.66	Olivetti[b]	1	1.94
C4(%)	33.58	56.07	C4(%)	22.56	60.12
C10(%)	50.00	78.69	C10(%)	39.85	76.45
1950 年			1980 年		
IRI[a]	16	17.37	IRI[a]	18	25.2
Edison	11	15.04	Generali	2	12.73
Montecatini	3	8.48	Agnelli[b]	8	8.14
La Centrale	6	5.70	Montedison	10	7.84
Snia Viscosa	1	5.47	Pesenti[b]	6	7.68
Bastogi	4	4.84	Ambrosiano	5	5.55
SADE	6	4.72	Olivetti[b]	1	3.99
Agnelli[b]	3	4.12	Bonomi[b]	7	3.59
Pirelli[b]	4	3.34	Mediobanca	1	2.93
Riva[b]	2	3.00	Ferruzzi[b]	3	2.87
C4(%)	27.69	46.59	C4(%)	26.76	53.92
C10(%)	43.08	72.08	C10(%)	42.96	80.52

集团名称	公司数量	MV(%)	集团名称	公司数量	MV(%)
1990 年			2000 年		
IRI[a]	17	18.54	Olivetti	6	24.07
Agnelli[b]	22	15.00	Generali	3	10.20
Generali	2	11.44	ENI[a]	3	7.59
Ferruzzi[b]	13	10.02	ENEL[a]	1	6.55
ENI[a]	9	5.99	Intesa	4	5.48
De Benedetti[b]	10	3.55	San Paolo	4	5.46
Ministero Tesoro[a]	3	3.11	Unicredito	3	4.89
Mediobanca	2	2.82	Berlusconi[b]	3	3.61
Pesenti[b]	5	2.39	Agnelli[b]	5	2.70
Ligresti[b]	4	2.07	Montedison	7	2.28
C4(%)	23.68	55.00	C4(%)	5.53	48.41
C10(%)	38.16	74.93	C10(%)	16.6	72.83

注:该表列示了从 1930 年到 2000 年每十年在米兰股票交易市场上上市的十大企业集团的名称和规模(由上市公司数量和市值占股票市场价值的百分比衡量)。对于每一年和衡量规模的每个指标,该表都提供了股票市场集中度的两个指标:C4 和 C10,其分别代表最大的四家和十家企业集团相比总市场的规模大小。

十大集团中家族企业集团的数量逐渐增加,到 1960 年达到四家:除了 Agnellis 与 Pirellis 之外,还有 Pesentis 和 Olivettis。从 1970—1990 年家族控制的企业集团占据了十大集团中的五个。2000 年变化趋势发生了明显的变化,在十大集团中只有两个家族控制的企业集团:Agnellis 集团和 Silvio Berlusconi 控制的企业集团。

Mediobanca 控制的企业集团的发展也经历了相似的趋势,该集团是由 Enrico Cuccia 担任主席的投资银行,在 20 世纪下半叶意大利公司财务中占据主导地位。表 6.7 很难衡量 20 世纪七八十年代 Mediobanca 的势力。因为 Mediobanca 只持有上市公司的少数股权,主要通过在董事会中的席位以及与贷款银行的紧密关系施加重要影响,我们很难量化这种影响。

在整个 20 世纪,意大利公司治理体系一直都有一个参照点:一个人或者一个机构能够平衡银行、家族以及政府之间的利益。在 20 世纪初,Bonaldo Stringher 与意大利银行扮演的就是参照点的角色。从 1929 年到第二次世界大战,参照点是 Alberto Beneduce 与 IRI。在 20 世纪下半叶,参照点是 Enrico Cuccia 与 Mediobanca。

表 6.7 证明了这一观点,家族资本主义在 20 世纪五六十年代变得日益重要起来,但自 20 世纪 90 年代开始地位有所下降。相比之下,所有权分散的企业集团的重要性在大萧条之后有所下降,并且在电力行业的国有化之后进一步下降,当时所有权分散的大型集团进行了合并,并由政府接管。这一趋势在 20 世纪八九十年代由于政府大规模的私有化计划而有所逆转。2000 年,大型金融集团(Generali、Intesa、San Paolo 以及 Unicredito)和大型集团(Olivetti、ENI、ENEL 以及 Montedison)占据了领导地位。

菲亚特当前的危机体现了这一变革。但这一变革已经超越了在 Agnelli 集团的情况。有趣的是,过去三个主要的家族企业集团在近几年都发生了显著的变化。20 世纪 90 年代 Pirelli 几乎陷入财务危机,最终是经理人 Marco Tronchetti Provera 将其从困境中拯救出来。Tronchetti Provera 通过结婚成为 Pirelli 家族的一员,在他的管理下,集团的重点产业从轮胎业转向电信业,现在他成为公司最大的股东。Pesentis 集团在 20 世纪 80 年代陷入财务困境,不得不出售其在银行和保险公司的股份,再次将重心放在水泥产业上。Pesentis 家族仍然控制着集团,尽管已经失去了其大部分的经济影响力。最后,Agnellis 集团可能无法顺利渡过当前的危机。

6.5.3 讨论

那么,为什么家族资本主义在意大利持续了如此长的时间? 最可能的原因是缺乏政策干预和存在大量政府腐败现象,其为长期以来家族资本主义的存在提供了合适的条件。

在整个 20 世纪,意大利的遗产税一直没有发生任何变化。因此,税收并没有改变一个家族出售控股股份的意愿。相反,1949 年英国的最高遗产税税率提高到 80%。Colli、Fernandez、Perez 与 Rose(2003)认为遗产税对英国家族企业的行为产生了深远的影响,引起上市公司数量的大幅度增加。同样,主要的外部体制的冲击也并没有出现。不像第二次世界大战末期的日本,美国人并没有参与到意大利的资本主义改革中。如 Amatori(1997)讨论的那样,日本的"美国化"进程带来了制度的改进和财阀(大型家族企业集团)的解散。在意大利,由于没有发生制度的变化,家族企业集团和政府控制的企业集团在战后仍然存活了下来。

除了缺乏制度变化外,意大利在法律执行方面也甚少变化。Enriques(2003)认为意大利的法律执行程度一直以来都处于很低的水平。由于投资者保护程度低,世世代代的控股股东仍旧从对集团的控制中享受着巨大的个人利益。

6.6 结论

在最近的几年,意大利的资本主义出现了历史性变革的迹象。

自 20 世纪 80 年代起,股票市场在意大利经济中的重要性逐渐提高。很多重要的私人企业,包括 Benetton、Luxottica、Campari 和 De Longhi,现在都公开上市交易。还有更多的公司在考虑公开上市。另外,近几届政府致力于私有化计划,并且进行一系列改革来改善对投资者的保护。

同时,最大的上市公司的控制权越来越受到争议。目前,在市场价值最大的十家企业集团中,只有 Silvio Berlusconi 首相领导的集团的控制权是由超过 30% 的投票权所掌握的。自 1999 年意大利首个敌意收购案(Telecom Italia 被 Olivetti 收购)成功后,公司控制权市场变得更为活跃。

银行部门也在进行巨大的变革。Mediobanca 不再作为承销商和投资银行而占据主导地位。通过合并巩固,产生了全能银行中的寡头垄断。

最后,投资者越来越关注公司治理问题。结果,几家企业集团已经开始通过将处于其金字塔式结构中层的控股公司私有化,来简化它们的控制结构。

附录:数据描述

本文运用了一系列特定的数据,即从 1900 年到 2000 年之间在米兰股票市场交易的所有公司的价值、财务和控制结构的年度数据。这些数据是通过各种渠道,由人工搜集的。

投资指导 Indici e dati(Mediobanca,各年—b)是财务数据和年度市场价值数据的主要来源。Indici e dati 涵盖了在米兰股票交易市场中交易的大部分公司以及在小交易所交易的部分公司。另一投资指导 Guida dell'azionista(Credito Italiano,各年)因为其报告了在印度所有股票市场中交易的所有公司的一些财务指标,而在投资方面很有指导作用。遗憾的是,这一资料比 Indici e dati 提供的关于重要变量,尤其是描述公司价值的变量的信息更少;与 Indici e dati 不同,Guida dell'azionista 只给出了每年的最高和最低价格,而不是公司的市场价值。在大部分情况下,我们能够通过运用 12 月最后一日出版的米兰报纸——Corriere della Sera 公布的股票价格以及来自 Guida dell'azionista 的流通股数量来计算市场价值,从而纠正这个问题。由于 1977 年以后 Indici e dati 不再提供资产负债表数据,因此 Guida dell'azionista 和 Calepino dell'azionista(Mediobanca,各年—a)成为样本下半部分财务数据的来源。

Taccuino dell'Azionista(SASIB,各年)是样本中各公司控制权相关信息的主要来源。该出版物对米兰股票交易市场中各年上市公司的历史进行了简要介绍。近几年的资料(1987 年之后)也给出了股东细分的详细数据。近几年,大部分印度上市公司的主要股东都拥有超过20%的投票权。投票权的集中使得我们对控制权的定义在大多数情况下都变得明确。在 1987 年前,我们只有 1947 年所有上市公司所有权方面的精确数据,数据来自 CGIL(1948)。对于所有其他年份,我们对控制链进行了重组,控制链的末端是最终所有者(家族、国家或者一家所有权分散的公司),我们运用了所有可能的资源来追踪所有权的转移。这一方法的一个限制是数据来源的不同,因此对控制的定义会有所不同。然而,1947 年的信息表明所有权通常都非常集中。因此,我们发现在不同数据来源下,对控制的定义可能对大部分公司来说都是一致的。由于我们倾向于保守地定义控制权,因此我们假设所有权掌握在最近的控股股东手中,除非我们有明确的证据。在一些情况下,我们的数据来源将所有权结构描述为联合控制或者一家所有权分散的公司。第一种情况与股东间的协定相符,即通过少于 20%的投票权股份实施主要控制权。第二种情况则是没有控股股东或者控股联盟。在我们的分析中,并没有将联合控制与投资权分散的公司的情况区分开来。我们在控制权方面的数据来源的不完全名单列示如下:Amatori 和 Brioschi(1997),Amatori 和 Colli(1999),Barca 等(1997),Brioschi、Buzzacchi 和 Colombo(1990),Chandler、Amatori 和 Hikino(1997),Ciofi(1962),Colajanni(1991),De Luca(2002),Grifone(1945),Scalfari(1961,1963),Scalfari 和 Turani(1974),以及 Turani(1980)。

公司被分为 16 个产业部门:(a)食品与农业;(b)银行业;(c)水泥、玻璃与陶瓷业;(d)化学与制药业；(e)通信业；(f)建筑与房地产业；(g)编辑与报纸业；(h)电力业；(i)电子业；(j)金融业；(k)保险业；(l)机械业；(m)金属业；(n)纺织业；(o)交通业以及(p)其他产业。

参考文献

Aleotti, Aldo. 1990. *Borsa e industria，1861—1989：Cento anni di rapporti difficili*. Milan：Comunità.

Amatori, Franco. 1997. Growth via politics：Business groups Italian Style. In *Beyond the firm：Business groups in international and historical perspective*, ed. Takao Shiba and Masahiro Shimotani. Oxford：Oxford University Press.

Amatori, Franco, and Francesco Brioschi. 1997. Le grandi imprese private：Famiglie e coalizioni. In *Storia del capitalismo italiano dal dopoguerra ad oggi*, ed. Fabrizio Barca, 118—153. Rome：Donzelli Editore.

Amatori, Franco, and Andrea Colli. 1999. *Impresa e industria in Italia*. Venice, Italy：Marsilio Editori.

Baia Curioni, Stefano. 1995. *Regolazione e competizione：Storia del mercato azionario in Italia（1808—1938）*. Bologna, Italy：Il Mulino.

Barca, Fabrizio. 1994. *Assetti proprietari e mercato delle imprese*. Vols. I and II. Bologna, Italy：Il Mulino.

Barca, Fabrizio, Francesca Bertucci, Graziella Capello, and Paola Casavola. 1997. La trasformazione proprietaria di FIAT, Pirelli e Falck dal 1947 ad oggi. In *Storia del capitalismo italiano dal dopoguerra ad oggi*, ed. Fabrizio Barca, 155—184. Rome：Donzelli Editore.

Barca, Fabrizio, and Sandro Trento. 1997. La parabola delle partecipazioni statali：Una missione tradita. In *Storia del capitalismo italiano dal dopoguerra ad oggi*, ed. Fabrizio Barca, 186—236. Rome：Donzelli Editore.

Battilossi, Stefano. 2000. Financial innovation and the golden ages of international banking：1890—1931 and 1958—1981. *Financial History Review* 7：141—175.

Bebchuk, Lucian. 1999. A rent-protection theory of corporate ownership and control. NBER Working Paper no.7203. Cambridge, MA：National Bureau of Economic Research.

Bebchuk, Lucian, Reinier Kraakman, and George Triantis. 1999. Stock pyramids, 360 Alexander Aganin and Paolo Volpin cross-ownership and dual class equity：The creation and agency costs of separating control from cash flow rights. NBER Working Paper no.6951. Cambridge, MA：National Bureau of Economic Research.

Bhattacharya, Utpal, and Hazeem Daouk. 2002. The world price of insider trad-ing. *Journal of Finance* 57：75—108.

Biais, Bruno, and Enrico Perotti. 2002. Machiavellian privatization. *American Economic Review* 92：240—258.

Bonelli, Franco. 1971. *La crisi del 1907：Una tappa nello sviluppo industriale in Italia*. Turin, Italy：Fondazione Luigi Einaudi.

Bragantini, Salvatore. 1996. *Capitalismo all'italiana*. Milan：Baldini & Castoldi.

Brioschi, Francesco, Luigi Buzzacchi, and Massimo G. Colombo. 1990. *Gruppi di imprese e mercato finanziario：La struttura del potere nell'industria italiana*. Rome：Nuova Italia Scientifica.

Chandler, Alfred D., Franco Amatori, and Takashi Hikino, eds. 1997. *Big business and the wealth of nations*. Cambridge, UK: Cambridge University Press.

Ciocca, Pierluigi, and A.M. Biscaini Cotula. 1982. *Interesse e Profitto*. Bologna, Italy: Il Mulino.

Ciofi, Paolo. 1962. *I monopoli italiani negli anni cinquanta*. Rome: Editori Riuniti.

Colajanni, Napoleone. 1991. *Il capitalismo senza capitale*. Milan: Sperling & Kupfer.

Colli, Andrea, Paloma Fernandez Perez, and Mary Rose. 2003. National determinants of family firm development? Family firms in Britain, Spain, and Italy in the nineteenth and twentieth centuries. *Enterprise and Society* 4:28—64.

Confederazione Italiana del Lavoro(CGIL). 1948. *Struttura dei monopoli industriali in Italia*. Rome: Ufficio Statistica, Casa editrice Progresso.

Credito Italiano. Various years. *Guida dell'azionista : Ragguagli su tutte le azioni quotate in borsa e sulle societa emittenti*. Genova, Italy: Credito Italiano.

De Luca, Giuseppe. 2002. *Le società quotate alla borsa valori di Milano dal 1861 al 2000 : Profili storici e titoli azionari*. Milan: Libri Scheiwiller.

Dimson, Elroy, Paul Marsh, and Mike Staunton. 2001. *Millennium book II : 101 years of investment returns*. London: ABN-AMRO and London Business School.

Dittmar, Amy, Jan Mahrt-Smith, and Henry Servaes. 2003. International corporate governance and corporate cash holdings. *Journal of Financial and Quantitative Analysis* 38:111—133.

Dyck, Alexander, and Luigi Zingales. 2004. Private benefits of control: An international comparison. *Journal of Finance* 59:537—600.

Enriques, Luca. 2003. Off the books, but on the record: Evidence from Italy on the relevance of judges to the quality of corporate law. In *Global markets, domestic institutions : Corporate law and governance in a new era of cross-border deals*, ed. Curtis J. Milhaupt, 257—294. New York: Columbia University Press.

Galli, Giancarlo. 1984. *Il romanzo degli gnomi*. Milan: Rusconi.

Gerschenkron, Alexander. 1962. *Economic backwardness in historical perspective*. Cambridge, MA: Harvard University Press.

Goldstein, Andrea. 2003. Privatization in Italy 1993—2002: Goals, institutions, outcomes, and outstanding issues. CESifo Working Paper no. 912. Munich: CESifo.

Grifone, Pietro. 1945. *Il capitale finanziario in Italia*. Rome: Einaudi.

La Porta, Rafael, Florencio López-de-Silanes, and Andrei Shleifer. 1999. Corporate ownership around the world. *Journal of Finance* 54:471—517.

La Porta, Rafael, Florencio López-de-Silanes, Andrei Shleifer, and Robert Vishny. 1997. Legal determinants of external finance. *Journal of Finance* 52:1131—1150.

——. 1998. Law and finance. *Journal of Political Economy* 101:678—709.

——. 2000. Agency problems and dividend policies around the world. *Journal of Finance* 55:1—33.

——. 2002. Investor protection and corporate valuation. *Journal of Finance* 57:1147—1170.

Leuz, Christian, Dhananjay Nanda, and Peter D. Wysocki. 2003. Earnings man-agement and investor protection. *Journal of Financial Economics* 69:505—527.

Mediobanca. Various years-a. *Calepino dell'azionista*. Milan: Mediobanca.

——. Various years-b. *Indici e dati relativi ad investimenti in titoli quotati nelle borse italiane*. Milan: Mediobanca.

Morck, Randall. 2003. Why some double taxation might make sense: The special case of inter-company dividends. NBER Working Paper no.9651. Cambridge, MA: National Bureau of Economic Research.

Nenova, Tatiana. 2003. The value of corporate voting rights and control: A cross-country analysis. *Journal of Financial Economics* 68:325—351.

Pagano, Marco, Fabio Panetta, and Luigi Zingales. 1998. Why do companies go public? An empirical analysis. *Journal of Finance* 53:27—64.

Pagano, Marco, and Paolo Volpin. 2001. The political economy of finance. *Oxford Review of Economic Policy* 17:502—519.

Rajan, Raghuram, and Luigi Zingales. 2003. The great reversals: The politics of financial development in the 20th century. *Journal of Financial Economics* 69:5—50.

Rey, Guido. 1991. *I conti economici dell'Italia*, *1*: *Una sintesi delle fonti ufficiali 1890—1970*. Rome: Edizione Laterza.

Rossi, Stefano, and Paolo Volpin. 2004. Cross-country determinants of mergers and acquisitions. *Journal of Financial Economics* 74:277—304.

SASIB. Various years. *Taccuino dell'azionista*: *Annuario di documentazione finanziaria industriale e di borsa*. Milan: Solé 24 Ore.

Scalfari, Eugenio. 1961. *Rapporto sul Neocapitalismo in Italia*. Bari, Italy: Editori Laterza.

———. 1963. *Storia segreta dell'industria elettrica*. Bari, Italy: Editori Laterza.

Scalfari, Eugenio, and Giuseppe Turani. 1974. *Razza padrona*: *Storia della borghesia di stato*. Milan: Feltrinelli Editore.

Shleifer, Andrei, and Daniel Wolfenzon. 2002. Investor protection and equity markets. *Journal of Financial Economics* 66:3—27.

Siciliano, Giovanni. 2001. *Cento anni di borsa in Italia*. Bologna, Italy: Societa' Editrice Il Mulino.

Turani, Giuseppe. 1980. *Padroni senza cuore*. Milan: Rizzoli.

Wolfenzon, Daniel. 1998. A theory of pyramidal ownership. Harvard University, Department of Economics. Mimeograph.

Wurgler, Jeff rey. 2000. Financial markets and the allocation of capital. *Journal of Financial Economics* 58: 187—214.

Zingales, Luigi. 1994. The value of the voting right: A study of the Milan stock exchange experience. *Review of Financial Studies* 7:125—148.

评论

Daniel Wolfenzon[17]

意大利是金字塔式结构的企业集团在公司中占主导地位的国家的典型代表。Aganin 和 Volpin 追溯了这些企业集团的起源和发展。他们也记录了意大利 20 世纪金融发展和所有权集中程度的历史。另外,作者还对 Pesenti 集团的发展做了有趣的案例研究。

本章发现米兰股票交易市场的公司数量并不是呈单调增长。相反,居民人均公开上市公司的数量在 20 世纪初期比中期要高。这一数字在 20 世纪 80 年代初期开始增加,现在这一数字高于 20 世纪初期的水平。其他变量遵循倒 U 形变动趋势。20 世纪中期的所有权比初期和末期要更为集中。同时,在 20 世纪 30 年代到 80 年代期间,金字塔式结构比 20 世纪头 30 年以及 20 世纪 80 年代到 2000 年间更为普遍。

Aganin 和 Volpin 用法律的效应和政府对股票市场的干预程度来解释这些变动趋势。法律和金融角度的观点认为上市公司的数量对于投资者的保护程度有促进作用(La Porta et al.,1997),而所有权集中程度与金字塔式结构的水平呈相反关系(Shleifer and Wolfenzon,2002;Almeida and Wolfenzon,2004)。因为在意大利,法律所赋予的保护在 20 世纪逐渐增加,但金融变量的变动趋势呈 U 形,似乎法律和金融角度的观点无法完全解释所有权和金融发展的变动。

本章提出政府对股票市场的干预是促成这种变动趋势的力量之一。大萧条导致大量上市公司倒闭。这促使意大利政府对经济进行干预,拯救这些公司走出困境。政府因此在大部分濒临倒闭的公司中都持有控制股份。本章认为政府在股票市场中的大量干预是导致上市公司数量减少的原因。20 世纪 90 年代随着私有化计划的推行,政府的地位开始下降。与政治角度的观点相符的是,随着政府逐渐退出股票市场,上市公司的数量再次增加起来。

Aganin 与 Volpin 将事实与可能的解释完美地结合在一起。尽管他们只分析了一个国家并且在该国家中只发生了两次变动(一次是从 20 世纪初到 20 世纪中期,一次是从 20 世纪中期到 20 世纪末期),他们仍然非常仔细严谨地考察了其他可能的解释。

我在这里评述两点:第一点,我要指出法律和金融角度的观点以及政治角度的观点并不是相互排斥的理论,可以看作是一个机制的两个方面。第二点我要强调的是,我认为在 Pesentis 集团的案例分析中最重要的地方。我认为我们可以从这个案例分析中学到很多东西,帮助我们理解为什么会形成企业集团,以及为什么它们通常都采用金字塔式的所有权结构。

我评述的第一点是关于思考这两种观点(法律和金融,以及政治)的一个统一的框架。在这个框架下,政策体现了政府改善或者恶化投资者保护程度的意愿,并且法律和制度只是政府为了实现这些变化所采用的工具。因此,法律的确影响了对投资者的保护程度(法律和金融角度的观点),但从这些法律可以追溯到政府的意愿(政治角度的观点)。

但为什么政府并不一直都想要提高对投资者的保护程度?其他的原因之一是由于较低的投资者保护和由此导致的欠发达的金融市场,潜在的市场进入者会因为缺乏融资而很难将公司成立起来。因此,由于对投资者的低保护程度成为进入门槛,使得市场中的现任们从中获益。如果他们对政策决策有很大的影响力,对投资者的保护程度会一直处于较低的水平。如果因为种种原因,他们失去了这种影响力,对投资者的保护程度就存在得到改善的可能性。

这并不是一个新的观点。在一个对 20 世纪超过 20 个国家的研究中,Rajan 和 Zingales (2003)发现金融市场的发展呈类似 U 形的发展趋势。他们用在整个 20 世纪现任的工业家和金融家们的不同意愿来进行解释,阻碍或者提高金融发展的水平(也可参见 Morck、Yeung 与 Wolfenzon,2004)。另外,在最近的文章中,Braun 和 Raddatz(2004)发现,由于政治平衡,只有在从金融发展中获益的企业集团的力量比受到负面影响的企业集团的力量更强的国家,金融市场的发展程度才会得到改善。有趣的是,Braun 与 Raddatz 认为是一定的政策改革引起了高水平的金融发展,这也验证了将政治、法律和金融角度的观点统一到一起的理论。

然而,这些结果是否与从法律和金融角度上认为,投资者保护程度和法律起源存在不可改变的关系的观点一致呢? 我并不这么认为。在我看来,法律和金融角度的观点(La Porta et al.,1998)作出了三个重要的贡献。第一个是在不同管辖权下投资者并不享有同等的权利,而这种保护程度上的差异会对公司决策、金融发展以及大量真实数据造成影响。事实上,传统的法律和金融角度观点中的理论模型(例如,Shleifer and Wolfenzon,2002;Burkart,Shleifer and Panunzi,2003;Almeida and Wolfenzon,2004)简单地认为,在投资者保护程度方面应该存在差异,并且对引起变动的原因持不可知论。这些模型赞同投资者保护程度的差异是由法律的不同所引起的,同时也赞同其是由执法力度、会计质量、司法效率等引起的。法律与金融角度观点的第二个贡献是法律的不同能解释投资者保护程度变动中的很大一部分。最后,第三个贡献是这些法律与该国的法律起源密切相关。我所提到的法律、金融与政治角度的共同观点与第一个和第二个贡献有着紧密的联系。

回到意大利的例子,我们怎样解释 20 世纪金融发展程度呈 U 形而法律对投资者保护程度呈单调增长趋势呢? 毕竟,对我所提到的框架进行严格的解读,则会认为政府想要改变对投资者保护程度的意愿通过法律得到了反映,而只有这些法律才能对投资者的保护水平造成影响。

一种可能的答案是,文中所衡量的法律对投资者的保护水平并没有反映出与投资者保护程度有关的所有方面。这可能是因为以下原因:(a)尽管作者做了很大的努力,但也不可能囊括所有的相关法律;或者(b)除法律之外,还有执法水平等其他因素会决定对投资者保护程度。如果文中所衡量的法律对投资者的保护水平不足以反映投资者保护的真实水平,那么就可能在回归中采用其他指标来代表对投资者的保护程度。这可能是一个衡量政府保持低水平保护程度意愿的指标。实际上,政府参与股票市场的程度是一个衡量他们意图的很好的指标。如作者所解释的那样,在意大利政府大量参与股票市场期间,它没有丝毫改善对投资者保护程度的意愿。然而,当对国有企业进行私有化时,政府想要提供一个最高水平的投资者保护程度的意愿非常强烈。Aganin 与 Volpin 发现,将法律赋予的保护程度与政府对股票市场的干预程度包括在内的回归分析,能得出合适的投资者保护程度指数。

我要评述的第二点是关于 Pesentis 集团的案例分析。本章介绍了这个集团是如何在 130 年的时间里从一个公司发展成了一个包括大量独立公司的大型组织。在大部分时间里,新公司作为现有公司的部分附属公司加入集团中,从而形成了金字塔式结构。案例分析中也介绍了 Pesentis 集团对于资金的强烈需求。

本章试图对企业集团的出现以及它们的所有权结构进行解释。我们能从中学到很多。首先,企业集团并不是一朝一夕就建立起来的;相反,它们是从一家公司开始,经过长时间的成长而形成的。因此,企业集团和金字塔式结构有关的理论必须考虑这些动态因素。如果只是从一个时间点上考虑,认为企业集团是最优的组织形式,是不现实的。其次,Pesentis 集团需要

\公司治理的历史——从家族企业集团到职业经理人

大量外部资金来成立或者收购新公司。Pesentis 家族的成员们能通过成立新公司并直接持有股份来避免形成金字塔式的所有权结构。然而,这需要更多的外部资金。设立附属公司(金字塔式结构)让 Pesentis 家族能够利用现有公司的内部资金。因此,金字塔式结构的出现是大量融资需求和欠发达的资本市场共同作用的结果。在 Almeida 与 Wolfenzon(2004)最近的文献中,他们用这两个因素解释了企业集团的形成以及对金字塔式所有权结构的采用:一个动态的框架和不发达的金融市场。

参考文献

Almeida, Heitor, and Daniel Wolfenzon. 2004. A theory of family business groups and pyramidal ownership. New York University, Stern School of Business. Working paper.

Braun, Matias, and Claudio Raddatz. 2004. Trade liberalization and the politics of financial development. University of California at Los Angeles and World Bank. Working paper.

Burkart, Mike, Andrei Shleifer, and Fausto Panunzi. 2003. Family firms. *Journal of Finance* 58:2167—2202.

La Porta, Rafael, Florencio López-de-Silanes, Andrei Shleifer, and Robert Vishny. 1997. Legal determinants of external finance. *Journal of Finance* 52:1131—1150.

——. 1998. Law and finance. *Journal of Political Economy* 106:1113—1155.

Morck, Randall, Bernard Yeung, and Daniel Wolfenzon. 2004. Corporate governance, economic entrenchment and growth. NBER Working Paper no.10692. Cambridge, MA: National Bureau of Economic Research.

Rajan, Raghuram, and Luigi Zingales. 2003. The great reversals: The politics of financial development in the twentieth century. *Journal of Financial Economics* 69:5—50.

Shleifer, Andrei, and Daniel Wolfenzon. 2002. Investor protection and equity markets. *Journal of Financial Economics* 66:3—27.

注释

① 这里的重点是政策制定而不是政治体制,虽然后者在 20 世纪也发生了显著的变化。到 1923 年,意大利一直是君主立宪制国家;1923 年到 1945 年,意大利变成了独裁制国家。自第二次世界大战结束起,意大利一直是民主国家。

② ENI 的第二任主席 Eugenio Cefis 就是一个极端的例子。20 世纪 70 年代初期,他利用自己的权力使 ENI 渡过了收购和可疑的金融运作的艰难时期。几年以后,他就被发现有腐败行为。更进一步的讨论,可参见 Barca 和 Trento (1997)。

③ 正如英国工会和法国的社会主义政党在战后也实施了类似的项目,意大利社会主义政党想要降低电力行业中企业的所得税税率。

④ 在 20 世纪初进行的铁路行业的国有化为该计划提供了一个范本。当时铁路公司获得的补偿使他们有能力进行投资,从而建立起了电力行业。

⑤ 1964 年电力公司 SADE 与化工企业 Montecatini 之间的合并就是一个很好的例子。Scalfari 与 Turani(1974)曾提到,SADE 的 CEO, Vittorio Cini 为了自己获得在 Montecatini 董事会的职位,并没有为 SADE 的股东们争取很好的利益。

⑥ 1983 年起共同基金被允许运营。

⑦ 这一指数在以下几种情况下形成的可能性增加:(a)该国允许股东通过邮件实施代理投票权,(b)在股东大会前,

并不要求股东将其股份储存起来,(c)允许累计投票或董事会中少数股东的比例代表制,(d)产生了受压迫的少数群体机制,(e)股东要求召开特别股东大会所需要持有的最低股份资本比例不能低于10%,或者(f)股东享有优先认购权,该权利只能通过股东投票才能放弃。根据 La Porta 等(1998),1994 年时的意大利,股东只享有优先认购权。

⑧ 根据 Enriques(2003),在 1942 年到 1993 年之间,意大利股东保护指数的正确值为 2,而不是 1,因为自 1942 年以来,任何公司都可以在董事会中选择采取比例代表制。

⑨ Shleifer 和 Wolfenzon(2002)用模型证明了这一理论。

⑩ Pagano、Panetta 与 Zingales(1998)发现市场时机是意大利公司决定公开上市的一个重要决定因素。

⑪ 如果用在第(2)列中使用 69 个观察对象中更小的样本量的数据来推测第(1)列的指标,可以得到与第(1)列中同样的结果。

⑫ 在这种解释下,投资者保护程度较低的国家应该存在控股股东。然而这并不意味着会出现集中化所有权。确实,即使没有一个大的所有者,也应该能够锁定控制权。这可以通过交叉持股、股东协定以及有力的政治关系来实现的。

⑬ 这一问题的具体描述参见附录。

⑭ 红利既作为子公司的公司所得征税,又作为母公司的红利收入征税。

⑮ 这种对纯粹控股公司的税收优惠可以解释,为什么很多意大利上市公司选择在股票市场上将自己作为纯粹控股公司。

⑯ 1962 年金字塔式结构平均水平的大幅下降是由于电力资产国有化之前电力公司的合并。

⑰ Daniel Wolfenzon 是纽约大学斯特恩商学院金融学副教授。

井底之蛙——日本公司所有权发展的历史

Randall K.Morck　Masao Nakamura[*]

7.1　简介

一个古老的日本谚语讲道:一只青蛙很为它井底的美丽景象而骄傲,却忽略了外面的世界。日本公司治理的历史非常有趣,因为日本在全世界寻找最好的资本主义机构,并且比其他主要工业国家更为激进和经常地对其机构进行改革。这些改革以及由此带来的成败,提出了公司治理、公司控制以及经济等基本问题。

历史上和当代对日本公司所有权的研究都很重视公司间的关系。在 20 世纪的最后 30 年,公司间的利益网络体现在水平型和垂直型商社(集团)上。如三井集团等水平型商社,是产业内的公司网络,它们互相持有的股份合并起来形成了控制集团。垂直型商社是在一家大型公司中包括了供应商和客户双方,如丰田汽车。在这两类集团中,公众股东只享有小部分利

　　* Randall K.Morck 是阿尔伯塔大学商学院金融学的 Stephen A.Jarislowsky 荣誉教授,国家经济研究局(NBER)的助理研究员。Masao Nakamura 是日本 Konwakai 研究所主席,英国哥伦比亚大学绍德商学院和亚洲研究机构教授。

　　我们非常感谢 Sheldon Garon、Akiyoshi Horiuchi、Yishay Yafeh 和两位匿名评论家对于我们文章的早期版本(题为"该干则干:日本公司所有权发展的历史")给予的评论。我们也非常感激 Barry Eichengreen、Masaharu Hanazaki、Katsuyuki Kubo、Richard Sylla、Seki Obata、Dwight Perkins、Juro Teranishi、Yupana Wiwattakantang 以及 NBER 公司所有权历史大会、2003 年在路易斯湖召开的"大商业家族的兴衰"会议、2004 年在 INSEAD 召开的 ECGN-NBER-Univercity of Albert-INSEAD 会议、英属哥伦比亚大学战略与商业经济研讨会、东亚一桥大学公司治理研讨会的参与者们所提供的有用建议。该研究是 Randall K.Morck 在东京考察一桥大学期间进行的。

益,因而无法干涉公司治理。由于附属于这样的商社,大部分日本公司都和它们的债权人或者主要银行保持了紧密的关系。

然而,商社也是近期发展形成的。在封建德川时期(1603—1868),日本公司全部由家族拥有或者可能是由氏族所有。三井家族企业是在这一时期出现的。在这两个家族企业中,企业治理的各种事项都是由大量家族规定和家族传统决定的。

1868 年明治复位后,新政府推动了工业化的迅速进行。三井、住友以及其他一些像三菱(由岩崎家族运营)等家族企业,除了家族拥有的财富之外,还需要大量资本,于是它们进入了股票市场。这些家族成立了一家新公司,为每一个新企业进行股权融资,并将这些新企业纳入金字塔式的企业集团中。在每个金字塔的顶端,就是家族合伙人(后来发展成一个家族公司),它们控制着几家公共企业,这些公共企业又控制着其他公共企业,然后进一步控制着另外一些公共企业,如此继续下去。这种结构被称为财阀(zaibatsu),与现在韩语中的"chaebol"相似,也类似于世界上其他国家和地区的金字塔式企业集团。①尽管进行了大量研究,仍然无法确定财阀对于战前时期迅速发展所作的贡献。显然,财阀在这一轮的发展中扮演了重要角色。但仍然存在这样一些问题,即有权势的财阀家族是否越来越会为保住他们的财富和控制权,以及避免那些日后会加速日本现代新产业中的高风险项目而担心。与此同时,财阀对银行拥有控制权,这些银行只贷款给财阀中的其他公司,这些公司在战争的萧条时期倒闭了,暴露出了与贷款有关的固有问题。

事实上,在第二次世界大战期间,日本对很多大公司都进行了国有化,使这些公司服从于中央规划。②1937 年颁布的临时资金调整法要求设立 Kikakuin,即规划局,负责经济规划和管理。同时要求公司董事会作出的大部分重要决策,如修改公司章程、发行股票或者债券等,都须经过政府的批准。接着,政府颁布法令,于 1939 年废除了董事会设置红利的权力,于 1943年废除其任命经理人的权力,将这些权力都交给了规划局。尽管规划局是极端右翼政府成立的,但它模仿了苏联政府在 20 世纪 30 年代工业化时期的规划方法。③像在纳粹德国一样,这是在"股东"(即控股股东或者财阀家族)为了他们自己的利益,因厌恶风险以及出于不爱国的短视提出的大量非难中完成的。这种言论之后再次成为剥夺小股东而非控股股东获得政府投入资金的理由。

战后,从 1945—1952 年,日本都在美国军队的管制之下。麦克阿瑟将军粉碎了财阀。之后,日本经济同美国和英国一样,是所有权分散的体制,大部分大型公共企业都没有控股股东。日本公司相互间进行着大量的敌意收购,其中一些没有被收购意愿的目标企业,给蓄谋收购者发出了"绿色邮件"。

1952 年美国的占领结束之后,日本企业开始通过相互成为"白衣护卫"而进行抢占收购。④在这些公司间的股权安置过程中,银行扮演了关键角色。在 20 世纪 60 年代,这些股份持有发展成了财阀体制,并得到了更充分的发展。这种标志着日本大型企业的体制如今面临着日益增大的压力。在 21 世纪初,日本再次经历了重要的体制变革。

经过这些变革之后,日本大型企业的领导人积极追求他们自己的利益,力求平衡利润和控制权。总的来说,随着新的法律和其他方面的限制的出现,他们一次次对组织形式进行调整,以达到利润与控制权之间的平衡。本章对这些由政治和体制环境的变化引起的不同组织结构的出现和演变进行了研究。

当然,体制的变化也反映了大型企业的意愿和要求。然而,日本企业历史中的临界点与要求企业对其进行适应的外部事件有关。例如,日本对世界贸易的突然开放,以及明治政府进行大规模现代化的决定。还有两个例子就是 20 世纪中期日本军事政府和盟军占领部队对大型财阀家族所持的反对态度。

有很多因素对财阀和商社(keiretsu)组织的发展产生了影响,如范围经济和规模经济、名誉、对市场和体制缺陷的规避以及其他大量因素。然而,我们认为财阀和商社的根本目的分别是保护大型财阀家族和保护职业经理人的控制权。财阀家族和商社的经理人,尤其是主要银行的经理人,显然也从政治关系中获益。这巩固了他们的地位和权利,有时候他们甚至重新获得了之前被没收的治理权。

本章的主要内容如下:第 2 节介绍日本工业化之前大型企业所有权的初始状况。第 3 节介绍 19 世纪末期和 20 世纪初期日本大型财阀的形成和发展历程。第 4 节具体描述 20 世纪20 年代和 30 年代日本陷入长期不景气时期对公司部门的淘汰。第 5 节介绍 20 世纪 30 年代末期和 40 年代军队政府执行的中央规划经济体制。第 6 节描述了美国对日本的占领以及按照英美公司治理的方法、以所有权分散制经济为目标对日本经济进行的重建。第 7 节介绍将上述这一体制调整为现在的商社所有权结构的过程。第 8 节对财阀和商社背后的经济进行反思,并试图从日本公司治理的历史中吸取经验和教训。第 9 节进行了总结。

最后,我们这一整章的内容从 Hirschmeier(1964),Hirschmeier 与 Yui(1981),McMillan(1984),Nakamura 和 Odaka(2003)以及 Yafeh(2004)的研究中获得了很多基本的背景信息。我们也非常感激 Teranishi(2003)我们也参考了其中的基本背景信息。为避免重复,我们并没有引用这些资料中的信息,我们特别标明的他们所强调的地方除外。

7.2 初始状况:德川经济

Acemoglu、Johnson 和 Robinson(2001),Glaeser 和 Shleifer(2002)以及制度经济学的其他研究人员都非常强调这一早期的历史事件的重要性。因此我们的讨论从工业化之前的日本经济开始。

日本与西方世界的第一次联系是 1542 年葡萄牙的贸易考察。当时,日本正处于战国时期。到 1590 年,丰臣秀吉用军事力量统一了日本。为了安内,他要求社会在方方面面都要对他绝对服从。外国商人和使者则对这种服从进行了干预,因此丰臣秀吉迫害和驱逐了外国人。[5]

丰臣秀吉在 1598 年侵略韩国失败后去世,他的同伴德川家康很快就掌握了领导权。到1603 年,家康击败了与他敌对的很多有外国人支持的军阀,并且由在京都的天皇任命为幕府。他在江户(1868 年天皇从京都迁到那里时,更名为东京)成立了政府,而且他的继承人都作为幕府在超过 250 年的时间里统治日本。德川加剧了已经非常死板僵硬的种姓制度[6],在该制度下,武士在顶层,农夫处于第二层,工匠在农夫之下,商人则在底层。[7]不出所料的是,这种道德上的反演导致了经济的长期停滞,并且因为一种被称为"武士道"的武士守则而进一步恶化,该守则大力褒扬低层的种姓,禁止高层的种姓进行交易,认为追求财富是不光彩的。

虽然家康反对基督教,却大力推动外贸,但第三代德川幕府、他的孙子家光认为贸易与思想是不可分割的。接着在 1633 年,他禁止出国旅游,禁止国外的书籍,并对在长崎一块小型飞地外发现的外国人判处死刑。尽管 1720 年以后一些外国书籍再次进入日本,这种早期的反全球化的措施继续将日本密封隔离起来。

尽管不允许进行对外贸易,国内贸易仍旧在继续,国内很多商人家庭都变得富有起来。三井高俊(1622—1694)建立起了三井王朝,他是一个丝绸商人,并大量运用物物交换将其产业扩张到了其他商品业中。住友家族以采矿和铜冶炼业起家,并逐渐富有起来,刚开始是在京都,后来在江户时代早期迁至大阪,这两个家族都设定了非常复杂的家规,并以此来管理企业的方方面面。权力在家长(族长)和家族理事会间进行划分,家族理事会主要承担了准议会的职能。

例如,三井家族由 11 个创始宗族组成,需要对详细的规则进行修订,以平衡他们之间的权力。每个宗族都派出代表参与管理。三井家族的家规禁止宗族出售他们的所有权股份,也禁止家族的分支机构取得所有权。家族理事会中的投票权传给每个创始宗族的长子。较小的儿子可以担任经理或者获得启动资金。三井家族也通过与其家族的女儿结婚的方式来收养聘用有能力的经理。[8]另外有家规管理家族的资产处置、结婚、离婚、收养、遗产等事宜,并且由家族理事会严格执行这些家规,以避免家庭内的斗争。家规禁止任何三井人将家庭内的争端搬上公共法庭、公开参与政治、借贷债务、担保债务等。参与或者投资仟何非家族的企业以及在公共部门任职都是不允许的,除非三井理事会批准其例外。[9]

三井的资产分成三个部分。企业资产属于整个三井家族,家规不允许将这部分资产在各创始宗族间进行分割。共同资产被用于灾难和紧急情况,因而在某种意义上是保险基金。每个宗族对其选择的共同资产进行管理,首长的职位代代相传,累积的资产收益并不向下传。当一个宗族的族长去世时,家族理事会会将这些收益在 11 个宗族间进行重新分配,以保持 11 个创始宗族的排位。宗族资产无可争议是各宗族的资产,在通常情况下家族理事会都无权对这部分资产进行重新分配。

苏我友以因结婚进入住友家族并改姓住友,当他成功复制了从大阪的一个西方商人那里学来的炼铜法之后,就有了住友财阀。他使用的这种方法可以将铜矿中的银和其他杂质提取出来,从而大幅度提高炼铜的效率,在日本,这一方法一直使用到 19 世纪末期。1950 年友以在京都设立了一家铜精炼厂,之后(和他的父亲一起)在大阪创立了一家企业,将这一新的炼铜法授权给竞争对手。这一举措将日本全部的炼铜厂都集中到了大阪,并且为友以赢得了一个商人能够获得的尊重。他通过名为住友泉屋的贸易公司将他的铜产品在市场上销售。1691年,住友家族开始在别子为幕府开采铜矿。[10]这为住友家族带来了极其丰厚的收益,为后来住友家族的其他产业筹得了资金——包括纺织、制衣、制糖和医药业。后来,一个住友宗族发展成立了一家货币兑换公司。

住友家族的规则在很多方面都与三井家族相似。然而,值得注意的是一些不同之处:如果理事会达成共识,认为需要修改规则的话,就会对住友家族的家规进行修订。⑪可能更为重要的是,住友家族的家规并没有涉及继承或者要求继承家族统治方面的规定。尽管如此,家族统治得以维持,可能还是由于以下两方面的不同:第一,住友家族的族长只是一个象征性的存在。他会对面前的问题给出正式的批准,但几乎所有的重要决策都是由理事会作出的。这就防止了一个宗族占据主导权,其他宗族想要离开的情况。第二,所有的家族争端,甚至只是在一个住友宗族内的争端,都必须向理事会提及。这使得理事会可以在早期就知晓宗族内部的任何不满。这也形成了一种比三井集团更为集中化的管理结构。与上层有关的任何异乎寻常的事件都要求进行详细的汇报。⑫

家族、暴乱以及武士对商人在财务方面日益增长的依赖都在逐渐削弱德川政府的统治。三井家族和住友家族通过商业和金融交易的所有方式为政府服务。这种(按照武士道的标准的)"腐败"行为,以及德川领导层的无能和逐渐下降的道德水平,都破坏了德川政府的合法性。从 18 世纪末期开始,俄罗斯和其他欧洲国家试图强迫日本市场对外开放。1853 年和 1854 年,美国海军舰长炮轰江户,直到德川政府统一开放一部分港口进行对外贸易。

然而,直到 1868 年明治天皇复位之前,对外贸易都非常有限。一群武士因为非常鄙视德川政府对外国人日益畏缩的态度,抓住了天皇,并夺取了政权,恢复了应有的规则。事实上,江户时代,在京都的各代天皇在整个日本历史中都只是象征性的。尽管如此,这一时期仍被称作明治时期,以 1868 年到 1912 年期间的天皇名字命名。

7.3 明治复位之后的早期工业化进程

新明治时期的统治者们很快意识到,为了在外国的压力中获得自由,日本需要西方的技术以及思想。他们派遣了一批日本最聪明的学生到海外留学,带着对国外机构的深入了解回国。于是政府照搬他们认为最好的国外的实践方法,开展了一个为期 20 年的现代化计划。这一时期在日本历史中的地位与苏联 20 世纪 90 年代进行的"休克疗法"改革极其相似。很快,新政府按照德国国会的模式引入了民主,按照法国和德国的学校体系引入了义务教育,按照普鲁士的模式引入了大学和军队,按照英国皇家海军的模式引入了海军。宗教自由、社会流动以及土地改革很快就破坏了武士道和种姓制度。

但最重要的是,明治政府采用了资本主义体制。在其大规模的现代化进程中,日本采用的法律体制大部分是在德国民法的基础上设置的。19 世纪 70 年代开始有了公共债券交易,1878 年成立了东京股票交易市场和大阪股票交易市场,并受到证券交易所条例的管制。主要的商人家族都通过发行股票来为其工业化融资,并开始形成后来在日本经济中占据主导地位的大型金字塔形财阀集团。

明治政府面对的一个主要问题是主要的商业家族都厌恶将他们的资本与外人的资本混在一起。一方面,政府想要使日本目前的大型企业进一步发展壮大,这就需要尊重其领导人的意愿。另一方面,明治政府的领导人们知道经济增长需要外来的资本投入。显然是在政府的刺激下,三井家族、小野家族以及其他一些家族才成立了第一国民银行。但三井家族和小野家族却无法共处。1876 年,三井家族成立了三井银行。与此相似的,在安田家族和川崎家族成立了第三国民银行之后,1880 年安田家族成立了他们自己的银行,即安田银行。

这种紧张的关系与明治时期的法律规定明显不一致。例如,1896 年的日本民法典规定"财产的共同所有者能够在任何时候对他们应得的财产份额提出要求"。但同一部法典也允许家族首领对家族财产实施控制权,包括子家族的财产,"以为将来需求提供支持"。这也影响了财阀的发展。

7.3.1　对财阀的定义

在我们进一步分析之前,需要对"财阀"进行定义,对这个名词的定义一直模棱两可。很多学者和其他研究人员,无论日本本国的和外国的,都用这个词来代表第二次世界大战之前日本所有的大型企业集团。然而,除此之外,并没有一个对"财阀"的明确的、统一的定义。有几种说法值得我们注意。

首先,关于日本企业和经济历史的文献通常认为财阀是在第一次世界大战之后的大正时期(1912—1926)发展起来的。[13]这可能因为是在讨论大正时期的收入分配和垄断资本(以及马克思主义)时率先使用财阀这一词语的。然而,三井集团和住友集团虽然通常被称为财阀,但它们的成立远在这一时期之前。其他如三菱和安田等主要集团的地位是在明治时期(1868—1912)变得重要起来的。但其他的财阀明显是在第一次世界大战之后成立的。

第二,即使财阀通常都意味着家族统治权,经常被引用的十大财阀的名单(表 7.1)中也包括日产。如我们在表中所列示的,在其存在的大部分时间里,没有任何一个家族拥有日产公司大部分的投票权股份。尽管如此,良合川和他的家族直到第二次世界大战结束都一直持有控制权。

表 7.1　控股公司清理委员会(HCLC)划定的十大财阀

财　　阀	1937 年子公司的数量	1946 年子公司的数量	1946 年实收资本占日本所有公司实收资本总额的比率(%)
三　　井	101	294	9.4
三　　菱	73	241	8.3
住　　友	34	166	5.2
安　　田	44	60	1.6
总　　和	252	761	24.5
日　　产	77	179	5.3
浅　　野	50	59	1.8
古　　河	19	53	1.5
大　　仓	51	58	1.0
中　　岛	—	68	0.6
野　　村	—	19	0.5
总　　和	197	439	10.7
十大财阀的总和	449	1 200	35.2

注:日本政府对 1946 年日本所有公司实收资本总额的估计值:320 亿日元(商业和工业部),430 亿日元(财务部),以及 480 亿日元(日本银行)。HCLC 采用的是商业和工业部的估计值,在这些数据的引用方面并没有作出任何解释。

资料来源:Hadley(1970),Takahashi 和 Aoyama(1938:151—152)中引用的 HCLC 资料。

第三,通常认为财阀在很多而不仅仅是少数的产业中都拥有显著的垄断优势。的确如此,美国军政府就是通过行业市场份额来确定一个集团是否是一个财阀,并决定是否应该将其破坏。第四,通常认为财阀与银行融资相对独立。第五,财阀是拥有大量土地的企业集团,而这些土地之下蕴藏着丰富的矿产资源。第六,一个财阀有时被定义为一个通过一家一般的贸易公司或者综合商社(sogo shosha)联系起来并且依赖于这家贸易公司或者商社的企业集团。第七,财阀这一名词有时候也用以指代在发展中国家由家族控制的上市企业集团。

最后,财阀为金字塔式的结构。一个家族控股公司或者合伙企业控制着一系列直接所有的同时又控制着其他公司的子公司,而这些被子公司控制的公司又控制着其他公司,等等。家族通常都有一套经营决策规则,以决定哪些公司是直接所有的,哪些是间接所有的。图 7.1 显示的是一个金字塔结构的公司集团的程式化结构。日本人以及建立战后体系的外国人对于财阀的模糊定义,至少在一定程度上,与它们战后的不完全解体有关。

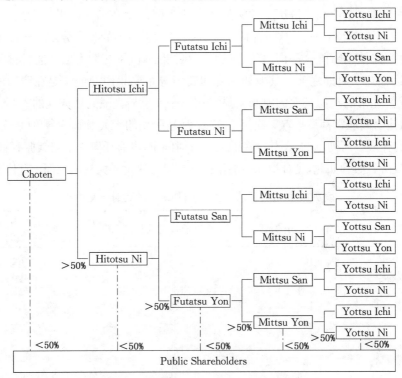

图 7.1　财阀的金字塔式控制权结构示意图

我们用"财阀"一词来代表大型金字塔式的上市企业集团。这表示对"财阀"的定义,与企业起源和控制权无关,与垄断力量或者土地租金等问题无关,与银行融资或者一般贸易公司的重要性等难以衡量的概念也无关。这也将金字塔式的财阀与日本战后的商社集团区分开来,商社集团的所有权结构是非金字塔式的。

我们用"阿佩克斯公司"(apex firm)一词来代表金字塔式结构顶端的家族控制实体。由其控制着股份的公司,我们称之为直接控制的子公司。由其控制但未持有股份的公司,我们称之为间接控制的子公司。间接控制的子公司可以由直接控制的子公司或者其他间接控制的子公司控制。图 7.1 对这些名词都作了解释。

7.3.2 财阀的形成

在 20 世纪 30 年代之前,财阀(以及其他公司)的发展相对而言并没有受到政府干预的阻碍。几乎没有关于金融市场的管理条例,而 1931 年日本公司所需新资本的 87% 都来自资本市场。Rajan 和 Zingales(2003)描述了 20 世纪早期日本大规模的股票市场,即使那时还没有法定股东权利。一般来说,控股股东——通常是富有的家族——负责公司治理。银行在公司治理方面的作用很小,甚至没有。公共股东则依赖内部人员的诚信度。

当 1880 年明治政府实施大规模的私有化计划时,主要的财阀家族首次在它们的传统行业之外取得了突破。国家建立起了对于现代化至关重要的行业,但却积累了大量的公共债务。为了解决这一财政问题,政府出售了大量国有企业,这些企业遍及除军事用品之外的所有行业。其中包括生产所有重要制造品(钢铁、水泥、煤、金属、机械、船舶、纺织等)的工厂。

主要的购买方则为三井、三菱、住友以及其他一些财阀,他们因此得以进入新的产业领域。[14] 尽管没有一个分配国有工厂的明确办法,这三大财阀最终都获得了各自重要产业的资产:采矿、造船、机械制造、纺织等。

7.3.3 财阀的扩张以及保持内部控制的问题

在这一时期,对于商业家族而言,在公司治理方面要考虑的最重要的问题之一,就是在满足对资本不断增长的需求的同时,保持家族的控制权。那些公司并没有上市的家族发现:对资本不断增长的需求是个很严重的问题。

这些并不是什么新问题。随着每一代的亲戚越来越多,要保持族长的控制权,就会不断出现问题。如在前面提到的以及表 7.2 所示的,三井家族自 1694 年成立以来,不断将资产重新分配给家族中的各个宗族。各宗族所持的份额非常稳定。

表 7.2 三井家族的所有权股份

1694 年三井家族成员	1694 年隆敏的遗嘱[a]	1722 年高平的遗嘱[b]	1867—1873 年江户/明治时代结束	1909 年建立三井合伙制[c]
三井,隆敏的儿子				
长子	29(41.5)	62(28.2)	62(28.2)	230(23.0)
次子(高平)	13(18.6)	30(13.6)	30(13.6)	115(11.5)
三儿子	9(12.9)	27(12.3)	27(12.3)	115(11.5)
四儿子	7.5(10.7)	25(11.4)	25(11.4)	115(11.5)
六儿子	4.5(6.4)	22.5(10.2)		
九儿子	1.5(2.1)	22.5(10.2)	22.5(10.2)	115(11.5)
十儿子(与六儿子合并)	1.2(2.1)		22.5(10.2)	115(11.5)
其他亲戚和配偶				
1 隆敏的妻子	100 kanme[d] 银			
2	2(2.9)	8(3.6)	8(3.6)	39(3.9)

续表

1694 年三井家族成员	1694 年 隆敏的遗嘱[a]	1722 年 高平的遗嘱[b]	1867—1873 年 江户/明治 时代结束	1909 年 建立三井 合伙制[c]
3	1.5(2.1)			
4	0.8(1.1)	6(2.7)	6(2.7)	39(3.9)
5		7(3.2)	7(3.2)	39(3.9)
6			2.5(1.2)	39(3.9)
7			3(1.4)	39(3.9)
其　他		10(4.5)	4.5(2.0)	
合　计	70(100)	220(100)	220(100)	1 000(100)

注:括号中的数字为百分比。

　　a. 三井家族企业的创始人,三井高俊(1622—1694),开创了他们的家族企业的共同所有权。他在 1694 年的遗嘱中将家族企业的总年利润分成 70 份,每年分配给他的妻子和儿子。

　　b. 高平是三井家族企业第二代的领导人,他在 1722 年的遗嘱中对利润分配方法进行了修改。该遗嘱将总的年利润分成 220 份,每年分配给企业的家族所有人。修改之后,长子家庭和次子家庭拥有的所有权股份的数量有所减少,而其他家庭成员和亲属的所有权股份有所增加。修改后所有权股份的持有情况在后来的 150 年中都没有改变。

　　c. 在明治时期的前 20 年中诞生了宪法,三井家族建立起了合伙制,其所有权股份的持有情况也一直维持到 20 世纪 40 年代。

　　d. 1 kanme 大约为 3.75 千克。

　　然而,大部分家族生意的决定都是由三井家族的族长作出的。这一体制用集中控制权对所有权进行分割,但却在很大程度上否定了各个所有人的权利,要维持这一体制也越来越困难。当明治政府通过了新法律确保个人所有权时,这一问题就变得更为严重。尽管为了维护族长的权利,这些权利在家族企业中有所放松,这种例外不会出现在非血亲,如持有股份的员工中。

　　但这也产生了问题,因为非血亲的股东变得越来越普遍。用股份来奖励那些表现优异的雇用经理也很合情合理。而有时候受到其他方式奖励的雇用经理变得富裕起来,也有权利购买股份。

　　明治政府颁布民法典后,通常认为大型的家族企业为一般合伙企业。随着越来越多的外人为其提供资本,以及新的子孙后代让内部人员越来越多,这些家族企业发现有限合伙企业的法律地位对他们而言更加有利。1893 年,日本颁布商业法,很多财阀控股的公司都成了合伙制,尽管很多都还没有公开上市。越来越多的新法律保障了雇用经理的所有权,他们成为公司股东之后,享有与家族成员同等的法律地位。这对于大家族而言是很难接受的,但社会成员随意买卖这种法律地位的想法则更不能容忍。

　　新法律甚至让有能力的经理和远亲持有股份,这通常是难以忍受的,控股家族通常要花很长的时间去接受。例如,成立于 1876 年的三井银行,忽然有了 400 多位经理股东。1893 年,当三井集团将其重组为一般合伙制企业时,其购买了所有这些股份。当鸭池财阀家族成立第十三国民银行时,40 个远房亲戚成为股东。1897 年,家族的主要分支将这些股份全部买了下来,重新成立了鸭池银行,由鸭池家族的族长私人所有。⑮

　　他们作出的这些反应也许是可以理解的,因为成功家族企业的运营所需要的共同目标来自一个家族的核心价值观、家族传统和家族历史。外人,甚至是很有能力的那些人,都不能完全理解这些,而他们的付出和投入对于这个家族来说就成了干扰。然而,这些不对外人开放的家族企业疏远了最优秀的经理,它们被关在最顶端的管理人才市场之外,这是十分冒险的行为。其血亲缺乏管理技能又不能雇用管理人才的家族企业面临日益恶化的危险。

　　一些财阀成功地在没有外界股权融资的情况下实现了快速发展,其中最著名的就是三井财阀和住友财阀。他们的成功要归功于大批非常有能力的雇用经理,但他们与重要政治领导人的关系至少起着同他们本身的才干同样重要的作用。

　　住友家族拥有一个巨大的财源,就是他们从幕府那里得来的别子铜矿,他们因此可以与明治政府保持一定的距离,至少刚开始的时候可以。然而,明治政府需要对三井集团表示感谢。因为在至关重要的前几年里,三井集团为苦苦挣扎的新政府提供财政支持。三井集团也因此被任命为政府财政代理,这一职责为其带来了很多机会。

　　为了实现其财政职责,三井集团在全国范围内建立起了分支机构网络。它们通过国库业务产生现金流,同时也是其他贸易的基地。由于业务发展过快,1874 年三井集团不得不在东京成立 Kokusangata Karihonten,即国内贸易临时总部。因为知道明治政府想要推动外贸,三井集团开始受托向西方商人出售蚕丝和茶叶,并在东京和横滨之间运输进口品。⑯由深受德川传统影响的雇员负责处理三井集团的贸易业务,这部分业务一直在亏钱。1876 年,三井集团正打算关掉它的贸易公司时,明治时期著名的政治家井上薰(1835—1915)将他的 Senshusha 公司交给三井集团,用于筹集政治资金。⑰三井集团因此发生了很大的改变,因为 Senshusha 不仅为其带来了政府合同,也带来了优秀的经理隆增田,他曾在日本最大的美国商业公司中受过训练。1876 年 7 月,三井集团将 Senshusha 和国内贸易临时总部合并,成立了三井物产,并任命隆增田担任经理。

　　三井物产的第一家政府企业是一个从国有的三池矿山出售煤矿的垄断企业。根据订单,通过上海将三池煤矿出口至中国,非常有利可图,1876 年晚些时候,三井物产在上海成立了其首家国外办事处。这让三井物产积累了国际贸易的经验。由于三井物产所做的煤矿贸易,和其他产品一样,是完全根据订单进行的,因此需要的资本最少。三井集团提供的唯一资金就是从三井银行拨付的 5 万日元的透支津贴。1877 年,三井物产为西南战争的军事采购提供了 20 万日元——在当时是很大一笔钱——占到了整个开支的 60%,西南战争是 1877 年平定九州叛乱中非常重要的一次行动。

　　住友公司和三井公司并不是高川时期仅有的大型商业企业。但它们却是仅有的能随着经济增长扩张其资本规模的公司,显然,它们也是最善于协助政府执行经济政策的公司。德川时期其他大型企业家族,如鸭池财阀,都没有如此灵活,因此发展速度过慢,后来也逐渐衰落了。

　　引入外部投资,在扩张资本规模的同时,也存在危险。新的投资者能够掌握控制权,将家族降级为有限合伙人。下村和大村卓一财阀都引入了持有控制权的外部投资者。从家族的角度看,更糟糕的是,新的控股股东将集团的产业从他们(亏本的)传统的日本服装业转入了百货零售业。

尽管三井家族不存在外部股东的问题,但当家族的不同分支都开始作为股东执行权利时,三井集团面临着法律方面的问题。在取得更多资本,无论是更远房的亲戚还是外人那里取得资本的同时保持控制权,都变得越来越困难。

7.3.4 解决途径:金字塔式结构

日产财阀的创始人鲇川义介认为,金字塔式结构的企业集团是对所有问题的一个很好的解决办法,使得内部人员在持有全部控制权的同时能够获得无限的资本。可以举这样一个例子,一个家族在其家族企业 Choten Corp[18] 中投资了 10 亿日元。他们发现眼前有很多有利可图的商业机会,并且觉得公司大概能投资几十亿日元。我们可以回到图 7.1,来看看这个家族是如何在进行了所有这些的投资的同时,又维持了对 Choten 以及所有金字塔式结构下新企业的控制权的。

首先,家族通过向公众发行价值 10 亿日元的新股,对 Choten Corp 进行扩张。最后公众大约持有 Choten 50% 的股份,现在价值约 20 亿日元。这使得家族获得了近 10 亿日元的现金,同时还对整个家族业务保持了完整的控制权。因为超过五成的股权使其能够指派董事会董事。Choten 现在是金字塔式企业集团的顶点公司。

其次,这个家族成立了两家新公司,Hitotsu-Ichi 和 Hitotsu-Ni。[19] 每家公司融资中的 5 亿日元来自 Choten 的股权投资,另外近 5 亿日元是通过向外部股东公开发行近 50% 的股权融得的。现在 Hitotsu-Ichi 和 Hitotsu-Ni 各自拥有 10 亿日元资本。这时这个家族对 3 家公司有完全的控制权,未合并的资产负债表中总资产为 40 亿日元,合并资产为 30 亿日元。家族拥有完全的控制权是因为其完全控制了 Choten,Choten 的董事会在 Hitotsu-Ichi 和 Hitotsu-Ni 中都有超过 50% 的投票权,因此,家族对这两家公司的董事会也有控制权。

为了进行进一步的扩张,家族让 Hitotsu-Ichi 和 Hitotsu-Ni 又成立了 4 家新公司。Hitotsu-Ichi 成立了 Futatsu-Ichi 和 Futatsu-Ni,为每家公司提供 5 亿日元的股权投资,同时通过公开发行近 50% 的股份筹集了近 5 亿日元。Hitotsu-Ni 也以相似的方法成立了 Futatsu-San 和 Futatsu-Yon。此时这个家族对 7 家公司有完全的控制权,未合并资产总值为 80 亿日元,合并资产总值为 50 亿日元。

下一步,每一个 Futatsu 级别的公司又各自新成立了两家新公司。现在这个家族对 15 家公司都持有完全的控制权了,未合并资产总额为 160 亿日元,合并资产总额为 90 亿日元。每一个 Mittsu 级别的公司又能够再以相似的方式成立两家 Yottsu 级别的公司,使得家族的金字塔拥有 31 家公司,未合并资产总额达 320 亿日元,合并资产达 170 亿日元。这个扩张的过程可以一直持续到家族已经利用了所有有吸引力的投资机会。一个有 n 层的金字塔包括 $2^n - 1$ 家公司,未合并的账面价值总额达 2^n(十亿)日元,合并资产总额为 $1/2 \times (3 + \sum_{v-1}^{n} v)$ 日元。

因此,一个五层的金字塔式结构能让家族通过公开发行股份筹得 140 亿日元,与此同时,也能保持完整的控制权。如果家族只是通过发行 140 亿的 Choten 新股来筹资扩张公司,家族的股权将被稀释到 1/15 或 6.67%,就失去控制权了。

后来日产财阀的创立者鲇川义介赞扬这一简单又实用的解决办法,认为其对于大型商业家族很有吸引力,他们非常热情地采用了这一模型来建立起战前的大型财阀。在从公共投资者和亲戚那里获得资本的同时,又将他们排斥在公司治理权之外。

当然,也可能会与这一模型存在一些差异。例如,控制权家族通常都不会让在金字塔式结构中位于顶点的公司公开上市。因此,他们只能运用家族的资金来建立第一层次的分公司。三井家族和住友家族几十年来一直运营着高盈利性的业务,他们的累积留存收益可以让他们跳过上述方法的第一步。相反,后来的企业集团,像日产,在它们的顶点公司中就有公共股东。列席(非投票权)股票或超级股票使其每层的杠杆程度提高。各个层次的公司既是更低层级公司的控股公司,也拥有真实资产,参与真实业务。真实的金字塔式集团比图 7.1 中所示的要复杂混乱得多,处于不同层级的公司可能共同合作对各层次的公司施加控制权,包括在金字塔中比其更高层级的公司。尽管如此,图 7.1 仍然反映了最典型的金字塔式企业集团的结构。

图 7.2 和图 7.3 所示的是三井集团在其规模最大时的结构。

			实收资本	（千日元；%）由二井集团系列企业持有的股权比例
三井集团（总部）	第一级分公司	三井物产	100 000	100.0
		三井生命保险	500	50.0
		三井银行	60 000	67.5
		三井信托银行	7 500	47.5
		三井矿业	62 500	100.0
		东神仓储	11 500	100.0
		小计	242 000	90.2
	第二级分公司	王子造纸	48 683	24.0
		北海道煤矿与造船公司	43 674	19.7
		钟渊棉纺公司	28 596	5.4
		芝浦电子	20 000	56.3
		台湾炼糖	38 100	6.1
		邵氏缫丝	11 717	3.9
		电子化学	17 500	6.6
		小野田水泥制造	18 600	9.9
		三越百货	11 000	
		热带工业	5 525	39.1
		台湾茶业公司		
		日本赛璐珞制造公司	10 000	27.9
		小计	253 395	17.3

图 7.2　1928 年三井财阀的结构图

当然,日本并不是唯一采用如此结构的国家,其商业大亨在用金字塔式企业集团获取公共股权融资的同时不致失去公司治理权。如本书其他章节所述,这一时期,财阀在加拿大、美国和欧洲也非常常见。La Porta 等(1999)也认为,到 20 世纪末,财阀仍然是除日本、美国和英国之外的任何国家和地区最常见的所有权结构,尽管在日本之外称为金字塔式企业集团。

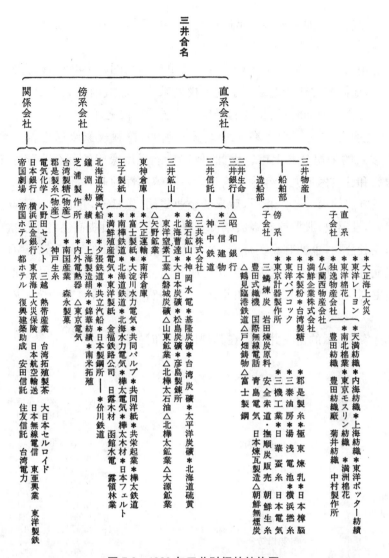

图 7.3　1930 年三井财阀的结构图

　　注：三井的第一级直系分公司是三井物产（Mitsui Bussan）、三井生命保险（Mitsui Life Insurance）、三井银行（Mitsui Bank）、三井信托（Mitsui Trust Bank）、三井矿产（Mitsui Mining）和东神仓储（Toshin Warehousing）（也可参见表 7.2）。三井合伙公司（Mitsui Partnership）对第一级直系分公司持有所有权和完全的控制权，但并不需要对附属或相关公司持有完全的控制权。更具体地说，三井合伙公司（Mitsui Partnership）对带有星号的公司拥有完全控制权，对没有星号或者带有三角符号的公司拥有主导但非完全的控制权。三井合伙公司（Mitsui Partnership）对带有三角符号的公司的控制权是最弱的。

　　资料来源：Takahashi（1930b：50）。

7.3.5　四大财阀

　　由于三井财阀和住友财阀的金字塔式结构在 19 世纪末就已出现，通常认为这两大财阀是在这一时期形成的，但其真实起源可以追溯到德川时期。然而，其他财阀的确是新成立的，其中最大的是三菱和安田。这四家是最大的财阀，因此很值得我们对其发展进行详细的研究。

　　1877 年东京和大阪股票交易市场的成立使得日本公司能够利用个人投资者的资本。三井和住友都是通过建立金字塔式结构来进行扩张的。然而,他们在其基本业务之外的第一笔投资相对规模较小,具有一定的试验性,并且很有限。

因此,由丝绸商人起家的三井家族将其业务扩张到了服装制造及销售。家族成立了一家贸易公司以便于丝绸的易货交易,以及一家货币兑换公司来处理与外国公司的事务。然而,三井家族越来越广泛地进行大额投资。在明治时期的前 20 年,政府建立国有企业以发展战略上重要的产业。三井集团经常参与这些项目的合作,成为很受政府欢迎的合作伙伴。

到 19 世纪末,为了解决政府的财政问题,需要对所有国有企业进行大规模的私有化,拯救装备工厂、邮政和电报系统、造币厂和铁道系统。如此大规模的抽离投资,是前所未有的。仅仅在 1874 年到 1896 年间,26 项主要政府项目——包括煤矿、铜、银和金矿,棉花和丝绸纺纱厂、造船厂、水泥厂、铁工厂、糖厂以及玻璃厂——都被交给私人所有者,通常都是大型财阀。

然而,大型财阀除了是私有化企业之外,仍然是以商务为基础的。直到 19 世纪末,这些财阀在聘用经理而不是家族成员的刺激下,进一步多样化。直到第一次世界大战结束,才开始进行广泛的多样化。Morikawa(1992:27)认为,需要花时间让人们了解到可以运用有限债务和股票市场获得有影响力的位置。

经济历史学家对大规模私有化的评估很混杂。也许是数量有限的投标者、他们的政治观点以及政府在财务上出现的紧急状况造就了较低的价格。大型财阀家族被很好地联系在一起,尽管一些交易是拍卖,而另一些进行了私下的谈判。而这些大型财阀家族也是有广泛参与其中的经济实力的唯一实体。

当然,大部分的私有化价格都人人低于明治政府在建立这些企业时的资本投入。[20]然而,尽管很多国有企业处境艰难,很多私人企业也跟着面临严重的困境,日本政府却很少提供直接补贴。1889 年地震严重毁坏了三井三池煤矿的矿井,财务部长拒绝了内阁部长支持三井提出的补贴和债务重组的请求。1902 年,三井按照原来的协议完成了所有付款。当然,政府也采取了慷慨的关税保护以及其他间接的救助措施,以保证私有化企业的成功。

无论政府的打算是什么,很多私有化都取得了成功。当时,由于进口费用,采矿业非常有利可图。由三井和三菱公司收购的私有化的采矿公司,到 20 世纪 50 年代中期都一直是它们的摇钱树。大部分财阀的电子设备生产商也通过向其附属的煤矿公司提供设备来谋取利润。

在财阀金字塔中,不同公司的位置显然也是个值得考虑的问题。随着时间发展,较弱的企业移到较低的层次,发展较强的企业则移到较高的层次。

例如,1876 年三井家族将其业务拓展到银行业,但集团的基本业务仍然是日本服装和货币兑换。1873 年当日本的服装销售不稳定时,家族对金字塔结构进行了重组,将服装业务移到了较低的层级上,并委托其远房亲戚进行管理。三井银行的盈利能力日益提高,到 1893 年成为三井财阀的顶点公司。

到 1909 年,三井理事会再次对金字塔式结构进行了重组,成立了一家顶点控股公司,对三井银行、三井矿产和贸易公司三井物产实施控制。同时重新安排了整个金字塔中各公司的位置,业绩优秀的公司向顶点靠近,业绩不良的则往金字塔的更低层级移动。Morikawa(1980:46—57)和其他人认为三井家族对其更大的直接控制权则意味着家族对该公司的"关注"越多。

但三井金字塔式结构中处在较低层级的重点公司则与此矛盾。例如,1904 年三井家族最初的丝绸业务的直系后裔三越转换为西式百货连锁店后,三井家族将其移到了一个更低的层级。对于整个国家都非常重要的王子制纸和嘉娜宝公司于 1939 年与东京电子合并形成了东京芝浦,即东芝,也并不是三井集团的核心公司。[21]1904 年通用电气通过技术许可证获得了芝浦25%到 30%的所有权。[22]

似乎公司在金字塔式结构中所处的位置也要有利于"传导",即将利润集中到三井家族直接所有的公司中,而亏损则集中到仅仅由家族控制的公司中。这就很容易解释为什么业绩明显更好的公司处于金字塔式结构中的较高层,而那些比较重要的公司则处于较低层。[23]当然,在 20 世纪初期芝浦的业绩落后于三井集团的其他主要公司。

资料表明,三井集团的总部一直非常仔细地考虑各公司应该处于金字塔式结构中的哪个位置,以及各公司应该持有多少集团其他公司的股份。随着 1912 年到 1930 年间财阀发展得越来越复杂,较低层次的公司发生了很大的变动,而顶点公司则几乎没有变化。三井银行、三井物产、三井矿产和东神仓储仍然是三井合伙公司的直系分公司。唯一的明显变动就是 1912年以后将三井生命保险和三井信托增加为直系分公司。[24]

表 7.3 三井集团各公司持有的股份数量

公　　司	日　　期	持有的股份(有偿账面价值,千日元)
三井物产	1910 年 4 月	1 699
三井银行	1909 年 12 月	4 893
三井合伙公司	1910 年 1 月	42 420

表 7.3 显示,这三家三井公司持有的其他公司股份的数量到 20 世纪最初 10 年已经非常显著了,尽管与另外两家三井家族公司相比,三井物产持有的数量相对较少。

随着 20 世纪最初 10 年三井矿产进入化学行业,三井集团开始了最大规模的多样化。三井物产于 1917 年成立了一家造船公司,于 1924 年购入一家钢铁公司,并且成立了东洋人造丝以进入化工纺织业。这一轮的多样化都是由三井矿产、三井银行和三井物产的新分公司或者它们分公司的新分公司来执行的。从表 7.4 可以看出本次扩张的程度,图 7.2 和图 7.3 展示了这一时点上的财阀结构。

表 7.4 1930 年三井财阀的公司

	注册资本 (百万日元)	实收资本 (百万日元)	Mitsui Gomei 持有股份的 百分比
三井家族控股公司,Mitsui Gomei	300	300	n.a.*
三井家族指定分公司三井银行	100	60	100
三井物产	100	100	100
三井矿产	100	62.5	100
东神仓储	15	12.5	100

续表

	注册资本 （百万日元）	实收资本 （百万日元）	Mitsui Gomei 持有股份的 百分比
三井信托	30	7.5	100
三井生命保险	2	0.5	100
三井家族指定分公司的分公司			
太平洋煤矿	11	5.5	
釜石矿产	20	20	
Claude-Process Nitrogen Industries	10	10	
东洋棉花贸易公司	25	15	
东洋人造丝	10	10	
三井家族普通分公司			
王子制纸	65.91	48.68	24
芝浦工程公司	20	20	56.4
北海道煤矿及轮船公司	70	43.68	19.7[a]
日本钢铁工程公司	30	30	12.5
大日本赛璐珞	10	10	27.9
Kanegahuchi 棉纺公司	60	28.6	5.3
小野田水泥	31	21.82	9.6
日本电气化工	18	17.5	6.9
三越百货	15	15	0

＊：n.a.：即为没有相关数据。

a. 三井矿产持有 20.7%。

资料来源：Shogyo Koshinsho(1930)，Morikawa(1992)。

　　图 7.4 所示的住友的金字塔式结构与三井的金字塔式结构非常相似。金融机构的位置临近顶点，而工业企业则处于较低的层级。住友的直系分公司包括一家银行、一家综合商社、一家信托银行、一家保险公司、一家矿产公司以及一家仓储公司。住友公司中很少有公开上市交易的股份。住友银行于 1917 年公开上市，住友信托于 1925 年上市，住友化工于 1934 年上市，住友金属工业于 1935 年上市，以及住友电线制造于 1937 年上市。其他住友公司直到最近都没有上市。

　　比三井和住友更年轻的安田财阀也采用了类似的结构。安田财阀始于德川时代末期，当时，富山一个穷武士的儿子安田善次郎（1838—1922）来到江户，开始在一家货币兑换行工作。1863 年，他开始为幕府提供农业税务服务，并监督金银的集中和运输。明治复位后，他为明治政府提供同样的服务。安田善次郎利用税收收缴和交给政府之间的时滞获利。他收购贬值的明治纸币，后来政府将其兑换为金子，从而大大增加了自己的财富。

　　1876 年，安田和川崎成立了第三国民银行；1880 年，安田家族成立了他们自己的银行：安田银行。尽管安田银行的投资者包括安田家族的好几位成员，但似乎是安田善次郎提供了所有 20 万日元的初始资本。为了满足明治政府单个投资者不得成立银行的规定，安田善次郎需要几个家族成员的加入。

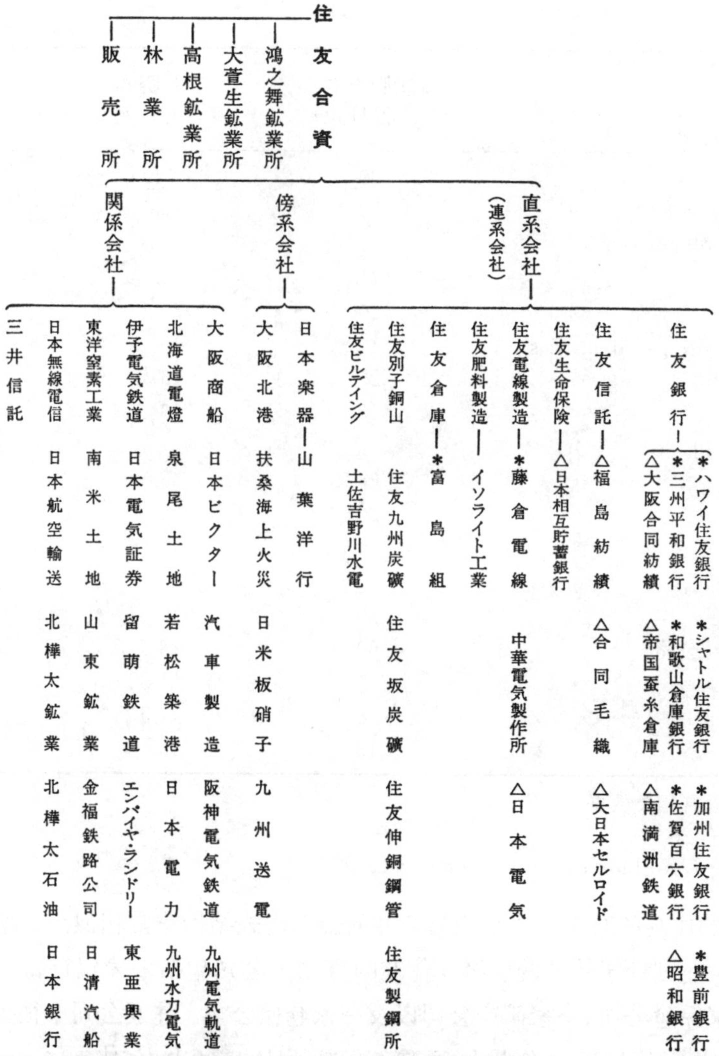

住友合資

上位分支机构：鴻之舞鉱業所、大萱生鉱業所、高根鉱業所、林業所、販売所

分类：関係会社 ／ 傍系会社 ／ 直系会社（連系会社）

直系会社（連系会社）

- 住友銀行
  - *ハワイ住友銀行
  - *シャトル住友銀行
  - *加州住友銀行
  - *豊前銀行
  - *三州平和銀行
  - 大阪合同紡績
  - △和歌山倉庫銀行
  - △帝国蚕糸倉庫
  - *佐賀百六銀行
  - △南満洲鉄道
  - *昭和銀行
- 住友信託
  - *福島紡績
  - △合同毛織
  - △大日本セルロイド
- 住友生命保険
  - △日本相互貯蓄銀行
- 住友電線製造
  - 藤倉電線
  - 中華電気製作所
  - △日本電気
- 住友肥料製造
  - イソライト工業
- 住友倉庫
  - *富島組
- 住友別子銅山
  - 住友九州炭礦
  - 住友坂炭礦
  - 住友伸銅鋼管
  - 住友製鋼所
- 住友ビルディング
  - 土佐吉野川水電

傍系会社

- 日本楽器製造
  - 山葉洋行
- 大阪北港
  - 扶桑海上火災
  - 日米板硝子
  - 九州送電
  - 日本電気
- 大阪商船
  - 日本ビクター
  - 汽車製造
  - 阪神電気鉄道
  - 九州電気軌道
- 北海道電灯
  - 泉尾土地
  - 若松築港
  - 日本電力
  - 九州水力電気
- 伊予電気鉄道
  - 日本電気証券
  - 留萌鉄道
  - エンパイヤ・ランドリー
  - 東亜興業

関係会社

- 東洋窒素工業
  - 南米土地
  - 山東鉱業
  - 金福鉄路公司
  - 日清汽船
- 日本無線電信
  - 日本航空輸送
  - 北樺太鉱業
  - 北樺太石油
  - 日本銀行
- 三井信託

图 7.4　1930 年住友财阀结构图

注：住友第一层的直系分公司是住友银行(Sumitomo Bank)、住友信托银行(Sumitomo Trust Bank)、住友生命保险(Sumitomo Life Insurance)、住友电线制造(Sumitomo Electric Wire and Cable Works)、住友肥料制造(Sumitomo Fertilizer Manufacturing)、住友仓储(Sumitomo Warehousing)、住友别子铜矿(Sumitomo Besshi Copper Mines)以及住友建筑(Sumitomo Building)。住友有限合伙公司(Sumitomo Limited Partnership)对其第一层直系分公司拥有所有权和完全控制权，但并不需要对其附属或者相关公司持有所有权或控制权。具体地说，住友有限合伙公司对带有星号的公司有完全控制权，对没有星号或者三角符号的公司有主导但非完全控制权。住友有限合伙公司对带有三角符号的公司的控制权是最弱的。

资料来源：Takahashi(1930b：161)。

　　1887 年，安田善次郎用初始资本 100 万日元将其家族公司 Hozensha 资本化，并将这笔资本指定为安田银行的实收资本。安田善次郎将其中一半拨给 Hozensha，另一半拨给他的 10 个亲戚：36 万日元分配给 6 个安田家族，8 万日元分配给两个分支宗族，6 万日元分配给另外两个亲属。Hozensha 的 50 万日元的股份指定为 6 个安田家族的共同财产。安田善次郎订立的章程禁止转让安田银行，即使在家族内转让也不行。为了保证 Hozensha 的安全，所有权记录在登记册中,但并没有出具任何凭证。安田银行的股东没有停止进行他们各自的商业活动。

在看到 1909 年三井集团重组为普通合伙制后,安田于 1912 年也对 Hozensha 进行了类似的重组。合伙公司是控制安田证券、财产和业务运行的控股公司。当时,安田财阀已经包括了 17 家银行和 16 家其他商业企业。新生的和收养的儿子让家族投资者的数量从 10 人增加到 13 人。1919 年,安田集团订立企业宪章,将安田投资者的数量固定在 13 人。安田财阀仍然专注于金融业务。为了不像其他大型财阀那样激进扩张以导致对资本的大量需求,安田集团对公众股东的参与程度进行了限制。[25] 表 7.5 总结了战前十大财阀的产业多样化情况,也反映了这一点。

1913 年,安田集团将其控制的 11 家银行合并成立了安田银行,不再将业务集中在银行业。新银行是所有财阀银行中规模最大的,1913 年的实收资本达 1.5 亿日元,相比之下,三井、住友、代一、三菱银行的实收资本分别为 60 万日元、50 万日元、43 万日元和 30 万日元。安田银行继续合并其他银行,在国内迅速与较小的 Azano 和 Mori 财阀建立起紧密的关系。这些关系使得安田银行发放的贷款能实现产业多样化的组合,但安田的核心业务仍然是金融业,包括银行、保险以及其他金融服务。如表 7.5 所示,直到第二次世界大战期间,安田家族涉猎的重工业都非常有限。

表 7.5　1945 年十大财阀的产业多样化(百万日元)

财　阀	产　业				财阀总额	财阀(占经济的百分比/%)
	金　融	重工业	轻工业	其　他		
三井	169	2 214	274	404	3 061	9.4
三菱	160	1 866	73	605	2 704	8.3
住友	65	1 469	29	102	1 667	5.2
安田	209	119	117	64	510	1.6
日产(合川)	5	1 558	103	38	1 703	5.3
浅野	0	419	89	76	594	1.8
古河	4	479	3	4	490	1.5
大仓	6	218	34	56	314	1.0
中岛	0	188	24	0.768	213	0.6
野村	26	50	27	62	165	0.5
十大财阀总额	644	8 582	773	1 412	11 420	35.0
经济总额	1 215	17 513	4 600	9 108	32 437	100.0
十大财阀占经济的百分比(%)	53	49	17	16	35	

资料来源:控股公司清理委员会(HCLC),日本财阀及其解散,由 Yasuoka(1976:34—35)引用。

三菱财阀由 Tsukumo 起家,1872 年重新命名为 Mitsukawa 公司,因为该公司有三个所有者——S.石川(1828—1882)、S.Kawada(1836—1896)以及 K.中川。[26] 1873 年,松方改名为三菱有限公司,是最初的三位所有人和岩崎弥太郎(1834—1885)的有限合伙公司。弥太郎去世后,他的儿子 Hisaya(1865—1955)和 Hisaya 的哥哥 Yanosuke(1851—1904)加入了合伙公司。

三菱合伙公司在1891年左右解散,1893年,Hisaya和Yanosuke各投资2.5万日元,成立了一家新的有限合伙公司,也叫三菱公司。

三菱公司的直系子公司包括三菱造船和三菱矿产,这两家公司都大力发展财阀购买的私有化的国有企业。不像三井、住友和安田的章程,三菱的章程允许各岩崎宗族留存其收入,开展他们自己的业务。这种灵活性让各个岩崎宗族很有热情地去抓住那些三菱公司本身无法把握的商机。例如,Horaisha购买了私有化的高岛伊吉煤矿(Takashima Coal Mine),其获得的政府补贴使得三菱无法对其直接所有。[27]事实上,其他重要的三菱公司,像朝日玻璃、明治生命保险和麒麟啤酒,在法律上与三菱财阀是相互独立的。这明显带有一定的官僚性质,因为这些公司与正规的三菱财阀的公司之间存在广泛的财务和其他方面的联系,并且也由岩崎家族控制。这些公司在第二次世界大战之后也都成为三菱商社的公司。

1937年,位于金字塔顶点的三菱公司被重组为股份公司,股份被分配给岩崎家族的亲戚和7位不相关的管理人,他们都不得在未经公司允许的情况下转让他们持有的股份。1940年,公司的实收资本从1.2亿日元增加到2.4亿日元,最初的两个岩崎家族共持有47.5%的股份。

尽管三菱像三井和住友一样,仍然由家族控股,岩崎家族通过婚姻将大批能士纳入他们的家族中。因此,出现了在家族企业中不常见的情况,已婚的女儿就算没有比儿子得到更多的重视,至少也和儿子一样被重视(Morikawa,1992:53)。

三菱公司持有的三菱银行和三菱商业等直系分公司中的股份较少,平均为30%左右,相比之下,三井家族的这一比例达到66%。同样的,三菱在其直系分公司中的平均所有权比例也只有18%,三井为9%。相比之下,三菱财阀不那么讨厌公开发行股份,因此能进一步扩张到资本密集的产业,如机械、采矿、金融和船舶等。这使得三菱公司成为这些新兴产业市场的领头羊,而岩崎家族也持有完全的控制权,因为其持有的股份足以在股东大会中占据主导地位。[28]

图7.5所示为三菱财阀的结构。

7.3.6　工业财阀

在战前的日本,三井、住友、三菱和安田财阀一直是由主要家族控制的金字塔式企业集团。另外三个财阀也很重要,但他们的影响力仅仅局限在特定的产品供应链中,并不包括银行或者金融公司。

这些所谓的"工业财阀"包括Soichiro Asano(1848—1930)在浅野水泥公司基础上建立的浅野集团,由Shozo Kawasaki(1837—1911)在川崎造船公司基础上建立的川崎集团以及Ichibei Furukawa(1832—1903)在Ashio铜矿基础上建立的古河集团。

7.3.7　所有权分散的财阀

除四大财阀和三个工业财阀之外,20世纪初期还有另外五个金字塔式企业集团,即日产(Nissan)、Nichitsu、Mori、Nisso和理研(Riken)。随着20世纪初期股票市场活跃起来,这些集团也随之发展壮大。从1917年到1919年股票价格迅速上涨,地主和其他财产所有者等个人投资者购买了大量股票(Hashimoto,1997:101)。这加强了资本流入允许的市场,可能这些资本来自由公共股份融资的金字塔式企业集团。

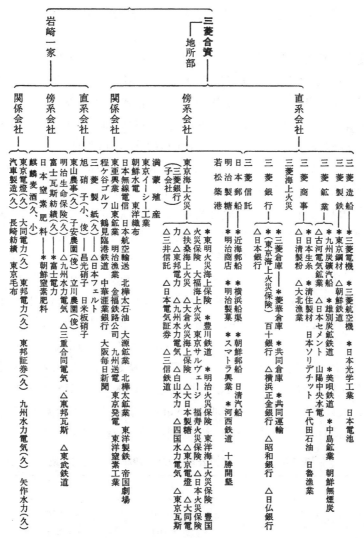

图 7.5 1930 年三菱财阀结构图

注:三菱有限合伙公司的第一层级直系分公司是三菱造船、三菱钢铁、三菱矿产、三菱商业、三菱海上火灾保险公司、三菱银行和三菱信托。三菱有限合伙公司对其第一层级的直系分公司拥有所有权和完全控制权,但不需要对其附属或相关公司持有控制权或所有权。更具体地说,三菱有限合伙公司对带星号的公司有完全控制权,对没有星号或三角符号的公司有主导但非完全控制权。三菱有限合伙公司对带三角符号的公司的控制权最弱。在岩崎家族控制下的公司中也是同样的所有权和控制关系。

资料来源:Takahashi(1930b:108—109)。

三井、三菱和住友的顶点公司都是家族所有的,而这些所有权分散的新财阀的顶点公司的所有权也很分散。尽管它们的创立者们通常持有很少量的顶点公司的股份,但他们并不担心会失去控制权,因为这些人通常是掌握高新技术的工程师,他们的专业技能对于公司核心业务的运作至关重要。化学专家 Shitagu Noguchi、Tomonori Nakano 和 Nobuteru Moro 分别成立了新的 Nichitsu、Nisso 和 Mori 财阀。机械制造业的专家 Masatoshi Okochi 成立了新的理研财阀,而全才 Yoshisuke Aikawa 将日产建成了一个大型的、产业多样化的财阀,尽管机械业仍旧是其最重要的产业。

这种专业技术方面的因素使得这些新财阀主要从事重工业、化学和电力行业。然而,随着它们的发展,这些财阀的产业也逐渐变得多样化,以直接与家族财阀竞争。所有权分散的财阀,和工业财阀一样,并没有控制金融机构,并且主要依赖外部融资。

最大规模的所有权分散的日产财阀的发展史可以最好地诠释这种类型的财阀的发展。日产集团是由鲇川义介(1880—1967)以一种迂回的方式建立起来的。

到 1919 年,鲇川义介妻子的弟弟 Husanosuke Kuhara(1869—1965)收购了日本国内 30% 的铜矿产、40% 的金矿以及 50% 的银矿。他将他的 Kuhara 矿业公司在股票市场上首次公开发行,获得了 240 万日元,从而能够完成这些收购。第一次世界大战之后,日本经历了长期的经济衰退和低迷,Kuhara 矿业也受到了严重的影响。当其子公司 Kuhara 贸易倒闭时,Kuhara 不得不以请病假为由退休。他将公司的重建交给了他的姐夫——鲇川义介,其拥有的规模小很多的公司 Tobata Cast Iron 成功渡过了经济衰退。鲇川是一个工程师,曾在美国学习先进的铸铁技术。为了拯救 Kuhara 矿业(Kuhara Mining),他将他自己的资金,以及从亲戚、经理人和外部投资者筹集的资金,共计超过 2 500 万日元投入到公司中。[29]

成功处理了 Kuhara 矿业的债务危机之后,鲇川于 1926 年加入公司董事会,并且很快取代 Kuhara 成为主席。为了长期保持公司财务状况的稳定,鲇川需要在不失去控制权的同时进一步筹资。1928 年 12 月,他将一家新的控股公司日本三友(日产)公开上市。同时,他将 Kuhara 矿业合并入日本矿业。如表 7.6 所示,Kuhara 矿业有很多公众股东,这次合并后使得日本矿业也由公众持有,但日产由于持有大部分股份而持有控制权。

表 7.6 Kuhara 矿业公司:1918—1927 年的股东构成

	1918 年 6 月	1920 年 6 月	1927 年 5 月
流通股总数	1 500 000	1 500 000	1 500 000
股东总数	9 761	13 842	14 858
股东平均持股数量	153.7	108.0	100.9
持有股份超过 5 000 股(含 5 000 股)的股东			
股东总数	31	20	18
股权(%)	67.3	51.4	44.3
股东平均持股数量	32 566.5	38 550.0	36 916.7
持有股份少于 500 股的股东			
股东总数	9 544	13 649	14 739
股权(%)	28.5	35.8	39.6
股东平均持股数量	44.7	40.0	40.3
Kuhara 家族和亲戚(%)	45.6	45.1	37.3

资料来源:Udagawa(1976)。

鲇川义介知道,日产或者其他任何新财阀很快就会需要大量资本来实现与当时已经存在的财阀同样的规模经济。而需要的资金远远超过了其家族的资产,因此不可避免要引入公众股东。鲇川义介很清楚地了解到金字塔式企业集团在保持完整的公司治理权的同时，能够无限制地吸收外部资本。图7.6是对于一个包含上市分公司、分公司的分公司等的金字塔，如何在他的控制下运用大量公众股东的资本的规划。

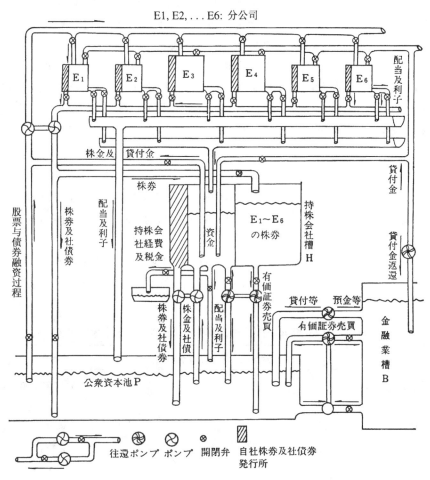

图7.6　鲇川义介运用资本市场为日本产业（日产）融资的规划

说明：单向流泵（unidirectional flow pump）代表资金的单向流动，如支付利息和股利、发行债券和股份的收入等。双向流泵（bidirectional flow pump）代表资金的双向流动，如借入和归还贷款、证券的买卖交易等。鲇川义介的规划是控股公司（H）及其分公司（E1，E2，……，E6）能够运用公众资本（P）和金融机构的资金（B）以丰富控股公司的资本基础，即由B代表的控股公司资金池。

资料来源：Aikawa（1934）。

　　鲇川（1934）认识到，由于其金字塔的顶点公司的所有权很分散，其有责任保证公司的盈利能力，并保证股东能够获得稳定的红利收入。[30] 日产70％的资产是日本矿业的股份，而这个产业直到1932年日本政府开始积累黄金之前都长期处于薄弱，因此日产的处境依然很危险。随着这个产业的好转，鲇川出售了日本矿业的股份，并将筹得的资金用于大力推进日产控股公司的产业多样化。

　　鲇川义介的主要战略是购买有发展潜力的公司,并将其发展成拥有完全所有权的分公司,然后通过首次公开发行(IPO)让这些公司公开上市。因为建立了这些分公司(或 bunshin kaisha),日产在日本发展中的地位相当于 20 世纪 90 年代风险投资公司在美国的地位(参见 Gompers and Lerner,2002)。然而,当风险投资家们试图将初始股份全部出售给公众从而为下一次投资融得资金时,日产通常都会保留其控制权,采用又一次的 IPO 来扩张其金字塔。这反映了鲇川保留其在重要决策中的最终决定权的意愿。

　　日产的分公司发展得很好,日产的股东和他们自己都从中获益。分公司收购或者建立起它们自己的分工,进而使得金字塔式结构进一步扩张。日产本身的实收资本从 1933 年的 525 万日元增加到 1937 年的 19 837 万日元。在同一时期,其总资产从 9 108 万日元增加到 38 310 万日元,持有的债券从 5 338 万日元增加到 26 992 万日元。表 7.6 列示了 1930 年到 1937 年日产的股票价格。

　　同时,日产本身的所有权也日益分散化。到 1937 年 5 月,日产的股东数量达到 51 804 位,其中 50 783 位持有的股份数量都少于 500 股。鲇川及其亲戚持有的股份持续下降,从 1929 年的 19.2% 到 1937 年仅仅的 4.5%。到 1937 年,只有包括鲇川义介在内的四位股东持有日产超过 10 000 股的股份。

　　由表 7.7 可以看出,到这时,只有三井和三菱集团的顶点公司的规模超过了日产。此时,日产集团包括日本矿业、日立有限公司、日立电力、日产汽车和很多其他大型制造商和公用事业。[31]

表 7.7　1937 年年中按公司数量和实收资本排序的十大财阀

财　　　阀	集团中公司的数量	实收资本总额
1. 三井	101	¥ 1 177 200 000
2. 三菱	73	¥ 848 204 000
3. 日产	77	¥ 473 632 000
4. 住友	34	¥ 383 800 000
5. 安田	44	¥ 263 866 000
6. 浅野	50	¥ 236 261 000
7. Nichitsu	26	¥ 197 100 000
8. Mori	20	¥ 141 996 000
9. 大仓	51	¥ 133 845 000
10. 古河	19	¥ 101 994 000

资料来源:Yasuoka(1976)。

7.3.8　地区性财阀

　　这时日本有很多在当地很重要的企业家族,他们的业务只限制在特定的地区(如州),而且通常也只局限在特定的产业。这些家族在家族公司中积累财富,并且运用这些财富扩张到新的业务,有时也引入当地其他投资者。大部分这些金字塔式企业集团的规模都比较小,但也有少数达到了全国性的规模,尽管其总部仍然保留在最开始的地区。总的来说,这些地区性的财阀并没有发展到产业化经营的程度。这可能是因为它们能获得的资本非常有限。事实上,这些财阀在一定地区的主导地位可以解释为什么工业化更偏向于某些地区。

地区性财阀在地区发展中所起到的作用仍然不太明确。重要的地区性财阀包括新泻的 Nakano 集团、北海道的 Itaya 集团、名古屋的伊藤集团以及在兵库的另一个伊藤集团、福冈的安川集团和 Kaishima 集团,以及长野的片仓。图 7.7 介绍了这些财阀中的一部分。

地方資産家 (代表名)	住所	本社 (資本金)	家族・同族	家業	投資先
板谷　宮吉	北海道小樽		宮吉、　順助(宮吉養子)	醸造 雑穀肥料問屋 板谷商船 北門貯蓄銀行	南洋郵船 北海水力電気 洞爺湖電鉄 樺太銀行
相馬　哲平	北海道函館	相馬合名(400万円)	哲平、堅弥(同長男)、市作(同長女の夫)、省三(同次男)、廉平(同次女の子)	相馬商店(株) (問屋、金融、漁業、鉱業) 相馬銀行	百十三銀行 函館貯蓄銀行
茂木　七左衛門	千葉野田	千秋社(名)	七左衛門、　高梨兵左衛門(七左衛門の妹の夫)	醤油醸造	野田醤油 野田商誘銀行 野田運輸
中野　忠太郎 (寛一長男)	新潟金津	中野興業 (2,500万円)	忠太郎、信吾(寛一次男)、孝次(忠太郎次男)、冬松(寛一次女の夫)	中野興業(原油採掘販売) 中野殖産興業	日本石油 新潟港湾倉庫 蒲原鉄道
西脇　済三郎	新潟小千谷	西脇合名	済三郎、健次(同弟)、新次郎(同姉の夫)	西脇銀行 西脇商店	小千谷銀行 北越水力電気 三光紡績
片倉　謙太郎 (二代目)	長野諏訪	片倉合名	兼太郎(二代長男・初代甥)、勝衛(初代いとこの長男)、武雄(初代長男)、今井五介(初代弟)等21名	片倉製糸 日東紡績 片倉生命 片倉殖産 片倉米穀肥料	信州電気 昭和絹靴下
鈴木　与平 (六代目)	静岡清水			鈴与商店(回漕、米穀肥料・塩・石灰問屋、運送) 鈴与倉庫	清水銀行 三十五銀行 清水運送 清水食品
中埜　半左衛門	愛知半田		半左衛門、又左衛門、半六、良吉、盛田善平	中埜酢店 中埜醤油店 中埜酒店 中埜銀行 中埜貯蓄銀行 半田倉庫 敷島屋製粉所	日本麦酒鉱泉 知多鉄道
伊藤　次郎左衛門	名古屋	伊藤総本店 伊藤産業合名 (1,000万円)	次郎左衛門、松之助(同長男)、銃次郎(同次男)、鈴三郎(同三男)	松坂屋 伊藤銀行 山東煙草 山東窯業 三綿商店	愛知銀行 日本貯蓄銀行 中央信託 名古屋製陶 愛知時計電機
辰馬　吉左衛門	兵庫西宮		吉左衛門	辰馬本家酒造 (白鹿醸造元) 辰馬汽船 辰馬海上火災保険 夙川土地	三十四銀行 神戸瓦斯 神戸海上運送火災保険 兵庫大岡信託
八馬　謙介	兵庫西宮	多聞合資(200万円)	謙介、安二郎(同弟)、駒雄(同上)	西宮酒造 多聞興業 八馬汽船	武庫銀行 西宮銀行 神戸海上運送火災保険 兵庫大岡信託

地方资产家 (代表名)	住所	本社 (资本金)	家族·同族	家业	投资先
伊藤 長次郎	兵庫印南	静得社(资) (170万円)	長次郎、熊三(同長男)、勇次郎	酒造業 伊藤土地合名	三十八銀行 神栄生糸 昭和毛糸紡績 山陽中央水電
大原 孫三郎	岡山倉敷		孫三郎	倉敷紡績 倉敷紡織	中国銀行 岡山合同貯蓄銀行 中国信託
安川 敬一郎	福岡戸畑	安川松本合名	敬一郎、松本健次郎(敬一郎次男)、安川清三郎(同三男)、安川兼五郎(同五男)	明治鉱業 九州製鋼 明治紡績 安川電機 黒崎窯業	若松築港 嘉穂鉱業
貝島 太市	福岡直方	貝島合名 (2,000万円)	太市(太助三男)、栄一(太助孫·宗家)、健次(栄一叔父)、栄四郎(栄一叔父)	貝島鉱業 貝島商事 貝島乾溜 貝島木材防腐	中央火災傷害 若松築港
麻生 太吉	福岡飯塚		太吉、太七(同弟)、義之介(同養子)	麻生商店 嘉穂銀行 嘉穂貯蓄銀行 嘉穂電燈	九州水力電気 若松築港 幸袋工作所

图 7.7 代表性的地区性财阀家族

注:在第二次世界大战之前,日本很多地区都有很多家族性的财阀集团。它们业务经营的规模和地理范围远远小于三井、住友和三菱等大型财阀集团。尽管如此,这些地区性财阀集团通常也像大型财阀集团那样,采用金字塔式结构来组织他们的公司。一些地区性财阀公司渡过了第二次世界大战,并且一直存在到今天。例如,Kikkoman(千叶的茂木财阀),松阪屋百货商店(Matsuzakaya Department Store,名古屋的伊藤集团),仓敷纺织(Kurashiki Textile,冈山的大原财阀)以及安川电气(福冈的安川财阀),都在其中。

资料来源:Morikawa(1976)。

7.3.9 财阀与独立公司

在这一时期,大量独立的企业也对经济发展产生了影响。丰田佐吉于 1891 年取得了丰田木制手织机的专利权,1924 年又取得了创新的自动织机的专利权。[32]世界织机业的领头羊——英国的普拉特兄弟公司于 1929 年以相当于 100 万日元的价钱购买了这些专利权,丰田后来用这笔资金成立了丰田汽车。另一位重要的创业家松下幸之助于 1918 年在大阪建立了松下电气,并且将其发展成为世界最大的电子产品制造商之一。很多这些新企业都在不同程度上附属于已经建立的财阀。

第二次世界大战结束之前,丰田与三井财阀有较松散的附属关系,战后则附属于三井商社。[33]1898 年,三井物产同意将丰田的产品推向市场。当丰田成立其自己的纺织公司 Toyoda Shokai 时,三井物产为其提供资本。当 1906 年丰田成立 Toyoda Style Textile Machines,即丰田纺织机械的前身时,三井物产再次为其提供资本。丰田和三井之间一直存在紧密的业务和家族关系。例如,丰田佐吉收养了他的女婿 RisaburoToyoda(曾用名 Risaburo Kogama),他是 Kogama 家族的次子,负责运营三井的 Toyo Menka 贸易行。Risaburo 后来成为丰田汽车的第一任主席。[34]

松下本来与 Jogo 银行之间有业务往来,但 1925 年住友在他的工厂旁开了一家分行,并开始与他开展业务。松下向住友要求了 2 万日元的信用限额,这在当时并不常见,但住友答应了。尽管松下并没有使用这个信用额度,后来很快 Jugo 银行在经济衰退中倒闭,住友仍然履行这一协定,并提高了信用额度。因此,1927 年松下开始了与住友银行的长期合作关系。松下一直都没有成为住友集团的公司,因为集团有其自己的电子公司 NEC。然而,它与住友银行的密切关系一直持续了几十年。松下逐渐扩张,建立起自己的金字塔集团,并被盟军指为有助于重建日本战后经济的几大财阀之一。第二次世界大战之后,住友银行成为持有松下股份最多的银行,也是其主要银行。第二次世界大战结束时,松下并没有被住友家族正式所有。但在 1946 年 6 月其被盟军指为财阀集团,1946 年 11 月松下幸之助和其他所有经理以上级别的高层都被所有公共部门除名。松下幸之助很受松下员工的尊重,除名激起了松下工会对他的同情。工会领导人将 15 000 名工会成员和他们家人的签名交给了盟军总部和日本政府。由于这种不同寻常的支持,松下幸之助和其他松下高层的除名于 1947 年 5 月被完全取消。松下公司也就能够重新运营了。

表 7.5 显示,1946 年财阀公司拥有大约 35％的公司资产,其余部分则由独立公司所有。很多独立公司,像丰田和松下,实际上在不同程度上附属于财阀。很多几十年后很重要的公司在战前并不是主要的竞争者。但财阀公司在自然资源、化工、制造和贸易等重要产业以及相关的分销渠道中的主导地位,一直持续到第二次世界大战开始。因此,尽管独立公司在数量上和集体经济中很重要,但无疑在这一时期并不具有什么政治影响力。

7.4　萧条时期所有权的变动

在 20 世纪二三十年代初期,日本陷入了由大萧条引起的持续的经济萧条。1923 年关东大地震严重扰乱了经济运行。几个主要的财阀都倒闭了。研究哪些财阀倒闭和哪些财阀能幸存下来是很有启发性的。

财阀能够幸存的主要因素可能是财阀中有银行的存在、银行在金字塔中所处的位置以及在集团业务运营中扮演的角色。三菱、三井和住友财阀都在距离金字塔的顶点很近处设有银行。其次,这些银行的正常运作是控股家族关心的主要问题。另外,发生的任何资金流动都会影响这些银行的资产和收入。

三菱、三井和住友银行通常都有合理的、多样化的贷款组合,只有 10％到 20％的未偿还贷款是贷给其自己财阀中的其他公司的[35]。另外,这些银行持有很多公司的股份,涉及很多产业。事实上,经济萧条期三菱银行暗中贷款给相关公司,使得很多公司开始公开发行股份,尽管并不包括采矿业和造船业。三菱顶点合伙公司持有的第一层级分公司股份的平均份额从 1921 年的 83.5％下降到 1928 年的 69％。

其他财阀家族主要通过他们的银行来为财阀其他公司融资。因此这些所谓的“器官银行”的多样化程度较低。例如,中泽银行 94％的贷款都发放给了财阀内部公司,渡边银行的这一比例则为 75％。同样的,Matsukata 财阀的 Jugo 银行将 75％的贷款都贷给了 Matsukata 公司。在 1927 年倒闭之前,铃木的附属银行台湾银行将 72％的贷款发放给了铃木公司。

7.4.1　铃木财阀的兴衰㊱

铃木家族,和德川时代的其他商业家族一样,在明治复位后积极参与日本的外贸活动。他们专注于丝绸、铜矿、服装和制糖业,最终收购了一般贸易公司或者综合商社(sogo shosha),来进行国内的易货贸易并且负责与国外的交易活动。综合商社是能够在国内外市场中进行任何营利性业务的一般实体。其中第一家也是最大的一家是三井物产,它也成为很多其他同类公司的楷模。㊲

其中一个模仿者就是铃木商业公司。铃木家族是由制糖商人起家的,并且成立了一家综合商社来处理与此相关的各种业务。铃木商业公司很快就发展成为第二大的综合商社。铃木的迅速扩张分为两个阶段。

第一个阶段是在中日甲午战争之后,清政府被迫割让台湾给日本。台湾的气候非常适宜甘蔗的生长,铃木家族成为负责日本投资该产业的领头羊。为了将糖运到日本,铃木家族需要轮船,因此又扩张到轮船业和造船业。但是,财阀的顶点公司仍然是一个单一的独资企业,由家族族长负责运营,后来他成为日本最富有的商人之一。

第二个阶段是在第一次世界大战结束之后的时期。在1914年到1919年的持续繁荣时期,日本的国民生产总值增长了5倍,铃木财阀也大力扩张,在很多产业成立了很多新公司。1903年,其顶点公司成为资本额为50万日元的普通合伙公司。到1920年,其资本额增长到5 000万日元。1915年,铃木家族的年外贸营业额达到15.4亿日元,超过了三井物产。到繁荣时期结束,铃木集团在很多方面都可以与三井和三菱财阀相媲美。

铃木最大的成功之一发生在1914年11月,第一次世界大战开始三个月之后。尽管日本陷入了严重的经济衰退,Suzuki Shoten的经理Naokichi Kaneko(1868—1944)和伦敦分公司的经理Seiichi Takahata预见到,德国U形船会大幅度提升轮船和商品价格。Kaneko命令Takahata买下所有东西,包括任何运输船上的所有原材料。铃木购买的轮船、铁、钢、糖、小麦以及其他商品,让他们很快就获得了超过1亿日元的利润。这也使得铃木成为全球性的贸易公司。

Takahata非常善于与英国和其他盟国搞好关系,为他们采购原材料、钢铁制品、食品、轮船和其他产品。英国严重缺乏运输能力,并且开始直接购买轮船。英国政府前所未有地支付了50万英镑押金给铃木,进行轮船采购。铃木也收到了很多来自英国和其他盟国政府的订单。Takahata也作出了回应,例如,他将所有豆类、粮食和其他食品以及货船都全部出售给了这些国家。

这些发展使得铃木与台湾银行建立起了长期关系。铃木的外贸业务增长得很快,日本唯一的政府授权的外汇银行Yokohama Shokin Bank㊳已经不能处理所有这些业务,使得铃木不得不依赖收费更昂贵的商业银行。㊴日本政府授予台湾银行处理外汇业务的特别权利,Takahata抓住了这一机会去突破外汇交易的瓶颈。中国台湾银行非常欢迎铃木,因为其在中国大陆的大量不良贷款让其他财阀公司不愿意与其有业务往来。

1918年停战协定之后发生了短暂但严重的经济衰退,几家小财阀随之倒闭,包括茂木(Mogi)、久原(Kuhara)、增田(Masuda)和安倍(Abe)。铃木集团幸存了下来,到1919年9月日本经济恢复,Takahata预见了下一次的经济繁荣。铃木全球扩张的步伐是前所未有的。铃木集团从各个业务中都获取了大量利润,包括爪哇糖、西伯利亚和青岛的小麦和大豆等。1919 年和 1920 年,Takahata 出售了 50 辆船舶荷载的爪哇糖,仅仅 1920 年的交易就获得了 6 500 万荷兰盾的利润。

1923 年,Kaneko 对铃木金字塔进行了重组,将其贸易公司 Suzuki Shoten 改为铃木股份公司或 Kabushiki Suzuki,资本额 8 000 万日元,实收资本 5 000 万日元。Suzuki Shoten 的其他业务运作重组入控股公司铃木普通合伙公司或 Suzuki Gomei,资本额 5 000 万日元。铃木普通合伙公司成为新的顶点公司,控制着 78 家上市公司。在这些公司中,10 家为食品业、5 家为钢铁业、3 家为电子机械业、3 家为电力业、3 家为铁路业、2 家为船舶业、2 家为渔业、2 家为房地产和仓储业、3 家为养殖业、2 家为银行和信托业、4 家为保险业、3 家为商业。

这些公司中的 65 家,作为铃木财阀整体的一部分,资本总额 5.6 亿日元。顶点公司有 3 000 名员工,金字塔公司总共有 25 000 名员工。图 7.8 展示了铃木金字塔规模最大时期的状况。

Kaneko 成立了一些制造企业,明显是出于一种民族主义的情愫。他与日本这一时期的很多经理都交流过这一看法,即进口替代能够使日本摆脱对外国的依赖。

1923 年的重组使铃木财阀的结构与其他大型财阀极其相似。在顶点有一家控股公司,第一层级的分公司都是铃木主要的大公司,第二层级为其拆分公司,更低层级为各类收购公司。这些公司中的很多仍然继续使用它们以前的名字。

然而,铃木集团有两个主要的不同之处。

首先,Suzuki Shoten 贸易公司独立于顶点的控股公司,但在人事上并不独立。如图 7.9 所示,事实上,众多的铃木家族成员和经理在铃木各公司中接受跨公司任命。尽管铃木家族持有控制权,但真正作出所有管理决策的是雇佣经理 Kaneko。铃木集团业务的迅速扩张并没有带来管理人才的相应增加。

	会社(株)别	資本金(払込み)	設立年月	所在地	A	B	C	D	E	F	G	H	I	J	K
1	第六十五銀行	10(6.25)	明治 11.11(1878)	神戸		X				△				△	△
2	天満織物	7(5.243)	20. 3	大阪		X	○	○	○	△		+		△	X
3	日本セメント	5(5)	21. 3	東京			△		△			+		△	
4	日本教育生命保険	0.3(0.075)	29. 9(10)	東京	○	◎	△	△	△	△		+	△	△	◎
5	日本製粉	12.3(12.3)	29.10(9)	東京		X	○	○	○	○		+		△	X
6	大日本塩業	4(3.802)	36. 9	東京		X	○	○	○			+		△	◎
7	神戸製鋼所	20(20)	38. 9(44.6)	神戸		✪	○	○				I		△	●
8	東亜製粉	2.5(1.25)	39. 10	東京		X									
9	東亜煙草	10(5.8)	39.11(10)	東京		X	△	△	△	△		+	△	△	●
10	東京毛織	16(16)	39.11	東京		□	△	△		△			△	△	□
11	日本酒類醸造	5(2.15)	39.12	大里	○									△	◎
12	東工業	0.5(0.5)	40. 1	大阪	○	✪	○	△	△			−	○	△	◎
13	東洋製糖	36.25(22.03)	40. 2	台湾		X	○	○	○	○		+	△	△	X
14	塩水港製糖	25(21.563)	40. 3(2)	台湾		X	△	△		△			△	△	
15	東洋海上火災保険	3(0.75)	41. 6	東京	○	✪	○						△	△	
16	日本商業	5(5)	42. 2	大阪	○	✪	○			●			○	△	●
17	帝国麦酒	10(5.5)	45. 5(6)	大里	□	△	△	△	△			+	△	△	□
18	南満州物産	1(1)	大正 2.1	大連	○	✪	○			●		●		△	●
19	大正生命保険	0.5(0.125)	2. 4	東京	○	◎	○	△	△	△		△	△	△	◎
20	宜蘭殖産	0.475(0.475)	4. 3(4)	台湾	○	✪	○					−	△	△	●
21	山陽製鉄	0.5(0.5)	4.12	大阪			△		△			−		△	
22	沖見初炭坑	2(2)	5. 3(9)	下関	○	◎	○					−	△	△	◎
23	朝鮮鉄道	54.5(17.65)	5. 4	朝鮮		○	○					−		△	
24	日本金属	1(1)	5. 5	神戸		✪				●		●		△	●
25	日本火薬製造	2.5(1.375)	5. 6	東京			△		△			−		△	
26	八重山産業	0.3(0.1125)	5. 8	神戸		◎									
27	東洋燐寸	2.8(2.8)	5. 9(7)	神戸	○	◎	△	△	△	△		+	△	△	◎

会社(株)別	资本金(払込み)	設立年月	所在地	A	B	C	D	E	F	G	H	I	J	K
28 帝国汽船	1(1)	5.10	神戸	○	✿	△	△	○	○	●	－	○	○	●
29 帝国染料製造	0.555(0.555)	5.11	福山		◎	△	△	○	△		－	△	△	◎
30 福島炭坑	2(1.2)	5.12	東京			△		△			Ｉ	△	△	
31 佐賀紡績	5(3.5)	5.12	佐賀			△	△		△			△	△	□
32 浪華倉庫	5(5)	6.6	大阪	○	✿	○	○	○	○	●	＋	○	○	●
33 東海製油所	0.5(0.125)	6.6	名古屋			△								
34 関門窯業	0.19(0.19)	6.8	彦島			△	△	△	○		－	△	△	
35 南洋製糖	1.25(1.25)	6.11	東京		□	○	○	○	△		＋	△	△	□
36 日沙商会	3(2)	6.12	兵庫	○	✿	○	○	○	○	●	＋	○	○	●
37 帝国燐寸	0.2(0.2)	7.1	神戸			△	△	△				△	△	
38 彦島坩堝	0.3(0.3)	7.2(3)	彦島		◎	○	○	○			－	○	○	
39 日本樟脳	9(6.75)	7.2	神戸	○	✕	△	△	△	△			△	△	✕
40 帝国人造絹糸	12.5(8.75)	7.2(6)	神戸	○	✿	△	△					○	○	●
41 山陽水力電気	6(4.5)	7.9	神戸		✿							△		
42 千代田信託	10(2.5)	7.10	東京			△	△	△			Ｉ	△	△	
43 日本冶金	0.35(0.35)	8.3(7.11)	大阪		□	△	△	△				△	△	□
44 信越電力	32(32)	8.5	東京			△	△	△			＋	△	△	
45 帝国炭業	10(10)	8.5	下関		◎	△	○	○			－	○	○	◎
46 国際汽船	80(77.148)	8.7	神戸		✿	△	△	△	△		－	△	△	✕
47 大日本セルロイド	10(10)	8.9	堺		✕	△	△	△	△		＋	△	△	✕
48 大成化学工業	1(0.5)	8.10	東京		✕									
49 内国食品	0.08(0.06)	8.10	神戸			○	○	○			－	○	○	◎
50 太陽曹達	1(0.5)	8.10	神戸	○	✿	○	○	○	○		Ｉ	○	○	●
51 三国紡績	5(2.5)	8.10	大阪											✕
52 日本拓殖	10(3)	8.11	台湾			△	△	△			Ｉ	△	△	
53 再製樟脳	2(1.7) 大正	8.12	神戸		◎	○	○	○	○		＋	○	△	◎
54 新日本火災海上	5(1.25)	9.8	東京	○	◎	△	△	△	△		＋	○	○	◎
55 大源鉱業	2(1.36)	9.9	東京		✕									
56 支那樟脳	2(2)	9.12	上海	○	◎	○	○	○	○	●	＋	○	○	●
57 樺太漁業	0.75(0.6)	9.12	函館		✕	△	△	△	△		－	△	△	●
58 旭石油	9.6(9.3)	10.2(11.3)	東京		□	△	△	△	△		－	△	△	□
59 合同油脂グリセリン	5(5)	10.4	東京			△	○	○				△	△	◎
60 太田川水電	3(0.75)	10.9	神戸									△		
61 日本トロール	2(1)	10.10	東京			△	△	△			＋	△	△	
62 米星煙草	1(0.5)	10.12	青島	○	✿	△	△	△	○	●	＋	○	○	●
63 豊年製油	10(10)	11.4	東京	○	✿	○	○	○	○	●	＋	○	○	●
64 クロード式窯業工業	10(10)	11.4	神戸	○	✿	○	○	○	○		Ｉ	○	○	●
65 南朝鮮製紙	1(1)	11.5	朝鮮			○	○	○	○		Ｉ	○	○	◎
66 大陸木材工業	0.75(0.75)	11.6	神戸			◎	○	○				○	○	◎
67 東京無線電機	1(0.25)	11.10	東京			△	△	△	○		－	○	○	
68 帝国樟脳	1(1)	11.12	神戸	○	✿	○	○	○	○	●	Ｉ	○	○	●
69 株式鈴木	80(50)	12.3	神戸					○		●		○	○	●
70 日本輪業	1(0.6)	12.3	兵庫		✿	○	○	○	○		Ｉ	○	○	
71 山陽電気軌道	4.5(0.45)	13.3	下関			△	△	△			Ｉ			
72 大日本酒類醸造	2.865(2.865)	13.7	下関		◎	△	○	○	○		Ｉ	△	△	
73 日本エヤーブレーキ	0.6(0.45)	13.12	神戸			△	△	○			Ｉ	○	○	
74 紡機製造	0.2(0.2)	14.5	神戸			△	△	△				○		
75 長府土地	1.5(0.375)	14.12	長府			△				●		○	○	
76 第一窒素工業	5(1.5)	15.6(5)	神戸		○	○	○	○	○	●	Ｉ	○	○	●

图 7.8 铃木财阀的附属公司(1923—1927)(续)

注:图中列出的 76 家公司是 1878 年到 1926 年之间成立的,并且通常都被认为是铃木财阀的成员。第二次世界大战之前和之后的分析人士对于 Suzuki Shoten 对这些铃木公司的控制关系持不同的观点。第(A)到(G)列和(I)到(K)列比较了 1923 年到 1928 年之间公开发表的分析人员和证券公司就此提出的 10 种不同观点。○＝由铃木直接所有;◎＝多数控制;✿＝少数控制;□＝完全控制;●＝分拆;△＝附属(大部分出于投资的目的);✕＝密切相关但很少控制权。第(H)列比较了对于前铃木公司独自幸存下来的可能性的估计值,这些数据是 1927 年 4 月铃木财阀倒闭后一份商业杂志公布的。＋＝前景很好,不受倒闭的影响;－＝不可能幸存;Ｉ＝幸存的可能性取决于重组的效果。

资料来源:Katsura(1976)。

第二,铃木公司的融资手段不同。相比其他财阀公司,铃木公司更多地通过贷款为其扩张和日常业务运作融资,通常是向台湾银行贷款,该银行事实上也是铃木集团的集团银行。这反映了 Kaneko 想要维持对金字塔的控制权的意愿。股权融资会引起增强外部股东的风险,甚至引起兼并,从而破坏 Kaneko 的绝对控制权。而从台湾银行以外的其他渠道举债会带来受到外部债权人影响的风险。如表 7.8 所示,这导致铃木公司迅速增加了从台湾银行的贷款,同样也迅速增加了台湾银行对铃木公司财富的了解和掌握。

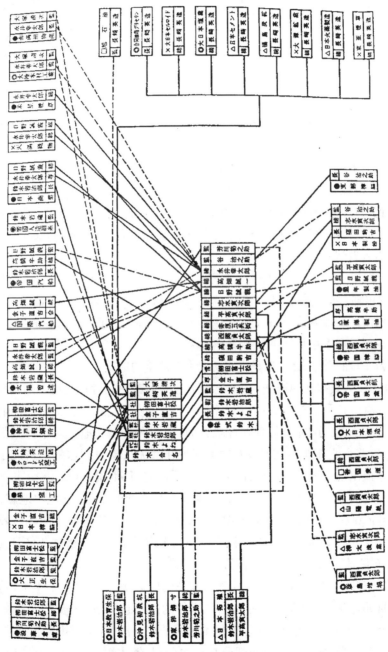

图 7.9 1926 年铃木财阀的连锁股东

注:主要的家庭成员和经理在很多铃木公司中担任 CEO 和董事。
资料来源:Katsura(1976)。

表 7.8 铃木贸易公司向台湾银行的债务（日元）

年 份	新 债 务	总 债 务
1920		80 811 300
1921	42 907 587	123 718 887
1922	55 317 426	179 036 313
1923	47 869 445	226 905 758
1924	49 145 662	276 051 420
1925	37 223 293	313 274 713
1926	43 581 754	356 856 370
1927	22 002 099	378 858 569

资料来源：Fouraker(2002:8)。

台湾银行很快开始向铃木其他公司发放贷款。然而，台湾银行并入铃木集团是通过"长期关系"实现的。Kaneko 控制台湾银行，只是因为在财务上非常依赖与铃木公司的业务。在 20 世纪 20 年代初期，由于与日新（Nisshin）和日本（Nihon）两家面粉公司合并的失败，铃木集团的金融地位有所降低。最后，铃木普通合伙公司的大部分资本都与贸易公司 Kabushiki Suzuki 有关。铃木财阀的倒闭轰轰烈烈。[40]

Kaneko 下赌注的 1919 年 9 月的经济繁荣只持续了很短的时间。日本经济先后在 1920 年、1922 年出现停滞，之后随着 1924 年关东大地震和 1927 年昭和金融萧条（Showa finance depression）而崩溃。后面两次事件让日本经济无法实现 1919 年可能出现的增长，同时也将铃木财阀和其他相似的金字塔集团的缺点暴露出来。

1923 年 9 月 1 日的关东大地震，是世界历史上最严重的地震之一。东京、横滨以及周边地区都遭到破坏，14 万多人直接在地震中、在由地震引起的火灾中或者在地震之后与韩国人的暴乱中丧生。商业机构和记录都遭到破坏，以及日本大部分最现代化的基础设施全部遭到损坏。

但地震另一方面的影响完全体现在金融方面，即昭和萧条。地震对不计其数的企业造成了严重的破坏，这些企业在地震之前签发的票据现在都无法支付。这随之造成了持有这些票据的银行的现金流出现问题。政府因而实施了一项计划，日本银行（Bank of Japan）会再贴现那些支付地点是受灾地区或者债务人在受灾地区有办事处的票据。这些"地震票据"（earthquake bills 或 tegata）有两年的支付宽限期，后来又两次延长，又增加了两年。政府承诺会为日本银行因这项计划而受到的损失进行补偿。1926 年年末，仍然有超过 2 亿日元的地震票据未支付，其中 1.6 亿日元已经由日本银行再贴现了。[41]

铃木公司比三井、住友或者三菱公司都更多采用债务融资。1926 年年末，铃木集团的债务总额达 5 亿日元，其中 3.79 亿日元是欠台湾银行的。Kaneko 通过熟练的金融手段调配，平衡中国台湾银行、铃木公司、其他公司以及日本银行的信用额度，从而积累起这些债务。因此，这些未支付的地震票据中不成比例的部分是铃木公司、铃木财阀的银行、台湾银行所有的债务，总共占到 58%。[42]

当日本国会辩解如何吸收这些未支付的期票时，铃木请了说客去左右投票。这次行动却适得其反,铃木的财务问题也随之暴露出来。铃木公司发现他们已经不能偿还债务。在 1927 年 3 月 23 日国会最终通过法律的同时,也提出了拯救中国台湾银行的方案。3 月 24 日,中国台湾银行宣布完全断绝与铃木集团的关系。突然遭到台湾银行的放弃,铃木公司被迫对应该支付给三井银行和其他银行的款项违约。其他银行被台湾银行的行为激怒,收回了对台湾银行的贷款,(再一次)将台湾银行逼到了破产的边缘。

1927 年 4 月 2 日,铃木倒闭。4 月 13 日,尽管有上述方案,日本银行拒绝再次拯救台湾银行。Cha(2001)认为,中央银行试图结束黄金禁运的决心在很大程度上与这一决定有关,但政治局势无疑也起到了作用。议会上院认为这些措施是违宪的,否决了拯救台湾银行的特别预案,4 月 17 日日本内阁解散。4 月 18 日台湾银行暂时关闭。最后引起了全日本范围内的金融恐慌。

7.4.2　善后措施

尽管铃木集团由于无法支付期票而倒闭,但实际上它根本没有破产。铃木集团将它所有的业务都转移到了另一家公司,日商(Nissho),该公司 1928 年重组为一家股份公司。[43] 最初的铃木公司承担了所有的债务偿还和重组活动,1933 年偿还了所有贷款之后解散。在六年重组期间,没有召开任何债权人会议,日本法院也没有宣布铃木破产。在他们的调查中,铃木集团的债权人没有发现任何捏造报表的行为,并且接受铃木的破产是单纯的财务和管理问题。他们一致同意私下解决所有剩余的账款。在这一过程中,没有任何铃木的海外客户受到负面影响。

由于破产只是单纯的财务和管理问题,铃木金字塔中仍然有拥有重要资产的可继续经营的公司。随着铃木偿还了所有的债务,这些公司也落入了其他大型财阀之手,Kaneko 最糟糕的噩梦成为现实。主要买家是三井和三菱,他们收购了铃木集团中最有发展前景的公司以及台湾银行。这一合并显著了提高了一些产业的集中度。例如,现在中国台湾食糖生产的 84% 都由三个财阀控制着,即三井、三菱和富士山。无形资产,尤其是铃木集团拥有的很多独家经销权,都转移给了这些集团的贸易公司三井物产(Mitsui and Co.)和三菱商事(Mitsubishi Corp.)。

铃木一直都敢于冒险。而像三井、三菱和住友等历史悠久的财阀集团则更为谨慎。在收购了铃木的化学公司(包括植物、专利权、工程师和科学家)之后,三井建立起一家主要的氮生产工厂。三井使用前铃木公司的研究成果,尽管三井本身并没有为研究支付任何费用,至少并没有得到大额的政府补贴。因此,尽管铃木集团最终倒闭,它仍然为日本后来的发展作出了重要贡献[44]。

7.4.3　倒闭的原因

Kaneko(1928)自己思考并总结了铃木财阀倒闭的原因。在 Kaneko 看来,对不同的公司广泛运用高度集中的管理体系限制了适当的监控措施,这是铃木毁灭最重要的原因。第二,Kaneko 认为铃木公司有过多的债务资本,因而在经济衰退的情况下要支付过多的利息,"高债务资本成本后来杀死了我们"。

Kaneko 列出的两个原因与前面提到的铃木金字塔与其他幸存下来的三井、住友和三菱等财阀的区别极其相符。就像 Kaneko 自己指出的那样。铃木集团组织结构上的弱点就是过度集中的管理体制。铃木集团的财务弱点源于过度采用从一家银行的债务融资。Nissho(1968)引用的 Kaneko 的解释:"Suzuki Shoten 辛苦赚得的利润应该完全属于铃木家族所有。我宁愿向银行借钱,也不会把利润作为股利支付出去。"这两个原因并不是不相关的,因为他的这一言论通常被解释为他想要维持铃木家族的控制权,其实是为了保住他自己的控制权。这使得中国台湾银行的贷款组合高度集中于铃木的公司,并使之成为铃木集团的"器官银行"。相反,到1912年,三井大部分的公司都已经能够通过留存收益和股票发行来实现增长。三井银行不再是"器官银行",并且其大量贷款都发放给三井集团之外的公司。如表7.9所示,在20世纪30年代早期,六大财阀银行的存款和贷款余额之间的关系非常稳定。

Kaneko没有提到的铃木集团倒闭的第三个原因是扩张得太快,并且方向错误。他显然没有预见到在20世纪20年代日本经济长期存在的弱点。如果20世纪20年代的日本经济与美国相似的话,铃木可能能够兴盛下去。然而,回顾过去,三井、三菱和住友集团更加厌恶风险的战略被证明更胜一筹。另外,铃木错过了20世纪20年代一些最有利可图的产业,如电器机械业。铃木集团很容易受到经济衰退的影响,因为它不像三井、三菱和住友,它缺乏可靠的、高利润的采矿业务,作为衰退期间整个集团的摇钱树。也有人认为,在产业组合中没有采矿业使铃木不能垂直整合进入电器机械业,后者是三井、三菱和住友财阀的又一个重要资金来源。

表7.9　六大财阀银行的存款和贷款,1931—1937年(百万日元)

日　期	三　井	三　菱	第　一	住　友	安　田	三　和
1931年6月	710(413)	647(313)	659(371)	684(402)	610(438)	
1932年6月	620(441)	616(344)	648(394)	679(423)	607(460)	
1932年12月	687(429)	640(317)	703(399)	735(447)	664(479)	
1933年6月	696(386)	705(324)	769(406)	815(472)	730(507)	
1933年12月	715(409)	661(274)	787(418)	798(461)	740(511)	1 025(519)
1934年6月	759(366)	696(259)	816(409)	827(426)	800(519)	1 063(489)
1934年12月	748(383)	722(265)	852(422)	872(466)	807(548)	1 077(496)
1935年6月	759(380)	752(265)	868(432)	886(471)	818(571)	1 080(494)
1935年12月	796(451)	730(294)	913(448)	952(522)	832(578)	1 114(494)
1936年6月	824(437)	805(341)	940(450)	970(543)	891(616)	1 151(526)
1936年12月	856(518)	810(370)	972(545)	1 017(618)	928(679)	1 197(532)
1937年6月	904(531)	903(441)	1 054(657)	1 093(691)	1 023(744)	1 263(577)

注:括号中标注的是贷款额。
资料来源:Mitsubishi Bank(1954)。

第四个原因,Kaneko也没有注意到,就是他非常不善于游说。Kaneko的性格中很有趣的一点是他对个人财富完全没有兴趣。他没有从他的业务交易中以任何方式获取任何个人利益。他也无法理解政治家们会如此看重金钱,他拒绝给官僚或者政治家们任何金钱利益。在明治时期,寻租投资已经成为其他财阀的商业战略中非常重要的部分,也在三井和三菱对国家采矿业务的收购中起到了一定的作用。知名的成功创业家和工业家Tousuke Fukuzawa(1868—1938),曾经为20世纪前几十年日本电力行业的发展作出了重要贡献,他认为这是造成铃木集团倒闭最重要的原因,而且日本应该深深地感激Kanebo,因为他没有为政治腐败作出任何贡献。[45]一种更不好听的解释就是,比起财富,Kaneko更看重权力,他也不明白其他人对生命的看法会与他不同。在任何情况下,Kaneko缺乏现成的政治关系对他造成了伤害以及他最后试图操纵国会的行为也适得其反。

7.4.4 财阀及其银行的淘汰

尽管铃木财阀的倒闭是最为壮观的,但并不是独一无二的。20 世纪 20 年代的衰退让很多其他金字塔集团也随之倒闭。中泽、渡边和松阪财阀也是在同一时期倒闭的。

和铃木集团一样,这些家族也是通过从集团银行的贷款来为集团公司融资,从而保持家族的控制权。因此,和中国台湾银行一样,中泽、渡边和松阪银行也是它们财阀的"器官银行",严重依赖于它们各自的集团公司支付的利息。当这些财阀中重要的非金融公司陷入财务困境时,集团银行会倒闭,财阀的其他公司也随之破产。

另外,这些"器官银行"在金字塔中所处的位置都很深。于是,"传导机制"会将亏损和债务集中到这些银行,而利润和资产则上升到顶点公司中。相反的,三井、住友和三菱财阀的银行与它们金字塔的顶点非常接近。于是,"传导机制"会将利润和资产集中在银行,而亏损和债务则沉淀到更低层级的公司中。

Kato(1957)注意到了这一模式,并提出了所谓的"器官银行假说"。这一假说认为一些银行与他们财阀中的工业公司关系过于密切,从而轻易地贷款给那些公司,之后倒闭,引起了1927 年的昭和金融危机。Okazaki 和 Yokoyama(2001)提出了经验证据来支持这一假说。

由于一国银行体系的稳定性具有正外部性,可以从这里吸取一些公共政策方面的经验。如果一个国家的主要银行是金字塔集团的一部分,那么这些国家应该鼓励将这些银行置于集团中与顶点公司临近的位置。

7.5 军政府统治下的中央计划经济体制

随着经济发展停滞,日本再度掀起反西化的潮流。在一定程度上这是日本成功吸收大量西方思想的结果。当美国人和英国人否决了日本在国际联盟盟约中增加种族平等条款的提议时,那些接受了教育的日本中产阶级对于西方人的傲慢非常恼火。保守和民族主义情绪的复兴再次激起了对武士道的兴趣。

1895 年日本侵占了中国台湾,1905 年击败俄罗斯占领了满洲,1910 年吞并了韩国,1931年扶植"伪满洲"傀儡政府成立。这些事件和经济停滞都提高了军队的声望,同时削弱了政治和商业领袖们的地位。

胆大妄为的军队通过暗杀平民政治家逐渐掌权。海军和陆军军官很快担任了最重要的公共职务,包括首相。1937 年日本侵华战争爆发,到 1942 年已经侵占了中国香港、印度支那、新加坡、印度尼西亚和缅甸,宣布建立大东亚共荣圈。

为了为战争提供支持,并进一步巩固其权力,军政府制定法律,剥夺了股东的公司治理权。日本很快建立起严格的中央计划经济体制。尽管财阀家族在名义上仍然保留着所有权,但是他们在管理方面几乎没有发言权,而且股利受到限制,因此,他们可能出于爱国主义将收益用于再投资。军政府却将此诋毁为不爱国的股东的固定红利。因此,到 1945 年,日本经济与 20

世纪 20 年代的俄罗斯经济几乎没有什么差异。[46]

7.5.1　军事集结

到 20 世纪 30 年代中期,日本终于从长期的经济衰退中恢复过来。在一定程度上,这是因为日本取消金本位制后日元大幅度贬值,从而引发纺织品出口的激增。[47]这次贬值也让国内重工业和化工业企业相比进口产品更具优势,从而得以扩张(Teranishi,2000)。

一方面,这次经济恢复可能是因为财务部长 Korekiyo Takahashi 采取的凯恩斯主义政策,1931 年年末政府发行赤字国债,该国债由日本银行承销,出售给城市银行。政府将收益投入到公共工程和军工行业,从而进一步增加了对重工业和化工业产品的需求。

另一方面,经济恢复也与 1931 年 9 月的"九一八事变"有关,当时一枚炸弹炸开了沈阳附近一条日本建造的铁路。日本关东军在看守铁路的时候埋下了炸弹,将该次事变作为侵占东北的借口,尽管政府直接下令撤军。随后的军事集结也提高了对化工业和重工业产品的需求。

在商界领袖、政治家和普通日本民众看来,增加军事开支似乎越来越多地与经济繁荣联系在一起。

1937 年,日本侵华战争爆发,日本政府将生产力从纺织等轻工业转移出来,大力发展与军事相关的产业,从而刺激经济发展。如表 7.10 所示,日本产业结构的这一迅速转变也对公司部门产生了重大影响。

表 7.10　日本各产业产出水平,1929 年和 1942 年(千日元)

排名	1929 年		1942 年	
	产　业	产　出	产　业	产　出
1	生丝	795 599	钢铁	2 626 512
2	棉纱	678 466	海军和陆军武器	2 294 100
3	电力	658 316	飞机	1 930 400
4	棉织物	526 096	枪支、弹药和武器	1 915 242
5	国家铁路	517 795	国家铁路	1 441 921
6	日本酒	302 120	电力	1 375 943
7	煤炭开采	245 762	煤炭开采	1 077 769
8	私营铁路	232 254	造船	858 377
9	军事	208 537	工业化学品	785 169
10	国营钢铁厂	189 551	特殊钢	753 170
11	印刷	186 304	电动机械	633 292
12	羊毛织物	176 896	制药	630 800
13	钢铁产品	173 833	私营铁路	560 337
14	糖	158 125	木材	551 600
15	面粉制造	134 895	生铁	502 631
16	化肥	132 711	生丝	463 098
17	丝织物	129 516	金属机械用具	449 442
18	木材	112 170	焦炭	421 210
19	有色金属开采	108 204	棉纱	327 520
20	铜	108 166	工具	323 895

资料来源:Yamazaki(1988:13)。

历史更悠久的财阀——三井、住友和三菱——自20世纪30年代早期开始迅速向重工业和化工业扩张,并且通过发行股份为扩张融资。表7.11显示,在20世纪40年代,这些产业成为他们盈利能力最强的业务,在50家最赚钱的公司中占到了30%。因此,虽然老财阀公司在50强企业中的数量并没有发生大的变化,但其产业结构却有所变动。

表7.11 净利润最高的50家企业的集团附属情况

	1929年	1943年	1955年	1973年	1984年
国家控制的企业[a]	9	20	2	2	3
公司	5	14			
银行	4	6			
外国控制的企业	0	0	0	1	1
财阀控制的总数	16	25	23	23	19
"老"财阀控制的总数	16	17			
三井	7	7	3	4	3
三菱	5	6	6	7	6
住友	2	1	2	3	2
安田	1	1			
古河		1			
浅野	1	1			
"新"财阀控制的总数		8			
日产		5			
日窒		2			
日创		1			
商社控制的总数[b]			23	23	19
"老"商社控制的总数			11	14	11
"新"商社控制的总数			12	9	8
富士			4	5	3
三和			5	2	3
第一劝业			3	2	2
独立企业	29	14	25	24	27

a. 1943年,三家伪满洲公司被两次计算入内,既附属于政府,也附属于日产财阀。
b. 在第二次世界大战前的几年,附属于两家商社的公司,如日立有限公司和日本运通,被列为独立公司。
资料来源:Yamazaki(1988:17)。

如表7.12所示,直到20世纪30年代早期,除三菱外的财阀金字塔中第一层级的分公司几乎都是由财阀家族的成员和顶点公司完全所有。然而,在20世纪30年代,财阀将这些第一层级的分公司公开上市。这是因为这些家族在迅速发展的军事相关产业中看到了可观的盈利机会,表7.13说明了这一点。他们将整个金字塔中控制链条里多余的股份出售给公众,从而为其扩张筹集资本。因此,在1929—1943年之间,财阀公司持有的其分公司的股份大幅度减少(表7.14)。

表 7.11 显示，新成立的财阀对这些盈利能力强的部门也有涉及，1943 年最赚钱的 50 家企业中，有 8 家附属公司。需要注意的是，日本工业（Japan Industries）代表日产，日本氮肥（Japan Nitrogenous Fertilizer）代表 Nichitsu，Nippon Soda 代表 Nisso，Mori Industrial Enterprises 代表 Mori，以及物理化学研究所代表理研（Riken）。很多这些新财阀集团都是由独立创业的化学家或者工程师创建的。

表 7.12　第一层级分公司的数量和股权比例（1928 年）

财　阀	第一层级分公司数量	股　权　比　例	
		家族和总部持有的股权比例（%）	同一财阀所有成员持有的股权比例（%）
三　井	6	90.2	90.6
三　菱	10	69.4	77.6
住　友	13	79.1	80.5
安　田	12	31.7	48.1
古　河	4	72.8	89.4
浅　野	6	50.8	
大　仓	20	84.7	92.7

资料来源：Takahashi（1930b）。

表 7.13　大规模股东持有的股份

	1919 年	1936 年
样本公司的数量	379	477
大型股东持股情况		
大型股东的数量（%）	0.59	0.36
大型股东持有的股份（%）	21.0	37.4
其他类型股东持有的股份		
个人（%）	15.5	5.9
银行（%）	0.8	2.1
保险/证券/信托公司（%）[a]	0.5	4.8
公司（%）	3.1	20.7[b]
各公司平均股东数量	2 040	3 589
各股东平均持股数量		
12 个最大的股东	4 644	17 434
其他	103	95

a. 保险公司、证券公司、信托银行和公司。

b. 控股公司持有 53.8% 的公司所有的股份。

资料来源：Takeda（1995）。

表 7.14 财阀结构的变化，1929—1943 年

分公司	股东数量		其他财阀公司的股权	
	1929 年	1943 年	1929 年	1943 年
A. 第一层级分公司的所有权结构				
三井物产	31	15 155	100	75.8
三井矿业	26	6 912	100	84.8
三菱造船	23	6 912	100	40.9
三菱商事	20	5 940	100	47.2
住友钢铁	14	7 557	100	41.4
B. 进行合并的第一层级分公司				
王子制纸公司	6 000	23 516	25.2	3.5
东芝电器	211	5 885	58.4	15.1

	1929 年	1943 年
C. 其他财阀公司持有的集团公司的平均所有权		
三井	51	31.7
三菱	52.5	35.2
住友	52.9	32.8
安田	46.4	58.3
古河	65.2	44.5
浅野	19.8	21.5

资料来源：Yamazaki(1988)。

在这些盈利能力最强的公司中，独立公司的数量从 29 家减少到 14 家，也许部分原因是国家加强了对财阀的控制。表 7.15 反映了随着独立公司发行更多的股份为扩张融资，家族持有的这些公司的股份逐渐减少。到 1943 年，家族控股公司股份少于国家控制的银行的股份，如日本工业银行(Industrial Bank of Japan)，该银行现在是很多独立公司最大的股东。[48]

表 7.15 独立公司的十大股东的组成，1929 年和 1943 年

	公司（%）	金融机构（%）	家族控股公司（%）	个人（%）
1929 年				
东洋纺纱	3.1	0.8	1.1	8.0
大阪戈多纺纱	6.2	2.3	1.9	7.1
大日本纺纱	5.5		1.1	7.0
Sanjushi 银行	4.6	0.9	2.4	6.9
大山口银行	36.2	1.0	33.3	10.7

续表

	公司 (%)	金融机构 (%)	家族控股公司 (%)	个人 (%)
鸭池银行	85.6		82.9	13.3
大日本制糖	6.9	2.8	2.9	6.0
大日本酿酒	10.8	2.1	8.7	3.0
新日本石油	9.1	1.9	7.2	7.4
神户制钢厂				
川崎造船	17.0		15.9	15.2
大阪商业轮船	3.1		1.5	4.4
目黑浦田电气化铁路	28.1	23.5	4.5	30.4
1943 年				
东洋纺纱(合并)	8.2	2.8	1.1	3.5
大日本纺纱	7.6	1.8	1.0	3.1
三和银行(合并)	19.2	4.9	14.2	4.7
大日本制糖	22.1	17.4	4.7	1.6
大日本酿酒	13.8	10.8	1.2	
新日本石油	9.4	2.9	5.6	9.5
神户制钢厂	38.7	27.2		
川崎重工	29.5	4.2	2.5	
大阪商业轮船	5.8	1.5	0.4	1.2
目黑浦田电气化铁路	25.5	13.8	2.9	2.2

资料来源：Yamazaki(1988:38)。

7.5.2 迈向农奴制

军队是逐步承担起对经济的独裁权力的。因此,20 世纪 30 年代后期被称为"战争蔓延型经济"。

能够实现这一发展,是因为疲软的经济让很多人相信民主和自由市场资本主义已经失败了。事实上,商界领袖广泛持有这一观点。为了应对铃木的倒闭,1927 年政府成立了商业工业理事会。该理事会建议对经济进行彻底的卡特尔化,允许"合作"和政府教育措施,去诱导消费者的"爱国主义经济行为"。

渥太华帝国会议在英联邦周围建立起关税,将日本排除在其最佳市场之外,而随之产生的对贸易的破坏也使得理事会的建议得以执行。1931 年的重要工业法律对官员组成的"控制委员会"运营的卡特尔进行了制裁,并将卡特尔能够调控产量和价格的产业指定为重要产业。只要一个产业中至少一半的公司有要求,就能建立起卡特尔。如果 2/3 的公司要求卡特尔化,其余的公司就会被迫加入卡特尔。只有得到控制委员会的批准,部长才会撤销卡特尔行动。[49] 当然,控制委员会的工作人员全部都是军事人员。

Takahashi(1930a)对这一时期的情况有清楚的了解,他批评那些目光短浅的股东只在乎

高股利,却忽视了公司未来的长期发展。他宣称:

"公司管理的恶化"的最初表现就是对于企业管理的短视态度,以及以所谓的"100 年的公司繁荣"为目标的管理无能……公司管理的恶化,很大程度上是由"大股东的霸道和短视的自私行为"以及董事会的腐败行为引起的。(转引自 Okazaki,1994:4—5)

他也断言,腐败、无能又极其关注大额奖金和股票操纵的董事管理着日本的大型公司,而且

很少会发现董事会成员是通过他们的管理才能而取得他们的地位的。很多董事能在董事会中有一席之位,只是因为是公司的大股东或者与政府体系有特殊关系。(转引自 Okazaki,1994:233)

因此,Takahashi 指责日本大型公司中凭借家族史或者政治寻租行为而掌权的董事的腐败、无能,以及由此带来的经济隐忧。军队在很大程度上接受(至少是利用)了这些观点,并且得出这样的结论:军队不仅应该承担起公司治理的任务,而且会得到公众的广泛支持。他们是正确的。

因而紧接着进行了大规模的银行体系和财阀的国有化。具有讽刺意味的是,Okazaki(1994)指出,实际上财阀公司的业绩更好,因为他们的主要股东更倾向于把公司治理委托给专业经理人。因此,他们应该更不容易遭受到这一打击。但事实并非如此。

这一打击是三管齐下的。第一,将银行部门置于国家的控制之下;第二,财阀家族被隔离,他们的控制权被否定;第三,建立起了全面的中央计划体制。对于这一问题仍旧存在争议,即这一战略是否是从一开始就计划好的,还是军政府只是简单地应对呈现在他们面前的机会。

国家对银行部门的控制是通过两个方式实现的。首先,政府建议实施一项"一州一个地方银行"(one-local-bank-per-prefecture)的政策来稳定银行部门。[50] 由于受到当时经济萧条的影响,银行家们心存感激地接受了政府的慷慨相助。到第二次世界大战结束,这一目标得以实现,银行数量从 1926 年的 1 402 家减少到 1937 年的 377 家,到 1945 年只剩下 61 家。这一政策的确稳定了银行业,但同时也建立起了不可逾越的进入门槛。这时银行融资已经完全掌握在一小群人手中,军政府对这些人有控制或者撤换权。

同时,日本政府增加了日本工业银行等国有长期信贷银行提供的资金量。使得政府成为很多工业公司的主要债权人。国有银行也开始增持公司股份,从而解释了表 7.11 所反映的现象,即这些机构成为很多独立公司最大的股东。因此,当 1938 年 11 月内阁决定对贷款进行规范时,控制的银行数量很少,而所有银行家都对国家权力非常依赖。到那个时候,日本右翼军政府下最高级的经济规划人员都是受苏联训练的。

军政府通过两个步骤剥离财阀家族的公司治理权。同样的,我们并不清楚这是否是有预谋的,尽管有这个可能。

第一步是将顶点控股公司从有限合伙制转换为股份公司。1937 年和 1938 年的遗产继承和红利所得税改革使得合伙制不再可行,从而实现了这一转换。红利所得会被两次征税,第一次是作为合伙企业的公司所得征税,第二次是作为家族成员的个人红利所得征税。后者的税率非常高。[51] 然而,如果控股公司是股份公司而不是合伙企业,就可以避免双重征税。[52] 到 1940

年,日本所有主要财阀的顶点控股公司都从合伙企业转换为股份公司。

这时,日产比三井、三菱和住友等其他财阀更受军政府的青睐,因为其顶点公司与其他主要财阀的顶点公司不同,不是家族控制的。[53]这种受青睐的地位使得日产财阀的组织结构发生了急剧变化,日产更名为满洲重工业公司,重组为日本政府和满洲政府各持一半股份的合资公司,并准许满洲重工业公司垄断满洲所有开发项目。

政府也在很多之前的独立公司中取得了控制权。然而,其他财阀公司仍然在他们的家族股东的控制之下。

军政府的第二步是切断财阀家族的收入来源。1938年11月内阁规范贷款的同一决定也将红利归于政府控制。这被认为是一种爱国主义措施,通过筹集留存收益来发展日本产业。由于财阀的顶点公司已经都是股份公司,财阀家族的收入就完全依赖于红利。这很明显受到了严重的限制。因此,Asajima注意到:从1937年到1945年住友集团通过留存收益实现了大幅度的扩张,认为"如果所有的红利收入都转化为实收资本,那么就出现了住友家族的收入来源是什么的问题。这一问题到现在都没有明确的解答"(Asajima,1984:110)。

1940年9月13日,国家规划部宣布了"建立新经济体系的规划",在这一规划下,公司"不再受到股东的控制",并且受到定量生产体系的规范。因此,国家规划部建立起全面的中央规划体制,并且在其中扮演"国家计划委员会"(Gosplan)的角色。[54]在这一体制下,国家规划部向行业管制局下达生产指令,后者再将指令下达给各企业。内阁明确要求国家规划部对苏联的实践进行调查并且模仿。在整个重组过程中,似乎企业就被看作是由工人和经理或者官僚组成的。完全没有提到股东,股东被认为是完全无关的。

国家规划部也控制了银行体系,要求银行根据中央规划把资金拨给相应的企业。[55]三菱的顶点公司开始发行债券以获得需要的资金,而三井银行和三井信托与他们之前的做法不同,开始大规模放贷给三菱的其他公司。

规划者既制定生产目标,也对整个经济中的产品和服务的价格实施控制。到1945年初(1945年8月战争结束),国家制定了近万个价格。

到1942年,由于很多企业无法满足生产配额的要求,经济陷入危机。Okazaki(1994)写道,国家规划部的工作人员已经意识到,即使没有股东的影响,企业依旧是从盈利的角度考虑生产,而并不愿意"承受牺牲"。

政府从两个方面作出了反应。首先,1943年2月,根据"价格控制紧急措施规划"建立起的体制,政府通过补贴支出提高生产者价格。因此,这一体制允许市场力量的存在,尽管非常有限。第二,1943年的军火企业法要求每一家公司都有一个"负责人","负责"公司实现生产配额。所有工人都有无条件服从负责人一切指令的义务。因此,建立起的是更严格的公司治理标准。

1945年美国占领军进入日本时,日本实行的是同1989年很多东欧国家一样的中央规划体制,尽管之前是右翼独裁统治。虽然有的经济历史学家认为美国占领军废除了财阀,并对银行体系进行了重组,这可能有所夸大。财阀家族已经失去了控制权,银行体系已经与战前的结构完全不同。就是否破坏了战前体系的问题仍有争议。真正的问题在于是否要将其重建为以前的样子,还是做一些改变。

7.6　麦克阿瑟将英美资本主义带到日本

同盟国最高司令官(SCAP)以及 1945—1952 年美国占领日本期间的军事总督麦克阿瑟将军,同他的前任一样,对强大的商业家族持怀疑态度。当然,在战争期间,财阀公司的市场力量有所增强,并且在为皇军提供军事设备和供应品方面扮演了重要角色。[56] 然而,财阀家族对于这些活动的参与程度仍然不明确。虽然并不崇尚社会主义,麦克阿瑟让一批新经销商采用了以废除财阀为目的的 SCAP 经济政策。[57] 这些政策中最突出的是对银行业的重组以及将之前的财阀成员公司重组为独立的所有权分散的公司,最近在美国新政下替代了金字塔集团。[58] 敌意收购和股票讹诈接踵而至,日本冒险采用了英美的公司治理体制。

7.6.1　同盟国最高司令官(SCAP)的办事过程

第二次世界大战之后,美国占领军预见到日本公司和金融体系将按照美国体系进行全面的改造。这一改造完成后,有两个方面与我们的这个专题有关。这两方面都是仿照美国的罗斯福新政进行的。

第一,银行不再能承销债券,这与美国 1933 年 Glass Steagall 法案的规定相同,该法案是新政的重要组成部分。尽管美国政府在全面禁止银行持有非金融企业股份方面施加了巨大的压力,但根据美国的实践,盟军最终决定否定这一做法。规定银行持有其他公司的股份不得超过 5%。这有效地防治了银行的位置接近金字塔的顶点。尽管如此,银行依然是它们的客户和其他公司的股东。[59]

第二,麦克阿瑟,如同罗斯福在美国新政中所做的那样,彻底粉碎了大型金字塔企业集团。尽管军队篡夺了公司治理权,在账面上财阀家族仍然持有公司股份。1950 年,麦克阿瑟下令没收这些家族的股份,从而结束了跨公司持有股份的状况,同时废除了财阀家族的高级行政人员。

SCAP 用以交代粉碎财阀的基本原因是它们宣称的市场力量。因此,1946 年,外交部和战争部联合宣布:

> "财阀对银行和金融机构的完全控制权妨碍了独立企业获得需要的融资;财阀控制的分销体系会完全切断对独立企业的原材料和供应品的供给;同样的,在本土市场之外销售独立企业的成品需要财阀贸易公司的合作,这些贸易公司很大程度上控制着日本的分销体系;财阀公司能够通过挖走其重要员工和技术工人来削弱小公司的实力。这些做法,以及独立公司尊重财阀、从而不侵犯财阀领地的做法,都使得日本市场没有出现有效的竞争。"

SCAP 出于政治和经济的原因,决心移除进入门槛。其进行的改造明显是要使经济民主化,并且激励起新一批的创业家。Hadley(1970:19)写道:

> "盟军的经济分散计划的目的是要为所有日本商人提供参与现代经济的机会,就是要避免这一产业只允许极少的参与者,避免私营集体主义的出现。"

财阀是否在战后的自由市场经济中具有不健康的市场力量,是一个学术问题。当然,在20世纪三四十年代的控制经济中它们的市场份额大幅增加。从历史上看,日本一直存在一些竞争自由、开放的产业部门。然而,尤其是在铃木财阀倒闭后,剩余的大型金字塔企业集团开始在很多重要产业中享有很高的市场份额,如表7.5所示。军政府的中央规划者没有进入市场的兴趣,更希望能指导大型公司的事务。应付很多公司而不是少数公司,使得命令的下达和传输更为完整。

7.6.2 财阀解散的不完全过程

为了执行麦克阿瑟"解散大型工业和银行联合体"的命令,日本政府成立了控股公司清算委员会(HCLC)。HCLC指定10个联合体和83家控股公司进行解散。财阀核心家族和他们的亲戚受命将他们的股份换为非流通政府债券。[60]因此,所有财产的没收都得到了补偿。事实上,老股东得到的补偿似乎更慷慨。然而,后来的通货膨胀使得政府债券几乎毫无价值。

财阀公司的雇佣经理都被SCAP解雇,其中很多人都很有能力。这可能导致了20世纪上半叶一直存在有能力的经理人短缺的问题。财阀中比其他公司中更广泛的解雇可以解释Yafeh(1995)的发现,即之前的财阀公司在1953年欠佳的财务表现,也能解释Miyajima(1994:table 10)报告的这些公司的贬值。1952年美军的占领结束后,很多被解雇的经理都重新回到了不同的职位上。

Noguchi(1998)提到,与解雇公司行政人员相反的是,日本的官僚在很大程度上都没有受到影响。各个部门的21 000多位经理人被解雇,但只有2 000多位官僚被赶走,这些官僚主要来自内务部。最值得注意的是,财务部只有9位官僚被解雇。这一点很重要,因为财务部通常都很积极地改变或者绕过SCAP与政治事务有关的命令。Hadley(1970:15)提到:这一政策涉及的美国人员对企业集团、个人和日本政府官员给予的支持感到非常困惑。总的来说,解散财阀的政策为日本政府允许企业利益集团按照和前财阀集团大致相同的体制建立新的企业集团留下了空间。

例如,我们注意到日本国内外日本经济学的学生对财阀的几种定义进行了发展。这种模棱两可的定义也对指导战后经济恢复的非日本人员产生了影响,同时也要对原解散计划的未完全执行负上部分责任。因此,HCLC决定不解散以日本氮肥公司为中心建立起来的Nippin Chisso Hiryo财阀,因为其创始人1944年就去世了,它并不算是一个真正的财阀(Hadley,1970:21)。

SCAP选择市场份额作为决定一个财阀是否需要解散的基本标准。这会产生一些奇怪的影响。例如,银行业中没有一家银行的市场份额占主导地位,因而该部门基本没有受到影响,只需要交出他们所持有的非金融公司股份超过5%的部分。很多非金融业的金字塔集团仍然存在,战后转换为垂直商社的形式,也称为资本商社。

面对日益深化的冷战和苏联在太平洋区域日益增加的影响,华盛顿的政策制定者们不再重视麦克阿瑟的重组计划,并且试图迅速重建日本,以和美国一起保卫该地区。[61]因此,只剩下HCLC执行其命令。

7.6.3 之后的股票市场崩盘

1945 年 9 月,SCAP 关闭了日本的股票交易市场,1949 年 5 月 16 日重新开市。表 7.16 列出了 1945 年三井、三菱、住友和安田财阀法律上的股东。SCAP 将这些股份和其他跨企业持有的股份分配给了员工和其他指定投资者。员工和其他挑选出的企业集团可以以很低的价格购买这些股东,在很多情况下,这些股份实质上全部被放弃了。[62]这大幅稀释了相关公司的股权,也显著降低了它们的股票价格。由于大财阀中跨公司相互持有股份的情况最普遍,在那些分公司持有母公司股份或者分公司间相互持有股份的集团,这一稀释效应尤其严重。

表 7.16　1945 年四大财阀的所有权结构

财　阀	公　司	股　份	财阀各部分持有的股份百分比			
			家　族	顶点公司	第一层级公司	合　计
三井	1	10 000	63.6		0.9	64.5
第一层级公司	10	17 979	9.5	53.9	11.9	75.3
第二层级公司	13	9 038	0.0	35.9	17.2	53.1
三菱	1	4 800	47.8		10.8	58.6
第一层级公司	11	41 234	1.4	28.9	15.3	47.5
第二层级公司	16	8 053	0.2	18.2	40.3	58.7
住友	1	600	83.8		16.7	100.0
第一层级公司	17	34 312	8.4	19.5	16.6	44.5
第二层级公司	6	5 325	0.5	12.7	30.7	43.9
安田	1	300	100.0			100.0
第一层级公司	20	9 469	3.5	24.3	17.8	45.6
第二层级公司	12	3 860	0.1	16.9	15.3	32.3

资料来源:HCLC(1950),Ministry of Finance (1983)。

图 7.10 解释了这一稀释效应,并且为了将问题简化,假设跨公司持有的股份全部出售给了员工或者其他有兴趣的投资者。第一组图所示的是在金字塔式企业集团中常见的跨公司股份持有。家族控股的 A 公司拥有 100 万股分公司 B 的股份,而 B 公司也拥有 100 万股其母公司 A 的股份。两家公司都将持有的对方的股份列示为资产,从对方获得的红利列示为收入,因此,各公司的资产和收入都是这两家公司相互独立的情况下的两倍。每家公司都有 2 亿日元的资产和 200 万股流通股,但两家公司的股份都只值 1 亿日元。

图 7.10(1)所示的是 HCLC 在日本执行了解散政策时的情况。之前财阀家族和跨公司持有的股份都由 HCLC 占有,并出售给其他股东。[63]筹得的资金由政府保管。A 公司或者 B 公司都没有从中获得任何收益。因此,这两个公司的所有资产全部是实物资产,它们的收入全部是营业收入。但流通股的数量并没有成比例地下降。两家公司的股价随之下降了 50%。

(1) 解散前

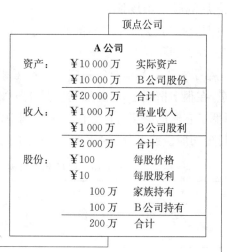

顶点公司

A 公司

资产：	￥10 000 万	实际资产
	￥10 000 万	B 公司股份
	￥20 000 万	合计
收入：	￥1 000 万	营业收入
	￥1 000 万	B 公司股利
	￥2 000 万	合计
股份：	￥100	每股价格
	￥10	每股股利
	100 万	家族持有
	100 万	B 公司持有
	200 万	合计

上市分公司

B 公司

资产：	￥1 亿	实际资产
	￥1 亿	A 公司股份
	￥2 亿	合计
收入：	￥1 000 万	营业收入
	￥1 000 万	A 公司股利
	￥2 000 万	合计
股份：	￥100	每股价格
	￥10	每股股利
	100 万	家族持有
	100 万	A 公司持有
	200 万	合计

分公司也持有顶点公司的股份

(2) 解散后

A 公司

资产：	￥1 亿	实际资产
	￥1 亿	合计
收入：	￥1 000 万	营业收入
	￥2 000 万	合计
股份：	￥50	每股价格
	￥5	每股股利
	200 万	公众持有

B 公司

资产：	￥1 亿	实际资产
	￥1 亿	合计
收入：	￥1 000 万	营业收入
	￥2 000 万	合计
股份：	￥50	每股价格
	￥5	每股股利
	200 万	公众持有

图 7.10　财阀解散时跨公司股份持有如何影响股份价值

　　这种相互持有股份的情况很常见。例如,三井财阀和三菱财阀的顶点公司的流通股中,分别有 64% 和 59% 由三井和三菱的分公司持有。住友和安田财阀的控股公司则全部由其各自的分公司持有。因此,宣布解散后,作为补偿而发行的债券的价值下降,股价随之大幅下跌。

由于战争对工业公司的实物资产造成了严重的损失,战后初期的股价仍然低迷。为了进行重建,公司发行了更多的新股,以增加之前财阀的控股集团持有的股份。SCAP 命令政府暂停对弹药供应商的付款,以防止这些公司从战时活动中获利。1946 年的公司重建和重组法案允许由于未支付的战时赔偿而破产的公司以"特别账户公司"重新开展业务,也允许公司注销掉由于政府未支付而引起的损失(Hoshi,1995)。到 1950 年,实收资本占总资产的比率降低到 10%(财务部,1983)。Yafeh(2004)认为潜在投资者们都很贫穷,而且厌恶高风险。他们很快便将 SCAP 派给他们的股份出售了,以进行消费和低风险的储蓄。表 7.17 列示了发行的新股数量以及由 HCLC 带入股票市场的股票数量。1948 年,HCLC 带入股票市场的股票数量占新发行股份的 30%,1949 年占 17%,1950 年占 5.6%,1951 年占 0.3%。

显然,财阀解散释放出来的股份对整个股票市场产生了很大的影响。尽管由于股份并没有被稀释,非财阀公司的股价下跌幅度较小,但随着公众可购买的股票数量增加,它们的股票有所减少。因此,东芝、日立等公司发行的新股价格都很低。

表 7.17 新股发行,1948—1953 年

	1948 年	1949 年	1950 年	1951 年	1952 年	1953 年
(A) 新股发行数量	50 094	78 718	39 192	83 644	123 336	91 569
(B) A 中发行给金融重建机构的百分比	30.5	17.0	5.6	0.3		
(C) HCLC 为解散财阀而释放出的股份数量	40 317	39 711	854	996		
(D) 每股平均价格		128.85	74.00	93.8	124.06	156.05
(E) 股票回报率(%)	4.02	4.65	6.61	7.99	8.02	7.96
(F) 超过利率的收益率	−4.80	−4.96	−2.47	−1.22	−1.03	−0.85

＊第(A)、(C)、(D)行的数据单位为 1 000 股。
资料来源:Miyajima(1994)。

1949 年政府采用了几项经济措施以稳定日本经济。其中包括固定汇率和暂停重建融资银行(Reconstruction Financing Bank)发放新贷款。后者减少了为日本工业提供的资金,提高了利率,促使更多的公司发行股份融资。除了前面提到的其他因素,这也造成了日本股票市场的崩溃。表 7.18 列示了 1949—1950 年股票价格的下跌。如表 7.19 所示,股票价格的波动也明显地体现在价格资本存量比和价格权益比的变化中。

表 7.18 东京股票市场价格指数

	1949 年	1950 年	1951 年	1952 年
低	98.50(12 月)	85.25(7 月)	102.20(1 月)	167.80(1 月)
高	176.88(9 月)	114.99(8 月)	170.20(10 月)	370.56(12 月)

表 7.19　三井、三菱和住友财阀公司的价格资本存量比和价格权益比，1949—1953 年

财　阀	比率	1949 年	1950 年	1951 年	1952 年	1953 年
三菱	W/K	1.61	0.46	0.39	0.72	1.00
	W/E	2.43	0.68	0.45	0.75	0.97
住友	W/K	1.96	0.34	0.35	0.78	0.86
	W/E	3.22	0.34	0.31	0.68	0.77
三井	W/K	0.91	0.27	0.27	0.45	0.57
	W/E	1.71	0.34	0.44	0.75	0.80

注：W = 股票平均价格；K = 固定资本存量(账面价值)；E = 股东权益 =［总资产(账面价值) − 总负债(账面价值)］。三菱、住友和三井集团包括的公司数量分别为 15 家、8 家和 12 家。

资料来源：Miyajima(1994)。

在之后的几年中，公司通过以普遍价格发行股份以避免进一步的股份稀释。在 1950—1954 年期间，新股发行占日本工业公司外部融资的比例不足 20%。短期银行借款成为公司融资的主要渠道。

美军占领结束后，日本的经济是盎格鲁·撒克逊经济，其主要公司都是独立的所有权分散的公司。股东数量从 1945 年 170 万增加到 1950 年的 420 万。SCAP 进行的财阀解散对日本企业的股份进行了大规模的重新分配。[64]HCLC 从财阀家族转移给公众的股份占到日本所有公司总资产的 40% 以上。后来日本公司的所有权变得更为分散，1949 年和 1950 年典型的日本公司中个人所有权持有其流通股的 70%(Bisson，1954)。

7.6.4　关于股东的新法律框架

SCAP 也负责颁布规范日本未来商业活动的新法律。1947 年的反垄断法实际上也是反金字塔式企业集团的法律。它禁止建立其资产中包括其他公司股份的控股公司、拥有其他公司股份的制造业企业以及持有其他公司股份超过 5% 的金融机构。后来，在公司的游说下，该法律被频繁修改。

1949 年反垄断法的修订允许制造业企业持有其他公司股份，允许成立垂直(资本)商社，其中，大型制造企业可以部分持有其他制造企业的股份。1953 年的修订将银行持有工业企业股份的上限从原来的 5% 提高到 10%。1987 年又将这一限制重新降低到 5%。在大部分情况下，这些限制并没有成为日本银行试图对其客户公司实施公司治理权造成障碍，尤其是那些处于财务危机的客户公司。银行通常通过保险、信托公司等控股金融分公司对额外股份进行表决。

1948 年证券交易法案的设计是为了保护小股东的利益。1948 年建立起一个审计制度，1950 年紧接着建立了一套公司会计原则。1951 年，新的折旧制度使得公司不再能自由决定它们的折旧率和折旧方法。这些举措非常重要，因为战前日本没有正规的股东权利、会计准则、审计程序规则、信息披露规定或者折旧制度。[65]

1950 年日本政府再次修订了日本商业准则，小股东有权获得公司账目和报表，同时规定

了董事对股东的监管责任。然而,政府将小股东定义为拥有至少5%所有权的股东。在后来的几年中,日本银行对其客户公司管理的干预通常都采用这一规则。

7.6.5　商社防卫

公司控制权市场发展迅速。敌意收购变得频繁,而其中一些是要收购前财阀公司,包括大正海洋(Taisho Marine)和三井房产(Mitsui Real Estate)。[66]同在美国和英国一样,敌意收购的可能性对治理权产生的重大影响,与其实际发生的频率并不一定正相关。[67]为了应对这一威胁,来自各前财阀的公司经理们开始进行集体行动,协调"白衣骑士"和"白衣护卫"的防御性计划,以保护他们以前的附属公司不被敌意收购。

在"白衣骑士"的防卫中,目的是由一家友好公司来进行收购,从而维护目标公司高层的职位。在"白衣护卫"的防卫中,目的是友好公司暂时购买足够的目标公司股份,以防止被敌意收购。

这些协调行动得以实现,是因为高级经理们在战后组成了类似战前协调财阀事务的家族理事会的团体。因此,1946年6月,三菱家族理事会刚刚被正式解散后,前三菱公司的主席们开始参加定期举行的午餐会。住友集团从1949年开始有了主席委员会,而前三井公司的主席们在1950年前后组成了他们的主席俱乐部。后来,这些前财阀公司的主席们参加的定期会议都被称为主席俱乐部。

Hideki Yokoi是战后日本著名的企业狙击手之一。Yokoi通过与麦克阿瑟的总部(GHQ)的交易,以及据称在战前成立的黑市和战时的价格控制,积累了大量财富。凭借着巨额的资金储备,Yokoi收购了一家又一家公司。

1953年,他购买了一家百货公司Shirokiya超过40%的流通股。[68]Yokoi后来组织召开了一次股东大会,在那次大会中他获得了对董事会的控制权。Shirokiya对Yokoi提起诉讼,4天后Yokoi失去了对公司的控制权。Yokoi不得不请求Tokyu后来的首席执行官(CEO)Keita Goto进行调解。Yokoi(1960)回顾了他收购Shirokiya的益处:

> "我竭尽所能地为Shirokiya付出,现在它的规模已经很大了;如果没有我的收购和后来Tokyu集团Keita Goto对业务的干预,Shirokiya不可能提高其竞争力,可能现在只是一个三流的百货公司或者只是个办公楼,已经结束了其300年的历史。"(转引自Sataka, 1994:35)

在后来的20年中,Yokoi继续进行着企业收购。在Shirokiya,他又收购了东亚石油、大京石油、帝国酒店、东海航运公司、东洋制糖、Shibaura Sugar、台东制糖、大日本制糖以及很多其他公司。他去世于1998年,享年85岁。

在日本,英美经济体制的发展中的一个关键事件是Kyujiro Fujinami对Youwa Properties的袭击。Fujinami那时候是很有名的公司狙击手,到1952年,他已经购买了Youwa Properties的72万股流通股中的25万股。Youwa Properties负责管理三菱集团的土地和其他财产。Fujinami以前是东京股票交易市场的保安员,现在要求进入Youwa的董事会。三菱银行以及三菱主席委员会成员负责运营的其他公司,决定支付高价买回所有的股份,Fujinami获得了每股1 600日元的价格,高于市场价格240日元。这一协调行动非常重要,因为日本法律禁止公司回购自己的股份。因此，Youwa 自己不能再高价回购。三菱集团各公司分别从 Fujinami 买回了少量股份，从而避免违反 1947 年的反垄断法。⑥

这一事件让公司高层们意识到，可以通过前财阀公司间相互持有足够股份来避免公司被狙击。如果前三菱财阀的每家公司都拥有少量前三菱财阀其他每家公司的股份，三菱主席俱乐部的成员们就能够在前三菱集团的每家公司中进行联合投票，实施控制权。这些公司因而都可以免受敌意收购的袭击，也不再需要进行高价回购，公司主席的任期也得到了保障。

这种商社防卫是"白衣护卫"或者"白衣骑士"防卫的一种变异形式。在商社防卫中，一系列的友好公司各持有少量目标公司的股份，这些股份合并到一起可以形成足以抵抗敌意收购的控制权。美国的相关证据显示，适当的"白衣护卫"能够阻止袭击者。Morck、Shleifer 和 Vishny（1988b）认为，一般管理人员持有 5％左右的少量股份能转移突袭，因为他们成为公司内部任何层次员工都能积累股份的良好开端。La Porta 等（1999）的研究显示，在很多国家，公司间相互持有 10％的股份就能获得类似财阀的金字塔企业集团的控制权。Yafeh（2004）汇总了战后日本这类公司间相互持有股份的相关数据，得出的结论也大致在这一区间，或者更高。

7.7 自组商社

日本战后商社的形成有先后两波。在这两波中，对企业并购的防范都成为最主要的动机。⑩第一波，前面已经讨论过了，发生在 20 世纪 50 年代，以前的三井、三菱和住友财阀的成员公司自组形成了商社。第二波，是 20 世纪 60 年代，三个新的水平型商社形成了。富士银行（Fuji Bank）对公司间的股份配售进行协调，帮助建立了芙蓉商社（Fuyo keiretsu）。同时，三和银行（Sanwa Bank）帮助建立了三和商社（Sanwa keiretsu），第一劝业银行（Daiichi Kangyo Bank，DKB）帮助组建了第一银行商社（Dai Ichi Bank keiretsu）。这两家银行都显然是要试图将他们客户公司的经理与敌意收购隔离开来。

各商社公司都有一家保持了长期关系的"主要的证券公司"（或"kanji gaisha"）。这些"kanji gaisha"通常都持有集团的交叉持股股权证书。因此，一家公司在出售其交叉持有的股份前，必须告知"kanji gaisha"，后者会通知其他公司。所以，这里产生一种成为一个"稳定的股东"的可信的承诺。⑪

近期 Miwa 和 Ramseyer（2002）的著作就公司战略方面的学者对日本商社的褒奖进行了争辩，如 Porter（1990）。尽管我们也认为，大多数对 20 世纪 80 年代"日本模式"的赞扬式的讨论都有问题，但我们并不赞同 Miwa 和 Ramseyer 对于商社寓言的争辩。⑫Morck 和 Nakamura（1999）记录了对于脆弱的商社公司而非同样处于困境的独立公司进行反复救助的清晰模式。商社公司，尤其是商社的主要银行，在发挥日本机构的优势方面取得了巨大的成功。商社是战后日本的一个重要特征，但它们的主要作用是巩固公司管理，以及维护日本主要公司名单的稳定。⑬

日本当代的商社可划分为两类：水平型商社和垂直型商社。

7.7.1 水平型商社

如前面提到的,对收购的防卫安排导致企业集团的成员公司都是由集团中的其他公司通过各持有少量股份而共同控制着。这些集团被称为水平型商社(horizontal keiretsu),为其成员公司的高级经理为再度创造了免受财阀带来的外界股东压力的自由。另外,由于没有家族控股公司实施控制权,水平型商社也使得高级经理们不再受到控股股东的监视。因此,战后日本商社的成员公司与 Beale 和 Means(1932)描述的所有权分散的公司很相似,因为他们的高级经理都只需对他们自己负责。

但水平型商社比 Beale 和 Means 描述的公司更进了一步。因为这些公司的大部分股份都由"白衣护卫"或者稳定的投资者持有,商社成员公司的经理们不用担心公司狙击手、股东会议中的代理争夺或者机构投资者的压力。他们可以完全自由地按照他们认为合适的方式来运营公司,不用考虑股票价值、利润或者股利。因而商社的高级经理们就更加远离在所有权分散的公司中可能存在的股东压力。

图 7.11 描述了一个典型的水平型商社。对于每家公司而言,公司间相互持有的股份都很少,因此每家公司看起来都是一家所有权分散的公司。然而,每家公司只有很少量的股份是公众股东可以购买的,因此对潜在的狙击手而言,也是如此。

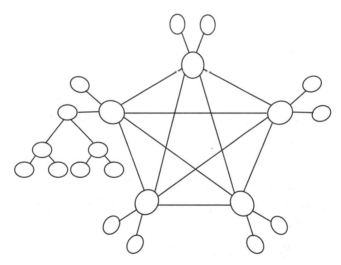

图 7.11 第二次世界大战后典型的水平型商社示意图

注:大圈代表商社的核心成员公司,这些公司相互持有少量股份以共同持有控制权。商社的每一家核心公司又控制着较小的商社公司,用小圈表示。很多核心公司都是自己金字塔的顶点公司。为了简化,这里只画了一个巢式金字塔。

由于美国退兵后对金字塔式企业集团的限制有所放松,商社的核心成员公司开始建立新的金字塔式企业集团,这些公司本身作为金字塔的顶点公司。因此,当代日本的水平型商社被认为是核心公司的集合,各公司又控制着自己的由公开上市的分公司组成的金字塔,与战前所有权分散的财阀类似。只有核心公司通过防卫网络控制着其他公司的股份,参与共同控制。

7.7.2 垂直型商社

商社的另一类型被称为垂直型商社(vertical keiretsu),其金字塔结构更为典型。一些垂直型商社就是幸免解散的工业财阀。这些包括 Shibaura 制造厂(Shibaura Manufacturing Works,现在的东芝)和日立有限公司。Shibaura 是三井财阀的第二层级成员公司,也是战前日本最重要的电器生产厂商。1939 年,它分拆了 12 家供应厂商,并取得了 8 家其他与其有紧密供销关系的公司的控制权。东芝的管理人也是这些公司的董事。[74]日立是日产财阀的一部分。到 1937 年,它已经建立起了自己的垂直型集团,其中包括日产集团中的 9 家供应商。[75]东芝和日立的很多供应商现在仍然存在,而且仍然是它们各自垂直型商社的成员公司。

然而,垂直型商社中也有一些新的企业集团。这些新的集团出现在战后的一些特定的制造产业,例如汽车和电器产业。在这些产业中,产品装配被分拆为一个独立的步骤,由另一家独立的公司来执行。同样的,"白衣护卫"对收购的防卫可能也是它们最初形成的重要原因。

垂直型商社比水平型商社具有更标准的金字塔式结构。一个顶点公司控制着第一层级的重要供应厂商。每一家公司都在其供应商中持有控制权,后者又控制着另一个层级的供应商,以此类推。

尽管垂直型商社与战前的工业财阀有相似之处,但也有与其不同的地方。与工业财阀不同,垂直型商社有这一特点,即每家公司都持有其他各家公司的少量股份与水平型商社一样。例如,丰田汽车持有其各零部件供应商 15%—30% 的股份,从而拥有控制权。尽管如此,这些供应厂商的股份中只有很少一部分可以由公众投资者持有,因为丰田商社其他公司持有的股份将各家公司中稳定股东持有股份的总份额增加到了 50% 以上。同在战前财阀中一样,丰田家族控制了丰田汽车大量的股份。[76]丰田商社的一些公司是从丰田汽车或者其他老商社成员公司中分拆出来的。其他一些是独立公司,它们能够从加入丰田的联盟中获得益处,从而将控股股份出售给丰田公司,加入了丰田商社。

另一个重要的不同是战前的工业财阀中的顶点公司对金字塔中所有成员公司的活动进行指导和监督。相反,垂直型商社的公司只是在决策方面与在金字塔中直接处于其上方和下方的公司进行协调。这种权力下放是可能的,因为垂直型商社中的一体化更为严密,没有任何一家多余的公司不是通往顶点公司的最终产品生产链条的直接组成部分。相反,在战前的工业财阀中,通常有公司的经营活动与它们主要的生产链条并不直接相连,甚至处于完全无关的产业。

7.7.3 其他公司

一些战前的地方财阀没有引起 SCAP 和 HCLC 的注意,它们以各种形式幸存下来。一些甚至仍然由其战前的控股家族控制。一个例子是名古屋的伊藤集团(Ito group),它继续经营着松坂百货公司。另外还有名古屋的片仓集团(Katakura group),其片仓工业公司(Katakura Industries)仍然在纺织业中占据重要地位;福冈的安川集团(Yasukawa group),其安川电子仍然是主要的电器制造商以及千叶县的茂木集团(Mogi group),其控制着酱油生产商 Kikkoman 和其他公司。[77]

最后,就像战前日本有一些公司不属于财阀一样,战后日本的一些公司也不属于任何商社。这些独立公司中有一些在战前就成立了。例如,伊藤雅俊于 1920 年成立了一家小型的家族服装企业伊藤洋华堂,是日本最大的零售连锁店,也是 7-11 连锁便利店的所有者。其他主要的独立公司都是战后才出现的。其中比较著名的有本田和索尼。

那些有代表参加三井、三菱、住友、芙蓉(之前的安田)、三和以及第一劝业 6 家主要的水平型商社的主席俱乐部的公司,在 1986—1990 年间占所有非金融上市公司总劳动力的 4%,但到 1990 年,这些公司的资产占到所有公司总资产的 15%(1986 年为 14%),所有公司实收资本的 17%(1986 年为 14%)。同时,1990 年,它们拥有所有上市公司流通股的 26%(1986 年为 24%),所有上市公司债务的 37%(1986 年为 39%)以及 1986—1990 年间所有上市公司董事会中 45% 的成员(Toyo Keizai,1991)。

日本的独立公司通常是私有或者所有权集中的,其创始家族通常是主要股东。现在,日本并没有英美概念中的所有权分散的公司。

7.7.4　更多的定义含糊不清之处

就像"财阀"这个术语一样,"商社"也同样是定义不清的。要决定一家公司属于哪个财阀,是很直接简单的。然而,有些情况比较令人费解。例如,丰田不仅拥有自己的垂直型商社,也属于三井商社。丰田的主席参加三井主席俱乐部的会议,也将三井银行作为其主要银行,即使丰田没有银行债务。丰田也和其他的三井公司一样,参与三井内部的活动,同东芝一样。

如果把"商社"的定义延伸开来,甚至是像索尼和本田这样的独立公司,也与企业集团有关系。因此,索尼有时候也因为与三井银行的联系和历史业务而被列为"准三井集团"的成员公司,如在 Okumura(1976:183)中所说的。索尼没有明确地成为三井主席俱乐部的成员,主要原因可能是东芝已经是其中一员,而每一个水平型商社在每个产业中只能有一家公司。这也是为了缓解 SCAP 对高市场份额的担忧。同样的,本田与东京三菱银行间也存在着广泛的财务关系,但并不属于三菱主席俱乐部。由于三菱汽车属于三菱主席俱乐部,也就没有了本田的位子。尽管如此,本田有时候也被列为"准三菱"集团的成员,像在 Okumura(1976:171)中。

到 20 世纪 60 年代末,所有权分散的公司从日本的经济版图中消失了。日本对英美公司治理的简短认识就此结束,也基本形成了日本如今公司所有权的模式。

7.7.5　前财阀银行

银行免于 SCAP 的财阀解散项目,因为银行的市场份额被认为在可接受的低水平上。然而,前财阀家族失去了其财阀银行的所有权,即帝国银行(前三井银行和第一银行合并成立的)、东京三菱银行、住友银行和安田银行。

SCAP 继续和军政府一样大量使用银行,指定特定银行贷款给挑选出的具有战略重要性的公司。因此,20 世纪 50 年代公司的"主要银行"从 40 年代开始就是它们的"指定银行"了。银行也对战争时期遭受损失的公司重组具有一定的影响力。[78]战前日本的控股文化逐渐褪去,银行开始在经济中扮演起重要角色。[79]

由于银行一直扮演这一角色及其与国家计划者之间的联系,诞生了 20 世纪 40 年代的理论。Okazaki 和 Okuno-Fujiwara(1993)以及 Noguchi(1998)提出的这一理论,认为当前的管理市场经济起源于战争时期的日本。⑧

无论如何,SCAP 对于长期金融机构通常持否定态度,并且禁止银行发行债券。1952 年美国退兵,日本出现资本短缺的现象,为了应对这一问题,政府通过了长期信贷法(Long-Term Credit Law),允许成立一种新类型的银行,即长期信贷银行,能够发行债券,但不能吸收存款。其他银行,也就是"普通银行",能够吸收存款,但不能发行债券。⑧ 从而形成了三个主要的新的长期信贷银行:日本工业银行(Industrila Bank of Japan)、日本长期信贷银行(Japan Long-Term Credit Bank)和日本信贷银行(Nippon Credit Bank)。⑧

现在的大部分银行,包括所有的前财阀银行,都成了普通银行。因为它们拥有大量存款和短期贷款业务,在战前带来了大量利润,所以希望能再次从事这些业务。如果仍然是普通银行,它们能够利用日本的高家庭储蓄率,同时每年贷款给大型企业。尽管这些银行的正式结构是短期的,它们发放的贷款通常是长期的,能够无限期结转。

前财阀银行仍然保持着与它们前财阀的成员公司的战前业务关系,并且成为它们的客户公司的主要银行(Teranishi, 1999)。这些关系网对 20 世纪五六十年代商社的成立至关重要,因为前财阀银行通常负责进行得以形成商社的"白衣护卫"的股票配售。

日本银行系统的这种监管上的分割,意味着有的主要银行没有足够的资本去满足它们最大的客户的借款需求。日本银行从而允许银团贷款。

在银团贷款体制下,一个大型借款人的主要银行负责组织一个银行辛迪加,从而能够共同满足借款人的资金需求。显然,主要银行需要在指导借款人方面扮演主要角色,负责纠正任何迫在眉睫的问题,并且在违约事件中承受最大的打击⑧。在最近的违约公司事件中,仍然延续着这一模式,主要银行成为重组公司的"特别经理"。

通常认为,银行通过银团贷款搜集关于其他银行和日本公司的大量信息,并且利用这些信息更好地治理公司。然而,Morck 和 Nakamura(1999)发现在陷入困境的客户公司的董事会中银行家人数增加,但并没有任何证据表明这与公司治理的改善有关。他们认为银行利用它们在董事会中的影响力来最大化其贷款组合的价值,并且认为这与价值最大化和经济效益严重偏离。Hanazaki 和 Horiuchi(2004)的研究更进了一步,认为宽松的银行治理也部分造成了其他产业中的公司治理问题。

日本的大型银行也对战后金融体制的发展产生了重要影响。普遍认为,直到 20 世纪 90 年代以前,日本政府对公司债务市场持续的、完全的抑制,导致了银行游说。只有在有房产完全担保或者得到政府明确批准的情况下,公司才能举债。因此,公司债券比离间抵押贷款稍多。债券和其他公司债务被完全取缔。

银行如此发展的原因很清楚。它们将债券看作是为了存款人的资金和客户公司的贷款而进行的竞争。政府接受银行游说的原因就不那么清楚了。SCAP 推动了股票市场的发展,但在很大程度上忽略了公司债券市场。这反映了他们缺乏投资兴趣,因为债券持有人在战后的高通胀中严重受损。同时,军政府利用银行体系执行中央计划的资本分配,因而公司债券在战争时期的经济中并没有发挥什么作用。经理人并不习惯发行债券。另外,对公司发行债券的继续禁止引起了复杂的政治经济问题。

我们不得不得出这样的结论，即政府和银行都努力想要维持国家主要银行的市场力量。这种市场力量无疑来自战前和战争时期的监管者竖立起来的竞争障碍。可能银行具有的关于它们客户的信息方面的优势也给它们带来了一定程度的市场力量，如 Rajan（1992）提到的。无论这种市场力量的确切性质是什么，它都与日本银行体系非常稳定的这一时期相符。从战争结束到 1997 年，没有一家主要银行倒闭，也很少发生银行兼并。财务部强有力的监管也要负部分责任，而这种稳定也与银行长期的市场力量一致。

确实，在对战后日本银行体系的讨论中，同时存在这两种解释。因此，Hanazaki 和 Horiuchi（2003）写道：

> 财政部（Ministry of Finance）的行政指导的主要目的是抑制条块分割的金融业务中全面竞争……政府能利用银行部门积累起来的租金来救助处于财务困境中的银行。具体的说，监管者依赖私有银行的合作进行公共担保，而主要银行忠诚地承担了不成比例的高份额的成本……财政部通过操纵监管措施，给那些服从其指导的银行以好处，而处罚那些不听从指导的银行。

他们认为，例如，三菱银行得到可开展信用银行业务的许可，作为其拯救日本信用银行的奖励。另外，银行通过这些实践将商社的财务价值转移给它们自己的观点与 Caves 和 Uekusa（1976）的观点一致，他们认为作为集团的成员公司，并不能给工业企业带来好处，最终好处都被非工业企业得到了，也就是银行。

Aoki（1994）认为，有必要通过租金鼓励银行进行适当的监管。Hellman、Murdock 和 Stiglitz（2000）认为有限的竞争是有益的，能降低银行冒着过高的违约风险最大化股东价值的动机。相反，Allen 和 Gale（2000）则认为，竞争对于揭露哪些经理知道他们在做什么很必要。Hanazaki 和 Horiuchi（2000，2001）认为这种竞争是日本的独立制造企业成功的原因，竞争的缺乏则解释了商社公司的弱点和它们的银行为何倒闭。

他们认为日本最好的企业的国际成功与这种市场力量无关。到 20 世纪 80 年代，日本最成功的跨国公司经常通过它们的国外分公司发行债券。20 世纪 90 年代，政府因而放松了规定，允许财务比率达到相关标准的公司发行一定量的债券。[84] 这种管制的部分放松可能会使日本最好的企业放弃贷款，并将低质量的债务集中在银行体系中。[85] 尽管这一观点可能是对的，但并不能解释盈利能力更强的公司为何欣然放弃银行贷款这一资本来源。银行正将市场力量租金从资本供应中抽离，这可能能够解释这一大规模的退出。

7.8　井底之蛙的教训

日本公司治理的历史为不同经济环境下企业集团的价值提供了一些见解。除了在军政府的统治之下，创业者们（和他们易怒的亲戚们）都能自由成立新公司。由于财阀和商社是自发形成、幸存和发展壮大的，同新的独立公司相比，它们必定有一些竞争优势。以下是对这一优势的几种解释。[86]

7.8.1　范围经济与规模经济

企业集团得以存在,是因为这是更优越的公司组织模式,是有益于经济的。财阀和商社拥有足够庞大的公司结构,去实现范围经济和规模经济。然而,它们的扩张似乎并不是由此推动的。直到 20 世纪末大规模的私有化时期,财阀的业务都紧密集中,而且规模很有限。在商社尤其是水平型商社的形成中,反收购防卫行动似乎比规模经济和范围经济更为重要。但它们最终都实现了范围经济和规模经济。然而,企业集团的用处也只限制在几个方面。[87]

大公司规模经济和范围经济的一个主要限制是 Jensen 和 Meckling(1976)描述的"代理问题"。Aoki(1988,1994)和其他人认为日本企业集团限制了这些问题。然而,Morck、Stangeland 和 Yeung(2000)和其他人解释了金字塔集团中控股股东的存在并不来自代理问题,但它是所有权与控制权相分离的另一种形式,也引起了新的代理问题。

Caves(1982)认为重要的规模回报需要创新,而 Goto(1982)发现财阀是很大的技术进口商。[88]多样化的企业集团进口技术并且迅速扩张,从而大力推动了其增长战略的实行,如 Murphy、Shleifer 和 Vishny(1989)提到的。然而,Yafeh(2004)的研究并没有在战后商社中有类似的发现。垂直型商社的范围经济似乎比水平型商社中的更为明显,例如,零库存管理带来的范围经济。这让日本公司在 20 世纪 80 年代以效率而闻名全球。Huson 和 Nanda(1995)证实了如果库存是公司资产中的很大一部分,零库存管理确实能为美国公司带来价值,反之却不然。但零库存管理方法对典型日本公司的底线的影响并不清楚。垂直型商社也将公司经理与收购隔离开来。这在 1989 年 Koito 制造公司的 T.Boone Pickens 的敌意收购失败后变得更为明显,该公司是丰田垂直商社第一层级的供应厂商。甚至在他成为 Koito 的单一大股东之后,Pickens 仍然不能进入 Koito 的董事会。这是因为丰田商社的其他成员共同控制的 Koito 的股份多于 Pickens 持有的股份,并且以共同行动抵制他。商社也更易受到传导机制的影响,因为 Morck 与 Nakamura(1999)的研究也与这一观点非常相符。然而,我们不知道传导机制在商社中的具体实践情况如何。

其他的规模经济和范围经济可能来自优秀的经理和工人。Morikawa(1980:16—19)提到财阀雇用了高级经理和技术人员,同时认为这是一个决定性的优势。然而,铃木财阀的倒闭是因为公司控制权集中在一个出色的经理 Naokichi Kaneko 手中。Kaneko 没犯什么错误,但只是一个大错误就毁掉了整个财阀。

战后的商社承诺终身雇用制,所以它们也更偏向雇佣日本最好的大学毕业生。战争结束后,出现了对人才的新一轮的短缺。[89]也许短缺的高级经理也让商社在日本历史的特殊时期具有一定的优势。然而,Morck 和 Nakamura(1999)却发现商社的公司治理并不好。

但企业集团范围经济和规模经济也可能来自集中化的资本分配。[90]由于外部资金的成本高于内部资金,一家独立的、未多样化的公司在一个产业中面对的成本和需求都很变化无常。一家集团银行,或者作为银行进行运作的顶点公司,能够将资金积累起来的成员公司转移到有资金需求的地方。由于集团银行能够获得关于各个公司投资机会的信息,它的成本低于外部银行或者金融市场的成本。Miyajima(2000)在 20 世纪 30 年代的财阀中几乎没有找到什么证据,但在商社中找到一些;也可以参见 Weinstein 和 Yafeh(1998)。

经济萧条时期很多财阀的倒闭让人们开始对企业集团作为资本分配者的优势产生了进一步的怀疑。三井、三菱和住友银行因为没有贷款给它们自己集团的公司,而从经济萧条中幸存下来。相反,像铃木这些利用其银行将资金分配到自己的公司的财阀倒闭了。一个可能的原因是"道德风险"(moral hazard),即如果经理们保证能够从他们的"器官银行"中获得资金的话,他们的行为就会更加鲁莽。另一个原因是管理战略中的多样化,所有的铃木公司都采用了同样的战略,而三井、三菱和住友银行采用多样化的战略贷款给公司。

Hoshi、Kashyap 和 Scharfstein(1990a,1990b,1991,1993)认为这种财政转移降低了商社在财务困境中的成本。Yafeh(2004)的文献综述介绍了商社公司不好的、却也很少变化的表现。这意味着银行扮演的是一种共同保险而不是提供银行业务的角色,商社银行对陷入困境的成员公司提供救助,而不是为最好的公司提供资金。Morck 和 Nakamura(1999)认为这使得不佳的表现依旧持续。Hanazaki 与 Horiuchi(2000,2001)以及 Bremer 和 Pettway(2002)研究中的证据表明,这推动了银行本身不佳的表现,也孕育了日本 20 世纪 90 年代的金融危机,从而破坏了商社主要公司作出的任何承诺的可信度。

日本公司历史反对将集团银行作为金融票据交换机构或者金融保险的提供者。尽管在短期内运营有优势,但长期它仍然面临风险。铃木财阀以及其他有"器官银行"的企业集团,在短期内都发展得很好,但当经济整体下滑时也倒闭了。商社的主要银行在日本战后的长期繁盛时期都蓬勃发展,但在目前持续的衰退时期也明显具有很多严重的问题。

因此,关于企业集团的规模经济和范围经济的讨论必须权衡其涉及的一系列成本。

7.8.2　体制的缺陷

如果企业集团总的来说并不具有什么优势,但在特殊时期日本的环境下它是具有优势的。企业集团能够得以持续,是因为其发展取决于体制的发展。

Khanna 与 Palepu(本书第 5 章及其他研究成果)认为在体制薄弱的经济中企业集团的规模经济和范围经济更可能导致反补贴成本。现代印度的类似财阀的企业集团能够幸存下来,并且蓬勃发展,是因为它们是与当地的欺诈和腐败行为导致的市场交易相适应的。由于集团公司都是被同样的首长所控制,它们相互欺诈的动机明显降低。这让它们能比独立公司更有效地开展业务,后者更依赖于功能失调的资本、经理人、劳动力、供应商和客户市场。Khanna 和 Palepu(2000)也认为,对于声誉的投资可能产生高额的规模回报。印度的 Tata 家族为了获得公平交易的声誉而进行了大量投资,有时候甚至付出了巨大的财务成本。然而,一旦在高度腐败的经济中于全国范围内建立起了诚实的声誉,各种形式的公司、银行以及个人都愿意付出一定的代价与 Tata 公司进行业务往来,而不是冒着被欺骗的风险。也许在明治时期和大正时期的日本也存在相似的情况。

这一观点与集团公司间相互协调以降低成本的想法密切相关,如 Fruin(1992:101)和其他学者的研究所提出的。一些商社认为,集团公司汇集了独立公司无法获得的各行各业的信息,用以预见关键事件,作出适当的反应,以及战略性的灵活发展。这似乎有些难以置信,因为尽管政府的规划者们能利用国家机器搜集信息,但他们永远都无法重现这一壮举。

然而,这些解释都将体制缺陷的环境当作给定的。Haber(1989)认为墨西哥的寡头家庭在很大程度上像财阀一样控制着公司金字塔,故意削弱体制来为自己带来好处,并且屏蔽竞争者的进入。通常认为,财阀家族很支持现代化进程和制度改善,如法律改革等。然而,财阀家族显然与前军事国家有着紧密的联系,并且对制度产生影响,为自己带来益处。在美军占领后的日本,对于商社经理为制度缺陷进行的游说,有更多的讨论。可能商社破坏了公司治理权市场,因此,也阻碍了其他的公司治理机制,如代理权之争和机构投资者积极性。在战后的日本,大型银行和大规模水平型商社的重点公司通常都会为对公司债券市场的抑制进行游说。因此,薄弱的制度可能是企业集团的结果,也是原因。

7.8.3 控制权的私人利益

这导致了另一种可能性——企业集团会为控制它们的人,而不是整个经济,带来好处。财阀家族可能为控股股权付出更多,因为其比其他股东更看重控制权。这可能是因为这些家族成员的效用函数更偏好于权力。如果这些家族不是最有能力的经理,这可能会在提高家族对其股份的私人估价的同时,压低了公开上市交易股份的价值。或者,可能存在控制权的私人利益,因为这些家族比其他股东更为精通如何利用对公司资产的控制权来使自己致富。同样的,战后商社公司的经理人组建公司结构以免受到公司收购的威胁。如果他们能够从对大公司的控制权中获得好处,这些行为也就可以解释了。[92]

在其他研究中也有大量关于公司控制权带来的大量私人利益的证据。Johnson 等(1985)的研究显示,股票价格因为公司年老的 CEO 的去世而大幅上升。Morck、Shleifer 和 Vishny(1988b)的研究显示,在特定美国公司中,管理层的高所有权与被压抑的股票价格有关。Barclay 和 Holderness(1989)提到,控股股份的交易比小额交易的价格更高。Dyck 和 Zingales(2004)提出在更腐败的国家这一效应更为显著。所有这些研究都与控制权的确会带来大量的个人利益相符。尤其是 Dyck 与 Zingales 的发现意味着个人利益的大小与腐败程度有关,因而也认同这些利益涉及控股股东用公司财富进行消费的观点。

维持控制权的重要性在大型财阀家族的公司章程和日产财阀创始人鲇川义介(Yoshisuke Aikawa, 1934)的自传中体现得很明显。Morck 和 Yeung(2003)认为,相比企业家精神控制权的个人利益不那么依赖才能,把获得这些利益的机会留给继承人也是一个很好的选择。

专注于维持控制权会导致低效的风险厌恶的投资决定。因此,Miyajima(2000)写到:属于三大财阀的公司比属于新财阀的公司更厌恶风险。一种解释是较悠久的企业集团的首长能从控制权中获得更广泛的个人利益,当然也有其他的解释。

简短的说,在财阀和商社的成立中,控制权的个人利益可能会很多。然而,还有什么其他重要因素的问题仍然没有得到解答。

7.8.4 与市场压力隔离

另一种可能性是企业集团的确对整体经济有益,但在投资者的眼中,集团公司的表现并不好。很多同期关于财阀的研究文献都强调了它们对股东的忽视。例如,明治时期关于九州旅客铁道的报告痛惜公司是如何"从一开始就被节约建设支出的庸俗观点所主导"。这与 Ushiba(1909)提到的"股东追求股利的增加甚至不惜减少业务与董事坚持扩张业务,甚至不惜降低股利"之间的矛盾有关。Ericson(1989)描述了大股东银行家 Imamura Seinosuke 如何尝试着限制铁道的大规模扩张计划的同时,还在 1890 年的经济衰退中缩小规模。

Ericson(1989)赞扬了铁路公司在"将所有权与管理分离方面取得的显著进步"以及其主席 Sengoku Mitsugu 的专业,他持有很少的股份,因此能"坚持他的积极政策,并且避免了那些不满的股东对他 1902 年项目的干扰"。但 Ericson 承认这种"老练"是一种例外。九州和三洋铁路公司是三菱的公司,而三菱"与大多数铁路公司所有人的不同之处在于其主要关注铁路投资者的直接利益"。也即,三菱铁路公司并不是为了最大化股东价值,而是协助其他三菱公司运输其投入的材料和产出的产品。

财阀铁路公司被迫过度扩张以降低其他三菱公司的运输成本,明确的例子就是"自我交易"或"传导机制",前面的这一说法多少有些令人费解。然而,其经济效率可能比较低下。股东价值最大化可能会导致次优的投资决策。财阀的"传导机制"导致过度建设,实际上可能改善社会福利,尽管这需要铁路公司的其他股东为之付出代价。到 1905 年,银行和保险公司已经成为大多数铁路公司的主要股东,而铁路公司股东的这种自我牺牲也结束了。1906 年和 1907 年,铁路公司被国有化,或许允许其进一步的自我牺牲。

其他国家的政府利用大型企业集团作为执行产业政策的指令和控制机构。例如,韩国、马来西亚和瑞典都很鼓励金字塔式企业集团,因而政府官员能够通过与负责金字塔式企业集团的组长直接接触而对企业部门产生影响。㉝这些政府似乎相信(也许这是正确的):这些小型企业集团的相互作用能够促成高效的政策传导以及私人部门与公共部门之间更好的相互协调。

当然,相比于独立的公司,财阀能更为积极灵活地根据政府政策目标的改变迅速调整战略方向。财阀利用从其他企业筹得的资本迅速发展一家企业,从而能够快速地调整战略方向和发展重心。它们积累起来的大量资本也让其能够很快地进入新行业。战后的商社也受到政府青睐,作为执行产业政策的工具(Komiya, Okuno and Suzumura, 1988;Okimoto, 1989)。

这种灵活性对于财阀和商社受到政府官员的钟爱很有益处。然而,它并不一定会给相关的企业集团带来利益。财阀家族在战争后,甚至在战争中遭受了很大的损失,尽管它们能够很灵活地扩大生产。更普遍的,如 Morck 和 Nakamura(1999)提到的,偏离价值最大化的行为带来的动态成本会在长时期内企业集团带来损失。这可以解释现代日本商社公司的弱点。

7.8.5　政治寻租行为中的规模经济与范围经济

最后一种可能性是企业集团与政府的紧密关系为企业集团带来的财务收益,可以补偿它们在满足政府目标时遭受的利润损失。Morck、Stangeland 和 Yeung(2000)对全球范围内的金字塔式企业集团进行了讨论,认为政府官员和大规模商业家族族长相互认识和了解,很可能参与互惠互利的行动,互惠交易或者其他形式的腐败行为,会为家族集团的公司带来益处,但会对经济造成很大的损失。Morck、Stangeland 和 Yeung(2000),Fisman(2001),Johnson 和 Mitton(2003),Rajan 和 Zingales(2003)以及其他学者都提出了与这一更加怀疑论的观点相一致的实证证据。

有大量证据显示,战前和战后日本企业与政府之间的关系在很大程度上是围绕寻租建立起来的。Morikawa(1992:3—4)认为,政治企业家与有权力的政治人物关系密切以获得政府的青睐,从而在明治时期通过为国家和国有企业提供产品和服务而取得收益。

战前日本的大型财阀相互竞争，以获得政府的青睐。住友因为与德川政权的紧密关系而获得了摇钱树——铜矿。三井和三菱财阀在明治时期有争议的私有化过程中取得了各自的摇钱树——采矿业务。这三个财阀在战前日本能够蓬勃发展，部分原因就是它们能在政府需要的时候满足其需求。如果政府认为日本需要出口，这些财阀就会转为出口导向的业务。如果政府认为日本需要技术，这些财阀就会加快机械生产。简单来说，财阀能够比其他公司更加灵活、有力地根据政府决策者意愿的变化作出反应。

在战后的日本，商社公司及其主要银行也因为它们热衷于政府的产业政策项目而获得慷慨的补助（Okimoto，1989）。事实上，Beason 和 Weinstein（1996）的研究显示，日本战后大部分的产业补助都提供给了矿业企业，其中大部分都是大规模的水平型商社的成员公司。相反，像本田这样的独立公司因为故意违反产业政策而被政府拒绝给予其补助，例如，在不允许生产汽车时进行汽车生产。

战后日本寻租行为的重要性也许在政府雇员中体现得很明显。这种情况的出现很大程度上是因为"amakudari"的职业道路的吸引性，即"高官下凡"，指年老、高级别的政府官员退休离开职位后到工业企业中担任高级经理，这是战后日本官员进入董事会的一种常见渠道。在战后很短的时期内，这一实践很有意义，当时由于废除了曾与军政府合作的高级行政人员而出现了严重的人才短缺现象。

然而，Van Rixtel（2002）与其他学者认为"amakudari"（高官下凡）后来发展成了监管捕获体系，如 Stigler（1971）提到的。这很大程度上是因为主管局（genkyoku）制度，该制度规定，特定的部门对特定的产业进行排他性的管理。由于这些部门的公务员是"高官下凡"最初的候选人，这些部门很快成为政府中追求这些产业利益的拥护者。例如，在推动生物技术产业的过程中，卫生部代表其"高官下凡"的传统合作伙伴——制药产业参与政策制定。由于大型商社公司包括最有吸引力的"高官下凡"着陆点，也是对"高官下凡"最有热情的，这些企业集团因为与政府之间的良好关系，至少在短期内，具备了一定的优势。

现在一些研究人员认为这一监管捕获体系在一定程度上造成了日本目前的经济和治理问题。[34]官僚们全力推进产业计划，希望获得"高官下凡"的机会。那些以前是官僚的公司行政人员们意识到，他们的才能在于对政府产生影响，而非监督新的研究和发展项目。其结果是造成了不健康的监管困境，困扰着日本很多产业，现在也是众多批评的焦点。

7.9 结论

日本现代史开始于 1868 年，公司部门首先是建立起大型家族金字塔或者说财阀，然后受苏联式中央计划体制的约束，接着又重组为所有权分散的公司，最后重建为商社企业集团。我们能够从日本复杂的发展史中总结出很多教训，其中一些与公司部门和日本机构之间相互作用有关的，尤其值得我们注意。

尽管日本的专家通常认为财阀是日本特有的组织形式，但其实它们是典型家族控制的金字塔式企业集团,是本书的其他章节所介绍的在其他很多国家的主要公司形式。相反,战后的商社更具有日本特色。财阀可能是回避日本早期运作不良的市场的合理结构。财阀公司主要在相互间进行业务,从而能够避免在低效的、不透明的产品、劳动力和资本市场中被欺骗或者遭受其他损失。战后的商社可能是对于混乱不堪的战后最初几年的类似反应,至少在一定程度上是这样。

但财阀和商社也是巩固内部控制的工具。财阀让大型商业家族和创业企业家能够使用驾驭公众投资人的大量资金的同时维持其对该基金的全部控制权,而商社的形成是为了阻止敌意收购和留住专业经理。内部人员如此寻求自保,表明他们能够从控制权中获得个人利益。

随着时间的流逝,企业集团的弱点暴露出来。

关于企业集团的一种普遍观点是,集团银行能够为集团公司提供资金,从而避免了信息不对称问题和其他资本市场的失灵问题。日本历史显示,这导致了道德风险和代理权问题。铃木等采取这一模式的财阀在经济衰退期倒闭了。大规模水平型商社目前的问题也源自无效的资本配置的历史。

尽管财阀和商社可能最初是从稀缺的、有才能的经理中获得规模经济的工具,他们最终为了自保而将有才能的外部人员排除在董事会之外。这当然会影响公司层面的表现和业绩,但也可能会阻碍经济增长。Morikawa(1980,1992)认为,自保的财阀家族对风险的厌恶,以及为了维护家族控制权而对外部资金的排斥,阻碍了日本战前的经济发展。他认为日本工业化中很少有项目是财阀执行的。Morck、Nakamura 和 Shivdasani(2000)认为银行家的监管也对商社公司产生了类似的影响。

尽管有这样那样的弱点,企业集团仍然得以持续发展。

其中一部分原因是它们实现了真正的规模经济和范围经济。尤其是财阀,将国外技术带到日本,进而持续不断地延长其规模经济。

但财阀和商社一直以来都受到日本政府的重视。两者都在重要的历史关头大力支持日本的政治领导人。财阀和商社都积极参与政府的产业政策,无论方向是否正确,从而和政府建立起紧密关系,不仅为它们带来了补贴,也使其具有了一定的政治影响力。早期的财阀家族因此得到了税务优惠、矿产和政府合约,因此这一影响力在维持长期竞争优势方面非常重要。财阀和商社与产业政策的合作可能会导致“被捕获的监管”问题。所有部门都可能通过主管局和“高官下凡”而被企业集团捕获和控制。这破坏了政府监管经济和金融体系的能力,而且锁定了对参与这个游戏的大型企业的青睐。住友财阀由于缺乏政治联系而倒闭,是这一规则的一个例外。在战后时期,商社银行和公司也从监管上的偏袒和公开的补贴中获得了不成比例的益处。在战后的日本,商社的主要银行为抑制公司债券市场进行游说,严重削弱了整个金融系统。

因此,财阀和商社从孕育它们的制度环境中幸存下来。它们通过大量投资于政治关系而将自己的竞争优势延续下去,即使它们得以建立起来背后的体制缺陷已经消失了。但这种政治寻租行为使得一些体制缺陷延续下去,也促成其他缺陷的产生。

Murphy、Shleifer 和 Vishny(1991)和其他很多学者的研究显示,不断蔓延的寻租行为阻碍了经济增长。这是因为它让有才之人从真正的企业家转移到了寻租行为中更有利可图的事业。寻租和创新都提高了个人和公司的规模回报。然而,寻租是一个零和或者负和博弈,而创新是正和博弈。将人才转移到更赚钱的寻租行为,从而将更多的资源转移到了零和或者负和博弈中,因此减缓了增长。

我们并不认为企业集团是完全错误的。而日本历史揭示了企业集团,尤其是那些依赖国家资本市场的企业集团,是如何扭曲体制发展的。

参考文献

Acemoglu, Daron, Simon Johnson, and James Robinson. 2001. The colonial origins of comparative development: An empirical investigation. *American Economic Review* 91(5):1369—1422.

Aikawa, Yoshisuke. 1934. *New capitalism and holding companies*. Tokyo: Tokyo Bankers Association.

Allen, Franklin, and Douglas Gale. 2000. *Comparing financial systems*. Cambridge: MIT Press.

Aoki, Masahiko. 1988. *Information, incentives, and bargaining in the Japanese economy*. Cambridge, MA: Cambridge University Press.

——. 1994. Monitoring characteristics of the main bank system: An analytical and developmental view. In *The Japanese main bank system: Its relevancy for developing and transforming economies*, ed. Masahiko Aoki and Hugh Patrick, 109—141. Oxford and New York: Oxford University Press.

Aoki, Masahiko, and Paul Sheard. 1992. The role of the main bank in the corporate governance structure in Japan. Paper presented at conference Corporate Governance: New Problems and New Solutions Structure in Japan. 1—2 May, Stanford, California.

Asajima, Shoichi. 1984. Financing of the Japanese *zaibatsu*. In *Family business in the era of industrial growth*, ed. Akio Okochi and Shigeaki Yasuoka, 95—117. Tokyo: University of Tokyo Press.

Asashima, Shoichi. 1982. *Senkanki Sumitomo zaibarsu keieishi* [Inter-war period Sumitomo *zaibatsu* business history]. Tokyo: University of Tokyo Press.

Barclay, Michael, and Clifford Holderness. 1989. Private benefits from control of corporations. *Journal of Financial Economics* 25:371—395.

Beale, Adolf, and Gardiner Means. 1932. *The modern corporation and private property*. New York: Macmillan.

Beason, Richard, and David E. Weinstein. 1996. Growth, economies of scale, and targeting in Japan(1955—1990). *Review of Economics and Statistics*(78)2:286—295.

Bertrand, M.P., P.Mehra, and S.Mullainathan. 2002. Ferreting out tunneling: An application to Indian business groups. *Quarterly Journal of Economics* 117:121—148.

Bisson, T. 1954. Zaibatsu *dissolution in Japan*. Berkeley: University of California Press.

Blinder, Alan S. 1991. A Japanese buddy system that could benefit U.S. business. *Business Week*, October 14, 32.

Boot, Arnoud, and Anjan Thakor. 2000. Can relationship banking survive competitions? *Journal of Finance* 55:679—713.

Bremer, Marc, and Richard Pettway. 2002. Information and the market's perceptions of Japanese bank crisis: Regulation, environment, and disclosure. *Pacific Basin Finance Journal* 10:119—139.

Caves, Richard. 1982. *Multinational enterprise and economic analysis*. Cambridge: Cambridge University Press.

Caves, Richard, and Masu Uekusa. 1976. *Industrial organization in Japan*. Washington, DC: Brookings Institution.

Cha, Myung Soo. 2001. The origins of the Japanese banking panic of 1927. Institute of Economic Research Discussion Paper Series A no.408. Tokyo: Hitotsubashi University.

Chan, Su, John Martin, and John Kensinger. 1990. Corporate research and development expenditures and share values. *Journal of Financial Economics* 26:255—266.

Claessens, Stijn, Simeon Djankov, Joseph Fan, and Larry Lang. 2002. Disentangling the incentive and entrenchment effects of large shareholdings. *Journal of Finance* 57(6):2741—2771.

Claessens, Stijn, Simeon Djankov, Larry H.P.Lang. 2000. The separation of ownership and control in East Asian corporations. *Journal of Financial Economics* 58(1—2):81—112.

Dower, John. 2000. *Embracing defeat: Japan in the aftermath of World War II*. East Rutherford, NJ: Penguin Books.

Dyck, Alexander, and Luigi Zingales. 2004. Private benefits of control: An international comparison. *Journal of Finance* 59(2):537—601.

Ericson, Steven. 1989. Private railroads in the Meiji Era: Forerunners of modern Japanese management. In *Japanese management in historical perspective*, ed. Tsunehiko Yui and Keiichiro Nakagawa, 51—77. Tokyo: University of Tokyo Press.

Faccio, Mara, and Larry H.P.Lang. 2003. The separation of ownership and control: An analysis of ultimate ownership in Western European countries. *Journal of Financial Economics* 65(3):365—395.

Fisman, Raymond. 2001. Estimating the value of political connections. *American Economic Review* 91(4): 1095—1103.

Fletcher, William Miles III. 1989. *The Japanese business community and national trade policy 1920—1942*. Chapel Hill: University of North Carolina Press.

Fouraker, L. 2002. Precursors of convergence in interwar Japan: Kaneko Naokichi and the Suzuki Trading Company. Paper presented at Media in Transition 2: Globalization and Convergence. 10—12 May, Cambridge, Massachusetts.

Fraser, Donald, S.Ghon Rhee, and Guen Hwan Shin. 2002. The impact of interbank and capital market competition on relationship banking: Evidence from the Japanese experience. University of Hawaii, College of Business Administration. Working Paper.

Fruin, W.Mark. 1983. *Kikkoman: Company, clan, and community*. Cambridge, MA: Harvard University Press.

———. 1992. *The Japanese enterprise system: Competitive strategies and cooperative structures*. New York: Oxford University Press.

Fukuzawa, M. 1930. *Zaikai jinbutsu gakan* [Business leaders: Personal views]. Tokyo: Daiamondsha.

Gerlach, Michael L. 1992. *Alliance capitalism: The social organization of Japanese business*. Berkeley: University of California Press.

Glaeser, Edward, and Andrei Shleifer. 2002. Legal Origins. *Quarterly Journal of Economics* 117(4):1193.

Gompers, Paul and Josh Lerner. 2002. *The venture capital cycle*. Cambridge: MIT Press.

Goto, Akira. 1982. Business groups in a market economy. *European Economic Review* 19:53—70.

Haber, Stephen. 1989. *Industry and underdevelopment: The industrialization of Mexico, 1890—1940*. Stanford, CA: Stanford University Press.

Hadley, Eleanor. 1970. *Antitrust in Japan*. Princeton, NJ: Princeton University Press.

Hamada, Koichi. 1998. The incentive structure of a managed market economy: Can it survive the millennium? *American Economic Review* 88(2):417—421.

Hanazaki, Masuharu, and Akiyoshi Horiuchi. 2000. Is Japan's financial system effcient? *Oxford Review of Economic Policy* 16(2):61—73.

——. 2001. A vacuum of governance in the Japanese bank management. In *Banking, capital markets and Corporate Governance*, ed. H.Osano and T.Tachibanaki, 133—180. London and New York: Palgrave.

——. 2003. A review of Japan's bank crisis from the governance perspective. Hitotsubashi University, Institute of Economic Research. Working Paper.

——. 2004. Can the financial restraint theory explain the postwar experience of Japan's financial system? In *Designing financial systems in East Asia and Japan*, ed. Joseph P.H.Fan, Masuharu Hanezaki, and Juro Teranishi, 19—46. London: Routledge-Curzon.

Hasegawa, Yasubei. 1938. *Kabushiki Kaisha no Shomondai* [Various issues of joint stock companies]. Tokyo: Tokyo Taibunsha.

Hashimoto, J. 1997. Japanese industrial enterprises and the financial market between the two World Wars. In *Finance in the age of the corporate economy: The third Anglo-Japanese business history conference*, ed. P.L.Cottrell, A.Teichova and T.Yuzawa, 94—117. Hants, UK: Ashgate.

Hayashi, Fumio. 2000. The main bank system and corporate investment: An empirical assessment. In *Finance, governance, and competitiveness in Japan*, ed. Masahiko Aoki and Gary Saxonhouse, 81—97. Oxford and New York: Oxford University Press.

He, Kathy, Randall Morck, and Bernard Yeung. 2004. *Stability*. University of Alberta, School of Business. Working Paper.

Hellman, Thomas, Kevin Murdock, and Joseph Stiglitz. 2000. Liberalization, moral hazard in banking, and prudent regulation: Are capital requirements enough? *American Economic Review* 90(1):147—165.

Hirschmeier, Johannes. 1964. *The origins of entrepreneurship in Japan*. Cambridge, MA: Harvard University Press.

Hirschmeier, Johannes, and Tsunehiko Yui. 1981. *The development of Japanese business*. 2nd ed. London: Allen and Unwin.

Holding Companies Liquidation Commission(HCLC). 1950. *Nihon zaibatsu to sono katai* [Japanese *zaibatsu* and its dissolution]. Tokyo: Shinyohen.

Horiuchi, Akiyoshi. 1999. Nihonni okeru kinyu kozo no kiso: Tenbo [The basis of Japan's financial structure: A survey]. *Japanese Ministry of Finance Research Institute Financial Review*(June):1—32.

Horiuchi, Akiyoshi, and Katsutoshi Shimizu. 2001. Did Amakudari undermine the effectiveness of regulator monitoring in Japan? *Journal of Banking and Finance* 25(3):573—596.

Hoshi, Takeo. 1995. Cleaning up the balance sheets: Japanese experience in the post-war reconstruction period. In *Corporate governance in transitional economies: Insider control and the role of banks*, ed. M. Aoki and H.-K.Kim, 303—359. Washington, DC: World Bank.

Hoshi, Takeo, and Anil Kashyap. 2001. *Corporate financing and governance in Japan: The road to the future*. Cambridge: MIT Press.

Hoshi, Takeo, Anil Kashyap, and David Scharfstein. 1990a. Bank monitoring and investment: Evidence from the changing structure of Japanese corporate banking relationship. In *Asymmetric information, corporate finance, and investment*, ed. Glenn Hubbard, 67—88. Chicago: University of Chicago Press.

———. 1990b. The role of banks in reducing the costs of financial distress in Japan. *Journal of Financial Economics* 27:67—88.

———. 1991. Corporate structure, liquidity, and investment: Evidence from Japanese industrial groups. *Quarterly Journal of Economics* 106:33—60.

Hoshi, Takeo, Anil Kashyap, and David Scharfstein. 1993. The choice between public and private debt: An analysis of post-deregulation corporate financing in Japan. Massachusetts Institute of Technology, Sloan School of Management. Unpublished manuscript.

Hoskins, Geoffrey. 1992. *The first socialist state: A history of the Soviet Union from within*. 2nd ed. Cambridge, MA: Harvard University Press.

Huson, Mark, and Dhananjay Nanda. 1995. The impact of just-in-time manufacturing on firm performance in the US. *Journal of Operations Management* 12(3—4):297—311.

Ito, Masanao. 2001. Showashonen no kinyu system kiki: Sono kozo to taio [The financial system crisis in the 1920s: The structure and responses]. Institute of Monetary and Economic Studies Paper no.2001-J-24. Tokyo: Bank of Japan.

Jensen, Michael, and William Meckling. 1976. The theory of the firm: Managerial behavior, agency costs and ownership structure. *Journal of Financial Economics* 3:305—360.

Johnson, Simon, Rafael La Porta, Florencio López-de-Silanes, and Andrei Shleifer. 2000. Tunneling. *American Economic Review* 90(2):22—27.

Johnson, Simon, and Todd Mitton. 2003. Cronyism and capital controls: Evidence from Malaysia. *Journal of Financial Economics* 67(2):351—382.

Johnson, W. Bruce, Robert P. Magee, Nandu J. Nagarajan, and Henry A. Newman. 1985. An analysis of the stock price reaction to sudden executive deaths: Implications for the management labor model. *Journal of Accounting and Economics* 7(1—3):151—174.

Kaneko, Naokichi. 1928. Suzuki okoku [The Suzuki Kingdom]. *Osaka Asahi Shimbun*, 19—21 April.

Kaplan, Steven, and Bernadette Minton. 1992. Outside intervention in Japanese companies: Its determinants and its implications for managers. *Journal of Financial Economics* 36:225—258.

Kato, T. 1957. Honpo *ginkoshiron* [History of banks in Japan]. Tokyo: University of Tokyo Press.

Katsura, Yoshio. 1976. Failure in *zaibatsu* making: Suzuki Shoten. In *Nihonno zaibatsu* [Japanese zaibatsu], ed. Shigeaki Yasuoka, 177—223. Tokyo: Nikkie.

Khanna, Tarun, and Krishna Palepu. 2000. Is group affliation profitable in emerging markets? An analysis of diversified Indian business groups. *Journal of Finance* 55(2):867—893.

Kobayashi, Masaski. 1985. Japan's early industrialization and the transfer of government enterprises: Government and business. *Japanese Yearbook on Business History*: 1985 2:54—80.

Kojima, Kenji. 1997. Japanese corporate governance. Kobe University, Research Institute for Economics and

Business Administration. Working Paper.

Komiya, Ryutaro, Masahiro Okuno, and Kotaro Suzumura, eds. 1988. *Industrial policy of Japan*. New York: Academic Press.

La Porta, Rafael, Florencio López-de-Silanes, Andrei Shleifer, and Robert Vishny. 1999. Corporate ownership around the world. *Journal of Finance* 54(2):471—520.

Lang, Larry, and René Stulz. 1994. Tobin's q, corporate diversification, and firm performance. *Journal of Political Economy* 102:1248—1280.

Lincoln, J., M. Gerlach, and C. Ahmadjian. 1996. *Keiretsu* networks and corporate performance in Japan. *American Sociological Review* 61:67—88.

Lincoln, J., M.Gerlach, and P.Takahashi. 1992. *Keiretsu* networks in the Japanese economy: A dyad analysis of intercorporate ties. *American Sociological Review* 57:561—585.

McMillan, Charles. 1984. *The Japanese industrial system*. Berlin: De Gruyter.

Ministry of Finance. 1983. *Hojin kigyo tokei* [Incorporate businesses statistics]. Tokyo: Ministry of Finance.

Mishima, Y., ed. 1981. *The Mitsubishi zaibatsu* [in Japanese]. Tokyo: Nikkei.

Mitsubishi Bank. 1954. *Mitsubishi ginkoshi* [History of the Mitsubishi bank]. Tokyo: Mitsubishi Bank.

Miwa, Yoshiro, and J.Mark Ramseyer. 2002. The fable of the *keiretsu*. *Journal of Economics and Managemen Strategy* 11:169—224.

Miyajima, Hideaki. 1994. Transformation of *zaibatsu* to postwar corporate groups: From hierarchically integrated groups to horizontally integrated groups. *Journal of the Japanese and International Economies* 8: 293—328.

——. 1999. Presidential turnover and performance in the Japanese firm: The evolution and change of the contingent governance structure under the main bank system. In *Japanese management in the low growth era: Between external shocks and internal evolution*, ed. Daniel Dirks, Jean-Francois Huchet, and Thierry Ribault, 121—144. Heidelberg: Springer.

——. 2000. Nihon kigyono shoyukozo, shihon kosei, setsubitoshi: Senkanki to kodo seichokino kozo hikaku [Ownership structure, capital structure and investment of Japanese corporations: Comparison between the inter-war period and high-growth period]. Waseda University(Tokyo), Faculty of Commerce. Mimeograph.

Miyamoto, Matao. 1984. The position and role of family business in the development of the Japanese company system. In *Family business in the era of industrial growth*, ed. Akio Okochi and Shigeaki Yasuoka, 39—91. Tokyo: University of Tokyo Press.

Morck, Randall. 2005. How to eliminate pyramidal business groups: The double taxation of inter-corporate dividends and other incisive uses of tax policy. In *Tax policy and the economy*, ed. James Poterba. Cambridge: MIT Press, forthcoming.

Morck, Randall, and Masao Nakamura. 1999. Banks and corporate control in Japan. *Journal of Finance* 54: 319—339.

——. 2001. Japanese corporate governance and macroeconomic problems. In *The Japanese business and economic system: History and prospects for the 21st century*, ed. Masao Nakamura, 325—349. New York: Palgrave Macmillan.

Morck, Randall, Masao Nakamura, and Anil Shivdasani. 2000. Banks, ownership structure and firm value in

Japan. *Journal of Business* 73:539—569.

Morck, Randall, Andrei Shleifer, and Robert Vishny. 1988a. Characteristics of targets of hostile and friendly takeovers. In *Corporate takeovers: Causes and consequences*, ed. Allan Auerbach, 101—129. Chicago: University of Chicago Press.

——. 1988b. Management ownership and market valuation: An empirical analysis. *Journal of Financial Economics* 20(1—2):293—315.

——. 1989. Alternative mechanisms for corporate control. *American Economic Review* 79(4):842—852.

——. 1990. Do managerial objectives drive bad acquisitions? *Journal of Finance* 45(1):31—48.

Morck, Randall, David A. Stangeland, and Bernard Yeung. 2000. Inherited wealth, corporate control, and economic growth: The Canadian disease. In *Concentrated corporate ownership*, ed. Randall Morck, 319—369. Chicago: University of Chicago Press.

Morck, Randall, and Bernard Yeung. 2003. Agency problems in large family business groups. *Entrepreneurship Theory and Practice* 27(4):367—382.

——. 2004. Family firms and the rent seeking society. *Entrepreneurship Theory and Practice* 28(4):391—409.

Morikawa, Hidemasa. 1976. Chiho zaibatsu [Local *zaibatsu*]. In *Nihonno zaibatsu* [Japanese *zaibatsu*], ed. S. Yasuoka, 146—175. Tokyo: Nikkei.

——. 1980. *Zaibatsuno keieishiteki kenkyu* [Business history research of *zaibatsu*]. Tokyo: Toyo Keizai.

——. 1992. *Zaibatsu: The rise and fall of family enterprise groups in Japan*. Tokyo: University of Tokyo Press.

Murphy, Kevin, Andrei Shleifer, and Robert Vishny. 1989. Industrialization and the big push. *Journal of Political Economy* 97:1003—1026.

——. 1991. The allocation of talent: Implications for growth. *Quarterly Journal of Economics* 106(2):503—530.

Nakamura, Takafusa, and Konosuke Odaka, eds. 2003. *The economic history of Japan: 1914—1955—a dual structure*. Oxford, UK: Oxford University Press.

Nissho. 1968. *Nissho 40nen no Ayumi* [History of Nissho's 40 years]. Tokyo: Nissho.

Noguchi, Yukio. 1998. The 1940 system: Japan under the wartime economy. *American Economic Review Papers and Proceedings* 88(May):404—406.

Ogura, S. 2002. *Banking, the state and industrial promotion in developing Japan, 1900—1973*. Houndmills, UK: Palgrave.

Okazaki, Tetsuji. 1994. The Japanese firm under the wartime planned economy. In *The Japanese firm: Sources of competitive strength*, ed. Masashiko Aoki and Ronald Dore, 350—375. Oxford University Press.

——. 1999. *Mochikabu kaishano keizaishi: Zaibatsuto kigyo tochi* [Economic history of the holding company: Zaibatau and corporate governance]. Tokyo: Chikuma Shobo.

Okazaki, Tetsuji, and Masahiro Okuno-Fujiwara. 1993. *Gendai Nihon Keizai Sisutemu no Genryu* [The origin of the contemporary Japanese economic system]. Tokyo: Toyo Keizai.

Okazaki, Tetsuji, and Kazuki Yokoyama. 2001. Governance and performance of banks in prewar Japan:

Testing the "organ bank" hypothesis quantitatively. Center for International Research on the Japanese Economy Discussion Paper no. CJRJE-F-111. University of Tokyo, April.

Okimoto, Daniel. 1989. *Between MITI and the market*. Stanford, CA: Stanford University Press.

Okumura, H. 1976. *Nihonno rokudai kigyo shudan* [Six major Japanese corporate groups]. Tokyo: Diamondsha.

Patrick, Hugh. 1967. Japan. In *Banking in the early stages of industrialization*, ed. Rondo Cameron, Olga Crisp, Hugh T.Patrick, and Richard Tilly, 239—289. Oxford University Press.

Porter, Michael. 1990. *The competitive advantage of nations*. New York: Free Press.

Rajan, Raghuram. 1992. Insiders and outsiders: The choice between relationship and arm's length debt. *Journal of Finance* 47:1367—1400.

Rajan, Raghuram, and Luigi Zingales. 2003. The great reversals: The politics of financial development in the twentieth century. *Journal of Financial Economics* 69(1):5.

Reischauer, Edwin O. 1988. *The Japanese today: Change and continuity*. Cambridge, MA: Harvard University Press.

Sataka, Makoto. 1994. *Sengo kigyo jikenshi* [Postwar corporate events]. Tokyo: Kodansha.

Sheard, Paul. 1991. The economics of interlocking shareholding in Japan. *Richerche Economiche* 45:421—448.

——. 1994. Interlocking shareholdings and corporate governance. In *The Japanese firm: Sources of competitive strength*, ed. Masahiko Aoki and Ronald Dore, 310—349. Oxford University Press.

Shiomi, Saburo. 1957. *Japan's finance and taxation: 1940—1956*. New York: Columbia University Press.

Shogyo Koshinsho. 1930. *Mitsui zaibatsu*. Tokyo: Shogyo Koshinsho.

Stigler, George. 1971. The theory of economic regulation. *Bell Journal of Economics and Management Science* 2(Spring):3—21.

Takahashi, Kamekichi. 1930a. *Kabushiki Gaisha Bokokuron* [The stock company: A cause of national decay]. Tokyo: Banrikaku Shobo.

——. 1930b. *Nihon zaibatsu no kaibo* [Analysis of Japanese *zaibatsu*]. Tokyo: Chuokoronsha.

Takahashi, Kamekichi, and J.Aoyama. 1938. *Nihon zaibatsu ron* [The Japanese *zaibatsu*]. Tokyo: Shunjusha.

Takeda, Haruhito. 1995. Daikigyo no kozo to zaibatsu [The structures of large firms and *zaibatsu*]. In *Daikigyo jidai no torai* [Arrival of large corporations], ed. T.Yui and E.Daito, 79—115. Tokyo: Iwanami.

Tamaki, Hajime. 1976. *Nihon zaibatsushi* [History of Japanese *zaibatsu*]. Tokyo: Shakai Shisosha.

Tamaki, Norio. 1995. *Japanese banking: A history, 1859—1959*. Cambridge: Cambridge University Press.

Teranishi, Juro. 1999. The main bank system. In *The Japanese economic system and its historical origins*, ed. Tetsuji Okazaki and Masahiro Okuno-Fujiwara, 63—96. Oxford University Press.

——. 2000. The fall of the Taisho economic system. In *Finance governance and competitiveness in Japan*, ed. Masahiko Aoki and Gary Saxonhouse, 43—63. Oxford University Press.

——. 2003. *Nihon no keizai system*. Tokyo: Iwanami.

Toyo Keizai. 1991. *Kigyo Keiretsu Soran '92* [Company *keiretsu* groupings 1992]. Tokyo: Toyo Keizai Shimposha.

Udagawa, M. 1976. Shinko zaibatsu [New *zaibatsu*]. In *Nihonno zaibatsu* [Japa- nese *zaibatsu*], ed.

S. Yasuoka, 107—144. Tokyo: Nikkei.

Ushiba, Takuzo. 1909. Tetsudo eigyo no hoshin [Policies in railway management]. In *10 nen Kinen no Tetsudo* [The 10-year-old Japanese railway], ed. R. Kinoshita, 274—286. Tokyo: Jiho Kyoku. Previously published in *Tetsudo jiho* 14(1899).

Weinstein, David, and Yishay Yafeh. 1998. On the costs of a bank centered financial system: Evidence from the changing main bank relations in Japan. *Journal of Finance* 9:154—173.

Yafeh, Yishay. 1995. Corporate ownership, profitability, and bank-firm ties: Evidence from the American occupation reforms in Japan. *Journal of the Japanese and International Economies* 9:154—173.

——. 2000. Corporate governance in Japan: Past performance and future prospects. *Oxford Review of Economic Policy* 16(2):74—84.

——. 2004. Japan's corporate groups: Some international and historical perspectives. In *Structural impediments to growth in Japan*, ed. M. Blomstrom, J. Corbett, F. Hayashi, and A. Kashyap. Chicago: University of Chicago Press.

Yamamura, Kozo. 1976. General trading companies in Japan: Their origins and growth. In *Japanese industrialization and its social consequences*, ed. Hugh Patrick, 161—199. Berkeley: University of California Press.

Yamazaki, H. 1988. The development of large enterprises in Japan: An analysis of the top 50 enterprises in the profit ranking table(1929—1984). *Japanese Yearbook on Business History* 5:12—55.

Yasuoka, Shigeaki, ed. 1976. *Nihonno zaibatsu* [Japanese *zaibatsu*]. Tokyo: Nikkei.

——. 1984. Capital ownership in family companies: Japanese firms compared with those in other countries. In *Family business in the era of industrial growth*, ed. Akio Okochi and Shigeaki Yasuoka, 1—32. Tokyo: University of Tokyo Press.

评论

Sheldon Garon[95]

在这一章中,Randall Morck 与 Masao Nakamura 写道:"在过去一个世纪,日本的公司部门根据每一种主要的公司治理模式进行了重组。"几乎相同的说法可以用于描述日本对于"公司治理"的解释的转变,尤其是 1945 年前称为"财阀"的公司联合体的公司治理以及第二次世界大战之后被称作"商社"的企业集团的公司治理。战前的马克思主义者批判了财阀对财富的集中,右翼分子则攻击(有时是字面上的)财阀领导人的营利行为是不爱国的行为。对于 1945 年到 1952 年间占领战败日本的美军来说,财阀成为在新日本建立经济民主最主要的障碍。占领军认为财阀助长了战时的军阀主义,同时抑制了小企业的健康发展,因而将四大财阀分裂为独立的公司。以前的财阀成员公司和其他公司很快重组为构成更为松散的商社。由于日本在 20 世纪五六十年代实现了"经济奇迹",并且对美国企业的利益造成日益严重的挑战,对财阀和商社的历史评价从批判转变为赞赏。Chalmers Johnson(1982)认为财阀通过规模经济、现代技术商业化中的领头羊地位、与国家发展规划的紧密联系,以及最重要的,它们"在(国家的)理性计划体制中采用的必要的竞争措施",对战前的经济发展作出了贡献。同样的,Johnson

(1982:204—206)也赞扬了以银行为中心的商社为战后经济发展作出的贡献。1991 年后,日本经济陷入长期低增长和零增长,研究人员们普遍认为,事实上,日本的公司治理在很长一段时期内阻碍了经济增长。Morck 与 Nakamura 则提出,财阀,特别是商社,都积极参与寻租行为,"这可能延缓了金融发展,并造成了长期的经济问题"。

这一章对从德川幕府时期(1603—1868)开始的财阀和商社的公司所有权的变化进行了全面的历史分析。日本经济史的学者们最有价值的贡献,在于对 1945 年前和 1945 年后各种主要企业联合体的所有权和治理权结构进行了详尽的分析。Johnson、Noguchi 和其他学者描述了 20 世纪 30 年代以前非常依赖资本市场的日本企业是如何在第二次世界大战期间转而严重依赖银行资本的,而且他们认为这一以银行为中心的融资模式在战后时期有增无减(Noguchi, 1995:8—9)。Morck 与 Nakamura 则揭示了 20 世纪 40 年代后期占领军解散大型财阀后,充满活力的资本市场的再度出现。作者也中肯地提出,20 世纪 40 年代之后的公司狙击和敌意收购浪潮促使前财阀公司以商社的形式恢复相互关系并且相互持有股份,从而保护它们自己,并且对抗外部狙击手。

作者从一个很长时期的历史视角,为战前财阀和战后商社的出现和持续提出了有说服力的解释。这些解释主要围绕以下几个方面:(a)企业团体在市场薄弱、信用度低且管理人才缺乏的环境中的优势;(b)家族所有人以及他们信任的经理人对公司和金字塔集团控制权的不断追求;(c)企业集团与政府的共生关系。

另外,本章提出了定义和理解"财阀"的有用的途径。在什么组成了财阀的争论中,美国占领军最终对四大财阀——三井、三菱、住友和安田,进行了限制,并实施了解散政策。然而,作者将财阀定义为任何"公开上市交易的公司组成的大型金字塔式集团",是很实用且有意义的。本章采用更广泛的定义,对 20 世纪二三十年代的老财阀和新财阀是否存在显著的差异这一问题重新进行了回顾。作者表明,随着老财阀向军事相关的化工业和重工业发展,就如新财阀所做的那样,以及这些产业在各个公司的利润中的占比逐渐提高,这些差异可能比实际的更为明显。另外,老财阀像新财阀那样,依赖股权资金为其重工业或者化工业公司融资。

尽管本章的研究有所贡献,但其观点还可以在几个领域有所加强。我首先提出对总体分析的问题。标题有些令人费解,因为它掩盖了这个故事中的主要角色。我们是否假设日本公司的领导人就像井底之蛙一样,只看得到井底的倒影,而忽略了整个世界? 或者用作者的话说,"日本人努力寻觅世界上最好的资本主义体制,并且比其他主要工业经济国家更为积极地改变他们自己的体制"? 那么,如果是这样的话,准确的说,是谁在改变体制的过程中扮演了重要角色——美国占领军、日本政府、财阀或是商社? 第二,本章的题目是"日本公司所有权发展的历史",但很少提到财阀和商社之外的其他模式。读者想知道小型和中型企业部门的所有权模式,中小型企业雇用的员工比财阀更多,是战前出口部门的中心。到 20 世纪二三十年代,小型企业有效组建成政治集团,并对政府政策产生影响。20 世纪 50 年代,将小型企业联合起来的正是鲇川义介,他是战前日产财阀的首创人(Garon and Mochizuki, 1993:145—166; Samuels, 2003:236)。尽管这一章的内容集中在财阀和商社,我们必须注意到,大型企业联合体与小型企业的政治、经济关系并不稳定。

因为本章涵盖了一个半世纪以来财阀和商社的发展历程,提出的一些关于分析的历史问题也比较恰当。但作者并没有广泛地阅读日本现代史,他们的一些历史判断都基于当今的经济学家几十年前的解释或者不合时宜的假设。其中一个更为令人震惊的错误是他们提出"17世纪30年代和18世纪50年代之间德川幕府的反全球化计划将日本孤立起来"。很难用"全球化"来恰当地描述欧洲垄断贸易公司的世界,以及幕府"孤立"了日本,但日本仍与荷兰、韩国和中国有贸易往来。

这一章最严重的史学问题在于对战争时期经济秩序(1931—1945年)以及其对战后公司治理留下的遗产的分析。作者坚持认为战争时期的日本是"严格的中央计划经济",在该体制下,国家"事实上国有化了所有的主要公司,并使之服从中央计划者的部署"。他们总结道,到1945年,"日本经济与20世纪20年代的俄罗斯经济几乎没有什么差异",而且"日本实行的是同1989年很多东欧国家一样的中央规划体制,尽管之前是右翼独裁统治"。Morck和Naka-mura认为,到1938年,"日本右翼军政府下最高级的经济规划人员都是受苏联训练的"。他们还引用了战争时期被称为"控制协会"(toseikai)的强制性卡特尔作为进一步的证据,认为卡特尔的"控制委员会的工作人员最终全部都是军事人员"。考虑到财阀家族由于战争时期政权的控制经济而影响力逐渐减弱,作者用"迈向农奴制"来描述这一变化,安逸自在的继任者们显然是扮演了农奴的角色。

这里有几点需要特别指出的。他们并不是完全错误,但都存在夸大或者证据不足的问题。我们从财阀是如何陷入战争时期的控制开始。总的来看,财阀不仅在第二次世界大战期间蓬勃发展,而且其在经济中的主导地位有所提高。尽管20世纪30年代军队进行了一些削弱他们的影响力的尝试,新财阀和旧财阀都从对在中国和东南亚的军事领土的剥削中获得了大量收益。尽管财阀经常对政府在经济中的干预持异议,但在实践中,他们利用战时的控制来加强自身,以对抗其竞争对手。美军中最重要的权威人士强调行业协会允许财阀的存在和保留一定份额的资源和资金,从而削弱甚至破坏各个卡特尔中的小企业。T.A.Bisson(1954:13)的记录表明,控制协会"几乎由顶级财阀的人员控制着","在本质上,他们很少将政府制裁加到企业联合体自己的行为上"。大雇主也通过官僚在各个工作场所强制建立的劳资理事会毁灭了剩余的有组织劳力(Garon,1987,第6章)。

另外,作者对于股利并没有作出明确的判断。他们声称"股利受到限制,因此他们可能出于爱国主义将收益用于再投资"。在其他方面,他们认为财阀家族得到的股利"现在明显急剧减少了",最近的文献声称战争时期股利"被取缔了"。更多的研究显示,政府对股利的政策并没有本文中假设的那么有革命性。可以肯定的是,1938年的法律对股利进行了控制,但并没有消除股利。如果公司计划支付超过10%的股利,需要得到财务部的批准(Okazaki,1994:364)。另外,Johnson(1982:139)在他的研究中认为,"到太平洋战争结束都一直支付股份红利"以及"这些财阀所有权成为战争时期唯一得到尊重的公民权利"。

本章内容认为应该将日本政府的控制视为与苏联的中央计划同类的体制,而事实上,很难用这一观点去解释战争时期政权对财阀个人所有权的维护。诚然,战时的官僚和经济学家对苏联计划体制进行了研究。同时,政府的规划局中有一些较为推崇社会主义的官僚,很多战时的规划人员都认为财阀自己声称的爱国其实是自私的行为,因此他们并不喜欢财阀。然而,战时的规划者们更多地受到纳粹德国控制权的影响(以及意大利法西斯,甚至新政模式的影响)。仔细考察他们采取的关于资本和劳动力的政策,会发现这些政策相比苏联模式,更接近于纳粹政策。这一点不足为奇。和日本政府官员一样,纳粹统治诋毁股东,而青睐工人和经理人,从而维护了大型企业中的私人所有权。同样地,1937 年的德国公司法允许支付股利,但削弱了股东的治理权,并且要求将更多的公司利润进行再投资。当然,日本官僚能够获取到的盟友德国政策方面的信息比能得到的关于敌国苏联的信息要多很多。1941 年,很多倾苏联的专家都在大型企业的压力之下被逮捕或者革职(Johnson,1982,第 4 章)。[96]简而言之,不应该将战争时期的财阀比喻成在苏维埃统治下被废止的俄罗斯同伴。它们让我们想起了纳粹时期的大型企业,一些学者将这些企业比作“一辆失控的巴士的售票员,他无法控制驾驶员的行为,但一直负责收取乘客的车费,直到巴士最后坠毁”(Grunberger,1971:184,177)。

此外,作者对于战争时期政府性质的判断是错误的,他们很少注意到平民官僚在经济政策中扮演的角色。他们赞同过时的“军队对经济进行独裁统治”的观点。从而,他们没有注意到日本政治经济方面的主流学者在过去 20 多年一直强调的:工商业部及其继任者中的“经济官僚”在战争时期的巨大影响。[97]正是这些官员,而不是军人,制定了推动重工业和化工业发展的产业政策,将小型企业置于财阀的控制之下,并且出于经理人的利益削弱了股东的控制权。这些官员最后也不得不承认,他们没有能够将让财阀完全服从政府的控制。其结果并不是将财阀降级为“农奴”,而是 1945 年后官僚与大型企业之间合作关系的改变。经济官僚都没有被美国占领军革职,并且由于美国人支持政府为了复苏经济而进行干预,他们对经济的控制权利得到了加强。1949 年建立国际贸易和工业部(MITI),经济官僚们获得了强有力的基础。

如果考虑到经济官僚,作者对战后商社出现的分析就会有一些细微的差别。在这一章中,他们主要是从 1952—1953 年间公司为对抗企业狙击手而进行的联合防卫的角度,来解释商社的出现。然而,他们忽略了政府在战后最初几年里所扮演的重要角色,特别是经济官僚的作用,这些官僚力求削弱财阀家族和股票市场的影响力,而青睐以银行为中心的金融体制,政府采用金融体系推动特定产业的发展。早在 20 世纪 50 年代初期进行的敌意收购之前,经济官僚已经在暗中推动被解散的财阀公司围绕银行而非以前的家族控股公司进行重建(Johnson,1982:174,199,204—206)。

最后,在对公司治理进行了详细且历史性的考察之后,这一章认为战前的财阀和战后的商社“可能延缓了宏观经济的增长”。这是一个很耐人寻味的问题,但目前很少有文献对公司治理对总体增长的影响进行严格的历史性研究。让人好奇的是,作者没有批判(甚至引用)Chalmers Johnson 有影响力的“日本工业政策历史”中的观点,他认为财阀和商社是 1975 年以前日本经济增长的中心。

参考文献

Bisson,T.A. 1954. Zaibatsu *dissolution in Japan*. Berkeley:University of California Press.

Fletcher,William Miles Ⅲ. 1982. *The search for a new order:Intellectuals and fascism in prewar Japan.*

Chapel Hill: University of North Carolina Press.

Garon, Sheldon. 1987. *State and labor in modern Japan*. Berkeley: University of California Press.

Garon, Sheldon, and Mike Mochizuki. 1993. Negotiating social contracts. In *Postwar Japan as history*, ed. Andrew Gordon, 145—166. Berkeley: University of California Press.

Grunberger, Richard. 1971. *The 12-year reich: A social history of Nazi Germany, 1933—1945*. New York: Holt, Reinhart.

Johnson, Chalmers. 1982. *MITI and the Japanese miracle: The growth of industrial policy, 1925—1975*. Stanford, CA: Stanford University Press.

Noguchi, Yukio. 1995. 1940 *nen taisei* [1940 system]. Tokyo: Toyo keizai shinposha.

Okazaki, Tetsuji. 1994. The Japanese firm under the wartime planned economy. In *The Japanese firm*, ed. Masahiko Aoki and Ronald Dore, 350—377. Oxford: Oxford University Press.

Samuels, Richard J. 2003. *Machiavelli's children: Leaders and their legacies in Italy and Japan*. Ithaca, NY: Cornell University Press.

注释

① 财阀在韩语中读为 chaebol。在韩国 chaebol 的治理中,存在更紧密的血缘关系。在韩国文化中极具影响的儒家文化,倡导尊重家庭,而在日本的佛家学说中血亲关系就没那么重要。

② 在日本,中央规划部门负责常规中央计划、国家指令以及控制经济的方方面面,并且事实决定资本所有权的废除。然而,在社会主义的波兰,土地的私人所有权在法律上仍然得以保留,在法律上,财阀和其他私人部门企业的私人所有权也得以保留。日本的中央规划部门是公司制,而非社会主义制的,尽管这一时期的大部分言论都试图掩盖这一点。

③ 进一步细节可参见 Okazaki(1994)。

④ "白衣护卫"是为防止目标公司被收购而购买了大量目标公司股份的友好公司。如果友好公司对整个目标公司持有控制权,则称为"白衣骑士"。

⑤ 日本幕府和军阀通常用其姓来代称。

⑥ 这一制度的基础来源于幕府丰臣秀吉(1536—1598),他出生在一个农民家庭,后来成为武士,并在 1588 年没收了农民和宗教机构的武器之后,征服了日本。因为担心社会流动会造就另一个丰臣秀吉,1590 年他规定种姓是永久性的,并且实行世袭制。只有武士能够持有武器或者穿着铠甲。尽管如此,仍然再度出现了一些流动——例如,江户时期的一些封建君主支持相扑运动员成为武士,并可携带两把剑。正因如此,当代的历史学家都采用了更模棱两可的术语"身份组"(status group),而不是"种姓"(caste)。

⑦ 只有职业不光彩的流浪者的地位更低。

⑧ 收养,同结婚一样,需要经过三井家族理事会的批准。这方面的一个重要例子是三野村利左卫门(Rizaemon Minomura, 1821—1877)。他的出身是长野的一个失业武士,后来到了江户。在为一个商人打工期间,他有机会与三井进行交涉。1866 年三井雇用了他,并且最终将其收入了三井家族,成为三井家族理事会中 11 个创始宗族之一三野村宗族的首领(他也将姓改为了三野村)。他逐渐在三井的各个公司中担任各种重要职位。1876 年,他将家族的货币兑换业务重组为三井银行,并担任其主席。三野村利左卫门后来收养了一个商人的儿子,三野村理介(Risuke Minomura, 1843—1901)。

⑨ 进一步的细节请参见 Yasuoka(1984)。

⑩ 别子铜矿一直运营到 1973 年,共产出 70 万吨铜。

⑪ 具体细节参见 Yasuoka(1984)。

⑫ 参见 Asajima(1984)。

⑬ 历史学家根据各天皇的统治对时期进行划分。明治时期是从 1868 年到 1912 年，大正时期是从 1912 年到 1926 年，昭和时期是从 1926 年到 1989 年。要注意的是，天皇通常会在登基后选择一个正式的名字。因此 1926 年，裕仁选择了"昭和"这个名字，意思是"开明的和平"。

⑭ 一些历史学家将此视为日本财阀的开端。

⑮ 鸭池银行后来变成了三和(Sanwa)银行，逐渐发展成今天的 UFJ 银行。

⑯ 参见 Yamamura(1976)。

⑰ 井上后来成为外事、内政及财务部长，同时也是枢密院委员。由井上和其他人成立于 1872 年的 Senshusha 公司，是一家较为成功的贸易企业，其成功主要归功于井上的政治影响力。其基本业务是执行政府的进口品采购。Senshusha 主要进口羊毛、枪支和肥料，主要出口大米、茶叶以及丝绸。

⑱ Choten 在日语中是"顶点"的意思。

⑲ 在日语的一种计数方法中，hitotsu 是一，futatse 是二，mittsu 是三，yottsu 是四。在另一种方法中，ichi 是一，ni 是二，san 是三，yon 是四。对这两种数字体系的合理运用主要是个语法问题。

⑳ 例如，高岛伊吉煤矿(Takashima Coal Mine)(政府 1885 年的投入支出为 393 848 日元)1874 年以 550 000 日元出售给 Shojiro Goto 所有的 Shoraisha，1881 年又出售给了三菱的岩崎家族。其他的例子还包括：新町绢纺厂(Shinmachi Silk Spinning Mill)(成立时的成本为 138 984 日元)在 1887 年以 141 000 日元出售给三井家族，长崎造船厂(Nagasaki Shipyard)以 459 000 日元出售给三菱家族，富冈纺丝(310 000 日元)于 1893 年以 121 460 日元出售给三井家族，佐渡金矿(Sado Gold Mine)(1 419 244 日元)和生野银矿(Ikuno Silver Mine)(1 760 866 日元)于 1896 年以 2 560 926 日元一并出售给三菱以及釜石钢铁厂(Kamaishi Ironworks)(2 376 625 日元)于 1887 年以 12 600 日元出售给日本军队和海军的铁矿供应商 Chobei Tanaka。田中(Tanaka)在 1924 年又将釜石钢铁厂(Kamaishi Ironworks)出售给了他的公司釜石矿业(Kamaishi Mining)，转而投资新日铁(Nippon Steel)。田中和釜石矿业取得了巨大的成功，到 1900 年其在生铁业的市场份额达到 72%。也有罕见的例外情况，三池煤矿(Miike Coal Mine)(成立时的成本为 757 060 日元)于 1888 年以 4 590 439 日元出售给三井，加剧了私有化的低价。要进一步了解细节，请参见 Kobayashi(1985:64—65)。

㉑ Morikawa(1980)提出，一些三井集团的顶级经理和合伙人认识到了芝浦(Shibaura)业务的重要性，但并不了解这些业务。1902 年三井打算退出芝浦，但遭到了三井矿产和其他公司的反对。1904 年芝浦作为三井集团的公司公开上市。

㉒ 财阀通常是重要的技术进口商；参见 Goto(1982)。

㉓ 参见 Claessens、Djankov 和 Lang(2000)，Claessens 等(2002)，Faccio 和 Lang(2003)，Bertrand、Mehra 和 Mullainathan(2002)以及 Johnson 等(2000)。近期的研究显示，"传导"在那些对小股东保护较弱的国家更为常见，如日本等。在世界大战之前对股东权利的保护很弱，La Porta 等(1999)对包括日本在内的 6 个国家的股东权利进行了国际比较。Porta(1999)认为较弱的股东权利有利于日本公司的经理人们免受目光短浅的股东的影响，但 Morck 和 Nakamura(1999)则反对这种观点。目前，股东权利在日本仍然是一个备受争议的问题。

㉔ 参见 Tamaki(1976:84—86)。Fruin(1992:100—102)描述了 1916 年到 1926 年间三菱金字塔进行的几次重组，并且认为这反映了集团不断发展的战略考虑，如范围和规模经济。

㉕ 在第二次世界大战期间曾讨论是否重组为一家股份制公司，但并没有执行。

㉖ Nakagawa 的出生和去世时间未知。在日语中数字"三"是 mittsu。三菱集团的真实起源在日本历史学家中一直存在争议，参见 Mishima(1981)。

㉗ 只允许岩崎家族在高岛伊吉陷入财务困境时从 Horaisha 处将其购买过来。详细情况可参见 Yasuoka(1976:64)。

㉘ 详细情况请参见 Mishima(1981:340—341)。

㉙ 时人普遍认为鲇川会失败，总是将他与 Suzuki 比较，后文会有介绍。Kuhara 最终蓬勃发展并且形成了一个新财阀的基础，而 Suzuki 却失败了，导致整个财阀的崩溃，这大大提高了鲇川的地位。

㉚ 然而，鲇川(1934)也认为"管理民族主义"是投资"一些新产业"的合理原因，虽然这些产业短期内不能带来回报，

但对于公司未来发展很有利。

㉛ 直到第二次世界大战结束,三井和三菱对其控股公司持有完全的家族控制权(首先是作为合伙企业持有,再作为股份公司持有),日产与之不同的是,其股份所有权更为分散,并且在第二次世界大战之前越来越分散。尽管如此,到第二次世界大战结束之前,鲇川义介和他的亲戚仍然使日产金字塔在他们的完全控制之下。Hasegawa(1938)对 20 世纪 30 年代很多日本公司的预算编制情况进行了调查,并得出结论,日产作为控股公司采用的是一种中央集权的方式来编制其接受调查的 30 多家各个产业的分公司的预算。

㉜ 丰田佐吉在他的一生中有 119 项发明创造,其中 13 项获得了美国和其他国家的专利权。

㉝ 如图 7.3 所示,截至 1930 年,丰田纺织机械(Toyota Boshokuki)和另一家丰田公司由 Toyo Menka 贸易行控制,该公司是由三井物产所有的。

㉞ 丰田佐吉的儿子丰田喜一郎和他的妻子用其毕生的精力来发展汽车业,但他与 Risaburo 的关系不佳,直到去世时都没有负责丰田汽车的业务。

㉟ 这种多样化有利于降低银行风险。这已经成为银行要努力实现的目标,但这一点并不完全清楚。

㊱ Kato(1957)详细介绍了"器官银行"的使用和结构,包括铃木集团的银行这方面的情况,Kato(1957)也是这部分大部分内容的资料来源。也可参见 Okazaki 和 Yokoyama(2001)了解经验证据和其他研究的概述。

㊲ 其他同类型公司是由三菱(Mitsubishi)、增田(Masuda)、安倍(Abe)、茂木(Mogi)、高田(Takada)、岩井(Iwai)、安宅(Ataka)、汤浅(Yuasa)集团成立的。

㊳ 第二次世界大战之后,Yokohama Shokin Bank 改为东京银行(Tokyo Bank),后来与三菱银行合并,成立了东京三菱银行(Bank of Tokyo-Mitsubishi)。

㊴ 日本另外唯一一家外贸规模足够使用商业银行的贸易公司是三井物产。

㊵ 铃木财阀的倒闭在规模可与 1932 年瑞典 Ivar Kreuger 的 STAB,以及 20 世纪 20 年代德国的 Stinnes 相比。

㊶ 日本银行在 20 世纪二三十年代的经济萧条中扮演的角色,可参见 Ito(2001)。

㊷ 中国台湾银行和韩国银行都由日本政府赋予了特殊的地位。

㊸ 日商公司(Nissho Company)仍然是一家普通的贸易公司,1968 年与岩井贸易公司(Iwai Trading Company)合并,成立了现在的日商岩井株式会社(Nissho Iwai Corporation)。公司网站(http://www.nisshoiwai.co.jp/in/e/index2.html)介绍了包括 Suzuki Shoten 在内的公司历史。

㊹ 铃木倒闭之后,1931 年 Kaneko 成立了一家控股公司 Taiyo Soda,他也由此开始了新的商业生涯。1944 年他在婆罗洲进行铝加工时去世。他临终时 Takahata 在他的身边。Kaneko 在日商的帮助下,将 Taiyo Soda(1939 年改名为太阳产业,Taiyo Sangyo)发展成了一家控制着包括神户制钢所(Kobe Steel Works)在内的 25 家公司的控股公司。

㊺ Fukuzawa(1930)对 Kaneko 给予了比三菱财阀的创始人 Iwasaki 更高的评价。

㊻ 进一步的细节请参见 Okazaki(1994)。根据 Hoskins(1992)的描述,战时日本当然不是一个共产主义国家。然而,其极右翼军政府实施的经济体制与 20 世纪 20 年代俄罗斯的体制惊人得相似。

㊼ 1917 年 9 月日本和其他国家一起放弃了金本位制。在第一次世界大战之后,很多其他国家都立即回到金本位制,但日本一直到 1930 年 1 月才重新采取金本位制。1931 年 12 月再度放弃金本位制。进一步细节请参见 Ogura(2002)。

㊽ 日本工业银行于 1900 年根据日本工业银行(IBJ)法案成立,该法案要求政府出资 1 000 万日元作为初始资本,并且赋予其发行 IBJ 长期债券以进一步融资的特权。1902 年 IBJ 开始开展投资银行业务。1918 年对 IBJ 法案进行了修订,准许其承销债券。IBJ 法案于 1950 年废止,IBJ 成为一家普通银行。同年,政府通过了银行债券发行法案(Bank Debenture Issuance Act),允许普通银行通过发行长期债券筹集资本。1952 年,盟军占领结束后,日本政府废除了 BDI 法案,并且通过了新的长期信贷银行法案(Long-term Credit Bank Act)。此项法案指定了长期信贷银行,并且准许它们发行长期债券为公司投资融资。日本工业银行(IBJ)、长期信贷银行(Long-Term Credit Bank)、日本信贷银行(Japan Credit Bank)以及东京银行(Bank of Tokyo)成为长期信贷银行。进一步的细节参见 Patrick

(1967)和 Tamaki(1995)。我们非常感激 Richard Sylla 为我们指出这些。

㊾ 进一步细节请参见 Fletcher(1989)。

㊿ 政府根据 1927 年银行法对银行业进行重整,银行数量大幅减少。直到 1981 年都没有对该法律进行大的修订,因而政府在规范银行竞争方面具有相当大的灵活性。例如,根据 Horiuchi(1999),1933 年财务部利用该法律宣布了"一州一个地方银行"政策,并赋予这些银行一定程度的垄断权力。20 世纪 40 年代,这一政策得到完全的执行,到 50 年代早期财务部批准成立 12 家新的小银行成立时,暂时放松。后来又再次严格执行这一政策。

(51) 合伙企业因业务地点的不同缴纳 18%—28%不等的公司所得税,以及资本税。同样的收入需缴纳个人所得税,最高边际税率 65%。

(52) 进一步细节可参见 Morikawa(1992:213)。日本在 1940 年的改革中开征公司所得税,这次改革也全面增加了税收负担。关于这些改革的全面信息可参见 Shiomi(1957)。Miyamoto(1984)也对改革之前的税收体制进行了详细介绍。

(53) Reischauer(1988:305)写道:"到 20 世纪 20 年代,财阀受到广泛的谴责,尤其是军队支持者的谴责,认为财阀是日本社会中西方颓废的表现,是议会体系腐败的代表,是日本帝国命运的背叛者。"很多财阀领导人的生命都受到了威胁。例如,前公务员和 Mitsui Gomei(三井合伙公司)主席 Ikuma Dan(1858—1932),1932 年在东京三井银行前被年轻的海军军官暗杀。

(54) 国家计划委员会是苏联政府的指挥和控制部门。Okazaki(1994)认为国家规划部明确仿照国家计划委员会,并且配备的都是在苏联培训的工作人员。

(55) 进一步细节请参见 Horiuchi(1999)。

(56) 参见 Yafeh(2000)。

(57) Dower(2000)描述了麦克阿瑟的反共清洗活动,大规模的检查制度以及处理工会的独特的右翼手段。

(58) 美国新政对跨企业红利征税,并且在公共事业部门禁止跨企业所有权,从而粉碎了金字塔式企业集团。进一步细节请参见 Becht 和 DeLong(第 11 章)以及 Morck(2005)。

(59) 这促进银行成为战后水平商社中的主要竞争者,水平商社是美国退军后日本出现的一种典型的工业组织形式。

(60) 根据 Tamaki(1976:453)的记录,HCLC 对来自这些控股公司和 56 位财阀家族个人的 1.66 亿股、实收资本的名义价值 76 亿日元的股份进行了重新分配。被指定解散的公司的实收资本占公司部门实收资本总额的 42%,约 184 亿日元。

(61) 1950 年中期里奇韦接任麦克阿瑟后,这一政策转变非常明显,在 1952 年 4 月对日本的占领结束前这一政策都运行得很好。

(62) 根据 Tamaki(1976:454)的记录,HCLC 将控股公司和财阀家族持有股份的 23%出售给了员工。剩余部分通过各种一般的、特殊的和地区性的拍卖售出或者以承销的方式出售给信托账户。每个员工可以以非常低的价格购买最多 3 万日元的股份,每位经理最多可购买 1%的股份。1949 年股票市场重开后,员工和行政人员大多将这些股份变现了。例如,三井物产解散前有 7 050 位员工。其中很多人在公司解散失业后,用这笔资金成立了新的公司,接手他们之前雇主的业务。SCAP 禁止任何公司形式雇用曾经为三井物产或者三菱商事工作过的工人人数超过 100 人,不包括行政人员,同时也禁止任何新公司中原集团任何层级公司的经理人、三井物产或三井商事的顾问或行政人员超过一名。三井物产以前的员工在满足这些法律要求的条件下,成立了 220 多家小公司,继续经营以前三井物产的业务。三菱商事的这一数据为 140。

(63) 参见脚注(62)。

(64) 一些学者将这一历史事件同后来政府所有公司的私有化项目进行了类比。可参见 Yafeh(1995)等。

(65) 参见 Miyajima(2000)。

(66) 日本这一时期著名的收购和反收购案例的细节,可以参考 Sheard(1991)和 Miyajima(1994)。

(67) 美国和法国的敌意收购可参见 Morck、Shleifer 和 Vishny(1988a, 1988b, 1989),英国的情况可参见 Franks Mayer 和 Rossi(第 10 章)。

⑱ 现在该公司的主要产业是 Nihonbashi 的 Tokyu 百货公司的一部分。

⑲ 后来,1953 年,三菱主要的土地开发公司三菱房产(Mitsubishi Estates)吸收合并了 Youwa 和另一家三菱房地产公司 Kantou Properties。

⑳ Yafeh(1995,2000,2004)认为,更普遍的是,不佳的表现促使公司重组它们的所有权结构。由于收购和对收购的商社防卫都是所有权结构重组的具体情况,以及 Morck、Shleifer 和 Vishny(1988a,1988b,1989)认为是不佳的表现引起了敌意收购,这一观点与我们的观点不一致。

㉑ 参见 Sheard(1994)。

㉒ 也需要注意的是,Gerlach(1992),Lincoln、Gerlach 和 Takahashi(1992),Lincoln、Gerlach 和 Ahmadjian(1996)以及其他定量社会学家发现,商社关系在无条件的多元数据分析中很重要。关于日本公司治理为何在根本上与其他国家的不同,详细的分析可以参见 Aoki(1988)和 Kojima(1997)。Aoki 的很多观点都没有被反驳过。

㉓ 参见 He、Morck 和 Yeung(2004)。

㉔ Tamaki(1976:154—155)更详细地介绍了东芝与这些公司之间的关系。

㉕ 参见 Tamaki(1976:399)。

㉖ 和前面讨论的一样,丰田汽车是从织布机制造商 Toyota Jido Shokki 分拆出来的。

㉗ 参见 Fruin(1983)。

㉘ 关于战争时期体制在战后的继续实行以及银行在战后重建中的角色,参见 Hoshi 和 Kashyap(2001)。

㉙ 参见 Hoshi 和 Kashyap(2001)。

㉚ 对于这一观点的批判,参见 Hamada(1998)。

㉛ 现在,日本银行系统的这一结构是大量争论的主题。已经进行了一定程度的改革,并且有可能进行进一步的改革。

㉜ IBJ 从 1900 年开始,在日本工业银行法案的规定下提供投资银行业务,1950 年 IBJ 法案废止后,成为普通银行。1952 年颁布新的长期信贷银行法案后,IBJ 重新取得了作为投资银行的特殊地位。

㉝ 相反,在 20 世纪 50 年代早期之前,日本的银行通常都没有参与对其陷入困境的客户公司的拯救行动。倒闭的公司被直接清算。参见 Miyajima(1999)。

㉞ 参见 Morck 和 Nakamura(2001)。

㉟ Aoki 和 Sheard(1992)以及 Hoshi、Kashyap 和 Schaftstein(1993)的研究显示,财务状况最好的公司都很快转向了债券融资。Hellman、Murdock 和 Stiglitz(2000)认为这破坏了银行系统。Boot 和 Thakor(2000)以及 Fraser、Ghon Rhee 和 Shin(2002)都阐述了对关系型银行业务竞争的监管限制的重要性。

㊱ 参见 Yafeh(2003)。

㊲ 更详细的研究可参见 Yafeh(2004)。

㊳ 对与垂直型商社有关的这一观点的详细阐述可参见 Aoki(1988:chap 6)和 Blinder(1991)。与多样化的大型公司有关的代理问题的证据可参见 Morck、Shleifer 和 Vishny(1990),Lang 和 Stulz(1994)和其他人的研究。

㊴ Aoki(1988,1994)提出,商社的主要银行是一个特殊的管理人才集中库,并将他们的专业知识借给陷入困境的商社成员公司。企业集团能够将人才分配到需要的地方,从而对短缺的管理人才进行最有效的使用。Kaplan 和 Minton(1992),Morck 和 Nakamura(1999)以及其他学者的研究显示,在战后时期,银行的行政人员通常被安排到陷入财务困境的客户公司的董事会中。

㊵ 和财阀有关的信息可参见 Asashima(1982)、Okazaki(1999)和其他人的研究,和商社有关的信息可参见 Hoshi、Kashyap 和 Scharfstein(1990a,1991,1993)和其他人的研究。

㊶ 可参见 Hayashi(2000)。

㊷ 理论上有可能这些经理是出于善意而阻碍收购。例如,他们的目标是保护目光短浅的股东不会将股份以很高的溢价出售给收购者,因为有可能将来会进一步抬高他们的股票价格。然而,股东短视模型的反复实证的结果(Chan、Martin and Kensinger,1990)并不支持这一观点。同时,很多日本企业的高级经理能够获得一些附带的好

处,包括昂贵的住宅、高尔夫俱乐部的会员资格、专用汽车司机,以及入住特殊酒店的资格。即使这些东西的市场
价值很高,这些附带的好处都没有计入到行政人员的收入中。一离开他们的职位,他们就立即失去了这些好处。

㊩ 与瑞典有关的详细信息可参见 Hogfeldt(本书第 9 章)。Morck 和 Yeung(2004)对此观点进行了更一般化阐述。

㊔ 关于"高官下凡"在日本当时经济衰退中的作用的讨论,可参见 Horiuchi 和 Shimizu(2001)。

㊕ Sheldon Garon 是普林斯顿大学日本历史学教授。

㊖ 关于德国和法西斯模式的重要性,可参见 Garon(1987)第 6 章以及 Fletcher(1982)。

㊗ 参见 Johnson(1982)。

荷兰的融资与管控:历史透视

Abe de Jong Ailsa Röell[*]

8.1 引言

本章旨在从历史视角考察荷兰当今的所有权与控股结构。荷兰的金融市场与机构的历史发展有些与众不同,它综合了各种元素:诸如可回溯至海运贸易占据主导地位的荷兰黄金时代的证券交易文化,从法国占领的主要时期传承下来的法律体系,以及来自邻国德国和英国、美国的巨大影响。第8.1节简要描述荷兰公司财务的历史发展。随后,本章其余部分将对荷兰的公司进行对比分析,所列公司分布于20世纪,以35年为间隔,主要集中在3个年份:1923年、1958年以及1993年。第8.2节概述数据并给出其来源,主要关注上述公司的各种财务特征。接着第8.3节对公司控股机制进行了更深入的分析,特别是股东权利以及对敌意收购的对抗。网络效应是第8.4节关注的焦点,此节讨论的主题是监事会和理事会的特征与组成,与银行及其他行业公司形成互兼管理的程度以及董事会中可确认的创立者家庭成员。第8.5节是总结。

---

 * Abe de Jong 是鹿特丹伊拉斯谟大学财务管理学院副教授。Ailsa Röell 是蒂尔堡大学金融学教授,也是普林斯顿大学的资深研究学者。

8.2　历史概况

8.2.1　概论

荷兰被认为是证券交易资本化的先驱。1962 年,在一家荷兰公司中出现了第一个股权,即世界上创立的第一个有限责任股份制公司——东印度公司(VOC)。在 1962 年,最初的投资者们并没有意识到他们的命运:表面上,他们将资金投入一项有期限的合伙关系,派遣一系列商船去东印度,可在 20 年后获得承诺的变现股息。令投资者们失望的是(尽管他们对此作出了强烈抗议),1962 年公司董事(向政府而非董事汇报)决定延长公司的许可证期限,因此搁置了变现股息的计划,并且使这家有惊人盈利能力[①]的公司持续经营了多年。

至 17 世纪中期,随着对 VOC 股份的投机,甚至衍生品交易也广泛流行起来,荷兰的持股文化蓬勃发展起来。到了 18 世纪,东印度公司的贸易产业衰败了,最终 VOC 于 1799 年破产。即便如此,荷兰在黄金时代积累的财富大部分仍未被挥霍,而是主要投资于各种国际政府证券中。但尤其是法国政府的一连串拖欠,致使荷兰的财富骤减,并严重破坏了其对有价证券投资的信心。但即使到了 19 世纪,仍有许多富裕的食利者家庭的财产是以有价证券的形式持有的。[②]

在 19 世纪早期,荷兰从法国 1795—1813 年的占领中独立出来,它现在认定的地理边界是 1830 年比利时独立后的边界。19 世纪的前半段是一个持续的经济停滞期——荷兰对于基础设施以及新兴的蒸汽驱动制造技术的投资是最小的,而且国家的工业发展远远落后于比利时、德国和法国,当然还有英国。这段经济减速时期被历史经济学家们频频研究,似乎现在达成的共识是:这并不能归因于资本短缺或者荷兰的投资者相较于本国工业更倾向于在国外投资。其他的因素倒更像是罪魁祸首。一是政府财政的混乱状况——荷兰这个新的王国从法国那里继承了占国民净收入 420% 的沉重的债务负担,并且随之而来的是加之于政府文件上的高利率,这种局面直到 1850 年前后(参见 Jonker,1996)才得到控制。另一因素是对于低地国家劳动力传统划分重新定义的需求,南部的省份——现在的比利时——本来是专门从事制造业的,而北部省份则专注于商业。因此,荷兰失去了强劲的制造业基础。于是就产生了高昂的运输成本,这为低洼的涝地提供合适的基础设施,以确保充足的排水防洪设施的额外成本,以及其他一些因素,比如原材料的高成本、高工资水平、公民较低的受教育程度是相关的。

随着为诸多如铁路建设等公司筹集的股东资本,伴随着国际政治发展变迁以及商业周期,工业发展到 19 世纪的下半段开始复苏。那个时期工业资本的主要来源似乎是留存收益,以及创始家族及与其联系紧密的富人们的捐赠补充。有趣的是,由公众筹集的如此贫乏的捐赠却没有通过长期银行贷款来补偿,贷款这种融资方式在国家工业化的整个过程中都是极少的。

18 世纪和 19 世纪早期长期的经济停滞以及法国短期的霸权,在资本市场的传统与机构中产生了天然的断层。直到 19 世纪后期,实质的现代化工业发展才开始起步。尽管在荷兰黄金时代已经有数家机构存在,我们仍将此次复苏作为分析的起点。现在,我们转向一些明确的主题,它们对于当今公司的融资与控股局面的产生是至关重要的。第一,荷兰公司法律框架的发展;第二,证券交易、银行以及私人融资在提供工业资本中的作用。

8.2.2 公共有限公司的演变

公众股东融资要求合适的法律基础,而在 17 世纪开端,却鲜有可借鉴的先例。荷兰 17 世纪最早的股份制公司(除了 VOC,出现了一些其他的贸易公司和诸多保险公司)显然是为了增进公众利益而建立的,由政府授予垄断权,并由公众任命者进行控股。几乎从一开始,荷兰的持股文化就随着利益冲突的日益明显与解决方案的提出而卷入了一系列的公司管理冲突中。③

荷兰公司的法律形式从 VOC 早期开始不断演变。④ 在 1720 年左右,对有限公司或有限责任大众公司(naamloze vennootschap,简称为 NV)的合法地位在英国公司法律的先例上进行了大幅度改制,出于个人利益而非公众利益的初衷而建立公司也成为一种规范。总体而言,在当时的荷兰建立公司是符合规范的,这一点不同于当时在股市泡沫盛行的英国建立起的那些公司。当时,荷兰的一项创新之举是阿姆斯特丹的一位经纪人 Abraham Van Ketwich 的创意,即 1774 年成立的世界首个投资信托基金⑤:the Negotiatie onder de Zinspreuk "Eendraagt Maakt Magt"(遵照"团结就是力量"这句格言的投资)。之后公司利润及股票价格的暴跌,致使新的有限公司的建立减速(并且新的投资信托基金的产生也在减速,其中有 90 年的间断)。

成员 A(对他的邻座)说:"有了保险箱,那边是否一切井然有序……"
成员 B 说:"听着,那是管理层的事。我们忙于监管公司;要是我们还得看着那个保险箱的话……"

图 8.1　关于荷兰监事会的讽刺漫画,由 J.Braakensiek 于 1898 年所作
(现收藏于阿姆斯特丹城市档案馆)

随着 19 世纪之交法国的占领,荷兰民法严格按照法国 1804 年民法典进行编纂。1838 年的 Wetboek Van Koophandel(商法)给公众有限公司设置了法律参数。从一开始,就感觉鲜有成效。起先,公众有限公司的建立须经王室批准,即使法律中已经对于这种情况进行了规定,并确保对准许建立的这种"外国"观念特别抵触。Camfferman(2000)特别指出,相关政府部门要求每年呈报财务报表的做法并不通行。这部法典对很多问题都没有作出规定,如创始人、发行人、管理层、董事的个人负债;股东关于其资本支付的义务⑥以及对于公司的非货币贡献。19 世纪的后 25 年,发生了一连串的公司倒闭,有些地方出现了对于公司基金的公然掠夺。公司治理在保护投资者方面的弱点,尤其是董事会的监管不力,正如图 8.1 展示的那样,已成为公众关注的一个公开问题,这幅 1898 年的漫画描绘的正是执行中的监事会。

自 1871 年以来,经历了相当长时间的公开辩论,其间不断地有立法建议提交、撤回、又再度提交,终于在 1928 年颁布了一项新的、更为全面与灵活的公司法律。政府预审得以保留:在 NV 在商会登记注册之前,司法部长将对其拟议章程进行审查,之后 NV 才能正式成立。这个新的制度基于四个原则(Van de Heijden,1992,para. 28:19):

(1)预防性政府监管,包括司法制止的可能;

(2)内部组织与权利划分的透明度(包括财务报告);

(3)资本保护防止对股东的过度支付;

(4)创立者、管理层、经理责任强化。

最有争议的问题之一就是公开的要求,尤其是向公众公布完整年报(资产负债表与损益表)的要求。按照惯例,许多公司并不公开这些信息,只有少数内部人员知道——比如,只允许少数股东代表看到这些报表。委员会随即成立,考察是否可以弱化公布报表的这项要求。因为并未区分与公众共同持有证券的大型公开公司和那些不与公众共同持有证券的闭锁公司或家族企业,这项法律因此受到批评。另一些人反驳道,有限责任原则上要求两种形式的 NV 都公开其财务状况。其他的反对意见则关注这项法律对于寡头条款的限制、授予少数股东的补偿权以及管理层和经理强化的责任。

公司法律在 1970 年至 1971 年再度进行全面修订。主要有两方面的动因:

首先,有必要对 1968 年的欧洲经济共同体公司法首次指令进行调整。此处的最大改动是效法周边国家(德国、法国和比利时)的法律,在传统的 NV 之外,建立一种新的、独立的有限公司的类别,即有限责任私人公司(besloten vennootschap,BV)或称闭锁公司。大部分小型公司都从 NV 转变为 BV,这主要是由于对后者财务披露的要求较低(现在,NV 被要求将其完全的年报存放于商务登记处,以随时向公众公布)。此外,为了保护少数股东利益,新的协议制定并生效(在一定条件下,有权要求进行司法调查)。

第二个更改的动因是增加员工影响力的愿望。荷兰对于公司角色的态度在 20 世纪进程中逐渐改变。在 20 世纪之初,公司被视作创造股东财富的工具。在这个世纪的进程中,正如 1949 年 Hoge Raad(最高法院)做出的判决中所述,公司开始被视为一个更为独立的实体,定位于持续性、稳定性以及多种利益相关者的利益。可能是由于荷兰人民的相对共性使之心怀团结,表达对于共识决策以及慷慨的福利制度的偏爱。社会主义集中、协商的经济决策模式,即泡勒德尔模式,在第二次世界大战后荷兰经济重建方面取得了成功。特别是集权式集体协议制使得工资限额政策得以长期生效,这对经济增长作出了巨大贡献。作为交换条件,在关于工作安全以及雇佣的决策中,员工出席得到许可。事实上,任何涉及失去工作的公司重组,都会以失业补贴和/或失去工作能力补贴的形式给国库造成巨额支出。这就意味着公司决策有着直接的公共利益的维度。不足为奇,利益相关者对于公司治理的看法,支配了荷兰公众的观点,他们认为股东只是众多有决策发言权的利益相关的一方。

1971 年引入的结构化体制给所有较大的公司(大致来讲,是那些至少拥有 100 名员工的公司)施加了一个详细界定的控制结构,意在借此增加员工的参与度。这些公司必须设立一个公司理事会(ondernemingsraad,OR),以代表并征询员工意见。⑦这些以及其他大型公司(持有至少 2 500 万法郎的资本和储备)还必须设立监事会(raad van commissarissen,RvC),它将具有一些股东会议的权力。监事会通过选举来任命其成员(除非股东会议或者理事会反对),其规程可决定其中一人或多人由政府任命。监事会将监督重大管理决策,任命或免除经营董事会成员(raad van bestuur,RvB),建立并通过年度报表(De Jong et al.,2004)。

也许并未特意设计,但结构化体制有一个副作用,由于其在监事会成员与管理人员的任命与免除上几乎没有给予股东发言权,它过度保护了根深蒂固的管理团队。选举制度通常是公众激烈争论的对象,而且,以其当前存在的形式,很难得以维持。

荷兰方面的最新进展是上市公司的两个最佳实务规范。规范之一是彼得斯委员会的产物,这个委员会是以埃贡公司的前任首席执行官雅伯·彼得斯的名字命名的。这项规范含有 40 项建议,有关于管理者职责、监事会职能的;还有,最重要的,是关于资本在管理中地位的重新考量。由于 40 条建议中有 39 条并未设计法律上的变更,因而规范的实施主要依赖于自行监管。De Jong 等(2004)指出,由于没有显著的变化,股市也未作出反映,即使有变化、有反映也是负面的,因此公司的努力白费了。在阿霍德违规事件之后,一项帮助投资者重拾对荷兰市场信心的方案开始实施。2003 年 3 月,一个由联合利华前任首席执行官莫里斯·塔巴克斯布拉特担任主席的委员会开始采用了一项新的规范,此项规范的草案终稿在 2003 年 12 月颁布。根据英国的成功范例,采用了"遵守或投诉"的原则,强制公司对于其任何有违最佳实务的做法向股东作出解释。尽管此项规范的内容大部分都与彼得斯的理念重合,但是其实施更具可行性。

8.2.3 股权融资与工业融资中股市的作用

在整个 19 世纪,阿姆斯特丹证券交易所是一个成熟而活跃的市场。重贷体系使得大量储蓄流入市场。市场过于拥挤,并且又是开放而具有竞争力的:未受限制的公众准入规则由市政当局细加监管,而场地则与商品交易场地共享。然而,证券交易在初期并未在工业融资中起到直接作用。正式上市证券主要由外国贷款、美国铁路股、美国工业股和殖民证券组成。一般认为,首次在阿姆斯特丹证券交易所上市的本国工业股是由一个啤酒公司在 1889 年发行的。但是,Jonker(1996)认为这个日期是错误的,在 19 世纪 80 年代早期,已经有对于 4 只工业股(由一家制糖公司、一家造船公司与一家工程公司发行)的报价。在 1903 年证券协会(建立于 1876 年,监管市场并灌输投资者信心)将上市要求以及审批程序正式化之前,任何所谓的上市都是毫无意义的。

同时,还有一个大型、活跃的非上市证券交易的市场,国内的证券在这个市场中进行拍卖与配售。19 世纪最后 10 年,喜力就是这个时期在这个市场中交易的主要股票之一。股份最初一般都是通过私募配售的。Jonker(1996)提醒:国内工业股上市缺乏,并不意味着投资者没有兴趣。很多在 19 世纪四五十年代建立的大众公司都已找到了投资者,他们直到 19 世纪末才开始寻求上市。到 1937—1939 年,私募配售仍包含 16.6% 的债券发行和 4.8% 的股权发售,并且,私人"秘密持有"的贷款一直都具有重要的地位,直到第二次世界大战前夕都是如此:在 1938 年,机构投资者的投资组合中的秘密持有贷款与上市证券仍是 1∶1(Renooij,1951:

186，190）。显然，当时的阿姆斯特丹证券交易所并不是唯一的一级发行与次级交易场所。国内工业股上市的缺乏，并不能理解为股权融资结构性障碍的一个标志。

Van Zanden（1987，1998）指出，尽管外部融资并非从公众手里获得，但仍在阿姆斯特丹的工业化中起到了重大的作用。起初，城市中传统的贸易中坚会为资本密集型的新公司提供资金。例如，商人建立了一家轮船货运公司与一家造船厂以期促进贸易。类似的，富有并成功的公司会进入相关工业：比如，制糖厂获得的利润会作为再投资流入啤酒酿造与制面公司。同时，政府与国王威廉一世时而会提供至关重要的备用信贷。1883 年，阿姆斯特丹的金融中坚向一个金融公司——工业企业金融协会投入了 50 万法郎，其明确目的是以信贷的形式为工业提供资金，并在公开发行股票完成后得以偿还。

不过，公平地说，和其他大多数国家一样，在 19 世纪末期的荷兰，来自家族、友人以及生意伙伴网的注资，并由留存收益补充，是风险资本的主要来源。例如，对荷兰东部以及南部发展起来的纺织工业来说，这几乎是其唯一的融资方式。跳出这一普遍现象的一个例外，是像铁路那样大型的资本密集型基础设施项目，一般都依赖于最初向公众发行的股份，有时会伴有一些有限的政府支持形式来展开。表 8A.1 中是 4 只 19 世纪铁路股的初始股权持有结构。

8.2.4　银行的作用

荷兰的金融历史的一个令人惊讶的特征（尤其是在与 19 世纪末期的德国出现的功能强大的全能银行相对照之下），是银行在工业成长中融资方面的有限作用，这并不只表现在 19 世纪末工业化早期阶段，而一直到 20 世纪都是如此。荷兰的经济历史学家将 19 世纪零碎的银行活动的记录——银行建立了，但很多又倒闭了，工业直至 20 世纪仍旧极其支离破碎——归咎于诸多原因。

一个主要原因是融资的重贷体系，它在 19 世纪末期到 20 世纪初期不断发展。"重贷"是指短期可赎回保证金贷款，表面看来，它不太可能成为工业融资的来源。作为黄金时代成功的延续，19 世纪的荷兰仍拥有很强的股市文化与完善的当地代理网（公证人、律师以及经纪人），他们将富有的个人储蓄集中起来，并输入证券交易所。这些资金的大部分并不直接投资于证券，而是以短期保证金贷款形式提供给公司和其他投资者。尽管这些资金确实可以立即赎回，但是一般都会滚动还债或被拖延，这就是其名字的来由。这些贷款由证券、商品或者其他交易所的抵押物支持。因此，工业与贸易其实是以一种极为分立的方式来获得直接的短期资本的，即通过投资者提供的保证金贷款，却无银行体系的介入。重贷体系被认为是无风险的，其利率十分具有吸引力，大致是追踪了伦敦贴现率［在 19 世纪 20 年代至 19 世纪 60 年代之间，一直在 3％至 5％之间浮动，参见 Jonker（1996：96，Figure 12.4）］。这个体系运行得十分顺利，有效挤出了新生银行体系的介入和流动性转化。Jonker（1995）说，这种情况一直持续到 20 世纪。在一战前夕，未偿清的重贷数额一直维持在 4 亿荷兰盾，是所有银行已知存款总额的两倍以上。Jonker（1996：191，Figure 9.2）指出，在 1920 年以前，阿姆斯特丹证券交易所的短期利率几乎一直与公债收益率持平或超过公债收益率，这有效排挤了银行吸纳实质可盈利的存款。直至 20 世纪 20 年代末，短期利率大幅下跌，重贷市场才销声匿迹。

银行业发展的另一个障碍就是荷兰的储蓄者并不信任金融机构。18 世纪末主权债券违约以及 19 世纪初政府财政的危险状态导致长期以来人们都认为，即使是荷兰银行（于 1814 年由国王威廉一世下令建立,对荷兰经济复苏活动进行了积极支持)发行的纸币,都不是银币的一种可靠的替代品。而私人金融机构更是令人觉得不可靠,19世纪60年代建立起来的第一批新兴金融机构在19世纪70年代开始的漫长萧条期中,有数家倒闭,更是对上述观点的验证。

1895年开始的工业繁荣,使得大家在20世纪初突然对工业融资产生了浓厚的兴趣,一直持续到1920年。在此期间,很多新公司上市,并吸收了大量公开发行股。只有在这个短时期内,银行才能向工业提供长期融资。同时,一股从1911年兴起的银行业合并风潮,以及大部分小银行和区域银行在1920年开始的危机(在1920—1922年期间,销记的坏账总额几乎占到了最大5家银行资产的10%)中的衰退,使得银行业大局被"五大"银行所控制。

工业融资在19世纪20年代的通货紧缩中完全耗尽,直至第二次世界大战之后才开始复苏。银行不愿为工业提供长期融资是争论的焦点,大型公司可以通过发行股票与债券来填补资金空缺,但是,中小型公司在这方面就受到了很大的限制。1935年,政府甚至试图为了工业融资而建立一家银行(但由于恶劣的经济环境而失败了)。银行职能仅限于吸收存款(尽管Jonker在1995年指出,与邻国相比,荷兰银行业在战时以及特定时间的存款额相对于资金供给总额还是很低)、提供短期贷款(尽可能避免了到期日长于3个月的贷款)以及承销新股。尽管他们从20世纪30年代起就操控了新股发行市场,但他们只是作为一个中转机构,从未保留工业股股权或提供长期贷款。

总之,正如Van Goor和Koelewijin(1995)的20世纪银行业概览一文中强调的那样,荷兰的银行比较像英国的银行,而非像邻国比利时和德国的全能银行那样。荷兰的银行家比较注重贸易金融,而一贯避免长期性投入。作为"一般的"银行,它们的确经营了很多承销以及投资银行的业务(有些私人的专业公司也有这样的业务),格拉斯—斯蒂格尔法案中也没有相应的部分来正式进行商业与投资银行的拆分。

1945年,重建银行(帮助重建的银行,由政府与金融部门合资成立)得以建立,以通过提供长期贷款(其子公司——全国参与协会则是为了持股而建立)来填补长期投资中已知的融资缺口。它在第二次世界大战后的10年期间荷兰工业复苏中担当了重要的作用。也许这个范例(及其各色后继者)与政府的其他政策共同促进了商业银行在1950年至1960年期间向提供中长期放贷的方向缓慢发展。同时,银行的确遵循了不参与工业的基本原则;而其实,当时的工业发言人对于银行在商业与战略决策中的作用明确表示是持保留意见的。

从1955年至1970年的繁荣期,随着像抵押银行这样的专业机构的失势,金融行业进入了更为多样化的时期。一连串的大规模银行兼并使得金融业出现了恐慌,人们担心银行具有太大的市场支配力而使他们将面临奇高的风险。因此,作为工业监管机构的荷兰银行颁布了一系列非官方指令(其中有一部分被编入了1978年银行法),以禁止一般银行与保险公司或者抵押银行的兼并;在没有得到荷兰银行明确允许的前提下,限制银行持有其他公司(金融或非金融的)5%以上的股份;并将银行持有的股份限制在其资产的60%以下。

20世纪80年代对于银行来说,是一个十分艰难的紧缩时期,对于银行过度谨慎的谴责再度导致政府采取各项措施(如贷款担保),以鼓励银行提供风险资本。同时,荷兰工业的国际化扩张带来了一个持续的趋势——提供更广泛的金融服务的银行集团的形成。

1990 年,银行业以及保险业的规章制度从根本上得以放宽。加入欧洲联盟意味着荷兰银行的市场支配力不再是一个威胁。其直接后果就是,1991 年发生了更多的兼并,并产生了现今的三大银行巨头(荷兰银行、荷兰商业银行以及荷兰合作银行)。解除了对于银行保险联盟的限制,以与欧盟的惯例保持一致。这导致了持有大量公司股份的集团的形成。因此,一种偏离盎撒模式,向大陆式银行业转变的渐进趋势已显而易见。

8.2.5 非银行机构投资者:保险公司与养老金基金

至少从 20 世纪初期开始,保险公司与养老金基金在持有股份、吸收债券以及体统长期贷款方面就发挥了一定作用。我们 1993 年的数据显示,荷兰商业银行与荷兰全球保险集团持有大量其他公司的长期股权(注意:荷兰商业银行是在 1991 年的一次兼并中成立的,其中就有大型保险公司——荷兰国民保险公司)。

20 世纪头 10 年,机构投资者在荷兰资本市场中上升到了一个重要的位置。[⑧]按照惯例,19 世纪的寿险公司主要投资于特别保险并流动性良好的证券,它们中很多只投资于荷兰公债,实际上,很多公司这么做也是因为法令规定如此。20 世纪见证了对于这些限制的逐渐解除,但是,对于私人发售证券的投资仍旧只占它们投资的很小一部分。在一战之前,爆发了对于工业化的无限热情,一个代表性的寿险公司——第一荷兰寿险公司将其资产的 4% 投资于银行业证券,7% 投资于制造业证券,这些证券大部分都是债券而非股票。然后,私人发行证券的利率几乎减少为 0,直到 19 世纪 30 年代才有所复苏。到 1939 年,全球保险集团的前身公司持有的资产中大约有 5% 是制造业公司证券,而随着时间推移,其所持证券渐渐由债券向股票转变(Gale, 1986)。然而,在 1950 年前后,寿险公司对于工业证券的投资仍旧相当谨慎,实际上,这个投资比率甚至比世纪之交还有所降低。保险公司确实以直接长期贷款(私人贷款)[⑨]形式和抵押形式为工业融资作出了一定的贡献。但是,向股票以及非政府债券转变,直到 20 世纪下半叶才势头渐猛。

考虑养老金基金,为了阐明其对于股权融资的作用,来看看 1913 年建立的联合菲利普养老金基金,这在附录 2d 的 Van Nederveen Meerkerk 和 Peet(2002)中有所描述。在 1925 年,股份仅占基金总投资的 2%,基金的大部分用于投资(政府)债券。到 1950 年,股份占到了 7%,而在 1975 年又升至 28%,到 2000 年则达到了 46%。到那时为止,菲利普养老金基金持有 167.71 亿法郎的股份,同时合资参股 1.06 亿法郎。这里我们再度看到,在 20 世纪上半叶,承担风险的资本利率不高;在下半叶投资则显著转向了公司股份。

无论如何,似乎机构的股权所有并未使其在公司决策中发挥积极作用。围绕近来在阿霍德以及其他主要荷兰公司发生的管理危机的讨论,多少可以让人理解,为何独立型公共部门员工的养老金基金——普通公民养老金基金(ABP)成为少有积极尝试应对的荷兰机构投资者之一。正如几位保险公司发言人指出的那样,银行与保险公司并非只是股东,对于它们而言,它们所投资的公司同时也是它们的(潜在)客户:"如果你想向经营董事会呈上一份新的合约,但是恰恰在前一天你又对他们的提案投了否决票,那么你所处的立场就相当困难了。"[⑩]同时,行动主义使得私人公司的养老金基金可能会受到母公司管理层的严格控制,以此作为对于对方养老金基金相应限制的回复。机构股东的行动主义因而在范围与潜力方面仍颇为有限。

8.3 实证分析:数据

8.3.1 公司样本

我们的研究关注在需要考察的年份中所有在阿姆斯特丹证券交易所正式发行股票的国内公司。需要指出的是,这边的概念与通常的荷兰"上市公司"的定义略有不同,"上市公司"还包括只发行债券的公司。传统上,在阿姆斯特丹证券交易所发行上市并且进行交易的证券大多都是债券,尽管只发行债券而不发行股票的上市公司所占比例相对较小(例如,在 1910 年,占 17%)。将这些公司排除在我们的样本之外的原因之一,是它们不太可能履行公布年度报表的义务。

我们呈现数据的公司全体还不包括金融部门。1923 年,此部门主要包含银行和抵押银行。到了 20 世纪下半叶,保险公司以及像共同基金这样的集合投资工具成为这个部门的又一组成部分。关于非金融公司,我们主要的数据来源是 Van Oss 的 1923 年与 1958 年的证券指南(Van Oss,1924,1959)以及 1993 年的电子数据库 REACH(荷兰公司的回顾与分析)。

要注意的是,荷兰很多大型公司并未上市,所以,我们的样本并不能完全代表荷兰所有具有重要地位的公司。Sluyterman 和 Winkelman(1993)根据持有资产排出了荷兰前 100 家大公司。尽管如此,他们指出,他们的考察方式可能没有列全一些私有公司,因为很难获取这些公司的资产负债表,而且这些公司所遵循的会计惯例一般更为保守。他们还发现,这些公司中大概只有 3/4 上市。尤其是农业(及其食品加工产物)公司,经常以合作方式建成,而专门提供农业贷款的银行(荷兰合作银行及其前身)也是如此。

8.3.2 三个样本年

我们收集了三年的数据,以 35 年为间隔,分别是:1923 年、1958 年以及 1993 年。之所以选择这三个特殊年份是基于三方面的考虑。

首先,我们希望选取具有时期代表性的年份。1923 年是工业发展的第一个繁荣阶段的末期,它是相对繁荣的一年,而之后则是股价大跌、经济大萧条以及第二次世界大战。1958 年,战争所造成的经济无序化渐渐退去,战后重建基本完成,一个新的繁荣和增长的时代即将来临。同时,1993 年则是成为欧盟成员表现出了对于发展的种种影响的一年。

第二个考虑是数据的可用性。例如,大型股权投资是在 1991 年信息披露法(Wet Melding Zeggenschapsrecht,于 1992 年 2 月开始实行)颁布之后才允许的。这使得 1993 年值得研究。

最后,我们的目标是选取一些年份可能帮助我们去对现有的荷兰经济历史研究体系作出补充,而非复制。

8.3.3 数据可用性

直到 1928 年,政府才从法律上对于荷兰大多数有限责任公司公开年报作出了要求。然而,从 1909 年起,证券交易所的资金章程要求所有上市发行股票与债券的公司向股东提供包含资产负债表与损益表的年报。到 1910 年为止,80% 的上市公司能够完全遵守或部分遵守这项规章,尽管这个水平在制造业公司中是很低的(约为 50%)。到我们的第一个样本年 1923

302\公司治理的历史——从家族企业集团到职业经理人

年,遵守这项规定的公司数大幅增加(根据 Van Oss 的证券指南统计出的报表可得性)。

在 1991 年股权所有披露法——Wet Melding Zeggenschapsrecht(WMZ)颁布之前,很难获取关于股权所有的信息,因为通常荷兰的公开上市公司都是无记名发行股票,不会进行登记,而且,我们也无法轻易从公共征信系统中获取股权所有的信息。一般而言,我们可以从公司档案中获取一些关于股权所有的信息。尤其是股东会议的会议记录,至少可以了解那些积极参与公司决策的股东究竟是谁。而这种档案检索并不在本章探讨的范围内。

因此,对于 1923 年与 1958 年,我们考察家族影响与控股的唯一方式就是查找管理层与董事会成员的身份特征,19 世纪末期至 20 世纪的信息可以从公开信息中找到。[①]

8.3.4　统计摘要

表 8.1　统 计 摘 要

	1923 年	1958 年	1993 年
总资产账面价值(×1 000 法郎)	13 673	79 700	2 286 000
	(3 158)	(9 314)	(360 000)
过去 3 年总资产账面价值增长	−0.077	0.161	0.170
	(−0.074)	(0.102)	(0.080)
观察对象个数	303	318	141
托宾 q 值	0.372	0.421	1.270
	(0.338)	(0.411)	(1.132)
观察对象个数	317	321	143
4 年 ROA 标准差		0.037	0.032
		(0.024)	(0.023)
	n.a.		
观察对象个数		298	141
派息比率	0.375	0.716	0.369
	(0.311)	(0.440)	(0.363)
观察对象个数	300	323	143
负债对总资产比率	0.300	0.339	0.535
	(0.280)	(0.325)	(0.536)
固定资产对总资产比率	0.552	0.404	0.381
	(0.578)	(0.352)	(0.355)
现金和流动资产对总资产比率	0.114	0.124	0.107
	(0.050)	(0.084)	(0.041)
年龄	21.80	47.12	48.75
	(18)	(46)	(36)
观察对象个数	317	333	84
管理层规模	2.158	2.318	2.776
	(2)	(2)	(2)
监事会规模	4.874	4.540	5.167
	(5)	(4)	(5)
家族企业:(前)公司名与董事会成员姓氏相同(%)	28.1	27.6	6.3
家族企业:至少有两个董事会成员同姓(%)	31.5	29.1	5.6
以上两项兼有的家族企业(%)	16.4	16.2	1.3
至少占有一项的家族企业(%)	43.2	40.5	10.4
公司企业个数	317	333	143

注:平均值下方的括号内为中位数;n.a.即没有相关数据;ROA 即资产回报率。

正如表 8.1 所示,在研究涉及的最后数十年中,在阿姆斯特丹证券交易所公开上市的公司数其实减少了。数目上的减少被规模上的巨大扩充抵消,在 1923—1993 年的 70 年间,资产的平均账面价值增加了百倍以上,而在此期间,价格指数(用国内生产总值指数衡量)上升了 12 倍。

这三年的增长数据显示,1923 年紧随着一个艰难的时段;事实上,当时面临着严重的经济滑坡,在紧接着的 10 年中股市整体价格下跌将近一半。

1923 年的托宾 q 值极低,这并不出人意料,然而 1958 年的平均值颇低,只有 0.421,这解释起来不太容易。托宾 q 值是用总资产的市场价值与账面价值之比来衡量的。总资产的市场价值等于总资产的账面价值减去股本账面价值与市场价值之和。在此,问题就产生了,因为股本的账面价值与市场价值必须是"可比的"。尤其是在 1923 年,很多公司都拥有多种形式的股本。并不是每一种股本形式都能得到其账面价值的数据。在 1923 年与 1958 年,我们就将无法得知市场价值的股本形式留在账面价值中,并将储备金按一定比率分别划入股本类别与账面价值。

资产回报率(ROA)的中位数在 1923 年 4.7% 的低位与 1985 年 11.3% 的高位间浮动,到 1993 年回落至 7.4%。1923 年的 ROA 是净收益与资产的比值,而在其他年份则是用营业收益与总资产账面价值的比值表示的。

我们得到的 1923 年 0.31 的派息比率无论从历史角度来看还是从国际角度来看,都处于一个低位。17 世纪的规范是要求派发大部分甚至是所有的收益,可能可以从非常收益中保留一部分来进行储备,在经济形式不好的年份派发,稳定红利数额。在 20 世纪的头 20 年,为应对通货膨胀而保留收益渐渐成为普遍接受的做法。然而,派息比率还是非常高,Post(1972,Figure 5)曾引证,1923 年荷兰所有的有限公司(不只是上市公司)达到了 0.78 的派息比率。有一点要注意,1923 年的经济状况并不好,正处于 1921—1923 年经济萧条的末期。我们的数据集中的很多公司都亏损了,而且其中将近半数的公司没有派发红利。而在非零值中,派息比率的中位数是 0.75,这与 Post 提出的数值非常接近。

我们数据的来源——Van Oss 的证券指南,有时能提供关于收益分配的详细信息,其中既有公司章程的规定,又有事后具体的执行方式。1923 年的数据有一个显著的特征,按章程以酬金或利润分配协议形式给予经理和董事的报酬占有巨大份额。这种类型的规定支出一般约为收益的 15%,这意味着这种支出也许应该部分理解为对于个人所有权的反映,而不仅仅是对于经理努力的酬劳。但在实务中,实际支付远低于公司章程中规定的红利派发额。

到 1958 年,派息比率平均值(中位数)为 0.72(0.44),到 1993 年则降低到 0.37(0.36)。至 20 世纪 80 年代,派息比率持续下降,因为公司决定保留收益以扩展融资。1941 年左右逐步引入的一种公司税可能是一个促成因素。古典制在实施之中——公司收入无论是否分配,须征税 35%;然后,股息以 60% 的高边际税率作为个人所得税征收;然而,并不征收资本利得税。事实上,在 La Porta 等(2000)研究的 33 个国家中,荷兰的税收体制从股息所得的税后收益相对于资本利得是最低的。于是,你可能认为荷兰的个人投资者会对股息没什么兴趣,而更偏好留存收益。而这种偏好在免除了个人所得税的机构投资者中就不太可能存在了。荷兰的税收体系并未试图在公司与个人层面减轻对于股息的重复课税问题,而是按照传统,特别注意确保在公司层面上,不会对跨公司股息重复课税。荷兰税收体制的这个特征,使得荷兰特别受国际控股公司欢迎。

用负债与总资产之比衡量的杠杆,呈现了中位数从1958年的0.32到1993年的0.54的显著增长。债务免税再度解释了在战后的半个世纪中比率杠杆值上升的原因。

在所研究的70年中,管理层与监事会规模一直很稳定。同时,创始人家族的影响力似乎大幅降低了。我们用以考察家族影响力的指标有两个:一是董事会中拥有创始人家族姓氏的成员数;另外就是拥有同样姓氏的董事会成员数。从1923—1958年,这两个家族的列席指标只是略微有所下降;但从1958—1993年,则大幅减少。这两个衡量家族的影响力的标准,从约30％降至6％,大约缩减了5倍。到1993年,总共只有10.4％的公司仍旧呈现出上述家族影响力的指标之一或全部。

8.4 寡头条款与收购防御

8.4.1 关于收购防御与股东权益的说明

荷兰公司用一系列极其有力并有点不同寻常的防御机制抵御着恶意收购的威胁。在这部分,我们会阐述现今使用的主要方法与策略[12],并试图追寻其历史渊源。必须指出的是,从1881年开始,荷兰的公司法就不允许使用无表决权股或低表决权股,因而排除了一种将控制权与所有权分离的方法。此外,从1838年起,早期的荷兰公司法实行表决限制,以保护小股东免受大股东的压制:拥有多于(少于)100股股份的个人,不得享有多于6家(3家)以上的公司表决权。这就意味着,在1928年新法颁布之前,金字塔形或大量持股并非稳固控制权的保险的方式,这使得发展不同的保障措施成为必要。

尤其是在20世纪初,荷兰作为被强国以及当时处于战争中的邻国包围的一个小国,特别容易受到国外的影响,荷兰工业家会对此尤为关切并不出人意料。基于此,产生了很多防御手段。正如早前提到的,荷兰股东模式(泡勒德尔模式)还引发了一场将股东权力移交给独立监事会成员的运动。

章程防御

我们所说的章程防御是指载入公司章程的那些条例。在章程防御中,那些限制股东大会(AVA)权力的条例即我们所知的寡头制度(寡头措施/安排/策略)。这样的条款将所有或部分的公司控制权交给他人,而非持有公司大部分资产的股东大会的大股东。

最突出的寡头策略是采用优先股[13]并规定赋予其在公司内的额外决策权。这种股份最初是在1898年引入的,那时,在荷属东印度群岛运营的荷兰主要的石油公司(荷兰皇家石油公司/壳牌石油公司的前身)更改了其公司章程以抵制外国影响的威胁。这种股份经常与管理层与董事提名中的联合提名权联系在一起。其他寡头策略则包括将决策权分派给公司的另一机构(如理事会或优先股股东),以明确重大决策,而这些决策以往往是要求征求股东同意的。这些决策包括管理层与理事会的组成、其酬劳以及红利派息政策、公司章程修订以及公司解散。最后,还有如表决限制以及强化股东大会决策的超绝对多数要求和规定人数要求。

从第二次世界大战起,向友好方发行股票,尤其是特别股,已发展成为主要的防御策略。这是一种非寡头的章程策略,因为它试图影响股东大会的构成而非约束其权力。从1949年至1981年,大约有26例公司向友好的个人、银行、机构投资者、潜在的兼并伙伴以及结盟的法人机构发售防御性的普通股。这种防御性发行的动机在于削弱大股东的权力,面对恶意收购企图时保持独立性,或确保由"白衣骑士"来执行收购。处于防御性目的而发行普通股的做法到了20世纪70年代中期之后开始淡出,因为在现金需求方面,发行普通股的成本十分高昂(对于现有股东来说,发行价必须合理,而对注册股票来说,必须至少支付面值的25%加上100%贴水的定金,贴水即发行价与面值之差),法律评论员对此也表示反对,同时还受到在1981年对荷兰公司法调整的限制,以执行第二次欧洲公司法指令。特别的,在普通股的发行中,新法赋予已有股东优先认购权,除非股东大会明确废除这项权利;且对于任何权力分配都有五年期满的限制,这就将发行决策交给了机构而非股东大会。[14]

在20世纪70年代初期,特别股作为选择防御性发售的手段迅速取代了普通股。关于出于防御性目的而发行特别股的条款,最先出现在1969年的一家荷兰公司——莱茵河—斯海尔德的公司章程中。转为特别股有两个原因:首先,在新法下,普通股东并不会自动获取新发行特别股的优先认购权(尽管证券交易所确实试图要求上市公司在发行占有公司已有资本50%以上的特别股之前,必须获取股东的同意)。其次,特别股可用于赋予实收资本远超过普通股的表决权。实际上,这样做的净支出是微乎其微的。若清算权仅限于实收资本,且特别股息能恰当地与市场利率挂钩,那么特别股多少可以进行平价发行。若支付了规定面值25%的最低金额,实收资本的表决数就可以达到最大值。但并非仅此而已。特别股一般由金融机构、机构投资者或是特立基金会认购。对这种自融资的基金机构而言,它需要借入所需的实收资本,因此特别股的红利必须与贷款利率挂钩,且累计特别股权需确保这个基金机构可以达到其要求。Voogd(1989)宣布,他考察的上市公司中有48%发行了界定为记名股与无记名股的防御性特别股,买入者并未完全支付,其具有有限的股息权与清算权,红利利率与市场利率挂钩。在发行防御性特别股的公司中,66%发行了与100%授权的普通股等价的特别股,因而具有了50%的表决权(20%的公司发行了相当于普通股50%—100%价值的特别股,只有14%的公司发行了低于50%普通股价值的特别股)。

更进一步影响股东章程的做法是发行记名股[15],并限制这种类型股票所有权的转让。这种阻断方式可包括要求在股权转让时获得公司机构的允许,要求在将股份出售给第三方前优先出售给各股东,或对于谁能拥有股权作出章程限制(如限于荷兰居民等)。

最后,一项重要的章程防御措施就是X%规定,这对单个股东所有股份数额作出了限制(通常是对普通股作出限制,这些股票一般上市发行,因而容易常常换手)。Voogd(1989)发现,25%的上市公司(不含共同基金)在其章程中会有这么一条。一般,公司股是登记发售,并由某个特立基金或信托基金收购,它们在证券交易所上市发行无表决权的无记名权证。这些权证可以自由转换为表决权股,但是最多只能达到指定X%的界限。

另一些不太常见的章程防御措施包括表决限制，然而，因为这种限制可以使用稻草人的障眼法绕开，所以现在已经失宠。所有 1988 年早期在其公司章程中采用表决限制的 12 家公司在 1929 年之前仍旧存在；算在一起的话，这些公司约占阿姆斯特丹证券交易所上市公司市值的 40％（Voogd，1989）。一些公司章程则包括各种其他方法的结合，如将表决权限制为长期股东、荷兰居民等。

非章程防御

一种颇为经典而常见的非章程防御机制就是信托基金（AK），一般这就是个特立基金，其拥有公司全部或大部分股份，并向公众发售吾无表决权权证。这种股权证书具有所有潜在的股票经济权属（股息权、清算价值权等），但是没有控制权。尤其是在这些权证不可自由转换——即不能转换为具有表决权的普通股——的情况下，实际就是将表决权完全交给了信托基金的信托人，而他们往往是与公司的管理层的联系颇深，尽管证券交易所对于信托基金是有一些关于独立性的要求的。[16] 从 20 世纪 50 年代中期开始，不断增加的对这种权证的使用，招来多方批判，包括司法界以及负责证交所运营的证券交易商协会。从 1992 年起，政府不再允许无表决权权证上市发行。在最近荷兰公司法的修订中，所有权证持有者都可以持权证通过代理表决。只有在特殊情况下（权证持有者的表决与公司的基本利益有所抵触），才能否决或限制代理表决结果。

在荷兰，用以集中控制权的金字塔式控股公司并不多见，因为发行权证已经是一种确保控制权的便捷方式，又不会有巨额资本支出。然而，确实存在少数如此构建的控股公司[17]，而且，随着权证的逐步淘汰，金字塔式可能会流行起来。类似的，沿袭法国模式的交叉控股公司在荷兰也非常罕有，但也并非从未听闻。

结构化体制

1971 年，荷兰所有员工人数众多的大型公司都被要求采用结构化体制。引入这种体制的根本原因是为了通过工会给予员工一定的咨商权与影响力。此外，一般会赋予股东大会的一些权力（如管理层任命及年报通过），以及在结构化体制下赋予监事会其他重大管理决策的权力，这个组织通过选举制任命其成员，并基本过滤所有股东的影响。对于大多数员工都在国外的跨国公司，结构化体制会免除此项要求。同时，并不具备条件去强制实施结构化体制的公司，仍旧可以自主应用这种体制。很多公司都选择自主采用这种体制，或者即使因为国际化扩张而导致国外员工数超过 50％时，仍旧不会取消这种体制。这种结构化体制给予公司内部人员更多自由，但这是以股东权益为代价的。在很特别的情况下，公司须采用弱化的结构化体制，在这种情况下，任命管理层与通过年报的权力一般仍旧会交给股东大会，而监事会的选举制度则保持不变。

近年来，结构化体制成为公众争论的话题。通过工会赋予员工的影响力太过微弱，最近采纳的一项关于体制修正的议案包括了保留员工任命者在监事会的席位，这项变革将显著增加工人的权力。同时，结构化体制将股东的一般权力分派给无须负责且可以通过自我任命永久存在的监事会，成为遭受强烈抨击的众矢之的。一位杰出的荷兰司法界学者 Jaap Winter 将结构化体制说成已经到了"犬儒主义方式"[18]的地步，它将股东的权力交给公司内部人员，却丝毫没有赋予员工和股东任何实际的决策权。

8.4.2 数据与分析

我们在表 8.2 中列出的数据可以让我们全观样本公司所采用的收购防御措施；荷兰的收购防御从以前开始就一直非常强烈。我们的数据来源是 1923 年与 1958 年 Van Oss 的证券指南(S.F.Van Oss，1924，1959)以及 1993 年的公开上市指南(J.H.de Bussy，1993a)。

表 8.2　收购防御与所有制结构(%)

	1923 年	1958 年	1993 年
优先股	2.52	28.23	42.66
表决限制	(依法而定)	0.30	6.29
权证	11.67	24.92	38.46
有限或完全可转换权证	8.52	18.02	
不可转换		5.71	3.50
X 规定			10.49
权证与交易普通股	10.76	21.62	2.10
共同所有结构		2.10	3.50
特别股(反收购)			60.14
结构化体制			53.15
强制			41.96
自主			9.79
弱化			1.40
所有权集中			
外部大股东			24.49
所有外部股东			43.10
外部股东身份			
银行			7.16
			(77 个非零)
保险公司			2.75
			(50 个非零)
养老基金			0.73
			(11 个非零)
国家			0.61
			(3 个非零)
工业公司			12.58
			(51 个非零)
经营董事会成员			5.31
			(20 个非零)
监事会成员			2.47
			(12 个非零)
公司总数	317	333	143

最突出的机制之———优先股,其重要性与日俱增,到 1993 年为止,43% 的公司发行了这种股票。[19]同时,在 1923 年,根据法律,表决限制仍旧是所有公司都有的一个特征。其在上市公司章程中的存在率到 1993 年降至 6.3%,而这些公司大多数都是从 1928 年以前表决限制被强制要求写入规章的那个时代存活至今的。[20]

权证或是存托凭证的使用随着时间的流逝而大幅增加,采用某些发行权证方式的公司,从 1923 年的 12% 稳步上升至 1993 年的 38%。而共同所有结构到 1993 年则占所有公司的 3.5%。

在收购情况下,发行特别股是一种十分关键的防御性策略。出于防御性目的而发行特别股的做法始于 1969 年;截至 1993 年,60% 的上市工业公司采用了这种防御机制。

结构化体制是在 1971 年引入的,它赋予工会一些影响力,并将股东大会的大部分权力都移交给自作决定的监事会。到 1993 年,53% 的上市工业公司都受结构化体制的约束,并有 10% 的公司自动选择实行结构化体制。

8.4.3 部分的表 8.7 比较了家族企业以及非家族企业收购防御的普遍性。主要区别在于,家族企业更可能采用发行优先股的手段,赋予优先股持有者可变的决策权,不然的话,这些权力将属于一般的股东大会。

1993 年的所有权数据是可得的,因而就可对收购防御方案以及所有制结构间的互相作用进行研究。8.4.3 部分的表 8.8 显示,总体上,收购防御与集中所有权是可以相互替代的控股机制,因而是负相关的。外部大股东与所有讨论的防御机制都呈负相关,尤其是与防御性特别股和优先股的采用呈显著负相关。类似的,当经营董事会成员持有大量股份时,就不太可能发行权证。和结构化体制相关的结果须谨慎分析,因为对于大公司来说,结构化体制往往是必须实行的。这种公司往往不是由管理层占主导的,而更可能是由银行来部分持有的。收购防御与集中所有权是替代性的而非互补性的研究结果,与 De Jong 和 Moerland(1999)早先的研究成果是一致的。

8.4.3 部分的表 8.9 通过虚拟不同常见的防御机制(表 8.9 中三个样本年结果的第三列)下,对跨部门托宾 q 值的回归,考察了收购防御对公司业绩的影响。早先 De Jong、Moerland 和 Nijman(2000)关于荷兰50 家跨部门上市公司的研究表明,诸如权证、防御性特别股以及最为重要的结构化体制,确实降低了其他如股市回报率以及资产回报率之类的业绩度量值。他们发现只有监事会规模对于托宾 q 值有显著负影响。De Jong 等(2004)在对 1993—1999 年间的所有荷兰上市公司样本的研究中证实了这个结论。在我们的大样本中,并没有迹象表明防御机制对于 q 值的影响,而在 1958 年,优先股似乎是有某些不利影响。

8.5 影响力网络:互兼董事会

8.5.1 董事会与网络

在这部分,我们将关注互兼董事会现象,即在多家公司的董事会具有同样的个人席位。我们会研究这种实务的两个方面。

首先,研究一下每个委员会成员的受任命数。有多项任命的成员可能拥有名誉资本,即他们可能是非常杰出的经理或监督人员。另一方面,多项任命可能会减少经理或监督人员花费在单个公司上的时间,降低了效率。Ferris、Jagannathan 和 Pritcard(2003)提供了最近美国公司的一些证据,并未发现多项任命有什么负面影响。在荷兰,没有显示网络与公司业绩相关的证据,但是有大量与互兼董事会相关的描述性证据。仅提一下两项突出的研究,Schijf(1993)描述了 1886 年与 1902 年网络,而 Stokman、Waseur 和 Elsas(1985)则着重研究了 1976 年一项国际比较项目环境下的网络。

互兼董事会令人尤其感兴趣的第二个方面在于银行与非金融公司之间的关系。与银行间的联系可能为非金融公司董事会带来专业性信息。除此之外,与银行间的关联可提供监督,这就降低了契约成本。但另一方面,银行可能会滥用其职权与信息,征用其他贷款人与股东的财产,就这方面最近对美国公司进行研究的有 Booth 和 Deli(1999)以及 Kroszner 和 Strahan(2001)。荷兰曾对与银行与非金融公司间关系进行研究的有 Van den Broeke(1988)和 Jonker(1989)。Van den Broeke 选择了 4 家工业公司以及一家银行,并对其中的互兼董事职务进行了描述。这家鹿特丹银行拥有来自这 4 家公司中三家的联合董事会成员,而他们在 1918—1939 年又担任了 8 家公司的互兼董事。即便如此,在这段时间中,鹿特丹银行并未向其中任何一家相关公司提供一笔长期贷款,这是符合当时荷兰的银行惯例的。Jonker(1989)选择了8 家银行,并衡量了其与 1910 年、1923 年、1931 年和 1940 年非金融上市公司间的互兼董事情况。例如,在 1923 年,这 8 家银行有 43 人为董事会成员,这些成员在银行之外则还兼有 431个董事会职位。

互兼董事会可同时包含执行官与监事会成员。荷兰的公司施行沿袭德国模式的双重董事会制度。第一层级由执行委员会(董事会)和负责公司策略以及日常运营的管理团队组成。这些执行人员受第二层级——监事会的监管。

1923 年,在法律上并未对监事会作出设置要求(Bos,1923:34)。尽管如此,1923 年所有的上市公司都设立了监事会。其成员一般是由股东大会提名的。在特殊情况下,优先股或债券持有者有权提名有限的或全部监事会成员。当股东大会之外的其他方面进行成员提名,会有中间安排,而股东可否决提案。

1993 年,设立监事会对于采用 1971 年引入的结构化体制的公司成为一项法律规定。符合规模标准的公司(尤其是那些拥有超过某个临界值的员工数的公司)必须实行这项体制。到1993 年,所有的上市公司都设立了监事会。

8.5.2 数据来源

我们的目标是描述互兼董事对于非金融公司的意义。首先,我们描述与其他非金融公司的互兼董事情况。其次,我们再关注银行与非金融公司间的互兼董事情况。

非金融公司主要关注素有的上市公司。1923 年与 1958 年我们参考Van Oss 的证券指南(S.F. Van Oss,1924,1959)。而 1993 年,我们主要参照 REACH 以及荷兰公司年鉴(J.H. de Bussy,1993b)。

关于银行董事会成员的身份，我们并不想将自己局限于上市银行，因为数家地位重要的银行都是非上市的合作伙伴，尤其是在 1923 年，这种情况尤为显著。因此，我们选取了最大的几家银行。1923 年的数据，我们参考了 J.H.de Bussy(1923)的荷兰金融目录。这本书包括荷兰的金融机构部分，其中包括每个金融机构的名字、其配售股份、储备以及其董事会成员的名字。这本书同时覆盖了上市与非上市机构。1958 年的数据，我们参考了同一本书(J.H.de Bussy, 1958)，并从银行信用体系这个部分取得了关于银行的信息。1993 年的数据，我们参考了 Omzetcijfers(1993)，由金融出版社于 1994 年发行。这本手册包含了荷兰的银行与其他金融机构包括总资产在内的数据。大多数银行的董事会成员姓名都是从荷兰公司年鉴中得到，或者是从年报中获取的。

1923 年，我们考察了 504 家银行，其中 423 家可以找到其资产的账面价值数据(配售股份加上储备)。总资产价值为 13.19 亿荷兰盾。前 60 家公司拥有 12.13 亿荷兰盾的资产价值，占总资产价值的 92%。这 60 家公司中最小的资产值 20 万荷兰盾。这 60 家公司中，有 32 家在阿姆斯特丹证券交易所上市。5 家最大的银行拥有总资产价值的 49%，而前 10 家大银行所占的总资产比率为 67%。

1958 年，我们考察了 148 家银行，其总资产为 10.99 亿荷兰盾。最大的 50 家银行资产占总额的 96%(10.61 亿荷兰盾)。前 5 家大银行拥有总资产的 48%，而前 10 家大银行拥有总资产的 69%。

1993 年，我们考察了 71 家银行(综合银行与储蓄银行)，我们获取了其中 56 家总资产的账面价值。资产总额为 1 309 788 亿荷兰盾。我们选取了 10 家最大的银行，但要排除 2 家为政府融资的银行。我们还将 3 家较小的银行包括在内，它们与非金融公司保持着众所周知的长期稳定关系。这 11 家银行的总资产额为 1 084 151 荷兰盾，占到了(除政府银行)总资产的 91%。这一年与 1923 年的差别是显而易见的，特别是因为荷兰银行、荷兰商业银行与荷兰合作银行这三大银行占据了主导。

8.5.3　结果与分析

表 8.3 描述了 1923 年、1958 年与 1993 年非金融公司的互兼董事会成员情况。

表 8.3 的前六行是我们的(非金融)公司与银行样本。董事会的平均规模略有浮动：每家公司的董事会成员平均人数从 1923 年的 7.03 人微降至 1958 年的 6.86 人；到 1993 年又增加了 1 人，为 7.94 人。需要注意的是，在我们所研究的 70 年间，样本银行数从 57 家减至 12 家；但正如前文对于数据选取的程序中所述，对于银行体系的持续关注，意味着我们的样本银行资产额一直保持在总值的 90% 左右。1993 年样本中的银行规模扩大很多，因而拥有了更多的董事会成员也不足为奇：平均为 15.2 人，而对比一下，1923 年(1958 年)平均为 11.7 人(10.4 人)。同时，无论是银行还是工业公司，其监事会成员与经营董事会成员人数的比值一直很稳定，在 1.82—2.27 的范围内。

表 8.3 向我们说明了为何董事会成员总能多多少少地拥有一些额外席位。在经营董事会成员(包括董事长)中，我们的研究结果表明：1923 年的互兼董事会成员比起 1958 年和 1993 年拥有更多的席位：平均人数从 1923 年的 1.82 人降至 1993 年的 0.24 人。在监事会成员中，

互兼董事会成员人数的平均人数并没有下降得那么厉害:在战后,平均数下降了大约一半。我们还发现,1923 年有相当一部分董事会成员担当了 5 个以上的互兼董事职位;到了 1993 年,则没有一个董事会成员兼有 5 个其他董事职位。

表 8.3　董事会与互兼董事

	1923 年	1958 年	1993 年
公司数	317	333	143
经营董事会成员人数	684	772	397
监事会成员人数	1 545	1 512	739
银行数	57	50	12
经营董事会成员人数	238	159	60
监事会成员人数	432	361	122
公司:经营董事会成员人数			
有 1 个互兼董事	137	127	38
有 2 个互兼董事	56	38	13
有 3 个互兼董事	32	21	6
有 4 个互兼董事	39	6	3
有 5 个互兼董事	11	19	0
有 5 个以上互兼董事	61	25	0
互兼董事总数	1 248	599	94
互兼董事平均人数	1.82	0.78	0.24
公司:监事会成员人数			
有 1 个互兼董事	371	328	170
有 2 个互兼董事	205	175	89
有 3 个互兼董事	136	131	90
有 4 个互兼董事	141	69	32
有 5 个互兼董事	49	77	6
有 5 个以上互兼董事	170	220	0
互兼董事总数	3 440	3 606	776
互兼董事平均人数	2.23	2.39	1.05

在这节剩下的部分,我们将关注与银行有隶属关系的工业公司董事会成员。

表 8.4 显示了在银行互兼董事的公司分布。银行互兼董事的情况在我们考察期间的早期更为广泛:在银行没有兼任董事的公司在 1923 年(1958 年)占 40%(39%),到 1993 年上升到 55%。因此,1923 年与 1958 年的银行家比 1993 年更多。1923 年,有 12 家公司的董事会甚至有 10 个或 10 个以上的董事兼任银行董事。董事会成员同时隶属于银行的平均人数从 1923 年(1958 年)的 0.60 人(0.61 人)降至 1993 年的 0.45 人。但是必须注意,在

1958—1993 年期间的高度集中于银行业的现象会导致可兼任工业公司董事的银行董事会成员人数减少。

表 8.4　银行兼任董事的分布（%）

	1923 年	1958 年	1993 年
无银行兼任董事	40.38	39.34	55.24
1 个银行兼任董事	22.08	26.43	25.87
2 个银行兼任董事	12.30	13.81	9.09
3 个银行兼任董事	7.89	6.61	5.59
4 个银行兼任董事	5.05	5.11	3.50
5 个银行兼任董事	4.42	3.00	0.70
6 个银行兼任董事	1.26	0.90	0
7 个银行兼任董事	0	1.20	0
8 个银行兼任董事	0.63	0.60	0
9 个银行兼任董事	2.21	0.90	0
10 个或 10 个以上银行兼任董事	3.79	2.10	0
银行兼任董事的平均人数	0.596	0.607	0.447

表 8.5 分析了银行任用的兼任董事,其中列出了 1958 年与 1993 年(1923 年)所有拥有至少 10 名(15 名)兼任董事的银行。显而易见,20 世纪末期在工业公司董事会兼任董事的主要银行的董事人数大幅下降了。[21]

表 8.5　银行与其兼任董事

银　　　行	互兼董事人数
1923 年(15 人以上)	
鹿特丹银行	119
联合国家银行	56
独立银行	55
特恩驰银行	50
荷兰贸易银行	43
荷兰南美洲银行	31
殖民银行	31
荷兰中央银行	26
考斯工会银行	26
阿姆斯特丹银行	19
1834 年的韦特海姆与贡佩尔茨银行业协会以及 1853 年的信用社	18
荷兰印度商业银行	16

银　　行	互兼董事人数
1985 年（10 人以上）	
鹿特丹银行有限公司	149
荷兰中央银行有限公司	73
特恩驰银行有限公司	43
荷兰贸易银行有限公司	51
阿姆斯特丹银行有限公司	46
国家商业银行有限公司	20
贸易与航运银行有限公司	20
出口融资银行有限公司	19
荷兰银行（负责益价值和定期付款）有限公司	19
范米尔洛和左恩银行有限公司	19
荷兰海外银行有限公司	14
荷兰折扣银行有限公司	12
荷兰商业银行有限公司	12
考斯联合银行有限公司	11
中型信用银行有限公司	11
荷兰联合银行有限公司	11
1993 年（10 人以上）	
荷兰银行	34
荷兰国际商业银行	18
国家投资银行	18
米斯皮尔逊银行	14

　　表 8.6 进一步列出了互兼董事人数的下降，并与银行以及其他工业公司董事会成员在工业公司董事会中发挥的作用对照。工业公司的互兼董事人数在我们考察的 70 年间骤然下降，互兼董事的平均人数整体上大约减少了一半。尽管在多个监事会兼任委员仍然十分常见，但互兼董事尤其是经营董事会成员的情况已急剧减少。实际上，到 1993 年为止，我们样本中的工业公司中，没有任何一家与银行或是其他工业公司共有同一经营董事会成员。

　　同时，银行在工业公司董事会兼任的人数，与其他工业公司相比，下降得更快。银行业的兼任董事，包括经营董事会成员，也在急剧减少，远远超过了有两个监事会的公司。Heemskerk、Mokken 和 Fennema（2003）记录了银行兼任董事在 1976—1996 年间的进一步减少，他们发现金融—工业互兼董事在此期间大概下降了 40%，超过了互兼董事整体 25% 的下降幅度。

表 8.6　公司层面互兼董事人数

自己公司—他人公司—他人公司类型	1923 年	1958 年	1993 年
监事会—监事会—工业	5.997 (83.9)	6.327 (79.9)	3.441 (74.1)
监事会—经营董事会—工业	1.079 (46.7)	0.901 (42.3)	0.454 (37.8)
经营董事会—监事会—工业	1.530 (31.5)	0.921 (24.6)	0.454 (20.3)
经营董事会—经营董事会—工业	1.000 (25.6)	0.366 (12.3)	0 (0)
监事会—监事会—银行	1.202 (46.7)	1.285 (53.7)	0.622 (40.6)
监事会—经营董事会—银行	0.461 (29.0)	0.198 (17.4)	0.077 (7.7)
经营董事会—监事会—银行	0.293 (11.4)	0.201 (8.4)	0.084 (7.7)
经营董事会—经营董事会—银行	0.287 (3.8)	0.012 (0.9)	0 (0)

表 8.7 比较了家族企业与非家族企业中互兼董事的情况;此表中定义家族企业的标准是董事会成员的姓氏与公司创始之初的名字相同。在 1928 年,唯一的显著区别在于非家族企业的经营董事会成员成为其他工业公司兼任董事的可能性更大。至 1958 年,这个区别基本上消失了,因为非家族企业与家族企业的董事会成员变得更相像了。到了 1993 年,这种情况仍在延续,因为非家族企业的经营董事会成员在其他监事会兼职的可能性更小了。

表 8.7　家族企业特征

	1923		1958		1993	
	家族	非家族	家族	非家族	家族	非家族
总资产账面价值	12 043	14 309	67 937	84 190	1 885 229	2 312 999
过去 3 年资产增长账面价值	−0.151	−0.048*	0.289	0.112***	0.372	0.159
托宾 q 值	0.400	0.362	0.464	0.405**	1.284	1.269
资产回报率	0.030	0.090**	0.152	0.162	0.076	0.073
四年 ROA 标准差			0.040	0.035	0.036	0.032
派息比率	0.331	0.392	0.511	0.795	0.257	0.376
负债对总资产比	0.306	0.298	0.398	0.316***	0.537	0.534
固定资产对总资产比	0.436	0.596***	0.331	0.432***	0.417	0.379
现金与流动资产对总资产比	0.093	0.122	0.080	0.140***	0.068	0.109
年龄	13.57	25.01***	37.28	50.88***	65.80	47.67
经营董事会规模	2.52	2.02***	2.91	2.09***	2.67	2.78

续表

	1923		1958		1993	
	家族	非家族	家族	非家族	家族	非家族
监事会规模	4.52	5.01*	4.36	4.61	4.22	5.23
虚拟权证	0.090	0.130	0.20	0.27	0.22	0.40
虚拟优先股	0.045	0.018	0.450	0.220***	0.56	0.42
虚拟特别股					0.44	0.61
虚拟结构化体制					0.33	0.54
虚拟互兼董事(监事会—监事会/工业)	0.87	0.83	0.80	0.80	0.56	0.75
虚拟互兼董事(监事会—董事会/工业)	0.42	0.49	0.39	0.44	0.44	0.37
虚拟互兼董事(董事会—监事会/工业)	0.18	0.37***	0.20	0.27	0.44	0.19**
虚拟互兼董事(董事会—董事会/工业)	0.08	0.33***	0.09	0.14	0.00	0.00
虚拟互兼董事(监事会—监事会/银行)	0.43	0.48	0.51	0.55	0.33	0.41
虚拟互兼董事(监事会—董事会/银行)	0.36	0.26	0.18	0.17	0.11	0.07
虚拟互兼董事(董事会—监事会/银行)	0.08	0.13	0.11	0.07	0.11	0.07
虚拟互兼董事(董事会—董事会/银行)	0.02	0.04	0.00	0.01	0.00	0.00
最大的外部大股东持有份额					22.27	24.64
所有外部大股东持有份额					34.67	43.67
银行持有份额					7.79	7.12
董事会成员持有份额					20.00	4.32**
监事会成员持有份额					10.32	1.94**
观察对象个数	89	228	92	241	9	134

注：*** 表示在 1% 水平上显著，** 表示在 5% 水平上显著，* 表示在 10% 水平上显著。

表 8.8　收购防御、互兼董事与持有份额间的相关性

	1923 年	1958 年		1993 年			结构化体制
	权证	权证	优先股	权证	优先股	特别股	
虚拟权证	1.000	1.000	−0.007	1.000	−0.188**	−0.120	0.080
虚拟优先股		−0.007	1.000	−0.188**	1.000	0.009	−0.012
虚拟特别股				−0.120	0.009	1.000	0.323**
虚拟结构化体制				0.080	−0.012	0.323***	1.000
虚拟兼任(监事会—监事会/工业)	0.079	0.099	0.065	0.106	−0.072	0.171**	0.341**
虚拟兼任(监事会—董事会/工业)	0.093	0.068	−0.024	0.066	−0.001	0.074	0.240**
虚拟兼任(董事会—监事会/工业)	0.218***	0.202***	−0.018	−0.184**	0.163	0.055	0.195**
虚拟兼任(董事会—董事会/工业)	0.144**	0.059	−0.052				
虚拟兼任(监事会—监事会/银行)	0.113**	0.186**	−0.061	0.079	−0.050	0.207**	0.205*

续表

	1923 年	1958 年		1993 年			结构化体制
	权证	权证	优先股	权证	优先股	特别股	
虚拟兼任（监事会—董事会/银行）	0.071	0.065	0.011	−0.012	0.016	0.074	0.061
虚拟兼任（董事会—监事会/银行）	0.087	0.351***	0.026	−0.066	0.069	0.074	0.166**
虚拟兼任（董事会—董事会/银行）	0.134**	0.019	0.081				
最大的外部大股东持有份额				−0.155	−0.155	−0.182**	−0.082
所有外部大股东持有份额				−0.084	−0.195**	−0.173**	−0.024
银行持有份额				−0.005	−0.241***	0.153	0.198**
董事会成员持有份额				−0.165**	−0.006	−0.022	−0.273***
监事会成员持有份额				−0.038	0.057	−0.083	0.085

注：*** 为在 1% 水平上显著，** 为在 5% 水平上显著。

为了完善我们对于互兼董事的描述，表 8.8 分析了其与收购防御机制的联系。1923 年与 1958 年的互兼董事，尤其是那些经营董事会的成员，显示出与发行股票权证的正相关性。到了 1993 年，情况则并非如此了。取而代之的是，监事会成员的兼任董事与防御性特别股的发行产生关联，且大多数的兼任情况都与遵循结构化体制相关，这就意味着这些是大型的、跨国合作导向较弱的公司。

作为对于兼任董事对工业业绩影响的探索性研究，表 8.9 中每个年份的第二组回归值考虑了兼任情况对于托宾 q 值的影响。1993 年的影响并不显著，但在前两个年份，兼任与 q 值呈负相关（在显著相关下）。这个略显不充分的证据表明，兼任尤其是有其他工业公司或银行董事的兼任在 1923 年与 1958 年并未带来什么益处。

8.6 结论

本章概览了在过去的一个世纪中荷兰上市公司的融资与控股情况。鉴于家族对于公司的影响，我们的数据表明了在 20 世纪下半叶荷兰公司向专业化管理过渡的明显趋势。银行在荷兰工业的融资与控股之中的地位似乎并不那么重要，实际上其模式更偏英式风格而非德式。尽管到了 20 世纪末，员工在公司决策制定中有了一定的发言权，但是与德国相比，其权力还是很有限的。真正的决策权依然被牢牢掌握在一部分可使自身永远留职的内部管理者手中，这种权力在一系列强力的收购防御措施中得以进一步巩固。但持续地向一种普遍欧洲模式趋同的进程虽然缓慢，却的确体现了一些荷兰公司的管理特质。

表 8.9　Q值回归

	1923 年			1958 年			1993 年		
	(1)	(2)	(3)	(1)	(2)	(3)	(1)	(2)	(3)
截距	0.078 (1.65)	0.057 (1.09)	0.062 (1.22)	0.184*** (2.68)	0.236*** (3.46)	0.208*** (2.71)	1.126*** (5.09)	1.015*** (3.82)	1.191*** (5.08)
Log(账面价值)	0.009* (1.73)	0.012* (1.86)	0.011* (1.68)	−0.007 (1.18)	−0.012 (−1.61)	−0.012* (−1.70)	0.061** (2.08)	0.062** (2.17)	0.028 (0.95)
负债对总资产比	0.846*** (19.9)	0.841*** (19.14)	0.858*** (20.10)	0.951*** (18.29)	0.948*** (18.49)	0.958*** (17.61)	−0.028 (−0.11)	0.074 (0.27)	0.030 (0.11)
过去 3 年总资产增长账面值	−0.015 (−0.94)	−0.016 (−1.01)	−0.019 (−1.06)	0.012 (0.84)	0.010 (0.64)	0.008 (0.52)	0.125 (1.23)	0.106 (1.02)	0.162 (1.45)
固定资产对总资产比	−0.009 (−0.30)	−0.007 (−0.27)	−0.004 (−0.12)	0.078** (2.73)	0.068** (2.52)	0.073** (2.41)	−0.642** (−2.27)	−0.602** (−2.09)	−0.569* (−2.21)
Log(年龄)	−0.009 (−0.92)	−0.009 (−0.90)	−0.008 (−0.72)	−0.018 (−0.87)	−0.020 (−0.87)	−0.017 (−0.87)	−0.037 (−0.10)	0.133 (0.40)	0.045 (0.13)
现金与流动资产对总资产比	0.035 (0.93)	0.037 (0.95)	0.058 (1.42)	0.158* (1.83)	0.145* (1.70)	0.144 (1.53)	0.040 (0.67)	0.033 (0.54)	0.051 (0.74)
派息比率	0.001 (0.16)	0.000 1 (0.02)	−0.002 (−0.25)	−0.002 (−0.88)	−0.003 (−1.05)	−0.002 (−0.83)			
虚拟权证		−0.018 (−1.23)			0.045 (1.63)			0.092 (0.90)	
虚拟优先股					−0.023* (−1.72)			−0.068 (−0.89)	
虚拟特别股								0.092 (1.05)	
虚拟结构化体制								−0.072 (−0.97)	
虚拟兼任(监事会—监事会/工业)			3.005 (0.22)			0.009 (0.48)			−0.012 (0.11)

续表

	1923 年			1958 年			1993 年		
	(1)	(2)	(3)	(1)	(2)	(3)	(1)	(2)	(3)
虚拟兼任（监事会—董事会/工业）			−0.033** (−2.06)			0.015 (0.93)			0.002 (0.02)
虚拟兼任（董事会—监事会/工业）			0.016 (0.86)			0.014 (0.60)			−0.130 (0.83)
虚拟兼任（董事会—董事会/工业）			−0.003 (−0.19)			−0.042** (2.33)			
虚拟兼任（监事会—监事会/银行）			0.011 (0.60)			0.005 (0.36)			0.117 (1.22)
虚拟兼任（监事会—董事会/银行）			−0.027* (−1.75)			−0.012 (0.89)			−0.041 (0.20)
虚拟兼任（董事会—监事会/银行）			−0.015 (−0.64)			0.033 (1.22)			0.514 (1.08)
虚拟兼任（董事会—董事会/银行）			−0.008 (0.30)			−0.041 (1.43)			
虚拟家族企业			0.002 (0.12)			0.002 (0.17)			0.057 (0.37)
Adj. R^2	0.78	0.78	0.78	0.74	0.75	0.74	0.07	0.06	0.08
观察对象个数	193	193	193	224	224	224	139	139	139

注：白异方差一致 t 值。派息率＜0 已去除；*** 为在 1%水平上显著，** 为在 5%水平上显著，* 为在 10%水平上显著。

表 8A.1　荷兰的铁路融资

	荷兰钢铁铁道协会	荷兰利金铁道协会	荷兰中央铁道协会[a]	国家铁路经营公司
建立年份[b]	1837	1845	1860	1863
初始股本（配售）	124 万法郎[c]	2 400 万法郎	500 万法郎（核定股本） 410 万法郎（认购股本）	600 万法郎
股份数	1 240	100 000	20 000	24 000
面值	1 000 法郎	240 法郎	250 法郎	250 法郎
初始股东数	140	35	105	244
持股≥2%的股东数	9	9	至少 2	9 (?)
最大股东	11.3%	14%	至少 16%	12.5%
大股东与持股数	140,阿姆斯特丹经纪人 110,阿姆斯特丹经纪人 79,阿姆斯特丹经纪人 66,阿姆斯特丹经纪人 65,阿姆斯特丹经纪人 49,阿姆斯特丹经纪人 35,阿姆斯特丹制造商 25,阿姆斯特丹贸易者 25,阿姆斯特丹未知	14 000,伦敦商人 14 000,伦敦商人 14 000,伦敦商人/银行家 14 000,制造商海牙 14 000,制造商哈勒姆 12 500,伦敦 SW 铁路董事 6 250,伦敦银行家 6 250,利物浦铁路商人 3 545,阿姆斯特丹商人		3 000,巴黎银行 2 765,阿姆斯特丹纪人 2 000,阿姆斯特丹银行 2 000,伦敦银行 1 730,阿姆斯特丹银行 1 400,乌特勒支铁路设备公司 1 000,布鲁塞尔银行 500,法兰克福银行 500,巴塞尔银行
国外持有	2.4%	67.0%	>90%	35.2%
资本负债比(总资产)[d]				
1850	0.66 (1 080 万法郎)	0.49 (1 400 万法郎)	—	—
1860	0.71 (1 110 万法郎)	0.38 (2 650 万法郎)	—	—
1870	0.89 (1 720 万法郎)	0.41 (4 160 万法郎)	1.90 (1 000 万法郎)	0.75 (1 050 万法郎)
1880	1.50 (3 750 万法郎)	0.64 (4 990 万法郎)	5.26 (990 万法郎)	0.43 (1 800 万法郎)
1890	1.68 (6 040 万法郎)	0.84 (5 620 万法郎)	2.35 (1 140 万法郎)	1.31 (4 020 万法郎)

a. 荷兰中央铁道协会的数据意义不大,因为并未给出初始股本,且很多初始股东后来违约,并未全部付清。股东是那些后来参加股东大会的成员。

法国股东从某种角度来说并非出于自愿认购,因为这些股份是对于建设服务与材料的支付。

b. 给出的年份是公司注册成立并进行(或试图进行)公开融资的年份。特许权一般会提前数年被授予一小部分参与创业的个人,正是这部分人后来建立了公司并募集了资本。

c. 在同年内,通过以 4 换 1 表决权的发售方式募集到了 620 万法郎。这种发售方式导致过度认购,且完全被初始股东持有。

d. 债务是以长期债务衡量的,资产则不包含储备。资本负债比是债务与股本资产的比率,总资产是债务与股本资产之和。

资料来源:Van den Broeke(1985)。

附录

19 世纪的铁路融资

19 世纪中期几只铁路股的上市发行似乎看来十分简单,荷兰中央铁道协会在 1860 年对此提出异议,很多工业业内人士早就意识到这些股票不可能盈利,因为铁路并未将主要工业或人口中心连接起来。

这几只股票的挂牌上市还是引起了学者的兴趣,因为研究了这些股份的配售情况后,就能多少看清其初始持有者的结构。Van den Broeke(1983,1985)详细记述了初始资金是如何筹集的。一个恰当的例证就是 1863 年国家铁路经营公司的挂牌上市。初始持股人有 244 人,共持有每股价值 250 法郎的股份 24 000 股(总价值 600 万法郎)。根据 Van den Broeke 所说,最大的股本是一家巴黎银行——Hottinguer & Cie 持有的 3 000 股;第二大股本则由一家阿姆斯特丹证券经纪公司——Wurfbain & Zoon 持有,有 2 765 股。提及的其他 4 个 1 000 股及以上的股本都是由阿姆斯特丹、伦敦和布鲁塞尔的银行持有。

并无迹象表明,这些股东是出于持有公司控制权的动机而持股的:最大的股本也只占了不到 12.5%。最大的几个股本都由银行或证券公司持有。而且这些公司中很多都是国外公司,因此无法执行有意义的管理控制。总共有 74.5% 的资本是由银行/金融部门持有的,但荷兰银行从未按德国模式在工业管理中发挥积极作用。

同时,也没有迹象表明,政府将持股视作可吸引其运用以确保控制权的手段。国王及其随从、各个政治家、政府官员以及司法人员总共只持有 600 股。尽管在接下来 5 年中再募集 600 万法郎的努力似乎失败了,政府不断减少入市,只提供了 250 万法郎的贷款,并要求在募集到新的资本后尽快偿还。[22] 有些股东似乎与铁路业务有着直接的关联:如连接英格兰与弗利辛恩(法拉盛)的航运公司。

参考文献

Booth, J.R., and D.N.Deli. 1999. On executives of financial institutions as outside directors. *Journal of Corporate Finance* 5:227—250.

Bos, J.W.1923. Over commissarissen van naamlooze vennootschappen. PhD diss., Rijksuniversiteit Groningen.

Broeke, W. Van den. 1983. De financiering en de financiers van de spoorwegen in Nederland: De Maatschappij tot Exploitatie van Staatsspoorwegen 1863—1870. *Economisch-en Sociaal-Historisch Jaarboek* 4:23—44.

——. 1985. *Financiën en Financiers Van de Nederlandse Spoorwegen 1837—1890*. Zwolle, The Netherlands: Uitgeverij Waanders.

——. 1988. Vermogensstructuren en netwerkrelaties in het Nederlandse bedrijfsleven 1890—1940. *Jaarboek Voor de Geschiedenis Van Bedrijf en Techniek* 5:154—171.

Camfferman, Kees. 2000. Jaarrekeningpublicatie door beursgenoteerde naamloze vennootschappen in Nederlandsch Economisch-Historish Archief (NEHA) Jaarboek, 71—103.

De Jong, A., and P. W. Moerland. 1999. Beheersingsmechanismen in Nederland: Substituut of complement? *Maandblad Accountancy en Bedrijfskunde* 73:499—512.

De Jong, A., P.W.Moerland, and T. Nijman. 2000. Zeggenschapsverhoudingen en financiële prestaties. *Economisch-Statistische Berichten* 85:368—371.

De Jong, Abe, Doug DeJong, Gerard Mertens, and Charles Wasley. 2004. The role of self-regulation in corporate governance: Evidence and implications from the Netherlands. *Journal of Corporate Finance*, forthcoming.

De Jong, Abe, Rezaul Kabir, Teye Marra, and Ailsa Röell. 2001. Ownership and control in the Netherlands. In *The control of Corporate Europe*, ed. Fabrizio Barca and Marco Becht, 188—206. Oxford, UK: Oxford University Press.

Ferris, S.P., M.Jagannathan, and A.C.Pritchard. 2003. Too busy to mind the business? Monitoring by directors with multiple board appointments. *Journal of Finance* 58: 1087—1111.

Frentrop, Paul. 2003. *A history of corporate governance* 1602—2002. Haarlem: Deminor.

Gales, B. P. A. 1986. Werken aan Zekerheid: Een Terugblik over de Schouder Van AEGON op Twee Eeuwen Verzekeringsgeschiedenis. The Hague: Aegon Verzekeringen.

Goor, Linda Van, and Jaap Koelewijn. 1995. Le système bancaire néerlandais: Étude rétrospective. In *Les banques en Europe de l'Ouest de 1920 à nos jours*, ed. Maurice Lévy-Leboyer, 153—175. Paris: Ministère de l'Économie et des Finances, Comité pour l'histoire économique et financière.

Heemskerk, E., R.Mokken, and M.Fennema. 2003. From stakeholders to shareholders? Corporate governance networks in the Netherlands 1976—1996. University of Amsterdam, Amsterdam School for Social Science Research.Unpublished manuscript. http://users. fmg. uva. nl/heemskerk/publications/stakeholder Preprint_ 2003.pdf.

Heijden, E.J.J.Van der Grinten. Zwolle: W.E.J.Tjeenk Willing.

J.H.de Bussy. 1923. Financieel Adresboek Voor Nederland [Financial address book for the Netherlands]. Amsterdam: J. H.de Bussy.

——. 1958. *Financieel Adresboek voor Nederland* [Financial address book for the Netherlands]. Amsterdam: J.H.de Bussy.

——. 1993a. *Gids bij de officiële prijscourant van de Amsterdamse Effectenbeurs 1993* [Guide with the Official Price List of the Amsterdam Securities Exchange 1993]. Amsterdam: J.H.de Bussy.

——. 1993b. Jaarboek Van Nederlandse Ondernemingen 1992—1993 [Yearbook of Dutch companies 1992—1993]. Amsterdam: J.H.de Bussy.

—— 1995. Spoilt for choice? Statistical speculations on banking concentration and the structure of the Dutch money market, 1900—1940. In *The Evolution of Financial Institutions and Markets in Twentieth-Century Europe*, ed. Y. Cassis, G.D.Feldman and U.Olsson, 187—208. Aldershot, UK: Scolar Press.

——. 1996. *Merchants, Bankers, Middlemen: The Amsterdam Money Market during the First Half of the Nineteenth Century*. Amsterdam: NEHA.

Kroszner, R.S., and P.E.Strahan. 2001. Bankers on the boards: Monitoring, conflicts of interest, and lender liability. *Journal of Financial Economics* 62: 415.

La Porta, R., F.López-de-Silanes, A.Shleifer, and R.W.Vishny. 2000. Agency problemsand dividend policies around the world. *Journal of Finance* 55：1—33.

Laveleye，Emile de. 1864. L'économie rurale en Néerlande. *Revue des Deux Mondes* 49.

Nederveen Meerkerk，Elise van, and Jan Peet. 2002. *Een peertje voor de dorst：Geschiedenis van het Philips pensioenfonds*. Amesterdam：Aksant.

Post，J. G. 1972. *Besparingen in Nederland 1923—1970：Omvang en Verdeling*. PhD diss.，University of Amsterdam.

Renooij，Dirk Cornelis. 1951. *De Nederlandse Emissiemarkt Van 1904—1939*. Amsterdam：J. H. de Bussy.

S. F. van Oss. 1924. *Effectenboek Voor 1924：Binnenland* [Securities guide for 1924：Domestic]. The Hague：S. F. van Oss.

——. 1959. *Effectenboek voor 1959：Binnenland* [Securities guide for 1959：Domestic]. The Hague：S. F. Van Oss.

Schijf，Huibert. 1993. *Netwerken van een financieel-economische elite：Personele verbindingen in het Nederlandse bedrijfsleven aan het eind van de 19e eeuw*. Amsterdam：Het Spinhuis.

Sluyterman，Keetie E.，and Hélène J. M. Winkelman. 1993. The Dutch family firm confronted with Chandler's dynamics of industrial capitalism，1890—1940. *Business History* 35 (4)：152—183.

Steensgaard，Niels. 1982. The Dutch East India Company as an institutional innovation. In *Dutch capitalism and World Capitalism*, ed. Maurice Aymard，235—57. Cambridge：Cambridge University Press.

Stokman，Frans N.，Frans W. Wasseur, and Donald Elsas. 1985. The Dutch network：*Types of interlocks and network structure. In Networks of Corporate Power：A Comparative Analysis of Ten Countries*, ed. Frans N. Stokman, Rolf Ziegler, and John Scott，112—130. Cambridge，UK：Polity Press.

Voogd，R. P. 1989. *Statutaire Beschermingsmiddelen Bij Beursvennootschappen*. Kluwer：Deventer.

Zanden，Jan L. van. 1987. *De Industrialisatie in Amsterdam 1825—1914*. Bergen：Octavo.

——. 1998. *The Economic History of the Netherlands 1914—1995：A Small Open Economy in the "Long" Twentieth Century*. London：Routledge.

评论

Peter Högfeldt[23]

　　将荷兰与瑞典进行对比是十分自然的事,因为它们是本书的研究对象中最小的两个国家,同时也因为它们的金融体系以及公司控股结构而走上了不同的历史发展道路,但是,从它们的起点出发,本来是很难发展到相差如此之远的。阿姆斯特丹这个自由的城市为第一个现代国际金融市场与现金的中介提供了一片沃土,比如,它帮助不发达的瑞典进行融资以向其周边国家发动帝国战争。在十七八世纪访问阿姆斯特丹的瑞典学生、海员以及商人,都被这个城市的开放与活力所吸引。据传,哲学家勒奈·笛卡儿为女王克里斯蒂安授课,尽管最初斯德哥尔摩给他带来的打击不是其刚到不久就在 1650 年冬过世的直接原因,但与阿姆斯特丹的丰饶与现代相比,是斯德哥尔摩的贫穷、闭塞与寒冷夺去了他的生命。

　　随着在接下来的几个世纪中,欧洲的政治地图被重新涂写,相对于阿姆斯特丹的衰落,平和而贫穷的瑞典的快速工业化使两国的经济差距在 1870 年后缩小了。现今,这两国的经济体系都是小而开放的,以出口为导向,并由大型跨国公司主导。但是这两国在金融体系以及公司控股结构上显而易见的结构差异,反映了其历史发展路径对于发达程度的强烈依赖。Abe de Jong 与 Ailsa Röell 通过描绘荷兰金融发展的全貌很好地说明了这点,这对于与瑞典之间的对比分析是很适合的。他们还进行了很有意思的分析,讨论了在阿姆斯特丹证券交易所上市的公司特征随着时间呈现何种变化,以及关于互兼董事会成员的分析。鉴于按照传统,总有神秘面纱覆盖着荷兰的公司,作者在收集数据方面确实干得十分出色。

即使神之手将细节放在一边,我还是会将我的对比分析集中在荷兰金融体系的三个主要特征上,并探讨将瑞典作为一个备选体系环境的历史发展中可能的因果链。

银行在公司融资中的有限作用

对于一个外部观察者而言,荷兰金融体系最令人震惊的一个特征,就是在整个工业化进程中以及之后的时期,"银行在工业增长融资中所发挥的有限作用"。尽管银行并没有受到限制,但它们不能作为全能银行来运营,却一直专注于像英国银行那样的短期商业融资,而置身于长期工业融资之外,并且不持有其客户公司的任何股份。这就开创了荷兰的银行对公司管理不加干预的一个长期传统。工业公司对于资本的需求,取而代之由重贷体系的短期可赎回保证金贷款来满足,这些资金是由处于银行体系外老旧的本地代理商网络从富有的个人手中筹集的。

乍看之下,这似乎是长期工业融资最不可能的渠道,但很显然,这是一种极为具有竞争力的方式,长期将银行排斥在市场之外。这个非集中体系的半市场特征,似乎驱除了公众心中由于过往的不佳经历所造成的对金融机构的不信任情绪。在黄金时代积累起来、并由收租家族控制的财富,因而可以为几个世纪后的投资而融资。这是路径依赖在金融体系发展中的极佳例证,尽管拿破仑战争造成了社会的动荡不安。因此,荷兰的情况表明,全能银行体系对于工业成长的融资并非必要,只要一个国家的私人金钱财富掌握在一小部分但是又数量足够的富有家族手中,且他们有通过非中介网络进行投资的渠道。

当我们将之与比利时的情况进行比较时,事情变得更有趣了。比利时在从荷兰独立出来后,成为荷兰南部的一个工业化、却相对较为贫穷的国家。尽管比利时与荷兰最初拥有相同的法系起源,有着相同的银行法与公司法,但是全能银行成为比利时的方案,且与荷兰不同的是,金字塔式开始在比利时广为运用。尽管法国对于比利时的影响更大,为其指明了全能银行的发展方向,但我推测,更高阶层的富有家族的缺乏以及对于长期工业投资的巨大需求,解释了为何通过全能银行从整体社会这个更为广泛的层面来吸纳存款成为比利时的解决方案。一个发展良好的银行存款体系可能以较低的成本吸纳到必要的存款,但是若不发展适用于工业融资的专门职能,很难有效地在存款与提供融资贷款之间调和。直接持股可能是监督客户的更有效的途径,但是频繁发生的工业危机可能也能解释为何银行会成为大量股份的持有者。正如比利时的例子显示的那样,在不同表决权股被禁止的时候,金字塔式对于银行以及其他各方利益来说可能是用以管控公司的诱人方案。

在 20 世纪初期,当工业融资需求大幅上升时,瑞士银行从一个纯存款体系到全能银行体系的发展很好地印证了这一点。由于缺乏一个足够广泛的、富有人群的基础,全国的政治争论就集中于如何通过一个国家银行体系来吸纳公民存款,从而为必要的工业投资融资。基础建设投资基本是通过发行国际公债来融资的。顺着这条道路走下去,通过金字塔式持股,并同时常常伴有不同表决权股的使用,瑞典的银行后来成为大型工业公司的控股所有者。

如果一般金融体系(尤其是股市)都不发达是因为在工业化初期阶段缺乏足够富庶的个人,那么通过全能银行进行公司融资可能成为主导途径,从而取代了基于股市的公司融资方式。尽管全能银行似乎通过使用不同表决权股或金字塔式控股,或同时使用两者来将所有权从控制权中分离出来,为银行与股东的控制权指明了发展的方向;荷兰没有全能银行似乎导致了所有权的分散,但在不同表决权股被禁止的情况下,通过使用其他法律手段来将所有权从控制权中分离出来,使管理层控制权得以稳固。因此,在荷兰的实例中,似乎是富有的投资者阶层、银行体系外的投资选择以及不同表决权股的结合,在指向了管理层拥有控制权的同时,使所有权变得分散。荷兰股票投资者消极的收租态度可能强化了这种效应。荷兰的例子与欧洲大陆的惯例恰恰相反,因而实际上是支持了在所有权与控制权的分离中,全能银行与股东控制权之间的因果链。

因此,我推测,当一个国家的初始财富水平较低,且融资的中介形式甚为罕见或根本不存在的时候,就很有可能出现通过全能银行体系这个中介来进行工业融资的情况,而这将导致股东从所有权与控制权的分离中获得控制权。荷兰这个例外似乎支持了这种推想。

收购防御壁垒

要确认荷兰使用复杂的巩固措施的惯例是从何时开始的,似乎相对较为容易,但是要弄明白为何会形成这样的惯例,则要困难得多。获得更多关于 1881 年公司法的信息以及政策背景的分析,并理解为何这项法律不允许"使用无表决权股或是低表决权股,从而排除了一种明显可将控制权从所有权中分离出来的方法",将是非常有趣的事,特别是因为将来的公司法一致使用了同一种设计原则。自从较早的 1838 年公司法(强制执行表决限制,以保护小股东,这项规定也成为后来公司法的标准特征)颁布以来,似乎形成了一种限制大股东权力的普遍潜在规则。但是,为何这项早期且强有力的反股东控制权的措施会出现呢?

这是否是对于东印度公司(VOC)内,对无控制权股东明显而长期的权力侵占的滞后反映呢?或者,正如作者所说,这是试图保护荷兰公司免于德国与法国公司的恶意收购?后一种说法不太合理,因为它无法解释为何双重表决权股会被禁止,而这种股票是反收购最有效的防御手段,且可以防止握有控制权的新所有者绕开法律进行公司私有化或兼并。或者,这是因为普通股东只是将自己视作被动的收租者,只对根据其资本投入的,按比例分配的红利感兴趣,而对公司控制权毫不在意?似乎荷兰投资者的行为更像是长期债券持有者而非典型的股东,因为他们早就拥有大笔私人财富。

对于这些问题,我并没有明确的答案,但若我们想要了解荷兰现在的控股结构,弄明白"为什么"是至关重要的,由于最初的公司法限制了较大股东维持并行使管控公司的权力,并为今后的立法设立了标准,并因此通过路径依赖决定了将来的控股结构。例如,可能具有一定政治影响力的立法者与较大股东当时是否(充分)认识到,公司法在将来某个时候会为受反收购措施过度保护的公司吸纳式管理控制开辟道路?这种管控已成为荷兰的特色,而在很久以后的近十年间，美国的律师才在特拉华州的帮助下对其实施保护。若他们能认识到这种后果，为何不但要限制有控制权的股东的权力，还要限制不具有控制权的股东的权力呢？

在荷兰公司法中对于荷兰小股东相对较强的保护，以使其免受握有控制权股东的侵害，因而同时意味着（a）（较为）分散的所有权与（b）通过直接控股（通常脱离所有权）的十分强力的管理巩固。第一个含义与 Burkart、Panunzi 和 Shleifer(2003)的公司所有权的法律保护少数群体的理论一致，而后者却并不相符，因为股东并没有受到有效保护以免受控制权被侵害和管理层的无效决策(代理成本)；恶意收购几乎算不上是有效的威胁。在荷兰的情况中，遗漏的非法律因素似乎是银行过于被动，且并没有参与到长期的工业融资与公司所有权中来，而是为管理层控制铺了路。因此，对于小股东的强法律保护未能通过增选将尤为强大的管理层阵营驱除在外。

在（a）通过分离所有权与控制权而从根本上保护大股东利益的机制，像双重表决权股、金字塔式控股以及交叉持股与（b）其他一些像信托基金、特别股、X 法则、表决限制之类，通过削弱与限制股东控制权值以巩固管理层控制权的方式有着根本性的区别。第一种防御的形式意味着通过分离所有权与控制权来加强股东控股，而后者则通过弱化股东控制权疏通支持了管理层的控股。然而，这两种保护机制从下面的角度来说，是可以相互替代的：若一家瑞典或是美国的上市公司使用了双重表决权股，那么它就不会使用或是几乎不使用其他机制，而不发行这种股票的公司则会采用很多补充的反收购防御措施，当然但还不至于夸张到用到荷兰的军械库，参见 Field 和 Karpoff(2002)以及 Holmén 和 Högfeldt(2004)。因而，实证结果表明，由于对双重表决权股这种最简单有效的反收购机制的长期禁止，荷兰公司不得不使用其他方式的多元化组合，弱化了反收购防御；金字塔式控股的作用有限，因为它支持了股东的控制权。

表 8B.1　控制权所有者的控股机制使用（%；来源于 Agnblad 等，2001)

样本 （占总数的%）	双重表决权股	先买权	表决限制	强制收购原则	股东协议
总样本(100)	63	13	4	1	5
银行(1)	50	0	0	0	0
收购投资者(1)	0	0	0	0	0
家族(62)	71	16	3	0.5	6
国外(8)	46	8	13	4	4
基金会(0.3)	100	0	0	0	0
保险公司(1)	33	0	0	0	0
共同基金(6)	32	5	0	0	0
其他(8)	71	13	0	0	0
公众(2)	29	0	0	0	0
斯费尔(10)	61	7	10	7	3

注：表格显示了 1998 年 10 月在斯德哥尔摩证券交易所以及斯德哥尔摩执行机构列表中 304 家上市公司不同的控股机制。样本基于握有控制权的股东特征以及机制类型，被拆分为子样本。

资料来源：AMB、Sundin 和 Sundqvist(1998)，公司章程及 PRV。

作为对比，表格 8B.1 显示了在斯德哥尔摩证券交易所上市的瑞典公司的控股结构的极为简易与透明的性质，参见 Agnblad 等(2001)。双重表决权股是最为常见的用于管控公司的机制，尤其是对于家族企业而言，更是如此，鉴于有 63% 的上市公司使用了这种机制。只有 13% 的公司有权提前赎回已转手给新买家的非上市 A 股。这是第二常用的控股机制，其他的都很少使用。双重表决权股将所有权从控制权中分离出来，在瑞典得到了非常强的政策支持，因为这是一种防止国外收购的非常有效的保护措施，参见 Holmén 和 Högfeldt(2004)。

荷兰控股结构中的另一个重要元素是公司吸纳式(家庭)基金会的战略性使用，其法律设计是非常不透明的，对于如税务机关这样的局外人来说几乎是无法理解的，并且无须缴纳公司利得税。这是一项非常重大的优势，因为对于一般股东而言，相对高额的税额使得红利成为一种不利，这就意味着利润的低派息比率以及支持将留存收益作为融资的主要来源。既然在公司需要从资本市场来吸纳外部资本时，股东低估了具有杠杆作用且不透明的控股结构，那么相对高昂的利得税就像是荷兰控股结构的一个逻辑元件，锁住了资本，不让其流入已有的公司。

对于非常机密的基金会的强力的法律支持与保护是荷兰控股结构极端性的又一例证。对于由小部分商业伙伴作出的秘密私人决策以及公司吸纳式控股的历史偏好，早在阿姆斯特丹的黄金年代就已存在，且似乎随着时间流逝而不断升级，并发展到了极致——这是另一个路径依赖的有趣例子。几个世纪以来，对向一般股东与公众公开年报及会计信息的强烈反感是另一个例子。

因此，在过去 50—60 年之间，在瑞典建立的两个最为成功的公司的创始家族——宜家(Kamprad 家族)与利乐(Rausing 家族)，将其所有的财富转移到了瑞典税务机关的管辖范围之外，并通过利用非常有利的荷兰相关立法——私人基金公司可在向列支敦士登家族成员的个人基金公司支付租金之前作为持有实体，保全了其公司的完全私有性。强力的巩固、令人舒适的隐秘性(毫无疑问)以及针对公司利得的低税率或零税收成为荷兰基金公司非常便捷的功能，同样，对于想要将控制权保留给后代的国外家族也是如此。

在荷兰的实例中，最具讽刺意味的是，公众对于大股东或是银行之类的金融机构掌权的强烈厌恶，可能导致权力过度集中到极其稳固的公司吸纳式管理团队以及在法律的神秘面纱之后操作的基金公司手中。但所有的股东将去向何方，他们为何如此轻易地放弃他们的权力而毫不抗争呢？答案似乎就在于荷兰金融体制最初的特征，以及在其发展过程中强烈的历史路径依赖性。

公司控股政治

既然政治意识形态与决策形成并影响了一国公司控股体制的发展，更深一层的理解要求分析政治与公司融资是如何相互作用的。公众对于一个公司管理结构的接受，最终取决于其在社会上的政策可行性：若没有明确的政策支持，极端的控股结构很难留存下来。对于荷兰公司管理政治的研究本应更为有趣。然而，作者决定，在已经非常丰富的文献之中，不对此加以考虑。但他们强调，荷兰这个小型的福利社会，与甚至更小的瑞典社会一样，有着非常强烈的共识取向。尽管两国有这种政治相似性，但在过去 30—40 年间，它们的控股结构踏上了不同的发展道路。

然而,还是有一个共同的主题。两国自从 20 世纪 60 年代末兴起的强烈的政治抱负——通过赋予股东更多发言权,从而改革传统的控股结构,并使其更为"民主"——却得到了一个相反的结果:在最近数十年中,控股集团利益得到进一步加固。但这两国走的道路十分不同。荷兰的工会并未作出将重大决策权从股东年度大会转交到由管理层与工人任命者掌控的公司吸纳式监事会的手中,从而与管理层联合起来,并将股东置之不理这样出人意料的举动。本就稳固的管理层权力因本想取得相反效果的政策工具的使用而得以进一步强化。是否存在强烈反对结构化体制的政治抗议?或者这种反对是否在其神秘的面纱之后达成了共识?弄清实际上这是如何发生的一定非常有趣,因为这似乎是一件相对近期且重大的事件。

在瑞典,员工被赋予了正式出席董事会的权利,但是其决策权却非常有限;其目的是获得公司的相关信息,并获得发言机会。传统的对于管理资本主义的怀疑是因为其表现出的目光短浅,加上主要资本主义与社会民主间达成的共识,反而导致了对在位掌权业主更强力的政策支持。现有的公司法与政治修辞都强调了划界明确且强有力的掌权所有者的重要性,对双重表决权股日益增多的使用则是达到目的的基本手段。一个更为现实也更为阴险的目标是在资本市场摆脱了管制,且资本需求由于国际竞争变得更为活跃而增加时,能够确保领头的上市公司仍旧处于瑞典的管控之下。

这两个共识取向的福利社会因而用非常不同的方式来对待这种新的历史环境,毫不出人意料的是,荷兰加强了在位管理层的权力,而瑞典则加强了股东控制权。因此,在这两国控股结构的发展过程中,路径依赖性加强,而非弱化了。然而,从更长远的角度看待这段历史,可以明确其路径依赖性。同样,这强化了——而非磨灭了人们对于最近数十年中所发生一切的印象。而在这两个国家,历史的罗盘指向了控股结构更为集中稳固而非更为灵活的发展方向。

最后的思考

荷兰的实例自身就非常有意思,因为在阿姆斯特丹诞生了第一个现代的、先进的金融体制。然而,我认为荷兰的实例更令人感兴趣,是因为它很好地说明了其路径依赖的历史根源是如何影响其将来的发展的,并带来了不可预料的结果:其代表了盎格鲁·撒克逊、德国以及法国在政治、法律以及经济特性方面影响的随机与非随机因素的混合,影响了处于地理交叉路上的小国实际的追随道路。例如,对于最大的、比如在美国上市的公司进行了管理控制,尽管有着荷兰特有的控股扭转,以及注重于短期商业融资银行体系(这和英国的情况一样,而不像欧洲大陆提供长期工业融资的全能银行)。因此,荷兰的金融体制并非一个可融入民法国家阵营的合格范例。当我们想要真正了解荷兰金融体制的发展与特征时,标准二分法就显得太过粗糙了;与其他像瑞典之类的民法国家比较,区别就比相似之处更令人感兴趣。因此主要由民法国家掌控的欧盟,在协调收购规范以及清除反收购防御方面的显著失败(尽管是做了些雄心勃勃的尝试),就并不令人感到意外了。

而荷兰与瑞典之间的对比,表明在国家控股结构的发展中有一个共同的元素——强烈的历史路径依赖性,因为尽管环境在变化,但是已经建立的控股结构随着时间流逝而不断复制,甚至自我强化——但荷兰的实例将其发挥到了极致。民法国家似乎更善于遵循这种依赖性与因果联系,因为其政治组织与决策流程通常是十分集中的。荷兰早期对于公司法中禁止双重表决权股以及金字塔式控股的政策支持似乎(从逻辑上)意味着之后管理层的控制权受到了过多反收购防御的保护。而这在瑞典则从政治上获得了大力支持,政府不但允许使用控股机制,甚至鼓励使用将表决权与资本严格分离的控股机制,这指明了其将来的发展方向——随着时间推移,通过深化所有权与控制权的分离来保留股东控制权,但不使用其他任何特别的反收购方式。因而,荷兰的大型上市公司由公司吸纳式管理团队来控股,而瑞典的公司则由掌权业主来作出最终的重大决策,这一点并不令人感到意外。

由于荷兰的实例是典型的欧洲大陆公司控股体制的一个极端例外,我仍对三个谜团感到疑惑不解:首先,为何股东会被动接受让其控制权转交给公司吸纳式且过于根深蒂固的管理经营团队,而管理经营团队往往不具有直接所有权? 第二,随着时间推移,这样一成不变而不透明的公司控股结构会有效率吗,尤其是在国际竞争环境下面临结构调整的时候? 第三,为何在荷兰第一部公司法中就对双重表决权股加以禁止,这又如何影响了荷兰公司控股结构的发展?

参考文献

Agnblad, Jonas, Erik Berglöf, Peter Högfeldt, and Helena Svancar. 2001. Ownership and control in Sweden: Strong owners, weak minorities, and social control. In *The control of corporate Europe*, ed. Fabrizio Barca and Marco Becht, 228—258. Oxford: Oxford University Press.

Burkart, Mike, Fausto Panunzi, and Andrei Shleifer. 2003. Family firms. *Journal of Finance* 58:2167—2202.

Field, Laura C., and Jonathan M. Karpoff. 2002. Takeover defenses at IPO firms. *Journal of Finance* 57:1857—1889.

Holmen, Martin, and Peter Högfeldt. 2004. A law and finance analysis of initial public offerings. *Journal of Financial Intermediation* 13:324—358.

Sundin, Anneli, and Sven-Ivan Sunqvist. 1998. *Owners and power in Sweden's listed companies*. Stockholm: Dagens Nyheter.

注释

① 至 1782 年最后一次股息为止,对 VOC 公司 100 荷兰盾的初始投资可获得 360 033.33 荷兰盾的回报(Steensgaard, 1982)。Steensgaard 对 VOC 这种崭新的公司形式如何使持续盈利成为可能进行了颇有见地的探讨。例如,对军方对于贸易渠道以及垄断的保护进行长期投资。

② 食利者阶级被通俗地称为优惠券刀具:"Ces rentiers hollandais que le peuple appelle ironiquement coupon-knippers, parce qu'ils n'ont rien a faire, sauf a detacher les coupons semestriels de leurs fonds publics." (de Laveleye, 1864:329)

③ 这些争论与现今仍处于辩论中的问题有趣地相似。那些最初未积极参与公司运营的 VOC 股东——成为长期受难的股东——有很多可以抱怨的理由。他们的异议完全保存在了公司的记录中。最初的怨言集中于股利政策(当中期股利分配中止,或者比公司章程规定的数额少时,以及 1622 年承诺的清算股利被削减时)以及公司账

户不清:要求公司财务披露的信件和宣传册,还有关于滥用和破坏性混乱的言语在流传之中,但它们都被 Heeren ⅩⅦ——"十七绅士"股东们忽略了。直到股东们的不法行为之甚,使得政府要求提供1622年的充分和公开账户。即便如此,抗议财务披露不充分的浪潮又继续了几十年。后来的文件规定了合并管理层的个人利益与公司利益(有许多的公司规定告诫其员工,他们无论如何都是不被允许以个人账户进行运输或交易货物的,而且 Heeren ⅩⅦ 于1741年出了一份关于公司管理层在国内外滥用的报告)。同样的,17世纪甚至还有关于公务机的规定文件(例如,经理因公出差乘坐岛屿游艇以及出行费用申报在一份从1698年起生效的文件中进行了详细规定)。参见 Frentrop(2003)的英语版荷兰公司管理历史。

④ 我们的阐述是基于引言章节 van der Heijden(1992)的荷兰公司法律手册的。

⑤ 虽然这种形式含有一些令人难以理解的运气因素,有激发投机的倾向。

⑥ 例如,NCS铁路1860年新股初始公开发行(IPO)的案例,在附录1中有所描述。

⑦ 它有权获知相关信息,有权对主要决策(例如:所有权转让、迁移以及重大投资)提出建议。它可以将其不赞同的决策推迟一个月执行,并向阿姆斯特丹法院提上诉。对于社会安排(养老金、工时、工资、安全规程)的更改必须征询它的同意,若它不同意,则雇主必须获得当地法官的裁决后再执行。

⑧ Renooij(1951:63)报告的数字表明,这些投资者的地位日趋重要:在1900年至1939年间,私人储蓄银行的存款从80万法郎上升到5.15亿法郎,而国家邮政储蓄银行的存款则由85万法郎上升到了6.7亿法郎;同期,人寿保险公司的资本从130万法郎上升到13.59亿法郎。同时,为响应社会立法,20世纪最初的25年间,荷兰成立了各种社会保险基金。到1939年为止,普通公民养老金基金(公务员养老金)的资产达到了7.94亿法郎;铁路工人与煤矿工人养老金基金共有2.03亿法郎;私有工业的意外基金以及残疾和退休基金约4.91亿法郎;而个体劳动者的自愿退休基金共有0.68亿法郎。

⑨ 这种贷款在1939年之前都是免除印花税的,因此,在战时是对于债券的一种非常普遍的替代形式。在荷兰与德国,直接长期私人贷款在机构投资者的投资组合中占有非常独特的地位。

⑩ 这位发言人即 D. Brilleslijper,他是劳埃德证券公司的发言人,来源于 FEM Business,2003.9.20。

⑪ 基本上,这些关于公共有限公司的信息可以从 Van Nierop 与 Baak 编写的1880年至1948年有限公司年鉴和有关上市证券的年鉴——Van Oss 的1903年至1978年证券指南中获得。

⑫ 我们的阐述是基于 Voogd(1989)关于荷兰公司章程防御的详细调查。

⑬ 令人感到迷惑的是,最初这种股份被称为"特别股"(preference shares),但是现在已经不允许这种用法了。有时也称之为"发起人股"或是"A股"。

⑭ 即使如此,Voogd(1989)发现,在1988年1月1日,59%在证券交易所正式上市的公司将发行普通股的权力交给了机构而非股东大会(这些机构中,76%为管理层;15%为优先股股东;8%为董事会;还有1%是理事会与管理层联合);而51%的公司作出了类似的安排以否定股东的优先认购权(这在上述各机构中的比例分配为74%,17%,8%与1%)。

⑮ 这种股份不能上市发行,一般而言,这些公司在证券交易所发行的是无记名股。

⑯ 例如,在阿霍德2003年9月的一次混乱的股东大会上,97%的票数支持给予被谴责为过于慷慨的新任首席执行官的薪酬福利条件。信托基金的成员都没有参加会议,他们甚至不知道薪酬方案的范围,就将表决权授予经营董事会秘书,而他们手中的表决票占总票数的50%。

⑰ 最著名的就是喜力公司,喜力家族占有未上市的喜力股份有限公司50.01%的控制权,就相当于拥有对应上市的喜力有限公司50.01%的控制权。

⑱ "初始点在于劳动力与资本是等价的,且两者应具有相同的权力这个理念。但实际上则达到了一个犬儒主义的折中状态:股东的权力核心被剥夺了,而员工却没有得到什么。"(FEM Business,2004.9.13)

⑲ 在1923年的低值需要谨慎对待,由于优先股或是创始人股的术语并未明确建立。

⑳ Van Oss 可能并未获取1958年关于表决限制的完全信息。因此,得到的比率可能低估了实际值。

㉑ 我们无法从数据中判断,这种下降是否会因将银行董事会级别以下的人员安排到工业公司董事会中而被全部或

部分抵消。

㉒ 即使是这样谨慎保守的政府支持行为,从某些方面看来已是十分慷慨的,这可以根据 1866 年布雷达出版的一本小册子作出推断,其中写道:"荷兰公民以纳税形式贡献的钱,可以用来借给私人公司让其谋求自身利益吗? 给荷兰人民的忠告,某人。"(原文是:Mag hetGeld, dat door den Nederlandschen Burger als Belasting Wordt Opgebragt, Worden Geleend aan eene Maatschappij van Partikulieren, Tot Haar Eigen Winstbejag? Een Woord aan het Nederlandsche Volk, van Iemand)

㉓ Peter Högfeldt 是欧洲公司治理研究所(ECGI)的一名助理研究员,同时也是斯德哥尔摩大学经济学院金融系的一名副教授。

瑞典公司所有权的历史与政治

Peter Högfeldt [*]

　　欧洲 20 世纪商业历史中一件颇具讽刺意味的事是尽管破坏性战争和社会主义空位造成了前所未有的政治动荡,公司所有权结构却处于相对稳定(回弹)的状态。然而,若不对政治因素如何通过先设立平台再用系统化方式(参见 Roe, 2002a, 2002b)——不仅包含制定法律体系(体制)和公司法,及法律执行和监管的效率,还包括依照劳动力、产品和资本市场法规改变劳动力与资本间的利益平衡,和以税收融资的公共福利体系的发展,以平等主义的抱负期许资源与机遇的重分配——改变环境并对公司所有权的发展造成的深远影响加以分析,是无法理解历史路径依赖性之强烈的。

　　另一历史的讽刺是以往资本与劳动力之间的敌对关系已给法团主义社会让路,最大的上市公司高度稳固的私人所有权与工会合作共存,而工会成员则对员工进行有力保护,并出席董事会(参见 Pagano 和 Volpin, 2001)。由于金融市场有助于结构转化,而这经常与在职劳动力和资本的现实利益背道而驰,它们在法团社会中发展得较慢,且公司似乎对借由股票市场的外部融资的依赖性也较小(参见 Rajan 和 Zingales, 2003a)。这点在欧洲大陆以

　　* Peter Högfeldt 是斯德哥尔摩大学经济学院的副教授,同时也是欧洲公司治理研究所(ECGI)的助理研究员。特别感谢 Martin Holmén 的帮助以及意见,并感谢 Jan Glete 提供了数据。我从与 Marco Becht, Lennart Erixon, Silvia Giacomelli, Colin Mayer, Randall K. Morck, Marco Pagano, Krishna Palepu, Raghuram G. Rajan, Ailsa Röell, Örjan Sjöberg 和 Steen Thömsen 建设性的讨论以及意见中受益颇多;还有从阿尔伯塔大学商学院和 2003 年 6 月 21—22 日在加拿大阿尔伯塔路易斯湖举行的全国经济研究局(NBER)会议的与会者那里、从 2004 年 1 月 30—31 日在 INSEAD 由经济政策研究中心(CEPR)/ECGI/INSEAD/NBER/阿尔伯塔大学联合召开的关于公司管理和家族企业的会议与会者那里,获得了宝贵的意见。我还要感谢瑞典银行 300 周年基金会的慷慨解囊。基于此篇论文的文章已刊登在 2003 年 10 月 16 日的欧美版《金融时报》上,题为"Socialist Ideal That Tied Up Swedish Riches"。

及斯堪的纳维亚半岛尤为正确,其比例表决体制往往有利于少数党政府或联合政府的行程以及共识决策,这助长了公司股东和大型公共部门的政治寻租行为。[①]因此,一个国家的公司所有权不但依赖于公司法和法律体制,而且最终将在很大程度上依赖于对稳固的私人所有权的政治认同度。公司所有权和治理结构,以及金融体系的发展,成为一个国家政治历史的组成部分。

但是,经济、政治、法律以及历史环境是如何相互影响的? 在公司所有权的比较历史分析中的艰巨任务是尝试区分哪些因素主要是外生的,哪些主要是内生决定的,然后通过比较已经实现的国家间的历史路径,以评估其相对重要性和因果联系。当然,历史并非决定性的,因为实际的平衡路径只是众多可能路径中的一条,而且诸如金融危机以及之后监管对策之类的临时随机事件可能通过路径依赖产生长期的影响(Rajan and Zingales, 2003b)。因此,潜在的假设是社会具有充分的结构稳定性,可进行比较分析以映射出公司所有权随时间推移的主要决定性因素。

当然,这是一项十分艰巨的任务,但是幸运的是,一些机构与因素(如宪法、法律制度和执法、经济地理)随时间推移表现出了惊人的稳定,因此成为因果关系的历史分析中外生决定因素的候选。财产权利、缔约自由以及开放公民社会的保护,在较长的时间段中基本属于外生因素,但是有时需要经受政治变革的强风。尤其是对于小型的开放市场经济而言,外部竞争的变化与主要技术变革基本也属于外生因素,且经常成为结构变化的催化剂。其他的关键因素具有较少的外部性特征,因为它们更易受到变化的经济与政治环境的影响——例如,国内经济对于贸易以及资本流动的开放、汇率体制的选择,以及促进灵活的劳动力市场和金融市场发展的政策选择。20 世纪最强的外生因素毫无疑问就是一般政治意识形态,和各方声音以及有组织的利益相关者——尤其是劳工——的声音聚集起来,对吸收并缓和蛮力而汹涌的市场力量的政策进行了支持和补充。

本章通过分析在瑞典的公司所有权(上市公司)的历史发展中哪些因素(经济、法律、历史以及政治)是决定性的,对比较历史分析作出了一定贡献。事实上,瑞典是一个非常适合用于进行因果分析的实例,因为数个经济因素都由它是一个小型的、以出口为导向的经济体的事实而外生决定了,它利用了其自然资源的基础,向欧洲提供原材料和制造业产品。瑞典的体制和政治环境也非常稳定,由于其置身于两次战争之外,因而在政治和经济上都有所获利。特别是政治稳定,在西方民主中是前所未有的。

社会民主党(SAP)自从 1932 年开始执政(除了 1976—1982 年和 1991—1994 年的 9 年),但是主要是作为一党少数政府并只获得了共产党[SKP, VPK, 或 Vänsterpartiet(社会党)]的被动支持,最近还获得了环境党(Miljöpartiet)的支持,或是工会获得了农民党(Bondeförbundet,即后来的 Centerpartiet)的支持。与法团社会主义精神一致,资本与劳动力之间划分了分明的利益关系,总体上是合作的、面向共识的,并且尊重财产权利。这项法则的例外是两场主要政治冲突,分别发生在 20 世纪 40 年代末(关于一项深远的政府干预计划,实行更为深刻的计划经济以应对预计的战后经济衰退)和 20 世纪 70 年代末到 20 世纪 80 年代初(关于一项将公司控制权部分转移给工会的提案),这两场冲突都导致了社会民主党在选举中受挫,只好执行大幅弱化的计划,后来则完全停止执行了。

尽管经常发生金融与工业危机,且资本需求也在日益增长,但自 20 世纪 30 年代以来,大型公司的公司控股一直非常稳定,并日益集中。然而,其对于经济的政治干预和总体影响,整体来说是很显著的,体现为一个异常大型的靠税收融资的公共部门,以一种雄心勃勃的方式在公民间进行资源和机遇的再分配。体制的稳定、一贯的社会民主政策以及面对国际竞争压力的小型开放经济中集中的公司所有权结合在一起,使瑞典成为一个令人尤为感兴趣的实例。

我关注公司所有权历史与政治的三个主要问题。首先,鉴于经济与政治环境都处于变动之中,是什么因素使得大型上市公司的所有权随着时间推移变得如此集中并保持稳定? 其经济结果又是什么? 由于稳定滋长了自满、继承资本锁定以及政治寻租行为,尤其是在公司是由家族和银行所控股的情况下,更是如此,因此追踪对于投资、研发、总体增长、创建新企业的影响是非常重要的;新的创业血液又来自何方? (Morck,Stangeland and Yeung,2000;He,Morck and Yeung,2003)

其次,劳动力与资本之间的关系并非是无张力的,但为何劳工运动[蓝领工会(LO)和社会民主党(SAP)]平均主义的雄心大志会在私人所有权前止步,并接受了大型公司的控制权借由金字塔式控股和双重表决权股的密集使用而掌握在少数老家族的精英和专业经理人手中? 为何作为最平等的社会之一却会接受大型公司权力最不平等的分配呢? 无论是对立的政治意识形态的长期影响,还是竭尽全力对职业权力的重设(德国与日本),似乎都阻碍了公司控股的已有机制在民主中进行自我复制。但是为何控股机制能强大到在政治与社会变革的漩涡中存活下来?

第三个问题考虑的是金融体制的结构是如何影响并塑造公司所有权的,而所有权又是如何反过来影响了金融体制的发展,尤其是初级股票市场的发展。当然,这个问题的提出是出于一些关于法律与金融的具有影响力的著作,它们发现了如民法起源虚拟变量(显著回归系数)、更为集中的所有权与较为不发达的金融市场之间的相关性(La Porta,López-de-Silanes and Shleifer,1999;La Porta et al.,2000)。除了对于小股东的法律保护程度之外,是否有其他因素可解释为何瑞典的所有权没有变得分散? 比如,Mark Roe 的观点——鉴于社会民主主义(更为广义的,而未必是一个政党)的压力,欧洲大陆国家的所有权与控制权并未分离——同样也适用于瑞典这个可能是欧洲最为民主的社会?

通过集中于一个狭义的金融视角:公司是如何为其投资进行融资的? 或更为特殊的,上市公司是如何依赖于来自初级股票市场的外部资本的? 对于这三个紧密相关的问题,我提出了一个综合性的答案。[②] 我将从政治、社会与外部经济要素如何影响并形成公司对于外部股权融资的依赖性的角度来分析它们的重要性。基本的想法是只有当公司需要从外部资本市场募集大部分资产时,公司所有权才会分散,且政治决策将决定公司对于外部融资的依赖程度。对于将所有权从控制权中分离的金字塔式控股和双表决权股使用的政策支持,将在限制公司对资本市场依赖的同时对控股所有者有所限制。这种情况的发生,是由于所有权与控制权的分离导致了内部资本成本与外部资本成本之间形成楔子,因为外部股东要求在相关的代理成本上得到补偿(折价)。但公司的内部资产对于控股所有者而言,相对不那么昂贵,因为他们可以通过少量的(少于某个比例的)资本投资来运用所有的公司内部现金流。这就产生了一个融资的等级排序:对于留存收益与借款的依赖非常强,但避免股权发行,尤其是大型公开发行,因为这会稀释控制权,并且也会由于向外部新股东折价发行而形成额外成本(Holmen and Hogfeldt, 2004b)③。强化的等级排序在允许银行直接或间接地持有股本的关键性政治决策下进一步得到加固,因为银行更有可能在与它们紧密相关的公司有所需求的时候提供新的借款。这种银行与大型上市公司之间的紧密联系,在过去的100年间,对于瑞典的公司融资与所有制有着十分深远、持久的影响。

若投资资本可以基本通过留存收益、银行借贷或者私人注资来提供,公司就无须立即进入发行股本的窄道,向新投资者发售更多的股份,那可能稀释其自身由控股带来的价值利益,并分散了所有权。社会民主党尤其追求三项政策的实施,而这些政策正有加强本已根深蒂固的在位所有者的地位:(a)允许银行持有股本;(b)为严格分离表决权与资本的控股结构提供强有力的支持,并结合对国外持有资本的长期严格限制;(c)向留存收益与借贷提供持续的优于股本的税收优惠。事实上这几项政策打压了新兴快速成长型公司在先有公司之上的建立,并通过支持强化在现有公司中融资方式的等级排序来压制外部股本融资。

具有讽刺意味的是,瑞典的公司所有权非常集中,这正是因为自从1932年的大逆转以来持续的社会民主政策的实施而变得顺风顺水,而非在逆境中求生存。事实上,社会民主党成为私有资产的保护者而非终结者,因为政治与公司在位者由于强烈的共同利益而联合起来。在位所有者需要政策支持以使其依赖于双重表决权股和使广泛运用金字塔式控股的公司权力合法化,而如果大型公司仍处于瑞典的控股之下,那么资本就不会迁移,社会民主党只能从私人部门获得有限的资源与对其社会和经济政策的间接支持。

在详细阐述这些观点之前,我以展现公司所有制在历史上是如何发展的为开场。在分析说明社会民主党的意识形态和政策是如何影响公司所有制后,我将发展我关于所有权在瑞典为何没有广泛分散的简易政治理论,它将关注公司所有权与初级股票市场之间的相互作用。在得出本章三个主要问题的同一答案之前,我仔细评估了瑞典的公司所有制模型。为了摘录历史与政治是如何交互作用的一般解析,我对导致公司所有制踏上了瑞典这条途径的主要外生与内生因素做了推测。我将分析置于更宽泛的历史环境之下,并作出了结论。

9.1 程式化的瑞典公司所有制历史

以19世纪60年代的经济改革(如为男女建立新公司的自由以及国外贸易自由)为开端,瑞典踏上了快速工业化的轨道,在1870年至1913年间,其创下了生产增长率的最高纪录;而在1970年,其生产水平位于欧洲倒数第二(Maddison,1982)。以出口为导向的原材料部门,由于向蓬勃发展的西欧提供了木材和铁矿,扩张十分迅速。(国内)创新的第一股浪潮为专注于工程与制造的新（创智）公司奠定了基石，这成为可投资产品大量出口的基础，这些公司有：Atlas Copco(1873)、L.M.Ericsson(1876)、Alfa-Laval(1883)、ASEA(1883)、AGA(1904)以及 SKF(1907)。在 1914 年以前，这些新建公司就已在瑞典工程业的产值中占了半壁江山。在 1914 年前的快速工业化是在平均值为 15% 的关税壁垒情况下进行的。在创新的第二股浪潮中，主要是国际公司适应了瑞典的国内环境，建立了以国内消费品为导向的新公司，有 Electrolux、Scania-Vabis、Volvo 以及 SAAB。

自从 1870 年以来，尤其是在 19 世纪 90 年代到 1914 年间长期的扩张，导致了社会方方面面的根本变革。瑞典是早期的出口拉动增长的一个很好的例子。无论是在中央层面，还是在地方上，公共部门都通过发行国际公债募集到了大量资本（主要是从法国与德国募得），为大型的基础投资（如铁路、港口、城市以及住房）融资。由于整体环境十分有利，其在第一次世界大战期间就已偿还了贷款。作为结构改革的一部分，瑞典建立了苏格兰模式的银行体系，包括发行货币的存款银行。新兴公司几乎只使用留存收益（大约 40% 的收益用于再投资）、贸易信贷、短期信用票据，以及与以机械、建筑融资的债券结合的长期银行贷款（参见 Gardlund，1947）。公司由围绕创立者及其家族成员的小群股东进行控股（参见 Jorberg，1988）。

19 世纪 70 年代利率管制得以废除，（由资产支持的）商业银行从那时起迅速发展起来。但是，直到 1900 年左右，银行贷款才成为工业融资的一个重要来源。由于一个有效率的银行系统被认为对一个相对贫穷国家的发展是至关重要的，银行业获得了良好的组织，并得到了政策支持。由于在 1900 年之后，由出口推动的工业扩张颇甚，相对较大型的外部资产融资就变得必要起来。1901 年，斯德哥尔摩证券交易所开始组织更良好且常规的贸易，股票代替了传统的债券融资；为了满足日益增长的资本需求，银行借贷急速上升。瑞典的金融体系发展似乎是需求驱动型的，新兴机构与法规都根据环境的变化作出了调整。

然而，尽管快速成长的以出口为导向的工业（制造业与基于原材料的工业）对于投资资本的需求增加了，在 1900 年股票市场占据了更为重要的位置之后，资本流动主要还是受到了银行体系的指引。在银行业的竭力游说下，1911 年的银行条例允许银行直接持股，并像投资银行那样运作；处于引领地位的银行家控制了撰写此项法规的公共委员会（参见 Fritz，1990）。由于通过（全能）银行体系的大量新资本注入在德国被视作取得经济成就的关键，德国的银行体系现在成为榜样。银行通过帮助客户撬动其投资组合，并同时借由高杠杆的、靠股票融资的、与银行关联甚密的所谓发行公司（Emissionsbolag）之手来收购大部分相对发行得较为频繁的股票，推进了 20 世纪前 20 年投机股市的繁荣（参见 Ostlind，1945）。因此，基于关联性而建立起来的银行体系将其影响力与操控力扩张到了新兴资本市场，而资本市场发展得过晚，因而在 20 世纪 30 年代金融市场停业之前，尚未成为独立的风险资本供应方。

在 20 世纪 20 年代早期的金融危机之后，银行持有了主要上市公司的大量股份，并成为具有控制权的所有者（见表 9.1）。然而，由于第一代公司改革者并不如商人那般成功，因而，尤其是在金融危机之后，他们往往失去了控制权，要么就是其家族的控制权弱化稀释了。鉴于公司具有技术颇为先进的特征，往往会雇用外部具有工程与管理背景的专业经理人来负责公司运营。银行成为具有控制权的所有者,而它们自身又缺乏亲自经营公司的能力,这使得这种趋势得以加强。之前,在 1910 年代与 1920 年代由私人控股的公司,由于发行新股为其投资融资,因而已分散了其所有权,实际上这些公司是由控股银行监管下的管理层进行运营的。因此,在 1925 年,最大的 25 家公司中的绝大多数实际上是由首席执行官负责运营的,这丝毫不令人感到惊奇。事实上,第二次世界大战之后,瑞典公司所有权的一个有趣的特征是 CEO 的强势地位,他们一般并不持有公司股份,却又往往能得到公司小股东的大力支持。亦有 CEO 通过小股东表决票的累积,而战胜最大股权持有者的事例。人们往往通过 CEO 而非其控股所有者来区分公司;在一些情况下,CEO 甚至通过让其子婿接任自己的职位,建立起一代王朝④。

表 9.1　1925 年瑞典最大的 25 家工业公司的所有权与控股所有者情况

公　　司	员工数	控股所有者	控股类型
ASEA	7 000		M
Stora Kopparberg	7 000	Wallenberg	E（M）
Svenska Tandsticks AB	5 000	Ivar Kreuger	F
Grangesberg/LKAB	5 200		M
SKF	5 200	Mark/Carlander Wallenberg Skandinavbanken	M
Uddeholm	4 100		M
Hoganas-Billesholm	3 900		M
L.M.Ericsson	3 500	K.E.Wincrantz Ivar Kreuger	FE
Husqvarna	3 300		M
Tobaksmonopolet	3 200	政府	M
Sockerbolaget	3 000		M
Ytterstforss-Munksund	3 000	Svenska Handelsbanken	M
Holmens Bruk	3 000	Wahren	M
Gimo-Osterby	3 000	Svenska Handelsbanken	M
Sandviken	3 000	Goransson/Magnusson	F
Gotaverken	2 500	Brostrom	ME
Separator	2 300	交叉持股	M
NOHAB	2 300	Goteborgs Handelsbank	M
Billerud	2 200		M
Bergvik & Ala	2 200	Svenska Handelsbanken	M
A.K.Fernstrom	2000	Fernstrom	F
Iggesund	2 000	Trygger/Von Sydow	ME
Skonvik	2 000	Bunsow Svenska Handelsbanken	M
Malmo Yllefabrik	1 900	Schmitz Skandinavbanken	F

注:控股所有者类型:F(家族控股且 CEO 是创始家族成员);E(企业控股,由控股所有者任命 CEO,并参与董事会);M(管理层独立于所有者之外)。

资料来源:Glete(1994)。

20 世纪 30 年代爆发了金融危机,那时银行持有大量上市股票组合,且实际上控制了这些最大的上市公司,在此之后,瑞典 1934 年的《格拉斯·斯蒂格尔法案》开始禁止银行直接持有股本,但数年之后,银行若能将股份分配给其股东,则又被允许将其资产转换为控股公司。因此,银行的控股持有者保留了其控制权,而实际上是强化了控股,因为在形式上控股公司是与银行分离的,但它们是以(上市)封闭式投资基金公司(CEIF)的形式组建起来的,于是成为关键实体,围绕它们形成了瑞典三级所有权金字塔:处于塔尖的是控股家族或银行基金公司,处于塔底部的是上市公司,以及处于中层的是管控这些公司的 CEIF。图 9.1 展示了瓦氏(Wallenberg)在 1996 年所有权金字塔的透明三层结构,投资者位于中层,是瑞典最大的一些上市公司的重要控股机器,免税家族基金公司则位于顶部。

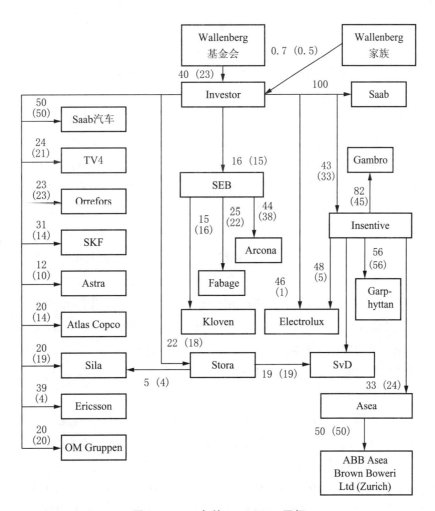

图 9.1 1996 年的 Wallenberg 层级

注:标注了投票权与股权(括号内)。
资料来源:复制于 Sundin 和 Sundqvist(1996)。

Investor 是由 Wallenberg 控股,并由 Stockholms Enskilda Bank(现称 SEB)提供资金创办的,而另一家领头的控股公司(CEIF)Industrivarden 是由控制管理层的 Svenska Handels-banken(SHB)创建的。从 20 世纪 20 年代起,银行作为主要的贷款提供者,就已与股东,有时还与控股所有者一样,施加了更大的影响力。由于金融市场实际在 20 世纪 30 年代就已关闭,银行法使得金融资本成为资本的主要提供者,且即使 CEO 们在不持股情况下拥有很强势的地位,银行家还是成了商界领袖。银行调整了受金融重压的瑞典工业中介资本以及对其投资组合的积极管理的结构(参见 Larsson,2002)。政治环境与金融危机的组合颠覆了分散所有权的道路。

特别有趣的是,我们观察到银行在 1911 年以及 1934 年的两次重大改革,都得到了社会民主党的强力支持。若没有他们以及 1911 年的自由派的投票,就不会有任何变革⑤。在 1932 年上台后,他们于 1934 年编写了新的法律。当社会民主党在 1920 年建立起了第一个少数党政府后,Hjalmar Branting 将 Stockholms Enskilda 银行法律部门的负责人 Johannes Hellner 任命为财政部长。

由于一系列重大政治决策的实施,以及得到了社会民主党以及领导资本家的政见支持,瑞典的上市公司主要依赖于留存收益——传统的融资方式,但显然也是可以享受税收补贴及银行贷款的方式,但只在很有限的程度上发行新股。最大的一些公司在其开户银行进行存款以及其他银行业务时,与为它们提供信贷的主要银行关联起来。通过分析 1916—1947 年间上市公司与大银行之间的信贷合约,Sjogren(1995)发现,50 家非金融上市公司中,有 46 家签订了至少为期 5 年的合约。在这些上市公司中,40%签订了全程有效合约。30%以上的公司只与一家银行签订了信贷、所有权、存款以及债券发行合约。但是,金融上相互影响的另一面则是围绕银行的各重要人物之间的紧密网络;上市公司的控股所有者或 CEO 往往会被代表出席银行董事会,而银行的代表在公司董事会亦占有一席之地。图 9.2 表明 1960 年主要银行的重要代表,尤其是三大银行——Enskilda Banken(Wallenberg)、Skandinavbanken 以及 Handels-banken——与工业公司之间的联盟与密切关系(参见 Hermansson,1965)。直线(虚线)表示了银行与主要借款者之间的直接(间接)联系,由于银行的总裁或董事会成员也是其主要工业客户的董事会成员。

表 9.2 显示了 1945 年那些最大的上市公司的所有权与控制权的情况。公司的规模变得大得多;而即使是在银行监管下的管理控制已成为一种常态,或者因创建公司所掌握的控制权在进一步减弱,所有者,尤其是 Wallenberg 集团仍提升了他们的地位。Lindgren(1953)研究了瑞典普查关于从 1945 年起资本持有情况的调研结果,报告说 6%—7%的股东控制了市值的 65%—70%。在分析了股东大会的会议记录后,他发现在 60%的大型公司(员工人数在 500 人以上)中,由一个人代表大多数进行表决;而这些公司中的 90%以上,由三个或更少的所有者代表大多数进行表决。在引述的一般公司中,有 53%由一个人代表大多数进行表决;而这些公司的 85%是由两名所有者代表 50%以上进行表决的。

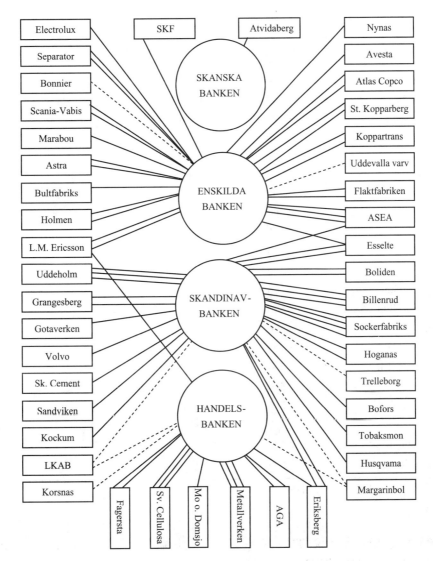

图 9.2　1960 年的银行与最大的一些公司

　　注：实线表示银行的总裁和/或董事会成员同时也是在它们这里进行主要借贷业务与其他金融活动的大型公司董事会成员。虚线表明只有间接关联，如银行所属前经理人员或是非董事会成员也是客户公司的董事会成员。

　　资料来源：Hermansson（1965：190）。

表 9.2　1945 年瑞典最大的 25 家工业公司的所有权与控股所有者情况

公　　　司	员工人数	控股所有者	控股类型
ASEA	23 200	Wallenberg	ME
Uddeholm	11 000		M
Bofors	9 200	Axel Wenner-Gren	M
SKF	8 500	Mark/Carlander Wallenberg	(E)

续表

公　司	员工人数	控股所有者	控股类型
L.M.Ericsson	7 500	ITT，SHB-Group Wallenberg	E
Stora Kopparberg	7 500	Wallenberg	E
SCA	7 000	SHB-Gruppen	M
Esselte	6 700		M
Fagersta	6 400	SHB-Gruppen	M
Svenska Tandsticks AB	6 200	Wallenberg	E
Grangesberg/LKAB	6 200		M
Gotaverken	6 000	AB Gillius（管理层）	M
Sandviken	5 900	Goransson/Magnusson	F
Husqvarna	5 800		M
Hellefors Bruk	5 300	Custos	M
Skanska Cementgjuteriet	4 500	Wehtje	E
Skanska Cement/IFO	4 500	Wehtje	F
Sockerbolaget	4 000		M
Volvo	3 700		M
Svenska Metallverken	3 500		M
Billerud	3 500		M
Boliden	3 500	Skandinaviska Banken	M
Separator	3 300	Wallenberg	ME
Hoganas-Billesholm	3 100		M
Kockums Mek Verkstad	3 000	Kockum	E

注：见表 9.1 的注释。
资料来源：Glete(1994)。

图 9.3 显示了 1960 年所说的"15 家族"及其控制权益和金融网络，Hermansson(1965)将它们视作瑞典上市公司的终端控股所有者。在 50 家最大的工业公司中，41 家是由这些家族所控股的（另 9 家由国家、合作企业或市政府控制）。政府负责私人工业中的所有权和影响调研的委员会(Statens Offentliga Utredningar，1968a)分析了 1963 年的情况，并同样关注了这 15 个家族和 2 个与银行有关的作为控股所有者的集团。非常有趣的是，可以观察到其中 9 个与商业银行以及北欧联合银行紧密关联的家族如今大势已去，或说已显著边缘化；其中的一个例外是 Klingspors，通过与 Stenbeck 集团的联合，其仍旧实权在握。在与 Enskilda Banken 和 Inveustor 有着深厚个人关联的家族中，最主要的就是 Wallenberg 家族，尽管近年来由于大规模的国际并购（ABB、AstaZeneca 以及 Stora Enso）及其组合投资的集中化，使得这些家族的控制权被稀释，但至今它们仍握有控股大权。Bonnier 和 Hohnsson 家族到了第五代重现活力，尽管它们的相对地位有所下滑，但仍颇具影响力。Wehtje 和 Throne-Holst 家族，以及稍小的 Söderberg 家族，自从 1967 年以来已显边缘化势态，现今已无实权。

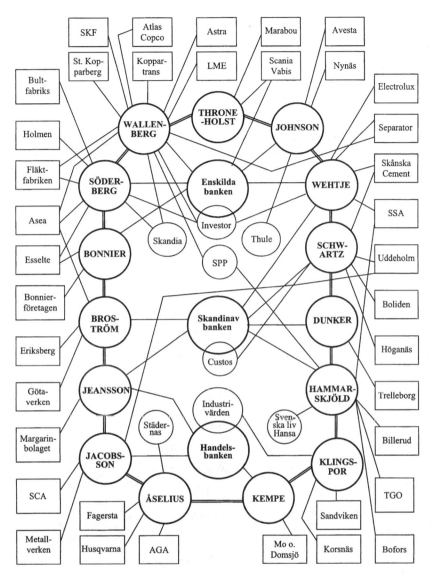

图 9.3　1960 年 15 个金融家族及其控制权益

注：此图显示了金融家族与由其控股的公司之间的网络，同时也显示了他们与三大银行（Enskilda Banker、Skandinavbanken 和 Handelsbanken）以及与银行和保险公司（如，Skandia、Thule 和 SPP）联合的控股公司。

资料来源：Hermansson（1965：289）。

　　尽管各家族更加频繁地变革为双层结构，以求在募集新资本时保留控制权，但在 1967年，20 世纪五六十年代的领头公司的快速成长与国际扩张已削弱了家族对于大型上市公司的管控。在 1950 年只有 18％的大型上市公司采用了这种双层控股结构，而在 1968 年，几乎 1/3 的公司都采用了这种结构。然而，正如表 9.3 所示的那样，金融资本占据主导地位；而在这个资本市场处于沉睡的时期，Wallenberg 集团的财力尤为雄厚。表 9.4 根据（资本而非表决权的）所有权规模和就业衡量的规模位居前 100 的公司，显示了 1950 年、1963 年、

1978 年以及 1985 年所有权地位的使用频率。由此表格可见，为了建立较强的所有权地位而对金融资本日益增长的需求亦是十分显著的。小型但仍能区分的控股公司的频率在数年间大幅降低，而较为重要的地位则更为显要，尤其是在较大公司中，这种现象尤为明显，这就意味着拥有更多资本资源的所有者更占优势，即使暂时不考虑他们因频繁使用双极股票而获得的额外表决权。

表 9.3　1967 年瑞典最大的 25 家工业公司的所有权与控股所有者情况

公　　司	员工人数	控股所有者	控股类型
SKF	64 759	Wallenberg，Asken	M(E)
L.M.Ericsson	46 400	Wallenberg SHB-Gruppen	E
ASEA	32 401	Wallenberg	E
Svenska Tandsticks AB	31 800	Wallenberg	E
Volvo	24 268		M
Electrolux	20 964	Wallenberg	E
Alfa-Laval	17 837	Wallenberg	E
Skanska Cementgjuteriet	17 518	Skanska Cement	M
Grangesberg	16 010		M
Uddeholm	15 812	Custos	M
Sandviken	14 850	Klingspor/Stenbeck	E
SCA	14 121	SHB-Gruppen	M
SAAB	13 699	Wallenberg	E
BPA	13 000	TUC	M
Facit	12 832	Ericsson	M
Bofors	12 300		M
AGA	12 244	SHB-Gruppen	M
Stora Kopparberg	11 371	Wallenberg	E
Atlas Copco	11 196	Wallenberg	E
Skanska Cement	9 638		M
Scania Vabis	9 280	Wallenberg	E
Gotaverken	9 274	AB Gillius(管理层)	M
Mo & Domsjo	8 017	Kempe/Carlgren	F
Svenska Metallverken	7 775	SHB-Gruppen	F
Esselte	7 668		M

　　资料来源：Glete(1994)。

表 9.4 规模位居前 100 名公司的所有权地位的使用频率(%)

	<2.0	2.0—5.0	5.0—10.0	10.0—25.0	25.0—50.0	50.0—100
1950 年						
1—25 位的公司	347	34	13	5	5	2
26—50 位的公司	149	48	14	23	6	4
51—75 位的公司	128	25	14	19	8	9
76—100 位的公司	70	33	15	7	8	12
1963 年						
1—25 位的公司	388	63	21	5	7	3
26—50 位的公司	336	67	19	9	6	1
51—75 位的公司	169	77	24	16	6	7
76—100 位的公司	140	66	23	18	4	11
1978 年						
1—25 位的公司	10	89	18	16	5	2
26—50 位的公司	14	81	35	17	4	3
51—75 位的公司	1	43	31	15	10	7
76—100 位的公司	2	53	11	9	12	11
1985 年						
1—25 位的公司	28	89	39	21	9	3
26—50 位的公司	14	81	44	17	10	4
51—75 位的公司	14	51	32	21	14	9
76—100 位的公司	4	57	17	17	17	8

资料来源:Studieförbundet Näringsliv och Samhälle(SNS)所有权项目(Ownership Project,1988)。

表 9.5 表明,1990 年,大型公司的规模由于兼并与收购变得更大,而 Wallenberg 家族仍拥有控制权。然而,有管理层控股的公司数依然很多,尤其是其中最重要的 3 家公司——Sandvik、Skanska 和 Volvo——发展了一个复杂的交叉持股体系,以避免潜在的恶意收购行为,因为发展程度更高的流动性市场为这种收购意图提供了便利。在 20 世纪 80 年代,新的金融企业家变得活跃起来,如 Anders Wall、Erik Penser 和 Sven-Olof Johansson,但他们的重要地位到了 20 世纪 90 年代就逐渐消失了。更为近期的一些金融企业家有 Carl Bennet、Gustaf Douglas、Sven Hagströmer、Mats Qviberg、Fredrik Lundberg、Melker Schörling 以及 Jan Stenbeck,他们运用了企业金融技能,将已有公司建立或重建为控股集团。

表 9.5 1990 年瑞典 25 家最大的工业公司的所有权与控股所有者情况

公 司	员工人数	控股所有者	控股类型
ASEA Brown Boveri	215 154	Wallenberg Brown Boveri	E(M)
Electrolux	150 892	Wallenberg	E
Volvo	72 213	Volvo-Skanska 交叉持股	M
Stora	69 700	Wallenberg	E
Ericsson	66 138	Wallenberg SHB-Gruppen	ME

续表

公司	员工人数	控股所有者	控股类型
SKF	49 305	Wallenberg Skanska	ME
Procordia	45 193	政府/Volvo	ME
Skanska	31 746	Volvo-Skanska 交叉持股	M
SCA	30 139	SHB-Gruppen	M
Saab Scania	29 388	Wallenberg	E
Nobel Industrier	26 654	Penser	E
Sandvik	26 373	Skanska	M
NCC	23 178	Johnsson 基金公司	E
Trelleborg	21 939	Dunker 基金公司	M
Atlas Copco	21 507	Wallenberg	E
Alfa-Laval	20 809	Wallenberg	E
Esselte	19 545	Lindholm	E
ASEA	18 066	Wallenberg	E
BPA	17 948	TUC	M
AGA	14 559	SHB-Gruppen	M
Cardo	14 080	Volvo	M
MoDo	12 961	Kempe/Carlgren(SCA)	E
Svenskt Stål AB	12 014	政府	ME
SIAB	9 814	Lundberg	E
FFV	9 709	政府	ME

资料来源:Glete(1994)。

近年来,在 Wallenberg 家族的权力覆盖范围中,他们出售了 Alfa-Laval、Esab、KemaNobel、SAAB Automobile、Swedish Match 的全部控制权,Scania 的部分控制权,以及 Incentive 集团和 Diligentia 的大部分控制权;而建立了对 Gambro、WM-Data 以及一些小公司的控制权。Wallenberg 集团还在以 1∶1 000 的差额投票抛售 Electrolux 和 SKF 的股份之中发挥了重要作用;而在 Ericsson 的股权上,直到另一个控股者 Industrivarden(最终)接受了对于老 A 股的协议补偿——A 股最终以 1∶10 的差额转换——之后,才得以售出。他们现在控制了 Ericsson 大约 40% 的表决权,而在之前具有 80% 以上的联合表决权。

瑞典能够长期生存下来的控股家族情况如下所述。在 1920 年之前建立控制权的 14 个家族中,有 4 个(Wallenberg、Bonnier、Johnson 和 Söderberg)仍旧持有控制权;而在 1920—1965 年间创建公司的 23 个家族中,有 6 个(Rausing、Kamprad、Olsson、Wallenius、Persson 和 Stenbeck)至今仍是地位非常重要且活跃的所有者。其他的家族,到 20 世纪 80 年代虽保持了自己的地位,但是渐渐退出历史舞台的有:Kempe/Carlgren、Salén、Edstrand、Roos、Malmros、von Kantzow、Throne-Holst、Philipson 和 Wendt。这些公司关系稳固,但很可能是企业家精神逐渐丧失——他们的金融资源也是如此。而新出现的家族的生存率则更低。近年来出现的新的家族控股公司,能够快速成长扩张的其实十分有限;那些老的公司仍旧占领市场,尽管在首次公开发行的股票(IPO)中,由家族控股的公司仍旧很多(参见 Holmen and Hog feldt,2004a)。

对于国外所有权的严格法律限制是瑞典所有权模式的一个重要组成部分。从 19 世纪起,瑞典就明令禁止外国人拥有不动产与矿源,到 1916 年,对于瑞典拥有自然资源的公司,限制国外所有表决权上限为 20%。20 世纪 30 年代,在上市公司中的国外所有权限制为所谓的无限制股(至多代表 20% 的表决权),而"限制"股只能由瑞典的个人或机构持有。⑥1993 年,对于国外所有权的限制得以废除,从那时起,国外持有的上市股份开始大幅增加。由于很多家族控股企业都预期到允许外国直接持有股份将成为加入欧盟进程中的一部分,它们从 20 世纪 80 年代起开始采用双级股票;这些家族中的绝大多数在 20 世纪 90 年代早期采用了这种股票。

进一步回顾这种趋势,由瑞典的家族直接持有的上市公司的股份,由 1950 年的 75% 下降至 1990 年的 25%,而瑞典机构的持股比例则由 1950 年的 20% 上升至 1990 年的 70%;在此期间,国外持有一直在 10% 以下,而当前则在 35% 左右。这种投资组合一般都是以 B 股形式实现的。因此,初始持有者非常频繁地通过更为有效的方式使用双级股票来保留控制权。但显然,机构资本在瑞典变得愈加重要,且尽管多少有些不情愿,他们最近开始行使其作为大型资本提供者(但未必是控股者)的义务与权力。

表 9.6 表明,几乎在从法律上正式将基金组织与银行分离的 70 年后,两个封闭式基金组织——Investor 和 Indeustrivarden——仍旧是大型上市公司的主要控股所有者。即使金字塔式结构的作用非常弱,但是它与双级股票结合起来,还是得到了一个很大的"控股乘数":CEIF 控股公司的权益总价值除以控股所有者投资资本价值。例如,面板 A 显示 2000 年控股所有者在 CEIF 的投资价值 800 亿瑞典克朗(SEK),占斯德哥尔摩证券交易所市值的 2.6%。实际由 CEIF 控股(占大部分表决权)的上市公司总市值为 17.86 万亿 SEK,占 31.35 万亿 SEK 证交所市值(CEIF 的市值除外)的 57%。⑦因而,2000 年的控股乘数为 22(57/2.6),且在随着时间推移而增长。

表 9.6　封闭式投资基金公司在斯德哥尔摩证券交易所(SSE)的控制权,1986—2000 年

(单位:百万瑞典克朗)

A. CEIF 控股价值					
年份	CEIF 控股价值	SSE 市值(CEIF 除外)	占 SSE 市值(%,除 CEIF)	CEIF 控股所有者在 SSE 的个人投资	个人投资占 SSE 市值(%)	控股/资本
1986	284 328	405 505	70.1	25 008	6.2	11.4
1987	235 598	402 100	58.6	21 063	5.2	11.2
1988	342 266	566 403	60.4	31 218	5.5	11.0
1989	447 512	701 360	63.8	41 022	5.8	10.9
1990	296 758	504 560	58.8	31 054	6.2	9.6
1991	352 133	516 247	68.2	20 444	4.0	18.2
1992	368 878	505 439	73.0	20 050	4.0	18.4
1993	691 817	831 846	83.2	40 135	4.8	17.2

续表

A. CEIF 控股价值					
年份	CEIF 控股价值	SSE 市值（CEIF 除外）	占 SSE 市值（%，除 CEIF）	CEIF 控股所有者在 SSE 的个人投资	个人投资占 SSE 市值（%）	控股/资本
1994	587 787	964 558	60.9	33 394	3.5	17.6
1995	743 420	1 137 772	65.3	41 223	3.6	18.0
1996	1 067 296	1 743 868	61.2	60 963	3.5	17.5
1997	1 343 580	1 984 227	67.7	75 378	3.8	17.8
1998	1 373 303	2 249 611	61.0	73 156	3.3	18.8
1999	2 151 551	3 644 555	59.0	106 431	2.9	20.2
2000	1 786 520	3 134 973	57.0	80 259	2.6	22.3

B. Investor 和 Industrivarden 控股总市值					
年份	Wallenberg 或 SHB 控股价值	SSE 市值（CEIF 除外）	Wallenberg 或 SHB 控股占 SSE 市值（%）	Wallenberg 和 SHB 控股在 SSE 的个人投资	个人投资占 SSE 市值（%）	控股/资本
1986	214 167	405 505	47.6	14 467	3.2	14.8
1987	188 426	402 100	42.9	12 659	2.9	14.9
1988	284 120	566 403	46.0	20 589	3.3	13.8
1989	378 846	701 360	48.9	27 034	3.6	14.0
1990	275 475	504 560	50.3	21 935	4.0	12.6
1991	294 597	516 247	53.4	14 691	2.7	20.1
1992	310 584	505 439	56.8	15 459	2.8	20.1
1993	561 866	831 846	62.9	32 699	3.7	17.2
1994	560 923	964 558	54.6	28 911	2.8	19.4
1995	702 468	1 137 772	58.1	36 073	3.0	19.5
1996	1 004 736	1 743 848	54.4	52 806	2.9	19.0
1997	1 340 257	1 984 227	63.4	66 426	3.1	20.2
1998	1 341 042	2 249 611	56.6	63 944	2.7	21.0
1999	2 088 542	3 644 555	55.0	96 148	2.5	21.7
2000	1 632 428	3 134 973	49.3	69 707	2.2	23.4

注：此表显示了由封闭式投资基金公司（CEIF）控股的股本总市值占 SSE 市值（CEIF 市值除外）的百分比。CEUF 控股所有者的个人投资（即所有者自己投资的资本，包括由家族/组织控股的基金会的投资）。CEIF 控股所有者的投资占总市值的百分比，以及 CEIF 控股所有者的控股总价值与净投资资本之比。面板 A 显示了以百万 SEK 表示的 CEIF 控股的市值（公司总市值，CEIF 在其中是个控股单位，即最大的表决方）、以百万 SEK 表示的除去 CEIF 市值的 SSE 市值、CEIF（包括由 CEIF 控股的基金公司）控股所有者的私人投资的市场价值。面板 B 显示了用百万 SEK 表示的 Investor 和 Industrivarden 控股的总价值（Investor 或 Industrivarden 作为控股方的一部分，即最大表决方的公司市值总和）。SSE 的市值（以百万 SEK 表示，CEIF 除外），以及 Wallenberg 家族和 SEB（包括基金公司）通过 CEIF[Investor（Providentia，Export Invest），或 Industrivarden（Promotion/Bahco）]或通过直接投资方式在 SSE 的个人投资市值。

资料来源：Holmén 和 Högfeldt（2004b）。

面板 B 显示了两家最强大的 CEIF——Investor 和 Industrivarden——的支配地位,这些身居要位的所有者的投资只占市值的 2%,却控制了市值的 50%。这两家公司合在一起的控股乘数为 23。⑧

由 CEIF 控股的公司不仅占据了绝大部分股市资本,而且它们对于瑞典的一般经济活动也极为重要。在 2000 年,由 CEIF 控股的公司创造了瑞典国内生产总值的 38%。⑨且在 1999 年,其投资占商业部门净资产形成的 28%。由金字塔形控股者控制了瑞典的公司资产的很大份额,因而其投资决策对于全局的经济资源分配有着极为重大的影响。即使金字塔结构中分离了所有权与控制权,这已是一个既定的国际现象,但 CEIF 极大的控股乘数也可能因此对瑞典经济形成更广泛的影响。⑩

Wallenberg 家族通过 Investor 对内外部商业群体都施加了极大的政治影响力。例如,通过成为斯德哥尔摩证券交易所(SSE)的控股所有者,并建立起自己的上市要求标准和道德准则——自我规制的瑞典版本。在 20 世纪 80 年代资本市场重新恢复活力之后,公司由于其规模的快速扩张而需要更多的资本,这两家基金公司由于非常广泛地运用双级股票,实际扩大了其控股范围。由于其他上市公司以及新上市的 IPO 公司都在用前所未有的方式利用双级股票以维持其控制权,整体上公司所有权的稳固性提高了;约有 60% 的上市公司运用了双级股票。尽管机构资本与外国资本大幅增加,瑞典公司的所有权仍是前所未有的稳固,因为大型公司仍由老式金融贵族家族的第三至第五代人以及银行控股,而提供了大部分资本的机构的控制权则要小得多。

因此,瑞典私人控股与日益增长的资本需求之间的矛盾,是通过战略性金字塔式控股,与更为频繁地运用双级股票以随时间推移来促使控制权与所有权的分离来解决的。因而,对于那些最大的上市公司,至关重要的企业控制权就此得以留在瑞典的手中,而资本则变得更为机构化与国际化。本章的其余部分会尝试分析为何会发生这些情况,及其在长期会形成何种结果。这是一个高度政治化的故事!

9.2　社会民主与资本主义

社会民主党的历史议程分为三个阶段:首先是争取政治民主(选举权),然后是利用国会权力实行社会民主(平等的福利国家),最后是经济民主。其中,公司内部的经济决策并非基于严格的个人理性,而是反映了公司股东,乃至从全局来讲是整个社会更为广泛的社会利益。1932 年的选举胜利拉开了实行社会民主的序幕。在现有的产业结构中,一些以出口为取向的公司的生产规模相对较大,通常有一个明确定义的控股所有者或一个厉害的经理,这与社会民主党踏上通向经济民主道路的愿景十分吻合。他们并未期许产业直接国有化,而是采用一种比纯粹的资本主义更为高效的社会主义利益相关者形式,因为它含有理性规划元素,这将剔除由非理性的、短视的市场产生的浪费,如失业以及投资周期波动。必要的经济变革如果能以更易为工人所接受的方式进行,那么就会进展得更迅速、更能确保效率。因此,平等主义与经济效率未必就是互相矛盾的概念。

意识形态引导的动机几乎就是资本（公司）的私人所有与生产日益显露的社会特征之间现存的资本主义冲突；工人不仅是生产要素，还是具有社会需求的社会成员，从整体来讲，公司内部的私人经济决策将会对社会形成更广泛、更深刻的影响。工人在公司内的即时需求将通过他们的工会与雇主关于补贴、工作环境的谈判协商得到保护，而无需政府介入（除非是有关基本法规的，即劳动力与资本之间的对立关系会得到重视，而无需劳工代表出席董事会）。他们在公司外的、更为一般的社会利益（如就业、养老、教育和住房）则会通过社会民主党的政治主动提案建立起靠税收融资的公共部门，以便在个人和家庭之间重新分配资源，并提供社会服务和保险来得到保障。而首要目标是，通过推动促进劳动力流动及投资和工业结构调整的稳固增长的政策，建立起一个完全就业的经济体。高增长不仅能带来高收入，同时还将通过为公共部门的融资来提高福利。

由于在计划分级中，资源比在市场中得到了更好的利用；尤其是对大型投资以及大规模研发的资源分配的效率更高了，社会民主党在经济增长方面的愿景是伴随日益扩大的公司规模的大规模生产（Wigfoss，1980，Vol. I）。为实现达到更有效率、更高阶段的资本主义的理想，关键要素就是吸引资本家投资更多，尤其是对长期的、资本密集型生产的投资；一个好的资本家，是那种能实现其基本投资性经济功能的人。超大型公司日益增强的依赖性也会使生产的社会特性更为显著，并且，因此使得让公司利益相关者以及更广泛的社会关注问题能够影响公司私人经济决策的需求也日益显现。这其实是一个集体主义社会的愿景，有资本主义公司却没有资本家，因为他们的决策权被削弱到只剩下投资决策；资本将留在公司内部，因为投资由留存收益募集，且大部分都是免税的。公司将从整体上服从社会利益而进行运营，而非代表那些本质上的名义所有者狭隘的私人经济利益。或者可以引用 Ernst Wigforss（1980）——理论先驱及1932年至1949年的财务部长——的话来说，就是"没有所有者的社会公司"。只要资本家仍进行投资，资本主义的顺从就不会因此意味着马上对私人所有进行接管。

在现有的公司结构中，公司相对较少但规模较大，以出口为取向，且与主要银行密切关联，并往往由其控股，实际上，这与集体主义的愿景十分符合。银行本质上具有比个体公司相对更重要的地位，因为它们在分配公司与个人之间的财富，使其更易于承担更广泛的社会所关注的责任网络中是至关重要的节点。然而，也许更为重要的是，同时作为往往是高杠杆企业股本的主要贷款者与提供者，控股银行的运作实际上更像是专注于长期生存的债权人，而非纯冒险资本家。因此，在解雇与聘用员工时，他们更倾向于采用一种忽略短视利润而乐于顾全社会考量的长远观点。尤其是他们更可能为大型资本密集型投资融资，这也是社会所愿。这样的所有者也更有益于回应促使对大型已建公司用留存收益进行再投资的基于税收的政策。[⑪]

无所有者的社会公司的想法是建立一个社会计划（民主）经济宏伟愿景的一部分，由一系列政策组成：例如，推动并引导投资的基于税收的政策，以及将家庭储蓄导向政治控制的基金法规，以将资本分配到像住房投资、基础设施和教育这样社会所希望的目标。但这一系列的政策还包括通过促进创新和劳动力市场流动性，以及在与领先资本家及其公司的合作中展开广泛的研究来推动经济增长的项目。关键是要通过整合更广泛的社会目标，制定促进储蓄并进行更有效的分配投资的政策，以达到更高的全局增长率。更高的增长率也许能用于为社会改革议程添加资本。这些项目，只能在社会民主党与资本家的紧密合作中才能实施。这是如何进行的呢？

9.2.1　通向经济民主的第一步：企业家精神下的合作

有两个原因让1938年成为至关重要的一年。首先，为了避免政治干预和管制汹涌的劳动力市场关系的法规，但也是为了安抚那些提出激进政治需求的协会同盟，瑞典雇主联合会（SAF）主动发起与LO（全国总工会）的谈话，达成了一般协议（saltsjöbadsavtalet）管制其相互关系。其中包含了否定与解决冲突的规则、解雇开除员工的程序，以及如何将对第三方乃至整个社会形成的不利影响限制到最小。此协议隐含的折衷之处为SAF承认了LO是一个完全与之对等的可以代表所有工人的一方，而LO则承认雇主有权力单方面在员工间指定、分配工作负荷。这项协议有着明显的集体主义特征，并在劳动力市场关系中建立了强调共同经济目标的共识与合作精神（saltsjöbadsandan）并持续了将近40年，直到1976年LO废除了这项协议。这个特征在20世纪50年代中期之后显得尤为突出，那时SAF开始将各方工资谈判集中化（可能是由于劳动力短缺情况加重）。

1938年第二项重大事件是公司税的改革，免除了机器设备的折旧提存。这个体系使得大型的、可盈利的且资本集中的公司获益，因为历史利润（留存收益）决定了未来投资。由于这项规则用国际标准衡量亦是十分慷慨，先前来自ASEA、Electrolux、L.M.Ericsson、Separator（Alfa-Laval）以及SKF（称为五大TBF）的主要CEO们对于社会民主政策的敌对情绪减退了，即使这个政治压力群体一直存在着，直到1953年。从1958年开始，公司税体系允许对机器设备进行加速折旧（最多可达到投资基金税前利润的40%），而同时可将折旧提存的46%储蓄存到中央银行的一个账户中，这个账户不会支付任何利息，并且作为一般商业周期政策的一部分，只有在得到银行的批准后才能使用这笔款项。

1938年的这两项主要变革使得劳动力与资本间的合作成为其在集体主义社会相互作用的准则，却使公司的投资原则发生了偏移，因为留存收益成为免税的主要融资来源。几乎就在同时，银行被允许将其在20世纪30年代初的危机之后持有的大量公司资产转至作为封闭式基金运作的控股公司。在危机之后，劫后余生的主要银行通过暂时所有权成为大型上市公司的主要所有者，尽管这只是非常短的时期内在形式上如此。这三项变革使得瑞典模式（也许可以这么称呼）得以形成，并对将来的政治与经济发展形成了长远的影响。

9.2.2　第二步：集体主义创新模式

社会民主对于社会公司的期望是其为一个大型的、资本集中型的公司，进行大力投资，尤其是在研发方面，以增强生产力并成长为更大的公司。基本思想是创新能够在以出口为取向的大型公司中得到最好的发展与商业化的实施。小公司可能也能进行创新，但是其重要性却十分有限，且可能为大型公司所用；而大型公司则能以更为合理、系统的方式进行研发，并且因其规模可承担巨大的固定成本。建立起新型、切实可行且快速成长的公司，以将创新进行商业化发展的企业家的重要性则被社会民主党领导人严重忽视了，因为他们认为资本主义已经达到了大规模生产与创新的更高、更新的阶段。企业家精神因而被默认为是外生给定的，尽管事实上瑞典最主要的一些公司都是不久前由成为企业家的创新者成立的。

实际上,瑞典模式包括两个创新体系(Erixon,1997)在基础体系中,工程也与制造业的大型成熟公司通过其国际接触,产生或获得了新的理念,并将之传播运用到其国内的工厂和其他公司中。置于国外的竞争环境下,并要面对国外严苛的客户,迫使这些以出口为取向的公司吸收、发展新的理念,并将之运用到商业产品中。这些创新并不具有建立新公司的突破性特征,但却能影响或重构现有公司的理念,以保存其竞争优势。因此,这个创新体系是大型出口导向公司的一个完整组成部分,因为它既依赖于国际网络,又是保存国际竞争力的一个前提条件。

创新的规制体系则更以国内为主导,且基于公共权威部门(并不主要是大学)与主要生产投资产品和先进产品的大型国内公司的合作。这些权威部门可以通过公共购买(军事订单)、与权威方的技术合作[Ericsson(电信系统)与Televerket(垄断经营)之间],通过法规与建立标准(住房、能源运输和消费、安全以及环境),以及通过像免除研发支出提存的税收政策(瑞典制造业在战后时期,90%以上的研发支出是在公司内进行融资的),来促进创新。

受到规制的创新体系,自从其成为对于使用纳税人的钱的大型公司的直接经济支持形式,尤其是自从其成为在公共政策配合下的"计划"经济的一部分后,可能变得愈加重要了。例如,在关税与进口限制之下,以及在对于购买卡车与轿车的公司的税收补贴支持和对国家交通运输系统的大规模公共投资之下,运输业在战后早期得到了非常快的发展。通过利用地区补贴、SAAB尤其是Volvo的反向整合,以及一个发达的由分散供应商构成的精密网络,运输业成为一个超大雇主与重要的出口产业。"对Volvo有好处就是对瑞典有好处"这一说法已广为接受。但是,若没有专门设计的公共政策的保护与支持,瑞典就不可能成为世界三大重型卡车制造商中两家(Scania和Volvo)的落脚处。若没有来自大学这样公共部门的支持(对工程师良好的教育,以及超前的研究)、地区补贴和大笔公共订单,Ericsson就不可能成为世界最大的电信系统供应商。在能源生产与系统、公路以及住房争取大规模投资上还开展了类似的计划,即1965—1974年的"百万计划"。

在大型项目中,公共权威部门与大公司的合作,有着明显的集体主义意味,以及某种程度上的国家主义意味。因为工会积极参与其中,并且宣告了这个国民项目的一个组成部分就是要在社会民主党的领导下,以协商共识为宗旨,同心协力建设国家。为了实现发展一个更为理性且社会化的经济,以满足人民需求的目标,通过强力的干预,尤其是通过引导与协调具有强外部性的大规模投资,政策(工业、地方、税收,以及劳动力市场政策)间的协调整合之强是非常令人震惊的。

非常大型的公共投资项目是通过税收融资的,但也结合了引导储蓄流向投资于公债的公共养老基金[拥有三个初始Allmänna Pensionsfonderna(AP)基金的Allmän Tjänstepension(ATP)体系;后来由第四个同时投资于股票的基金进行补充]。由于股票市场事实上到20世纪80年代都处于关闭状态,且中央银行与财政部控制了金融体系的资本流,银行与保险公司被迫对公债进行大份额投资,尤其是为非常大规模的住房项目募集了资本。将家庭储蓄引向集体基金,并指引其投资是实施议会民主并利用政治权力引导投资政策的重要组成部分。这些政策实际上使得大型上市公司在为投资融资时,对留存收益更加依赖;银行放贷额受到了管制封顶,而股票市场又不能进行交易。

9.2.3　第三步:劳动力市场的模式

这些增长政策的一个重要组成部分是最初由 LO 在 1951 年提出的所谓积极的劳动力市场政策:Rehn-Meidner 模式(Hedborg and Meidner,1984;Korpi,1978)。为了完全就业的经济在无通货膨胀的情况下保持增长,政府的想法是支持资源的再分配,将其从无国际竞争力的产业转移到高产量且具有持续成长机会的产业。通过团结性工资政策缩减工资差异,使之达到可维持出口部门的国际竞争力的高度平均水平,再加速关闭低产出产业公司,而事实上在其引导了较具竞争力的产业公司通过资本更集中的技术投资变得更高效的过程中,总产出得到提高。这种模式趋向于在最有竞争力的公司中产生过大利润,因为他们支付相对较低的工资。结合劳动力市场的政策——留住工人,并通过弥补其在收入上的损失与因迁移产生的额外成本,以鼓励其地理与职业上的流动性,这个模式提高了经济的动态效率,且并未导致高通胀压力。因而,公共部门支持较高的劳动力流动性,并为之买单。这个模式将平等主义的理想与对加固的动态结构重组的支持结合起来,以保持竞争力、更高的增长率与工资水平。

20 世纪 70 年代早期,当较高的流动性(区域性失业、区域差异性的经济发展与失业、日益增加的流向大公司的工作地域集中性)的负面社会结果在政治上变得代价过大时,劳动力市场政策从鼓励流动转变为支持留住现在雇主的员工,作为集中于保有工作的劳动力市场的新法规。同时,整体的失业率由于更为激烈的国际竞争而有上升趋势。

9.2.4　结果:瑞典模式

社会民主党接纳了大型公司的私人控制权,而主要资本家则接受了他们的政治统治。基于相互认可,秉着集体主义精神,在大型基础设施与工业项目中展开了密切的合作,这对工程业与制造业以出口为导向的大公司是有利的。基于税收的政策已经就位,尤其是通过补贴跨国公司在机器、建筑以及研发方面的投资,以促进高投资水平;并且给予留存收益和银行贷款优先权,作为融资的主要来源——集体基金中的机构储蓄。劳动力市场的关系平和而合作,但必须尊重其对立利益;并不存在共同决策。这些政策促进、支持了高增长率,并将集中化私人所有权交给了已建的大规模工业公司,但却刻意忽略了新公司的成立和小公司的重要性:一个伴随着大型公共部门的动态却日趋老化的社会经济。

9.2.5　实施经济民主的更根本的政策

政治、社会与经济上的深刻变革将 1970 年左右定义为瑞典模式的时期;这可能是其黄金时代进入尾声的标志,且其负面影响在很短的时间内就暴露出来了。对于在位执政者尖锐的批判,工人运动内外都作出了回应,LO 和 SAP 变得更为激进,提出了强烈平等主义的政策,要求在 20 世纪 70 年代快速成长的公共部门间进行收入再分配并提供更多的机遇,最终导致了世界上最高的税收水平[12]。平均工资 1/2 以上用来缴税,但很大一部分又通过重分配计划直接返还给家庭,尤其是那些有孩子、学生和养老金领取者的家庭,同时还有如消费补贴这样的间接返还方式。在 1975 年的党代表大会上,Olof Palme 发出了历史日程的第三阶段:经济民主的倡议。时机差得不能再差了:伴随着布赖顿森林体系——对资本流管控的强烈干预主义经济政策的靠山——逐渐崩塌,同时石油危机导致了自从 20 世纪 30 年代以来最严重的经济危机。在 1973 年通过的新宪法采用了严格的比例选举(这种选举制度趋向于、并且的确造成不稳定的少数党政府的产生),且 SAP 将在掌权的 44 年后,于 1976 年的选举中落败。

随着就业保障法(LAS)的颁布,其根据 LO 的直接需求而编写、执行,政府于 1974 年废除了劳动力市场关系中不干预的基本原则。LAS 给职员提供了防止被解雇的周全保障,并适用严格的后进先出的原则(LIFO);解雇仅有的两个法律依据是渎职与裁员。1976 年的共同决策法赋予了工会代表(严格少数)出席董事会的权力。这项法律是在考虑大型公司,却无视小公司对于更灵活调整的需要和要求的情况下制订的。由于在 LIFO 原则下,对雇主来说长期任职比起实际的技术与努力对就业保障来说更为重要,在一般劳动力市场与公司内的动态匹配错位的成本上升了,因为实际上员工和公司捆绑得更牢了。为了降低 LAS 给小公司带来的较高成本,1997 年执行了新的、更为灵活的法规。[13]

但最为合理的提议是 1976 年由 LO 代表大会作出的决议:实施 Ernst Wigforss 的无所有者的社会公司愿景,通过逐渐将全部有 50 名以上员工公司的所有权转移到工资劳动者基金会手中,由他们共同执行基金会表决权和其他所有权权力。实际的股份移交是通过基金私募相当于公司年利润 20% 的份额完成的(Meidner,1978)。公司盈利程度越高,控制权的移交就越快——若盈利率为 10%,基金会获得多数控制权需 35 年。与已建立起来的思想路线一致,基金会的资本将留在公司内,而不会进行再分配。劳动力市场法与工资劳动者基金会的组合效应将因此有力地将资本与劳动力锁定在公司内。

这项提议得到的 SAP 领导层支持并不热烈,但成了联合所有成员与组织大声抗议、争取劳工运动权力的催化剂。社会民主党于 1982 年重掌大权后,1984 年执行了淡化且较为温和的议案版本,但其在 1992 年被中间偏右政府废除了,且后来的社会民主政府也未再引入。[14] 对于工资劳动者基金的争论是唯一一次私人所有权受到真正的质问。而自那时以后,争论就此平息。

9.2.6 偏离经济民主的正交路径

毋庸置疑,1980 年左右瑞典社会的外部观察者预测瑞典会在更多干预与对经济更强的政治管控下,走上通向经济民主的崎岖道路。但真正的历史讽刺在于当社会民主党重获执政大权时,实际所选择的途径却与猜测的正交,因为它涉及对过往政策的打破:影响深远的对银行体系的管制解除,资本流动管控的废除,国有公司私有化,以及促进市场竞争和重新激活外国股权所有不受限制的自由化股票市场的政策。所选择的这条道路,更多地导向了市场经济,而非社会主义。

类似的,在社会主义政府执政下,从根本上全面打破旧规矩的情形同样在法国上演(参见Helleiner,1994)。鉴于瑞典与法国政治治理结构的中央集权主义本质,这种峰回路转的行为与 Rajan 和 Zingales(2003a,b)关于在位者的政治理论完全一致。[15] 但也许对于瑞典案例的一种更直接的解释为:它表明了一个包容的政党深入务实的特征,经过数十年变得根深蒂固,并且几乎不可能与国家当局割裂开来:在选举中获胜并得以执行权力,这就是根本的目标。但为了赢得选举,经济必须是有序的。政策的根本性变革被认为是令经济有序并促进增长所必要的。

9.2.7 瑞典的公司所有制模式的必要条件:组织化的劳动力与资本

瑞典公司所有制模式的一个重要组成部分就是它假设存在可辨的组织良好的两方——劳动力与资本——两者都有政治性的以及基于贸易的团体代表。在一个层面上,将社会定性为社团主义当然十分重要,但为何会成为社团主义;而又为何会如此重要,尤其是对于社会民主党来说?[16]我的答案同时明确指出了外部(外生)因素与意识形态的因素。事实上,工业生产的资本相对密集,且由受家族和部分领导银行网络控股的相对少数的、大型且地域集中的公司部门组织起来,有助于雇主与员工双方的组织。文化上同质的社会,以及相对较晚到来却迅速发展的工业化亦是如此。另一个至关重要的外生因素是大型公司强烈的出口导向特征,这令资本和劳动力严重依赖于商业周期,并助长了共同对抗经济成分的意识。例如,在 20 世纪 20 年代早期的深层危机之后,SAP 与 LO 的策略都变得少一点对立,而更关注就业和更高工资收入的问题,这在从 19 世纪 90 年代开始的前所未有的长期扩张期间被认为是理所应当的。

意识形态的因素是观念中劳动力与资本,这是资本主义经济中的两个自然对立面,但资本主义者由于其对投资的控制而决定了私人部门的增长,这对先进的社会民主的发展至关重要。因此,这就不会与接受并尊重(至少暂时是如此)私人所有权的社会民主意识形态不一致,甚至通过从政治上支持双级股票与金字塔式结构的使用而加强了明确的私人所有者地位的牢固性。作为交换,资本家没有移走他们的资本,也没有拒绝投资,而是接受了政治的最高权力地位,尤其是自其加入了与政府和工会的紧密且收益颇丰的合作之中。这样就能在政府(国家)的(通常是被动的)支持下,通过公司的两大权益相关方的协商,(至少是部分地)实现建立无所有者的社会公司的目标。工人与主要资本家已在包含国家与集中化的组织中联合起来,强调首要目标,这个现实有助于基于结果达成共识,这符合社会在很多小而和平的步骤中逐步变革的思想观点。

外生因素与意识形态因素的结合并不符合 Pagano 和 Volpin(2004)关于社团主义政治均衡的政治(非意识形态)理论,他们的理论为:对控股所有者有利的低投资者保护与劳动力的高就业率保护是可以相互替代的。在比例表决体系中更有可能得到这种结果,尤其是当财富分配不均或生产技术的资本密集度较低的时候。[17]然而,瑞典的上市公司确实(通常)运用了资本相对密集的技术,并主要依赖银行来进行融资,而非像他们的理论中所说的那样靠股票融资。因而,对于基于关联的银行体系的强烈依赖,意味着财富的分配不均和资本密集程度较低的技术都不是必然的情况。[18]有趣的是,直到 1973 年瑞典的表决体系完全变成比例制后,才形成了自 1932 年以来第一届无社会民主党参与的政府。

片面强调股市,尤其是其主要功能,以及公司所有权(治理权)的政治经济理论,在欧洲大陆过去几个世纪的大部分时候,都很难与这样的市场的有限依赖性调和。正如理论所假定的那样(Burkart,Panunzi and Shleifer,2003),所有权并不是由于对小股东的法律保护变弱而更集中,而主要是因为对从资本中分离表决权的机制的运用(双级股票、交叉持股和金字塔式控股;Holmén and Högfeldt,2004a)的政策支持。当公司有一个明确的个人控股所有者时,由于在公众舞台上甚为明显,出于政治动机,他们就更容易获得来自政府和工人的让步。因此,毫不令人惊讶的是,集中私人所有制似乎与组织良好的工会以及主要党派的形成在政治的左派至右派的谱系现象中聚合起来。比起专注于正式的小股东保护,似乎确定建立分离所有权与控制权的对于集中所有权的政策支持,与确定如何系统化地影响企业融资与劳工保护显得更在意料之中。

　　我来回答我的主要问题中的一个,来作为对这部分的总结:为何社会民主党不但接受了、实际上还支持了大型上市公司和主要银行的控制权保留在私人手中?一个可能且可行的答案包含三部分:第一,政党的意识形态与经济上影响与控制大型上市公司投资行为的关键目标,可以通过不必牺牲私人所有权的方式达到。第二,鉴于旧时家族财富在税收政策作用下以营运资本的形式留在了公司内部,并成为基金(机构),私人资本实际上变得更为社会化与机构化了,尤其是银行资本;资本残余的"私有"特征并不是主要问题。而且,由于新建立的公司通过股票融资来形成大量的私人财富是受到限制的,并受税收政策和法规的管制,因此,财富分配并不会变得太过分散。第三,实施社会民主党的社会化议程,并没有接手私有大型上市公司的控制权的必要,而是可以通过改革与在选民强烈、持续的支持下在公共部间重新分配资源与机遇的政策来实现。从另一方面来讲,实现经济民主更为根本的计划,是更为意识形态化和抽象化的,并未得到足够而广泛的支持。除更多战略上的考虑之外,对于政党地位的强力而前所未有的巩固,以及个人职业与受官僚组织控制紧密联系的事实,实际上尤其将基本目标限制在了赢得选举以保住执政大权,并用有效、稳定的方式通向金融改革,来进行经济运作。

9.3　公司所有权与金融市场的发展

　　为何瑞典的公司所有权没有像盎格鲁・撒克逊模式国家那样广泛分离?文献中的主要答案是:这是因为对小股东的正式保护软弱无力(La Porta et al.,2000;Burkart, Panunzi and Shleifer,2003)。完善的保护会鼓励外部投资者进行投资,并鼓励公司创建家族出售更大比例的IPO,因为在公司被广泛控股的情况下,正式的法规限制了管理层对货币收益的提取;这两个因素都促进了先进的金融市场的发展。因此,保护不足就会导致公司创始者持有较大比例的股份以避免榨取,这就预示着对小股东的正式保护分别与所有权集中和控股所有者的私人(货币)收益规模间的负相关性。但是,这种推理由于种种原因与瑞典的历史以及企业所有权政治并不一致。

　　Dyck和Zingales(2004)的实证分析表明,与预测不同,瑞典的私人收益规模与盎格鲁・撒克逊模式国家的水平基本相同,而那些国家中对小股东有着更好的正式(法律)保护。特别的,在所有权集中与私人收益规模之间并不存在正相关性,而这两者与对小股东的保护程度之间也不存在负相关性(Holmén and Högfled,2004a)。与主要理论不一致的是,唯一显著的法律体系虚拟变量就是斯堪的纳维亚源起的负相关系数(较低的私人受益)。其他与文化以及社会准则有关的行为因素,如纳税依从度、腐败程度、开放程度以及犯罪率,都消除了法律体系以及对少数股东保护水平的解释力(Dyck and Zingales,2004)。与GDP相关的股市资本化、每百万居民的上市公司数目、上市频率以及家庭股权持有频度(约为55%—60%)如果不比盎格鲁・撒克逊模式国家高,也至少是与其水平相当,且高于欧洲大陆国家(Holmén and Högfeldt,2004a)。公司资产转移至控股所有权手中,也许在金字塔式控股结构中最有可能出现,但是,与 Bertrand、Mehta 和 Mullainathan(2002)研究的印度金字塔模式不同,Holmén 和 Högfeldt(2004b)并未发现瑞典的金字塔模式中有任何隧道效应的迹象。

缺乏对于小股东的保护,并未阻碍活跃的金融市场在第一次世界大战前的发展(Rajan and Zingales,2003a)。而且,这也不是数十年来股市蓬勃发展的前提条件,因为保护措施在20世纪90年代早期涉及自我交易的丑闻——尤其是在进行交叉控股的由管理层控制的公司中——之后已有所改进。在先进国家之间,对小股东的正式保护措施的差别微乎其微,无法解释其巨大的所有权集中方面的差异;另见 Roe(2002a,2002b)。

毫无疑问,主流的解释似乎是认为若公司上市,那么私人控股收益规模就与公司留在私人手中的情况相比更大,因为从小股东的手中抽走了货币。但是在“二战”之后瑞典建立起来的两家最成功的公司——IKEA(由 Ingvar Kamprad 创建)以及 Tetra Laval(由 Rausing 家族创建)——都(竭力)避免上市,他们的观点很明确:由于上市要求(信息与透明)以及它们的长期运营策略(不紧不慢地建立起一个帝国)可能会因股市的短视特征而作出让步,它们控股的私有价值必定会被稀释削弱。第三家最为成功的公司——H&M(由 Erling Persson 建立的国际服饰连锁店)在20世纪70年代上市,以为其将来的成长,尤其是国际扩张融资。但由于 H&M 一贯收益颇高,通过留存收益就能完全融资,Stefan Persson,作为家族的领袖以及董事会主席(前 CEO),正式宣布其家族对上市一事深感遗憾,即还是保持私有比较好。因此,和掌握控制权(权力)相比,控股带来的私人收益与小股东的货币被抽出的关系也许就比较小了,而在完全保持私有的状态下达到收益最大化。鉴于公共上市会稀释削弱控股的私人利益,由家族控股的公司只有在其需要新资本的时候才会选择上市。更为一般的,Holmén 与 Högfeldt(2004a)发现,瑞典的 IPO 公司一般都偏向于保留控制权,这一现象在家族公司中尤其,且他们的行为与控股理论中的行为一致(Bebchuk,1999;Bebchuk,Kraakman and Triantis,1999)。

9.3.1 Roe 的政治理论

Mark Roe 的非主流政治理论认为:所有权在欧洲大陆并未广泛分离,是因为在社会民主中并未得到政治与社会上的接纳,这在其克拉伦登讲座上做了总结:

> 它(所有权)在很大程度上集中起来,因为在公众公司中将经理人员与股东捆绑起来的纤细的绳在一般的政治环境中很容易就断了,就如欧洲大陆的社会民主中的情况那样。社会民主迫使稳定雇用经理人,避开令公司利益最大化的风险,并在市场不再与公司生产能力匹配的时候,利用所有的资本而非削减使用。由于经理人在公众公司中必然拥有一定的自行决策权,而他们如何使用这种决策权对于权益相关者来说是至关重要的,社会民主压力诱使经理人偏离了将其股东利益最大化的目标。美国产生公众公司的一个关键政治前提就是社会民主对于美国商业公司的压力减弱。

这一系列引人注目的论点的双面性就是在 Roe 广泛的概念中,社会民主假定了集中的公司所有权,但由于必要变革的滞后或根本没有发生,就变得效率低下了。第一层含义与我的论点基本一致,但是后一层就与瑞典的公司所有权历史以及政治——也许是与典型的社会民主社会——不符了。例如,Roe 的论点并未意识到在小型开放经济中置于国际竞争环境下对劳动力市场与公司内部环境的重大影响。由外部条件决定,这被理解为一个客观的外生因素,界定了必要的调整,并限制了可能的行动,以确保在现有的工作或是其他工作中保持竞争力并获得较高的工资。作为一个包含工会,LO 并未与由合理的经济观点的激烈变革作斗争,而是接受了这种变革,并在实际上协助了这种变革的进行,以使整个经济保持竞争力和增长性。事实上,社会民主党想获得 LO 积极支持的一般经济政策,尤其是劳动力市场的政策,至少到 20 世纪 70 年代都是以增长为导向的,这些政策促进了结构性变革及合理化,提高了劳动力的流动性,并向失业人员提供了耗资不少的再培训和教育计划。当地的工会可能会声援抗议行动,但是据我们所知,若以有序的方式进行关于裁员与停业的谈判,他们并不会对此进行阻挠或是激烈反抗。纵观瑞典全局,Roe 忽略了公共部门的重要性,是公共部门通过保险、教育以及福利计划提供了外部保护,缓和了由失业造成的困难,这似乎是有助于必要的经济变革的,而非阻碍。

尽管存在社团主义趋势与合作精神,劳动力与资本的对立利益并未在共同决策下混合与弱化,因为直到 20 世纪 70 年代,工会才获得了参与选举股东代表的合法权利。这是严格的小股东代表;没有双级董事会,工会无权对公司决策进行表决。与德国的情况不同,共同决策制并不是为了安抚激进的工会或是抗击社会与政治的不稳定性而设计的。而且,一般的规矩是政治家不应介入其中,而是应该让劳动力和资本代表通过协商来解决争议和其他事务。

总体上,Mark Roe 描绘了一幅色彩鲜明的画面,他认为必要的经济调整无法在社会民主主义中得以实施,夸大了欧洲大陆和美国的差别。[19] 瑞典的经验表明,强化效率的变革只能以一种不同的、更为有序的、平等的方式进行,也许由于协商而有某种程度上的耽搁,但往往能在实施之后形成意义更为深远的影响。[20] 置于国际环境之下的、规模巨大的福利部门和不同的劳动力市场机构(包容性的、组织良好的工会),以及所有权结构的影响也许导致的不同结果在形式上多过实质上。斯堪的纳维亚模式制度方面的负面性越多,劳动力(例如运用严格的 LIFO 规则)与资本锁定在老旧、已成名的公司——也将更为稳定、高效——的效应就越强,而新公司的加入就会受到阻碍。

9.3.2 关于所有权为何未广泛分离的另一政治理论

我对于瑞典公司所有制历史的分析表明了另一关于为何所有权没有广泛分离的政治理论观点:上市公司不必通过分散所有权以及稀释私人控股利益来募集新资本,由于政治决策以及制度因素,它们对于股市的依赖是有限的。对于建立了良好网络的大型上市公司来说,这点尤为正确。主要关注点在于股市的基本功能——提供资本——及其政治敏锐性,而非提供流动资金。基本的观点是政治决策将决定公司对于外部融资的依赖性:若投资资本可主要通过留存收益、银行借贷,或是私人注资获得,那么公司就没有即时需求发行股本,或是将较大份额的股份交到更大的投资群体中而导致在此过程中私人控股利益被稀释。

我关于公司融资的政治理论先假设了公司控制权——基于通过分离表决权与资本的机制(如双级股和金字塔式模式)的控制权与所有权分离——以政策支持受到社会支持为前提。在瑞典的案例中,权衡了根深蒂固的私人所有权的政治正当性,在与对大型上市公司不会迁移并继续进行投资的隐含担保，由此产生了为政治改革计划融资的经济资源。然而，由于控制权从所有权中分离，使得内部资本与外部资本之间产生了一个巨大的楔子，因而对公司融资产生了深远的影响。新的外部股东要求对两权分离中固有的代理成本进行补偿（折价），这使得外部均衡成本更为高昂。股东们似乎给运用双级股的私人控股公司（10％—15％）和金字塔式控股的公司（25％—30％）附加了更大的折价需求，以将表决权从资本中分离（Holmén and Högfeldt，2004b）。但内部资本对于控股所有者来说则相对廉价，因为他们可以通过极小份额（少于比例）的资本投资来获得公司所有现金流的使用权。

由控制权和所有权分离产生的楔子因而形成了一个强化的融资（政治）顺序：强烈依赖留存收益和贷款，但却回避股票发行，尤其是大型公司上市，因为这会稀释控制权，并由于要对新的外部股东进行折价发售而形成额外成本（Holmén and Högfeldt，2004b）。融资顺序得以加强是因为这是由与所有制结构固有的代理成本所导致的，主要并不是因为信息不对称的成本；且其预示了不进行公共发售或尽量避免公共发售（Högfeldt and Oborenko，2004）。这是解释像瑞典这样使用相关双级股和金字塔模式的国家的公司所有权为何更为集中，但同时对股市的依赖性又弱得多，以及为何他们无须分散所有权的关键机制。

公司所有权政治与融资之间的联系在自从 20 世纪 30 年代起对于银行的股本所有权的管制中尤为明显。1934 年瑞典版的《格拉斯—斯蒂格尔法案》施行，不再允许商业银行直接持有其他公司的股份（这本是银行于 1911 年在社会民主党的支持下获得的一项权利）。然而，在社会民主党的支持下，银行获准在数年之后将其持有的控制权益组合转交给以 CEIF 形式组织的控股公司，并将基金股分配给银行的现有股东，这反映了主要银行家强烈的政治与经济利益。商业银行处于金字塔顶尖的控股所有者因而通过中层的 CEIF 控制了位于底层的大型上市公司。由于金字塔模式结合了双级股的使用，表决权与资本的分离得以加强。

新法的生效使得两大主要银行（SEB 和 Svenska Handelsbanken）成为大型上市公司的控股所有者，并使得银行贷款成为除留存收益外公司最主要的融资方式，尤其是在股市处于睡眠期的数十年中。公司控制权因而通过政治决策直接与中间资本的管控关联起来，这使得股市融资更趋于不可能。与美国不同，瑞典的金字塔模式通过税收体制得到了政治上的支持：公司间股息和再投资资本收益实际上是免税的（Holmén and Högfeldt，2004b）。鉴于这项税收优惠政策对于金字塔模式的存在是极为重要的（Morck，2003），它成为瑞典社会民主党对于极度根深蒂固的上市公司私人所有权一贯支持中的关键因素。这可能也正是为何资本不迁移的原因。

更为一般的，出于意识形态的原因，社会民主党关注于大型的已建公司，同时支持基于税收优惠的留存收益和基于关系的银行体系，这两种主要的融资方式都得到了强力的政策支持。而且，他们一般对有利于经济和社会变革的动荡的股市持怀疑态度，这样的股市与其用有序、有计划的方式提供稳定与进行社会改革的政治抱负是对立的。但出于平等主义的原因，他们曾经，并且甚至现在还是，对股市的基本作用更加怀疑。企业家精神与股市融资的结合将有助于大型私有财富的形成，并打破社会现状，即这将限制社会控制与再分配的可能。由于运作良好的初级市场将扩大收入分配，尤其是财富与资产所有权的分配，新股发行一直受税务劣势的不利影响。基于留存收益的反应性融资对在位所有者有利，可以将资本锁定在已有公司内部，因而比起有可能实施更快、变革更为剧烈却也有可能会挑战在位者权威的,更具有前瞻性、更积极的融资方式更受欢迎。这个结果同样极有可能出现,因为新的企业家与公司尚缺乏政治权力,而组织良好的在位者则基于共同的利益联合起来,并拥有政治发言权。

只要这个所有权与融资紧密联合的体系稳定,公司就无需从股市筹集大量新资本。当公司在 20 世纪 70 年代受到重用时,由于利润和信用都受到挤兑,又频频发生结构性收购,因而需要更多的股本,在位(往往资本受限)所有者得到了强力的政策支持去利用双级股将表决权与资本贡献分离,以保留其在股票发行后的控制权。[21]因此,由于结合了政治与制度上的原因,所有权并未得到广泛的分离,因为上市公司并非直接依赖于股市进行融资。

我关于公司融资的替代性政治理论有几个可验证的假说。第一,根深蒂固且基于关系的银行体系将会阻碍公司债券的公平市场的发展;若这个市场真的存在的话,将无法获得良好的发展。因此,瑞典并无本国的公司债券市场,且大型上市公司使用国际债券市场,但程度有限,这一点丝毫不令人感到惊讶。

这个理论的第二个预测是 IPO 和现金增资的平均量应该是非常小的。图 9.4 表明年平均新股和债券发行量(2002 年价格)在 1931 年之前约对应国内净资本形成的 10%,而在之后则平均只对应 1%。1917—1918 年的峰值是通过赶在高杠杆且隶属于银行的发行公司因 20 世纪 20 年代早期的深层金融危机而被强制关闭之前,过量购买它们的新发行股票,而加速了投机性战争经济的结果(Friz,1990;Östlind,1944)。[22]在 1927—1929 年,Ivar Kreuger 依赖于旺盛的市场情绪,通过发行国内与国际股票,尤其是债券(无担保公司债),来拯救其高杠杆且不透明的帝国,而他的帝国终于在他 1932 年开枪自尽并引致瑞典最糟糕的金融危机之后崩塌了。

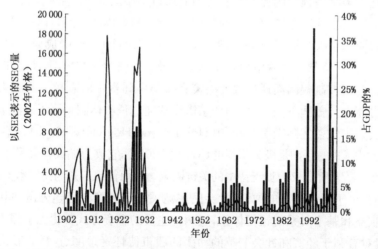

图 9.4 1902—2002 年瑞典的现金增资(SEO)活动:相对于国内资本形成额(GDCF)

资料来源:1902—1987 年的数据来自 Althaimer(1988),1988—2002 年的数据来自 Holemén 和 Högfeldt(2004b)。

更近的一次出现于 1992 年的峰值约为 5%左右,由于房地产投机泡沫的破灭导致了第二严重的金融危机,高利率尾随而至,极端的低投资水平导致了这个峰值的出现。并由最近放松管制的银行的信贷扩张而加强了这个结果。当然,1999 年的大数值是由与信息科技(IT)相关的,尤其是和移动互联网和基于 IT 的服务相关的 IPO 的记录造成的。出于比较的目的,表格并未包括 2002 年由受到金融压力的 Ericsson 发行的 30 万亿 SEK 股权,因为这是最大的 SEO。特别有趣的是,可以注意到单这一次发行,就对应了过去 100 年中所有 SEO 量的 13%(2002 年价格),及活跃的 20 世纪 90 年代所有 SEO 的 40%(约为 10 万亿美元)。因此瑞典上市公司依赖股票市场以获得新资本的情况已经变得非常有限了。

由于对于控股的偏好,尤其是在家族企业中,第三个假说是双级股票应该得到频繁使用,且 SEO 应该遵循明确依照稀释控制权的程度排定的顺序:首先是权利股发行,然后是私人配售,随后是定向发售(股票融资收购),最后是公开发行,而这是要极力避免的。此外,发行应该是相对较小规模的,且只发行低表决权的 B 股。权利股发行的规模应该是最大的,因为它对控制权的稀释作用最小。Holmén 和 Högfeldt(2004a)收集的 1980 年至 1997 年来自 233 只 IPO 的实证数据,以及 Högfeldt 和 Oborenko(2004)从 1984 年起来自瑞典 SEO 的实证数据与本假设是一致的,由于几乎 90% 的私人控股 IPO 公司使用双级股,且 SEO 有着适定的顺序。尤其是募集的数额很小,且权利股的数额至此是最大的。成长最快的 IPO 公司由创始人/企业家控股,并通过权利股扩张发行来融资,一般是在上市后 18 个月内进行的[23]。

尤其有趣的是观察到公开发行的缺失,这种发行形式在美国是最常见、规模最大的,但是在盎格鲁·撒克逊国家中很少运用。相对大规模的公开发行在为快速成长的新建成公司("羚羊")的融资中尤为重要。但在 IPO 之后分散所有权也是十分重要的。因此,极少采用公开发行可能说明了为何所有权没有广泛分散以及为何很少有年轻的公司能在瑞典真正成长壮大。要明白为何公开上市在大陆法系国家并不常见,可能也就能解释为何一般金融市场以及尤其是初级股票市场在这些国家中的发展较为欠缺了[24]。我的理论认为,由于政策支持的管控结构结合对于保留私有控制权的强烈偏好,公开发行在强化的等级排序中位于最末,因为由于它们较大的规模,对于控制权的稀释最为严重,且由于需向新股东折价发售而成本最高。

更为一般的,我的理论预测了以下几个关于企业体制集群程式化的事实:(a)由于广泛运用分离表决权与资本的体制而导致的集中化所有权;(b)若频频使用双级股票,次级市场就能发展良好(B 股提供了流动性),但初级市场则尤为具有政策敏感性,且欠缺发展;(c)与债务融资和留存收益融资相比,股权融资远没有那么重要(IPO 与 SEO 的量很小),且市场时机有限;(d)SEO 的融资等级排序为权利股发行(最大),私人配售使用最频繁,而公开发行则处于空缺或特别少;(e)罕有年轻公司快速成长为真正的大型企业;(f)公司债券市场不发达(由于牢固的基于关系的银行体系)以及(g)财富与收入相对公平的分配。将所有权与控制权分离导致了内部与外部资本成本之间的楔子,我的理论认为采用金字塔形控股结构或广泛运用双级股票的公司将有着较高的投资—现金敏感性;支持我的理论实证依据参见 Holmén 和 Högfeldt(2004b)。

因此,根据我的理论,所有权之所以没有在瑞典广泛分散的原因,是颇为政策性的:采用得到政策支持的双级股票与金字塔式控股结构促使产生了强化的(政策性)企业融资方式排序。对于分离控制权和所有权以及非股票融资方式的支持令已建公司受益,而且实际上将现任政权掌控者与现有资本(尤其是主要银行)间的利益统一起来,因为企业控制权得以保留,且事实上是得以加固的——尽管对于新资本的需求在日益增加——而通过股票融资的新公司的成立和成长则出于平等主义的原因而被有效遏制。

9.4 对于企业所有权瑞典模式的批判性评价

至此,要简化并明确公司所有制瑞典模式的三个构成要素就很方便了。第一是生产的最主要的外生特征:极少数、相对大型、跨国且由私人控股的公司的资本密集型、大规模、以出口为导向的生产(原材料、制造业以及工程业)。第二是由政治、经济(竞争)与技术因素造成的变化的国际市场环境。最后则是社会民主政策的滞后内生效应。我们通过观察三项主要社会民主政策的影响来关注长期的经济效应:(a)对于基于关系的银行体系以及对于利用由银行控制的封闭式基金来对大型上市公司控股的政策支持;(b)对于双级股票以及其他分离表决权与资本机制的政策支持,以利于适定的所有者保留其私人控制权,尽管资本需求日益增长,所有权机构化程度日益加深以及(c)对于大型上市公司一贯的政策关注以及对于将留存收益和银行贷款作为主要融资方式的偏好,而对于股权融资则尤为不支持,一般对于股市也不持支持态度。这些政策共同奠定了加固的融资政策等级排序的基础,它们主要产生了三方面的长期影响。

9.4.1 大型公司对于旧产业的过度投资与对成长产业中新公司的不足投资,有偏的公司规模和年数分布,以及较低的总体增长

稳固的等级排序又因税收优惠协定得到强化,对于留存收益和债务的强烈依赖意味着公司的投资标准已产生系统的倾向性,因为从很大程度上影响或是决定投资分配的是过往的收益而非预期的未来收益[25]。这对旧的、已建立的、资本密集型的产业中的那些拥有持续盈利能力且为主要银行网络中一分子的公司是有利的。但这些政策对于新兴产业线上那些基于人力资本与服务的、有巨大成长潜力、且需要风险资本的年轻公司是不利的。由于现有公司可获得相对低价的内部资本,而新公司则在此方面受阻,因为它们利用初级股票市场的程度是有限的,有倾向的投资标准可能产生系统性的不足和过度投资问题,从而趋于对整体经济增长产生负面效应。趋于投资过多的公司处于成熟的产业中,未来成长潜力较小;而新兴的较小的公司则趋于投资过少,且可能处于具有较大成长潜力的产业中。这些效应由于以下事实又得到了强化:出于控股的目的,IPO公司不大可能利用大量公开发行来得到快速成长,且利用留存收益进行融资的老公司实现的回报率有远低于其资本成本的趋势;通过债务或股票融资的投资,似乎并未系统性地表现不佳(Holmén and Högfeldt,2004b)。因此,对于拥有适定控股所有者且依赖于留存收益的公司,无偿现金流的问题似乎尤为严重;且他们趋于拥有更高的投资—现金流敏感性。由可(无偿)获得留存收益而造成的低效投资,可能正是那些将控制权与所有权严格分离的公司为何在贸易中不受欢迎的原因。

由于最近数十年来劳动力市场法延长了雇主的任期,因此,投资与劳动力市场政策的联合效应将劳动力与资本牢牢封锁在了现有大型公司内部和其控股所有者的手中。倾向性的投资

标准以及封锁效应内生地产生了更强的路径依赖,因为公司未来的发展(规模、投资和成长性)与其过往表现更直接相关。对于公司结构的长期影响将是生存与成长方面的倾向性:成熟产业中大型老公司的过高比例与新产业中新兴快速成长公司的过低比例。与此推测大致符合,瑞典是偏分布情况最严重的国家之一,仍旧由 Investor 和 Industrivarden 控股的大型且建立多年的跨国公司处于极端的掌控地位,新兴快速成长的公司的增加则极为有限。例如,图 9.5 显示 50 家 2000 年最大的公司中的 31 家是在 1914 年之前建立的。此外用财富 500 强公司数目衡量,瑞典以 15 家公司榜上有名而排在第 6 位,其单位 GDP 的公司数是最高的(10 亿 USD,购买力平价调整):0.104(Jagrén,1993)。瑞典公司的规模(小型、中型以及大型)分布分别为 84.1%、12.1%和 3.7%;相比之下,国际平均规模分布分别为 87.5%、10.2%和 2.2%,显示了对较大型公司的倾向性(Henrekson and Jakobsson,2001)。

表 9.7 1960、1970、1980 年不同所有者和融资来源组合下的有效边际税率
(在实际通货膨胀率下,真实税前回报率为 10%),以及 1985、1991、1999 年
上市公司在不同通货膨胀率下的有效边际税率

	债 务	新股发行	留存收益
1960			
家庭	27.2	92.7	48.2
免税机构	−32.2	31.4	31.2
保险公司	−21.7	41.6	34.0
1970			
家庭	51.3	122.1	57.1
免税机构	−64.8	15.9	32.7
保险公司	−45.1	42.4	41.2
1980			
家庭	58.2	136.6	51.9
免税机构	−83.4	−11.6	11.2
保险公司	−54.9	38.4	28.7
1985			
0%通货膨胀率	50.4	43.7	46.0
5%	75.0	87.6	58.8
10%	102.1	129.2	68.8
1991			
0%通货膨胀率	29.0	17.6	40.3
5%	38.8	46.4	51.5
10%	47.7	76.6	60.4
1999			
0%通货膨胀率	36.2	56.2	47.3
5%	49.1	79.2	60.2
10%	61.9	103.1	70.5

注:所有计算都是基于制造业的实际资产构成,并遵照 King 和 Fullerton(1984)发展的一般框架。假设的平均持有周期为 10 年。负的税率表明税后回报率高于税前回报率。例如,1980 年由一家免税机构所有的债务融资投资−83%的税率告诉我们,税前 10%的真实回报率在将税收的效应考虑在内后变为 18.3%。

资料来源:Södersten(1984)以及 Öberg(2003)。

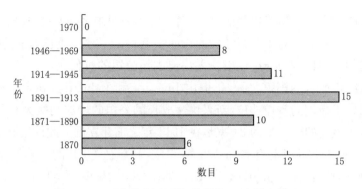

图 9.5　2000 年按创建时期分类的 50 家最大的公司

资料来源:NUTEK and ALMI(2001)。

　　He、Morck 和 Yeung(2003)发现一个国家最大的公司的排名越发不稳定是与更快的经济增长相关联的。[26]因此,经济增长更有可能是由于新公司的建立,而非已建大公司的蓬勃发展。长期以来,瑞典都是公司排名最为稳定的国家之一,但在他们的分析中也的确是非常突出的一个,因为它是唯一一个控制权随时间持续并且事实上得到加强的国家。[27]家族控制权世代锁定可能会产生负面效应,这是众所周知的现象。例如,Holmén 和 Högfeldt(2004b)公布了那些继承控股的大型上市公司 14% 的强力折价。在职往往会滋生自满与停滞——尤其是在投资通过留存收益融资的情况下,这个猜想与 Morck、Stangeland 和 Yeung(2000)在一项跨国分析中的发现是一致的:继承控股公司占比较大的国家,其总体增长率往往要低得多。因此,瑞典大型公司中数十年来这类公司占据主导地位以及控股的极端持续性,与其经济的整体较低的增长率相符。

　　对于大型上市公司的控股封闭式投资基金机构而言,强路径依赖尤为显著,因为它们的股票相对于其投资组合来说以极大的折价交易(平均为 25%—30%),结果使之在经济上不可能通过 SEO 来进行新股本的募集。因此,基金机构偏向于其投资组合公司主要通过留存收益和贷款来为投资融资,因为这些资金来源的成本较低,尽管这些公司因为金字塔式控股结构而需折价 10% 来进行交易(Holmén and Högfeldt,2004b)。由于若公司间股息是通过金字塔式控股公司(封闭式投资基金机构)从投资组合公司分配到最终股东的手里,就并不会对此课税,因此控股所有者更倾向于利用投资组合公司留存收益进行融资。由于实现的资本利得若用于再投资就能免于征税,因此金字塔式控股公司就会避免由其自己来支付红利。因此,税收优惠协定和金字塔式控股结构的综合效应就是投资组合公司有计划地减少股息,而往往会过分投资,正如金字塔式控股公司明显更高的投资—现金流敏感性和通过留存收益融资的投资实现的明显更低的回报率所显示的那样(Holmén and Högfeldt,2004b)。而且,由于两大主要银行既是最重要的金字塔式控股公司,又是投资组合公司贷款的主要提供者,因此它们往往会表现得更像是公司债所有者:积累隐藏储备,并选择保守的投资策略以关注长期生存与稳定的现金流,而非关注风险或企业家地位。

　　锁定效应与有所偏向的投资标准,从长期而言有着尤为负面的效应,因为投资组合公司位于老旧且往往是资本密集型的产业之中。尤其是这些公司经常会沿着之前由专业策略(极少的高度专业化领域,有着相对大的产量)所决定的狭隘道路,趋向于在研发方面进行大力投资,而不会投资于其他技术的多样方向(Erixon,1997)。以往的已建公司在大规模研究项目的商业执行与营销方面有其相对优势,但在突破性的专利与创新方面就并非如此了。尽管研发投资和结果的专利数目都未必少,但产生的内生效应使其延续了一种发展路径,导致了那些可能无法达到高增长率且因为技术变动而变得不堪一击的高专业化公司的基础变得更为狭小。一个有趣的事实是在战后时期,瑞典工业的 100 项主要创新中有 80 项是在大公司中产生的(Granstrand and Alänge,1995)。

通过强路径依赖,老旧的已建大规模产业结构因而被决定其投资策略和融资手段的政治和内部经济决策推向了极限。在 100 年的空前增长之后(在 100 年的时间段中记录的三个增长率最高的国家之间),瑞典名列 1970 年最富裕的三个经济合作与发展组织(OECD)国家之一。由于陈旧的经济与政治结构缺乏弹性,同时由于石油危机的结果(6 次货币贬值)中周期性的滞后调节问题,在最近 30 年中瑞典的增长率降低了很多,排名落在邻国之后。这里所介绍的根深蒂固的公司控制权特性和增长率之间的关联性,对于瑞典经济为何显示出了停滞迹象的问题,比起其他突出较高税收与较大的公共部门的理论,提供了一种更可信与直接的解释(Lindbeck,1997)[28]。

9.4.2 通过增强表决权与资本的分离得以加强的私人控制权,使得资本基础过小且增加了代理成本并使无效率性更严重

19 世纪 60 年代、70 年代的国际竞争压力使得瑞典的高杠杆公司加大投资,尤其是在研发方面,并产生了为收购、兼并融资以发掘规模收益的需求,在那时,SEO 的量从 19 世纪 30 年代以来第一次显著增加起来。出于对维持控制权强烈的偏好,上市公司使用双级股票的频率大幅上升——由 1950 年的 18% 上升到了 1968 年的 32%,又到了 1981 年的 54%,并在 1992 年达到了 80% 左右的顶峰,后在 1998 年收于 63%,在 IT 泡沫破灭后回到了 60% 以下(Agnblad et al.,2001;Holmén and Högfeldt,2004a;Henreksson and Jakobsson,2003a,2003 b)。[29]因此,频繁使用双级股票来分离表决权与资本是一个最近才出现的现象,并在家族控股公司中颇为盛行。这个进展得到了政策支持,因为有适定的私人控股所有者的公司被认为更有效率;家族作出了长期的贡献,因为私人财富的增长与公司的发展紧密相关。19 世纪80 年代,尤其是在 1993 年之后,那时废除了所有对于股份的外国所有的限制,政策目标(有时是明示的,但大多数时候都是内隐的)是促进维持控制权以将公司总部——尤其是研发、营销和战略职能部门——留在瑞典。这说明了瑞典的企业控制权的政治基础和敏感性。对于广泛运用双级股票和金字塔式控股结构的政策支持,平衡了大型公司继续在瑞典投资而不迁移的间接(直接)承诺。事实上,双级股票和金字塔式控股结构正是公司所有制的社会民主模式的基石。[30]

尽管国外占有比例更高(占已发行股票的 35%),B 股方面几乎是独有的,机构所有股权也更大,老式家族和封闭式基金机构还是通过更多运用双级股票,同时结合强制性投标法规和严格收购法规下加强的对现任所有者的保护得以保留了在某种程度上稀释了的控制权,事实

上这些法规使得稳固性更强了。然而,在由规模效应以及巨大的研发成本所驱动的大型国际兼并中,所有权与资本的分离还不足以留住控制权;Investor 在与 Enso 和 Zeneca 的兼并中失去了对 Stora(制浆造纸)和 Astra(制药)的控制权,而在更早时间与 Brown Boveri——ABB 的兼并中失去了对 ASEA 的控制权。尽管控制权被稀释了,但对于资本的需求也更大了,显然已成名的家族和封闭式基金公司掌握控股权仍是十分常见的现象。但表决权与资本的日益分离的状况削弱了资本主义公司存在的合理性,因为很小的资本投入就可以换回对于其他所有投资者资本的控制权,尤其是表决权杠杆经常因为历史原因而合理化。因此,体系更易受到政策的影响,如最近欧盟倡议废除双级股票所带来的结果显示的那样。

表决权与资本的严格分离主要产生了两种类型的成本,基本由无控制权的股东来承担:由于控股所有者提取现金利益(自我交易)而产生的成本,以及因错误(低效)的决策而造成的代理成本。由于企业法设计的目的是处理自我交易的问题,且法律和税法执行十分严格,因此,代理成本是杠杆控股结构公司折价背后最有可能的原因(Roe,2002a)。例如,Holmén 和 Högfeldt(2004b)发现,瑞典金字塔式杠杆控股结构最为明显的公司中并没有隧道效应(公司盗窃)的迹象。而且,对于双级股票日益增加的运用以维持控制权意味着可控制的资本基础变得更小了,换言之,表决权的杠杆效应加强了,这往往会增加代理成本,因为作出重大决策的权力与控股所有者的私人风险价值之间的差别变大了。这种效应因为同一家族的几代人对于控制权的锁定而放大了。本着熊彼得的精神,这种动态代理成本可能会非常巨大,因为企业家精神与动力并不是那么容易复制的(Holmén and Högfeldt,2004a)。因此,家族控股公司的折价很有可能会衡量这种由将控制权错误地分配给会作出无效决策(例如,因为通过留存收益融资获得的显著较低的回报)的继承者而造成的代理成本(Cronqvist and Nilsson 2003;Villalonga and Amit,2004)。

由于显著锁定对于大型公司的控制权带来的代理成本的重要性,长期以来都可以通过 CEIF 这些金字塔式控股公司的大幅折旧得到最好的解释(Holmén and Högfeldt,2004b)。表决权杠杆的力度变得尤为大,因为瑞典的基金机构将金字塔式控股结构与双级股票结合起来分离控制权与表决权,这产生了一种加成的效应。由于 Investor 的表决权差额为 1:10,而 Ericsson 则是 SSE 唯一一家拥有 1:1 000 表决权差额的上市公司(至 2004 年),Wallenberg 家族在 Ericsson 的所有权乘数为 125——他们对于 Ericsson 资本的贡献只有 0.8%左右,但却与 Industrivarden 共同握有 80%以上的表决权。改革后,这两大主要所有者控制了 40%的表决权。

图 9.6 显示,相对于 Investor 的净资产价值,这个基金机构在 1930 年至 2002 年间的股价折价是十分巨大的(平均约为 30%),尤其是在 20 世纪 70 年代,折价约为 40%。在 20 世纪 90 年代几乎下降到 20%后,现在折价又回到 35%左右。此外,投资组合公司由于金字塔形控股结构,其折价为 10%。Holmén 和 Högfeldt(2004b)分析了所有的 CEIF,发现折价随控股所有者分离基金机构内表决权与资本的程度,以及现任所有者掌权的年数而线性增加。因此,对于由创建者控股的公司,折价要高得多,即折价程度衡量了金字塔式控制权力的成本,因为其杠杆性变得更强,也变得更为稳固了。这个结果是与控股所有者随时间推移,愈发依赖表决权与

资本间加倍的分离程度是一致的。因此,金字塔式控股结构中的表决权与资本分离并不是一个静态的现象,因为双级股票的运用非常密集,以保留控制权。

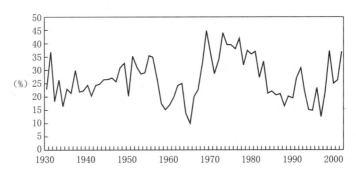

图 9.6　1930—2002 年 Inverstor 的折价:股价相对于净资产价值(NAV)

资料来源:1930—1991 年来自 Lindgren(1944:93,149,177,255);1992—2002 年来自 Holmén 和 Högfeldt(2004b)。

　　折价基本可由与极其根深蒂固的权力相关的动态代理成本(无效决策)解释。例如,Holmén 和 Högfeldt(2004b)认为在 CEIF 将资本收益用于再投资而非分配的情况下,其主动的投资组合管理产生了显著低于其资本成本的回报。尤其是仅仅持有投资组合的被动管理方式,获得了比起根据重要所有者的特定利益而进行的主动管理高得多的回报。这事实上限制了他们对于有控制权利益的项目的投资,相应的,这往往意味着不良项目得到了过于长期的支持;对于留存收益的软回报要求则加强了这种效应。较低的回报转换为股东从投资中获得的回报流的损失(流出)。

　　一个标准的非经典模型预测折价只是不会到 CEIF 股东手中的流出的资本化价值所占从 CEIF 所有流出的总价值(即包括给股东的股息,参见 Ross,2002)的比率。Holmén 和 Högfeldt(2004b)的实证研究估算了这个理论比率——所有流出中未到股东手中的比率——得到 25.3％的折价,相比之下,实际的平均折价为 26％。代理成本的规模平均为 CEIF 投资组合价值的 0.7％,并随着 CEIF 中表决权与资本的分离程度而增加。由于折价的程度与控制权结构以及控股所有者的权力直接相关,这个模型事实上解释了瑞典的大幅折价,并提供了一个解决封闭式基金谜题的方法。

　　股东原则上是通过折价得到对于金字塔式控股所有权的私人补偿,但是,金字塔式控股结构对于资本在经济中的分配也有着可能大得多的负面影响。Almeida 和 Wolfenzon(2004)发展了一个资本均衡分配的有趣模型,然而,资本市场在资本重新分配中的相对优势未必有效,尤其是在变革时期。他们指出,在企业集团存在的情况下,即使资本能在集团内部得到有效分配,总体的效率还是可能会有所下降。原因就是:本国在小部分公司中的效率与国际效率并不相当,因为资本无法在所有公司中得到有效分配。

　　不像企业集团中的问题那样,金字塔式控股的问题并非低效的内部资本市场,因为金字塔式控股公司之间不可能进行直接的资本转移。取而代之的主要问题就是太多的资本被锁定在金字塔式控股结构的各个公司中,且未被再分配,因为高杠杆控股结构导致形成了一个增强的(政策)等级排序,由于外部资本远比内部资本昂贵。[31] 因此,金字塔式控股公司可能得到了相对便宜的内部资本的过度投资,这可能导致尤其是在固定资产(PPE)和研发方面的过度投资,以及低于市场要求(资本成本)的回报。因此,由于金字塔式控股结构对于初级股票市场的依赖,以及他们将太多主要在成熟产业的收益保留在公司内部,这可能对企业融资与投资策略有着负面的影响[32]。由于未有充足的旧资本(出于控股的原因)通过外部股票市场再分配到(例如)新兴的、处于成长中产业的羽翼未丰的公司,金字塔式控股结构阻碍了金融市场的发展以及总体的增长。这些负面效应可能在瑞典是尤为显著的,因为金字塔数十年来都战略性地控制着最大型、最古老的那些上市公司。

9.4.3 对于保留控制权的偏好,意味着对于股票融资有限的运用以及鲜有公司成长壮大

平等主义可能有益于动态变化,正如制定的劳动力市场政策显示的那样,鼓励流动性以及以更为社会所接受的形式进行的结构变化。但当促进或遏制财富分配不那么分散的目标总体上不利于股票融资,特别是会限制新建公司通过利用股票融资快速成长之时,平等主义和动态增长之间就会存在冲突。企业家通过发展新公司来建立私人财富的机会由于税收的原因受到了限制,同时也因为实际上对于保留控制权的强烈偏好限制了股票融资量,尤其限制了公开上市。这种偏好可能主要是一种文化特质,但更可能是一种在税收体系设计下(强化的融资政策等级排序),加强的企业所有权模式所产生的内生均衡结果。对于控制权的偏好意味着对股票融资有限的运用,因为它分散了所有权,并降低了增长率,鉴于资本注入相对较小——鲜有公司能快速成长壮大。政策不支持股票融资,而支持留存收益和贷款的融资方式,加强了这种效应。因此,对于需求与供应双方的影响,制约了处于均衡中的股票融资。

按照 SEO 等级排序理论,IPO 公司获得的最大价码就是权利股的发行,这对于控制权的稀释作用是最小的(Holmén and Högfeldt, 2004b)。然而,它们的规模还是太小,不足以形成由创始人企业家控股的新上市公司的高增长率。一般而言,由家族控股的 IPO 公司由于对控制权的偏好而往往资本不足。对于保留控制权的强烈偏好,以及将运用留存收益作为首选的融资方式,也限制了中小型企业的增长率。在 Wiklund、Davidsson 和 Delmar(2003)的一个由拥有 5—49 名员工的 1 248 家公司组成的样本中,他们发现只有当企业家不会失去控制权、独立于其他股东,且不牺牲员工福利时,才会优先考虑增长问题。即使他们意识到通过留存收益融资的增长相对于股票融资的增长会较低,他们还是会强烈偏好通过留存收益进行融资的方式。其中 44% 的人说,与出售控制权相比,他们宁愿售出整个公司,即使出售股票会提高绩效与增长。而且,创始者家族所有部分较少和/或拥有更多所有权类别的公司可能会成长得更快。

由于新公司的建立比率相对较低,且在 20 世纪 90 年代中期之前一直在降低,成长较快的新公司的增加就十分有限了。加上支持快速成长公司的股票融资手段有限地运用,意味着公司规模与年限的斜分布,以及对未来成长的负面效应。无法使用股票融资来促进前沿产业中新兴公司的成长可能是瑞典模式中真正致命的弱点。

9.4.4 小结

对于关于瑞典的公司所有权是如何发展的、为何社会民主党接受了一种非常集中的上市公司私人所有权与控股形式,以及为何瑞典的所有权并未广泛分离这三个问题的综合性的、一般的回答如下。

瑞典的公司所有权模式是基于社会民主党(工人)与资本间的基本共识所建立的:政策支持与根深蒂固的私人所有权的合法性与大型上市公司不迁移并继续投资的隐含担保间的平衡。所有权与控制权之间的完全分离导致了强化的(政策)融资等级排序的形成,这得到了双方现任者出于利益考虑的内部支持。

现有资本对于维持上市公司控制权的强烈偏好,意味着通过留存收益与贷款融资处于优先地位,只有在需要时,才会有限地运用股票融资,因为这将分散所有权并最终分散控制权,尤其是运用公开发行的时候。出于不同的原因,社会民主党对于融资手段的政策排序是相同的。对于大型上市公司及其投资的思想关注,结合对于总体股票市场的怀疑,尤其是因为平等主义的原因而对初级市场的怀疑,意味着对留存收益以及贷款的强烈偏好。现行的严重基于关系的银行体系支持了这种等级排序,政策亦是如此,明确支持通过金字塔式控股结构,并且,特别的,在公司需要更多的股票融资时支持运用双级股票,运用这些机制以分离表决权与资本。由于现有资本变得更为机构化,而通过大型股票融资在新公司中生成大笔私人财富是有限的,且并未构成威胁,不会太过分散财富分配,因此这种排序在政策上是可以接受的。值得强调的是,这个论点明确了股票市场基本职能的政策敏感性,而非其提供流动性的更为规范的第二职能。

结果的均衡延续并加强了最初集中的对于大型上市公司的所有权,因为所有权不必由于对于股票融资的显著需求而分散。随着表决权与资本的分离程度随时间增加,所有权变得更为根深蒂固了。由于历史收益而非预期的未来收益决定了将来的投资,这个均衡可推导出强路径依赖性:在往往会投资过度的成熟产业中,非常大型的、老资历的公司占据主导,而在前沿业务领域中,新兴的快速成长的公司则相对少之又少。由于劳动力市场政策延长了现有雇主的任期,工人与企业控制权都被锁定在了现有公司内部。因此,旧的产业结构被企业控制权、投资、劳动力以及政治权力的强路径依赖引向了极限。政治与企业权力几乎与生俱来的、根深蒂固的特性滋长了经济停滞,同时也导致了社会动力的缺乏。

9.5 为何瑞典的企业所有权踏上了这条特定的历史路径?

本节的目的是概述对瑞典的企业所有制的发展至关重要的决定性因素及其之间的联系。我的推测自然是主观的、推想的,也是不完整的,因为我是从特定的金融视角来关注整体情况,但是制度以及政策的稳定性可能使其成为一种简易且同时十分有趣的方式,来勾勒出一个假设性答案。我推测这些类别(因素)中的下述因果链尤为重要。[33]

瑞典在大约150年前开始其现代经济发展之时,国家的自然资源(如矿产、森林以及水力)

禀赋尚佳,主要分布在国家的北部,但需要大量的资本投资进行充分开发。国内资本缺乏以及大型富人集团不足致使留下两种筹集必要资本的方式:通过国内的储蓄和存款的银行体系将众人的小额储蓄集中起来,或是通过在国外发行债券贷款(也许同时伴有富人和企业家的迁移)。向北美的大型移民潮增加了这个贫穷的国家实现现代化的政治压力。国家贫穷背后的原因以及如何应对是主要的政治议题。如何组织一个有效的银行体系以及如何在金融需求改变之时进行改革是数十年来受到热议的问题。政治改革为苏格兰式的银行体系创造了条件,大笔债券贷款被出售给法国人、德国人以及英国投资者,为基础设施投资融资。

经济地理十分重要,因为瑞典这个国家位于欧洲的北部边缘,但有着非常长的海岸线。自汉萨同盟时代以来,瑞典就和欧洲大陆联系起来,并通过波罗的海部分地连成一体,但它同时也通过北海和不列颠群岛、阿姆斯特丹及汉堡联系起来,后来在大规模迁徙后又成为北大西洋经济的一部分。原材料的出口已有几个世纪,这使得人们意识到其处于国际市场经济之中,且培养了市场自律。资金转移也十分严重,例如,瑞典的战争总是通过汉堡和阿姆斯特丹以外的渠道进行融资。商业信贷以及短期借款在后来得到了有效的运用,因为它们事实上成为长期资本。由于人们迁徙到国外去发展他们的知识技能,他们回到瑞典之时,也就带回了文化价值、观念、技术知识以及市场知识。由于瑞典是个小国,它的民族文化就是数个不同文化影响下堆砌的结果。尽管瑞典的公民社会发展得并不充分,但是这个国家正是因此而相对开放;社会上层的对立是在国际现代化与狭隘的瑞典传统主义之间形成的。长期进入更大的市场经济的国际一体化进程,为瑞典后期迅速而成功的工业化提供了必要的基础。早期的几家基于突破性创新——这在当今依旧十分重要——而成立的新公司,若工程师以及企业家没有四处游历、没有与国际接轨,若基本的技能与培训在长期出口导向的生产经验中仍未就位,那么这些公司也就无法建立了。

考虑到大规模产业投资的资本需求约在 100 年前就开始增长,一般而言,金融体系本应发展成为一个基于市场的股票与债券融资的体系,但商业银行的政治力量,加上来自社会民主党的支持,反而根据 1911 年的银行法将中介体系扩展到了股票融资领域,允许商业银行如投资银行那样运作并直接拥有股权。新兴股票市场的投机性太强,无法成为外部融资的一个可供选择的来源。20 世纪最初 10 年与 20 世纪 20 年代相对大量的股票发行基本是通过由基于各自利益的银行控股的高杠杆发行公司融资的,而非通过公开上市。

若没有 1911 年的银行法,企业所有权可能就会有截然不同的发展;这项法律是银行在 20 世纪 30 年代结束,陷入财务困境的公司大量持有股票投资组合的至关重要的原因。1934 年的新银行法禁止银行直接持有股份,但它们获准可以将股份转移给封闭式投资基金机构,而不必在价格反弹时,迟早被迫将这些资产出售。主要银行因而能够继续对大型上市公司持有控制权,即使之前它们可能各自利益不同。不像在美国的情况那样,在瑞典,银行并不是问题所在,而恰恰是解决如何创造金融与社会稳定并重新调整大型产业结构问题的方案。主要银行在金融上足够健康,如投资银行般运作,且发展了政治联系。

正如在美国那样,深层金融危机之后的政策通过强政策与法规路径依赖对未来的发展形成了影响。然而,这种大型随机事件在瑞典形成了更大的影响,因为危机正是社会民主党政治强权以及以银行为企业控股的重要节点的根深蒂固的企业所有制的政策模式的开端;金融中介事实上延伸成为金字塔式高杠杆企业控股形式。对于功能不完备的金融市场的短期紧急解决方案,数十年来通过社会民主党的政治统治以及劳动力和资本之间的基本理解得以延伸。因此,企业所有权的确是非常政治化的。

在20世纪80年代初期开始撤销对金融市场的管制以及股市重新恢复之时,对于双级股票日益增加的运用得到了强有力的政策支持。B股提供了必要的流动性以及所有权(资本)的分散,而控制权则牢牢地留在了传统私人所有者的手中,他们在市值与资本需求上升之时加大了控制权与所有权的分离程度。由于控股结构的原因,股票的初级市场没有得到充分的发展,而且即使所有权与控制权之间的对立日益加深,并吸引了意欲改革体系的政治家的注意,事实上体系持续依赖于中介融资与留存收益(一种反应的融资模式)。

因此,我认为要找到一条因果链来解释为何瑞典的金融体系未能发展成为一个充分基于市场、拥有十分活跃的初级市场与分散的企业所有权的金融体系是有可能的。鉴于瑞典的贫穷,且缺少富有的个人,以及对于相对资本密集型技术和大规模生产的运用,政策选择了一个中介融资体系以收集、分配资金。金融体系发展的决定性时刻是在1911年、1934—1937年以及1984年,在那个时候,中介体系延伸到股票融资领域(银行获准可以直接持有股份),银行成为大型公司至关重要的控股所有者,股市重新得以恢复(大逆转得到了反转),但各个根深蒂固的控股结构得以维持,并通过双级股票的运用得以稳固。在这三个转折时刻,若政治决策不同的话,金融体系的发展以及企业所有权和控制权本可以选择其他路径。由于中介金融体系中的强路径依赖性得到了由公共利益联合起来的政治权力的支持,真正的基于市场的金融体系在瑞典并未得到发展。

然而,即使是现今,要低估以下重大随机事件的持续性影响也几乎是不可能的,即20世纪30年代初期的危机,成为社会民主党政治专政以及私人企业控制权日益稳固的催化剂。即使这两个现象并不总是作为因果事件来分析,在瑞典的企业所有权发展分析中将它们视作双生子几乎是不可避免的,正如我在本文中所分析的那样。

9.6 结论

100年前,瑞典的现代化由快速进步的产业部门引领,并由其两个新社会团体——资本与劳动力——实现,它们对经济、政治、社会领域形成了影响。一个往往在组建群体之外形成的相对小型的产业家和银行家群体,他们代表了商业利益,具有明显的益格鲁·撒克逊取向,且在政治上十分活跃,关注合理的促进变革的改制。组织良好的劳工运动(SAP和LO)将其更为根本的、最初的革命目标转换为通过民主的议会式的方式执行的改革日程,并将其自身视作未来社会与经济变革的载体,这将成为历史的一部分。尽管德国的意识形态造成了显著的影响,领导者主要还是收到了来自英国劳工运动思想的激励,这种运动是可以通过政治得以实施的。即使劳动力与资本有着对立的利益,他们还是在现代化先驱的常识方面有着相同的理解。

和自由党一起，社会民主党成功地战胜了旧权力机构——围绕（独裁）国王组织起来，受到贵族、教会、军队、主要公务员以及大农场主的支持的老的右翼，争取到了广泛、平等的选举权。这个右翼团体根据传统，一般参照德国的引导，并注重体现在强烈的路德教教义、民族主义以及传统主义中的社会与文化价值，同时伴有对于君主制和社会等级的支持，并混杂着对于商业盎格鲁·撒克逊国家及其（缺乏）价值观的不屑。

与在德国的情形不同，德国旧的权力机构受到了第一次世界大战后报复情绪的助燃，其向现代化的转变过程是暴力的，给欧洲带来了极其糟糕的后果；瑞典的转变是和平的，尽管有着软弱的政府以及存在于 20 世纪 20 年代和 20 世纪 30 年代早期的经济危机。1932 年社会民主对于"美好的家"（Folkhemmet）的愿景不仅仅是政策对于动荡的经济和政治局势的回答，它不仅集中于完全就业政策，还代表了民主现代化及强调平等主义的价值观，包含了基于社会与经济合理性、带有（公益的）家长作风意味，并混合着温和的民族主义政策。为了实现建立起一个美好社会的愿景，经济政策刺激增长与完全就业（尤其是在 20 世纪 70 年代的战后期间），并促进大型公共部门的发展。这个愿景包含在完善的福利制度以及社会民主党的政治专政之中，可谓是民主国家中最为成功、最为持久的政治愿景。

但当工业社会在 20 世纪 70 年代中期达到其巅峰，且 40 年的强劲增长转换为几乎有 30 年之久的相对停滞之时，频频发生的经济、金融和预算赤字危机以及经济福利的显著损失，所有的弱点都变得显而易见：在停滞产业中的大型、年久且高专业化公司的过小基底缺乏弹性，且在进步产业中缺乏新兴成长中的公司。在意识形态的层面上，社会民主党关注于大型上市公司，尤其是他们的投资与研发支出，提倡支持通过留存收益和从强烈基于关系的银行体系借款进行融资的政策，而出于平等主义的原因不支持将股市作为资本的提供方。他们对于运用双级股票和金字塔式控股结构的政策支持，事实上与拥有现行资本的现任政治掌权者的利益是一致的（尤其是主要的银行），因为企业控制权得以保留，且事实上是得以强化了。资本锁定在了现有公司中，由于将控制权与所有权分离形成了内部资本成本与外部资本成本之间的一个楔子，并致使形成了一个强化的关于企业融资的（政策）等级排序。因此，投资主要由历史收益决定，而非预期的未来收益。

上市公司的确并不依赖于初级股票市场，而与靠股票市场融资驱动的新兴快速成长的公司相关联的私人财富的形成则非常有限。这同时解释了为何所有权并未分散，以及为何新公司的增加情况如此糟糕。由于劳动力市场法是为保护现有工人而设计的，因此，劳动力和对于资本的控制同时被锁定在了现存企业结构内部，而社会民主党则锁定了政策部门。因此，瑞典的企业所有权模式真正的问题在于缺乏经济与社会动力——现代化变得陈腐且是内嵌式的。

尽管工业社会的重要性在数十年中已有所降低，100 年前引领现代化两个社会经济团体——主要的资本家与组织起来的劳动力——仍旧十分根深蒂固地存在着，很强的历史与政治路径依赖在这个事实中十分明显。㉞真正讽刺的是尽管企业控制权在近年来由于上升的机构所有权而有所稀释，但仍掌握在极少数根深蒂固的家族与银行手中，这是拜社会民主政策所赐，而非相反。

社会民主党事实上成为牢固的私人企业所有权的担保人，而非资本主义的终结者，由于政治与企业的现任者通过强烈的共同利益而联合起来。现任所有者需要政策支持以将其基于双级股票与金字塔式控股的广泛运用的企业权力合法化。同时，若大型公司仍旧处于瑞典的控股之下，这样资本就不会迁移，社会民主党只获得了必要的资源，以及来自私人部门的对于其社会与经济政策的间接支持。高度政治化的体系通过不鼓励局外人创建新公司以及不完全激活初级股票市场来进行收入再分配，但并未对产权和财富进行再分配。结果就是老化的经济体系伴随着极大比例老化的大型公司，由适定的所有者进行控股。

参考文献

Agnblad, Jonas, Erik Berglöf, Peter Högfeldt, and Helena Svancar. 2001. Ownership and control in Sweden: Strong owners, weak minorities, and social control. In *The Control of Corporate Europe*, ed. Fabrizio Barca and Marco Becht, 228—258. Oxford: Oxford University Press.

Almeida, Heitor, and Daniel Wolfenzon. 2004. Equilibrium Costs of Efficient Internal Capital Markets. New York University, Stern School of Business. Working paper.

Althaimer, Hans. 1988. Börsen och företagens nyemissioner [New equity issues on the Stockholm Stock Exchange 1902—1986]. In *Stockholms Fondbörs: Riskkapitalmarknadiomvandling*, ed. Ingemund Hägg, 39—56. Stockholm: SNS Förlag.

Bebchuk, Lucian A. 1999. A rent-protection theory of corporate ownership and control. NBER Working Paper no. 7203. Cambridge, MA: National Bureau of Economic Research.

Bebchuk, Lucian A., Reinier Kraakman, and George Triantis. 1999. Stock pyramids, cross-ownership and dual class equity: The creation and agency costs of separating control from cash flow rights. NBER Working Paper no. 6951. Cambridge, MA: National Bureau of Economic Research.

Bebchuk, Lucian A., and Mark J. Roe. 1999. A theory of path dependency in corporate governance and ownership. *Stanford Law Review* 52:127—170.

Beck, Thorsten, Ross Levin, and N. Loayza. 2000. Finance and the sources of growth. *Journal of Financial Economics* 58:261—300.

Bertrand, Marianne, Paras Mehta, and Sendhil Mullainathan. 2002. Ferreting out tunneling: An application to Indian business groups. *Quarterly Journal of Economics* 117:121—148.

Burkart, Mike, Fausto Panunzi, and Andrei Shleifer. 2003. Family firms. *Journal of Finance* 58:2167—2202.

Carlin, Wendy, and Colin Mayer. 2003. Finance, investment and growth. *Journal of Financial Economics* 69:191—226.

Cronqvist, Henrik, and Mattias Nilsson. 2003. Agency costs of controlling minority shareholders. *Journal of Financial and Quantitative Analysis* 38:695—719.

Dyck, Alexander, and Luigi Zingales. 2004. Private benefits of control: An international comparison. *Journal of Finance* 59:537—600.

Erixon, Lennart. 1997. The golden age of the Swedish Model: The coherence between capital accumulation and economic policy in Sweden in the early postwar period. Report 97:9. Oslo: Institute for Social Research.

Fritz, Sven. 1990. *Affärsbankernas aktieförvärvsrätt under 1900-talets första decennier* [The right of commercial banks to acquire shares during the first decades of the 20th century]. Acta Universitatis Stockholmiensis; Stockholm Studies in Economic History 14. Stockholm: Almqvist and Wicksell International.

Glete, Jan. 1994. *Nätverk i näringslivet: Agande och industriell omvandling i det mogna industri-samhället 1920—1990* [Corporate networks: Ownership and Industrial Restructuring in the nature Industrial Society]. Stockholm: SNS Förlag.

Granstrand, Ove, and Sverker Alange. 1995. The evolution of corporate entrepreneurship in Swedish industy: Was Schumpeter wrong? *Journal of Evolutionary Economics* 5:133—156.

Gårdlund, Torsten. 1947. *Svensk industrifinansiering under genombrottsskedet 1830—1913* [Financing of Swedish Firms During the Formative Years 1830—1913]. Stockholm: Svenska Bankföreningen.

He, Kathy S., Randall Morck, and Bernard Yeung. 2003. Corporate Stability and Economic Growth. University of Alberta School of Business. Working paper.

Hedborg, Anna, and Rudolf Meidner. 1984. *Folkhemsmodellen* [The Swedish model]. Stockholm: Rabén & Sjögren.

Helleiner, E. 1994. *States and the Reemergence of Global Ginance: From Bretton Woods to the 1990s*. Ithaca, NY: Cornell University Press.

Henrekson, Magnus, and Ulf Jakobsson. 2001. Where Schumpeter was nearly right: The Swedish model and capitalism, Socialism and democracy. *Journal of Evolutionary Economics* 11:331—358.

——. 2003a. The Swedish Model of Corporate Control in Transition. SSE/EFI Working Paper no. 521. Stockholm: Stockholm School of Economics.

——. 2003b. The transformation of ownership policy and structure in Sweden: Convergence towards the Anglo-Saxon model? *New Political Economy* 8:73—102.

Hermansson, Carl-Henrik. 1956. *Monopoloch storfinanns: De 15 familjerna* [Monopoly and Leading Capitalists: The Fifteen Families]. Stockholm: Rabén och Sjögren.

Högfeldt, Peter, and Andris Oborenko. 2004. Does Market Timing or Enhanced Pecking Order Determine the Capital Structure? Stockholm School of Economics. Working paper.

Holmén, Martin, and Peter Högfeldt. 2004a. A law and finance analysis of initial public offerings. *Journal of Financial Intermediation* 13:324—358.

——. 2004b. Pyramidal discounts: Tunneling or overinvestment? European Corporate Governance Institute and Stockholm School of Economics. Working paper.

Jagrén, Lars. 1993. De dominerande storföretagen [The domineering transnational firms]. In Den långa vägen: *Den ekonomiska politikens begränsningar och möjligheter att föra Sverige ur 1990-talets kris* [The long road: The limitations and possibilities for economic policy measures to lead Sweden out of the crisis in the 1990s], ed. Thomas Andersson. Stockholm: IUI Foundation.

Jorberg, Lennart. 1988. *Svenska foretagare under industrialismens genombrott 1870—1885* [Swedish entrepreneurs during the industrial breakthrough 1870—1885]. *Lund Studies in Economics and Management* 2. Lund, Sweden: Lund University Press.

King, M.A., and D.Fullerton, eds. 1984. *The Taxation of Income from Capital: A Comparative Study of the United States, the United Kingdom, Sweden, and West Germany*. Chicago: University of Chicago Press.

Korpi, Walter. 1978. *The Working Class in Welfare Capitalism: Work, Union and Politics in Sweden*. London: Routledge &. Kegan Paul.

La Porta, Rafael, Florencio López-de-Silanes, and Andrei Shleifer. 1999. Corporate ownership around the world. *Journal of Finance* 54:471—517.

La Porta, Rafael, Florencio López-de-Silanes, Andrei Shleifer, and Robert Vishny. 2000. Investor protection and corporate governance. *Journal of Financial Economics* 59:3—27.

Larsson, Mats. 2002. Storföretagande och industrikoncentration [Mergers and acquisitions among large listed firms in Sweden 1913—1938]. In *Industrialismens tid: Ekonomisk-historiska perspektiv på svensk industriell omvandling under 200 ar*, ed. Maths Isacson and Mats Morell. Stockholm: SNS Förlag.

Lindbeck, Assar. 1997. *The Swedish experiment*. Journal of Economic Literature 35:1273—1391.

Lindgren, Gunnar. 1953. Shareholders and shareholder participation in the larger companies' meetings in Sweden. *Weltwirtschaftliches Archiv* 71:281—298.

Lindgren, Håkan. 1994. *Aktivt ägande: Investor under växlande konjunkturer* [Active ownership: Investor in variegating business cycles since 1916]. Stockholm: Stockholm School of Economics, Institute for Research in Economic History.

Maddison, A. 1982. *Phases of capitalist development*. Oxford: Oxford University Press.

Meidner, Rudolf. 1978. *Employee Investment Funds: An Approach to Collective Capital Formation*. London: Allen and Unwin.

Morck, Randall. 2003. Why Some Double Taxation Might Make Sense: The Special Case of Intercorporate Dividends. NBER Working Paper no. 9651. Cambridge, MA: National Bureau of Economic Research.

Morck, Randall K., David A. Stangeland, and Bernard Yeung. 2000. Inherited wealth, corporate control, and economic growth: The Canadian disease. In *Concentrated Corporate Ownership*, ed. Randall K. Morck. Chicago: University of Chicago Press.

NUTEK and ALMI. 2001. *Tre Näringspolitiska Utmaningar: Allianser för Hållbar Tillväxt* [Three challenges for the industrial policy: Alliances for sustainable growth]. Stockholm: NUTEK Förlag.

Öberg, Ann. 2003. Essays on Capital Income Taxation in the Corporate and Housing Sectors. PhD diss., Uppsala University.

Östlind, Anders. 1945. Svensk samhällsekonomi 1914—1922: Med särskild hänsyn till industrin [The Swedish economy 1914—1922, in particular the industrial sector]. Stockholm: Svenska bankföreningen.

Pagano, Marco, and Paolo Volpin. 2001. The political economy of finance. *Oxford Review of Economic Policy* 17:502—519.

——. 2004. The political economy of corporate governance. Forthcoming in *American Economic Review*.

Persson, Torsten, and Guido Tabellini. 2003. Political institutions and policy outcomes: What are the stylized facts? IIES working paper. Stockholm University.

Rajan, Raghuram G., and Luigi Zingales. 2003a. The great reversal: The politics of financial development in the 20th century. *Journal of Financial Economics* 69:5—50.

——. 2003b. *Saving capitalism from the capitalists: Unleashing the power of financial markets to create wealth and spread opportunity*. New York: Crown Business.

Reiter, J. 2003. Changing the microfoundations of corporatism: The impact of financial globalization on Swedish corporate ownership. *New Political Economy* 8:103—126.

Roe，Mark J. 2002a. Corpoarte law's limits. *Journal of Legal Studies* 31：233—271.

——. 2002b. *Political determinants of corporate governance*：*Political Context*，*Corporate Impact*. Clarendon Lectures in Management Studies. Oxford：Oxford University Press.

Ross，Stephen A. 2002. Neoclassical finance，alternative finance and the closed-end fund puzzle. *European Financial Mnagement* 8：129—137.

Sjögren，Hans. 1995. Long-term financial contracts in the bank-oriented financial system. *Scandinavian Journal of Management* 10：315—330.

Staten Offentliga Utredningar (SOU). 1968a. Koncentrationsutredningen I. Stockholm：Finansdepartementet.

——. 1968b. *Kreditmarknadens struktur och funktionssätt*. Koncentrationsutredningen Ⅱ. Stockholm：Finansdepartementet.

——. 1986. *Aktiers röstvärde*，Betänkande av röstvärdeskommittèn. Stockholm：Liber.

——. 1988. *Ägande Och inflytande i svenskt näringsliv*：*Huvudbetänkande från ägarutredningen*. Stockholm：Industridepartementet.

Statens Industriverk (SIND). 1980. *Ägandet i det private näringslivet*. Stockholm：Statens Industriverk.

Studieförbundet Näringsliv och Samhälle (SNS) Ownership Project. 1988. Special reports by Ragnar Boman，Anna-Karin Eliasson，and Barbro Sköldebrand. Stockholm：SNS Förlag.

Södersten，Jan. 1984. Sweden. In *The taxation of income from capital*：*A comparative study of the United States*，*the United Kingdom*，*Sweden and West Germany*，ed. M. A. King and D. Fullerton. Chicago：University of Chicago Press.

Sundin，Ann-Marie，and Sven-Ivan Sundqvist. 1996. *Owners and power in Sweden's listed companies*. Stockholm：Dagens Nyheter.

Villalonga，Belen，and Raphael Amit. 2004. How do family ownership，management，and control affect firm value? Harvard Business School. Working paper.

Wigforss，Ernst. 1980. *Ernst Wigforss skrifter i urval* Ⅰ-Ⅸ［A collection of Ernst Wigforss's writings］. Stockholm：Tidens Förlag.

Wiklund，Johan，Per Davidsson，and Fredric Delmar. 2003. What do they think and feel about growth? An expectancy-value approach to small business managers' attitudes toward growth. *Entrepreneurship Theory and Practice* 27 (3)：247—270.

评论

Ailsa Röell

　　Peter Högfeldt 对于瑞典的企业所有权模式分析尤为令人信服之处，在于其对于政治是如何影响瑞典企业融资形式的关注。本章的研究覆盖了整个 20 世纪，将政治变革与金融机构的发展联系起来，并提供了一种理论视角。

　　从一个来自荷兰的观察者的视角来看，我惊讶于瑞典与荷兰这两个如此相似的国家是如何踏上截然不同的发展道路的。两者都是小型的、开放的经济体，有着十分同质的人口，相对较晚地进入工业化；两国都采用比例表决，都发展成为社会民主国家，在 20 世纪后半叶极其强调社会凝聚力、社会共识，以及社会主义经济管理。这两个国家的工会都在战后扩张中采用了薪资节制，以换取 20 世纪 70 年代设计的一系列改革措施，以保护工作安全及工人权利。在这两个国家，团体主义者的妥协意味着股东价值最大化不可能是经营的唯一目标。但公平的说，这两个国家的工人都没能获取真正的企业决策权。然而，与此同时，股东的呼声被大大削减了。

这两个国家表现差别巨大的方面是：分离所有权与控制权的方式。瑞典对于双级股票的广泛运用，结合了从 20 世纪 30 年代改革继承下来的一系列强有力的由银行管控的投资信托基金，使得小部分具有影响力的公司持久地控制了瑞典大部分的产业。在荷兰，起源于法国的企业法并不允许使用双级股票或是无表决权股（事实上，荷兰直到20 世纪 20 年代，一直对大数量股份加以表决限制）；而且，商业银行从未在长期融资中起过重大作用。因此，瑞典的金字塔式集团结构并未在此处生根。取而代之的是，只要大型公司的权力并未在控制权益一方，那么就交到了既不代表股东又不代表员工的自管董事会手中。

荷兰体系的弱点现今已在一系列欺诈相关的丑闻、管理不善和高管薪资过高中显现出来。企业管理并不由任何选区正式监管，日常接受舆论法庭的审判，而不会出现在真正的法庭之上。政治改革迟迟不至，但成为可能。

瑞典潜在的成本以资本分配不当、思想僵化和创新减少，以及由于所有制结构的垄断特性而造成的较高消费价格的形式出现。这些成本有多高？经济增长又受到了何种程度的影响？瑞典从 1970 年人均 GDP 欧洲第一这个令人羡妒的位置上衰落下来，于 2003 年位于第 7 位（以当前的汇率，排在购买力平价第 11 位）。政治要务与企业所有制结构的相互影响对这种下降起了多少作用是正在进行争论的话题，现今的媒体在不断提供新鲜的见解。

注释

① 在对于政治机构和政策结果间联系的跨国分析中，Persson 和 Tabellini(2003)发现，总统制度的政府与议会制度的政府相比较小。多数选举会催生较小的政府，较少的福利支出，以及相对于比例选举较小的赤字。特别地，他们报告了消费模式的系统化差异："单是比例与议会民主，呈现出了消费的棘轮效应，政府支出作为 GDP 的一部分在萧条时期有所增长，但是并不能恢复繁荣。所有的国家在选举年都会削减税收。总统制度将财政紧缩推迟到了选举之后，而议会制度则不会如此；福利国家计划在选举前后得以扩大，但只有在民主与比例选举中才会如此。"

② 我是从 Rajan 和 Zingales(2003a，b)以及他们关于金融发展的利益群体理论（当发展导致竞争时，在任者就会阻止发展）那里获得的灵感。我对瑞典情况的分析集中于政治意识形态和公司所有权的相互影响，可以看作是对他们基本框架的运用和细化。另一个重要灵感来自 Mark Roe 关于社会民主主义的政治理论(Roe，2002a)以及他对于公司法和公司治理的观点(Roe，2002b)，尽管我对于其中的一些观点并不赞同。我的分析偏离了 Pagano 和 Volpin(2001，2004)分别使用的调研与发展的新型政治经济学方法，因为我更强调政治意识形态在选举制度中的重要性而非区别，但人们认为他们的分析更发人深省。Erixon(1997)给出了一个重要的启示，我的财务方式被看作是对其关于瑞典工业发展实分析的补充。同时，我还从 Henrekson 和 Jakobsson(2001，2003a，b)处受益不少，他们强调了税收对于公司所有权的负面效应，以及社会主义对于私有制的威胁。但他们完全忽略了金字塔式控股假设了对公司间的股息与资本收益不课税；参见 Morck(2003)。社会民主政府实行这样对于金字塔式控股有利

的税收政策已有多年；见 Holmén 和 Högfeldt(2004b)。然而，运用 Rajan 与 Zingales 的一般推理，我发展了一套关于公司所有权与金融市场的政治理论，产生了截然相反的结论。社会民主对于强化的公司所有权而言是一个保障而非威胁，因为政治当权者与公司在位管理者由于强烈的共同利益而得以长期联合。Glete(1994)对于公司网络的历史描述和分析，对于我对瑞典公司所有制的认知和观念有非常大的帮助。

③ 等级排序得以强化，是因为这是由所有者结构固定的代理成本导致的，而非信息不对称所导致的，且竭力避免公开发行；参见 Högfeldt 和 Oborenko(2004)。

④ 例如：Laurin 家族的三代人都是 PLM 的 CEO，并且未持有公司的任何股份。尽管如此，他们中的一位父亲甚至用警告手段让公司所有者同意由其儿子来接任他的职位。

⑤ 1905 年，老 Marcus Wallenberg 认为瑞典有巨大且尚未开发的资源，它有出色的工程师以及优秀的工人，但却缺少企业家。他提出的解决方法就是开办一家商学院，并允许银行购买上市公司的股票。他的家族成员协助其于 1909 年创立了斯德哥尔摩经济学院。他同父异母的兄长 K.A.Wallenberg——SE 银行的首席执行官、瑞典银行家协会主席以及国会议员，发起了允许最大的一些商业银行持股，并以投资银行的身份来运作的倡议。他的提议违背了保守党政府的意愿，却得到了民主党的支持，并于 1911 年被采纳。

⑥ 在 20 世纪 20 年代末期，为了规避对于国外所有权 20% 的表决权限制，以从美国资本市场募集大量股本金，由 Ivar Kreuger 控股的公司，如 Ericsson 和 SKF，引入了拥有 1/1 000 表决权的 B 股。1983 年，公司采购法将对于外国持有自然资源的限制调整为适用于外国持有上市公司股份的双重体制(Företagsförvärvslagen)。

⑦ 至 2000 年底，瑞典 10 家(20 份)大型公司(股东权益)中有四家(12 份)是由 CEIF 控股的。

⑧ CEIF 控股乘数在 1991 年的激增由集团内部收购造成。Industrivarden 收购了另一家由 SHB 集团控股的 CEIF——Bahco(以前名为 Promotion)，而 Investor 则收购了另一家由 Wallenberg 控股的 CEIF——Providentia。被控股的公司市值基本没有改变，而控股所有者的上市投资价值则下降了。同年，Investor 还收购了 Saab，Wallenberg 家族对其有着很大一部分直接所有权。1994 年，Investor 又收购了 Export-Invest，它是处于 Wallenberg 控股下的另一 CEIF。

⑨ GDP 与资本形成数值从 Statistiska Central Byran(瑞典国家统计局)获取。

⑩ 从 20 世纪 60 年代到 80 年代末的一系列政府报告[SOU, 1968a, b, 1988; Statens Industriverk (SIND)1980:5]中明显可见，社会民主党对私有产业，尤其是银行部门所有权的集中化发展表现出了浓厚的兴趣，那时，国内资本市场与国际资本流动都受到了严格的管制。

⑪ 在 20 世纪 50 年代，Galbraith 在 1956 年写的书《美国的资本主义：制衡力的概念》和后来 1967 年的书《新工业国家》，对于希望大规模生产的社会民主党领导人有着很大的影响力。他受瑞典总理的邀请，参加了一个与瑞典主要社会代表间的两日研讨会。

⑫ 回顾过往，也许最重大的事件就是 1969 年发生在北方的长期而令人痛苦的、且政治上非法的罢工运动，以抵制国营矿产公司 LKAB 的恶劣且不平等的工作环境。这个事件引致了争议以及对于在位执政党的毫不让步的批判，因为它使不平等暴露了(参见 Korpi, 1978; Hedborg 和 Meidner, 1984)。

⑬ 例如，通过使用预安排临时就业合同，所有的公司都无条件的有权可以雇用多达五名员工，另其工作上限为一年；用当地集体合同代替法律中的规定，并规避解雇情况下的 LIFO 原则的可能性；废除重新雇用已解雇员工的权力，并将临时雇用延长到一年以上。在裁员的情况下，根据 2001 年的新法，少于 10 名员工的公司可以令两名员工免于 LIFO 原则的约束。

⑭ 这五个工资劳动者基金由 0.2% 的工资所得税和对真实收益征收的 20% 的税额融资，在 t 年之中超过了 100 万 SEK。议案废除后，基金会的资金重新分配到研究与风险投资基金中，以鼓励新公司。

⑮ Henrekson 和 Jakobsson(2003a, b)提出了另一种强调政策中断的说法，而并未提供一致的解释，因为他们似乎认为来自社会主义的威胁一如既往地持续着。

⑯ Reither(2003)认为 Saltsjöbadsavtalet 关键性的要点在于"它给社会民主党在本国的出口导向工业化以及福利国家的构建中提供了一个可辨的对手"，但并未给出任何可解释原因的论点或理论。

⑰ "这个结果给人的直觉是比例表决迫使政党更多地满足拥有同质偏好的社会团体,即企业家与雇主。这是因为在这种表决法则之下,若转换一党的执政纲领利于同质选民,那么更多的大众选民就能被此吸引。"(Pagano and Volpin, 2004)

⑱ 也很难想象控股者会优先考虑保护小股东的权益,或有任何理由令工人偏向于这种保护。尤其是自从他们不再持有任何股份,且股市在社团主义当道的时期关闭之后。

⑲ Roe 的论点假定在美国,股东权益价值最大化一直是一个单一的、艰难的目标;而在欧洲,公司的目标就因股东的考虑而淡化稀释了。一个合理的解释为由于主要是政治上的因素,股东权益价值最大化在美国只在某些特定的时期被接受,而非一贯如此;而在欧洲,根据政治趋势的变化,股东权益价值的重要性也千差万别。Mark Roe 关于社会民主主义的负面效应理论,亦隐含着劳动力与管理层之间的关系比劳动力与控股所有者之间的关系更为对立的观点。但若有什么区别的话,就是瑞典的经验似乎表明工会代表与管理层的关系更密切,而且,这种关系是建立在共识与信任基础之上的,只要公司贯彻的是可靠的长期战略。

⑳ 一个例证就是 Ericsson 近年来的巨幅裁员,从全球 11 万名员工削减至 5 万名以下。这些员工中很大一部分是在瑞典工作的,但若有抗议声起,裁员数目就变得很少,因为裁员是以一种有序、协商的方式进行的。工会并未对此进行阻挠,而是协助适应这些变化,因为在 Ericsson 的长期生存中,它们的作用是必不可少的。

㉑ 立法者在新企业法中使用双级股票的动机表明了政治上的支持:"瑞典法律中对于不同表决权股的使用有着很长的一段传统。双级股票在瑞典的上市公司中十分常见。双级股票体系有着非常显著的优势。它使即便是规模非常大的公司也能建立起强大而稳定的所有权职能,因此,为有效的管理和对公司活动的长期规划建立了必要条件。有不同表决权的股票还有利于成长中的公司募集新的资本,却不会令原有所有者失去控制权。并没有迹象表明双级股体制会引致明显的负面效应……双级股能大幅提高公司个体以及整个商业部门的效率和发展。"

㉒ 1917—1918 年的 SEO 数量约对应于股市总值的 2.5%,而 1927—1929 年间的数量则对应于市值的 7%。

㉓ 若创始人放弃控制权,他们可以在 IPO 之前出售其控股部分,只要 IPO 和其后保持其控股部分的完整,直到售出。家族控股企业通常通过发行 B 股来为相对小型的收购融资(Holmén and Högfeldt, 2004b;Högfeldt and Oborenko, 2004)。

㉔ 即使由于双级股的过度运用使得交易量和市值与盎格鲁·撒克逊国家相比发展较为不足,由 B 股交易所带来的流动性可能还是很大;IPO 的量并非一定很小,因为双级股有利于家族企业在 IPO 与依靠股票融资收购后保留控制权。

㉕ 企业与所有权的税收政策并非稳固的融资等级排序背后的直接原因,因为它们根本上是支持促进控制权与所有权分离的所有权政策的。税收政策在边际处不支持家族直接所有权,并有利于机构所有权,而且不支持将股票作为资本来源,尤其是在通货膨胀率很高的时期,而对于债务和留存收益的融资方式则是支持的。表 9.7 显示了税法修订的各个节点在不同种类所有者和不同融资方式下的有效边际税率。负的边际税率说明回报率比税前高:一家以债务融资的免税机构的边际税率为 -83%,其 10% 的税前真实回报率转为 18.3% 的税后收益率。在 1991 年的大规模税制改革之前,债务、股票和留存收益面临的税收差异很大,而在之后则变得更为一致。注意,大多数对家族所有股权形成的负效应是在 1985 年之前的,那时瑞典股市处于休眠期。

㉖ "更快的增长主要是由于工业化国家的全要素生产率更高,而发展中国家的资本积累更快。"(He, Morck and Yeung, 2003)

㉗ 他们发现了一个非常有趣的事实:"注意,控制权的持续性总是小于企业的稳定性,只是瑞典的情况是一个例外。这是因为 Wallenberg 家族在 1996 年之前掌握了两家在 1975 年至 1996 年建立且新排名前十的公司的控制权。这两家新排名前十的公司因此在控股上有了持续性。这个情况没有在其他国家出现过。"(He, Morck and Yeung, 2003)。

㉘ 颇为讽刺的是,自从 1997 年 Lindbeck 提出了他的极端且片面的关于瑞典经济未来发展的预测之后,瑞典宏观经济的表现与增长即使没有超越其他相当的欧盟国家,但至少是与之持平了。

㉙ 1950 年,100 家最大的上市公司中只有 18% 使用了双级股票;1963 年有 29%;1978 年为 42%。

㉚ 一项关于表决权的公众调查明确显示：双级股票有助于确保"瑞典公司保持由瑞典利益控股"(SOU，1986：23)。最近，由 Wallenberg 家族通过 Investor 发起了反对欧盟废除双级股票运用的议案生效的抗争，Investor 的股东为此项行动买单。社会民主政府宣布将尽其权力范围内的一切可能支持 Wallenberg 家族来抗争此项提案。他们宣称运用双级股票的权利是一个国家的利益。若将来禁止双级股票的运用，我们所知的瑞典模式就很有可能土崩瓦解。

㉛ 不像企业集团的折价，金字塔式控股公司的大幅折价并不能由投资组合公司的低效来解释，因为这已经反映在控股公司的投资组合价值之中。

㉜ 金字塔式控股结构存在的原因是颇为政策性的；参见 Morck(2003)以及 Holmén 和 Högfeldt(2004b)。然而，它们的结构主要的解释并非控股所有者愿意如此使用权力，而是控制大规模且相对便宜的融资来源，或者是通过小额但却是战略性的投资来控制大股现金流；参见 Holmén 和 Högfeldt(2004b)。

㉝ 一般而言，我认为(并非在这里明确激励)企业所有权的历史发展及其对于金融发展与增长重要性的相关实证理论应(至少)包括七大类：(1)禀赋(自然资源、地理以及人口)与生产技术；(2)财富(财产)等级与分配；(3)社会的开放程度(透明度与竞争性)；(4)法律体系与执行；(5)政治体制(意识形态、选举制度、税收体系)；(6)金融体系的结构(基于关系和各自的利益)；以及(7)重大的"随机"事件(如战争)。这个顺序是随意的，并不反映各个类别间的相对重要性。关于金融与增长(Beck, Levine and Loayza, 2000；Carlin and Mayer, 2003)以及关于企业融资的政治经济学(Pagano and Volpin, 2001)的两种文献区分了对于金融发展至关重要的特定因素，但如果我现在就对此进行讨论，未免会有点误入歧途。

㉞ 这里所说的路径依赖是一个更为宽泛、一般的概念，如 Bebchuk 和 Roe(1999)。

10

用更少的时间与家族共度
——英国家族所有权的下降

Julian Franks   Colin Mayer   Stefano Rossi*

10.1 历史概况

英国真是个奇怪的国家。它没有像大多数国家那样集中所有权,它也没有金字塔形结构。它的家族所有权的重要性有限,而在大多数国家其重要性都是深远的。在英国几乎没有双级股票,而在大多数国家其运用都是广泛的。在企业控股方面,它有着活跃的市场,而在其他地方,这是基本不存在的。

通过衡量其怪异之处,Becht 和 Mayer(2001)发现,在奥地利、德国和意大利的大部分上

———————

* Julian Franks 是伦敦商学院的金融学教授,Colin Mayer 是牛津大学萨伊德商学院的 Peter Moores 金融学教授,Stefano Rossi 是伦敦商学院的金融学博士生。

我们要感谢 2003 年 1 月在华盛顿特区召开的美国金融协会会议的与会者,在波士顿、欧洲工商管理学院和路易斯湖召开的经济研究计划国家统计局的家庭所有权演变会议的与会者,2003 年 9 月在普林斯顿召开的金融市场的政治经济会议的与会者,2003 年 1 月在东京召开的关于比较公司治理:变革的民族多样性概况的经济、贸易与工业研究(RIETI)会议的与会者,以及英格兰银行、意大利银行、剑桥大学、伦敦商学院、伦敦经济学院、企业社会研究所(SNS)、斯德哥尔摩、斯特恩商学院、纽约大学、布鲁塞尔自由大学、博洛尼亚大学、加利福尼亚大学、洛杉矶学术会议的与会者对本章及其配套文件("The Origination and Evolution of Ownership and Control")提出的有帮助的建议。我们收到了来自 Brian Cheffiins,Barry Eichengreen,Charles Hadlock,Leslie Hannah,Cliff Holderness,Gregory Jackson,Kose John,Hideaki Miyajima,Randall Morck Hyun Song Shin,Oren Sussman,Elu von Thadden 和 Xavier Vives 的有用评论。

市公司中,只有一个股权集体表决是要求获得这些公司的多数票的。家族在奥地利占有表决团体的 45%,在德国占有 32%,在意大利占有 30%。表决团体的平均规模在奥地利为 26%,德国 27%,意大利 20%。在英国,平均而言,最大的表决团体一般会进行 10% 以下的投票,而 5% 以下的表决团体是归于家族的,他们的团体的平均规模只有 5%。家族在企业管理中的重要性在英国和欧洲其他国家中形成了鲜明对比。

即使用美国的标准来衡量,英国还是十分怪异。在美国并不乏双级股票。有权势的家族建立了美国最大的企业中的一部分,而且金字塔结构至少在一个阶段是广泛运用的。美国也许是有些奇怪的,而英国则是更加怪异。

为何英国是如此的与众不同? 它是否总是如此异于平常? 英国的商业历史文献似乎说明并非如此。家族所有制是英国商业历史上的主旋律。Alfred Chandler 撰写了一篇关于比较北美管理资本主义与欧洲家族机构件工业实绩区别的论文。他认为英国受阻于对于家族的持续依赖来抵抗职业管理资本主义,而一直停留在世纪之交的水平。其成功限制在了具有温和投资需求以及著名品牌包装产品的企业内部。诸如 Beechams、Cadbury、Colman、Reckitt 和 Rowntree 这样的公司由其所有者支配,几乎不存在专业管理。那些要求大规模投资的行业——化学、电器和金属——真切地感受到了后果;这些企业相对于其德国、美国的竞争对手来说,显著衰落。David Landes(1965:536—564)描述了英国家族企业的刻板形象,这是狂热的先辈创立的组织,并在争论的兄弟姐妹的"在娱乐中工作,在工作中娱乐"的理念下获得了成功。

根据这种观点,在 20 世纪之初,英国正如大多数其他国家一样,有权势的家族支配了它的企业部门。这些家族可能并不称职,但是至少他们是当事人,而他们的绝迹可能是其能力不足的结果。因此,英国企业体系的起源相当传统,其现在反常的状态则是市场力量正常运作的结果。

尽管这个叙述似是而非,我们在本章中提出的观点是:这可能是并非对于为人所知的情况精确的描述,当然也并不完整。至少,其并未捕捉到英国的金融市场与公司之间丰富的相互作用。

造成误导的原因有很多方面。首先,尽管家族在 20 世纪之初具有十分重要的地位,但他们的重要性在整体上并非源自对于英国公司长期大规模的所有权。通过所有权,家族迅速边缘化。我们在前文所述的所有制形式早在 20 世纪就出现了,并成为英国当今企业的特征。

Chandler 所宣称的家族影响力的重要性反而来自不同的源头。尽管家族很快地放弃了所有权,他们还是通过在董事会的职位保住了控制权。他们通常能守住董事会极为重要的董事长一职,即使没有担任此位,那么他们的董事会席位就往往会与之持有的股权不成比例。这与在欧洲大陆国家所观察到的广泛的家族所有权并伴随委托管理管控的形式极为不同。英国的家族使用权力却没有责任,而在大多数国家,他们即使只有有限的权力也要承担责任。

比所有权与控制权的本质更有趣的是其产生的方式。家族所有权并未由于家族出售而在很大程度上被削弱。他们并非按照典型的方式通过挂牌买卖或股票出售来放弃公司。而是在发行股票以为公司的成长而融资的过程中,稀释其控股。在后文我们所描述的公司样本中,我们估计与收购、配股、配售相关的股票发行几乎占据董事持股在 1900—1950 年间下降的 2/3。发行的大部分源于企业的一种特殊活动,即收购。61.6% 中半数以上的所有权稀释(36.2%)是与为收购而发行股票相关的。发行股票并非主要用于为内部投资而融资,而是为了收购其他的公司。

20 世纪英国公司变化的所有权模式主要是 20 世纪大量收购活动的产物。例如，Hannah（1976）记录了 1900 年、1920 年和 1930 年发生的三波主要的兼并狂潮。这些兼并中的大部分是几家公司的联合，建立了在本世纪接下来的数年中占支配地位的企业集团。

这个所有权稀释过程的非凡之处，在于其发生在混乱的股市之中，未对小投资人提供任何保护。我们记录了它是如何经历各个不同阶段的。在 20 世纪前半叶，并不存在公司管理市场。所有兼并都是两家或更多兼并公司董事会之间协议的结果。通常控股公司是为了购入组合公司所有股份而建立的，由旧的董事会成员组成新的董事会。兼并是公司间为了拍卖市场的目标进行合作而非竞争的结果。

在 20 世纪 40 年代与 20 世纪 50 年代间，英国的资本市场发生了重大的变革。第一，随着数起丑闻的发生，小投资人的保护措施在 20 世纪 40 年代末得以加强。披露得到改进，并引入了股东异议权条款。第二，机构所有权激增。到 1960 年为止，在我们的样本中，机构成为 1/3 以上公司的最大股东。第三，也是最重要的一点，出现了企业管理市场："头一次，公众公司的所有权只由股市交易决定，且控制权因转交到以前与公司毫无关联的一方手中而变得普遍起来。"（Roberts，1992：183）

1953 年，Charles Clore 执行了首次恶意收购，对象是一家名为 J. Sears 集团的大型鞋业连锁。这次出价引入了以高额溢价购入目标公司股份的理念。然而，在 1950 年之前，部分收购与完全收购的成本几乎没有差别，恶意收购的出现大幅增加了收购完整所有权的成本。因此，部分出价来收购公司比起完全出价变得更吸引人。

公司的回应是试图保护自己以及其小股东来抵抗被收购的威胁。我们估计，在 15 年内，约有 7.5% 的上市公司发行了具有歧视性投票权的双级股票。在其他方面，它们寻求友善的母公司羽翼的庇护。尤其是在酿酒行业，Whitbread 通过持股向数个当地的啤酒公司提供保护，由此产生了众所周知的"Whitbread 庇护伞"。

部分收购、双级股票以及战略性大股东持股致使——至少是暂时地——出现了现今在欧洲大陆司空见惯的持股模式，而这在之前的英国则是非常罕见的。这在英国企业的发展过程中是一个尤其有趣的阶段，因为它本可以在这个节点转换为运用双级股票与金字塔结构的欧洲大陆模式的。在日本，第二次世界大战后类似的收购威胁促进了交叉持股形式的完备防御措施的建立，这种措施持续至今。但这种情况并没有在英国发生。到 20 世纪五六十年代，金融机构稳步成为更加具有影响力的股票投资者，根据股票交易协议，他们得以拒绝这些公司进入资本市场。结果就是保护措施的废除，直至其到 20 世纪 80 年代几乎销声匿迹。因此，英国废除双级股票与金字塔结构就是由于机构投资者占据了支配地位。在其他国家，企业是更重要的公司股票①持有者，并从维持诸如金字塔结构与双级股票这样的机制以保留控制权来获益。

然而，对于企业管理市场的出现的更为持久的回应则是法规上的。1968 年建立了购并监管委员会。它的最初的法规包含了强制收购以及等价要求，以确保一旦完成 30% 的目标收购，上市发行的股票须以同一价格售予所有股东。这两项规定达到了防止价格歧视发售与形成大股东的效果。

到 20 世纪 70 年代之初,现今英国企业所有权与控制权的主要特征已经形成:大量的机构持股、恶意收购市场以及对小投资人广泛的保护。它们共同达到了建立活跃的企业管理市场的效果。

在配套文件中,我们记录了家族所有权稀释已成为整个 20 世纪的一个特征,很大一部分要归因于股权收购。但收购不仅是稀释的主要原因,还是其主要的影响。在 20 世纪之初,家族还能期许若无法作为其公司的所有者,还能作为董事而长期保留控制权,且收购造成的控制权变动在执行之前仍须征得他们的同意。至 20 世纪末,家族在董事会的列席已经不足以确保恶意收购下控制权的延续。这造成了两个后果:第一,Chandler 指出的家族支配下管理的特征到 20 世纪末没有那么明显了;第二,所有权的稀释对家族产生了控制权与现金流方面的后果。因此,管理变得更为专业,家族无法再持续保留他们在 20 世纪前半叶所享用的控制权了。

正如 Davies 和 Hopt(2004)指出的那样,尽管英国与美国的资本市场结构具有相似性,且其法律体制有着共同的法律性质,但它们现今鉴于收购来分配决策权的方式大相径庭。在英国,决策权落在目标股东手中,而在美国支持反兼并手段作为收购防御的国家司法管辖之下,尤其是在特拉华州,决策权则是属于目标管理层的。因此,英国由目标管理层应对恶意收购只是其普通法或分散的所有权体制的产物。政治在机构投资者在 20 世纪下半叶愈加明显的影响力的掩饰之下,可能已至少与建立英国极活跃的企业管理市场具有了相同重要的地位。

在 10.2 节,我们描述了本章中使用的数据组。在 10.3 节,我们记述了家族所有权的演变、董事会列席,以及机构股权所有的增强。10.4 节描述了本世纪初的兼并与收购进程。10.6 节考察了收购市场是如何在 20 世纪后半叶形成的。10.7 节总结了本章内容,并检验了英国公司家庭控制权发展的各项假设。

10.2　数据

我们在本章用到了三组数据。第一组包含在 1900—1960 年之间成立的公司样本中私人公司所有权以及董事会代表的数据。在 1897 年至 1903 年之间成立或再成立,且到 2001 年仍旧在运营的 20 家公司,以及在 1958—1962 年之间成立且到 2001 仍在运营的 20 家公司,我们收集了这些公司的所有数据。为了避免因为 1900 年的公司比 1960 年的公司样本具有更长寿命而导致的显著偏差,我们采集了第三组样本,这 20 家公司建立于 1900 年左右,且现今已不存在。我们比较了 1960 年与 1900 年存活与非存活样本间所有权与控制权的演变。

数据采集自(a)卡迪夫公司注册署与里士满克佑公共信息(调查)存档的公司账目与股份登记(包括股东的姓名与持股规模)[②];(b)伦敦市政厅图书馆的新股发行章程;(c)每年刊发的证券年鉴,列出了董事姓名以及已发行股本的任何变动资料;(d)来源于伦敦的大不列颠图书馆的证券交易官方牌价。股份登记提供了每年所有权的变动信息,每年对于公司注册数的回馈提供了现有董事以及任命新董事的登记详情。

从这些数据,我们收集到了董事姓名,其股权(包括其家族成员的部分),在收购中发行股本的数据与数量,通过公开上市和私人配售发行的新股,以及其他诸如储备资本化之类的股本变动情况。通过记录股本以及家族成员的居住地,并考虑了后代姓名变更(比如,公司建立者的女儿由于结婚而改姓),我们追踪了创始家族从公司建成直到最后一位家庭成员离开董事会的所有权变动。我们还追踪了中介公司的股本变化。对于外部股本,我们将其规模限制为大于普通股本的1%。我们运用了报纸归档来记录股权收购要约与省市证券交易所交易情况,尤其是20世纪初期的情况。

为此项研究收集的第二组数据包含了伦敦证券交易所(LSE)行业分类的酿酒业、工业与商业大约1 800家上市公司反收购防御信息(双级股票、表决权限制以及内部大股东持股)。

第三组数据来自Hannah(1974a)的1919—1939年的收购列表,并包含来源于金融时报的收购公告日期、交易媒介、股息变更和来源于证券交易年鉴的董事会换届以及(市政厅图书馆)每日官定牌价提供的股价。报纸存档用于记录恶意收购活动,尤其是20世纪50年代至20世纪60年代之间的那些活动。

10.3 所有权与董事会列席

10.3.1 所有权

根据Rajan和Zingales(2003),英国拥有20世纪世界上最大的证券市场。表10.1记录了在LSE上市的公司数以及1853年至1939年上市证券的市值。由于证券交易所并未收集这个阶段的汇总统计数据,因此需要运用其他的一些数据来源。根据Killick和Thomas(1970)以及Michie(1999),在1850年左右,行政区级证券交易所比LSE有更多的上市公司——数目为490家对200家。Hart和Prais(1956)记述了1885年至1939年间LSE的上市公司的大型扩张,尽管他们只参照了工业与商业公司的数据。从1963年起,LSE保留了一系列连续的总股本市值,包括优先股和双级股票。一个最为令人震惊的特征是最近40年上市公司数量的显著下降(见表10.1)。

表10.1　伦敦证券交易所(LSE)上市公司以及资本市场化公司的数量

A. 1950年之前			
年份	上市公司数目		来源
	LSE	行政区级	
1847		490[b]	Killick and Thomas(1970)
1853	200		Michie(1999)
1885	70[a]		Hart and Prais(1956)
1907	571[a]		Hart and Prais(1956)
1913	1 700		Rajan and Zingales(2003)
1939	1 712[a]		Hart and Prais(1956)

续表

		B. 1963—2000 年						
年份	英 国					国 际		
	公司数	证券数	市值（£/百万）	GDP现价	市场发展（GDP/MV）	公司数	市值（£/百万）	
1963	4 409	4 064	32 204					
1970	3 418	3 197	37 793	44 200	0.86	387	57 135	
1980	2 747	2 283	86 720	201 000	0.43	394	183 846	
1990	2 006	2 081	450 544	479 000	0.94	553	1 124 131	
2000	1 904	2 272	1 796 811				3 525 701	

注：这个表格记录了伦敦证券交易所关于一部分上市公司与不同来源的市场资本化的统计数据。
a. 只含有工业公司（Hart and Prais）。
b. 曼彻斯特、纽卡斯尔、利物浦和利兹。

表 10.2 记录了 1900 年左右成立的 20 家样本公司以及 1960 年左右成立的 20 家到 2001 年仍在运营中的公司（"生存者"）的家族股权，以及在 1900 年建立但在 20 世纪倒闭的 20 家样

表 10.2 家族股权与所有权

年 份	生存者				非生存者				观察数
	25%	50%	75%	N	25%	50%	75%	N	
1900 样本									
1900	13	9	8	20	9	8	6	20	40
1910	10	7	7	20	9	8	5	20	40
1920	11	8	7	20	8	6	4	17	37
1930	7	4	3	20	8	4	3	16	36
1940	4	3	3	20	4	4	3	12	32
1950	3	3	2	20	4	3	3	10	30
1960	2	1	1	20	3	2	1	4	24
1970	0	0	0	20	2	1	1	3	23
1980	0	0	0	20	1	1	1	2	22
1990	0	0	0	20	0	0	0	1	21
2000	0	0	0	20	0	0	0	0	20

年 份	25%	50%	75%	观察数
1960 样本				
1960	16	15	7	20
1970	8	5	3	20
1980	7	2	1	20
1990	1	1	0	20
2000	0	0	0	20

注：本表格记录了我们样本中创始家族分别持有发行的普通股本 25%、50% 以及 75% 以上的公司数。
资料来源：作者的计算。

本公司("非生存者")的家族股权。它记录了创建者家族股权超过股权的 25%、50% 和 75% 的公司数。Franks、Mayer 和 Rossi(2004)发现,内部所有权下降得十分迅速,在 20 世纪前半叶与后半叶的下降速度基本相同。所有权分散率在 1900 年与 1960 年成立的公司样本中十分类似。表 10.2 证实了家族所有权在 20 世纪被快速稀释。到 1940 年,即公司建成 40 年之后,生存者中家族持有 25% 以上股份的公司数目从 13 家减少为 4 家。家族握有所有权的在非生存者中的一开始就更少(20 家公司中只有 9 家持有超过了 25% 的股权),但与生存者的数目成比例,其在 1940 年迅速减少至 20 家公司中的 4 家。

表 10.2 表明这种家族所有权稀释在 1960 年样本中比 1900 年样本更为显著。例如,在建立公司 40 年后,1960 年样本中没有一家公司的家族所有权超过 25%。因此,家族所有权在 20 世纪迅速消逝,在 20 世纪的下半叶尤其如此。

表 10.3 记录了金融机构是如何在 20 世纪中期出现并取代家族作为英国公司的支配所有者地位的。其记录了金融机构作为我们样本公司的最大股东个数。在公司建立的 40 年后,在 1900 年生存者样本中,到 1990 年有 4 例是金融机构成为最大的股东,相比之下,1960 年的样本中则有 13 家。机构平均持有股份到了本世纪下半叶变得更多了。1900 年样本中最大的

表 10.3 最大股东是否是机构

年　份	生存者			非生存者		
	机构	大股东持股规模	观察数	机构	大股东持股规模	观察数
1900 样本						
1900	0		20	0		20
1910	1	5.00	20	0		20
1920	0		20	0		17
1930	0		20	1	6.90	16
1940	4	5.89	20	1	0.90	12
1950	7	3.73	20	3	8.95	10
1960	8	4.18	20	0		4
1970	9	5.35	20	0		3
1980	8	6.46	20	0		2
1990	16	10.77	20	1	11.70	1
2000	17	12.85	20	0		0

年　份	机构	大股东持股规模	观察数
1960 样本			
1960	0		20
1970	4	4.88	20
1980	5	16.27	20
1990	10	15.39	20
2000	13	16.20	20

注:本表格记录了最大股东为机构的公司数,以及这些最大股东持股规模。
资料来源:本章作者的计算。

4 家金融机构股东在 1940 年持股的平均量为 5.9%,相比之下,1960 年样本中的 13 家公司在 2000 年的平均持股量为 16.2%。因此,20 世纪的前半叶几乎没有机构持股的情况,即使有,持有量也是极少的。对比之下,到了 20 世纪下半叶,机构持有了更多的股份,规模也大得多。

总而言之,家族所有权在 20 世纪上半叶急剧下降,而机构则在 20 世纪中期开始出现,并取代了家族的地位。

10.3.2 董事会列席

表 10.4 显示了家族成员在董事会的列席比其所有权要长得多。它记录了两个样本公司的董事会列席概况,以 10 年为间隔。在 1900 年至 1940 年的 40 年间,生存者公司样本(面板 A)中的董事会由外部(非家族)股东所占比例从 1900 年的 46% 上升至 1940 年的 64%。由家族成员担任董事会首席执行官(CEO)的公司比例则从 80%(即 20 家公司中有 16 家)下降至 50%(即 20 家公司中有 10 家)。正如表 10.2 中记录的那样,生存者公司中家族持有 25% 以上股份的公司比例下降得更为急剧,为 45%,由 1900 年的 65%(即 20 家公司中有 13 家)下降至 1940 年的 20%(即 20 家公司中有 4 家)。因此,董事会的家族成员列席并没有其所有权减少得那么快。

表 10.4 董事会构成

年份	董事会规模		家族 CEO	创建家族外董事会成员		观察数
	平均值	中位数		平均值	中位数	
A. 1900 年样本,生存者						
1900	5.40	5.00	16	45.46	41.45	20
1910	5.80	5.00	17	44.48	52.75	20
1920	5.95	5.00	13	59.75	66.60	20
1930	6.45	6.00	10	64.37	72.35	20
1940	6.65	6.00	10	64.16	71.55	20
1950	6.90	6.50	9	71.10	87.50	20
1960	7.20	7.00	4	76.15	100.00	20
1970	9.15	8.00	2	81.88	100.00	20
1980	7.95	7.00	2	86.71	100.00	20
1990	8.25	8.00	2	90.68	100.00	20
2000	7.90	7.00	2	92.51	100.00	20
平均值	7.05		7.91	70.66		
B. 1900 年样本,非生存者						
1900	4.93	4.00	11	68.23	100.00	20
1910	5.33	5.00	10	76.44	100.00	20
1920	5.92	5.50	9	70.34	72.90	17
1930	5.82	5.00	8	72.82	77.70	16
1940	4.86	6.00	5	92.84	100.00	12
1950	3.50	3.50	3	95.83	100.00	10
1960	9.67	8.00	3	100.00	100.00	4

续表

年份	董事会规模		家族 CEO	创建家族外董事会成员		观察数
	平均值	中位数		平均值	中位数	
B. 1900 年样本,非生存者						
1970	5.50	5.50	2	100.00	100.00	3
1980	7.00	7.00	2	100.00	100.00	2
1990	4.00	4.00	0	100.00	100.00	1
2000			0	100.00	100.00	0
平均值	5.06		7.74	79.42		
C. 1960 年样本						
1960	2.80	3.00	16	43.15	41.65	20
1970	5.55	5.00	12	66.48	77.50	20
1980	6.47	6.00	8	74.94	86.65	20
1990	7.35	7.00	4	82.55	100.00	20
2000	7.00	6.00	3	83.62	100.00	20
平均值	5.83		10.90	70.15		

注:本表格记录了董事会规模以及来自创建家族之外的董事会成员百分比。
资料来源:作者的计算。

表 10.5 提供了对于此的综述方法。其通过衡量家族在董事会的列席及其持有的股份之间的差别,列出了家族所有权和控制权的分离程度。正值表示家族在董事会的列席与其所有权并不成比例。表 10.5 表明在 20 世纪初,家族所有权超过了其在董事会的列席,但到了 1940 年,其之间变得极为不成比例。

表 10.5　所有权与控制权分离

年　份	生存者	生存者个数	非生存者	非生存者个数	总样本	观察数
1900 样本						
1900	−1.16	20	5.69	20	1.86	40
1910	6.78	20	2.00	20	4.67	40
1920	−7.87	20	9.88	17	−1.00	37
1930	8.97	20	14.25	16	10.91	36
1940	15.60	20	6.17	12	13.16	32
1950	13.15	20	4.02	10	11.04	30
1960	14.99	20	0.00	4	12.45	24
1970	15.04	20	0.00	3	12.60	23
1980	12.03	20	0.00	2	11.13	22
1990	9.15	20	0.00	1	8.71	21

续表

年　份	生存者	生存者个数	非生存者	非生存者个数	总样本	观察数
2000	6.69	20		0	6.69	20
平均值	8.50		6.94		8.13	

年　份	平均值	观察数
1960 样本		
1960	−1.52	20
1970	3.13	20
1980	6.70	20
1990	10.50	20
2000	11.94	20
平均值	6.15	

　　注:本表格记录了所有权与控制权分离平均值和中位数。所有权与控制权的分离定义为家族成员在董事会列席的比例与家族股权比例之差。负值表明家族所有权比例高于其在董事会列席的比例。
　　资料来源:作者的计算。

　　表 10.4 的面板 B 显示 1900 年的非生存者比生存者中家族在董事会列席的比例低。1900年,家族在董事会的列席只有 32%,相比之下,生存者中的比例为 55%,然后到 1940 年下降为7%。因此,1900 年非生存者的家族所有权比例和家族在董事会的列席低于生存者中的比例,且家族未能在非生存者公司中如在生存者公司中那样保留其在董事会的地位。表 10.5 确认了非生存者公司的家族在董事会的列席比例并不像在生存者公司中那样,相应于所有权增加相同的比例。所以,在非生存者公司中,家族既未能保留住所有权,又未能保留住其在董事会中的地位。非生存者公司中家族在董事会的地位衰落及其所有权的削弱是否是其倒闭的原因或结果的问题,我们在此处并不想寻找答案。我们所做的只是要指出,在生存者公司与非生存者公司中,家族所有权和在董事会列席的差别可能是评估家族对于公司业绩贡献大小的一种有趣的方式。

　　在 20 世纪下半叶,家族在董事会的列席比例下降得更快了。1960 年样本中,在公司建立的 40 年后,一个家族成员是 3 家公司的总裁/CEO,相比之下,在 1900 年生存者样本中,这个数字为 10。类似的,1960 年样本中,在公司建立的 40 年后,家族成员在董事会中占据的席位比例下降至 16%,相比之下,1900 年样本的数字为 36%。因此,家族在董事会的列席比例以及所有权在 20 世纪的下半叶比上半叶下降得更快。

　　表 10.4 表明,相应于家族所持有的股份,1960 年样本中其在董事会的列席的变动与 1900年生存者样本中的变化方式非常类似,起初在 1960 年的所有权比例稍高于在董事会列席的比例,而最终在 2000 年,公司建立的 40 年之后,则是董事会列席比例明显高于所有权比例。因此,家族在 20 世纪下半叶所有权比例的迅速下降与其在董事会席位的减少并不匹配。

　　总之,家族所有权在 20 世纪迅速稀释。正如 10.4 节将要说到的那样,这主要是由于收购所带来的增长。然而,在 20 世纪上半叶,家族尚能够通过在生存者公司董事会的列席来保留控制权。而在下半叶,董事会控制权以及所有权都在急速消逝。一种新的所有制形式——机构所有制在 20 世纪中期出现,并取代了家族的地位。且正如我们在 10.5 节阐述的那样,一种新的企业管理形式——恶意收购,似乎取代家族拥有了控制权。

10.4　20 世纪上半叶的兼并与收购

Franks、Mayer 和 Rossi(2004)认为,20 世纪所有权分散的主要原因是股票的发行。尤其是他们的样本公司通过收购并在期间向外部股东发行股票迅速成长起来,因此稀释了内部股东的股权。Franks、Mayer 和 Rossi 说道,内部持股在 1900 年到 1950 年期间以每年12.6％的平均速率不断稀释。在这之中,与新股公开上市(IPO)并不相关,4.6％归咎于权利股发行,20.8％归咎于配售,36.2％归咎于兼并与收购。[③]

在 20 世纪上半叶,兼并与收购往往是由投标人直接接触董事,并达成购买其股份的协议:"通过董事的方法,紧接着是根据董事的建议转移其股份(而非反击收购行动),这一直是这些年的常态。"(Hannah,1974b:68)协商价格,然后管理层在股东说明上写上:"董事所有的个人股的发售已由贵公司董事会匿名接受,且其毫不犹豫地建议股东接受此决定。"(*Financial Times*,1920 年 1 月 19 日)同样的条款也适用于作为董事的外部股东。

正如 Hannah(1974b)指出的那样:"股东对于董事的忠诚度是很高的,且其他公司的董事天性反感对此进行质疑。即使进行直接投标,被收购公司的董事相对于股东仍占有较重的地位。事实上,股东会意识到董事的信息优势,并往往会听取他们关于根据竞标价确立公司真实价值的意见。"(第 70—71 页)"董事会成员感到他们有义务在确定合理的竞标价后向其股东建议发售股票。"(第 68—69 页)因此,在 20 世纪上半叶完全没有恶意收购竞价的案例并不令人感到惊讶。

家族成员持续不列席董事会,尤其是董事长的位置,即使失去所有权,对于维护声望可能也是十分重要的。有爵位的董事亦是此种情况。Florence(1953)说道,1932 年英国有 645 个贵族成员是城市公司的活跃成员。有爵位的董事在大型公司中尤为常见,尽管"粗略估计,几乎有半数有爵位的董事是通过战争服役或者体育运动而非生意来继承或获得他们的爵位的"(Florence:245)。Florence 指出:"一家 1937 年的保险公司的 16 位董事中,有 3 位爵士、1 位男爵、1 位侯爵、1 位伯爵以及两位公爵。"(第 245 页)类似的,May(1939)记述到,654 位英国贵族成员中,有 189 位是公司董事会成员,并在他们之间组织起了 562 个董事会:"有时,一位有着'美名'的人对于业务一无所知,甚至在本国没有居所,却被任命为董事长,担当者年度宣讲的重要职责,这是别人为他撰写的,读给股东们听。"(May:145)正如 Scrutton 大法官 1932 年在上诉法院对联合纸浆和造纸公司的判决中所说的:"公司的创办者需要一个人,他的名字要用来公布于众,而他却又对业务了解甚少。这个名字会吸引资本——而接下来的事则由公司的创办者去完成。"(第 35—36 页)

在表 10.6 与表 10.7 中,我们检验了关于 20 世纪上半叶的收购市场的文献。我们进行了一系列关于出价溢价、董事会变动以及标的股息反应的检验,与现今英国与美国那些收购的惯常做法类似。我们记录了 1919—1939 年英国的 41 例兼并与收购的数据。这些是满足了三个标准的所有兼并与收购:标的的资产市值超过 100 万英镑,标的在 LSE 上市,以及它们处于由 LSE 划分的三类产业中——酿酒业、工商业,以及铁、煤、钢业。

表 10.6　1919—1939 年英国的收购:标的董事会人员变更率以及股息变更

时间段	收购后标的董事会 辞职率(%)	董事长辞职	股息固定	观察数
1919—1923	5.36	0	10	11
1924—1928	33.76	3	11	12
1929—1933	16.68	2	7	7
1934—1939	57.80	9	8	10
总　　数	32.28	14		40

注:本表显示了在收购后辞职的标的董事的比例,董事长辞职的标的公司数目,以及样本的 40 个 1919—1939 年收购案例中在收购之前两年内保持股息固定的标的公司的比例。

资料来源:Hannah(1974b)以及作者的计算。

表 10.6 显示了在兼并后仍旧在董事会供职的标的董事比例,免除董事长的案例数,以及兼并公告发出后股息的改变。平均有 2/3 的标的董事在收购之后仍旧在标的标董事会任职。在 41 个案例中有 14 例(大约占总数的 1/3)免除了董事长。相比之下,在一项对于 1985—1986 年 35 例恶意收购的成功案例的研究中,Franks 和 Mayer(1996)发现:90% 的董事在竞标完成后两年之内被替换了。等价的就是 35 个协议收购中的 50%。与 20 世纪下半叶的协议收购及恶意收购相比,董事会人员变更率在 20 世纪上半叶显然较低。[④]

表 10.6 中 1919—1939 年样本还显示了竞标一年后股息与前一年相比的微小变动。对比之下,Franks 和 Mayer(1996)发现 1985 年与 1986 年的恶意收购和协议收购中,股息都有高比例的增长。在成功的恶意收购案例中,竞价的前一年标的增长了 76%,而在竞价的两年前则增加了 73%。

但差别之所以如此显著是因为与竞价溢价相关。表 10.7 的面板 A 基于平均加权计算得出,在样本中的 40 家标的中,在竞标月(即 0 月)标的股东收到了 −0.9% 的竞标溢价。此竞标溢价是在未因市场变动或风险而作出调整的原始股票回报。基于同种计算方法的 −4—+1 月的竞标溢价为 4.9%。因此,竞标溢价略异于零。相较之下,Franks 和 Mayer(1996)则得出 1985—1986 年英国的恶意收购和协议收购的竞标溢价在 20%—30% 之间。

出现的情况是 20 世纪上半叶新兴公司的合作性联合。管理层对此的支持需要获得来自股东的批准。竞标溢价很低,交易的媒介通常包括股票交易,管理层往往能在标的董事会中得以保留,且股息的变更十分微小。由于收购往往涉及股票交易,因此收购公司要避免由双级股票导致的货币贬值。因此,在本世纪上半叶,双级股票没有出现可能与收购及其融资形式密切相关。

表 10.7 英国的出价溢价

时间段	个数	−4 到+1 月(%) EW	0 月(%) EW	总市值 (£/百万)
		A. 1919—1939 年		
1919—1923	11	−10.02	−3.34	31.5
1924—1928	12	+14.69	+0.55	43.3
1929—1933	7	−2.45	−1.13	19.0
1934—1939	10	+14.84	+0.22	26.6
平均值		+4.93	−0.90	

年 份	标的	−4 到+1 月(%) EW	0 月(%) EW	
		B. 恶意收购,1953—1958 年		
1953	J.Sears	122.22	90.48	
1958	Savoy Hotel	87.00	19.53	
1958	British Aluminum	39.53	17.47	
平均值		82.92	42.49	

时间段	个数	−4 到+1 月(%) EW	−4 到+1 月(%) VW	0 月(%) EW	0 月(%) VW	总市值 (£/百万)
		C. 1955—1985 年				
1955—1959	151	28	25	16	11	0.5
1960—1964	190	24	26	18	14	1.4
1965—1969	262	27	24	19	12	3.7
1970—1974	196	35	41	25	23	2.8
1975—1979	383	38	34	30	22	3.8
1980—1984	281	27	27	25	30	10.0
平均值	30	30	22	19		

注:本表格记录了 20 世纪英国的出价溢价。面板 A 考虑了 1919—1939 年英国的 40 个收购案例,并计算了(−4 到+1)月和 0 月作为原始(未调整)股票收益的溢价,其中 0 月是公告月。面板 B 中是 20 世纪 50 年代头三例恶意收购,Roberts(1992)对此有所记录,和面板 A 相同,计算了溢价。面板 C 中是 1955—1985 年英国的 1 463 个收购案例,计算了(−4 到+1)月和 0 月作为市场调整后的股票收益的溢价,其中 0 月是公告月。面板 C 的来源是 Franks 和 Harris(1989)。

合作以及几乎没有竞争的局面在 20 世纪 50 年代发生了剧烈改变,我们会在 10.6 节对此进行阐述。

10.5 三个案例分析

这部分将描述三个案例,阐释英国的三家著名公司在 18 世纪、19 世纪以及 20 世纪的扩张方式;收购对于其公司成长的作用;家族所有制以及董事会列席性质的改变;以及公司建立和兼并对此过程的作用。

10.5.1　GKN 的案例分析

道莱斯制铁公司成立于 1759 年的道来斯村落,位于南威尔士的梅瑟蒂德菲尔附近。John Guest 于 1767 年被任命为道莱斯的经理,其孙子在 1851 年成为公司唯一的所有者。道莱斯制铁公司是这个时期世界上最大的钢铁厂,有 18 架高炉,并雇用了 7 300 个以上的员工。这是贝塞麦炼钢法的第一个许可业务,在 1857 年建成了世界上最强力的轧机,并在 1865 年生产出了第一批贝塞麦钢。

Keen 家族 1856 年在英格兰斯梅西克建立了专利螺母和螺栓公司。1900 年 6 月,Guest 和 Keen 在伯明翰一同建立了有限公司,以收购道莱斯制铁公司以及专利螺母和螺栓公司。这两家公司的股东获得了 25 万股普通股。同时,40 万股普通股通过公开预定进行发售,拥有 546 名普通股股东以及 2 000 名以上的优先股股东。两种股票都在伦敦和伯明翰证券交易所进行交易。在 1900 年前,此公司并没有分散的迹象:公司的历史表明道莱斯制铁公司以及专利螺母和螺栓公司是由董事及其家族 100% 拥有的。证据来自董事控股与两家公司在兼并之前股权的对比。由于上市后董事控股占普通股的 33.6%,而新发行股票为 40 万股,对比于 25 万股的预发行总数,我们可以计算得出由董事持有预发行股的下界为 87.3%。

1902 年,公司通过发行 31.5 万股新普通股,收购了内特尔福尔德公司,它是世界顶尖的螺丝和紧固件制造商,于 1854 年在斯梅西克成立。新公司的名字于是变为 Guest, Keen & Nettlefolds 有限公司,Edward Nettlefold 先生加入董事会。到 1910 年,董事持有已发行普通股的 26.4%。1920 年,Guest, Keen & Nettlefolds 有限公司(GKN)在伯明翰、布里斯托尔、卡迪夫、爱丁堡,格拉斯哥,利物浦,曼彻斯特和谢菲尔德挂牌上市,而交易价格则出现(即报价)在 LSE 的官方牌价上。

GKN 的所有权与控制权演变的至关重要的十年就此开始了。首先,公司以这十年中最高的投标报价收购了布里斯托尔的 John Lysaght 有限公司(这家公司同样也在布里斯托尔和伦敦挂牌上市)。⑤ 1923 年 11 月,GKN 又进行了两次主要的投标报价,收购了戴维斯父子公司以及卡迪夫坎布里安综合公司。

这些收购带来的后果就是股东的巨幅增加:GKN 在 1920 年之前有约 1 000 名股东,在 1924 年则有 20 万名以上的股东。在此阶段,GKN 是世界上最大的制造业企业之一,在制造的每个环节都有所涉及,从煤炭和矿石开采到钢铁生产,以及最终的成品,包括螺母,螺栓,螺丝和紧固件,而在这一时期,公司正是以这些产品而闻名的。

1946 年 6 月 14 日,GKN 正式在 LSE 挂牌上市。那时,董事会成员拥有的股份已微不足道,这个时期最大的股东是苏格兰皇家银行,其持有发行的普通股的 2.37%。到了 20 世纪下半叶,保诚保险、诺威奇联合人寿保险、施罗德投资管理以及苏格兰寡妇投资管理在其他股东中脱颖而出,成为最大的股东,他们持有的股权占发行总股本的 3% 到 5.25% 不等。

GKN 所呈现的局面是:一家公司,其股票最初是在省级证券交易所进行交易的,然后通过收购迅速扩张,并在此过程中扩大了其股东的数量与地域基础,到 20 世纪下半叶之初,已主要由机构股东所控股了。

10.5.2 Schweppes 的案例分析

1783 年,生于德国的 43 岁的 Jean Jacob Schweppes 发明了一种生产矿泉水的有效系统。1790 年,他与他人合伙,扩张了业务,并在伦敦建立了一家工厂。1800 年左右,他将自己与企业更名为 Schweppes,并在国内继续扩大规模。到 1831 年,J.Schweppes 公司成为皇室饮用苏打水的供应商。1834 年,John Kemp-Welch 和 William Evill 收购了 J.Schweppes 公司,并将产品范围扩大,包含了像柠檬水这样的风味苏打饮料。在接下来的一年中,公司被维多利亚女王授予皇家御用勋章,并在 1851 年赢得了在英国举办的万国工业产品大博览会供应"戒酒"饮料的合同。到 1870 年,公司的产品范围包含了喹宁水和姜汁啤酒。前者迅速受到在印度的英国人的欢迎,因为它含有喹宁,被用来预防疟疾。1877 年,公司在悉尼开设了第一家工厂,7 年后又在纽约开了一家工厂。

1885 年 John Kemp-Welch 的突然过世加速了 Schweppes 在下一年成为有限公司的进程。尽管现阶段的所有制结构中并没有直接证据,公司似乎在 1897 年 3 月 6 日在伦敦公开上市之前都是由董事 100% 所有的。在公开发行股票后,董事及其家属总共持有 30 万股普通股中的 27.2%。新公司——Schweppes 股份有限公司建立了,其收购了于 1783 年建立的 J. Schweppes 公司的业务以及总共£125 万的新股本(其中 30 万是向董事发行的永久债权股证,95 万是公开预售,形式包含 30 万股普通股、30 万股优先股以及 35 万股递延股)。

公开发行十分成功,且已是超额认购。到 1897 年底,有 1 650 名以上的普通股股东以及 750 名以上的优先股股东。有证据表明公司的股票在曼彻斯特也有交易。

1919 年,Kemp-Welch 家族放弃了董事长的位置(尽管有两个成员一直在董事会任职到 20 世纪 40 年代),在新的董事长——Ivor Phillips 先生的管理之下,公司开始了新一轮扩张。海外的发展通过新建全资子公司——Schweppes(海外和殖民)有限公司进行。战略是在海外国家本地进行生产,以降低集团对于出口的依赖。到 1940 年 Phillips 先生任期的最后阶段,公司拥有 2 700 名以上普通股股东,且于 1942 年 12 月 19 日在 LSE 正式公开上市。

20 世纪 50 年代,有数次通过股权支付的收购:1957 年发行 1 544 400 股新股收购了 L.Rose 公司和 Chivers 父子公司,1959 年总共发行 400 万股新股,收购了 W.P.Hartley 和 W. Moorhouse 公司。1969 年 Schweppes 股份有限公司与 Cadbury 集团兼并,成立了 Cadbury-Schweppes 公司。

10.5.3 Cadbury 的案例分析

1794 年,一位知名的贵格会教徒 Richard Cadbury 从英国西部迁移至伯明翰。30 年后,他的儿子 John 在公牛街 93 号开了一家店,出售茶叶、咖啡、槐花、芥末,并经营新的副业——利用研钵和研棒,出售可可粉和巧克力饮料,这后来成为伯明翰流行的一部分。

1847 年,John Cadbury 将其兄弟 Benjamin 加为合伙人,将商店的名字改为伯明翰 Cadbury 兄弟,并在伯明翰市中心的布里奇街租下了一家工厂。由于对于进口可可豆的税率降低,他们的业务得以扩张,并获得了维多利亚女王最初发布的一系列皇家御用勋章中的第一枚。Cadbury 兄弟将他们的制造业务迁至英国的伯恩维尔,并建立了伯恩维尔工厂和村落,这成为英国产业景观重要的延伸。到 Cadbury 兄弟公司作为有限公司成立时(1899 年 6 月 16 日),其伯恩维尔工厂有2 600 名员工。在那个时期,Richard 和 George Cadbury——John Cadbury 晚年的儿子,持有公司 100%的普通股。

公司历史上至关重要的一年在 1919 年,那时 Cadbury 兄弟公司与布里斯托尔的 J.S.Fry 父子公司兼并,他们公司的产品范围(如土耳其软糖)使 Cadbury 的巧克力更加完美。兼并之后,新公司以英国可可与巧克力公司的名字于 1919 年 5 月 19 日注册,持有资本 250 万。这两个家族同时分享董事会席位与公司所有权,Fry 家族在董事会拥有 4 个席位以及董事长的位置,并持有 45.44%的普通股,Cadbury 家族持有剩余的部分(董事会的 4 个席位,以及 54.56%的普通股)。Fry 公司的另一前董事也在董事会中占有一席之地。

由于公司的运营扩张了,且在世界各地开设了工厂,Fry 家族在董事会的列席下降了,而 Cadbury 的席位则有所增加。就在 1969 年与 Schweppes 股份有限公司兼并前不久,Cadbury 家族占据了董事长的位置,以及董事会 13 个席位中的 7 个,而 Fry 家族只有一人留在董事会。Cadbury 家族持有略高于 50%的普通股,而 Fry 家族只持有 10%以上。其余的股份分散在 200 名以上的普通股股东手中。有证据显示:在 1969 年与 Schweppes 合并之前,其股票在伦敦和伯明翰证券交易所都有交易。

这三个案例分析说明了所有权是如何分散,以及原始家族所有权的稀释中有多少应归因于收购而进行的股票交易。它们还表明创立家族是如何占据兼并公司的支配地位的,即使合并显然是平等的。随着创建家族所有权的逐渐弱化,其支配还在继续。

10.6　20 世纪下半叶的收购

1953 年春,Charles Clore,一个靠生意以及物业企业白手起家的百万富翁,对 J.Sears 公司——鞋业连锁 Freeman,Hardy & Willis 公司的母公司投标竞价。Clore 没有采用传统的方式去与标的管理层进行谈判,而是跳过其管理层,直接将投标材料寄给 Sears 的股东。Roberts(1992)写道:"Sears 董事在大家毫无察觉之下宣布股息翻了 3 倍,以此作为反击。股东都对此突然的慷慨行为感到惊讶,并将此理解为管理层绝望且不负责任的行为。对于现任董事会的信任被完全破坏,大家都争先恐后地将股份卖给 Clore,他很快就获得了公司的控制权。'我们从来没有想过这样的事情会发生在我们身上',即将离任的 Sears 的董事长用帕提亚语说道。"(第 186 页)

这种收购方式不符常规的性质反映在竞标的特别的金融特征之中。根据观察,股息一般不会因收购而改变,而相较之下,Sears 的董事则是通过令股息价值翻 3 倍来回应收购的。尽管历史平均收购溢价一直在 0 左右,Sears 收购的溢价在收购当月则在 90%,而在-4 到+1 的 5 个月之内为 122%。

正如表 10.7 中显示的那样,之后有数次收购的溢价根据以前的标准来看都是相当高的。在土地证券投资信托公司 1953 年秋收购萨沃伊酒店公司以及萨沃伊的所有者——湖滨区 Claridge 和 Simpson 的公司的案例中,收购当月的收购溢价为 19%,而在收购前后 5 个月间则达到 87%。1958 年弗吉尼亚的 Reynolds 金属收购英国铝业公司时,0 月的收购溢价为 17%,5 个月的收购溢价也是 17%。

为何收购市场在这个重要的时期出现在英国尚不明确。Alfred Chandler 将美国所出现的企业管理市场与机构股权上升联系在了一起(Chandler,1990)。但是,如表 10.3 显示的那样,英国的企业管理市场早于大多数的机构股权积累。一个似乎更为合理的解释是 1948 年公司法所要求的对于公司账目更严格的披露提供了一个基础,使得企业掠食者首次能够对资产价值以及盈利做出合理精确的估算,并因此可以在不与标的公司合作的情况下实施收购(Hannah,1974b)。在 Charles Clore 收购 Sears 的案例中,Roberts(1992)认为:"Clore 基于从房产代理商 Healey & Baker 公司的一位合伙人那里得到的消息,得知 Sears 的损益平衡表将其公司 900 家大街商店的真实不动产价值低估了 1 000 万,从而展开了他的攻势。"(第 186 页)

公司部门的回应是寻找保护以抵抗迅速崛起的收购市场。最初,其获得了政府与英格兰银行的倾听,它们很关心恶意收购对于企业部门的影响以及政府关于股息限制的政策(Roberts,1992)。政府所有的层级都参与进来——在收购萨沃伊的案例中,包括了首相邱吉尔,他很担心这次收购对于其最爱的萨沃伊晚餐俱乐部可能造成的影响。但当发现这种海盗掠夺式的资本主义的滋味并不好,而且毫不绅士时,政府却感觉无法着手做些什么,而且无论如何,到下一次 20 世纪 50 年代末的兼并狂潮到来之前,它还认为"Clore 先生似乎改善了本国零售鞋业的贸易状况"。

既然无法从政府那里获得保护,企业部门只能开始建立其自己的防御体系。表 10.8 记录了 1950 年、1965 年以及 1975 年三年采取反收购措施公司的比例。在 1965 年与 1975 年的案例中,表格还分别显示了从 1950 年和 1965 年到这两年的变化(现有公司采用反收购防御,采取反收购防御的新公司的兴起,以及现有公司的终止)。只要运用了下述任何一项,就称为运用了反收购措施:双级股票、表决限制,或是内部以超过 50% 的比例大量持股。含有三个 LSE 部门类别的数据:工商业,酿酒业,以及铁、煤、钢业,这些部门总共包含了 2 000 家以上的公司。

表 10.8 显示,采用反收购措施的公司从 1950 年的 73 家增加到 1965 年的 249 家。这表明采取反收购措施的比例有所上升,在 1950 年到 1965 年间,从样本的 3.7% 上升到 11.1%。1950 年就已存在的公司中新增 100 家采用反收购措施,92 家新建公司在成立之时就配备了反收购防御。⑥ 因此,收购防御的比例在 20 世纪 50 年代到 20 世纪 60 年代之间有了巨幅上升。⑦

产生的收购防御的进阶形式是在友好公司的羽翼下寻求保护。酿酒业分裂得尤为厉害,有大量的本地酿酒厂。惠特布雷德持有数家这样厂商的股份,以此为它们提供保护,免于恶意收购。

表 10.8 采取反收购措施的公司比例

	公司数	占上市公司的％
A. 1950		
工商业	56	3.60
酿酒业	13	6.30
铁、煤、钢	4	1.82
总　数	73	3.68

统计分析		动态分析（从 1950 年起）		
公司数	占上市公司的％	采用	新公司	摘牌
B. 1965				
工商业	236	11.80	98	86	4
酿酒业	10	10.20	2	4	9
铁、煤、钢	3	2.21	0	2	3
总　数	249	11.15	100	92	16

统计分析		动态分析（从 1950 年起）			
公司数	占上市公司的％	采用	新公司	终止	摘牌
B. 1965					
工商业	145	7.25	18	7	32	84
酿酒业	6	6.06	1	0	1	4
铁、煤、钢	1	2.08	0	0	1	1
总　数	152	7.08	19	7	34	89

注：本表格显示了英国采用反收购措施（双级表决、表决限制以及内部所有权大于 50％）的公司的比例，面板 A 是 1950 年的数据，面板 B 是 1965 年的数据，面板 C 是 1975 年的数据。

资料来源：作者的计算。

在 20 世纪 50 年代到 20 世纪 60 年代的一个短暂期间，英国企业的局面开始和欧洲大陆的有些相像了。有一个不受管制的收购市场，在这个市场上有可能通过购入部分股权和歧视性优惠来获得公司控制权。公司则通过引入双级股票和表决权限制来回应，而金字塔结构则是公司寻求他人羽翼保护下的产物。

但是这些收购防御措施却遭到了来自有影响力的群体——机构投资者和 LSE 的强烈反对。他们关注对于收购过程的干扰，管理层在收购防御背后加强巩固自身的能力，以及其表决权的收回。在机构的压力之下，证券交易所让人知晓它是反对双级股票的使用的，而且不会允许其在新的股票发行中运用。

机构与证券交易所的介入被证明是果断明确的，20 世纪 70 年代至 20 世纪 80 年代，公司慢慢收回了双级股票。表 10.8 的面板 C 显示，到 1975 年，三大部门中运用双级股票的上市公司的比例从 11.1％下降到了 7.1％。1965—1975 年，工商业部门放弃双级股票的公司数大大超过了采用双级股票的公司数。到 20 世纪 80 年代末期，英国只有少数上市公司还在使用双级股票。

同时,在英格兰银行的鼓励之下,1959 年,城市成立了编写收购行为准则的工作小组。这最初产生了一系列无效的建议,但面对数起知名的收购丑闻⑧,并在法规迫在眉睫的威慑之下,1967 年它编写了收购与兼并的城市法典,并创造了收购与兼并面板来加强巩固。⑨这及时地建立起了平等对待所有股东的准则,要求收购公司必须披露其股权,并表明其意图,一旦收购了 30% 的标的公司的股票,便有义务以最高价买入所有股份。换言之,它通过自我管制重新建立了同等价格待遇,而这在 20 世纪上半叶恶意收购出现之前是极为盛行的,且通常不受管制。

这些发展中令人惊讶的是政治决策过程最终不受企业部门利益的引导——企业部门试图限制恶意收购并建立收购防御,而受金融机构利益的引导。正是机构使得公司无法运用双级股票,且正是机构编写了法规,使得收购结果能照此执行。因此,正是金融部门阻碍了英国转变为大陆风格的企业结构——拥有双级股票、金字塔以及限制收购,并设置了由企业控制的活跃市场发展的基本规则。通过收购法典与面板,金融部门还阻碍了企业部门建立起收购防御,尤其是自戕式防御,而这些防御措施在美国是司空见惯的。因此,英国企业部门独特的性质是股本机构占主导地位的结果,它们将股东收益放在了企业股东和管理层的利益之上。

10.7　结论

本章证实了英国企业家族所有权在 20 世纪被迅速侵蚀的过程。当今英国企业体系所具有的分散的所有权特征早在 20 世纪就已出现。英国并没有像现在的德国和意大利那样在 20 世纪启动小康生活。鉴于所有权集中与家族的涉足,比起德国和意大利,这似乎与今日的英国更为相像。

对于家族在公司运营中支配的观察是其董事会列席的反映,而非其所有权的反映。家族在董事会的参与度变得与其持有的股份不成比例。关注这种发展确有适当的理由。正如Chandler 所说,所有权与控制权的背道而驰逐渐削弱了企业的高效运营。

但是,其中引人注意的是其演变过程。家族所有权的减少主要并非家族出售的结果,而是发售股票结果。股票发行主要并非为了替内部增长融资(在 20 世纪上半叶,很少有出于此种原因而发行股票的),而是为了收购其他公司。通过股票融资的收购是家族控股权稀释的主要原因。

同样令人惊讶的是这些股票的大量发行是在非正式的、不受管制的证券市场上进行的。尽管如此,股东信任董事,坚守对于所有人的同等价格待遇。几乎没有迹象表明有股票部分发行或是价格歧视,而这些正是当今很多国家的收购市场的特征。

并不完全清楚为何董事会遵守此种做法,而又为何没有受到诱惑以牺牲小投资者的利益为代价去购买比较廉价的部分发售。但从收购以及股票发行对于公司成长的重要性中可能得到一条线索:英国的大型公司尤其依赖于股市来为企业成长筹集资金。这可能反映了某种本国银行体系的缺失,而这种类型的银行体系在其他很多国家中都是存在的,且那些国家的公司正是通过这种体系建立起了密切的联系,并持续借贷。英国的公司为了能进入证券市场,必须维持其股东的信任,在某种程度上,这是以其在新股发行上受到公正对待为中心的。歧视性发售可能削减特定收购的成本,但是,这将被以后收购中运用股票的更高成本所抵消,甚至更甚。因此,并不需要法规的约束,因为公平对待股东是出自其自身利益的。

收购中的非歧视性对待股东从某种程度上也可解释英国为何没有金字塔结构。收购者无法购买公司的部分股权,以让其建立金字塔。标的公司被实施兼并的公司吸纳而消逝,本质上成为独立上市的实体。

然而,这种合作在20世纪中期面对恶意收购市场时破裂了。标的公司的董事已经没有加强公平价格规则的权力,因为收购者会暗中直接诉诸有控制权的股东。最初董事们试图通过建立收购防御来保护其自身以及小投资者。在很短的时期内,英国呈现了欧洲大陆的情势,有双级股票、金字塔与价格歧视收购。但是收购防御激怒了机构,它们通过证券交易所对其进行成功的反击,并且成功地制定了令收购得以进行的法规。

英国企业部门的发展再次由股东利益决定,其程度在大多数其他国家可能是无法达到的。乐观地看,在一开始所谈到的英国怪异的原因正是其证券市场有着发展良好且有效的特质,且金融机构的支配地位远离了欧洲大陆的个人利益。同样比较合理的说法是,这是20世纪其中央银行系统以及其企业部门尤其依赖证券市场的结果。

参考文献

Becht, Marco, and Colin P. Mayer. 2001. "Introduction" in Barca, Fabrizio, and Marco Becht, (eds.), 2001, *The Control of Corporate Europe*. Oxford University Press, Oxford.

Chandler, Alfred D., 1990. *Scale and Scope: The Dynamics of Industrial Capitalism*. Harvard University Press, Cambridge: MA.

Davies Paul, and Klaus J. Hopt. 2004. "Control transactions", Ch. 7 in Kraakman, Reinier, Gerard Hertig, Paul Davies, Henry Hansmann, and Klaus J. Hopt, *The Anatomy of Corporate Law*. Oxford University Press, Oxford.

Florence, P. Sargant. 1953. *The logic of British and American industry*. Routledge & Kegan Paul, London.

Franks, Julian R., and Robert S. Harris. 1989. Shareholder wealth effect of corporate takeovers. The U.K. experience 1955—1985. *Journal of Financial Economics*, 23:225—249.

Franks, Julian R., and Colin P. Mayer. 2001. Ownership and control of German corporations. *Review of Financial Studies* 14:943—977.

Franks, Julian R., and Colin P. Mayer. 1996. Hostile takeovers and the correction of managerial failure. *Journal of Financial Economics* 40:163—181.

Franks, Julian R., Colin P. Mayer, and Stefano Rossi. 2004. Ownership: Evolution and regulation. Mimeo, London Business School and Saïd Business School, University of Oxford.

Hannah, Leslie. 1974a. Mergers in British manufacturing industry 1880—1918. *Oxford Economic Papers* 26: 1—20.

Hannah，Leslie. 1974b. Takeover bids in Britain before 1950：An exercise in business "pre-history". *Business History* 16：65—77.

Hannah，Leslie. 1976.The *rise of the corporate economy*. Methuen，London.

Hart，P.E.，and Prais，S.J.，1956. The analysis of business concentration：a statistical approach. *Journal of the Royal Statistical Society* 119：150—191.

Landes，David. 1965. "Technological change and development in Western Europe 1750—1914"，in H.J. Habakkuk and M. Postan（eds），*Cambridge Economic History of Europe*，Vol VI：*The Industrial Revolution and After*. Cambridge University Press，Cambridge.

May，Wilfred. 1939. Financial regulation abroad：The contrasts with American technique. *Journal of Political Economy* 47：457—496.

Michie，Ranald C.，1999. *The London Stock Exchange：A History*. Oxford University Press，Oxford.

Rajan，Raghuram G.，and Luigi Zingales. 2003. The great reversals：The politics of financial development in the 20th Century. *Journal of Financial Economics*，69：5—50.

Roberts，Richard. 1992. Regulatory responses to the rise of the market for corporate control in Britain in the 1950s. *Business History* 34：183—200.

评论

Barry Eichengreen*

　　Franks、Mayer 和 Rossi 通过本章大幅提高了我们对于英国企业所有权历史的理解。无疑，他们所追踪的第一个现象——家族所有权的削弱是众所周知的。19 世纪早期制造业企业温和的资本需求、有限的规模以及基于家族的所有制结构是英国工业革命历史的重要组成部分。19 世纪 20 年代典型的曼彻斯特棉纺厂雇用了 100—200 名操作工，并可能需要 9 000 英镑的资本投资。对于建立或运营这样一家企业而言，既无必要分配所有权，也不需要分离所有权与控制权。但是到了 19 世纪中期，随着技术与市场范围的变革，典型的棉纺厂规模更大了，往往分为几个等级。专门的管理层与筹集资本的复杂模式日渐成为一般惯例。对此现实的回应是，首先是股份公司，然后是有限责任公司，由议会分别在 1844 年和 1856 年许可。[10]公司将股份出售给个人投资者，作为现今更为广泛的投资融资手段。他们建立董事会以协助运营这些更复杂的组织。随着 19 世纪末集中于钢铁、化工以及工程的第二次工业革命的到来，规模、范围以及固定投资和外部融资变得更为重要了。股票发行和专业管理成为法则而非例外。就这样，向前行进的技术与市场逐渐稀释了家族的所有权与控制权。

　　此外，历史上有著名的一系列关于英国失去其 19 世纪早期的经济卓越地位的著作（*Clogs to Clogs in Three Generations*，译为《富不过三代》）指责创始人一代的工业家的孙辈将其祖先辛勤创建的公司那么快就运营得一团糟。第三代人接受了人文教育，却没有接受管理教育，他

---

　　* Barry Eichengreen 是加州大学柏克利分校经济学及政治科学的 George C.Pardee 和 Helen N. Pardee 教授，同时也是美国国家经济研究局的研究助理。

们将精力与金融资源倾注到政治与不动产中,却没有倾注到家族企业的发展中。少部分存活下来的19世纪早期的公司被出售给其他所有者,他们的经济目标更为狭隘。⑪

尽管此部译作并未直接提及英国所谓的相对经济衰退,Franks、Mayer和Rossi阐明了所有权与控制权的动态。他们指出,家族失去控制权往往是公开发售股票以为通过与竞争公司的兼并扩张而融资,而非为内部投资融资的代价。尽管Hannah(1976)也有关于此发现的提示,但之前并没有阐述得如此彻底。作者的另一发现似乎是完全新颖的观点,就是家族即使稀释了其所有权,还是能够通过占有早已不是与家族企业的董事会不成比例的席位数(往往甚至是占据董事会董事长的位置),来保留其控制权,并达到出人意料的程度。而且,公司的大多数董事,甚至董事长都是兼并的目标,他们都在新的董事会中保留了一席之地。"富不过三代"理论的拥护者将会对此发现表示赞同,尽管这并非现在作者所追寻的联系。

Franks、Mayer和Rossi接着阐述了20世纪下半叶不成比例的家族控制权的逐渐消逝,反映了恶意收购与机构投资者日益增加的影响力。确实,他们所阐述的不仅仅是一种消逝,而且更是一种转变。尽管20世纪初,家族所占有的董事会席位与其所有权并不成比例,但到20世纪末,家族控制的表决权和其他先进经济体相比就更不常见了。大股东——在其他国家往往是家族成员——通过双级股票来分配所有权而非控制权,这在当今的英国却并不为人所知。

什么能够解释这种转变呢?Franks、Mayer和Rossi认为家族在兼并的上市公司董事会不成比例的列席是因为小投资者权利较弱。这与以往谴责19世纪末和20世纪初的股票发行以及兼并的历史著作是一致的,小投资者正是由此被剥削的。⑫但是,在第二次世界大战之后,对于小股东的保护加强了,这一部分是对于早期丑闻的回应。重要的改革包括1948年公司法施行后强化的披露要求。小投资者用脚投票的能力以及公司基于公开信息进行收购的能力(因此不用与标的公司进行合作)导致企业管理市场的发展威胁了董事会成员稳固的地位。后者试图通过握有大部分股权,发展战略联盟,以及大规模发行双级股票来保护自己,这在英国历史上还是头一遭。但那种防御经证实只是暂时的:机构投资者与证券交易所互相勾结,能够制裁运用这些手段的公司,令他们失去外部融资的渠道,比如,如果他们想要在新股发行中运用双级股票的话。根据1967年的收购与兼并法,城市能够加强对于董事的制裁,若他们不将所有股东——也包括小股东在内——的利益放在最前。法规,显然是1968年建立收购面板的结果,巩固了这种新的均衡。⑬

这种解释与现今流行的强调英国普通法传统是其金融市场早熟的原因的文献并不明显一致,这一点非常值得探讨。⑭尽管在法定继承上并没有明显的变更,但对于小投资者的保护从19世纪下半叶的相对较弱,变为20世纪下半叶的相对较强。确切的讲,保护小投资者的法律与制度改革是对过去丑闻的回应;因此,它们可能有某种路径依赖的因素。它们还以Rajan和Zingales(2003)指出的方式对政治与政策作出了回应。英国经济在贸易与融资方面的开放,防止了其稳固的利益免受由于20世纪30年代的危机而关闭金融市场带来的影响,其方式与其他国家相同。结果,市场力量以及对于机构投资者社区——尤其是大型金融机构——的政治统治足以进行改革,以加强小投资者的权利,并创造一个企业管理真正的市场。

至此读者的胃口已被打开,希望能读到更多。他希望了解英国金融市场与经济变化的本质,这也许是由 20 世纪 30 年代的危机和第二次世界大战所造成的,加强了大型金融机构的力量,允许它们有效管理董事,并保护小投资者,而在此之前它们是无法做到这些的。他希望了解为何英国有大型金融机构(当然,在像德国、日本和法国这样的国家也并不是没有),但却没有类似地趋向于控制大量股份的持有、家族控制权与董事自治。若将机构投资者的影响力归因于英国金融市场的早熟,那么大家就会想:利于金融深化的法律传统是否可能最终是这些发展的缘由。或这大型机构投资者的出现本身就是对于小股东权利弱以及投资者保护不足的回应? 如果信息披露不充分,以及对于自利的董事没有相应制裁,那么能够解释为何直到 20 世纪下半叶才产生了一个繁荣的企业管理市场——如作者指出的,那么又如何理解 Sylla 和 Smith(1995)对于 1890 年董事责任法(这使公司董事对招股计划书中吸引买家购买公司股份的说明负责)和 1900 年企业法(强化了强制企业披露的规定)的强调,并将之作为对于英国金融市场为何在世纪之交发展得如此迅捷,并立刻超越了美国呢? 至少,这表明 1948 年的企业法与 1967 年的收购与兼并法典并没有从根本上脱离现状,对它们的萌芽时期的经济考古值得探索。

参考文献

Hannah, Leslie. 1976. *The rise of the corporate economy*. Baltimore: Hohns Hopkins University Press.

Landes, David. 1969. *The unbound Prometheus*. Cambridge: Cambridge University Press.

LaPorta, Rafael, Florencio Lopez-de-Silanes, Andre Shleifer, and Robert Vishny. 1998. Law and finance. *Journal of Political Economy* 106:1113—55.

Macrosty, H.W.1907. *The trust movement in British industry*. London: Longmans Green.

Rajan, Raghuram, and Luigi Zingales. 2003. The great reversals: The politics of financial development in the 20th century. *Journal of Financial Economics* 69:5—50.

Sylla, Richard, and George David Smith. 1995. Information and capital market regulation in Anglo-American finance. *In Anglo-American financial systems*, ed. Michael Bordo and Richard Sylla, 179—208. New York: Irwin.

注释

① 例如,德国企业控股数据可参见 Franks 和 Mayer(2001)。

② 自从 20 世纪初期开始,英国的公司被要求在名为公司注册署的中央存管处进行信息归档,其现在位于威尔士卡迪夫。这是公司数据的一个知名的、独一无二的长期来源。然而,它有一个缺陷:公司注册署保留了所有现存公司的数据,但是却丢弃了大多——并非所有的——倒闭公司的数据。因此,我们从第二个来源去获取数据,作为对于公司注册署数据的补充,即里士满克佑公共信息(调查),它保留了已倒闭公司的一些数据。

③ 在 20 世纪上半叶,股票的交易并不需要招股说明书。股票只要通过公司直接出售给预订者,或是通过媒体广告出售即可。IPO 是到了 1948 年之后才变得正式起来,在诸如 LSE 这样公众认可的证券交易所交易之前,必须有招股说明书,且内容受到严格管制。

④ 这可能意味着在本世纪初期标的董事能够获得较大的私人利益。

⑤ 交易的细节如下:1920 年 1 月,GKN 新发行了 1 989 919 股普通股,以及 2 652 331 股优先股。John Lysaght 有限公司的普通股股东手中每 3 股普通股就可换取 GKN 新发行的 4 股第二优先股以及 3 股普通股。

⑥ 剩下的 16 家公司摘牌了。

⑦ 采用收购防御措施的公司为非收购公司,且因此不会打算用其自己的股票去购买其他公司。

⑧ 一个例子就是 1959 年的 Jasper 事件,涉及收购渎职与滥用社会建设基金。

⑨ 这个面板在制裁不遵守法典公司中的作用被证实是相当有效的。

⑩ 以前可以通过议会的个人法案获得,但是更为严格。

⑪ 根据此大意,一本深具影响力的译著是 Landes(1969;336 及其后的部分)。引用"因此 19 世纪末英国满足地沉浸在经济霸权的日落之景中。在很多公司中,开创事业的、并通过持续的应用与几近吝啬的节俭来建设它的先辈都已永远逝去;接手稳固的企业,以更大的雄心壮志来经营,将其建设到梦想不到的高度的先辈,已将缰绳传递下去;现在轮到了第三代,他们是成长在富足中的孩子,厌倦了贸易的单调,心中充满了绅士对于田园的向往(说得更准确点,可能就是富不过三代)。他们中很多人都已退休,并推动将其公司转变为合资公司。剩余的则继续留下来,在工作日走走过场,饰以企业家精神。"

⑫ 参见 Macrosty(1907)。

⑬ 尽管作者只是含蓄地指出,而不是论证,但这也是机构投资者日益增加的影响力的结果。

⑭ 参见 LaPorta et al.(1998)。

为何美国鲜有大量持股的情况

Marco Becht　J.Bradford DeLong[*]

11.1　引言

一个世纪以前，欧洲的学者，比如，Werner Sombart，担忧为何美国是如此与众不同，因为它并没有社会主义元素。现今，我们学者所担心的是美国与众不同的另一种不同形式：为何美国大量持股的情况那么少？

大多数其他国家都有强大的家族集团通过大量持股控制了相当数量的公司，有的则通过控股公司金字塔以及拥有特别投票权的各级股票进行控制。总体而言，美国并非如此。大多数其他国家都有控股公司或是其他母公司，能够管理公开上市交易等公司事务。总体而言，美国并非如此：大型母公司没有上市子公司。其他很多国家的金融中介机构都持有私人公司的大量股份或是表决权，它们在监管公司经理中起着关键的作用。但总体而言，美国并非如此。

我们发现英国的模式从某些程度上讲，与美国最为接近。和美国一样，在英国所有权是分

＊　Marco Becht 是布鲁塞尔自由大学(ULB)的金融与经济学教授，欧洲经济与统计高级研究中心(ECARES)的驻会研究员，以及欧洲公司治理协会(ECGI)的执行董事。J.Bradford DeLong 是加州大学柏克利分校的经济学教授，也是美国国家经济研究局(NBER)的助理研究员。

我们要感谢 Fabrizio Barca、Lucien Bebchuk、Patrick Bolton、Chris DeLong、Barry Eichengreen、Randall Morck、Carlos Ramirez、Mark Roe、Ailsa Röell、Andrei Shleifer，柏克莱、ECARES、INSEAD 以及 NBER 研讨会的与会者，还有许多其他人所提供的有益讨论与评述。

散的。但在英国机构股东的权力非常大。而在美国则并非如此。①大多数国家的企业管理市场都遵循了英国的模式——迅速由股东对收购要约进行表决,而董事会则注定处于被动地位。美国活跃的董事会则受到托拉斯责任、股票期权、遣散费组合的激励,并出于其他方面的考虑,与竞标者进行讲价交易。②英国的股东很少上诉,而美国的集体诉讼律师则无时无刻不在寻找着新的案件。

美国的情况并非长期历史传统,这个事实令美国的独特性更令人惊讶。美国企业控制权的例外主义是在 19 世纪出现的。在 1900 年之前,美国并不缺少有权力的家族集团,他们控制母公司,或是控制主动担当起监管企业经理责任的金融中介机构。分析员 John Moody——美国两大债券评级机构之一的创始人——在 1904 年写了一本深具影响力的书《托拉斯的真相》,其中详述了其对于控制了美国企业管理的金融家与投资者小却有力的网络的理解。

Moody 期待未来的美国能够有效地将对于其经济"制高点"的完整控制权交给一个由单一家族集团与单一金融中介机构组成的联盟。家族集团就是洛克菲勒家族,他们利用其最初标准石油公司的财富对一系列美国工业公司进行控股。金融中介机构则是摩根大通的投资银行合伙企业,其将摩根大通之父的角色转变为进入美国资本市场的看门人。

Moody 写这本书是为了说服美国的投资者和政治家,他所预见的未来是件好事。在 Moody 看来,由洛克菲勒家族以及其他财阀持有的私人寡头金融资本将成为美国金融高收益、高效率、高生产率的组织。而且,事实上在 20 世纪之初,家族在美国资本主义中确实占据了非常重要的地位。

但是 Moody 所预见的组织并未出现,或从某种程度上来说,它确实出现过,但转瞬即逝。60 年后,John Kenneth Galbraith(1967)惊叹于美国的资本主义变得如此缺乏人情味的速度:

> 70 年前,企业是其所有者的工具,是其人格的投影。那些名字——卡耐基、洛克菲勒、哈里曼、梅隆、古根海姆、福特——众人皆知……而现在领导着伟大公司的人却无人知晓……(而且)几乎不持有公司的股份……他们并不是由股东选举,一般而言,是由董事会选定,而董事会陶醉在自己选择自己之中。

但对 20 世纪中期的美国人而言,"古根海姆"是一个艺术博物馆——而非矿产与自然资源家族王朝。"洛克菲勒家族"是政治家,是流浪银行家——而非石油业与运输业之王。"卡耐基"意味着对国际和平以及多座图书馆的捐赠——而非钢铁产业的控制者。

1900 年,约翰·D.洛克菲勒及其近友控制了标准石油公司。但到 1930 年,Gardiner Means(1930,1931)对所有权广泛分散的范围进行观察,并试图全面考虑这个金融世界带来的后果,在这里几乎不可能使股东联合起来,使之表决权大到足以威胁现任控制权掌控者。③

1929 年年底,美国 200 家最大的企业中只有 11% 仍旧由大股东控制,而 44% 由在任者控制,他们对于所有权的兴趣已大大减少。另外的 44% 号称由管理层控制,并将其自身建设成为一个自我延续体,Means 认为再也没有什么比天主教会更与之相像的了,"由罗马教皇选举红衣主教,反过来再由红衣主教团选择继任的罗马教皇"(Means,1931:87,脚注 7)。④

我们认为,美国股权的例外性起源于《现代企业与私人财产》一书中所讲的前一代人。刚过 1900 年,股权的分散以及权力向受薪经理转移的进程开始了。因此,我们认为 Galbraith 和

Means,甚至是 Moody 对于范德堡、卡耐基和古根海姆这些一流大股东都过于乐观了。美国是个例外,其所有权与控制权的分离很早就开始了。它受到了托拉斯推广、反托拉斯政策以及如 J.P.摩根这样的投资银行家成功将大量股份卖给广泛公众的能力所促进。

1879 年,J.P.摩根成功地将威廉·范德堡所持有的纽约中央铁路的大部分股票出售给市场(Chernow,1990:42)。⑤钢铁行业,1901 年美国钢铁公司成立之时,安德鲁·卡耐基将他在卡耐基钢铁公司的大量股票售出。在冶炼和精炼行业,古根海姆家族在 1908—1909 年将他们持有的美国炼制公司(ASARCO)的大量股票售出。

威廉·范德堡和古根海姆家族想要分离所有权与控制权。他们坚信可以通过对于董事会非正式的影响力保留其控制权,并将销售收益投资到新的多元化企业之中去。他们认为找到了一条道路,能够获得多种收益,并有能力进入新的行业部门,而这一切的进行,实际上都无须放松对于其原企业的控制权。⑥

> 通过出售 ASARCO 主要控制权,古根海姆家族接受了其律师以及银行家的建议,这些建议在当时颇为盛行,且在接下来的半个世纪中也是如此。这个理论认为个人或者家族没有必要也没有可能真正保留大型公司的多数所有权。通过将股权拆分为小额股,并在广泛公众领域出售,很容易可以维持控制权……摩根向范德堡说明了如何进行操作。之后,他又向数百个其他的资本家指明了如何进行相同的操作。(Hoyt,1967:193)

在 1937 年美国最大的 200 家企业中,几乎没有一个是由家族持有主要表决权的。但很多是由家族支配董事会的。

那么当今如何呢? La Porta、López-de-Silanes 和 Shleifer(1999)、ECGN(1997),以及 Barca 和 Becht(2001),在其他之中发现美国的与众不同在于其大股东有限的影响力和小规模。⑦在 2004 年美国最大的 200 家公司中,福特家族以及福特汽车公司是例外中的例外,正如其在 1937 年的状态。在短期内,相信可以通过运用摩根大通公司服务达到多样化持股并保留控制权的所有者可能是正确的。但长期来看,他们的想法是错误的。

缺乏大股东似乎对美国的公司治理产生了重大而有力的后果。Mark Roe 以通用汽车的一段轶闻作为开头,撰写了他的《强大的经理,弱小的所有者》。在 20 世纪 90 年代之初,通用汽车最大的两名股东发表了他们关于通用汽车如何选择其新任 CEO 的观点。通用汽车公司一点都没将他们的话放在心上——无法想象企业自主权能成为任何产业经济中的规则(Roe,1994:xiii)。

Becht、Bolton 和 Röell(2002)坚持意见,认为关键问题是找到管理权和小股东保护之间的平衡点:过分关注保护小股东免受大股东侵害,将使得管理者重新考虑其公司合同的终止时间。大股东若拥有过多权力,小股东就会易于受到征用侵害,而管理者受到的监管则太过严密。若其他工业国家的经验能够提供指导,那么美国就可能倒向了平衡点的某侧。这表明在股东无法监管顶级企业管理者,并施行开放式合同之时,若机构无法将破坏最小化,那么结果就可能是付出沉重的代价。⑧

Mark Roe(1994)认为美国发展了其无大量持股的例外形式,并将这种公司控制的例外形式归因于“政治”。自从 19 世纪 30 年代安德鲁·杰克逊的时代以来,美国就喜爱竞争,而讨厌垄断。美国人喜爱竞争是因为竞争给予其自由,并让他们有了说不的权力:若你不喜欢这里的这笔交易,你只要沿着大街继续走一个街区,与下一个可能的卖家去讲价就可以了。但若只有一个垄断者呢?那么你将不再自由,受到管制。

在 Roe 的政治解释中,那些试图限制、约束金融集中与控制的人——不论是小型农村银行家、企业管理人还是其他人——发现他们的观点在此处产生了强烈的共鸣,并与美国人看待世界的基本方式一致。通过宣称有一个"资金托拉斯",他们鼓动美国政治家消灭了所有有效率的且可能持有大量股份并在美国的管理人之上行使控制权的金融机构。以 Roe 的观点来看,技术创造了对于成千上万的股东的需求。政治严重破坏了机构——企业银行、保险公司、共同基金、养老基金——否则他们将严肃对待其监管与控制职能,并削弱企业融资中股东管理者委托代理问题的影响力。

Roe 的观点有理、有力,且非常具有说服力。但我们认为它似乎有四个漏洞。第一,美国民粹主义和进步主义为企业融资组织斗争取得的胜利并不是注定的。民粹主义者在 20 世纪之交为美国货币体系而进行的斗争失败了。进步主义在 20 世纪 30 年代中期在为工会作用进行的斗争中取得了部分胜利,但是这个部分胜利在十多年后被狠狠击回——自那时起,美国的私有部门工会持续衰落。Roe 在回答为何"政治"在美国民粹主义—进步的音调在企业融资方面是如此高昂,而在劳动力—管理关系中又如此微弱,在货币问题方面则是完全无力的问题时,往往十分艰难。

第二,大股东有两种方式可以行使职能。大股东可能是金融机构,将大批个人小股东聚集在一起。大股东也可能是财阀家族,希望能够拥有表决控制权,作为家庭政策问题。Roe(1994)有力地证明了特定金融法规正如其宣称在德国与日本的作用那样,防止金融机构——银行、保险公司、养老基金以及共同基金——持有大量股票。家族并不受这些法律限制的管制。鉴于福特家族成功地大量持股达一个世纪以上,是否还有其他法规能防止家族持有大量股份?

第三,Alfred Chandler(1977)在《看得见的手》中指出,由于技术进步,所有权与管理层分离。Roe(1994)遵循了这一论点。Chandler 无视所有权与控制权分离以及控制权与管理权分离的可能性。我们同意 Chandler 和 Roe 的观点,认为对于多元化的愿望是能够并且应该吸引家族分散所有权的有力武器,但是我们同样要提出问题:为何控制权并未与所有权和管理权分离呢?

多元化是十分有价值的东西:在某个工作日的早上到帕洛阿尔托的 Il Fornaio 喝咖啡,你会见到一些人——一些无法实现多样化的人——那些人在 4 年前值 400 亿美元,而在今日只值 1 000 万美元。但是有办法可以分散所有权却不必将控制权集中到职业经理人手中。其他国家持有财富与控制权的家族建立起机构,可以在所有权分散的情况下保留企业控制权,即使雇用了职业经理人;通过金字塔结构的控股公司以及特殊的超级表决类型的股票,他们成功地令其投资组合有效多样化,足以去除个别风险,又不用牺牲有效控制权。为何处于20 世纪之交的美国的主要财阀家族没有选择这条道路呢? 他们是否认为 J.P.摩根为威廉·范德堡开创的方案是分散所有权并同时保留有效控制权的有效方式? 他们是否对于代理权争夺毫不担忧？他们难道无法预见到防止企业宫廷政变的唯一可靠方式就是表决控制吗？

第四，多元化并非唯一可造成分散的经济力量。美国企业可以运用债务融资或留存收益，而非通过发行新股和股票融资收购来稀释其创始人股份。为何美国家族控制的企业那么依赖基于股票融资以及通过收购成长的方式？是否是金融体系以及远距离传输资金的需求将企业化的美国推向了华尔街？

因此，本章中我们的任务就是填补 Roe(1994) 叙述中的这些漏洞。我们分五个阶段来做这件事。在这第一个引言部分之后，11.2 节我们主要勾勒 20 世纪开头十年工业化美国企业融资的情况，就企业监督和控制而言，我们认为美国在那时看起来就像是一个正常的发展中的家族与金融资本家的经济体。11.3 节考虑在第一次世界大战和第二次世界大战末之间发生的股权民主化：牺牲对于分散投资以换取控制权的益处关键在于你打算在市场的哪个位置出售你控制的股权，从 1917—1918 年高压战争债券销售活动，到流行杂志上像 Edgar L. Smith(1924) 这样的股票所有权的支持者的文章，再到 20 世纪 20 年代媒体对于华尔街名人文化的覆盖，这一系列因素使得美国的市场变得更为兴旺了和其他地方相比。且因此，牺牲分散投资以换取控制权在美国就变得更为吸引人了。本节还将讨论大股东寻找持久的机构体制的努力，以施行控制权，以及政府通过深化法律和体制对于这种大股东的追求：最初的"表决权托拉斯"被"控股公司"所取代；有多种等级股票的公司在公开上市方面有困难（但这是因还是果呢？）；反托拉斯监管机构试图控制控股公司与金字塔。然而，一个偶然的外部冲击给了致命一击：大崩溃和大萧条。Insull 和 Van Sweringen 金字塔帝国完全倒闭，原先以为是审慎的杠杆，结果却由大萧条自身证明是灾难性的。

11.4 节从 20 世纪 30 年代开始回顾：再没有"货币托拉斯"，几乎没有大股东，以及资本主义的管理方式。接着，11.5 节是本章的总结。

我们的结论并非是我们所希望的一个不错的故事，至少不是在我们自己戴上经济学家高帽的时候。我们希望能进行一个单一的直线叙述：美国的民粹主义—进步政治使得大规模持股成为不可能；或者说，美国的大陆规模使其公司规模庞大，且鉴于其牺牲了分散投资，使大量持股变得极为昂贵；或者说，美国管理阶层的权力结合对于小股东的强保护使得大量持股的相对收益大幅减少；或者说，美国人早期对于股权非凡的品位使得在美国分散投资的相对收益更大。

然而，我们所要将书的故事更为狼藉。美国的民粹主义—进步政治传统对金融资本施加了压力，但是民粹主义—进步并非美国政治的主流。回顾 1948 年之前的半个世纪，一个民主党人成为总统的唯一方式就是处于大萧条之中，且西奥多·罗斯福与威廉·塔夫脱的斗争使罗斯福拆分了共和党以及共和党的投票。美国大陆的面积使其公司的规模庞大，但同时也使其企业财富庞大：洛克菲勒家族、卡耐基家族、梅隆家族，甚至摩根家族，在英国鲜有能与之抗衡的对手。当然，美国很多握有管理权的大股东逐渐将股票放手，且可以看到其影响力缩小，因为他们对于他们的经理人很有信心，但他们是否应该想得更长远一些呢？新泽西以及后来特拉华对于股东的保护是否比其他地方要做得好得多呢？美国市场是否真的比其他地方兴旺，并更能吸收分散投资呢？

若 Mark Roe 的故事是"政治"的(加上由于其大规模的经济体以及对于成千上万股东的要求,经济使得众多企业变得有效率起来),我们的故事就是关于在一个大国中快速成长的企业,还有一个大型单一的市场,和对资本的大胃口——"疯狂融资"——加上一系列的历史事件,而非聚合成一个"合理的"企业治理和控制体系。20 世纪 90 年代,美国互联网的繁荣似乎一往无前,很流行预测全世界的企业治理都会反射出美国的模式:个人经理将获得股票期权形式的高额激励薪资,他们主要将接受由低股价导致的兼并方与收购方的检视。工会,主要的机构股东,以及富家金融家——对于其他国家企业控制权的关键影响——将会变得不那么重要。

有一些迹象支持了聚合的观点。其他国家的管理者妒忌地看着流进美国金融市场的资本规模,以及筹集资金的简单条款。欧洲、日本的企业治理以及新兴市场似乎转向了美国的方向,因为想在美国证券交易所上市的外国公司正努力使其体系能够吸引美国的投资者。至少在一个方面——每个公司的股东数——聚合是有可能的。有着广泛股东基础的公司,可以通过纽约与伦敦市场很容易地挖掘养老基金的资金。

但是,至于美国体系是一系列腐蚀金字塔支配家族以及大型机构投资者权力的历史事件的结果,也许我们可以期许的未来的聚合更可能是一个混合的模式。回想在英国,广泛分散的所有权与强大的通过代理对大量股份表决的机构是相容的,同时也与分散的表决权和竞争性股东控制权相容。再回想与名义上从股东利益出发执行的非竞争性董事控制权也是相容的——这和美国相同,与其自戕式防御和稳坐泰山的董事兼容,或者和荷兰一样与优先股股东兼容,他们拥有为公司董事会选举提名董事的专权。

并不清楚 Gate 家族的下一代人是否会像洛克菲勒家族这代人一样,对美国企业控制权几乎没有任何影响力。不清楚美国 21 世纪的大型金融机构——其中两家可能仍旧会用"摩根"的名字——是否会像 20 世纪中期的公司那样,对美国企业控制权的影响甚微。

11.2　洛克菲勒家族和摩根家族:20 世纪初美国的金融资本主义

1904 年,John Moody——后来也许是华尔街最受尊敬的评论家与分析员——撰写了《托拉斯的真相》一书,给出了他关于美国在 19 世纪 20 世纪之交经济发展与工业集中的非凡浪潮的观点。John Moody 认为,这里是大型企业驻扎并且壮大的地方,"托拉斯"会待在这里。⑨ 而且,总体而言"托拉斯"是个好东西:规模经济意味着大型企业——大型分级 Chandler⑩ 企业(Chandlerian corporations)——效率高且生产率高,且他们以低成本将产品送到消费者手中。没错,伴随着托拉斯的,是附加着垄断力量的因素。但是,垄断因素是获得庞大规模经济必要的代价。再者,垄断因素并非全都不好,比如引起不稳定和动乱的竞争,垄断市场的较高成本某种程度上被供应的正规化所抵消,占支配地位的公司使大型规划成为可能。正如 Moody 所写:"垄断是我们整个现代工业文明之母。机构和人才是必须重视的一方。"

Moody 的例子并不完全错误。毕竟,揭露丑闻的 Ida Tarbell 对于标准石油托拉斯的反对并不是因为它对消费者收取的价格过高,而是因为标准石油公司运用了其垄断力量,使铁路对其运输石油收取较低的价格,并运用其规模来削减了制造成本。因此,这将较小的效率较低的石油提炼企业逐出了这个行业。根据 Tarbell 的观点,标准石油公司对消费者收取的价格并没有过高,而是太低了。⑪根据 Moody 的观点,Tarbell 对小企业的支持带给进步主义者的吸引力对美国经济是十分危险的。因为经济进步依赖于效率。而效率取决于托拉斯:大型的、按等级划分的综合公司,拥有垄断力量,作为市场经济中高效率的中央规划的岛屿。⑫

然而,对我们而言,Moody 观点最重要的部分是在其逻辑顺序中,下一步该怎么办:他宣称,美国的工业发展欠了一个大家族(及其合伙人和盟友)一大笔债——那就是洛克菲勒家族:

> 《托拉斯的真相》的引言部分的图标表明了大托拉斯在何种程度上受到了人尽皆知的著名集团"标准石油"或说洛克菲勒金融家的支配。这些人完全控制了大托拉斯或让人显著感受到其影响力。事实上他们是真正的托拉斯理念之父。但洛克菲勒支配的不仅是石油及其有关行业……铜托拉斯与冶炼托拉斯……与庞大的烟草托拉斯密切关联……在宏大的摩根产业的影响力……美国钢铁……成百的较小的工业托拉斯,洛克菲勒的兴趣显而易见……标准石油的金融家集团的不同成员……与大量著名托拉斯有所关联……在对于其他许多工业联合的间接影响十分重大的。

而且,Moody 预见到了洛克菲勒家族与其合伙人控制美国经济,走出一条稳步上升的增长曲线的力量。例如,在铁路方面,Moody 预见:

> 标准石油利益团体……在稳步增加其影响力……古尔德—洛克菲勒铁路集团……当然是由其自己支配;但是……标准(石油)的影响力(早已)为人所知……对所有的铁路集团都影响颇深,而且……正表现出在整个蒸汽铁路领域的稳步增长。(第491页)

Moody 说:"在华尔街可以自由地进行预测",美国在十年之内将看到"洛克菲勒利益团体(会成为)铁路金融与管控方面的唯一主导力量",以此结束了对铁路金融的讨论。

而且,Moody 预测洛克菲勒利益集团作为金融资本家中唯一一部分——尽管显然是资深的合伙人——是他希望能够在不久的将来控制几乎整个庞大的美国企业的人。首先,还有其他在镀金时代获得财富的无道义的工业巨子家族,他们现在与洛克菲勒家族协同合作(第493页):"宾夕法尼亚铁路利益集团……的较小群体……范德堡家族和……古尔德家族……与洛克菲勒家族……在 Moore 的岩岛系统问题上十分一致,且后者与……哈里曼……在利益方面紧密联合。"描绘出的画面并非通常的富有家族争执不休:在 Moody 看来,在不同无道义的工业巨子间争夺控制权的战争时代已经结束了。⑬其描绘的图景更接近 20 世纪 20 年代硅谷风险资本家,每个风险资本家公司都会将资本互相贡献给其他人的交易,但是其中对于主要金融家、咨询顾问带头作用的挑战似乎非常罕见——而且这似乎并不十分合理,因为这打破了绅士们的游戏规则。

第二,还有摩根家族,由 20 世纪早期较小的投资银行协助。Moody 在此处再次预见到了金融家之间巨大的共同利益(第493页):

> 然而,并不应该预想这两大资本家与金融家集团(洛克菲勒和摩根利益集团)是真正意义上的对手或权力竞争者,或者说在他们之间存在着"战争"……他们之间不仅十分友

好,而且是联盟,在几乎所有方面都十分和睦。这两个庞大的集团共同组成了本国企业以及商业生命的心脏,而其他则扩散到我们整个生活中方方面面的血管,使每个家庭、村落都感受到他们的影响力,而且都与这个中心源头联系并依赖它,它的影响力与政策支配了所有的人。

确实,若洛克菲勒家族在通过标准石油公司令其财富一路增长后,具有了可以购买其选择的任何公司或公司集团的财富,摩根家族——以及少数其他小型投资银行合伙人——锁定了能够向还不太糟糕的纽约、伦敦市场出售大量债券、股票的能力。摩根数十年来一直是一个非常诚信的经纪人,为潜在的英国投资者提供了关于哪些美国铁路公司不会倒闭的咨询(并参与了重组,试图确保重新调整资本后的铁路公司不会倒闭),由此获得了很高的声望。其是有竞争者的存在,但是十分少。但 1912 年普霍调查委员会首席律师 Samuel Untermyer 提出质疑时,摩根的亲信 George F.Baker(纽约第一国家银行)并不能将摩根大通说成"一只单一价值 1 000 万美元的(证券)股票……在十年间既没有参与也没有合作就获得这样的收益"。[14]

事实上,若你想在 20 世纪初的美国建立或运营一家大型企业——无论是铁路、市政公用,还是工业——你都要闯过少数看门人中的一个这关,或是取悦他们:洛克菲勒家族,或与其联盟的大家族中的一个(埃尔金斯家族、怀德纳家族、范德堡家族),以获得关键的大量资金,然后去摩根或其他少数几个投资银行中的一个那里获得在市场上发售证券的批准章。这些集团似乎并未互相竞争。1907 年资本紧张的美国电话电报公司需要解救的时候,摩根的代理人 George F.Baker 给出了要么接受要么离开的条款:要么放出你的董事长职位,并改变你整个公司的策略,要么就等着破产吧。美国电话电报公司的现任管理层无法找到另一个协商合伙人,只好同意了 Baker 的条款。[15]

标准石油

洛克菲勒的标准石油公司早期的历史说明了法律创新以及反托拉斯法规对于一战前期所有权与公司组织的影响力。

1865—1867 年:合伙关系

标准石油的合伙关系的起源是 1865 年由 J.D.洛克菲勒和英国工程师 S.安德鲁在克里夫兰的交易中建立起来的,名为"Rockefller & Andrews"。[16]1867 年 3 月 4 日,Henry M.弗莱格勒参与进来,他是洛克菲勒喜欢的那种人,他使洛克菲勒得以从克里夫兰的富商 Stephen V.Harkness 那里融资。[17]W.洛克菲勒,J.D.洛克菲勒的兄弟,提供了华尔街的关系。扩展的"洛克菲勒,安德鲁和弗莱格勒"的合伙关系很快开始需要进一步的资本,且遇到了吸纳外部投资者却不失去控制权的问题。

1870—1878 年:俄亥俄公司

是弗莱格勒找到了解决的方案:1870 年,成立了标准石油公司(俄亥俄),洛克菲勒家族成员持有 50% 的股份,如表 11.1 中显示的那样:J.D.洛克菲勒(董事长)持有 26.7%,W.洛克菲勒的内兄 O.B.Jennings 持有另外的 10%。弗莱格勒(秘书兼财务主管)持有 13.3%,他的亲戚 S.W.哈克尼斯持有 13.3%,S.安德鲁持有 13.3%。[18]

表 11.1　标准石油公司股东(1870 年)

股东姓名	股　份	％
J.D.洛克菲勒	2 667	26.7
H.M.弗莱格勒	1 333	13.3
S.安德鲁	1 333	13.3
W.洛克菲勒	1 333	13.3
S.哈克尼斯	1 334	13.3
O.B.詹宁斯	1 000	10
以前的股东	1 000	10
总数	10 000	

资料来源:Chernow(1998)。

在接下来的 10 年中,标准石油的股权结构变得更为复杂,如表 11.2所示。主要持股人将他们股份的一部分给了家族成员。其他经理以及克里夫兰当地的金融家购入股份。企业以惊人的速度成长起来。

1879—1882 年:俄亥俄托拉斯

根据俄亥俄企业法,标准石油公司(俄亥俄)不得持有其他公司的股份,也不得在本州以外进行经营。事实上,标准石油公司是由纽约百老汇大街 26 号来运营的。1879 年,首次找到了这个问题的合法解决方案,托拉斯协议令我们再次看到了标准石油的股东结构。让标准石油俄亥俄公司的三名中层管理员工(Messrs.Myron R.Keith, George F.Chester, George H.Vilas)在俄亥俄州之外利用托拉斯持有标准石油公司的股份。获得的股息转交到标准石油俄亥俄公司的 37 位股东手中,与其持股成比例(见表 11.2)。[19]股东集团增加到 37 位成员,但是洛克菲勒家族仍旧持有 30％的股份,这使得他们仍旧占据控制地位。[20]

表 11.2　标准石油公司股东(1878 年)

股东姓名	在托拉斯中的部分 (与持有的俄亥俄标准石油公司的股份成比例)	％
W.C.Andrews	990	2.8
John D.Archbold	350	1
F.A.Arter	35	0.1
J.A.Bostwick	1 872	5.3
D.Brewster	409	1.2
Daniel Bushnell	97	0.3
J.N.Camden	132	0.4
H.M.Flagler	3 000	8.6
Hanna & Chapin	263	0.8
S.V.Harkness	2 925	8.4
D.M.Harkness	323	0.9
L.G.Harkness	178	0.5

续表

股东姓名	在托拉斯中的部分 （与持有的俄亥俄标准石油公司的股份成比例）	%
Gustave Heye	178	0.5
John Huntington	584	1.7
Horace A. Hutchins	111	0.3
Estate of Josiah Macy	892	2.5
Chas. Lockhart	1 408	4
W. H. Macy	59	0.2
小 W. H. Macy	28	0.1
A. M. McGregor	118	0.3
O. H. Payne	2 637	7.5
H. W. Payne	292	0.8
O. H. Payne, 代理人	61	0.2
A. J. Pouch	178	0.5
Charles Pratt	2 700	7.7
C. M. Pratt	200	0.6
Horace A. Pratt	15	0
John D. Rockefeller	8 984	25.7
Wm. Rockefeller	1 600	4.6
O. B. Jennings	818	2.3
Henry H. Rogers	910	2.6
W. P. Thompson	200	0.6
J. J. Vandergrift	500	1.4
W. T. Wardell	78	0.2
W. G. Warden	1 292	3.7
Jos. L. Warden	98	0.3
Warden, Frew 公司	485	1.4
总　　数	35 000	100

资料来源：1878 年托拉斯协议(Stevens，1993)。

1882—1892 年：纽约托拉斯

1879 年的托拉斯协议解决了州与州之间的所有权和控制权问题，但是仍旧不那么合理，因为股东基础扩大了，而控制权仍旧掌握在洛克菲勒手中。标准石油的事务律师 Samuel C. T. Dodd 制定了第二份托拉斯协议，这是一个法律杰作，并且深具影响力。[21] 所有标准石油公司的股份都集中到了单一的托拉斯之中，有 9 名代理人，他们对所有的标准石油公司执行中央控制权，但是在形式上什么都没有。跟以往一样，根据持有信托证书的股东所持有的股份比例来分配股息。持有信托证书的股东通过表决来任命代理人，但是洛克菲勒家族、弗莱克勒、佩恩以及哈克尼恩继续持有大部分凭证，代理人的任期是交错的。[22] 事实上，Dodd 成功地创造了一个防收购控股公司，在纽约之外进行着跨州的业务经营，这个协议符合法律条文，但是却不符合法律精神。

1892—1898 年:"利益共同体"

监管机构作出了回应。1889 年,有几个州通过了反托拉斯法,1890 年,国会通过了联邦谢尔曼反托拉斯法,标志着联邦以及州层面上标准石油、反托拉斯改革者以及反托拉斯执法者之间持续斗争的开始。[23]第一次挫折发生在 1892 年 3 月 2 日,那时俄亥俄最高法院判定标准石油托拉斯协议违反了法律,1992 年 3 月 10 日,标准石油托拉斯宣布将解散,按每个成员公司所持有的股份比例兑换信托证书。这让我们有机会注意到:9 位代理人一共持有 50% 以上的信托证书。J.D.洛克菲勒单独就持有 26.4% 的股权,使得他和他的亲信握有所有标准石油公司的主要控制权。[24]

1898—1911 年:新泽西控股公司

在 1888 年到 1893 年之间,新泽西州对其企业法进行了改革,明确说明允许新泽西的企业持有本国其他州公司的股份。结果,新公司数(及本州费用收入)陡增,而新泽西以"托拉斯之家"(即控股公司;Stoke,1930)闻名。1898 年,标准石油紧随其后,新泽西标准石油代替了"利益共同体",将自己转变为新泽西控股公司,并持有其他州的标准石油公司的股份。

标准石油也不例外。法规与维权律师剥夺了他们最初的托拉斯法律手段,他们就转而依靠仍旧可以获得的法律手段:"利益共同体"、控股公司以及完全融合。控股公司的使用频率和完全融合相同,包括像伊斯曼·柯达,美国钢铁以及杜邦公司这些知名的名字(Bonbright and Means,1932:68—72)。

但是,执法者再一次跟了上来。1904 年,最高法院判决了摩根大通牵头的通过北方证券控股公司实施的对大西洋铁路兼并的案例(Ripley,1915),对控股公司作为避开反托拉斯法规的机器在横向联合方面的效率投上了严重怀疑的阴影。更糟糕的是,1911 年,最高法院对美国烟草公司进行裁决,它是通过完全融合建立的,被判违反了反托拉斯法。[25]同年,对于标准石油里程碑式的裁决,使其拆分成成员公司,实际上标志着洛克菲勒对于石油工业掌权的终点。

因此,若我们将 John Moody 视作一个值得信赖的观察者[26],20 世纪初的美国企业控制权就看似非常"正常",此处的"正常"可理解为"和其他国家一样"。极其富有的家族拥有强大的表决权。股票被锁定在"托拉斯"中(表决托拉斯、控股公司、聚合企业),他们的代理人和股东严格监督着经理人。大型金融机构将选择或不选择经理人视为己任,且总体而言尊重互相的相对工业影响力领域。如纽约纽黑文哈特福特铁路公司的董事长 Charles Mellen 在与记者 C.W.Barron 的私人谈话中所说的那样,他是摩根大通公司的奴隶:"我受摩根管束,但是我为此感到自豪。"[27]

但是后来它解散了。

正如 Mark Roe(1994)所述,美国的"货币托拉斯"在 20 世纪的前 20 年受到了强力的政治攻击。民主党扎根于西部与南部,有着像 William Jennings Bryan 和 Woodrow Wilson 这样努力挥举"进步主义"大旗的领袖,他们为自己争取权力,也为减弱来自那个不像美国城市的奇怪地方——纽约的银行家、金融家与工业家对国家经济施加的非法影响力。[28]西奥多·罗斯福首先努力拉拢进步运用,然后通过加入抗击美国的"罪恶大富豪"分裂共和党。

进步主义的批判主要集中在两组问题上。第一是经济力量的简单存在——在这种情况下,某人的经济未来将取决于其对某个特定看门人的取悦。根据进步主义领导人 Louis Brandeis 的观点,这要求具有企业家精神以及创新精神。又有谁敢否定或质疑摩根或洛克菲勒这样的人的判断呢? 正如 1913 年 Brandeis 在私人会见中对摩根的经理人 Thomas Lamont 所说的那样:"你可能没有意识到,但你的确害怕了。"[29] 且 Brandeis 补充道,这种惧怕是一种非常不健康的东西:"我相信,你的地位正在丧失而非提升。"[30]

第二,进步主义者对于公平竞争的信念受到了侮辱,事实是洛克菲勒、摩根以及位于美国金融资本家金字塔顶端的联合集团将利益冲突转化为一种生活方式。投资银行家以及内部大股东主要就是他们自己,他们是企业经理(有信托责任努力将证券以尽可能高的价格出售)的老板,同时也是执行控制经理人或金融中介机构的老板,但两者的利益截然相反。因此,他们就可以自由地牺牲任何一方的利益,或者牺牲双方的利益来获得其个人收益——因为他们既是大股东的主体,又是大规模交易中关键的中介机构的经纪人。在国会调查历史上,几乎没有比 George W.Perkins 的眼界更为开放的了,他是摩根大通公司的合伙人,同时也是纽约人寿的副董事长,他向 Arsene Pujo 的国会调查委员会及其首席律师 Samuel Untermyer 提出,并不存在利益冲突,即使摩根不停地卖出股票,而纽约人寿不停地收购股票,他还是每时每刻都知道他是作为主要股东(摩根的合伙人的职责),关注以高价出售;还是作为政策控股者的代理人(纽约人寿的副董事长的职责),关注以低价买入,于是可以见机行事(Pujo 委员会,1913b)。

以进步主义者的观点来看,这是虚假的无稽之谈。Louis Brandeis(1913)援引了耶稣基督权威来证实此种做法有罪,他推动了金融改革,将会"令基本法可以进行充分的法律制裁,'没有一个人可以分侍二主'……没有一条法律比禁止代理人占据不同职位执行得更严格。董事就是代理人"(第 56 页)。国家城市银行的董事长 Frank Vanderlip[31]——货币托拉斯的"内部人员"之一——回忆过往时代:

> 我反对承销费用,因为我觉得它们太贵了。作为(联合太平洋的)董事,我的职责是站在股东这边,而不是站在 Harriman 这边。我脑中记得那些时候,别人用一种伤人的口吻向我指出,城市银行正在分享着我一直认为过高的承销利润。(第 204—205 页)

利益冲突与渎职并不是问题的全部。如果是的话,为何 McCormick 和 Deering 家族那么急于让摩根合伙人 George W.Perkins 来担任调解人,并设定各自的价格,那么他们的利益就能结合到国际收割机公司中了?[32]尽管如此,进步主义在 20 世纪之初的 20 年中已经足够强大有力,能使金融资本家中介机构或是大股东过不上好日子。

即使是在 1900 年之前,至少有一个家族作出了判断,认为政策压力以及缺乏分散投资合在一起,将是十分大的风险而无法经营。Carosso(1970)叙述了事情的原委。1879 年威廉·范德堡决定售出从其父亲,一名海军准将手中继承的纽约铁路公司的控制权股份。Hoyt(1967)引用了威廉·范德堡的话,"我们受到了国会、法律以及公众的踢打,我觉得我宁愿让其他人替我承受一部分,也不要独自承担"。

在这之前并没有人尝试过类似的事情,你要如何出售一家主要企业的控制股份呢? J.S.摩根和他的儿子 J.P.摩根制定了一个计划。股票的主要市场在英国,J.S.摩根就在那里居住,并进行大部分的经营活动。英国的投资者将会得到一家运营良好的铁路公司的股份,它的轨道优质,线路清晰,从纽约港口一直通向芝加哥。英国的投资者如何确定这条铁路线将继续良好地运营下去呢？J.S.摩根将股票出售给他们的时候，他们将与住在美国的 J.P.摩根签订一份代理委托书，他将在纽约铁路公司董事会上代表他们，并经行代理表决。(a)政策压力与(b)允诺有一个广阔且多样化的市场结合在一起能够以令人满意的价格收购控制股权，引导了通向 Berle-Means 式融资的第一步，而他们在 50 年后才写了这本书。

这个故事中还有更多内容。由于进步运动不仅导致了烟雾或噪音，还导致了一项政府对于经济制高点的主要干预：对标准石油进行反托拉斯诉讼，并导致其最终破裂。

11.3 股东分散投资时代的来临

1911 年，最高法院受理了标准石油的解体。1912 年，Pujo 委员会调查了"货币托拉斯"。1914 年，Louis Brandeis 抨击了"货币托拉斯"的权力，试图将其作为 Wilson 政府政策行动的主要对象之一。1914 年，通过了克莱顿法案，其第七条禁止企业持有竞争公司的控股股权。1932 年，Adolf Berle 和 Gardiner Means 出版了他们的书《现代企业与私人财产》，试图考虑出一个几乎没有大股东，而有很多小股东，且没有沟通渠道与组织的世界带来的后果。1933 年，格拉斯—斯蒂格尔法案将商业银行与投资银行分开。1935 年，公用事业控股公司法案去除了金字塔公用事业帝国建成的任何可能。1948 年，联邦政府避免了解散通用汽车，但尽管如此，还是达成了较小的目标，废除了通用汽车剩余的大股东：杜邦公司。Mark Roe(1994)将这个分裂的过程称为政治的胜利：民粹主义者、进步主义者及其继承者，在其打击个人对美国经济掌权的打击中获得了共鸣，通过法律与机构追踪股东，在此过程中根除一切分散所有者能够组织起监管地位稳固的经理人的方法。事实上，Roe 所写的一切都准确无误，且见解颇为深刻。

11.3.1 标准石油

但是有更多的事情正在发生。考虑 1911 年之后洛克菲勒财富的龙头企业：新泽西的标准石油(现在的艾克森石油公司)。1912 年老J.D.洛克菲勒一人就持有了标准石油(新泽西)的 1/4，正如表 11.3 所示的那样。前 1.5% 的股东持有公司股份的 72%。洛克菲勒家族及其盟友持有并控制了标准石油(新泽西)。然而，在接下来，标准石油(新泽西)的所有权变得非常分散。

表 11.3　标准石油公司大股东(1911 年)

股东姓名	持股%
Rockefeller, J.D.	24.9
C.W. Harkness	4.4
Payne	4.1
Flagler	1.5
Rockefeller, W.	0.8
Archbold	0.6
Pratt	0.5
Jennings	0.4

资料来源：Hidy and Hidy (1955)。

我们有 1912 年至 1950 年股份数与股东数的数据,持有 1 000 股以上股份的股东人数数据,以及标准石油(新泽西)的这些"大"股东持有的累计股权。[33] 不幸的是,"1 000 股"在 1912 年与 1950 年并不相同。1912 年 1 000 股只是公司股本的 1/30 000。1912 年只有 5 832 人持有标准石油(新泽西)的股份。到了 1950 年,则有 222 064 人持股,是 1912 年的 35 倍。

只有这些有限的数据,即使将它们放在粗略比较的基础上,还是需要大胆假设。我们来进行假定。我们大胆假设标准石油(新泽西)的股权上尾的分布服从指数分布[34]:由 B 个股东在任何时候持有的 S 份股票都满足等式 $S = A(B^p)$。 我们利用数据得到一个 A 的对数最小二乘估计值 1.43。[35]

给定 A 的估计值,我们对每年的 p 进行估计,以拟合那一年的数据点:持有 1 000 股以上股份的股东的百分比以及这样的股东所持有的股份百分比。因此——若符合指数定律的假设——我们将数据一致地运用到标准石油公司上去。有两种最有趣的方式可以推出数据:第一,一年一年地估计由最上层 20%的股东所持有标准石油的大致份额;第二,一年一年地对标准石油股东中最小的股东数进行粗略估计,看需要集中多少这样的股东才能控制公司 50%以上的股权。图 11.1 以及图 11.2 呈现了我们的结果。

图 11.1 显示:从 1912—1950 年的时间里集中度的下降令人印象深刻。同时,还显示了我们对于可观察到最大的 20 名股东实际所持股份的百分比(来自临时全国经济委员会的研究)估计出人意料得准确。我们的估计值是 36.2%;实际集中度为 30.2%。

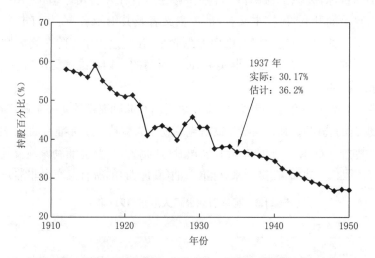

图 11.1　新泽西标准石油:最大的 20 名股东所持股权估计值

资料来源:作者基于 Gibb 和 Knowlton(1976)数据的计算。

我们可能可以解决问题。股东如何进行最小的联合以集中新泽西标准石油 50%以上的表决权? 1912 年,我们的指数衍生估计大约为 8:最大的 8 名股东持有新泽西标准石油一半以上的股份。到 1920 年,发生了相当规模的分散:我们的估计需要 18 个而非 8 个最大的股东集中起来成为大多数。

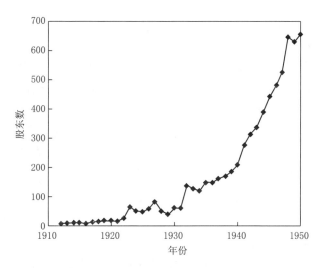

图 11.2 新泽西标准石油：持有 50%以上股份所需股东人数的估计值

资料来源：作者基于 Gibb 和 Knowlton(1976)数据的计算。

　　主要所有者进一步的分散投资导致对于 20 世纪 20 年代末期的估计为 40—80 之间，然后大萧条期间多年的崩溃以及股市下滑造成的动荡使这个数字在 20 世纪 30 年代中期上升到了 150。到 1950 年左右，我们的指数衍生估计告诉我们，需要集中 600 个最大的股东才能控制新泽西标准石油已发行股票的 50%。

　　当然，这些估计受股权指数分布的大胆假设的影响。在最基本的层面，潜在的事实是：1912 年 105 位股东——占新泽西标准石油所有股东的 1.8%——持有新泽西标准石油 75% 的股份。1950 年，2 142 位股东——占大幅增加的新泽西标准石油的股东总数的 0.9%——持有新泽西标准石油股份的 62%。1950 年，你必须集中 2 142 位股东中的大部分而非主要的"大"股东来集中大部分的股份。1912 年，你要集中大部分股份，只需从 105 位股东中挑选出最大的几位股东即可。股权上尾服从指数分布的假设辅助了我们对于股权分散过程特点的理解，也许离真相已经不远了。它并没有产生股权分散的事实。

　　注意到 Roe(1994)所强调的"政治"因素在标准石油(新泽西)股权分散的过程中并没有起到作用，且最终在对公司发展方向以及对管理层继任的决策上，现任管理人员的可能的权力增加了，而所有者的权力则减少了。现任股东售出其股票，预见到了分散投资的价值，通过减少大量持有股票的个别风险的预期成本，这比起失去很容易地聚集起在年会上的控制发言权的能力要值得多，除非想要挑战或替代管理层。在一大半的时间中，分散投资被证明是具有非常强大的影响的。

11.3.2　政治

　　我们所看到的从控制权转向分散投资的转变的影响当然会在 Roe(1994)所强调的政治因素的作用下得以加强。在与别处的银行业的令人惊讶的对比之下，美国的银行业是分裂的——无法跨州建立分行，通常完全无法建立分行。[36]早些时候的国内银行以及后来联邦储备体系的成员不能持有股份。[37]1905—1906 年的 Armstrong 的调查剔除了保险公司，它们可能是执行监管、监控以及控制的吸引人的场所。[38]随着共同基金的发展,它们受到了严格的管制,以至于5%的股权持有或是在董事会占有一席之地就会导致对其流动资金的巨大限制。随着养老基金的发展,它们也受到鼓励成为被动投资者,而非活跃的大量股份的持有者。[39]银行试图找到应对加诸其身限制的方法,它们想变为真正强大的金融中介机构,但这受到了一系列法律约束的阻碍。正如Roe(1994)提出的(第101页):

> 现代银行法——麦克法登法、格拉斯—斯蒂格尔法案、联邦存款保险公司(FDIC)法,以及银行控股公司法——不应被视为分裂了银行体系,(而是)停用了(以往)法律的手段,格拉斯—斯蒂格尔法案停用了法规的另一项策略,但是并不应将其视作破坏了一个真正强大的控股中介机构……美国拒绝建立并改进强大中介机构的体系,它可能平衡大型公司管理层的权力。

11.3.3 通用汽车

但是除此之外还有更多内容。在有大量持股情况存在的地方,环境导致大量持股的规模被消减。考虑杜邦(化学公司)对通用汽车的投资。在一战之后,杜邦前财务主管 John J. Raskob 说服杜邦公司对通用汽车投资 2 500 万美元,作为为杜邦的人造织物、油漆和塑料制品打开可能的汽车市场的途径。它们之间关系变得异常密切起来:P.S.杜邦于1920年成为通用汽车的董事长。20世纪20年代,杜邦持有的通用汽车的股权总共占到了通用汽车已发行股票的1/3。杜邦与通用汽车在20世纪20年代合作开发了冷却剂和汽油添加剂。然而,更重要的是,杜邦的股权支持了 Alfred P.Sloan 的重组计划,使得通用汽车成为美国——乃至全世界首要的汽车公司[40]。

到了20世纪40年代末,联邦政府开始考虑它是否想要试图解散通用汽车以增加汽车工业的竞争性。最终,政府决定不解散通用汽车。然而,由于杜邦的大量持股形成的杜邦化学公司与通用汽车之间的密切联系的确遭到了彻查。1957年,在最高法院举行的美国杜邦诉讼中,杜邦的通用汽车股权的确违反了之前几乎不使用的《克莱顿反托拉斯法》的第7条款。法院裁决杜邦收购通用汽车的股份是出于希望获得"在向通用汽车销售其产品时,相对于其竞争者的非法优先权,以及在开发通用汽车的化学发现时获得进一步的非法优先权"的动机。[41]与事实相伴的影响是至少通用汽车对于杜邦产品的购买一部分是希望能令其所有者开心,这已足以招致剥离股权。通用汽车拥有唯一一个活跃的大股东,足以强大可监管并震慑管理层的日子已经走到了尽头。

11.4　20世纪30年代末期以来的观点

实际上[42]是 Gardiner Means(1931)写的!

> 显然,随着大型公司的股票所有权越加分散,鉴于其控制权,新的条件得以发展形成……控制这些公司的大多数个人不再是支配所有者。相反,没有占支配地位的所有者,且控制权很大程度上与所有权保持分离。

此观点基于 1900 年到 1928 年股东人数增长的分析上(Means,1930;Warshow,1924),且 1929 年年末所有权的分布集中在美国最大的 200 家企业中(Means,1931)。[43]

Means 在预测股东所有权的广泛扩散上当然是正确的。图 11.3 显示了美国三大企业的股东人数。到 20 世纪 20 年代末,美国电话电报公司有接近 50 万股东。宾夕法尼亚铁路公司有 15 万股东。表 11.4 显示了 Means 更为宽泛的公司中股权增长的数目。形式是相同的:广泛的分散投资正在进行中。

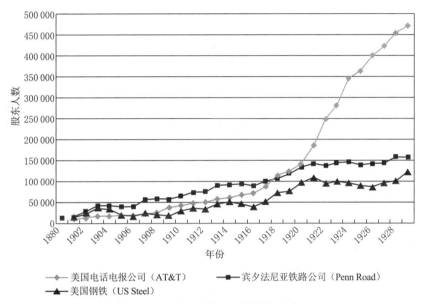

图 11.3 美国三大企业的股东人数

资料来源:作者基于 Means(1930)数据的计算。

表 11.4 股东数的增长,1900—1928 年

公司名	1900 年	1910 年	1913 年	1917 年	1920 年	1923 年	1928 年	增长(%)
工业								
Union Bag and Paper	1 950	2 250	2 800	1 592	1 856	2 263	1 278	−34.5
General Asphalt	2 089	2 294	2 184	2 112	1 879	2 383	1 537	−26.4
Gt. North. Iron Ore	3 762	4 419	4 685	4 855	6 747	9 313	7 456	98.2
Am. Sugar Refin.	10 816	19 551	18 149	19 758	22 311	26 781	2 376	106.9
Am. Car and Foundry	7 747	9 912	10 402	9 223	13 229	16 090	17 152	121.4
U.S. Steel Corporation	54 016	94 934	123 891	131 210	176 310	179 090	154 243	185.6
United Shoe Machy	4 500	7 400	8 366	6 547	8 762	10 935	18 051	301.1
Am. Smelt. and Refin.	3 398	9 464	10 459	12 244	15 237	18 583	15 040	342.6
U.S. Rubber	3 000	3 500	12 846	17 419	20 866	34 024	26 057	768.6
International Paper	2 245	4 096	3 929	4 509	3 903	4 522	23 767	958.7
Am. Locomotive	1 700	8 198	8 578	8 490	9 957	10 596	19 369	1 039.40
Swift and Co.	3 400	18 000	20 000	20 000	35 000	46 000	47 000	1 282.40

公 司 名	1900 年	1910 年	1913 年	1917 年	1920 年	1923 年	1928 年	增长(%)
Stand. Oil of N.J.	3 832	5 847	6 104	7 351	8 074	51 070	62 317	1 526.20
General Electric	2 900	9 486	12 271	12 950	17 338	36 008	51 883	1 689.10
DuPont Powder	809	2 050	2 697	6 593	11 624	14 141	21 248	2 526.50
United Fruit	971	6 181	7 641	9 653	11 849	20 469	26 219	2 600.20
Proctor & Gamble	**1 098**	**1 606**	**1 881**	**2 448**	**9 157**	**11 392**	**37 000**	3 269.80
工业总和	108 233	209 188	256 883	276 954	374 099	493 660	551 993	410
公共事业								
Brooklyn Union Gas	1 313	1 593	1 646	1 834	1 985	1 879	2 841	116.4
Western Union	9 134	12 731	12 790	20 434	23 911	26 276	26 234	187.2
Commonwealth Edison	1 255	1 780	2 045	4 582	11 580	34 526	40 000	3 087.30
Am. Tel. & Tel.	**7 535**	**40 381**	**55 983**	**86 699**	**139 448**	**281 149**	**454 596**	5 933.10
公共事业总和	19 237	56 485	72 464	113 549	176 924	343 830	523 671	2 622.20
铁路								
Reading	6 388	5 781	6 624	8 397	9 701	11 687	9 844	54.1
N. Y. N. H. & Hartford	9 521	17 573	26 240	25 343	25 272	24 983	27 267	186.4
Illinois Central	7 025	9 790	10 776	10 302	12 870	19 470	21 147	201
Pennsylvania	51 543	65 283	88 586	100 038	133 068	144 228	157 650	205.9
Union Pacific	14 256	20 282	26 761	33 875	47 339	51 022	47 933	236.2
Chicago and Northwestern	4 907	8 023	11 111	13 735	19 383	21 555	16 948	245.4
Del. Lack. and Western	1 896	1 699	1 959	2 615	3 276	6 650	7 957	319.7
Atlantic Coast Line	702	2 278	2 727	3 404	4 422	5 162	4 213	500.1
Chesapeake and Ohio	1 145	2 268	6 281	6 103	8 111	13 010	6 885	501.3
Great Northern	**1 690**	**16 298**	**19 540**	**26 716**	**40 195**	**44 523**	**43 741**	2 488.20
铁路总和	99 073	149 275	200 605	230 528	303 637	342 290	343 585	246.8

注：增长一列显示了 1900 年到 1928 年的增长。

资料来源：Means(1930，表格Ⅱ)及作者的计算。

Means 试图对"控制企业资源的权力和其中所有权利益的分离"进行五级分类。层级从(a)几乎完整的所有权到(b)主要控制权，(c)通过法律机制的控制权(金字塔、无表决权优先股或普通股、表决托拉斯)，(d)通过股息的小部分控制权，直到(e)管理层控制权。[44]

通过很少的(或没有)所有权来控制的关键是管理董事会选举的规则。德国附加在无记名股票上的表决权一般会落入储蓄银行之手；在美国，通过信件和录音进行代理表决所有权，事实上将这些表决权交到了现任董事会董事的手中：

> 一般，在选举中，股东有三个选择。他可以不进行表决，可以参加年会并进行个人表决(或指定一个人代理参加)，或者可以签署一份代理委托书，将其权力转交给某些由企业管理层选出来的个人，代理委员会……控制权往往在选择代理委员会的人手中，而反过来，他们可能选出随后期间的董事。由于这个委员会是由现任管理层任命的，后者实际上可以决定他们自己的继任者。

代理流程是 1933 年《证券交易法》⑤起草人的主要顾虑的问题,这并不是什么巧合,而且直至今日,仍旧如此。⑥

图 11.4 和图 11.5 显示了 Means 对 20 世纪 20 年代末大型企业的当前企业控制与最终企业控制权的分类,从控制权追踪对企业资产有最终控制权的公司。在最终控制权方面,管理层控制权成为美国企业控制权的支配力量。

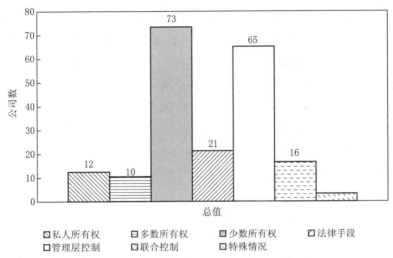

图 11.4　1930 年美国最大的 200 家公司的当前企业控制权

资料来源:Means(1931)。

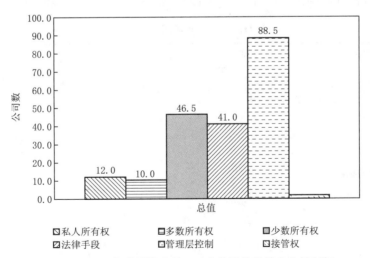

图 11.5　1930 年美国最大的 200 家公司的最终企业控制权

资料来源:Means(1931)。

从我们的角度看来,Means 对于 1929 年年末企业控制权的评估并不令人满意。首先,从概念上来说,他的分类并没有区分支配着由一群"应声虫"组成的董事会的 CEO 兼董事长的控制权,和通过由家族支配、自我任命的董事会来执行微弱所有权家族的控制权。[47]第二,Means(1931)以及 Berle 和 Means(1932)的数据使我们无法区分通过所有权实施的家族控制权,通过董事会实施的家族控制权,以及管理层控制权。第三,由 Means(1931a)汇编的数据并不完整,也不完全可靠。

为了考察家族控制权,我们转而参照最早综合了可靠的美国最大的 200 家企业的大股东控制权的截面数据——临时国家经济委员会(TNEC)的"经济权力集中研究"。[48]TNEC 的报告是从 SEC 档案以及 SEC 员工调查问卷中辛苦汇编起来的,认为是允许别人"首次能够精确地查明每个大型企业的广泛集团的最大控股的重要性"(Gordon,1945:31)。[49]TNEC(1940)的报告反映了 1937 年年末一般的所有权状况,包含了 200 家最大的企业——无论其是否上市——的记录所有权、实益所有权、股票等级,以及董事的姓名和持股信息。更为重要的是,TNEC 包含了控制权分类,比 Means(1931)的数据更适合于我们的研究。TNEC 分类还基于最大表决权股的规模,但它同时还考虑了其他股份的分配以及股东在董事会的列席情况。[50]

表 11.5 根据公司数和占总资产的百分比显示了控制权的分布。图 11.6 显示了 TNEC 公司最大的股权持有规模,图 11.7 显示了潜在的股权控制集团的类别。注意图 11.8 中显示的公用事业公司和其他公司之间的重要区别:公用事业公司的所有权最为多样、分散,其试图将公用事业集中到一个更为集中的控制结构中,但被金融与政治的联合所击溃——Morgan 所引领的对 Samuel Insull 的公用事业帝国的突袭与瓜分,然后是 1938 年的公用事业控股公司法案。公用事业公司证明了很多 Means(1931)最初得到的结论。金字塔是主要局限于公用事业部门的现象。公用事业部门也是对于处于金字塔顶端的公司进行广泛控股的部门。因此,在考虑"最终"所有权时,正是公用事业部门的金字塔的特殊类型引导市场增加了分散性。

表 11.5　1938 年美国企业控制权

控制集团	制造业	铁路	公共事业	其他	所有公司
数量(个)					
单一家族集团	28	1	5	9	43
两个或以上家族的集团	23	2	3	8	34
家族和企业集团	5	0	0	1	6
单一企业集团	4	8	25	5	42
两个或以上企业的集团	2	3	8	1	14
无主要持股人的集团	34	15	4	8	81
50%—100%	10	6	20	4	42
30%—50%	17	7	7	8	37
10%—30%	28	1	12	9	47
10%以下	9	0	2	3	13
无大股东	34	15	4	8	61
总数	96	29	45	30	200
占总资产百分比(%)					
单一家族集团	29.2	3.4	11.1	30	21.5

续表

控制集团	制造业	铁路	公共事业	其他	所有公司
两个或以上家族的集团	24	6.9	6.7	20	17
家族和企业集团	5.2	0	0	3.3	3
单一企业集团	4.2	27.6	55.6	16.7	21
两个或以上企业的集团	2.1	10.3	17.8	3.3	7
无主要持股人的集团	35.4	51.7	8.9	26.7	30.5
50%—100%	10.4	20.7	44.4	13.3	21
30%—50%	17.7	24.1	15.6	20	18.5
10%—30%	27.1	3.4	26.7	30	23.5
10%以下	9.4	0	4.4	10	6.5
无大股东	35.4	51.7	8.9	26.7	30.5
总数	100	100	100	100	100

资料来源：TNEC 数据以及作者的计算。

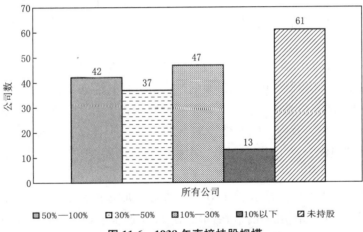

图 11.6　1938 年直接持股规模

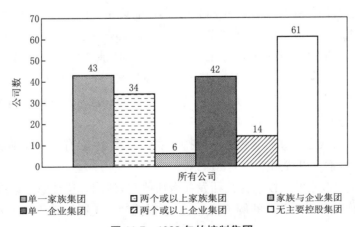

图 11.7　1938 年的控制集团

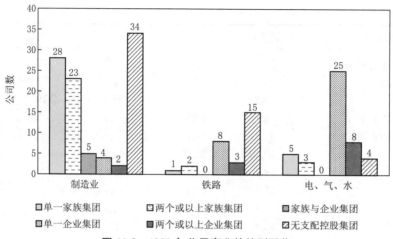

图 11.8　1938 年公用事业的特别配售

　　TNEC 的 200 家最大的企业的名单包括了一些公司,它们是名单上其他公司的子公司(复杂和金字塔控股)。Gordon(1945)认为这包含了所有权集中性统计的向上偏差,并从样本中剔除了 24 家子公司(21 家由一个企业握有多数所有权,还有 3 家是租赁生产线)。

创始人去往何方?

　　TNEC 样本给了我们所需的数据,令我们能够回答我们的关键问题:所有的创始人去往何方? 在 TNEC 的 1938 年截面中美国最大的 200 家企业中的 96 家属于制造业,其中的 34 家(35.4%)没有主要大股东。最大的投资人是荷兰的机构投资者[50]以及加拿大阳光人寿保险公司,持有 5% 以下的股份。我们向后追踪了 34 家没有主导所有权利益的工业公司的起源。结果显示,1939 年的“现代企业”的源头在第一次横向兼并浪潮、托拉斯激励以及反托拉斯措施中就已出现。

　　表 11.6、表 11.7 和表 11.8 显示了 TNEC 无主导大股东的制造业企业的截面数据,以及 John Moody 在 1904 年的最初的托拉斯名单。在 20 个例子中,公司的名字之间有着直接的关联。有 3 例,公司改换了它们的名字:大西洋和大陆炼油公司(Atlantic Refining and Continental Oil)是标准石油托拉斯(Standard Oil Trust)的成员,于 1911 年解散;巨蟒矿业公司(the Anaconda Mining Company)是联合铜业公司(Amalgamated Copper Company)之前收购的一家子公司;1901 年伯利恒钢铁公司(Bethlehem Steel)是美国造船托拉斯(United States Shipbuilding Trust)的成员——尽管后来其得到快速扩张。有 10 家公司无法找到其直接的托拉斯源头。尽管如此,令人惊讶的是 20 世纪 30 年代 2/3 的无大股东制造业企业在一代之前就已是 Moody 金融资本家军团的一分子了。

　　为何托拉斯的形成会导致所有权被广泛持有呢? 看看 24 家有着托拉斯源头的被广泛持有的制造业公司,我们可以找到三个主要原因。

　　(1)最初的主要股东的股权被托拉斯发起者所收购,他们希望能够套现并减少证券交易组合浮动的杠杆作用。最为著名的例子就是 J.P.摩根控制的美国钢铁收购了安德鲁·卡耐基的股份。

表 11.6　TNEC 无支配所有权利益且其起源为托拉斯的工业企业

公司名	在 Moody/注释中的名称与页码	成立年份	州
Allis-Chalmers Manufacturing Co.	Allis-Chalmers Company(p.454)	1901	NJ
American Car & Foundry Co.	American Car & Foundry Co.(p.455)	1899	NJ
American Radiator & Standard Sanitary Corporation	American Radiator Company(p.456)	1899	NJ
American Smelting & Refining Co.(ASARCO)	American Smelting and Refining Company (and affiliated companies)(Greater Trust; p.45)	1891	NJ
American Sugar Refining Co.	American Sugar Refining Company (and affiliated companies)(Greater Trust)	1891	NJ
American Tobacco Co.	Consolidated Tobacco Company (and affiliated companies)(Greater Trust; p.69)	1901	NJ
American Woolen Co.	American Woolen Company(p.457; p.236)	1899	NJ
Anaconda Copper Mining Co.	Amalgamated Copper Company(Greater Trust)	1899	NJ
Armour and Co.	Armour, Swift, National Packing, Cudahy (and affiliated interests)(p.457)	1868	NJ
Atlantic Refining Co.	Standard Oil Company (Standard Oil, Greater Trust)	1899	NJ
Bethlehem Steel Corporation(Delaware)	United States Shipbuilding Company (p.344; part of shipbuilding trust)	1902	NJ
Borden Co.	Borden's Condensed Milk Company(p.458)	1899	NJ
California Packing Corporation	California Fruit Canner's Association	1900	CA
Continental Oil Co.	Standard Oil Company(Conoco, Standard Oil)	1911	NJ
Corn Products Refining Co.	Corn Products Company(p.459)	1902	NJ
Eastman Kodak Co.	Eastman Kodak Company(p.460)	1901	NJ
General Electric Co.	General Electric Company(p.460)	1892	NY
Pullman Inc.	Pullman Company(p.464)	1897	IL
Pure Oil Co.	Pure Oil Company(p.464)	1895	NJ
Union Carbide & Carbon Corporation	Union Carbide Company(p.465)	1898	VA
Union Oil of California(UNOCAL)	Not in Moody. Independent oil company.	1890	
United Fruit Co.	United Fruit Company(p.465)	1899	NJ
United States Steel Corporation	United States Steel Corporation(Greater Trust)	1901	NJ
United States Smelting, Refining & Mining Co.		1899	NJ
Westinghouse Electric Manufacturing Co.	Westinghouse Companies(p.466)	1899	IL

资料来源:TNEC(1940:1502—1504)以及 Moody(1907:453—478)。

表 11.7　TNEC 无支配所有权利益且无明显为托拉斯起源的工业企业

公 司 名	注　释	成立时间	州
American Rolling Mill Co.(ARMCO)		1901	
B.F.Goodrich Co.		1870	
Continental Can Co.Inc.	在横向兼并浪潮之后成立	1913	
Goodyear Tire & Rubber Co.	1921 年获得接管权,由债权人接手控制权,封杀了创始人,并分散所有权	1898	OH
Kennecott Copper	古根海姆与其他利益团体的合并公司	1914	
Mid-Continent Petroleum Corporation	没有找到信息		
National Distillers Products Corporation	没有找到信息		
Texas Corporation(Texaco)	独立的石油公司	1902	
Wilson & Co.Inc.	肉类包装公司		

资料来源:TNEC(1940:1502—1504)以及 Moody(1907:453—478);Goodyear 来自 Allen(1949)。

表 11.8　1904 年 1 月 Moody 的大工业托拉斯

公 司 名	成立年份	州	收购或控制的厂数	已经发行的股票和债券的总市值	排名(1939 年)
Amalgamated Copper Co.	1899	NJ	11	175 000 000	前 200
American Smelting and Refining Co.	1899	NJ	121	201 550 400	前 200
American Sugar Refining Co.	1891	NJ	(约)55	145 000 000	前 200
Consolidated Tobacco Co.	1901	NJ	(约)150	502 915 700	前 200
International Mercantile Marine Co.	1902	NJ	6	170 786 000	已倒闭
Standard Oil Co.	1899	NJ	(约)400	97 500 000	已解散
United States Steel Co.	1901	NJ	(约)785	1 370 000 000	前 200

资料来源:Moody(1907:453);TNEC,以及公司历史。

(2) 在托拉斯中占有主要所有地位的托拉斯发起者被反托拉斯行动迫使重组控制权。突出的例子就是于 1911 年解散的新泽西标准石油控股公司。尽管洛克菲勒家族成员在解散前的个体公司中获得了平等的所有权,但很显然,若他们试图影响或协调这些公司的活动,就会有进一步的反托拉斯行动。抵制有影响力的所有者的反托拉斯行动在其他情形中也十分重要,尤其是在家族在相关企业持有大量股份的时候。经典的例子就是杜邦家族在 1917—1919 年通过杜邦化学公司收购通用汽车 23% 的股份。在政府根据 1914 年克莱顿法案提起的诉讼下,杜邦公司被迫售出其大量股份。[52]

(3) 最初的所有者和/或托拉斯发起人出售了其所有权股份,但试图通过家族附属董事来支配董事会,以保住其对于托拉斯的控制权。前种情况的一个突出的例子是 ASARCO,古根海姆家族持有其接近 50% 的所有权股份,并在数年之后售出,而保留了董事会控制权(至少有一段时间)。后一种情况的一个极佳的例子又是美国钢铁,四位摩根大通的合伙人成为新成立的托拉斯的董事会成员(Chernow,1990)。这种机制在一些没有明确托拉斯渊源的被广泛持有的公司中同样十分重要,如 B.F.Goodrich 公司(David Goodrich 是董事会主席),Wilson 公司(Edward Foss Wilson 是总裁兼董事;Thomas E.Wilson 是董事会主席)以及 Kennecott 铜矿公司(古根海姆家族中有 3 位是其董事会成员)。

在没有主要所有权的所有 34 家公司中,Means(1931)以及 Berle 和 Means(1932)所强调的所有权与控制权的分离,在 20 世纪 30 年代末完成。

最初的所有者以及托拉斯发起者究竟为何出售了其控制股权?一个原因——Dewing(1919)强调——就是美国股市给了他们以高于其价值的价格出售股票的机会。"医师、教室、牙医以及牧师"组成了"易上当者名单"的"快乐猎场",他们被"狡猾而欺骗性"的手段说服,去购买"高投机性的垃圾证券"。第二个原因是 Morgan 及其同僚——George F.Baker、James Stillman、Frank Vanderlip——的非凡成功,他们并非通过欺骗进行投资的公众,而是通过良好的纪录说服投资公众,他们绝对不会欺骗大家。正如 DeLong(1991)预测的那样,由摩根大通发起并组织的大型工业联合总体上是十分不错的投资。鉴于创始人对特别股或是优先股的放心,兼并竞争者,在董事会保留一席之地,并将 Morgan 名字的分量置于新建多元化企业之后,所有的这一切都抬高了创始人家族可拿到的其控制股份的价格。而且,这个策略似乎并不涉及不可避免的控制权损失,或者说它在一段时间内似乎如此,除非摩根的合伙人以及创始人死亡或从董事会离任,并被管理层选择的人取而代之。

因此,范德比尔特和卡耐基的股份被收购了,给他们的出价十分诱人,令他们无法拒绝;Havemeyer、洛克菲勒还有杜邦因政府的反托拉斯政策被迫出局;古根海姆家族分散了所有权,却仍希望能保持对董事会的控制。他们中大多数或早或晚都转为公益机构了。事实上美国并不应是贵族的土地,加之泰迪·罗斯福对于"罪恶大富豪"的嘲笑,刺痛了人心。所以洛克菲勒向芝加哥大学以及洛克菲勒大学捐赠。卡耐基建立了 3 000 座图书馆,购买了 4 100 所教会机构,并建造了卡耐基音乐厅、卡耐基研究院,以及海牙和平宫。他说,"握着财富死去将令人蒙羞"。随着创始人家族将其兴趣转向别处,控制权一点一点地滑入了经理人的手中。

第二次世界大战之后,控制权转移的进程在继续,家族也在继续衰落。考虑一下可口可乐公司的例子。1919 年,Woodruff 家族收购了该公司。1923 年,George Woodruff 成为 CEO。1938 年,Woodruff 家族直接或间接地持有 39％的股份,并主持董事会,还拥有一个董事席位。现在呢?伯克希尔—哈撒韦和太阳信托银行是唯两个持有 5％股份的股东。董事会没有 Woodruff 家族成员的位置了。

11.5 结论

因此,我们所说的这个故事似乎不那么简单明了。美国确实与众不同。但是其例外的原因并不简单。Mark Roe 说得对:政治相当重要。反托拉斯政策,反对"货币托拉斯"以及"权力托拉斯"的运动,揭发黑幕,以及民粹主义说明凡是集中的就将成为众矢之的。为何不(a)避免成为目标以及(b)从分散投资中获益,即使代价是所有者利益与管理人行动之间会产生额外的沟壑？

但是其他事情也很重要，而且可能更为重要。例如，美国镀金时代的上流社会向公益性质的转变显然也是重要的。而且，继承税的作用也是如此。美国投资银行的复杂性以及潜在股票所有者群体的规模之大，似乎使得创始人家族将其自身从控制权中脱身出来，并且可能不用受到严惩。La Porta 所强调的合法股东保护以及创造机会只需略微（或没有）折价就能出售的公司有多么重要？其他因素又有多重要？我们真希望知道答案。

我们确实知道的是托拉斯发起人以及投资银行家将大量股份发售给更为广泛的投资人的能力是所有权分散的一种重要驱动因素。我们还发现了轶事证据，"疯狂融资"——可以通过投资牛市迅速致富的信念——对这种能力是有帮助的，就像 20 世纪 90 年代后期互联网风靡以及兼并与收购狂潮时期那样。

同样重要的是，创始家族中没有人——如果有的话也是极少数——认为他们会将控制权拱手让给受薪管理人。他们相信，他们能够维持对董事会的支配，他们将其视为自己永远的公司。也许他们是希望分散的股东能够跟随自己的领导，并在董事会选举时投他们一票？他们的错觉就是即使控股股权并不持久，他们也能保留控制权，但这终究只是一个错觉。20 世纪末，甚至约翰·D.洛克菲勒自己都发现，开除印第安纳标准石油的总裁真是一场艰苦卓绝的斗争。

企业治理的基本问题——如何令经理人对投资者负责，保护小投资者免受大投资者的欺压，给予经理人合适的激励，以及处理冲突和利益问题——很常见，但在解决方案上却有"令人惊异的国际多样性"。而且，似乎没有一个体制是持久且显然更优的，即便美国也无法做到，随着安然丑闻以及惠普公司管理层涉嫌操纵选举，这一点已经很明确了。

改变企业治理结构的成本很高，收益的可能性则是未知的，美国体系的宏观经济优势的论断可能还会持续，就像 20 年前论断日本体制的优越性一样。政治差异性，组织惯性，以及效率明显、持久优势的欠缺，将维持模式多样化的现状。

也许相信企业控制权多样化会持续是正确的。但是一方面——每个公司的股东人数——一些上市公司之间的聚合是有可能的。有广泛股东基础的公司通过纽约和伦敦市场募集养老基金资金就会容易些。人口老龄化，尤其是在欧洲，以及接下来至少需要部分地将量入为出的养老金计划转换为资本化的方式，这产生了一种趋势，使股市的作用变得更为重大了。股票指数供应商不断增加对拥有大股东公司的"惩罚"，限制其规模所对应的指数权重以及"自由浮动"值。

但即使公司拥有众多股东的做法变得更加盛行，他们治理起来也未必与之类似。正如英国的情况，如此广泛分布的所有权与分散的表决权是相容的，与竞争性的董事会控制也是相容的。但是它与名义上根据股东利益执行的非竞争性的董事会控制权也是一致的——正如美国的情况，与自戕式防御以及地位稳固的董事相容或者与荷兰的优先股股东——拥有单一企业董事会董事的提名权——也是相容的。

在他们的理想世界中，机构投资者与教授可能会支持与英国模式的融合——而非美国模式。我们有理由相信，每个人都会根据国际会计和信息披露标准披露他们靠道路的哪一侧驾驶，但是绝不可能所有人最终都靠左行驶。

附录

双级股票

用双级股票进行差分表决权资本化是保障相对所有权比例较小且往往是几乎没有所有权的企业的表决控制权的有力手段。运用最为广泛的协议包括将表决与无表决权股和表决比率——表决票与必须投资以保障表决权的资本的比例——结合起来,这取决于发行股份的相对量。[53]表决比率为1∶10的双级结构在丹麦(Neumann,2003)、挪威(Bohren and Odegaard,2001)和瑞典(Hogfeldt,2004;Agnblad et al.,2001)十分普遍。[54]在荷兰(以及英国)是有可能发行优先(或递延)股的,它们包含了既定的特殊权力——例如,为董事会选举作出有约束力的提名的专权,还有可能在没有表决权的情况下将表决信托证书上市发售(De Jong et al.,2001)。

当今的美国在规章条例上并无例外。很多州的法律都允许企业发行无表决权股、有限表决权股、条件表决权股或者多重表决权股。实际上,美国企业比起英国的企业更为放纵,但它们比加拿大的企业受到更多限制。1994年美国有100家双级股票公司至少有一个级别的股票上市发售,到2001年稳步上升到215家公司。最为常见的表决比率为1∶10,但是在很多情况下这个比率可以更高(Gompers,Ishii and Metrick,2004,表格3)。[55]知名的双级股票公司包括伯克希尔—哈撒韦公司、维康公司、福特汽车公司、箭牌,以及好时食品。

然而,历史上美国的例外之处在于其确实缺乏由具有差别表决权的普通股资本化的双级股。这种缺失归因于纽约证券交易所上市规则所施加的限制,并不支持偏离"一股一票"以及其他违反纽约证券交易所(NYSE)所认为的"企业民主、责任、诚实与对股东的责任"合适的标准的做法(Seligman,1986:689)。直到1985年纽约证券交易所上市手册的相关部分才明确规定:"从1926年开始,纽约证券交易拒绝无表决普通股上市"(NYSE,1983,313.00;在Seligman,1986,第690页引用)。纽约证券交易所还"认为在正常情况下,任何将表决权分配到层级股而非普通股的行为应该与这些层级的股东利益合理联系起来"(NYSE,1983,313.00)。纽约证券交易所还认为,若在六个连续季度股息分配无法执行,优先股股东应该有权任命至少两名董事(NYSE,1983,313.00)。[56]更为根本的,我们想知道纽约证券交易所为何在反对家族和发起人通过发行无表决权普通股来保住表决控制权方面的立场如此坚定。但是在回答这个问题之前,我们首先会考察1926年之前无表决权股的使用究竟有多么广泛。

美国企业的股本按照传统一般被分为优先股和普通股。[57]尽管并没有一般的规则,优先股往往有"优先的资产留置权,优先的收益留置权,以及累积股息的权力"(Dewing,1934:137)。无表决权优先股发行时有完全表决权、无表决权或是有条件表决权,只有当满足(或不满足)某些条件时才能获得表决权,例如,若股息没有支付。[58]分类普通股从1917年才开始使用(Dewing,1934:195)。若管理层就此决定,那么在非累计股息方面,B类股隶属于A类股,而B类股有完全的表决控制权(Dewing,1934:196—197)。[59]实证上,1937—1939年美国200家最大的企业(TNEC，1940)发行了404只不同类型的股票:208只普通股与196只优先股。在这些发行的优先股中,61只有条件表决权,只有21只没有表决权。[60]在普通股中,我们发现只有8只无表决权普通股,而且只用到了三次来保障企业控制权。[61]两个发现都与文献一致:"在优先股的情况中,只有相对极少的工业股是完全无表决权的。"(Stevens，1926:360)那么无表决权普通股为何如此有争议,而更早、使用更频繁的无表决权优先股又为何没有引致同种争议呢?要回答这个问题,就要回顾1926年以前对于美国企业资本结构的考虑的历史。以我们在本文前面部分强调过的横向合并开始,资本化,尤其是"过度资本化"("股份掺水")是主要企业融资教科书的主题(Mead，1926；Dewing，1918，1934),参与其中的有探听丑闻的新闻记者(Lawson，1906)、愤怒的教授(Ripley，1927)、财经新闻、政治家以及监管机构。[62]除了有形资产"水分"的等价重置价值,证券又是根据什么发行的? 什么证券可以而且应该根据"信誉"来发行? 信誉什么时候成了水分? 投资者应将多少免费的现金流交到发起人与管理层的手中? 如何衡量无形资产的价值?

这个问题被Graham和Dodd(1934)强调的兰开伍尔沃斯公司的首次公开发行很好地说明了。[63]公司损益平衡表上资产一边分为有形资产和"信誉"。后者价值5 000万美元。在负债一边,有50万股普通股,面值为每股100美元,与信誉抵消,而优先股抵消了有形资产的价值。到了1925年,信誉减记为1美元,来自收入和利润。股票掺水的存在与程度取决于有形资产的价值,无形资产的价值,以及根据哪种资产类别发行哪种证券。[64]

Ripley是铁路融资方面的著名学者,对像他这样的传统主义者而言,企业融资的一些"现代"技术已失控。对无表决权的A类普通股日益增加的运用正是不可接受的发展的顶峰。投资者放弃了他们所有的控制权,并造就了"与生俱来的权利的浓汤"(Ripley，1927:78)。根据Ripley、Mead、Stevens以及Dewing的观点,资产是对具有(有条件)控制权的现金流的要求权。他们并没有现代契约理论见解的知识,就认为某些债权资产应该与某些对于债券与股东的(有条件)控制权相匹配。Ripley对于双级普通股的反对是由其关于一种"好的"资本化应该是什么样子的信念所激发的。在传统的铁路融资下,普通股是依据声誉发行的,其价值主要取决于管理层的品格。因此,普通股股东要求,并且也得到了表决权。剥夺普通股股东任命董事会的权利,从而参加管理层选举,至少在理论上被认为是一种暴行。

正是基于这个背景,Ripley(1927)宣称1924—1925年的A类(无表决权)普通股的发行,将使这12个月"以普通股分裂和消逝的股东之年的名字载入史册——就如瘟疫之年,或是大风之年"。Ripley在给政治科学院的信中强烈地表达了他的观点(1925年10月28日),引起了显著的回响,其出版在《国家和大西洋月刊》上,并进一步刊在《纽约时报》上。除了少数例外,公众与官方的情绪都如此强烈,在1926年到1986年间,纽约证券交易所没有再令无表决权普通股上市发行(Seligman，1986:695—697)。

无表决权股这段给了Roe(1994)"分裂的金融"的观点支持。Ripley(1927)攻击的主线再次对准了投资银行家族,他们是美国企业融资不良发展背后的发动机,他在"主街和华尔街"严厉地对此进行了谴责。然而,为了能完全确定是什么促使纽约证券交易所作出这样的决策,还需要更多的临床研究。[65]

参考文献

Barca, Fabrizio, and Marco Becht, eds. 2001. The Control of Corporate Europe. *The Control of Corporate Europe*. Oxford: Oxford University Press.

Bebchuk, Lucian Arye. 2003. Symposium on corporate elections. Harvard Law and Economics Discussion Paper no.448. November. http://ssrn.com/abstract=471640.

Bebchuk, Lucian Arye, and Jesse M.Fried. 2003. Executive compensation as an agency problem. *Journal of Economic Perspectives* 17:71—92.

Becht, Marco, Patrick Bolton, and Ailsa A.Röell. 2002. Corporate governance and control. ECGI Finance Working Paper no.02/2002. European Corporate Governance Institute. http://ssrn.com/abstract=343461.

Berle, Adolf, and Gardiner Means. 1932. *The Modern Corporation and Private Property*. New York: Macmillan.

Black, Bernard S. 1998. Shareholder activism and corporate governance in the U.S. In *The New Palgrave Dictionary of Economics and the Law*, ed. Peter Newman. London: Macmillan.

Black, Bernard S., and John C. Coffee, Jr. 1994. Hail Britannia? Institutional investor behavior under limited regulation. *Michigan Law Review* 92:1997—2087.

Bonbright, J. C., and G. C. Means. 1932. *The holding Company: Its Public Significance and Its Regulation*. New York: McGraw-Hill.

Bork, Robert. 1978. *The Antitrust Paradox*. New York: Free Press.

Brandeis, Louis. 1913. *Other People's Money—and How the Bankers Use it*. New York: Stokes.

Burrough, Bryan, and John Helyar. 1990. *Barbarians at the Gate: The Fall of RJR Nabisco*. New York: Harper Collins.

Carosso, Vincent. 1970. *Investment Banking in America*. Cambridge, MA: Harvard University Press.

Carosso, Vincent P., and Rose C. Carosso. 1987. *The Morgans: Private international Bankers, 1854—1913*. Cambridge, MA: Harvard University Press.

Carstensen, Fred. 1989. A dishonest man is at least prudent: George W. Perkins and the International Harvester Steel properties. Storrs, CT: University of Connecticut.

Chandler, Alfred. 1977. *The Visible Hand: The Managerial Revolution in American Business*. Cambridge: Harvard University Press.

Chernow, Ronald. 1990. *The House of Morgan*. Boston: Atlantic Monthly Press.

Davis, Stephen. 2004. Culture shift shakes corporate America. *Financial Times*, March 14.

DeLong, J. Bradford. 1991. Did J. P. Morgan's men add value? A historical perspective on financial capitalism. In *Inside the Business Enterprise*, ed. Peter Temin. Chicago: University of Chicago Press.

Dewing, Arthur S. 1919. *The Financial Policy of Corporations*. New York: Ronald Press.

Dodd, S.C.T. 1893. The present legal status of trusts. *Harvard Law Review* (November).

Donaldson, William H. 2003. Introductory remarks at the October 8 open meeting: Proxy access proposal. U.S. Securities and Exchange Commission. Washington, D.C., October 8.

Douglas, William O., and James Allen. 1940. *Democracy and finance: The addresses and Public Statements of William O. Douglas as member and chairman of the Securities and Exchange Commission*. New Haven, CT: Yale University Press.

Drucker, Peter. 1976. *The unseen revolution: How Pension fund Socialism Came to America*. New York: W.W. Norton.

Dunlavy, C.A. 1998. Corporate governance in late 19th century Europe and the U.S.: The case of shareholder voting rights. In *Comparative Corporate Governance: The State of the Art and Emerging Research*, ed. K.J.Hopt, H.Kanda, M.J.Roe, E.Wymeersch, and S. Prigge. Oxford: Oxford University Press.

Galbraith, John Kenneth. 1967. *The New Industrial State*. New York: Houghton Mifflin.

Garraty, John. 1960. *Right-hand man: The Life of George W. Perkins*. New York: Harper and Brothers.

Gerschenkron, Alexander. 1962. *Economic Backwardness in Historical Perspective*. Cambridge: Harvard University Press.

Gibb, George, and Evelyn Knowlton. 1976. *History of the Standard Oil Company*. New York: Harper.

Gillan, Stuart, and Laura Starks. 1998. A survey of shareholder activism: Motivation and empirical evidence. *Contemporary Finance Digest* 2:10—34.

Harbeson, Robert W. 1958. The Clayton Act: Sleeping giant of antitrust? *American Economic Review* 48(1): 92—104.

Hawley, Ellis Wayne. 1966. *The New Deal and the Problem of Monopoly: A study in Economic Ambivalence*. Princeton, NJ: Princeton University Press.

Hofstadter, Richard. 1964. The paranoid style in American politics. *Harper's Magazine*.

Holderness, Clifford G., Randall S. Kroszner, and Dennis P. Sheehan. 1999. Were the good old days that good? Changes in managerial stock ownership since the Great Depression. *Journal of Finance* 54:435—469.

Holmstrom, Bengt, and Steven N. Kaplan. 2001. Corporate governance and merger activity in the United States: Making sense of the 1980s and 1990s. *Journal of Economic Perspectives* 15:121—144.

Hoyt, Edwin Palmer. 1967. *The Guggenheims and the American dream*. New York: Funk & Wagnalls.

Huertas, Thomas, and Harold Cleveland. 1987. *Citibank*. Cambridge, MA: Harvard University Press.

Karpoff, Jonathan M. 1998. The impact of shareholder activism on target companies: A survey of empirical findings. University of Washington School of Business.

Krugman, Paul. 1996. *The Self-organizing Economy*. Cambridge, MA: Blackwell.

La Porta, Rafael, Florencio López-de-Silanes, and Andrei Shleifer. 1999. Corporate ownership around the world. *Journal of Finance* 54(2):471—517.

Lamont, Thomas. 1913. *The Brandeis talk*. Thomas W. Lamont Papers, Box 84. Boston: Harvard Graduate School of Business.

Lawson, Thomas. 1905. *Frenzied Finance: The Crime of Amalgamated*. New York: Greenwood.

Leech, Dennis. 1987. Ownership concentration and control in large U.S. corporations in the 1930s: An analysis of the TNEC sample. *Journal of Industrial Economics* 35:333—42.

Means, Gardiner C. 1930. The diffusion of stock ownership in the U.S. *Quarterly Journal of Economics* 44: 561—600.

——. 1931. The separation of ownership and control in American industry. *Quarterly Journal of Economics* 46:68—100.

Moeller, Sara B., Frederik Paul Schlingemann, and Rene M.Stulz. Wealth destruction on a massive scale? A study of acquiring-firm returns in the recent merger wave. *Journal of Finance*, Forthcoming http://

ssrn.com/abstract_571064.

Moody, John. 1904. *The Truth about the Trusts*. New York: Moody.

Paine, Albert. 1921. *Theodore N. Vail: A Biography*. New York: N.p.g.

Piketty, Thomas, and Emmanuel Saez. 2001. Income inequality in the United States, 1913—1998.University of California at Berkeley, Department of Economics.

Pound, Arthur, and Samuel Moore, eds. 1931. *More They Told Barron*. New York: Harper and Brothers.

Pujo Committee. U.S. Congress. House. Committee on Banking and Currency. 1913a. *Minority Report of the Committee ... to Investigate the Concentration of Control of Money and Credit*. Washington, DC: Government Printing Office.

——. 1913b. *Money Trust Investigation*. Washington, DC: Government Printing Office.

Redlich, Fritz. 1951. *The Molding of American Banking*. New York: Hafner.

Reed, William J. 2001. The Pareto, Zipf, and other power laws. *Economics Letters* 74:15—19.

Ripley, William Z. 1915. *The Railroads: Finance and Organization*. New York: Longmans Green.

Roe, Mark. 1994. *Strong Managers, Weak Owners: The Political Roots of American Corporate Finance*. Princeton, NJ: Princeton University Press.

Romano. 2001. Less is more: Making institutional investor activism a valuable mechanism for corporate governance. *Yale Journal of Regulation* 175—250.

Seligman, Joel. 1982. *The Transformation of Wall Street: A History of the SEC*. Boston: Houghton Mifflin.

Shleifer, Andrei, and Lawrence Summers. 1988. Breach of trust in hostile takeovers. In *Corporate Takeovers*, ed. Alan Auerbach. Chicago: University of Chicago Press.

Shleifer, Andrei, and Robert Vishny. 1986. Large shareholders and corporate control. *Journal of Political Economy* 94(2):461—488.

——. 1997. A survey of corporate governance. *Journal of Finance* 52:737—780.

Smith, Edgar L. 1924. *Common Stocks as Long-term Investments*. New York: Macmillan.

Smith, George, and Richard Sylla. 1993. The transformation of financial capitalism: An essay on the history of American capital markets.

Sloan, Alfred P. 1964. *My Years with General Motors*.

Sombart, Werner. 1904. *Why is There No Socialism in the United States?* New York: M.E.Sharpe.

Stevens, William, ed. 1913. *Industrial Combinations and Trusts*. New York: Macmillan.

Stoke, Harold W. 1930. Economic influences upon the corporation laws of New Jersey. *The Journal of Political Economy* 38(5):551—579.

Sylla, Richard. 1992. The progressive era and the political economy of big government. *Critical Review* 5.

Tarbell, I.M. 1904. *The History of the Standard Oil Company*. New York: McClure Phillips & Co.

Temporary National Economic Committee(TNEC). 1940. *The Distribution of Ownership in the 200 Largest Nonfinancial Corporations*. Washington, DC: Government Printing Office.

Thorelli, H.B. 1955. The Federal antitrust policy: Origination of an American tradition. Baltimore, MD: Johns Hopkins Press.

Untermyer, Samuel. 1915. Speculation on the stock exchanges. *American Economic Review* 5(1):24—68.

Vanderlip, Frank, and Boyden Sparkes. 1935. *From Farm-boy to Financier*. New York: Appleton Century.

Warshow，H.T. 1924. The distribution of corporate ownership in the U.S. *Quarterly Journal of Economics* 39:15—38.

White，Eugene. 1982. The political economy of banking regulation. *Journal of Economic History* 42.

White，Eugene. 1989. *Regulation，Taxes，and the Financing of American Business 1860—1960*. New Brunswick，NJ：Rutgers University.

Willis，Parker，and John Bogen. 1929. *Investment Banking*. New York：Harper and Row.

评论

Richard Sylla[66]

　　近期的两篇文章将美国实业公司的历史置于比较的环境之下。一篇就是本章，Becht 和 DeLong 的《为何美国鲜有大量持股的情况?》，另一篇则是 Colleen Dunlavy 即将出版的新书《股东民主：被遗忘的历史》的概要和两章（Dunlavy，即将出版）。两篇文章都认为美国发展的公司治理模式与实践是与众不同的。

　　Becht 和 DeLong 认为在 1900 年左右，美国并不特殊——他们说，企业控制权"相对'正常'"——因为家族与大型金融机构持有企业的多数股份，这和其他经济体的情况一样，并可通过企业经理人进行驾驭。然而，他们认为在接下来的 30—40 年间，美国变得例外起来，由于富有的家族将其持有的多数股份出售给了众多的小投资者，且金融机构放弃了，或被迫放弃了对企业管理层的监管和控制职能。因此就产生了"Berle-Means 企业"，其股权广泛分散，这使得出现了所有权与控制权的分离，并令管理层牢固地掌握了控制权。由于在其他国家基本没有发生到这一步这样的事情，在那些国家，家族和/或金融机构仍旧继续保持了对管理层的较大控制权，因此美国成为一般企业控制模式的一个例外。

　　与 Becht 和 DeLong 相反，Colleen Dunlavy 认为 1900 年的美国已经是一个例外，它有"富豪"表决权作为企业股东的准则。她这么说是指美国企业的股东表决权一般是一股一票，这在企业事务方面给了大股东比小股东更多的发言权。在其他国家，诸如英国、法国和德国，股东表决权在限制大股东——即 Becht 和 DeLong 所说的大股东——控制企业事务的权利方面更为"民主"。在历史上更早的时期，美国的股东表决权也更为民主。但他们在 19 世纪中叶对一股一票采用了"富豪顺序"。Dunlavy 探讨了几种对于美国富豪顺序的解释，暂时认为美国的资本竞争比起欧洲主要经济体更为激烈。[67]通过对股东采用富豪表决权，美国的企业能够在资本竞争中获得优势，所以他们就采取了这种做法。

　　1900 年左右美国的企业治理是否正如 Becht 和 DeLong 所说的那样? 或是否不像 Dunlavy 所认为的那样? 双方的差别也许并不像看上去那么大。Becht 和 DeLong 从 1900 年向前看，并发现了金融资本主义到管理资本主义的变化。Dunlavy 从某种意义上来说是从 1900 年向后看，她研究的时代要早一个世纪左右，并发现了美国从"民主的"股东资本主义转变为"富豪"股东资本主义，及其在欧洲的持续。她同意 Becht 和 DeLong 的说法，即在 1900

年之后，美国的管理资本主义取代了股东资本主义。她还指出，20 世纪欧洲的股东表决权追随着美国的指引，变得更为富豪性了。这也许解释了为何 Becht 和 DeLong 认为没有必要在表决权的跨国差异上说太多，以及为何几乎现在每个人都认为企业治理中一股一票是很正常或很自然的事。

但一股一票在企业历史早期并非准则。董事投票以及其他公司事务中纯粹的民主意味着一个股东，一份表决权，无论股东持有一股还是一千股。根据现在的准则，那就看来很奇怪，但在两个世纪之前就不那么奇怪了。那么，这似乎就是英美普通法的假设，如果在公司章程中没有指明其他的表决权计划。很多时候，英国、法国、德国和美国明确了一些其他的表决权计划。而且很多时候，并非一股一票。而是另一项计划——介于一个股东一份表决权与一股一票之间的计划——限制了大股东在企业治理中的影响力。Dunlavy 将这种计划称为"审慎的方法"，这是从亚历山大·汉密尔顿那里借来的术语，用来描述其在 1790 年为美国银行提出的股东表决权计划，并成为汉密尔顿草拟的银行章程的一部分，于 1791 年被国会采用。

注意到 Dunlavy 的引导，我研究了汉密尔顿的表决权审慎方法想法的渊源，他使用它的根本原因，以及它对美国早期企业章程的影响。这些问题具有某些历史重要性。尽管美国并未发明实业公司的概念，但从 18 世纪 90 年代到 19 世纪 50 年代，它将公司作为竞争企业的形式，并将其发展到了远甚于欧洲国家的地步。美国联邦主义发挥了巨大的作用，因为编写公司章程几乎完全是美国许多州的州政府的职能，而非像欧洲那样集中在国家层面上。

股东表决权审慎方法的概念似乎起源于汉密尔顿，尽管有必要对以前和现代的公司章程进行更多的研究，以证明他的构想是全新的理念还是反映了习俗。在任何美国的银行出现之前，他仍旧是一名陆军上校之时，汉密尔顿在 1779—1781 年写给美国领导的三封信中提议建立一个国家银行来帮助为战争融资。其中的两封信概述了银行章程，但并没有提出诸如股东表决权之类的公司治理问题。其中一封信是于 1781 年春写给 Robert Morris 的，Morris 是国会新任命的金融主管，他那时也正在准备自己的北美银行章程提案。Morris 计划的第五条提议的表决权计划，我们今日看来很正常，即"每一股的持有者……可以拥有和他持有的股份数一样多的表决票"（Morris，1973：68—69）。国会通过了 Morris 的计划，北美银行——美国第一家现代银行，于 1782 年初开业。

两年后，汉密尔顿——那时已是一名律师——在纽约协助创立了纽约银行，撰写了章程，并作为其最初的 13 位董事之一。汉密尔顿的 1784 年纽约银行章程第五条规定："每个持有一到四份股票的股东，应该一票一股。六份股票的认购者应有五份表决票；八股六票；十股七票；十股以上，每五票一股。"（Domett，1884：12）[68] 这个表决计划并未给出其理论基础，但鉴于它与汉密尔顿熟悉的 Morris 的银行章程不同，且由于纽约银行是第二——或第三家，遵照 Morris 的一股一票计划的曼彻斯特银行几乎是在同时出现的——银行业企业限制大股东表决权的构想应该是源于汉密尔顿。纽约银行根据汉密尔顿的章程开始运营，他为此法团章程向州立法机关申请了数次，并最终在 1791 年批准通过。1791 年章程保留了汉密尔顿的表决权计划，且"大体上是 1825 年之前所有纽约通过的银行章程制定所依据的模式"（Domett，1884：35）。[69]

为了了解汉密尔顿对于大股东权力的限制的理论基础，我们查阅了他 1790 年的提案，那时他担任美国一家银行的财政部长。在《一家国家银行的报告》中，汉密尔顿给出了数个为何国会 1781 年特许设立的北美银行无法作为一家国家银行运营的原因。其中有一条：

> 赞成变革的进一步考虑就是不恰当的法规，根据这个法规在计划中制定董事表决权，制定了北美银行最初的章程，即一股一票，以及在最后一章提出需要一种法规［由宾夕法尼亚通过］；除非它保持沉默，否则在这一点上，其意为每个股东有平等、单一的表决权，这将是另一个极端的法规，但依然错得严重。此时建立一项法规是很重要的，因为这并不应由银行自行决定，同样重要的是，此法规必须是恰当的。
>
> 一股一票导致了一些主要股东间的联合，以轻易垄断银行的权力与利益。无论在机构中的利益是大是小，每个股东平等一票不允许大股东拥有他们本应拥有的表决权权重，这本来可能是对他们的保障，也是银行所要求的。因此偏向于一种审慎的方式。（Hamilton，1963:328）

在《报告》的后面部分，概述美国银行的章程时，他在第 11 条中更为具体地提出了他的审慎方法的想法：

> 每个股东所应被赋予的票数应该根据下述他所持有的股份数的比例，即一股到两股是一股一票；两股以上不超过十股的部分，两股一票；十股以上三十股及以下的部分，四股一票；三十股以上不超过六十股的部分，六股一票；六十股以上不超过一百股的部分，八股一票；一百股以上的部分，十股一票；但任何个人、公司或政治团体都不能赋予三十票以上的票数。（Hamilton，1963:335）

用 Becht 和 DeLong 的方法对在这种表决权计划下需要多少股东来形成多数控制权进行推测是很有意思的。美国银行是一家大公司，总股本为 1 000 万美元，25 000 股，每股面值 400 美元。美国政府认购了 5 000 股，剩余的 2 万股则在私人股东手中。一种极端情况是，若每个私人股东持有一股，那么就有 2 万份私人票，加上联邦政府的 30 票。那么除政府之外的控制权团体就将是 10 016 个个人以及股份。

另一种极端情况，若每个私人股东都持有 200 股，这是达到最多 30 票的股数，那么就有 100 个私人股东，以及 3 030 票，已加上了政府的 30 票。私人控制团体就有 51 位私人股东。这个数字在 Becht 和 DeLong 所估算的范围之内，他们估算了 20 世纪 20 年代末，新泽西标准石油在经历了约翰·D.洛克菲勒全盛时期以来最大的股权分散化之后，要控制公司所需要的大股东数。人们几乎要说，无论汉密尔顿是否意识到这点，正是他创造了 Berle-Means 公司，这领先了那些重新认识到它的作者 40 年。但是，这并不是十分正确，因为汉密尔顿还在美国银行章程中写道，代表联邦政府的财政部长可以要求银行根据情况每周向其回报一次。所以，银行管理层宁愿接受其大股东监管人的持续监管。

Colleen Dunlavy 在汉密尔顿的陈述中发现，每人平等一股"并不允许大股东拥有他们本应拥有的表决权比例，且这也许是对其的保障，也是银行所要求的"，这正是她对于为何一人一股的富豪顺序在 19 世纪中叶来到了美国的解释的源头。随着对资本的竞争白热化，想要生存和发展的公司不得不给予大股东更大的表决权比例与保障。但在那之前，汉密尔顿的股东表决权的审慎方法想法变得更为民主,少了些富豪特性。由于他的章程被广泛仿照,它们对美国银行业和公司的发展颇具影响力。

我的结论是,我们需要对企业历史了解更多,鉴于这个问题在现代经济历史中的重要性,很令人诧异,它似乎一直被忽略。Becht 和 DeLong 建议,我们可以将管理资本主义放在一边,而转为关注 1900 年左右的"初始"情况,那时家族和金融资本家控制了企业:"还不清楚下一代 Gates 家族是否会像当前 Rockefeller 家族的这代人一样,对美国企业控制的影响力小一些。也不清楚 21 世纪美国的大型金融机构……是否会像 20 世纪中期的公司那样对美国企业控制的影响小一点。"但这些并非管理资本主义之外唯一的选择。纵观公司历史更长的时期,很明显,还有其他甚至更早的初始条件可以考虑进公司控制与治理模式之中。它们至少可以追溯到 18 世纪末,那时竞争实业公司首次在美国出现,也可以追溯其他国家的早期实践。

参考文献

Domett,Henry W. 1884. *A history of the Bank of New York*,1784—1884. 3rd ed. Cambridge,MA:Riverside Press.

Dunlavy,Colleen. 2004. The plutocratic turn in 19th-century shareholder voting rights:Why the U.S. but not Britain,France,or Germany? Paper presented at seminar at Harvard University Charles Warren Center for Studies in American History. 19 April,Cambridge,Massachusetts.

——. Forthcoming. *Shareholder democracy*:*The forgotten history*. Cambridge,MA:Harvard University Press.

Hamilton,Alexander. 1963. *The papers of Alexander Hamilton*. Vol.7. Ed. Harold C. Syrett. New York:Columbia University Press.

Morris,Robert. 1973. *The papers of Robert Morris*,1781—1784. Vol.1. Ed. E. James Ferguson. Pittsburgh:University of Pittsburgh Press.

注释

① 英国的机构投资者往往是在后台进行操作的。因此,他们的影响力相对较难衡量(Black and Coffee,1994)。他们的权力在 2003 年年度会议季上对行政薪资的咨询表决中显露无遗。对比之下,对于美国的机构投资者的相对无能则是有充足的记录;近期的研究可参见 Black(1998),Gillan 和 Starks(1998),Karpoff(1998)以及 Romano(2001)。在成熟的代理权之争之外,美国公司股东在公司董事的选举中鲜有发言权(Bebchuk,2003;Posen,2003)。让长期担任沃尔特·迪士尼公司董事长兼首席执行官的 Michael Eisner 从其董事长的位置上退位——在数年低于平均水平的业绩表现以及高于平均水平的薪资水平之下——成为令机构股东欢呼雀跃的最主要胜利(*Financial Times*,2004 年 3 月 14 日)。

② 当然,股东是可以从由依照战略决策行事的董事会代表中获益的。Burrough 和 Helyar(1990)记述了雷诺·纳贝斯克公司的案例,其董事会成员一开始就要求竞标者给出"最终的价格",然后又重新开放竞标——成功地获取了购买其股东股份的更高价格。

③ 当然,1932 年 Adolf Berle 和 Gardiner Means(1932)的《现代企业与私人财产》出版了。在 Means 自己的观点与 Berle 和 Means 的共同观点之间间有着很有意思的差别,或者说,这是从我们对于后者论点的理解。"Berle 和 Means 企业"由其专业经理管理,这是大公司中"所有权与控股权分离"不可避免的(且——按照 Berle 和 Means 所说——是不想要的)安排。Means(1930)阐述了"1917 年至 1921 年所有权显著的分散",他得出结论——"这主要是战争

时期过重的附加税的后果,是一个非经常性现象",他将其比作法国大革命后小土地所有权一次性的增加。Means (1930)更明确地表示,他认为第一次世界大战的附加税"将以前工业所有者的注意力集中到通过股权广泛分散或者通过各种法律机制(注:无表决权普通股、表决信托基金、金字塔控股公司等),使得在不握有重大所有权的情况下仍保留所有权这个问题上来,并因此加速了所有权与控股权的分离"(Means,1930:592),这种情况与在世界上其他国家发现的情况并不相似,在其他国家,有权势的家族运用了与其所有权不成比例的权力。Means(1931)认为控制权的特征是:"控制权一方面不属于所有权,另一方面又不属于管理权。"那么,美国企业真正的谜题在于专业经理如何成功地以及为何要从前任所有者手中抢夺控制权——若他们采取措施建立机制,他们本可以保住控制权。

④ 在企业中,"控制权往往会落在选择代理(提名)委员会的人手中,而反过来,再由他们选出随后时期的董事。由于这个委员会是由现任管理层任命的,后者实际上可以决定其自己的继任者。当所有权被充分细分,管理层就可以成为一个自我延续体,即使它在所有权中所占股份几乎可以忽略不计"(Means,1931:87)。这种基本机制基本没有改变,Yermack(1999)最近发现了依据,可以证实美国的首席执行官继续在这条传统道路上前进,并选择自己的董事。Kenneth Lay 也提出了这样的观点,然后,安然的 CEO 在 1999 年 4 月休斯敦会议上发表的题为"公司治理:董事会的伦理"的演说中说道:"当然,CEO 和董事会都参与到了选择合适的董事会成员的过程中。建立起一个有效率的董事会通常反映了 CEO 的想法,他认为公司在现阶段需要什么。"Lay 似乎相信,安然的所作所为并不需要一个积极的董事会级别的审计委员会。

⑤ 卡耐基买入债券,但并没有购入美国钢铁的股票,因为他认为近乎垄断的新钢铁行业的价值被高估了。他很后悔。

⑥ 卡耐基出售给由 J.P.摩根推广的美国钢铁托拉斯,其拥有一个摩根大通支配的董事会,由卡耐基自己的专业经理 Charles Schwab 运营。卡耐基并没有将销售收益再投资以获得利润,而是将其投资到公益企业中。

⑦ La Porta、López-de-Silanes 和 Shleifer(1999)将世界上大量持股的模式解释为国家对小投资者的保护,或由此引起的缺失。当人们担心法律体制会允许有效征用小股东的股份时,它就会牺牲了多样化持股带来的收益,并承担高个别风险。因此,当法律对于小股东的保护很弱时,他们会期望——而且他们确实——找到更多的大量持股机会。

我们并不清楚这种世界范围的论点是否能解释美国所有大量持股缺失的原因,因为防止正式征用的法律保护以及明显的隧道效应令我们意识到:这并不足以完全解决首次由 Berle 和 Means 提出的委托代理问题。确实,当今美国小股东的股权被经理或大股东非法征用的风险很小,尽管有一起成功的集体法律诉讼。但是(非法)征用只是对于股东财富的唯一威胁。例如,Bebchuk(2002)(至少向我们)提出了一个有力、确定的论点,现在美国对于股东财富征用进行弥补,这个观点在机构股东、公众以及媒体中得到广泛认同。同样的,Moeller、Schlingemann 和 Stulz(2002)认为 20 世纪 90 年代末的收购销毁了股东数十亿美元的财富。然而,两种观点都遭到了 Holmstrom 和 Kaplan(2003)的异议。管理群体思维随着时间推移而形成,因为管理者总是选择想法类似的奉承者作为其继任者,这是股东畏惧美式管理资本主义的另一个原因。法律保护无法抵制这种缘由的股东价值缩减,这对于大量持股和股东发言权可能是个更为重要的刺激。

⑧ 然而,20 世纪美国经济非凡且相对的成功的确使人们没有信心对美国企业控制权市场的大规模、长达一个世纪的失败作出判断。这可能部分是由于金融经济学家夸大了经济整体中管理公司受到广泛控股的重要性。

⑨ "托拉斯"一词原先是指由标准石油公司的律师 S.C.T.Dodd 建立的表决托拉斯,以使各家在不同州运营的标准石油公司(以及控股公司在不同州发布的章程)处于集中控制之下;参见 Dodd(1893)。Moody 开创了这个词的现代用法,指任何形式的与对产品市场力量的影响的工业结合,而不论使用何种技术。因此,Moody 的"托拉斯"包含了表决托拉斯本身、控股公司、重组,以及其他横向组合的类型。

⑩ 参见 Chandler(1977)。

⑪ 参见 Tarbell(1904)。20 世纪早期最大的斗争之一是关于现有的反托拉斯法是保护了消费者,使他们免于被贪婪的垄断者收取高价格;还是保护了小规模企业,使其免受效率更高的大规模企业的威胁,说要向消费者收取低价

格。在 20 世纪上半叶,这个政治斗争整体上以平均告终:答案是"都是"。只有在 20 世纪 70 年代之后,在美国法律史上最大最杰出的活动家法官立法一个项目中,芝加哥积极的活动家法官才重新制定了反托拉斯法,并给了其一个明确的理由:经济剩余最大化。参见 Bork(1978)。

⑫ 从一方的观点出发,Moody(1904)为托拉斯辩护,抵抗也是由进步主义作出的批判:托拉斯并不成功,且未能成为足够好的垄断者并产生预期的收益,它欺骗了投资者。在 20 世纪初的十年中,摩根国际海运和洛克菲勒联合铜公司(Lawson,1905)的首次和后首次公开募股投资者输得精光,甚至摩根美国钢铁公司的投资者都损失惨重。但 Moody 写道:"然而,在大多数情况下,他们无疑是多少睁着眼睛参与进来的。一般购买工业股的人……知道或应该知道他是在赌博……股票从 8% 增长到了 15%,而现行利率只是从 4% 增长到 5%。并不需要为众多吵闹的投机者浪费任何同情心,他们现在指责所有的托拉斯,因为他们自己恰巧陷入了投机性崩溃中。"尽管后来有一些回溯:"当然,天性不同……寡妇、婴儿……被劝说将其辛苦攒起的存款……由本应对此更为了解的托拉斯顾问……投入像钢铁这样的股票中。"

⑬ 他说得并不是完全正确。1994 年的北方证券恐慌发生在 Moody 的书处于印刷之时。20 世纪 20 年代后期,随着股票市场泡沫增大,发生了更多对于控制权的争斗。

⑭ 参见 DeLong(1991)。

⑮ 参见 DeLong(1991):"投资银行家继续为公司融资的条件就是下任董事长由……Thhheodore N.Vail 担任……(因为)George F. Baker 对 Vail 在其他商业活动中的表现印象深刻",而且公司必须采纳 Vail 以前提出的"快速的全国性扩张……成为一个真正的全国电话系统"的策略。

⑯ Rockefeller & Andrews 与以前的合伙人 Maurice Clark,James Clark 以及 Richard Clark(Andrews, Clark 公司)解除了合伙关系,洛克菲勒和他们的关系并不好,他们在合伙关系中拥有主要的表决权(Chernow, 1998:a.85)。洛克菲勒作为年轻的合伙人,将三位 Clark 从合伙关系中清除出去,并成为"Rockefeller & Andrews"(Chernow:87—88)。

⑰ 哈克尼斯从酒生意中赚钱。但这似乎并没有烦扰到清教徒洛克菲勒(Chernow, 1998:106)。

⑱ Chernow(1998:133)说,剩余的 10% 是"在洛克菲勒的前合伙人安德鲁和弗莱格勒之间分配的",这似乎意味着合伙关系中还有其他的一些合伙人。我们并没有查找到原始的结构。

⑲ 1879 托拉斯协议副本可参见 Stevens(1913)。

⑳ S.安德鲁不再出现在名单中。1878 年,在对于支付政策(洛克菲勒要更高的留存收益,而安德鲁要更多股息)的意见不一之后,J.D.洛克菲勒买入了安德鲁的股份(Chernow, 1998:181)。

㉑ 正如我们所见,托拉斯一词变成了所有主要工业联合的同义词,无论运用了什么法律机制,而且留存下来,变成了这个时代的"反托拉斯"。

㉒ 1882 年托拉斯协议在 Stevens(1913)中有所再现。

㉓ 引向这个法律条文的具体政策历史叙述见 Thorelli(1955)。

㉔ 令人感到好奇的是,在其他凭证持有者进行交易之前花费了很长的一段时间。在此期间,代理人继续控制了老的托拉斯,并对几乎所有的成员公司股份交易进行表决(Hidy and Hidy, 1955:226)。

㉕ 法院判决副本参见 Stenvens(1913)。

㉖ 我们认为可将 Moody 作为一个值得信任的观察者。像 Fritz Redlich(1951)这样的历史学家相信 Moody 及其他人(如 C.W.Barron, 1931 年在 Pound 和 Moore 公司供职,或 Frank Vanderlip, 1935 年在 Vanderlip 和 Sparkes 公司供职),而其他的一些美国金融历史学家则并不信任他们。金融历史学家 Vincent Carosso(1970)认为,通过重新将其定义为一个"松散、有弹性"的术语,Pujo 委员会首席律师 Louis Untermyer 只能说有一个"货币托拉斯",而并不能说明这是某种类型的正式组织,它只是一种"协议"罢了,而且,即便如此,投资银行家也不能执行"控制权",因为其人数总少于非华尔街董事的人数(第 139 页,第 151—152 页)。Huertas 和 Cleveland 的花旗银行的历史(1987)中说,投资银行市场在 20 世纪之初是颇有竞争力的:有 C.W.Mellen 这样的铁路经理人,希望能运用摩根大通公司之外的合伙人来为其铁路扩张发行证券,他要是这么做的话,不会有任何障碍。若其他公司想与摩根大通

竞争,如美国钢铁的承保业务,这样做是有可能的。但竞争市场的利润很小,对美国钢铁的承保的利润只是当时经济的一小部分,但到今天,就会变成 300 亿美元(DeLong,1991)。

然而,毫无疑问,在众多进步主义对于货币托拉斯的攻击中,除了对于公共利益的考虑,还有其他的问题。也许比起推进公众利益,Louis Brandeis 对于保护其波士顿铁路金融家委托人及来自同摩根融资铁路竞争的同盟者的财产更感兴趣,或者是同样感兴趣。当然,Samuel Untermyer 发现与"货币托拉斯"合作比起批判它会更有利。Huertas 和 Cleveland(1987)写道,Untermyer 是一个"有抱负的政治家",对于他来说,Pujo 媒体的聚光灯是一个绝佳的机会。因此他的态度有 180 度转变,因为在 1910 年 Untermyer 放弃了垄断研究因为它在美国工业中不成问题,并且打击那些希望利用它的政治煽动家。Huertas 和 Cleveland 引用了 Kolko(1963:539)。

我们发现情况似乎与罗马共和国贵族党和平民党的情况类似。正如 Untermyer 改变了阵营,也正如厌恶货币托拉斯的进步国会议员 Charles Lindbergh 的儿子 Charles,一名飞行员,要与摩根合伙人 Dwight Morrow 的女儿 Anne 结婚,所以罗马斗争中的精英贵族派系在婚姻与再结盟的暂停休息时间在政治控制权上展开了激烈的斗争。但这并不意味着贵族与平民之间关于退伍军人与帝国扩张的土地政策争议中没有严重的问题存在。

㉗ 参见 Pound 和 Moore(1931:273)。

㉘ 参见 Hofstadter(1964)。

㉙ 如 Brandeis 所说,他从他个人在纽约纽黑文哈特福特铁路融资的经历中发现:"我去找一些波士顿主要的银行家。我说'能不能请你?'他们的回答是他们不敢那么做,若他们有所染指,这将终结他们的金融生涯。"参见 Lamont(1913)。

㉚ 参见 Lamont(1913)。

㉛ 参见 Vanderlip 和 Sparkes(1935)。

㉜ 参见 Delong(1991:212)。的确,McCormick 家族和 Deering 家族看似有点幼稚。Carstensen(1989)提出了一个令人信服的理由,George W.Perkins 确实试图牺牲国际收割机公司的(小部分)利益,来充实 Morgan 家族此时的主要项目——美国钢铁。

㉝ 来自 Gibb 和 Knowlton(1976)。

㉞ 参见 Krugman(1996)以及 Piketty 和 Saez(2001)。Krugman 提出了各种关于何种环境以及产生过程能达到指数关系预期的论点。Piketty 和 Saez 估计了顶级收入部分的指数分布。

㉟ t 统计量为 5.43。此回归的方差由新泽西标准石油在此时间段中的两个分段决定:1921 年发行股票的 3 倍,以及 1923 年的 5 倍。

㊱ 参见 White(1982)。

㊲ 不夸大 1933 年前对于美国银行的限制力量是十分重要的。银行不能跨州设立分行,但是纽约的重要性意味着它们也几乎不需要建立分行:James Stillman 和 Frank Vanderlip 的国家城市银行以及 George F.Baker 的第一国家银行作为全国金融中介机构在曼哈顿运营得很好。银行不能持有股份,但是它们的"担保附属机构"可以——而且只要银行的担保附属机构的所有权和管理层与银行本身的是相同的,就基本不会有危险。

㊳ 参见 Roe(1994),第 7 章。

㊴ 参见 Roe(1994),第 9 章。然而,在这里 Roe 认为决定性的因素,和管理层对于养老基金社会主义的恐惧相比,不太可能是民粹主义—进步主义者对于"罪恶大富豪"的恐惧,参见 Drucker(1976)。

㊵ 参见 Sloan(1964)。

㊶ 参见 Harbeson(1958)。

㊷ 尽管如此,几乎每篇关于企业所有权的现代文章都引用的是 Berle 和 Means(1932)。

㊸ Means(1930)的缩减版变成了 Berle 和 Means(1932)的第 Ⅰ 卷第 1 章;Means(1931)变成了第 5 章。第 Ⅰ 卷第 3 章是 Means(1931b)的缩减版。更为一般的,Means 负责第 Ⅰ 卷,而 Berle 负责第 Ⅱ 卷。

㊹ 当"所有权分配得如此广泛,以至于个人或小集团甚至连足以支配公司事务的小利益都没有"的时候,管理控制权就出现了。(第 83 页)

㊺ Thomas Corcoran，Felix Frankfurter 的“快乐的热狗”之一，从哈佛而来，起草 1933 年《证券交易法》，他的观点是：“代理权，正如当今的募捐，是个笑话。控制出售代理权机器的人，实际上对于公司并没有兴趣，简简单单地就能将其他人挡在组织之外，(并)获得了足够运营公司的代理权。”(Seligman 1982：87)

㊻ 1933 年的法案包含了关于代理表决流程的特别条款，但迄今，这些条款都未从根本上改变美国董事会选举的性质：“股东一般会被给予代理权，允许只有公司提名的候选人才能有一票表决权，公司代理材料的披露也仅限于那些候选人。而且，大多公司在董事选举中运用多数选举而非主要表决，所以无论最小比例股东是否通过，都能选出候选人。因此，公司被提名者几乎总是根据董事会选出，而无论有多少反对候选人资格的股东”(来自 2003 年 10 月 8 日，证券交易委员会主席 William Donaldson 在 SEC 代理权提案公开会议上的开场白)。SEC 2003 年的改革提案参见 Bebchuk(2003，2004)。

㊼ 对于另一项划分类别也有相同的问题。表决托拉斯可由家族和家族成员或专业经理运营的公司控制，或者这个托拉斯也可以由专业经理直接控制。

㊽ TNEC 的使用并不广泛。两个例外是 Gordon(1945)，他对 TNEC 数据进行了广泛的运用，调查了管理层所有权，及更为特殊的，“控制集团”的所有权；还有 Leech(1987)，他利用权力指数研究了潜在的大股东联合。

㊾ Holderness、Kroszner 和 Sheehan(1999)甚至更早运用了从覆盖了 1935 年 12 月31 日 1 500 家以上公开上市公司的 16 份内部控股报告中汇编的截面数据，但是不包含非上市公司。SEC 报告包含了直接所有权与官员董事个人的实益所有权，但是并不包含外部大股东控股的信息，因而也没有其企业控制权的信息。20 世纪 30 年代，Gordon(1936，1938)广泛使用了这些数据。将 SEC1935 年的数据与 TNEC(1940)的数据进行比较，Gordon(1945：25)认为 TNEC(1940)的数据更可靠，但是 Holderness、Kroszner 和 Sheehan(1999：447)对两个样本中 169 家公司的内部所有权进行比较，得到了十分相似的结果。

㊿ TNEC 的基本分类区分了四个控制集团：多数控制权、主要少数(表决权股的 30%—50%)、大量少数(10%—30%)以及大量少数控制权(少于表决权的 10%)。剩余的部分则谨慎地归为“无明显支配股权利益的公司”。

(51) 荷兰的所有权与控制权历史见 De Jong 和 Röell(本册第 8 章)。荷兰的主要投资者是 Hubrecht Van Harencarspel Maatschappij，Broes and Gosman Maatschappij，Nederlandsch Administratieen Trustkantoor，Wertheimand Gompertz Westendorp Maatschappij，Administratiekantoor van Binnen en Buitsenlandsche Fondsen。Broekmans Administratiekantoor，and Niew-Amsterdamch Administratiekantoor(TNEC，1940：1502—1504)。

(52) 23%的股份于 1917—1919 年购入，联邦政府根据克莱顿法案的第 15 条提起诉讼，控告其 1949 年违反了法案的第 7 条。这件案子最初被地方法院驳回，但在 1957 年由最高法院裁决，股份于 1961 年售出。

(53) 根据德国法律，最多可以根据面值的 50%来作为无表决权股发行。理论上，持有所有的表决权股就能拥有 100%的表决权以及总股本的 50%。当今，人们所知的唯一一家运用这种协议达到 1：2 的最高表决比率的德国公司是保时捷公司(Becht and Mayer，2001)。英国对于无表决权股与表决权股的比例并没有限制。尽管这种资本化在当今十分罕见，且在历史上也是很少见的(Frank，Mayer and Rossi，2004)，在每日邮报和综合信托股份有限公司的情况中，4%的股权可以确保 67%的表决权(Becht，2003)。

(54) 在当今的北欧国家，法律将表决比率限制在 1∶10。历史上曾运用过 1∶1000 或更高的表决比率。瑞典爱立信的股本基数是这个时代的特权幸存者。

(55) 作者通过将三个不同数据库的数据结合来识别双级公司：证券数据公司(SDC)、证券价格研究中心(CRSP)以及投资人责任研究中心(IRRC)。

(56) 更为一般的，纽约证券交易所会挑剔所有将表决权推到超出所有权位置的机制，拒绝让表决信托证书、有特殊表决条款的层级股票以及给出不可撤回代理权或有表决协议的公司股票的上市。并不完全清楚引用的额外条款何时被写入上市手册的。对于 1983 年纽约证券交易所对此问题坚定立场的详细描述请参见 Seligman(1986：689—690)。美国证券交易所和纳斯达克并没有如此挑剔，且 Seligman(1986)认为这正是纽约证券交易所在 1985—1986 年取消其限制政策的原因。现行的第 313 节关于上市法规的条款如下：

(B) 无表决权普通股。交易所的表决权政策允许已发行无表决权普通股的上市公司发行有表决权普通股和无表

决权普通股。然而,必须向无表决权普通股的股东提供保护:

(1) 在交易所上市的任何种类的无表决权普通股都必须符合所有的初始上市标准。无表决权普通股的股东的权力,除了表决权,其他应该都与公司的有表决权普通股股东相同。

(2) 上市公司必须每年至少出版并向股东提交一次年报的要求(Para. 203.01)适用于有表决权普通股的股东,同样也适用于无表决权股的股东。

(3) 此外,尽管上市的无表决权普通股的股东并未被赋予权力,对向股东提交的一般事务表决,任何上市的无表决权普通股的股东必须获得所有信息,包括代理材料这些一般向有表决权证券的股东提交的该上市公司的信息。

(C) 优先股,要求有最小表决权。优先股,以一个层级进行表决,在等效六季度分红无法实现之时,应有权力选择至少两名董事。这项选择董事的权力应累计,而无论分红的无法实现是否发生在连续期间内。

(纽约证券交易所上市手册,313.00 表决权,最后修订日期 1998 年 10 月 1 日)

⑤⑦ Dewing(1934:138)还探讨了"保证股",是由联合的发起者发行的,并宣称与无担保债类似。

⑤⑧ 每种股票的权力由公司章程以及规章制度定义,写在股票凭证上,所记录的不同特征令人惊讶。

⑤⑨ Dewing(1934:198):"从各种角度来看,a 类普通股似乎是一种弱化的优先股;它是另一种吸引投资者怀着能获得投机收益的希望来接受安全性弱化的手段。"

⑥⓪ 基于 TNEC(1940:206—230)自己的计算。Stevens(1926)发现 350 家企业发行了 16 只完全无表决权优先股。Dewing(1934)从 1925 年到 1930 年发行的 1 048 只优先股的截面中发现了类似的结果。

⑥① 实际上,无表决权股可以成为保障家族以及/或现任控制者的重要工具,但明白企业选举法规也同样重要。在这方面,美国企业法对各种潜在的情况进行了规定:表决权可以根据股票或者类别区分;相等或不等的表决权;简单多数表决,绝对多数表决,或是累计表决(针对董事);有条件或是无条件。Stevens(1938)指出,一般评价并不根据这些考虑而改变——无表决权股并不是企业控制的重要工具。

⑥② 术语"掺水股"明确指"从根据没有财产价值,只有信誉的做法开始的普通股的大量发行"(Dewing,1934:84)。另一种定义是"股份掺水可能被定义为全额支付的股份以超过资产价值(股票应该根据这个价值发行)的价格发行"(Dodd,1930)。

⑥③ "股份掺水"的争议植根于关于面值对无面值股票这个更为根本的争议中:"整个对于无面值股票重要性的讨论是基于股东主要对获得收益的权力感兴趣的假设。这个假设的推论是他对于产生收益的财产的初始成本并不感兴趣。若事实如此,那么术语掺水股就失去了其重要性。"(Dewing,1934:84)

⑥④ 1911 年普通股的市值为 2 000 万美元,1937 年为 35 418.2 万美元,分为 970.361 万股(TNEC,1940:230)。

⑥⑤ 说到这点,Seligman(1986)确实给出了很多参考,坚决指出民粹主义者对于银行家和"他们的"无表决权股票的强烈抵制。

⑥⑥ Richard Sylla 是金融机构和市场历史的 Henry Kaufman 教授,纽约大学斯特恩商学院的经济学教授,以及国家经济研究局的助理研究员。

⑥⑦ Dunlavy 的暂定解释有些道理。美国比欧洲国家增长得更快,而与它们不同,它同时进口人与资本。欧洲国家出口人与资本,一般是出口到美国。这些考虑,加上美国比欧洲更高的利率和债券收益率,说明在边际上,美国对于资本的竞争更激烈。但所有的这些考虑可能在股东表决权的财阀顺序之前适用。为何在美国对于资本的竞争到了中叶变得更激烈?是否来自需求方,也许和铁路的出现有关?或者可能来自供应方,也许是由于 19 世纪 40 年代早期国家债务拖欠和离弃之后资本流入的减少?或两者都是?

⑥⑧ 完整的章程在 Domett(1884):11—15。

⑥⑨ 1791 年纽约章程包含在 Domett:127—134 的附录中。

图书在版编目(CIP)数据

公司治理的历史：从家族企业集团到职业经理人/
(加)兰德尔·K.莫克主编；许俊哲译.—上海：格致
出版社：上海人民出版社，2022.6
ISBN 978-7-5432-3333-1

Ⅰ.①公…　Ⅱ.①兰…②许…　Ⅲ.①公司-企业管
理-经济史-世界　Ⅳ.①F279.1

中国版本图书馆 CIP 数据核字(2022)第 010610 号

责任编辑　代小童
装帧设计　路　静

公司治理的历史
——从家族企业集团到职业经理人
[加]兰德尔·K.莫克　主编
许俊哲　译

出　　版　格致出版社
　　　　　上海人民出版社
　　　　　(201101　上海市闵行区号景路 159 弄 C 座)
发　　行　上海人民出版社发行中心
印　　刷　上海商务联西印刷有限公司
开　　本　787×1092　1/16
印　　张　28
插　　页　4
字　　数　641,000
版　　次　2022 年 6 月第 1 版
印　　次　2022 年 6 月第 1 次印刷
ISBN 978-7-5432-3333-1/F·1429
定　　价　98.00 元